Manfred Thiele

VÆ VICTIS
Mühlhausen unter sowjetischer Besatzungsdiktatur

**GEWIDMET IST DIESES BUCH
ALLEN MÜHLHÄUSER BÜRGERN,
DIE OPFER
SOWJETISCHER GEWALTHERRSCHAFT WURDEN**

*

„Die ganze Welt weiß alles über die Verbrechen der Deutschen, aber nichts über die Verbrechen an Deutschen."

US-Präsident Ronald Reagan

„So ein Stück Stadtgeschichte ist immer lebendig und konkret, mehr so, als es historische Werke über ganze Nationen oder dergleichen sein können …"

Prof. Golo Mann anlässlich einer zugesandten Chronik an Manfred Thiele

Manfred Thiele

VÆ VICTIS

Mühlhausen unter sowjetischer
Besatzungsdiktatur
1945–1953

IM SELBSTVERLAG

Gefördert wurde die Herausgabe dieses Buches von niemand. Anfänglich zugesagte finanzielle Unterstützungen wurden nach genauer Kenntnisnahme des Inhalts von möglichen Sponsoren abgelehnt.

Farbiges Titelbild von Werner Weidenbach

Impressum

Manfred Thiele • VÆ VICTIS • Mühlhausen unter sowjetischer Besatzungsdiktatur
© 2004 beim Autor Manfred Thiele, Bollstedter Gasse 5, 99974 Mühlhausen

Das Werk und seine Teile sind urheberrechtlich geschützt. Jede Verwertung außerhalb der engen Grenzen des Urheberrechtsgesetzes ist ohne Zustimmung des Autors unzulässig und strafbar. Das gilt insbesondere für Kopien, Vervielfältigungen, Übersetzungen, Mikroverfilmungen und die Einspeicherung und Verarbeitung in elektronischen Systemen.

Gesamtherstellung: Cordier DruckMedien GmbH • 37308 Heiligenstadt

Bestellung und Versand: Buchhandlung Niklas, Röblingstraße 14, 99974 Mühlhausen, Tel./Fax 03601-448655. FAN.Niklas@t-online.de

ISBN 3-00-012992-8

INHALTSVERZEICHNIS

1. Vorwort	7
2. Einleitung	8
3. Das Ende des Zweiten Weltkriegs	11
4. Aus der Geschichte der Stadt Mühlhausen	17
5. Auftakt: Plünderung und Mord – das Unberechenbare	23
6. Küllstedt	37
7. Razzien	40
8. Einzelfestnahmen	53
9. Militärtribunale	72
10. Der Fall „Bockel"	99
11. Ulrich Bednarek	131
12. Das „Weiße Haus"	133
13. Werwölfe	137
14. Werwolf-Varianten	147
15. Die Heisler-Schwestern	153
16. Haus des Grauens	157
17. Das wahre Gesicht	185
18. Wohin mit den Toten?	190
19. Zwangsverschleppungen	194
20. Denunziation – Spitzeldienst – Erpressung	203
21. Sequestration	233
22. Reparationen	283
23. Unsinnigkeit als Methode	313
24. Die Grenze	321
25. Mysterium	340
Quellen	360
Danksagung	362
Personenregister	365

> In Kapiteln wie „Denunziation – Spitzeldienst – Erpressung", „Reparationen", „Die Grenze" und „Unsinnigkeit als Methode" wurden bewusst Vorgänge über den vorgegebenen Zeitrahmen 1945–1953 hinaus angeführt. An solchen markanten Beispielen soll auf die verheerenden Folgen sowjetischer Besatzungspolitik hingewiesen werden.

1. VORWORT

Als ich 1990 mit der Suche nach zwei verschollenen Verwandten begann, die nach 1945 in die Fänge des sowjetischen Geheimdienstes geraten waren, stieß ich bald auf eine Fülle von erschreckenden Informationen. Danach wurden vom NKWD/MWD zahllose Mühlhäuser Bürger erpresst, verschleppt und getötet. Hunderte von Betroffenen und Zeitzeugen haben sich seither gemeldet und die Schicksale solcher Opfer bestätigt. Waren es anfangs vorwiegend Mitglieder von NS-Organisationen und Wehrmachtsangehörige, kamen bald Bürger hinzu, die der „gesellschaftlichen Umgestaltung" im Wege standen, die als „Spione" und „Klassenfeinde" von den Sowjets gefoltert, verschleppt und hingerichtet wurden. Aus der Erfassung dieser Schicksale und der damit verbundenen Ereignisse entstand schließlich eine allgemeine Aufarbeitung jener Geschehnisse, welche die Stadt erschütterten und die 44 Jahre als tabu galten: Die sinnlosen Demontagen ganzer Fabrikanlagen, die ungeheuren Reparationsleistungen, welche mit völlig ungenügenden Mitteln von den gebeutelten Bürgern erbracht werden mussten oder die von den deutschen Kommunisten der sowjetischen Militäradministration durchgepeitschte „Entprivatisierung", der nahezu der gesamte Kern einer über Jahrhunderte gewachsenen mittelständischen Handwerksindustrie zum Opfer fiel. Soweit DDR-Chronisten jenen Nachkriegsjahren Beachtung schenkten, berichteten sie in allgemeinen Floskeln von der „schweren Arbeit des Wiederaufbaus", der „Zerschlagung des faschistischen Staatsapparates" und der „planmäßigen Demokratisierung in den Verwaltungen". Weder von der anhaltenden Rechtsunsicherheit für die Bürger noch von der brutalen Meinungsunterdrückung war die Rede. Wie es hieß, befand sich die Wirtschaft im ständigen Aufschwung und die Menschen konnten endlich, von aller Ausbeutung befreit, frohen Mutes in den volkseigenen Betrieben arbeiten.

Die ungeheuren Fluchtzahlen indessen zeichneten das wahre Bild. Die 1946 noch 46.000 Einwohner zählende Stadt blutete wegen der wachsenden Willkürmaßnahmen an alteingesessenen Bürgern nahezu aus. Bis zum Mauerbau 1961 flohen mehr als 27.000 Menschen aus dem Territorium.

So werden mit dem Inhalt dieses Buches erstmals die Schattenseiten der von der Sowjetunion in Gang gesetzten sozialen und gesellschaftlichen Veränderungen in der Stadt Mühlhausen vorgestellt. Diese Veränderungen aber müssen in unmittelbarem Zusammenhang mit dem sowjetischen Geheimdienst NKWD/MWD gesehen werden, dessen Tätigkeit zu den schlimmsten Kapiteln der über eintausendjährigen Stadtgeschichte zählt. Mit der Unterstützung deutscher Helfer wurde ein Spitzelsystem aufgebaut, das nicht nur die Voraussetzung für die Bildung des DDR-Staatssicherheitsdienstes bildete. Dieses in der gesamten sowjetischen Besatzungszone auf breitester Front durchgeführte Denunziantenwesen war ein Angriff auf das Rechts- und Moralgefühl der Menschen. Es war der Versuch, das Selbstwertgefühl eines ganzen Volkes zu untergraben, um es sich für die sowjetischen Machtinteressen gefügig zu halten.

Manfred Thiele

2. EINLEITUNG

Erst durch den Zusammenbruch der DDR wurde es möglich, eine Aufarbeitung jener Geschehnisse vorzunehmen, die das Leben der Stadt Mühlhausen in den Jahren zwischen 1945 und 1955 unter sowjetischer Besatzungsmacht prägten. Als die Rote Armee am 4. Juli 1945 in die Stadt einzog, hielten sich die Erwartungen der Bevölkerung in Grenzen. Was konnte sie von einer Siegernation erwarten, die durch den Krieg unendliches Leid erfahren hatte und mit 10 Millionen Toten einen hohen Preis bezahlt hatte? Die Antwort kam bald. Sie war eindeutig und entsprach alles andere als dem Bild, das die späteren DDR-Historiker von den „Freunden" und „Befreiern" gemacht haben. Schnell prägten Terror und Angst das Leben der Mühlhäuser Bürger. Menschen wurden aus ihren Häusern gejagt, verhaftet, gefoltert, erschossen, verschleppt. Neben Repressalien erfolgten Razzien, Demütigungen, Morde auf offener Straße. Die Hoffnung der Bevölkerung, dass nun nach Ende des Krieges endlich Friede einkehren würde, erwies sich angesichts solcher Willkür als Trugschluss.

Die Rote Armee war als Siegermacht gekommen, selbstbewusst, Herr über Leben und Tod, den unterlegenen Gegner das jederzeit spüren lassend. Sie war gekommen als neuerstandene Großmacht, die nicht gewillt war, auch nur einen Meter des eroberten Territoriums wieder herzugeben, entsprechend der imperialistischen Entwicklungsgeschichte des russisch-sowjetischen Reiches. Sie war gekommen als Trägerin einer Ideologie, die sie sofort und mit allen ihr zur Verfügung stehenden Mitteln dem besetzten deutschen Gebiet aufzustülpen gewillt war. Vor allem aber war sie mit dem gefürchteten Geheimdienst NKWD/MWD in Mitteldeutschland eingezogen, eine Truppe, deren blutige Spur bis in die Anfänge der Sowjet-Republik zurück reichte. Dass die Übergriffe dieser sowjetischen Besatzungsmacht, ihre zahllosen Verbrechen im weiteren Verlauf in der DDR-Geschichtsschreibung unerwähnt blieben, entsprach ganz und gar der „historischen Entwicklung" des besetzten Landes, der DDR, wo die inzwischen eingeführte „leninistisch-stalinistische" Ideologie die Maßstäbe, Normen und programmatischen Zielsetzungen für die Bevölkerung bestimmten. Zu keiner Zeit wurde den nachfolgenden Generationen darüber Aufklärung erteilt, was sich damals abgespielt hat. Es hieß lediglich, dass im Zuge der Entnazifizierung in den Nachkriegsjahren alle verantwortlichen Nazis verhaftet und ihrer gerechten Strafe zugeführt worden seien. Das war alles. Weder von der Wiederinbetriebnahme solcher KZs wie Buchenwald, Sachsenhausen, Jamlitz und Ketschendorf wurde gesprochen, noch von den nicht enden wollenden Übergriffen sowjetischer Soldaten bei der deutschen Bevölkerung, schon gar nicht von den Folterkellern der GPU in den mitteldeutschen Städten. Dem Bild der friedliebenden und großmütigen Sowjetunion mit Väterchen Stalin an der Spitze durfte kein Fleck zugefügt werden.

Der Begriff „Stalinismus" und was die Verbrechen Stalins im einzelnen bedeuteten, sind zu DDR-Zeiten nie aufgezeigt und den Menschen deutlich gemacht worden. Aus gutem Grund. Zum einen war Stalinismus reine Willkürherrschaft ohne geringste demokratische Regeln, also von daher von den Regierungspraktiken der DDR-Oberen kaum zu unterscheiden, zum anderen ein gesellschaftspolitisches

System, das ohne „geschichtliche Notwendigkeit" die Macht einem Einzelnen überließ. Eben das aber praktizierten Ulbricht und Honecker bis zu ihrem Amtsende. Beide mussten gewaltsam von den eigenen Genossen entfernt werden. Stalins Weg war während seiner 30-jährigen Herrschaft von Blut und Terror geprägt. Unter ihm entfernte sich der Kommunismus schnell von der einfachen Diktatur zum totalitären System. Menschenleben galten nichts. Allein die Zwangskollektivierung 1932 kostete der SU über fünf Millionen Tote. Um seine Macht zu festigen, ließ Stalin während der großen „Säuberung" von 1936 bis 1938 nicht nur die alten Bolschewiki ermorden, sondern auch seine getreuesten Genossen. Die Medien indessen machten ihn zum allwissenden Führer und alleinigen Besitzer der Wahrheit. Damit wurde seine Person den Sowjetbürgern als gottähnlich vorgestellt. Wer daran zweifelte, beging Gotteslästerung und wurde entsprechend bestraft. Das haben zahlreiche Mühlhäuser, so die Heisler-Schwestern, bitter zu spüren bekommen. Unzählige Deutsche sind wegen dieses Deliktes von sowjetischen Militärtribunalen hingerichtet worden. Bezeichnenderweise fanden diese Verhandlungen im Geheimen statt.

Trotz Stalins Tod 1953 und dem XX. Parteitag der KPdSU 1956, demzufolge der „Stalinismus" schrittweise überwunden werden sollte, blieben die Grundpfeiler dieses Terror-Systems sowohl in der Sowjetunion wie in der DDR erhalten. Weder der ideologische Anspruch, die Partei habe „immer Recht", noch das Organisationsprinzip mit der hierarchischen Forderung nach „demokratischem Zentralismus" oder das System der „Nomenklatur" in der Kaderpolitik wurden aufgehoben. Letzteres haben die Mühlhäuser bei ihren Ortsgewaltigen nur allzu gut studieren können, wie es überhaupt zu ihren Stalinismus-Erfahrungen zählte, jenen Funktionärs-Typ kennen zu lernen, der jederzeit die von oben angeordneten und oft wechselnden politischen Linien befolgte, der sich freiwillig unterordnete und kritiklos Parteidisziplin übte. Diese Funktionäre kennzeichnete eine geradezu erstaunliche Überheblichkeit. Sie glaubten tatsächlich, mit ihrer Kenntnis von der angeblichen „Gesetzmäßigkeit" der Geschichte über den Massen zu stehen. Das devote Bekenntnis zu Stalin und dessen „Marxismus-Leninismus" bedeutete für sie, die Direktiven des Politbüros stets als unfehlbar zu akzeptieren. Wobei sie in einer nicht mehr nachzuvollziehenden Weise darüber hinwegsahen, dass diese Partei-Führer nicht einmal in der Lage waren, ordentlich Deutsch zu sprechen und sich frei zu artikulieren. Die bestenfalls das Bildungsniveau von Achtklassenschülern hatten und das auch offen zur Schau trugen. Die in diesem Buch gesammelten Fakten, Aussagen, Dokumente, Berichte, Kassiber und Briefe wurden von mehr als 400 Zeitzeugen, Opfern bzw. Angehörigen von Opfern an den Autor herangetragen. Sie bringen Licht in eines der dunkelsten und grausamsten Kapitel Mühlhäuser Stadtgeschichte. Dass nach fünfzig Jahren nur ein Teil der damaligen Geschehnisse ermittelt werden konnte, versteht sich von selbst. Das ganze Ausmaß der Tragödie muss also noch viel umfassender gesehen werden.

Was die vom Autor eingefügten Zeitsprünge betrifft, so sind diese zur Erhellung der jeweiligen Texte gedacht. Das gilt ebenso für herangezogene Berichte von überregionalen Ereignissen und Nennung von Gesamtzahlen, wie von Verschleppungen und Verurteilungen in der gesamten SBZ und DDR.

Es liegt dem Autor völlig fern, mit diesem Buch eine Gegenrechnung zu den durch den Hitler-Faschismus begangenen Verbrechen in der Sowjetunion aufzustellen. Aber es kann nicht sein, die damals geschehen Schandtaten, insbesondere die vom sowjetischen NKWD/MWD begangenen, länger zu verschweigen. Dazu besteht nicht der mindeste Grund. Im Gegenteil: Es gab den Faschismus und es gab den Stalinismus. Beide Diktaturen waren in ihren Handlungsweisen unmenschlich und zutiefst verbrecherisch. Das soll hiermit den Nachgeborenen in aller Deutlichkeit aufgezeichnet werden.

Laut Potsdamer Abkommen besetzte die Rote Armee am 4. April 1945 das inzwischen von den Amerikanern geräumte Land Thüringen.

„Wir wohnten damals am Kiliansgraben 6. In langen Kolonnen rollten die kleinen Panjewagen der Russen die Langensalzaer Straße herunter. Nur hin und wieder zeigte sich ein motorisiertes Fahrzeug. Plötzlich schrie eine Frau laut auf. Ein Motorrad mit Beiwagen war auf dem Fußweg entlanggefahren und hatte sie zur Seite geschleudert. Ungerührt fuhren die beiden Soldaten weiter. Später versuchten einige Passanten der Unglücklichen zu helfen. Aber da war sie schon tot. Noch Stunden später lag sie so da. – Das war meine erste Bekanntschaft mit der Sowjet-Armee."

Detlef Weimer

3. DAS ENDE DES ZWEITEN WELTKRIEGES

Am 8. Mai 1945 erfolgte die militärische Gesamtkapitulation des Deutschen Reiches. In den nachfolgenden Monaten wies das Land alle nur erdenklichen Spuren eines totalen militärischen, politischen und wirtschaftlichen Zusammenbruches auf, von weitflächigen Kriegszerstörungen bis hin zur Auflösung jeglicher Ordnungen. Neben dem unermeßlichen Leid, das die Machthaber des nationalsozialistischen Regimes über die benachbarten Staaten und Völker gebracht hatte, standen die Verluste der deutschen Bevölkerung: ca. 3½ Millionen Tote, davon als Opfer des Luftkrieges etwa 500.000.

In dieser Nachkriegszeit war ein ganzes Volk in Bewegung geraten, Familien und Nachbarschaften waren zerrissen. Schon seit Januar 1945 strömten unübersehbare Flüchtlingstrecks aus den Ostprovinzen ins Innere Deutschlands. Evakuierte und ausgebombte Familien sowie entlassene Soldaten suchten verzweifelt nach ihren Angehörigen; die Ausländer unter den befreiten KZ-Häftlingen und Tausende von Zwangsarbeitern aus nahezu allen Ländern Europas versuchten in ihre Heimat zurückzugelangen. Dieses Chaos verschärfte sich noch dadurch, dass das Post- und Fernmeldewesen, das Eisenbahnnetz und andere Verkehrseinrichtungen nahezu lahmgelegt waren. Dasselbe galt auch für die Versorgung mit Lebensmitteln, Wasser, Heizmaterial und Licht. Ein hoher Prozentsatz an Wohnungen war durch Kriegseinwirkungen zerstört. Die Schulen blieben geschlossen so wie viele Ämter. Die gesamte Bevölkerung sah sich vor den Kampf ums nackte Dasein gestellt.

Entsprechend ihren in Jalta getroffenen Beschlüssen begannen die Sieger, „Deutschland für Besatzungszwecke" in vier Zonen und Berlin in vier Sektoren aufzuteilen. Am 30. Juli 1945 nahm die Alliierte Kontrollratsbehörde ihre Arbeit auf.

Zu diesem Zeitpunkt war allerdings die Haltung Großbritanniens gegenüber der Sowjetunion wegen der „nicht mehr kontrolllierbaren Geschehnisse hinter dem Eisernen Vorhang" (Churchill) schon ausgesprochen feindlich geworden.

Während die Deutschen verständlicherweise kaum Vorstellungen über ihre weitere Zukunft hatten, nur froh waren, überlebt zu haben, standen die Siegermächte vor solch wichtigen Aufgaben wie: völlige Abrüstung und Entmilitarisierung Deutschlands, Säuberung des Landes vom Nationalsozialismus und Bestrafung derer, die sich nachweislich durch Kriegsverbrechen schuldig gemacht hatten. Dabei ahnten die führenden Politiker der USA und Großbritanniens, dass es Schwierigkeiten mit einem Bundesgenossen geben würde, mit welchem sie lediglich ein Zweckbündnis eingegangen waren und dessen Ideologie, dem Kommunismus auf der ganzen Welt zum Siege zu verhelfen, die wichtigste Aufgabe schien. Dass die Sowjetunion, zwar erst 1941 zur Kriegsführung gezwungen, aber doch seit 1939 im Genuss territorialer Vorteile dieses von Hitler angezettelten Krieges, die in dessen erster Phase annektierten Randgebiete zwischen Ostsee und Schwarzem Meer nicht wieder herauszugeben bereit war, akzeptierte man. Auch die bereits vollzogene Annexion des nördlichen Ostpreußens mit Stadt und Hafen Königsberg durch die Sowjets wurde widerspruchslos sanktioniert. Man billigte ferner die bereits begonnene Austreibung der deutschen Bevölkerung aus Polen, der Tschechoslowakei und Ungarn, in deren Folge über 5 Millionen Deutsche Opfer wurden. Nunmehr, zu Weltmachtwürde gelangt, war Moskau fest entschlossen, künftig an allen wichtigen Entscheidungen mitzuwirken, die, wie auch immer, den sowjetischen Interessen zu dienen hatten.

Von daher agierte die Sowjetunion sehr viel schneller und geschickter als die Westmächte. Während in den Westzonen jegliche politische Tätigkeit verboten blieb, nutzten die Russen die Gunst der Stunde auf ihre Weise, indem sie als erste Besatzungsmacht die Bildung von „antifaschistischen" Parteien und Gewerkschaften anordneten. Schon am 11. Juni 1945 riefen sie mit Hilfe jahrelang in Moskau geschulter Führungskader deutscher Kommunisten („Gruppe Ulbricht") die KPD wieder ins Leben. Sie erlaubten ferner die Neugründung der SPD und ließen auch die Bildung zweier bürgerlicher Parteien (CDU und LDP) zu. Alle vier Parteien hatten sich freilich sehr bald zu einem „antifaschistisch-demokratischen Block" zusammenzuschließen, in welchem die KPD/SED eindeutig dominierte und also den sowjetischen Besatzungsplänen diente.

In Jalta hatten die Alliierten den Gesamtwert der von Deutschland zu verlangenden Reparationen auf 20 Milliarden Dollar festgesetzt. 50 Prozent davon sollten der Sowjetunion zukommen. Die Frist der Abtragung sollte 25 Jahre dauern (nach heftiger Kritik Moskaus 40 Jahre plus Entwaffnung). Doch noch 1945 begannen die Sowjets mit dem Abtransport aller nur erdenklichen Güter, was das wirtschaftliche Chaos in der Ostzone noch verstärkte. Darüber hinaus wurde die, wenngleich sehr bescheidene, Produktion der Ostzone voll und ganz auf die Bedürfnisse der Sowjetunion eingestellt, was den Westmächten nicht länger tragbar schien. Nach einem „Drei-Punkte-Programm" des US-Außenministers Bevin hatte die deutsche Wirtschaft als Ganzes bestehen zu bleiben. Zuerst müsse sie gesunden, erst dann könne man vielleicht aus den Überschüssen tragbare Entnahmen fordern. Dies kam für die Sowjetunion selbstverständlich nicht in Frage.

Während die Siegermächte mit den „Nürnberger Prozessen" noch einmal gemeinsam nach Beendigung der Feindseligkeiten gegen die deutschen Kriegsverbrecher gerichtlich vorgingen, wurden die sogenannten Entnazifizierungen in der Folgezeit sehr unterschiedlich gehandhabt. Zwar wurden zunächst in allen Zonen Verhaftungen, Beschlagnahmungen und Auflagen vorgenommen und nominelle Nationalsozialisten schnell und weitgehend aus dem öffentlichen Dienst und der Wirtschaft entfernt. Die anschließende „systematische Säuberung" in der Art, den Nationalsozialismus als „Faschismus" und diesen im weitesten Sinne als Zusammenfassung aller wirklichen und eingebildeten Gegner der kommunistischen Lehre zu sehen, führte jedoch in der Sowjetzone dazu, dass man diese „Sicht" politisch mißbrauchte und die eigentlich individuell zu handhabende Entnazifizierung zu einer radikalen gesellschaftlichen Umordnung werden ließ. Die vollständige Beschlagnahme des landwirtschaftlichen Großgrundbesitzes („Bodenreform") und Enteignungen im Bereiche der Groß- und Mittelindustrie zugunsten der Sowjetunion oder „volkseigener Betriebe" waren eine Brüskierung der anderen Alliierten. In einer Art Spätfolge der Russischen Oktoberrevolution hatten die Russen mit einer kalten sozialistischen Revolution im doppelten Sinne Boden gewonnen, dazu die „bürgerlichen" Bevölkerungsschichten weitgehendst eingeschüchtert.

Im Februar 1949 war die Entnazifizierung in Westdeutschland abgeschlossen, in der Ostzone bereits 1948.

Nachdem bereits beim Vormarsch der Roten Armee im Frühjahr 1945 auf deutschem Boden mehr als 380.000 deutsche Zivilisten verhaftet worden waren, verblieben oder starben von ihnen etwa 88.000 als Internierte in NKWD-Frontlagern. Mehr als 120.000 Deutsche kamen ab Juli in sog. Speziallager, meist ehemalige Nazi-KZs, in denen eine erschreckend hohe Sterblichkeit herrschte. Bei solchen summarischen Verhaftungen gab es so gut wie keine rechtlichen Untersuchungen über den Grad von strafwürdigen Verfehlungen der Opfer.
Die Vertreibung aller Deutschen aus den Ostgebieten, aus Polen, der Tschechoslowakei, Ungarn und Jugoslawien hatte in dem Potsdamer Kommuniqué keinerlei Grundlage, sondern beruhte lediglich auf einseitigen, von Moskau gedeckten Maßnahmen der Warschauer Regierung. Die Ausweisungswellen schlossen sich ziemlich schnell an die Flüchtlingswellen an und ebbten erst im Jahre 1947 ab; im November 1945 glaubte der Kontrollrat mit 6½ Millionen Ausgewiesenen bzw. Auszuweisenden rechnen zu müssen und bestimmte, dass die sowjetische Zone 2¾ Millionen, die britische 1½ Millionen, die amerikanische 2¼ Millionen und die französische Zone 150.000 Vertriebene aufzunehmen hätten. In Wirklichkeit lag die Zahl der von ihrer Heimat getrennten Deutschen wesentlich höher: es waren über 13 Millionen, von denen mehr als zwei Drittel in die Länder der BRD gelangten. Die Formen der Vertreibung der unglücklichen Menschen zählen zu den bittersten und wohl beschämendsten Phänomenen der europäischen Nachkriegsgeschichte.

Die Situation in der Ostzone nach dem Notjahr 1947, mit seiner katastrophalen Nahrungsmittelversorgung, war geprägt von Hunger, Wohnungsnot und Mangel an Heizmaterial. Ganz besonders aber litt die Bevölkerung durch die zahllosen Übergriffe sowjetischer Besatzungssoldaten. Allein 34.706 Sowjetbürger (fast alle Rotarmisten) waren nach Verurteilungen durch Militärtribunale in Speziallager wie Buchenwald, Sachsenhausen, Hohenschönhausen inhaftiert worden. Ihre Vergehen waren Mord, Vergewaltigungen, Banditentum, Diebstahl, Desertation. Die russische Historikerin Irina Scherbakowa schreibt dazu: „Wegen der katastrophalen Trunksucht und der Neigung zum Stehlen in der sowjetischen Armee passierten zahllose Verbrechen noch lange nach dem Krieg im Geist der Gewalt und des moralischen Verfalls."

Von diesen Militärtribunalen, die bis 1955 in Ostdeutschland agierten, wurden bis 1951 etwa 50 000 (Fricke) Deutsche verurteilt, insbesondere wegen „Spionage", Sowjethetze, Sabotage, konterrevolutionäre Propaganda. Dazu kam eine kaum zu schätzende Zahl von Menschen, welche durch den sowjetischen Geheimdienst NKWD/MWD zeitweise verhaftet oder für immer verschleppt wurden. Diese Willkürherrschaft mit Furcht und Schrecken hatte die sowjetische Führung bereits in Ostpreußen praktiziert, sozusagen als summarische Bestrafung der Deutschen, wie Vladimir Kozlow feststellt.

Vladimir Kozlow, Direktor des GARF, des Staatlichen Archivs der Russischen Föderation.

Indessen verwickelten sich die Siegermächte bei ihren weiteren Verhandlungen um einen möglichen Friedensvertrag für die Deutschen nach wie vor in kleinliche Zankereien.

Als sich die Außenminister zum 4. Male im März/April 1947 in Moskau trafen, hatte es viele interne Vorarbeiten gegeben, auch die kleineren Staaten unter den ehemaligen Kriegsgegnern Deutschlands hatten ihre Auffassungen dargelegt und Wünsche angemeldet. Besonders aber das deutsche Volk schaute nach dem überaus harten Winter mit großen Erwartungen nach der sowjetischen Hauptstadt. Tatsächlich stand auch – zum ersten Mal – die deutsche Frage im Mittelpunkt der Beratungen. Doch schon in den Verfahrensfragen zerstritt man sich.

Was Molotow diesmal unterbreitete, war eine Bündelung ideologisch-machtpolitischer Aspekte von höchster Gefährlichkeit für den Westen. Der in der Sowjetzone geschaffene Verwaltungsrahmen unter kommunistischer Kontrolle sollte als Kader und Methodenschule für Gesamtdeutschland gelten. An diesem Punkt angelangt, entschlossen sich die Westmächte endlich Widerstand zu leisten und zu handeln: mit dem wirtschaftlichen Wiederaufbau Westeuropas. Den Preis dafür zahlte allerdings Deutschland, denn sein Problem war damit endgültig vom Tisch.

Mit dem Marshall-Plan entwickelten die Westmächte ein großzügiges Hilfsprogramm für Europa. Seine Realisierung sollte der erste wirksame Gegenzug gegen den östlichen Totalitarismus werden. Dementsprechend reagierte Moskau. In den offiziellen Verlautbarungen hieß es: Verletzung des Potsdamer Abkommens, Hintergehung des Kontrollrates. Als im November 1947 in London noch einmal die Außenminister tagten, glaubte Molotow feststellen zu müssen, die USA und England gedächten Deutschland mit Hilfe des Marshall-Planes zu „versklaven". Für die Westmächte hingegen war die Einverleibung des schlesischen Industriegebietes in den Ostblock ohne irgendeinen Ausgleich für das westliche Europa nicht hinnehmbar. Unter derartigen Beschuldigungen trennte man sich am 15. Dezember schließlich in kaum verhüllter Feindseligkeit.

Damit war die Vier-Mächte-Politik gegenüber Deutschland fürs erste gescheitert. Die Sowjets zogen sich auf ihre im Kriege gewonnenen Faustpfänder zurück – nicht gewillt, sie gefährden zu lassen, weder zugunsten eines vereinigten Deutschlands unter nicht-kommunistischen Vorzeichen noch zugunsten einer europäischen Wohlstandssphäre. Vielmehr festigten sie ihren Herrschaftsbereich: am 25. Februar 1948 verwandelte ein kalter Staatsstreich die Tschechoslowakei endgültig in ein kommunistisch gelenktes Land, am 20. März ließ Marschall Sokolowski in Berlin den Alliierten Kontrollrat auffliegen, am 31. März wurde die verkehrsmäßige, am 24. Juni – im Zusammenhang mit der Währungsreform – die wirtschaftliche Blockade der drei Westsektoren Berlins eingeleitet.

So erlebte die Welt, drei Jahre nach der Niederschlagung des Faschismus, das erregende Schauspiel des „Kalten Krieges" zwischen den Siegern.

Unter diesen Bedingungen wurde im Mai 1949 die Bundesrepublik Deutschland gegründet, im Oktober die Deutsche Demokratische Republik. Wobei die Deutschen im Osten unter einer erneuten Diktatur fraglos die schwerere Last aufgebürdet bekamen. Schon was die Persönlichkeitsrechte jedes Einzelnen betraf, durch den „verschärften Klassenkampf" wurden sie sehr bald entscheidend eingeschränkt. Bei der von Hilde Benjamin (DDR-Justizministerin) aufgebauten DDR-Justizmaschinerie mussten alle Straftaten „unter Zugrundelegung der Gesetze des Klassenkampfes" beurteilt werden. In diesem Sinne wurde ab 23. Mai 1952 die Staatsanwaltschaft völlig aus dem Gesamtbereich der Justiz herausgenommen, verselbständigt und neben den Kontrollorganen und der SED zu einer „weiteren zentralen Kontrollinstanz" erhoben.

Auf solche Weise baute sich schließlich der monströse Unterdrückungsapparat der DDR auf. Zur Bekämpfung des inneren Feindes unterhielt das SED-Regime 50.000 Mann Grenztruppen, 200.000 Mann paramilitärischer Kampfgruppen, 80.000 Mann „Volkspolizei", 8.000 Transportpolizisten und 15.000 Betriebsschutzleute. Die politische Kriminalpolizei stützte sich zudem auf 177.000 Polizeihelfer. Wichtigstes Organ zur Kontrolle der Bevölkerung war das Ministerium für Staatssicherheit (Stasi) mit 90.000 hauptamtlichen und 175.000 inoffiziellen Mitarbeitern (IM).

Was die SED betraf, so spielte sie, genau wie ihre Schwesterparteien in den anderen Volksrepubliken, im Rahmen der DDR die Rolle einer Staatspartei. Nach dem Vorbild der KPdSU befahl sie dem Staat, den sie in diesem Falle ungleich der NSDAP nicht einmal hatte an sich reißen müssen.

Von dem angeblich freiwilligen und spontanen Zusammenschluss von KPD und SPD im April 1946 zur SED, war schon nach wenigen Jahren nichts mehr zu erkennen. Die ursprünglich paritätische Machtverteilung und Besetzung aller wichtigen Stellen mit Kommunisten und Sozialdemokraten hielt nicht lange an. Schon 1948/49 war die Mehrzahl der Sozialdemokraten ausmanövriert und durch linientreue Kommunisten abgelöst worden. Die „Zwangsvereinigung" war auch damit bestätigt, dass Tausende ehemaliger SPD-Mitglieder in jenen Jahren verhaftet, verschleppt und getötet wurden.

Die ersten freien Wahlen in der Bundesrepublik seit 1933 fanden am 14. August 1949 statt. Den Bürgern der DDR wurde das Entscheiden leichter gemacht. Sie brauchten nur einen vorgedruckten Wahlschein in die Urne zu werfen, und bei jeder

Wahl wurde ein Ergebnis von 99 Prozent für die Einheitsliste erzielt. In der „Nationalen Front" dominierte eindeutig die SED. Die Christdemokraten und die Liberalen bekamen eine unbedeutende Stimmenquote zugeteilt, auf deren Stärke die Wähler keinerlei Einfluß hatten. Die 400 Abgeordneten der Volkskammer waren immer einer Meinung, und die wurde von der SED festgelegt.

Damit blieben die Hoffnungen der Deutschen, in einem Land leben zu dürfen, das ihren Wünschen und teuer bezahlten Erfahrungen entsprach, unerfüllt. Innerhalb von wenigen Jahren war auf Grund der Strategie zweier verschiedener, zutiefst verfeindeter Weltmächte aus ihrem völlig zerschlagenen Land ein für sie unakzeptables Gebilde entstanden. Angesichts von über 50 Millionen Toten des 2. Weltkrieges und dem festen Willen, wiedergutzumachen und nie wieder eine Waffe in die Hand zu nehmen, wurden Deutsche wieder in Uniformen gesteckt und bewaffnet. Dazu noch beschworen, gegebenenfalls auf einander zu schießen.

Damit hatte sich das erfüllt, was General Eisenhower am 26. April 1945 gemeinsam mit seinem Stellvertreter L. Clay exemplarisch festlegte: „Wir sind nicht gekommen um Deutschland zum Zwecke der Befreiung zu besetzen, sondern als besiegten Feindstaat zu behandeln …"

Nach Th. Vogelsang

4. AUS DER GESCHICHTE DER STADT MÜHLHAUSEN

Die Stadt Mühlhausen/Thür. an der oberen Unstrut, liegt an der Bahnstrecke Gotha–Leinefelde. Die geschichtlichen Ursprünge weisen bis in die jüngere Steinzeit zurück. Nach der Zerschlagung des Thüringer Reiches erbauten die fränkischen Eroberer an der großen Nord-Südstraße eine Burg und eine Wassermühle, die dieser Siedlung den Namen Molinhuso gab. Erstmals urkundlich erwähnt wurde Mühlhausen im Jahre 967 durch Otto II. Während des 10. Jahrhunderts wurde aus dem königlichen Wirtschaftshof eine Pfalz, auf der sich in den folgenden Jahrhunderten wiederholt deutsche Kaiser aufhielten und dort ihren Staatsgeschäften nachgingen. So erlebte Mühlhausen die Huldigung König Philipps zur Königswahl. 1220 entstand das erste Stadtrechtsbuch in deutscher Sprache und bereits 1247 gingen Mühlhauser Tuche durch den Hamburger Zoll. Nach der Zerstörung der kaiserlichen Burg 1256 entwickelte sich Mühlhausen mehr und mehr zur freien Reichsstadt. Es schuf einen doppelten Mauerring, erwarb ein 3½ Quadratmeilen großes Gebiet mit über 60 Dörfern. Zu den zahlreichen Neu- und Erweiterungsbauten an Bürgerhäusern und Amtsgebäuden entstanden 14 Kirchen. Fast alle wurden vom Deutschen Ritterorden errichtet, so die fünfschiffige gotische Marienkirche, die größte evangelische Kirche Thüringens. Um sich gegen Überfälle abzusichern, schloß die Stadt 1309 ein Schutzbündnis mit Nordhausen und Erfurt ab, das über 200 Jahre währte. In dieser Zeit verstand es der Stadtrat geschickt, die ständige Geldverlegenheit des Kaisers auszunutzen und die enge Stadtflur nach außen hin kräftig zu erweitern. Auch den Streit mit dem Deutschen Ritterorden konnte die Stadt mit einem Sieg beenden. Schließlich, Ende des 15. Jahrhunderts, zählte Mühlhausen mit 10.000 Einwohnern zu den größten Städten Deutschlands.

Ein bedeutender Punkt in der Reformationsgeschichte wurde das Auftreten Thomas Müntzers. Seit 1524 in Mühlhausen, schürte der Prediger mit seinen Reden und Schriften den Aufstand der Bauern gegen die Fürsten. Schon einige Jahre zuvor hatte es Aufsehen erregende Predigten des Mühlhäuser Heinrich Pfeifer gegeben, deren kirchliche Lehrinhalte über die Forderungen Luthers hinaus eine politische Veränderung anstrebten.

Die Schlacht bei Frankenhausen machte dem Bauernkrieg in Thüringen ein rasches Ende. Die Rache der fürstlichen Sieger war erbarmungslos. Mühlhausen musste schwere Straf- und Entschädigungsgelder zahlen, verlor seine Dörfer, Müntzer und Pfeifer wurden hingerichtet. Erst unter der zielgerichteten Führung des Bürgermeisters Rodemann konnte die verloren gegangene Reichsfreiheit wiedergewonnen werden. Dieses Ziel wurde 1548 unter Kaiser Karl V. erreicht. Damals kam es zur Gründung eines Gymnasiums (1543), einer Mädchenschule (1565) und einer Buchdruckerei (1566). Bei diesem wirtschaftlichen Aufschwung wurde Mühlhausen auch ein zentraler Zollhandelsplatz.

100 Jahre später geriet die Stadt durch den Dreißigjährigen Krieg finanziell an den Rand des Ruins. ca. 1,75 Millionen Gulden waren zu zahlen. Diese Not zwang die Stadtväter zu harten Steuermaßnahmen. Die Folge war eine allgemeine Verar-

mung der Bevölkerung. Besonders hart betroffen waren die umliegenden Dörfer, sie wurden mehrfach geplündert und verbrannt, so dass die Bauern von 1628 an zeitweise in die Wälder oder auf Jahre hinaus in das befestigte Mühlhausen flüchteten. 1646 meldete Felchta, dass seit 6 Jahren kein Pferd mehr im Dorfe war, nur 4 Kühe. An Einwohnern befanden sich dort nur noch 9 Männer und 11 Witwen in 30 Häusern, die von 60 übriggeblieben waren. Mühlhausen hatte 50 Prozent seiner Bürger, teils auch durch Abwanderung, verloren. So verließ Laurentius Blumentrost, der spätere Leibarzt von Zarin Katharina I., die Stadt.

In einer Periode künstlerischen Schaffens, vor allem in der Musik, gelangten hervorragende Geister nach Mühlhausen. Der Liederdichter Georg Neumark verlebte hier seine Jugend. Zu den bedeutendsten Organisten an der Divi-Blasii-Kirche zählt Johann Sebastian Bach, der von 1707 bis 1708 hier wirkte. Ihm folgte sein Vetter Joh. Friedrich Bach von 1708 bis 1730. Von 1735 bis 1737 spielte Joh. Gottfried Bernhard Bach, vierter Sohn von Joh. Sebastian, an der Marienkirche.

Das Ende der Reichsfreiheit 1802 und die Eingliederung in einen größeren Staatenverband brachte für die Stadt zahlreiche Vorteile. Wirtschaft, Verfassung und Verwaltung bekamen neue Impulse. Die westfälische Kommunalordnung, die 1810 erfolgte Anpassung an die Stein'sche Städteordnung und die revidierte Städteordnung von 1531 verhalfen der Verwaltung zu einer sichtbaren Demokratisierung. 1817 wurde auch der Kreis Mühlhausen geschaffen. Preußen hatte die thüringischen Besitzungen vom Kurfürstentum Mainz nach dem Frieden von Luneville 1801, das Eichsfeld, Treffurt und die Vogtei Dorla erhalten. Der zum Regierungsbezirk Erfurt gehörende Landkreis umfaßte 39.613 ha. Hundert Jahre später betrug die Einwohnerzahl 42.333, die sich auf 10.138 Familienhaushaltungen verteilte. Auch in diesen ländlichen Gebieten, in denen mit Erfolg Land- und Viehwirtschaft, aber auch Obstbau betrieben wurde, entwickelte sich eine mannigfaltige Textil-, Backsteinindustrie sowie Tabakfabrikation. An Bodenschätzen lieferten die Steinbrüche den vorzüglichen Travertin. Dazu kamen wertvolle Kalibergwerke.

Die Märzrevolution im Jahre 1848 fand bei der Bürgerschaft nur verhaltenes Interesse. Zwar wurden Bürgerwehren aufgestellt, Vereine gegründet, Versammlungen abgehalten, allein Bürgermeister Gier blieb es vorbehalten, mit seiner fortschrittlich–demokratischen Gesinnung über die Zeit hinaus Zeichen zu setzen.

Mit der allgemeinen Industrialisierung, vor allem in der zweiten Hälfte des 19. Jahrhunderts, bekam das Gewerbe in der Stadt einen enormen Anschub. Neue Industrien siedelten sich an, dabei nahm die Textilherstellung den ersten Platz ein. Wo bis dahin nur die Woll- und Baumwollmanufakturen eine Rolle gespielt hatten, kam die Wirk- und Strickwarenindustrie hinzu. Bedeutende Kamm- und Streichgarnspinnereien begannen zu produzieren, dementsprechend entwickelten sich auch Färbereien. Zahlreiche metallverarbeitende Betriebe entstanden, auch die Tabakindustrie fasste Fuß.

Dieser rasanten Entwicklung entsprechend gestaltete sich die Infrastruktur: Straßen wurden ausgebaut, es erfolgte der Anschluß an das Eisenbahnnetz mit den Linien Gotha–Leinefelde (1870) und Mühlhausen–Ebeleben (1897). Ein Jahr später fuhr die erste elektrische Straßenbahn durch die Stadt. Von 1876 bis 1910 wurden nicht weniger als vier neue große Grundschulen gebaut, außerdem noch eine Oberschule, ein Gymnasium, ein Lyzeum und ein Lehrerseminar. Nebenher waren das Gas-, Wasser- und Elektrizitätswerk in Betrieb gegangen.

Die direkte Folge dieses allgemeinen Aufschwungs war ein enormer Bevölkerungsanstieg. Um 1900 zählte die Stadt 33.428 Einwohner, das war mehr als doppelt soviel wie um die Mitte und mehr als dreimal soviel wie zu Beginn des Jahrhunderts.

Die Revolution von 1918 mit Kundgebungen auf dem Blobach und Umzug durch die Stadt dauerte nur wenige Tage. Die roten Fahnen auf den öffentlichen Gebäuden wurden sehr bald wieder eingezogen.

Durch die allgemeine Notlage in den folgenden Jahren kam die Wirtschaft nur schwer wieder in Gang. Inflation und Arbeitslosigkeit prägten den Alltag der Bürger. Der von den Siegermächten aufgezwungene Versailler Vertrag mit den kolossalen Gebietsverlusten wie Elsaß–Lothringen, Eupen–Malmedi, Posen, Oberschlesien, Nordschleswig, Westpreußen führte der Stadt zahlreiche Neubürger zu. Was die Mühlhäuser Bevölkerung von den stärker werdenden radikalen Parteien hielt, zeigte sich bei den Reichstags– und Stadtverordnetenwahlen 1924, wie überall gab es auch in Mühlhausen einen großen Sieg des Bürgertums. Von den 36 Sitzen erhielten 23 die Bürgerlichen, sieben die Sozialdemokraten und sechs die Kommunisten.

Die Zeit des Nationalsozialismus von 1933 bis 1945 war geprägt von der Unterdrückung der Meinungsfreiheit und der Verfolgung von Minderheiten. Zahlreiche Bürger gerieten in die faschistische Justizmaschinerie. Der erste Gewaltakt der Nazis war die Amtsenthebung des demokratisch gewählten Oberbürgermeisters Dr. Hellmut Neumann. Obwohl einem großen Teil der jüdischen Bevölkerung die Flucht ins Ausland gelang, kamen noch 59 von ihnen in Hitlers KZs ums Leben. Ein besonders düsteres Kapitel bildete das „Gesundheitswesen". Bis zur Errichtung der Reichszentrale für Euthanasie 1944 in Pfafferode, waren hier schon unzählige Kranke sterilisiert, asyliert oder umgebracht worden.

Schon bald nach 1933 begann der verstärkte Ausbau der Kasernen und Militäreinrichtungen. Mehr und mehr wurden die einheimischen Industrien in die Rüstungsvorbereitungen einbezogen. Im Stadtwald entstand der „Gerätebau GmbH", ein Zweigbetrieb der Uhrenfabrik Gebr. Thiel in Ruhla. Weitere Rüstungsbetriebe waren die Lorenzwerke A.G. sowie die „Mühlen-Werke" von Junkers Flugzeugbau. Einhergehend damit kamen zahlreiche Hilfs- und Facharbeiter in die Stadt. Die erste, größere Gruppe waren Österreicher, für die das sogenannte B-Lager am Stadtwald gebaut wurde. Ihnen folgten nach Kriegsausbruch nach hier zur Zwangsarbeit verpflichtete Bürger aus Polen, Frankreich, der Ukraine usw.

Die Bevölkerungsstruktur erlebte in dieser Zeit bereits eine spürbare Veränderung. Gleich nach Kriegsausbruch kamen zahlreiche Evakuierte aus Westdeutschland, besonders aus Köln, Wuppertal, Essen, Düsseldorf. Ihre Zahl erhöhte sich in der Folgezeit beträchtlich durch sogenannte Bombengeschädigte aus Berlin und Hamburg. Ein Teil dieser Zugezogenen blieb auch nach 1945 in Mühlhausen.

Ende des Krieges war die Stadt überfüllt von Menschen. Sechs Lazarette beherbergten über tausend Verwundete, die ersten Flüchtlingstransporte trafen aus dem Osten ein. 1945 zählte Mühlhausen bei 54.000 Einwohner, davon waren knapp 13.000 Umsiedler. Kriegsschäden gab es so gut wie keine. Als eine der wenigen Städte Deutschlands hatte Mühlhausen den furchtbaren Krieg nahezu unversehrt überstanden.

Nach drei Monaten Besetzung durch die US-amerikanische Armee rückten Anfang Juli 1945 die Sowjets als Besatzungsmacht in die Stadt ein. Terror und Schrecken prägten in den ersten Jahren das Bild im Mühlhäuser Gebiet. Es kam zu zahlreichen Vergewaltigungen, Plünderungen und Morden durch Rotarmisten. Auf Anordnung der Kommandantur wurden Hunderte von Bürgern in Lager verschleppt, wo sie unter menschenunwürdigen Bedingungen dahinvegetierten und starben. Dies hatte, bei aller Wahrung der eigenen Sicherheit und gerechtfertigter Entnazifizierung, nicht das geringste mehr mit den erforderlichen Maßnahmen einer Besatzungstruppe zu tun. Dazu kamen unzählige Scheingerichtsverfahren sowjetischer Militärtribunale. Sie beruhten nicht auf rechtlichen Tatbeständen, sondern auf Machtinteressen und Gewalt. So wurde die Besetzung der Stadt weniger zu einer Befreiung als zu einer raumgreifenden Diktatur der Siegermacht.

Die berechtigten Reparationsleistungen an die Sowjetunion arteten nur allzu schnell in sinnlose Demontagen und Zerstörungen aus. Die in Jahrhunderten gewachsene Wirtschaftskraft der Stadt erlitt dabei einen herben Rückschlag. Auch der in der Landwirtschaft angeordnete Raubbau blieb Ursache für eine jahrzehntelang anhaltende Mangelwirtschaft. Dass trotz dieser unseligen Bedingungen bald wieder eine beachtliche Produktion in Gang kam, war dem unermüdlichen Fleiß der Bürger zu verdanken. Dem Rohstoffmangel begegnete man mit Erfindungsreichtum, dabei zeichneten sich vor allem die noch tätigen privaten Handwerksbetriebe aus. Neben zwei leistungsstarken Baumwollwebereien gab es 14 Woll- und Halbwollwebereien sowie 44 Strickwarenfabriken, zwei Streichgarnfabriken und drei Kammgarnspinnereien. Den zweiten Platz nahm die metallverarbeitende Industrie ein. Es wurden Fahrräder hergestellt, Strickmaschinen, Öfen, Landwirtschaftsgeräte sowie Maschinen aller Art. Dazu kam Lederverarbeitung und die Produktion von Möbeln, Musikinstrumenten, Chemikalien, Kartonagen. Aufgebaut auf heimischen Rohstoffen, lieferten drei Ziegeleien hochwertige Dachziegeln und Mauersteine. Ein hoher Prozentsatz dieser Produkte ging über viele Jahre als Reparationsleistung in die Sowjetunion.

Ähnlich wie in den anderen Städten der sowjetischen Besatzungszone vollzog sich auch in Mühlhausen im Spätsommer 1945 der Aufbau der politischen Parteien.

Bereits im Anfangsstadium zeigte sich, dass die Zulassung von KPD, SPD, CDU und LDP von zahlreichen Konditionen abhing, die diese in sowjetischer Abhängigkeit hielten. Damit war der Spielraum der Parteien bewußt stark eingeengt.

So gehörte die Verfolgung Andersdenkender in der jüngeren Stadtgeschichte zu dem Bedrückendsten der SED-Diktatur. Eines der ersten prominenten Opfer war der von den Bürgern hochgeschätzte Oberbürgermeister Dr. Hellmut Neumann. Der nach dem Krieg wieder eingesetzte Antifaschist wurde schon 1948 auf die widerwärtigste Weise aus seinem Amt vertrieben. In rascher Folge machte man danach weiteren demokratisch gesinnten Bürgern den Prozess.

Dr. Hellmut Neumann
Oberbürgermeister 1945–48

Da die jährlichen Planziele in der Wirtschaft nicht einmal annähernd erreicht wurden, entschloß sich die SED 1952 zu Zwangsmaßnahmen wie den „Sozialistischen Wettbewerb" (2. Parteikonferenz der SED). Zugleich errichtete sie unter rigorosem Druck die ersten landwirtschaftlichen „Produktionsgenossenschaften" (LPG), was zu einer Massenflucht der Bauern führte. Ihre Zahl belief sich 1952/53 auf 51.437 Personen. In dieser Zeit kam es im Mühlhäuser Grenzgebiet zu zahlreichen Zwangsaussiedlungen von sogenannten „unzuverlässigen Familien".

Mit den am 17. Mai 1952 vom Mühlhäuser Landgericht ausgesprochenen Todesurteilen gegen Ernst Wilhelm und Johann Muras lieferte die politische Strafjustiz der DDR ein weiteres Beispiel ihrer menschenverachtenden Vorgehensweise.

Unter diesen Bedingungen flohen in diesem Jahr 1.350 Bürger aus dem Mühlhäuser Stadt- und Kreisgebiet.

Die schlechte Lebensmittelversorgung und die Erhöhung der Leistungsnormen ins Unerträgliche führten schließlich zu den schweren Unruhen in der Arbeiterschaft am 17. Juni 1953. In der Mühlhäuser Region ergriffen die Bauern die Initiative. Nach einem Sternmarsch besetzten sie die Innenstadt, dort stürmten sie das Gericht und befreiten die Gefangenen. Am Mittag schien das Ende der „Staatsmacht" gekommen zu sein. Allein der Einsatz der Roten Armee bewahrte die Diktatoren an diesem Tag vor der Niederlage.

In diesem Jahr stieg die Zahl der geflüchteten Bürger auf 2.100 an. Von 1949 bis 1955 waren es insgesamt 10.300. Mit diesen Abwanderungen von Fachkräften, Akademikern und alteingesessenen Handwerkerfamilien verlor Mühlhausen einen Großteil seiner fähigsten Bürger.

Unrecht, Anmaßung, Misstrauen, dazu eine absolute Selbstüberschätzung einer durch Diktatur zur Macht gelangten Partei prägten weiterhin die gesellschaftlichen Abläufe.

Wegen des ständigen Mangels an Material und moderner Technik verkümmerte die Infrastruktur zusehends. Mehr und mehr gerieten die wertvollen Altstadtbauten in Verfall. Die von der SED hochgelobten sozialen Errungenschaften wie Kindergärten, Schulspeisung, Schwangerenurlaub, Niedrigmieten und Gesundheitsvorsorge standen im krassen Widerspruch zur allgemeinen Wirtschaftskraft. Die angekündigte Unfehlbarkeit der „wissenschaftlichen Marxistisch-Leninistischen Lehre" erwies sich in der Praxis als Utopie.

Die in diesem Buch erfaßten Vorgänge im Stadtgebiet Mühlhausen dürften zweifellos ein Spiegelbild der allgemein herrschenden Zustände in der Ostzone und frühen DDR sein. Von daher hat jede Stadt im sowjetisch besetzten Gebiet Deutschlands das gleiche Schicksal zu tragen gehabt.

5. AUFTAKT:
PLÜNDERUNG UND MORD – DAS UNBERECHENBARE

Nach dem Einmarsch der Amerikaner erfolgte die Befreiung aller Kriegsgefangenen und zwangsverschleppten Ausländer. Damit begann eine Zeit schlimmster Plünderungen. Während ein Teil der nach Deutschland verschleppten Zwangsarbeiter sich diszipliniert verhielt, bildeten sich bei den Polen und Russen schnell zahlreiche Banden, die rücksichtslos, teils auch bewaffnet, gegen die Zivilbevölkerung vorging. Besonders betroffen waren dabei die Dörfer. Hier zahlten es die Polen, Russen und Ukrainer ihren bisherigen Arbeitgebern bitter heim. Sie beraubten die Gehöfte, schlugen und erpressten die Besitzer und zerstörten, was sie nicht mitnehmen konnten. Obwohl die Amerikaner verschiedentlich hart durchgriffen, nie konnten sie diesem Unwesen ernsthaft Einhalt gebieten.

Geplündert wurden in der Stadt vor allem Textilbetriebe und ehemalige Vorratslager der Wehrmacht. Dazu zählten das Heeres-Marine-Lager bei der Fa. Busch am Bahnhofsplatz, die Born-Auto-Hallen, wo Berge von Schuhen lagerten sowie Lager in der Naumann-Straße und am Schadeberg. Ausgeräubert wurden alle drei Kasernen, insbesondere die Kantinenvorräte. In den Großbetrieben „Gerätebau" und Lorenz-Werke plünderten die bis dahin hier tätig gewesenen „Fremdarbeiter" alles, was ihnen wertvoll erschien, aber auch kleinere Betriebe wie Rathgeber, Wagner & Co., Gebr. Franke, die Brauereien blieben von diesen Ausschreitungen nicht verschont. Bei der Fa. Giebe waren es etwa 60 „Ostarbeiterinnen", die nicht nur aus der Fabrik hemmungslos Stoffe wegschleppten, sondern auch in den Häusern der umliegenden Straßen die Bewohner zur Herausgabe von Schmuck, Kleidern und Esswaren zwangen. Sie organisierten Keller- und Wohnungseinbrüche, bedrohten Gastwirte und bestahlen Geschäftsleute.

So zählte zum damaligen Straßenbild die mit Stoff- und Kleiderballen ihren Unterkünften zustrebenden ehemaligen Zwangsarbeiterinnen. In dichten Gruppen sah man Polen ihr geraubtes Gut durch die Stadt schleppen. Niemand wagte dem Einhalt zu gebieten. Im Gegenteil, nicht selten wurden Bürger, die ihr Eigentum zu verteidigen wagten, verprügelt. So der Kaufmann Theodor Wagner, der sein Fahrrad nicht hergeben wollte. Walter Pietsch wurde am Bahnhof bei der Verteidigung seiner Armbanduhr zusammengeschlagen. Erna Hüther bekam Schläge in ihrem Garten, als sie drei Polinnen beim Stehlen ihres Obstes hindern wollte. Auf der Windeberger Landstraße vergewaltigten drei Polen Inge Fredrichs und im Johannistal zwangen Polen Frau Gertrud Genzel und ihre Schwester zur Hergabe eines Korbes voller Wäsche, zudem mussten die Frauen noch ihre Kleider hergeben. Auch Geschäfte blieben von solchen Räubereien nicht verschont. Immer wieder verlangten Polen Geld und Waren von den Besitzern, dabei drohten sie mit Knüppeln, Messern und Revolvern.

In dieser Atmosphäre absoluter Rechtlosigkeit begannen sich diese Banditen auch untereinander zu befehden. Bei einem Raubzug in der Johannisstraße kam es zu einer blutigen Schlägerei zwischen Polen und Russen. Am Ende mussten fünf schwer Verwundete ins Krankenhaus eingeliefert werden.

Sehr diszipliniert dagegen verhielten sich die 27 ehemaligen Zuchthäusler der

Fa. Claes & Co., die sich weitgehendst an die Anordnungen der Amerikaner hielten. In ihrer gestreiften Häftlingskleidung erschienen sie nur in geordneten Gruppen in der Stadt, glücklich über ihre Befreiung, bereiteten sie sich in Ruhe auf ihre Heimkehr vor. Auch war es nicht selten, dass sich ehemalige Zwangsarbeiter vor ihre deutschen Arbeitgeber stellten, um sie vor den Übergriffen ihrer eigenen Landsleute zu schützen.

Zuwachs bekamen die Plünderer durch die aus den Gefängnissen heimkehrenden deutschen Kriminellen. Sie, die schnell Kontakt zu den Räubern fanden, übernahmen den Verkauf der gestohlenen Sachen auf dem Schwarzmarkt. Als Wertmaßstab galten amerikanische Zigaretten, eine Zigarette wurde mit 5 RM gehandelt.

Auch nach dem Einzug der Sowjets existierten diese Schwarzmärkte weiter.

Indessen zogen sich die verbliebenen polnischen Banden ins Grenzgebiet zurück. Von hier, aus den unwegsamen Wäldern, führten sie ihre brutalen Überfälle auf Gehöfte und Grenzgänger durch. Schon bald waren sie gefürchteter als die sowjetischen Grenzstreifen. Sie raubten, vergewaltigten und mordeten. Dabei wechselten sie ständig zwischen Thüringen und Hessen. Bei der Festnahme eines Bandenführers erklärte der einem Duderstädter Beamten, von sowjetischen Dienststellen ermuntert worden zu sein, in Hessen für Unruhe zu sorgen.

Aus der handgeschriebenen Chronik von Gustav Polack, Flarchheim 1945:
8.4. Es begannen die Raubtätigkeiten durch hiesige Polen und Ostarbeiter. Bei Willy Bang das Radio, Uhren, Schnaps, Eier, Schlachtwaren wurden aus den Häusern herausgeholt. Alles war in Sorge und Aufregung.

11.4. Plünderung durch hiesige Russen und Polen gehen weiter. Bei Anna Polack und Attila Hecht nahmen sie alle Schlachtwaren mit. Am Schlimmsten ist der Russe Michael in der Schmiede. Bei Berthold Hecht nahm er die Zieharmonika mit. Daraufhin wurde er von den hiesigen Polen verdroschen.

12.4. Heute wurde Herrn Krause (Evakuierter aus Rostock) auf der Mülverstedter Chaussee durch zwei hier arbeitenden Russen das Fahrrad abgenommen. Die Hiebe haben demnach nicht geholfen.

14.4. Die Ausländer sind zum größten Teil unter Verübung von allerlei räuberischen Tätigkeiten abgerückt.

19.4. Heute waren vier Polen bei Willy Thilo in der Kirchgasse, um die Wurstkammer auszuräubern. Die Eigentümer und der anwesende Tierarzt Dr. Großklaus durften sich während der Räuberei nicht von der Stelle rühren. Der eigene Pole war Anführer.

21.4. Heute früh waren wieder Polen mit dem Auto hier, um zu räubern. Bei Adalbert Bang II (Nr. 88) kam dessen Pole, sein Bruder und noch zwei andere, holten Schlachtwaren und das Radio. Bei Adalbert Gröbedünkel hielt das Auto. Hier sollte auch wieder ausgeräumt werden. Frau Gröbedünkel sprang aus dem Fenster, um Hilfe zu holen. Frau Malwine Schreiber wollte auch mobil machen. Sie wurde aber von einem Polen festgehalten und niedergedrückt, so dass ihr bald die Luft ausging. Da aber trotzdem Männer (Nachbarn) mit Hacken, Gabeln und Knüppeln erschienen, so konnten die Polen dort ihren Zweck nicht erreichen.

25.4. In der Nacht sind bei Theodor Zeng wieder Schlachtwaren, die sich in einem Versteck befanden, gestohlen worden. Seine Polen müssen das Versteck gekannt haben.

30.4. In der vergangenen Nacht sind bei Anna Polack in der Wassermühle und bei Herrn Bellstedt die Polen wieder eingebrochen, haben Lebensmittel, Kleidungsstücke und in der Mühle ein Fahrrad mitgenommen.

8.5. In der vergangenen Nacht ist bei Adolf Polack (Nr. 105b) in die Wurstkammer eingebrochen worden und der gesamte Vorrat an Schlachtwaren bis auf ein kleines Würstchen (½ Pfd.) und ein wenig Fett entwendet worden. Zucker und ein Korb voll Eier und eingekochte Fleischwaren wurden mitgenommen.

In der gleichen Nacht wurde bei Erich Zeng (Nr. 103) auch eingebrochen und aus dem Keller eingekochte Lebensmittel aller Art mitgenommen. Weiter wurden im Gehöft Nr. 91 bei Louis Gemein die Kleider der Tochter und die Kleider, Schmucksachen und Wertgegenstände, die in der Scheune vergraben waren, herausgeholt und mitgenommen. Alles spricht dafür, dass es die Flarchheimer Polen waren, die die Räumlichkeiten in den betreffenden Gehöften kannten. Alle 3 Gehöfte liegen am Felde. Die Bestohlenen, die beim amerikanischen Kommandanten in Mühlhausen sich beschweren wollten, konnten nichts erreichen. Der Herr ließ sich nicht sprechen.

14.5. In der vergangenen Nacht stahlen Polen wieder bei Willi Zeng III und seiner Tochter Else Brinkmann.

25.5. In der vergangenen Nacht ist in der Riedmühle in Oberdorla wieder ein Einbruch von Polen verübt worden. Der Besitzer Rauschenberg mit seiner Frau wurden geknebelt, der 17-jährige Sohn ist erschossen worden.

3.7. Gegen Abend sind Polen wieder bei Artur Braun (Gastwirt) gewesen und wollten 10 Flaschen Wein. Er hatte aber solchen nicht auf Lager. Da haben sie Most genommen. Mitgenommen haben sie auch eine Seite Speck, 6 Würste, eine Lederjacke und -hose und Schuhe des jüngsten Sohnes.

Bei Willi Schmidt sollte das Auto mitgenommen werden. Da es aber nicht in Ordnung war, wurde aufgegeben, es bis am anderen Morgen bis 10.00 Uhr in Gang zu bringen. Alles unter Vorhalten von Revolvern.

5.7. Gegen Abend kam wieder ein Auto mit Russen und 2 Mädchen, die auf dem Gute bei Herrn Bellstedt gearbeitet hatten und wollten den Pelzmantel, die Stiefel und Kleider der Frau Vogel, auch Schmucksachen. Sie erhielten die geforderten Sachen, soweit sie vorhanden waren, da eine Abwehr ja nicht möglich ist. Das deutsche Volk ist ja den polnischen und russischen Plündereien schutzlos preisgegeben. Dem Tierarzt Dr. Wichmann, der bei Herrn Bellstedt auf dem Hofe mit seinem Auto hielt, wurde unter Bedrohung mit der Schusswaffe die Uhr abgenommen.

Mit dem Einmarsch der sowjetischen Besatzungsmacht am 4. Juli beteiligten sich auch sogleich Rotarmisten an diesen Plünderungen.

8.7. Wieder Aufregung im Dorf. Etwa 10 junge russische Soldaten erzwangen mit Gewehr Einlass bei Hulda Polack (Nr. 105b) und nahmen u. a. eine Anzahl Bratwürste und Blutwürste mit; nachdem sie alle Zimmer durchwühlt hatten.

Beim Gute haben diese Räuber dem Egon Döll und einem jungen Mann die

Fahrräder weggenommen. In den Abendstunden haben die Russen dem Milchfahrer Thilo Zeng 8000,– RM Milchgeld abgenommen.

12.7. Nachdem im Laufe des Tages die Russen in Heroldishausen und Mülverstedt geplündert hatten, erschienen nach 5.00 Uhr 5 oder 6 mit einem Lastwagen, hämmerten bei Erich Brinkann am Tor, schlugen bei Theodor Zeng die Tür auf …

3.8. Die Belästigung durch Russen sind mannigfaltiger Art. Bald wollen sie dies, bald jenes. An einem Tag musste der Bauer Willy Thilo von seinem geholten Grünfutter an 2 Russen abgeben, am anderen Tag holen sie im Garten von Haus 105b alle Sommeräpfel.

6.8. Heute versuchten 9 Russen Einlass in Häuser zu gewinnen. Bei Alwin Günther, wo dessen Mutter geöffnet hatte, nahmen sie eine halbe Seite Speck und Kuchen mit.

10.8. In der Nacht wurde der Oppershäuser Maler Freitag von den Russen erschossen, weil er angeblich bei Anruf nicht stehen geblieben sei.

Das gleiche wie in Flarchheim spielte sich in den anderen Dörfern ab. Der Raub von Vieh wie Gänse, Hühner, Enten, Karnickel, Schafe und Schweine durch Rotarmisten wurde zum Alltagsgeschehen. Kaum eine Gemeinde, deren Bewohner nicht über diese Übergriffe klagte. Großvieh konnte so gut wie gar nicht auf den Weiden gelassen werden. Während Rotarmisten das Futter für ihre Pferde auf den Feldern „ernteten" und auf Panjewagen packten, hielt einer von ihnen die herbei eilenden Bauern mit seiner Kalaschnikow in Schach.

Beschwerden beim Kommandanten nützten nur selten. Sich zur Wehr setzen, war lebensgefährlich. Als in Großbodungen 2 Russen in ein Gehöft eindrangen, sperrten die Bewohner hinter ihnen die Stalltüren zu, um die Nachbarn zu Hilfe zu holen. Bei der Öffnung des Kuhstalls vergewaltigte gerade einer der Eingesperrten die geistig behinderte Mitbewohnerin des Hauses, die man im Hause geglaubt hatte. Wochen zuvor hatten ehemalige russische Kriegsgefangene den Großbodunger Gutsbesitzer Schuchardt erschossen.

Der Befehl des ersten Mühlhäuser sowjetischen Kommandanten „Alle Haustüren müssen Tag und Nacht offen sein" führte zu zahlreichen, leicht gemachten Plünderungen in der Stadt. Nahezu in allen Straßen Mühlhausens kam es in den Nachkriegsjahren zu Einbrüchen, Diebstählen und Nötigungen durch Rotarmisten. In einer Novembernacht 1945 wurden gleich mehrere Familien in der Schadeberg-, Langensalzaer und Augustastraße von angetrunkenen Russen in Angst und Schrecken versetzt. Die meisten der Betroffenen verließen fluchtartig ihre Wohnungen, nachdem die Russen ihnen ihre Wert- und Esswaren abgepresst hatten. Die herbeigerufene Militärpolizei vertrieb zwar die Einbrecher, das Raubgut und die zerschlagenen Möbel wurden natürlich nicht ersetzt. Im Gegenteil: die in solchen Fällen vorgebrachten Beschwerden wurden nicht selten als „sowjetfeindliches Verhalten" gewertet und mit entsprechenden Strafen bedacht.

In der Silvesternacht 1945/46 wurden am Bastmarkt die drei Mühlhäuser Hilfspolizisten Brauhardt, König und Löser während ihres Streifganges völlig grundlos von sowjetischen Soldaten erschossen. Man hatte noch miteinander gesprochen, war weitergegangen, als die Russen plötzlich das Feuer gegen die ahnungslosen Deutschen eröffneten. Obwohl der Kommandant Baschkardin bereits anderntags die Täter auf dem Hof der Kommandantur vor versammelter Mannschaft eigenhändig erschoss und die Mühlhäuser aufforderte, unbesorgt wieder ihre Tätigkeit aufzunehmen – der Schock dieser Bluttat saß tief. Er prägte das ungute Bild der Besatzungsmacht für Jahrzehnte bei den Bürgern und verstärkte ihre Abneigung gegenüber den Russen. Alle Schreckensbilder und Hiobsbotschaften, die vom Einmarsch der Roten Armee in Ostpreußen hierher gedrungen waren, all die Morde, Greuel und Vergewaltigungen hafteten von nun an nur noch stärker vor ihren Augen.

Beispiel: Provisorischer Ausweis für Mühlhäuser Hilfspolizisten

> Ein hartes Schicksal nahm uns in der Silvesternacht meinen unvergeßlichen, über alles geliebten Mann, den besten Vater seines geliebten Kindes, meinen jüngsten und stolzen Sohn, unsern lieben Bruder, Schwiegersohn, Schwager, Onkel und Neffen, den
> **Polizeimann**
> **Walter Brauhardt**
> im Alter von 26 Jahren.
> Dies zeigen an in tiefem Herzeleid: **Lieselotte Brauhardt** geb.Weingardt u. Sohn **Jürgen, Lina Brauhardt** geb. Huse, als Mutter, **Karl Weingardt u. Frau** Else geb. Ultsch, als Schwiegereltern, und alle Angehörigen.
> Mühlhausen, Jakobistraße 7, den 3. Januar 1946
> Die Beerdigung fand am 4. Januar statt. Gleichzeitig herzlichen Dank für die liebevollen Beweise der Anteilnahme.

> Am 31. Dezember entriß uns der Tod durch einen erschütternden Unglücksfall meinen lieben, treusorgenden Mann und Vater, unseren guten Sohn, Schwiegersohn, Bruder, Schwager und Onkel, den
> **Polizeiwachtmeister**
> **Wilhelm König**
> im 41. Lebensjahre.
> In tiefem Schmerz: **Frieda König** geb. Fischer u. Tochter **Christa, Artur König u. Frau** Klara geb. Seyfarth, als Eltern, **Walter König u. Frau** Grete geb. Ford, **Walter König**, als Neffe, **Frau Witwe Fischer**, als Schwiegermutter.
> Mühlhausen, Weg zum Eigenheim 24, den 4. Januar 1946
> Die Beerdigung hat bereits stattgefunden. Gleichzeitig herzlichen Dank für die erwiesene liebevolle Anteilnahme.

Todesanzeigen der Ermordeten (Thüringer Volkszeitung vom 9.1.1946)

Was die Bestrafung der Silvesternachtmörder wert war, ließ sich daran ermessen, dass bereits noch im selben Monat, am 28. Januar 1946, der Mühlhäuser Erich Genzel von einem sowjetischen Soldaten in der Margaretenstraße erstochen wurde. In der selben Nacht starben noch sieben weitere Bürger, darunter Adalbert Luhn aus Faulungen. Das geschah in der Stülerstraße im Beisein seines Bruders. „Es war die Nacht der langen Messer" – so Paul Merten, der sich retten konnte.

Die Angst der Bevölkerung in diesen Monaten und Jahren war grenzenlos. Jeden Augenblick musste sie gewärtig sein, dass Russen ins Haus eindrangen. Meistens ging es dabei um Schnaps. Hatte man keinen, erging es einem schlecht. Konnte man welchen anbieten, war man auch nicht besser dran. Die betrunkenen Russen zerschlugen die Einrichtung, drangsalierten die Bewohner, schlugen und jagten sie aus dem Haus. Die Liste der damals begangenen Verbrechen ist lang, sie wird für immer unvollständig bleiben. Egal ob Offiziere oder Soldaten unterwegs waren, Gefahr drohte von ihnen immer. So wurden Bauern bei Feldarbeiten von Militärstreifen erschossen, wie im Fall des Oppershäuser Landwirts Heinrich Freitag, wo diese Tat um so schwerer wog, als dass hinzu eilende Oppershäuser ihm nicht helfen durften und zusehen mussten, wie ihr Mitbürger vor ihren Augen verblutete. Einer schwangeren jungen Frau, von mehreren Rotarmisten gehetzt, wurde vorm Haus 8 in der Spiegelsgasse der Bauch aufgeschlitzt. Sie starb, erst am nächsten Vormittag konnte ihr Leichnam geborgen werden. In Ammern erschoss ein sowjetischer Soldat eine Frau, die mit ihren Kindern beim Rübenhacken war. Durch die bald danach einsetzenden Sperrstunden mussten die Kinder die Nacht über bei der Leiche bleiben, bevor diese am nächsten Morgen ins Dorf geholt werden konnte.

Franz Leifheit

Bei einem Raubüberfall sowjetischer Soldaten im Haus Schlotfegerweg 6 kam der Familienvater Franz Leifheit ums Leben, und in Schönstedt erschossen im Februar 1946 sowjetische Soldaten das Ehepaar Meta und Paul Mehmel brutal in ihrem Haus. Paul Mehmel war Kantor und Organist in der Martini-Kirche, die Eheleute waren gerade vom Gottesdienst heimgekehrt, als das Verbrechen geschah. Nach dieser Bluttat plünderten die Mörder das Haus und nahmen alle Wertsachen mit. Kurze Zeit darauf schossen Rotarmisten der Inhaberin der Geflügelfarm hinter Großengottern in den Bauch. Sie verblutete. Auf dem Weg zur Arbeit wurde Frau Ida Grunert im März 1946 „In der Klinge" von zwei Russen niedergeschlagen und vergewaltigt. Im September 1945 schlugen Russen Am Tonberg auf Frau Maria Ledebrecht ein. Sie versuchten sie zu vergewaltigen, doch sie konnte entkommen. Am kleinen Tonberg drang an einem Novemberabend 1945 ein Rotarmist in das Haus Nr. 2 ein, um die junge Witwe Erna Knaust zu vergewaltigen, die sich durch einen mutigen Sprung aus dem Fenster retten konnte. Wütend darüber zerschlug der Eindringling sämtliche Fenster und Türen, stahl das von der Familie geliebte Akkordeon und setzte einen Kothaufen in den Flur. Nachdem Frau Knaust das unbewohnbar gewordene Haus verlassen hatte und in die Spiegelgasse gezogen war, wurde sie dort mit ihren zwei Kindern Zeuge jener Bluttat an der jungen Schwangeren. Nach einem Tanzabend im Winter 1946 lauerte am Stadtberg ein sowjetischer Offizier Inge Weingardt auf und raubte ihre Tasche. Als sie sich wehrte, stach er ihr mit einem Messer in den Arm. Im Oktober 1946 überfielen mehrere Rotarmisten Frau Herta Stephan nahe der Lengefelder Warte, vergewaltigten sie und raubten ihre Uhr. Frau Maehler wurde in einem Garten am Schadeberg von Sowjetsoldaten geschlagen und vergewaltigt. Im Frühjahr 1946 wurde Heinz Neuhaus hinter Görmar von einer Gruppe Sowjetsoldaten derartig misshandelt, dass er mit mehreren Frakturen ins Krankenhaus kam.

Bis 1948 galt das Gebiet um die Görmar-Kaserne als besonders gefährlich. Im Oktober 1945 wurde hier Frau Emma Kahle das Fahrrad weggenommen; als sie sich wehrte, wurde sie von einem Rotarmisten mit dem Gewehrkolben niedergeschlagen.

Den Seebacher Bauern Hermann Hirth zerrten Rotarmisten auf dem Felde von seinem Fuhrwerk, schlugen und verschleppten ihn. Seine halbwüchsige Tochter musste das Fuhrwerk allein nach Hause fahren. Dass Hermann Hirth nach Buchenwald gelangte und dort am 18. Mai 1948 verstarb, erfuhr seine Familie erst viele Jahre später. Während des Besuches seiner Mühlhäuser Tante geriet der Nordhäuser Friedrich Helmer 1945 in eine Razzia, er wurde verhaftet und war fünf Wochen lang in der Kommandantur eingesperrt. Von den ständigen Prügeln blieb ihm ein Augenleiden. Der Lebensmittelhändler Richter in der Eisenacher Straße 3/4 wurde 1946 vor seinem Geschäft von einem sowjetischen Militärfahrzeug überrollt und verstarb noch am Unfallort. Ebenfalls von den Sowjets totgefahren wurde Klaus Hecht aus der Ammerstraße.

Bei einem Raubüberfall in der Wendewehrstraße erhielt der Hausbewohner Karl Fischer von zwei Russen schwere Schläge an den Kopf. Der herbeigerufene Arzt, Dr. Kanzow, konnte die Wunden nur notdürftig versorgen, Fischer musste danach ins Krankenhaus. Ebenfalls ins Krankenhaus brachten Anwohner der Schadebergstraße im Januar 1946 einen Gast aus dem Lokal „Feldschlößchen", den zwei Russen bewusstlos geschlagen und mit Messern schwer verletzt hatten. Der Landwirt Moritz Weidmer wurde auf seinem Sollstedter Grundstück von sowjetischen Soldaten grundlos erschossen. Ebenfalls grundlos erschossen von sowjetischen Soldaten wurde der Landwirt Otto Hillmann in seinem Haus in Eigenrode 1945. In Mehrstedt nagelten Sowjetsoldaten eine junge Frau an ein Scheunentor und vergewaltigten sie. Das Opfer verstarb unter furchtbaren Qualen.

Bei diesen Einbrüchen und Gewaltakten mussten es sich die Einwohner zudem gefallen lassen, dass ihnen die Täter Kothaufen ins Haus oder vor die Tür setzten, was als Art zusätzlicher Verachtung der Besatzungssoldaten gegenüber den Besiegten zu verstehen war. Diese Kothaufen wurden auch in den späteren Jahren zu einer Art „Markenzeichen" der sowjetischen Besatzungsmacht. Sie fanden sich in den von den Sowjets belegten und danach verlassenen Häusern der Stadt, aber auch in Verwaltungsstellen, selbst in den eigenen Diensträumen und Unterkünften, wie Handwerker, die dort zu tun hatten, berichteten. Teils machten sich die Deutschen lustig darüber und rissen Witze, im Grunde aber waren sie empört.

Wer Russen im Haus wohnen hatte oder sonst wie mit ihnen zu tun bekam, war vor Überraschungen nicht sicher. Einer der gefürchtesten Schläger im Mühlhäuser Amtsgericht war ein NKWD-Hauptmann, genannt der „Bullenbeißer". Wie der Name sagt, ging er nicht gerade sanft mit den Inhaftierten um. Herbert Grob erzählt, wie er und seine Kameraden von ihm schikaniert wurden und mit welcher Selbstherrlichkeit er sich aufführte. Als Grob im Sommer 1946 nach Bautzen verlegt wurde, passierte ihm etwas Erstaunliches. Sein Köfferchen, das seine wenigen Habseligkeiten barg, war vertauscht worden. In Bautzen fand er darin eine Militärhose mit grünen Streifen, die offenbar einem NKWD-Mann gehörte. Des Rätsels Lösung erfuhr er, als ihm der „Bullenbeißer" – nunmehr in Zivil – in den Gängen des Zuchthauses entgegenkam. Wegen eines „Vergehens" war er zu mehreren Jahren Haft „delegiert" worden. Allerdings gab sich der eben noch gefürchtete „Bullenbeißer" ziemlich gelassen. „Macht nix", meinte er lakonisch. Damit war die Angelegenheit für ihn erledigt. Indessen hatte Herbert Grob bei seinem Bahntransport nach Bautzen bereits Ähnliches erlebt. In seine Gruppe war ihm ein Russe zugeschoben worden; kahlgeschoren und mit Teilen einer Uniform bekleidet, handelte es sich um einen degradierten sowjetischen Oberst. Auch ihn hatte man zu einer mehrjährigen Haftstrafe verurteilt. Ebenso gelassen wie der „Bullenbeißer" meinte er in gebrochenem Deutsch, es sei nichts besonderes an seiner Situation. Fast jeder Russe habe schon mal ein oder zwei Jährchen aufgebrummt bekommen. So weit ging also die Unberechenbarkeit selbst im Führungskader der Russen, dass sie ihre eigenen Leute, selbst Offiziere, als Mithäftlinge unter die Deutschen steckten. Wie sie bekamen sie das gleiche Elendsessen zugeteilt, die selben Prügel vom Wachpersonal verpasst.

Der Einmarsch der Amerikaner im April 1945 bedeutete nicht nur die Befreiung aller Kriegsgefangenen im Gebiet von Mühlhausen, er beendete vor allem das Leid der hierher verschleppten Zwangsarbeiter aus den Ostgebieten. Der Jubel dieser Menschen war unbeschreiblich. Besonders die Polen feierten ihre Befreiung. Viele der jungen Katholiken unter ihnen ließen sich in der Mühlhäuser St.-Josephs-Kirche trauen. Das Schicksal hatte sie in das fremde Land verschlagen, nun wollten sie einen neuen Anfang wagen.

Während die Engländer und Franzosen schon bald die Reise in ihre Heimatländer antraten, verblieben die aus dem Osten stammenden Ukrainer, Russen, Polen und Letten weiterhin in der Stadt. Von dem US-Kommandanten waren ihnen die „General-Fuchs-Kaserne" sowie etliche Baracken an der Windeberger Landstraße zugewiesen worden. Dieses Gelände verwalteten sie mit einem eigenen Lager-Komitee. Bei der Ankündigung, dass nach dem Abrücken der Amerikaner die Rote Armee in Thüringen als Besatzungsmacht tätig sein würde, sahen sie sich vor neue Probleme gestellt. Stalin würde nicht danach fragen, ob sie freiwillig oder gezwungen nach Deutschland gekommen waren. Für ihn galten sie als verdächtig und was das bedeutete, wussten sie aus Erfahrung. Sie sprachen darüber mit den Bauern, bei denen sie gearbeitet hatten. Einesteils zog es sie in ihre Heimat zurück, andererseits mussten sie mit der Unberechenbarkeit der Sowjets rechnen. Fatal war ihnen allein schon, dass die Amerikaner sie bis zu ihrem Abzug isoliert halten wollten, um sie geschlossen den Russen zu übergeben. Später erfuhren Bauern, mit denen sie Kontakt gehalten hatten, dass etliche von ihnen nach Hessen gegangen waren, dort verblieben und schließlich die deutsche Staatsangehörigkeit angenommen hatten.

Wie recht all diese Menschen mit ihren Befürchtungen hatten, hat die Geschichte bewiesen. Tatsächlich ließ Stalin die meisten in deutsche Gefangenschaft bzw. nach Deutschland verschleppten Menschen noch jahrelang in Sonderlager einpferchen. Nachdem sie sich außerhalb seines ideologischen Machtbereichs in unmittelbarer Berührung mit Andersdenkenden befunden hatten, waren sie ihm suspekt geworden. Der Historiker K. W. Fricke macht dazu folgende Angaben: „Noch 1947 gingen unzählige Großtransporte mit jeweils 600 bis 1200 Häftlingen aus Bautzen, Buchenwald, Fünfeichen, Mühlberg, Sachsenhausen und Torgau über Frankfurt/Oder und Brest-Litowsk nach Osten. 1948/49 war das nicht anders: Zu einem übergroßen Teil setzten sie sich aus Verurteilten, weniger aus Internierten zusammen. Außer den von sowjetischen Militärgerichten verurteilten deutschen Staatsangehörigen befanden sich unter ihnen vielfach verurteilte Rotarmisten sowie Sowjetbürger, die als Kriegsgefangene oder „Ostarbeiter" während des Krieges nach Deutschland verschleppt worden waren und die nunmehr als „Kollaborateure" galten.

Zu einem besonders tragischen Ereignis gestaltete sich die 1.-Mai-Feier für die befreiten Zwangsarbeiter in der „General-Fuchs-Kaserne". Dabei kamen nach dem Trinken von Methylalkohol 181 Menschen ums Leben. Die Betroffenen hatten sich davon mehrere Fässer aus den benachbarten Lorenz-Werken geholt und es trotz Warnung als Festtagsgetränk ausgeschenkt. Die Folgen waren verheerend.

Die 181 Leichen wurden auf Pferdefuhrwerken von der Windeberger Landstraße zum neuen Friedhof geschafft, quer durch die Stadt. Augenzeugen berichteten von grausigen Bildern. Anscheinend hatten mehrere Paare die Feier zur Hochzeit genutzt, denn auf den Fuhrwerken lagen etliche junge Frauen in weißen Brautkleidern. Im abschließenden Polizeibericht hieß es am 9. Mai: „Die Leichen waren vollkommen unkenntlich und von der Lagerverwaltung wurde jede Personalangabe verweigert. Eine Beurkundung dieser Sterbefälle ist deshalb unmöglich."

So konnten von den 181 Toten lediglich 29 mit namentlichen Angaben versehen werden. 97 sollen russischer, 47 polnischer Herkunft gewesen sein. Als gänzlich unbekannt galten 30, bei 7 stand der Vermerk „angeblich" Russe oder Pole.

Insgesamt handelte es bei den Toten um 167 männliche und 13 weibliche Personen, dazu kam noch ein unbekanntes Kind. Zwei Tage vorher war bereits ein Ukrainer mit den gleichen Vergiftungserscheinungen ins Stadtkrankenhaus eingeliefert worden. Er starb einen Tag später; offensichtlich hatte man keine Folgerung daraus gezogen.

Nachdem die Toten beigesetzt worden waren, wurde auf Anordnung des sowjetischen SMAD genau ein Jahr später in diesem Friedhofsbereich ein Obelisk errichtet. Er galt als Ehrenmal für die gefallenen sowjetischen Soldaten des Zweiten Weltkrieges. Bei den hier später von der sowjetischen Garnison angelegten Gräbern finden sich keine Namen oder Hinweise über die so unglücklich an jenem 1. Mai 1945 ums Leben Gekommenen.

Von der Sowjetunion des Jahres 1945 hat die Welt im Allgemeinen nur die goldene Vorderseite der Medaille wahrgenommen: ein zwar verwüstetes, aber im Glanze seines Sieges triumphierendes Land. Stalin, der 1940 am Ende seiner Karriere angelangt war, ward nun zum gottähnlichen Helden hochgejubelt.

Die sorgfältig verhüllte Kehrseite der Medaille aber waren Raub, Vergewaltigung, Korruption und ein neuer Höhepunkt in der Geschichte der sowjetischen Menschenverschleppung.

Von dieser Kehrseite bekam die Mühlhäuser Bevölkerung ausreichend zu spüren.

„Beutegüter" wie Fahrräder, Uhren, Ringe, Kleider wechselten je nach Laune und Rang bei den Soldaten den Besitzer. Sei es durch Drohung, Prügel oder Schelte, welche die Rotarmisten untereinander ausfochten.

Diese Art von Disziplinlosigkeit in einer Armee war für die Deutschen etwas völlig Unbekanntes. Man bestahl sich gegenseitig oder schlug sich um Dinge, die kaum einen Wert darstellten, jedenfalls keinen derartigen, als dass man sich vor den Augen der Bevölkerung eines besiegten Landes derartig bloßstellte.

Der Einsatz sowjetischer Militärmilizen ist den Mühlhäuser Zeitzeugen in fataler Erinnerung geblieben. Insbesondere beim Vorgehen gegen angetrunkene oder randalierende Soldaten. Mit einer Brutalität sondergleichen wurden die Übeltäter zusammengeschlagen.

„Ich habe das", berichtet Werner Höhne, „nicht nur einmal, sondern mehrmals erlebt. Nachdem man diese Soldaten bewusstlos geschlagen hatte, kam ein Transportfahrzeug, auf das die Männer wie Schlachtvieh geworfen wurden. Bei aller Erleichterung, die ich hatte, als wir einmal drei solche Randalierer im Hausflur erlebten, die um Schnaps nachsuchten, so sollte man doch nicht mit Menschen umgehen. Auch wenn die Russen von anderer Mentalität als wir sind, so was ist einer Armee unwürdig."

Georg Seguin Steinweg 55
An die Stadtkommission Mühlhausen
Betr. Schadensanmeldung. Objekt ca. 400-500 RM .
Am 4.5.1946 abends gegen 23 Uhr bin ich, zusammen mit dem Kaufmann Hans Fuchs (Stadtbergstraße 24) und dem Töpfer Fritz Teichmüller über den Steinweg gegangen. Plötzlich hörten wir hinter uns Schüsse aus der Richtung Allerheiligengasse-Meißnersgasse. Die Gefahr getroffen zu werden, veranlasste uns, schnell in Richtung Kilianistraße in Sicherheit zu kommen, da die Schießerei zunahm. Am übernächsten Tag (Montag, den 6.5.46) stellte ich fest, dass die große Schaufensterscheibe meines Geschäfts durchschossen worden ist.
gez. *G. Seguin*

Die auf solche Weise betroffenen Bürger hatten es schwer, die durch die Sowjets verursachten Schäden ersetzt zu bekommen. Teils handelte es sich um mutwillige Zerstörungen, teils um Schäden, die z. B. während des Einsatzes der sowjetischen Militärpolizei entstanden. Diese Einheit war dafür bekannt, rücksichtslos von der Schusswaffe Gebrauch zu machen, wenn sie Personen jagte, die zu entkommen versuchten. Meist handelte es sich um Angehörige der Roten Armee, die sich strafbar gemacht oder sich unerlaubt von der Truppe entfernt hatten.

Deserteure, das wussten die Mühlhäuser inzwischen, besaßen so gut wie keine Überlebenschancen. Von daher hüteten sie sich auch, in gegebenen Fällen Angaben, gar Anzeigen zu machen.

Im Winter 1947 war das Ehepaar Wilhelm in der Thomas-Müntzer-Straße von einem jungen Rotarmisten aufgeregt angesprochen worden, der offensichtlich Hilfe von ihm erwartete. Halb drohend, halb bettelnd, verlangte er von ihnen Kleidungsstücke. Der Ehemann versuchte ihn, so gut es ging, zu beruhigen. Er zog seinen Mantel aus, während seine Frau nach dem ersten Schreck sich überwand und dem jungen Russen ihren Schal reichte. Sie selbst hatte einen Sohn im Krieg verloren. Sie begriff, was hier vorging. Immerhin, sie sah ein Bajonett am Gürtel des Jungen, sie musste vorsichtig sein, in solchen Situationen wusste keiner, wie der andere reagierte.

Nachdem der Soldat den Mantel übergezogen hatte, nahm er noch die Mütze des Mannes und setzte sie auf. Dabei redete er immerfort, was die Eheleute allerdings nicht verstanden. Sie wiesen mit den Armen nur wiederholt in Richtung Westen, dass er dorthin laufen sollte. Das war seine einzige Chance, um über die Grenze zu gelangen. Anscheinend hatte er das auch begriffen. Er drohte ihnen aber mit verschiedenen Gebärden, ungefähr so, dass sie über das Vorgefallene schweigen sollten.

Nicht anders als vorsätzlichen Mordversuch muss man folgenden Vorgang bezeichnen: Am Vormittag des 9. Mai 1946, am 1. Jahrestag des Sieges über den Faschismus, stand der 6-jährige Hans-Günter Barlösius mit seinem Rädchen auf dem Fußweg in der oberen Wanfrieder Straße, als ein sowjetischer Kübelwagen angefahren kam. Der Wagen war mit Offizieren besetzt, kurz vor dem Kind kurvte plötzlich der Fahrer von der Straße auf den Fußweg und überrollte den Jungen samt Rädchen. Ohne anzuhalten, fuhr das Fahrzeug auf die Straße zurück und brauste davon. Zeugen waren die Mutter und die Tante des Kleinen, die das Kind sofort ins

Krankenhaus brachten. Dank der Kunst der dortigen Ärzte wurde das Leben des Jungen erhalten. Nie ist eine Aufklärung des Vorfalls, gar eine Entschuldigung erfolgt, obwohl Frau Barlösius bei der Polizei und der sowjetischen Kommandantur den Fall gemeldet hatte.

In solchen Fällen waren die Sowjets um Ausreden nicht verlegen. Für sie handelte es sich bei diesen Tätern um „Deutsche in russischen Uniformen". Diese Art von Auslegung wurde in diesen Jahren zum üblichen Gebrauch in der Zone – von Berlin bis Mühlhausen.

Es war der Umgang mit den eigenen Leuten der Sowjets, der die Mühlhäuser immer wieder fassungslos machte.

Kein geringerer als der sowjetische Stadtkommandant Baschkardin rückte an, wenn Offiziere seiner Einheit über den Strang geschlagen und Mühlhäuser Lokale verunsichert hatten. Gleich einem Zuchtmeister verprügelte er sie an Ort und Stelle, wobei diese „Stelle" meistens das Café Central war. Hier, wo sich Deutsche und Russen auf ziviler Ebene begegneten, mangelte es nicht an Spannung. Meist gegen Mitternacht flog die Tür auf und Hauptmann Tschelnikow von der Militär-Polizei trat ein, nicht selten selbst angetrunken. Bis dahin hatte sich schon viel abgespielt. Es hatte „Verbrüderungsszenen" gegeben, Solotänze angeheiterter Offiziere, „Schießübungen" auf Weinflaschen und Beleuchtungskörper. Und natürlich Schlägereien.

Geschäftsführer war zu der Zeit Albert Libuda, ein kräftiger, unerschrockener Mann, der sich zu helfen wusste, wenn es allzu schlimm wurde. An einem Juni-Abend 1947, nachdem zwei Offiziere einen der Kellner attackiert hatten, schlug er beide nacheinander zu Boden, um sie danach aus dem Lokal zu bugsieren. An diesem Abend sorgte noch ein weiterer Offizier für Aufregung. Er war auf ein tanzendes Paar zugegangen und hatte den Mann umgestoßen. Der Deutsche schlug auf ihn ein und im Nu war eine handfeste Keilerei im Gang. Kurzerhand sperrte Libuda den Offizier in den Vorratskeller, und als der dort tobte, brachte er ihn ebenfalls aus dem Lokal. Die Reaktion des Stadtkommandanten war diesmal entsprechend. Wie sein Dolmetscher berichtete, war er drauf und dran, Libuda eigenhändig zu erschießen. Schließlich benachrichtigte er den Mühlhäuser Bürgermeister Stücker und beauftragte ihn, Libuda sofort zu entlassen. Das Café Central wurde auf seinen Befehl hin geschlossen. In einem Brief an den Stadtverordneten Albrecht Atzrott schrieb Stücker daraufhin folgendes:

Wegen ungebührlichen Verhaltens des Pächters vom Kaffee „Central", Herrn Libuda, gegenüber Offizieren der Kommandantur, hat der Kommandant am vergangenen Sonntag das Kaffee Central für 4 Wochen geschlossen. Von dieser Maßnahme der Schließung werden auch 20 Angestellte bzw. Arbeiter des Kaffee Central betroffen.

Ich nahm daher Rücksprache mit dem Kommandanten, um eine Aufhebung der Schließung zu erwirken. Ich machte den Vorschlag, dass die Schließung für 4 Wochen bestehen bleiben sollte, aber die Betriebsferien, die für den Monat Juli geplant waren, auf den Monat Juni vorverlegt würden, so dass die Arbeiter und Angestellten nicht ihres Verdienstes verlustig gingen. Mit diesem Vorschlag erklärte sich der Kommandant einverstanden. Der Kommandant legte uns nahe, eine Änderung im

Pachtverhältnis mit Libuda herbeizuführen, d. h. einen anderen Pächter zu verpflichten. Er betonte, dass, wenn wir es von uns aus nicht machten, er von sich aus eingreifen würde. Er sagte ganz entschieden, dass er sich eine derartige Behandlung seiner Offiziere durch Herrn Libuda nicht gefallen ließe und daher die Absetzung verlange. Ich stimmte dem zu, sagte ihm aber, dass er uns Zeit lassen müsste, denn wir würden so schnell eine andere Person nicht bekommen.

19. Juni 1947 gez. *Stücker*

Zentrum der Russen war und blieb Café Central. Oft schon angetrunken, betraten sie das Tanzlokal. Die Offiziere suchten Streit, sie begannen sich gegenseitig zu beschimpfen oder wandten sich den männlichen Gästen zu, um sie mit üblen Schimpfwörtern zu beleidigen.

Es war die Kunst des Kellners „Paulchen", der über Jahre hinweg die rüden Gäste von der Garnison zu beschwichtigen wusste und der oft genug ausbrechende Streitigkeiten schnell wieder schlichtete.

Für die Musiker war die Arbeit im Café Central am schwierigsten. Sie, die eine Art Sonderstatus genossen, mussten spielen, was man ihnen befahl. Besonders in der Zeit, da die Sperrstunden noch galten und das Passieren der Straßen in dieser Zeit lebensgefährlich war, und sie dazubleiben hatten.

„Am beliebtesten waren Stücke wie ‚Rosamunde' und ‚Buggi-Buggi'", bekannte später Artur Schäfer. „Wenn wir Glück hatten, brachten uns die Russen heim, jeden einzelnen von uns, um uns vor den Militärstreifen zu schützen. Hatten wir keins, mussten wir zusehen, wo wir blieben. Das war dann Russisch-Roulette pur."

Um das Geschichtsbild dieser ersten Besatzungsjahre zu Gunsten ihrer „Klassenbrüder" einigermaßen im Rahmen zu halten, wurden von den deutschen Kommunisten alle durch die Sowjets an der Mühlhäuser Bevölkerung begangenen Verbrechen weitgehendst vertuscht.

So war es für die Hinterbliebenen nach der Wende fast unmöglich, die seinerzeit an ihren Verwandten begangenen Morde amtlich nachzuweisen.

Das Vertuschen begann bereits bei der Ausstellung der standesamtlichen Sterbeurkunden. Anstelle der üblichen und gesetzlich geforderten Todesursache wie „Herzschlag", „Lungenembolie" oder „Altersschwäche" stand bei dem in der Silvesternacht 1945 ermordeten Willi König lediglich: „ist am 31. Dezember 1945 um 23 Uhr 10 Minuen in der Langensalzaer Landstraße 1 gestorben" (Langensalzaer Landstraße 1 heißt so viel wie Stadtkrankenhaus). Tatsächlich hätte es heißen müssen: „starb an einer Schussverletzung".

Diese Art Verbiegung von Tatsachen war symptomatisch und wurde später von der SED fortgesetzt.

Als die damals 12 Jahre alte Tochter Willi Königs Christa, 1954 in dem einem Bewerbungsschreiben beigefügten Lebenslauf den Hergang des Todes ihres Vaters schilderte, wurde sie nachdrücklich darauf hingewiesen, dass sie das so nicht schreiben könne. Sie musste diese Textstelle entsprechend „verbessern". Auf diese Weise entstand das nahezu ungetrübte Bild antifaschistisch-demokratischen Neuaufbaus in der Ostzone.

Sterbeurkunde

(Standesamt Mühlhausen i. Thür. ————————— Nr. 20/1946.————)

Der Polizeiwachtmeister Friedrich Wilhelm K ö n i g ————

wohnhaft in Mühlhausen, Weg zum Eigenheim 24 ——————,

ist am 31. Dezember 1945, ————— um 23 Uhr 10 Minuten

in Mühlhausen, Langensalzaer Landstraße 1, ————— verstorben.

Der Verstorbene war geboren am 8. Februar 1905 ——————

in Mühlhausen i. Thür. ————————————————

(Standesamt Mühlhausen ————————— Nr. 124/1905.————)

Vater: Alexander Artur König, wohnhaft in Mühlhausen. ——

Mutter: Pauline Klara König, geborene Seyfarth, wohnhaft -

in Mühlhausen. ————————————————————

Der Verstorbene war ~~nicht~~ verheiratet mit Minna Frida K ö n i g, ———

geborenen F i s c h e r. —————————————————

0,30 RM Gebühren   Mühlhausen i. Thür. ———— den 4. Januar ———— 1946.
bezahlt

Der Standesbeamte

Standesamtliche Sterbeurkunde des in der Silvesternacht 1945 ermordeten Hilfspolizisten Wilhelm König

6. KÜLLSTEDT

Nachdem in Küllstedt mehrfach Einbrüche verübt worden waren, stellten die Küllstedter Wachen auf. Die Schäden sollten in Grenzen gehalten und die Banden möglichst abgeschreckt und vertrieben werden. Für die amerikanische Besatzung war es ohnehin schwer, die zivile Ordnung aufrecht zu halten; von daher hatten die Küllstedter sogar die schriftliche Erlaubnis, Wachen aufzustellen und sich gegebenenfalls zur Wehr zu setzen. Damit waren die tragischen Ereignisse, die Küllstedt am 9. Juli 1945 heimsuchten, eingeleitet.

An diesem Tag kamen mehrere Rotarmisten in den Ort gefahren, um beim Kolonialwarenhändler Degenhardt Kartoffeln und Getreide einzukaufen. Die meisten Küllstedter hatten bis dahin noch keine sowjetischen Soldaten zu Gesicht bekommen. Beim Anblick der Soldaten meinten sie nicht anders, als dass es sich um plündernde Polen handele. Vor allem jugendliche Küllstedter begannen auf die Ankömmlinge einzuschlagen, bei der wilden Schlägerei blieb den Russen nichts anderes übrig, als die Flucht zu ergreifen. Bevor die Sachlage geklärt war, waren mehrere Soldaten verletzt worden. Immerhin konnten sie verbunden bzw. im Krankenhaus von dem dortigen Arzt Dr. Kretschmar medizinisch versorgt werden.

„Am nächsten Tag", berichtet Otto Redemann, „wurde der Zwischenfall durch eine sowjetische Kommission untersucht. 32 Einwohner sowie der Ortspolizist wurden in Haft genommen und nach Mühlhausen transportiert." Wie sich herausstellte, befanden sich unter ihnen auch Männer, die bei dem Tatvorgang überhaupt nicht zugegen gewesen waren.

Schon die Behandlung im Mühlhäuser Gefängnis ließ wenig Gutes ahnen.

Mit Stockschlägen wurden die Eingelieferten durch die Gefängnisgänge gejagt. „Indessen ging im Dorf das Gerücht, Küllstedt solle zur Strafe eingeäschert werden."

„Einige Tage später wurde eine Reihe von Hausdurchsuchungen vorgenommen. Am 31. Juli zogen sowjetische Truppen mit Panjewagen ins Dorf ein. An verschiedenen Straßenkreuzungen wurden Posten aufgestellt. Die am 10. Juli Verhafteten kamen unter strenger Bewachung nach Küllstedt zurück, wo sechs von ihnen entlassen wurden. Die übrigen Verhafteten wurden in das Hotel zur Post gebracht. Noch in der Nacht zum 1. August wurden die Inhaftierten von 112 sowjetischen Soldaten bewacht in den Keller des Bürgermeisters Sonnabend überführt." Das Schrecklichste in diesen Tagen aber geschah bei den Verhören durch die NKWD-Offiziere. Die unter seelischem und physischen Druck erpressten „Geständnisse" bei den Festgenommenen führten zu späteren Entzweiungen der Dorfbewohner.

Ablauf der tragischen Ereignisse am 1. August 1945 in Küllstedt:

Um 8.30 Uhr wurden alle Einwohner des Ortes aufgefordert, sich um 10 Uhr vorm „Hotel zur Post" einzufinden.

Um 11.30 Uhr mussten die Versammelten die Trift hochgehen und sich beim Haus von Albin Mock aufstellen. Die sieben Delinquenten wurden herangeführt, dies waren Georg Diegmann, Otto Diegmann, Josef Diegmann, August Matthias, Martin Montag, Paul Lerch und Albin Dunkel.

Dann töteten sowjetische Militär-Polizisten die Männer durch Genickschuss. Die Leichen wurden auf ein Fahrzeug geladen und weggefahren.

Der inständigen Bitte des jungen Geistlichen, Dominikus Jagemann, den Unglücklichen beizustehen und sie auf ihrem letzten Gang zu begleiten, wurde von den Sowjets abgelehnt. Genauso sein Ansinnen, ihn anstelle einer der Familienväter zu exekutieren. Abgelehnt wurde auch die Bitte, die Getöteten im Ort beerdigen zu dürfen.

Zu den weiteren Bestrafungen Küllstedter Männer zählen folgende Verurteilungen:

Zu je 10 Jahren Zuchthaus wurde Josef Schäfer, Josef Hupe, August Beckmann und Alfons Ortmann verurteilt. Je sieben Jahre Zuchthaus erhielten Erich Vogt, Otto Mock und Peter Koch. Adolph Müller und Alfred Dobert erhielten je fünf Jahre Zuchthaus. Alle wurden in die Sowjetunion transportiert. Nur drei von ihnen sind nach vielen Jahren wieder heimgekehrt. Erich Vogt verblieb elf Jahre in Russland.

Gegen Bürgermeister Richard Schäfer wurde gesondert von einem sowjetischen Militärgericht verhandelt. Der ebenfalls verhaftete Dorfpolizist Weigelt soll sich laut Küllstedter Aussagen im Mühlhäuser Gefängnis erhängt haben.

Zu den zahlreichen Bittschriften und eidesstattlichen Erklärungen der Küllstedter an das Sowjetische Militärgericht in Mühlhausen zählt auch das Gnadengesuch von Frau Pauline Ortmann vom 24. Oktober 1945. Darin heißt es: „Laut Urteilsspruch ist mein Mann, Kaufmann Alfons Ortmann, zu 10 Jahren Gefängnis verurteilt worden, weil er am Abend des 9. 7. 1945 ein russisches LKW am Abfahren behindert und damit die späteren Tätlichkeiten gegen Angehörige der Roten Armee

Vor den Augen der Dorfbewohner: An dieser Mauer wurden die sieben unschuldigen Küllstedter durch Genickschüsse getötet.

begünstigt haben soll. Diese Behinderung soll angeblich erfolgt sein, nachdem der russische Offizier und der Wagenlenker das Gehöft des Kaufmanns Degenhardt in Küllstedt verlassen und den LKW bestiegen hatte, um damit abzufahren. Wie im folgenden ausgeführt und glaubhaft gemacht wird, kann die Fahrtbehinderung des LKW keinesfalls durch meinem Mann erfolgt sein …" Auf zwei Seiten weist Frau Ortmann nach, wo sich ihr Mann an dem fraglichen Abend aufgehalten hatte und belegt dies mit sieben eidesstattlichen Erklärungen von Küllstedter Bürgern. Am Schluss schreibt sie: „Da ich von der Unschuld meines armen Mannes fest überzeugt bin und sie wiederholt beteure, so bitte ich mit meinen vier unmündigen Kindern um Gnade für ihn."

Alfons Ortmann kehrte nicht zu seiner Familie zurück.

Als Endergebnis dieser Tragödie standen 18 Opfer zu Buche, davon neun Tote und neun Häftlinge (sechs von ihnen starben in der Verbannung) mit insgesamt 71 Jahren Zuchthaus für eine Selbsthilfeaktion mit vermeintlichen Plünderern.

„Zweifellos war das sowjetische Militärtribunal bei seinen Nachforschungen über das Zustandekommen der Geschehnisse genauestens informiert", so Einwohner Küllstedts 1990. „Von daher war seine Vorgehensweise und die Tatsache, dass keiner der Rotarmisten ernsthaft verletzt, gar getötet worden war und dass dieser Vorfall nicht im, sondern nach dem Kriege passierte, durch nichts zu entschuldigen." Die Exekution der sieben Männer war Mord und Terror.

Erst nach der Wende konnte diese Tafel angebracht werden.

Einer der zwei Gedenksteine in Küllstedt

7. RAZZIEN

Gleich nach dem Einmarsch der sowjetischen Besatzungstruppen im Sommer 1945 begann im Kreis Mühlhausen eine Welle von Verhaftungsaktionen, denen Männer aller Altersgruppen zum Opfer fielen. Die durch öffentliche Aufrufe und brutal durchgeführte Razzien aufgegriffenen Männer und Jugendlichen kamen in das Gymnasium „An der Burg" und in die Knaben-Mittelschule in der Friedrichstraße. Dort wurden sie verhört, aller Wertsachen beraubt, auch geschlagen. Besonders gefürchtet waren die so genannten Groß-Razzien. Am frühen Morgen, gleich nach Beendigung der nächtlichen Sperrstunden, durchkämmte sowjetisches Militär die Straßen und nahm willkürliche Verhaftungen vor.

Die rüde Behandlung in den Klassenräumen der Schulen, unter anderem wurden die Festgenommenen an die Wand gestellt und mit Wasserflaschen beworfen, löste nicht selten Panik unter den Deutschen aus. Manche begingen Selbstmord. Sie stürzten sich aus den Fenstern der oberen Etage in die Tiefe.

Namhaft gemacht werden konnten:

Heinrich Theodor O t t e,
geb. 30.11.1894 in Mühlhausen
gest. 21.8.1945
Buchdrucker, Bei der Marienkirche 8, entlassener Wehrmachtsangehöriger
Am 21.8.45 vor der Knabenmittelschule aufgefunden. Sturz aus dem 3. Stockwerk / Aufschlagstelle: Links neben dem Eingang.

Paul S c h o l l m e y e r,
geb. 15.9.1901 in Mühlhausen,
gest. 22.8.1945
Holzbildhauer, Eisenacher Str. 13 b

Plakat, das kurz nach Einzug der Roten Armee in der Stadt aushing.

Am 22.8.45 noch lebend vor der Knabenmittelschule aufgefunden, Sturz aus dem Fenster. Am gleichen Tag im Krankenhaus verstorben.

Nach Aussage des damaligen Hausmeisterehepaares standen am Abend des 22. August 1945 etwa ein Dutzend Särge im Vestibül der Knabenmittelschule. Diese Särge mit getöteten Bürgern wurden in der darauf folgenden Nacht von sowjetischen Fahrzeugen weggeschafft.

Auch im Gymnasium „An der Burg" kam es zu Selbstmorden und Tötungen. Man muss davon ausgehen, dass bei diesen Festnahmen in den zwei Schulen etwa 18 bis 20 Menschen umkamen.

Helmut Radegast schreibt dazu:

„Während einer Großrazzia wurde ich im August 1945 in der Brunnenstraße von Sowjetsoldaten festgenommen. Man brachte mich mit anderen Männern in die Anlage Ecke Langensalzaer–Martinistraße. Gerade hatte ich meine Mutter und Schwester wieder gefunden, die in Ostpreußen mehrfach von den Russen vergewaltigt worden waren. In der Grünanlage ging es recht zivil zu, manche Frauen konnten ihren festgenommenen Männern etwas Essen reichen. Schließlich schaffte man uns in die Schule „An der Burg", wo man uns in überfüllte Klassenräume steckte. Bei den folgenden Verhören wurden auch Kriegsversehrte, Männer ohne Arme und Hände, zusammengeschlagen."

Paul Bargenda berichtet:

„Als ich mich im August 1945 auf General Shukows Tagesbefehl hin im Mühlhausener Gymnasium meldete, nahm mich dort deutsche Polizei in Empfang. Die brachte uns ehemalige Wehrmachtsangehörige gesammelt zur Knabenmittelschule. Wir wurden in Klassenräume gesperrt und von allem befreit, was wir bei uns hatten. Uhren, Schmuck, auch Schuhe, Jacken. Auf LKWs kamen wir dann nach Buchenwald. Hier erlebte ich, wie ein wieder eingefangener Ausreißer vor den versammelten Mannschaften ausgepeitscht wurde. Weiter ging es dann mit der Eisenbahn ostwärts. Anscheinend aber hatte die Alliierte Militärbehörde von diesem Transport erfahren, die solche von den Sowjets inszenierten Verschleppungen kontrollieren durfte, je-

Paul Bargenda

denfalls endete die Fahrt in Pirna. Irgendwie kam es in einer ehemaligen Kaserne zu einer Selektion. Wir, Hunderte von Männern, mußten uns auf dem Gelände nackt ausziehen und wurden wie Vieh von einer russischen Ärztin auf unseren körperlichen Zustand überprüft. Ich zählte schließlich zu den wenigen Entlassenen. Im Pirnaer Rathaus erhielten wir dann einen Schein, wonach wir als entlassene sowjetische Kriegsgefangene galten."

Frau *Beate Richter* erinnert sich:

„Das einschneidenste Ereignis geschah an einem Freitag Mitte August. Laut Aufruf hatten sich alle ehemaligen Wehrmachtsangehörigen bzw. Männer im Alter zwischen 18 und 60 Jahren abends um 20 Uhr im *Gymnasium An der Burg* zu melden. Schon diese Zeit gab zu denken. Immerhin herrschte Sperrstunde, bis 22 Uhr mußte jeder Zuhause sein. Trotzdem gingen viele Männer hin, kaum einer kehrte an jenem Abend wieder heim. Als am nächsten Vormittag die Angehörigen der Vermißten aufbrachen, fanden sie das Gymnasium leer. Die Männer waren inzwischen zur *Knabenmittelschule* in die Friedrichstraße gebracht worden. Den ganzen Samstag belagerten die Angehörigen die Schule. Immer wieder versuchten die Russen, sie wegzujagen. Schließlich fuhren gegen Abend Lastwagen vor. Beim Verladen kam es dann zu dramatischen Szenen. Die Frauen und Mütter der meist gerade erst aus dem Krieg Heimgekehrten klammerten sich an ihre Männer und Söhne und

Gymnasium „An der Burg"

versuchten sie von den Ladeflächen zu ziehen. Mit MP-Salven in die Luft und mit Kolbenschlägen auf die Frauen reagierten die Russen."

„Ich weiß noch", erzählt Frau Richter, „wie eine Mutter wild auf einen Russen einschlug und dann laut weinend zusammenbrach."

Der Vater von Frau Leonore Kornrumpf, damals Hauptbuchhalter bei Claes & Co., ließ sich von Frau und Tochter nicht davon abhalten, sich zu melden. Während sein Schwiegersohn Zuhause blieb, lief er los. „Er wäre genau so verschleppt worden", erzählt Frau Kornrumpf, „hätte nicht ein Mühlhäuser Antifaschist beim Verhör gut für ihn gesagt."

Anfang 1946 meldete die katholische Kirche Westdeutschlands: „Eine besondere Kategorie von zeitweilig oder dauerhaft Internierten bildeten die aus alliierter Gefangenschaft entlassenen deutschen Kriegsgefangenen, die so genannten POWs („prisoners of war"). Etwa 40.000 solcher freigekommener Kriegsgefangene wurden nach ihrer Heimkehr in die Sowjetische Besatzungszone Deutschlands vom NKWD verhaftet. Die meisten von ihnen deportierte man in sowjetische Arbeitslager, oftmals über den Zwischenaufenthalt von Internierungslagern.

Nachdem sich Robert Gülland an der vorgeschriebenen Stelle, dem Gymnasium an der Burg, gemeldet hatte und registriert worden war, steckte man ihn zusammen mit anderen ehemaligen Kriegsgefangenen in eines der Klassenzimmer, wo allen eine Glatze geschnitten wurde. Spätestens hier wurde ihm klar, dass er falsch gehandelt hatte, aber an eine Flucht war nicht mehr zu denken. Zwei Tage später, das Gebäude war inzwischen bis zum Bersten mit Gefangenen gefüllt, fuhren LKW und Traktoren mit Hängern vor, auf denen man, ohne irgendwelche Erklärungen

Knabenmittelschule in der Friedrichstraße

abzugeben, alle Festgenommenen nach Erfurt brachte. Dort wurden sie auf einem mit Stacheldraht umzäunten Fabrikgelände festgehalten. Was die Gefangenen auf ihrem weiteren Weg zu erwarten hatten, erlebten sie am Beispiel eines Mannes, dessen Frau nachgereist war und ihm Brot über den Zaun zuwarf. Eine Russin, im Range eines Hauptmannes, peitschte ihn vor den Augen seiner Frau und den anderen fast zu Tode.

Nach den ersten Verhören in Erfurt kam ein Großteil der Gefangenen, darunter auch Robert Gülland, ins Speziallager II bei Weimar. Da ihm eine Teilnahme am Rußlandfeldzug nicht zur Last gelegt werden konnte, wurde er als „werwolfverdächtig" eingestuft.

Einem Mitte Dezember 1947 zusammengestellten Transport von 800 Mann wurde auch Robert Gülland zugewiesen. Zu je 60 Mann in Waggons eingepfercht, ging es ab in Richtung Osten, wie man leicht an den auftauchenden Bahnhofsschildern erkennen konnte. In Pirna kam es dann nochmals zur Selektion. Hier schien für Robert Gülland der entscheidende Augenblick gekommen zu sein: Entweder versuchte er zu fliehen oder aber er musste mit jahrelanger sibirischer Haft rechnen, um vielleicht nie wieder nach Hause zu kommen. Was er zu riskieren bereit war, wusste er. Schon auf der Fahrt von Mühlhausen nach Erfurt hatten die Russen wiedereingefangene Flüchtlinge totgeschlagen. Aber er hatte Glück. Beim Wasserfassen in

Robert Gülland

43

der Abenddämmerung half ihm ein Eisenbahner, sich in dessen Wärterhaus zu verstecken. Er gab ihm einen Mantel und eine Mütze. Wenige Minuten darauf konnte er fliehen.

Zwei Brüder, Helmut und Klaus Kessner aus der Feltaer Straße 9, soeben aus westlicher Gefangenschaft heimgekehrt, stritten sich darüber, ob sie dem Meldeaufruf der Sowjets folgen sollten oder nicht. Ihr Onkel meinte, sie sollten ruhig gehen, damit sie hinterher keinen Ärger bekämen. Also meldeten sie sich An der Burg und marschierten danach in einer Kolonne zur Mittelschule in der Friedrichstraße. Als ob Helmut etwas Ungutes ahnte, entfernte er sich von der Truppe und hätte ungeschoren nach Hause gehen können. Doch dann bekam er wegen seines Bruders Gewissensbisse. Beim Café Monopol reihte er sich wieder in die Kolonne ein. Ergebnis: Klaus kam bald danach wieder nach Hause, von Helmut aber verlor sich jede Spur. Erst Jahre später brachte ein Rußlandheimkehrer aus der Wahlstraße die Nachricht mit, ein Mühlhäuser namens Helmut Kessner habe lange Jahre in Sibirien bei einem Sprengkommando gearbeitet und sei dort eines Tages bei dieser Arbeit ums Leben gekommen.

Das Schicksal von Willi Reinz aus der Bayernstraße 13 verlief dank seiner Kriegsverletzung wesentlich günstiger. Durch die noch immer offene Wunde (Lungensteckschuss) wurde er in Budapest aus dem Transport genommen. Nach seiner Heimkehr (zu Fuß) legte er eine Namensliste aller ihm bekannten Mühlhäuser jenes Transportes an. Von den 18 Kameraden, wie er später feststellen konnte, kehrte keiner wieder aus Rußland zurück.
Zu solchen Massenverschleppungen zählte auch der berüchtigte „Thüringer Offizierstransport", der Mitte November 1945 von Weimar aus in Richtung Osten „startete" und bei dem sich auch Mühlhäuser befanden.
„Wir waren 160 ehemalige Offiziere aus ganz Thüringen, die man in vier Güterwagen verladen hatte", berichtete ein aus Leinefelde stammender Offizier. „Als uns die Russen in Berlin unbewacht ließen, gelang uns die Kontaktaufnahme mit der britischen Besatzungsarmee. Wie wir später erfuhren, haben die Briten auf unsere ihnen gemachten Angaben hin innerhalb der Viermächtekommandantur bei den Russen die Einstellung weiterer Verschleppungen erreicht."
In Frankfurt/Oder mussten sich die Männer ihrer Zivilkleidung entledigen, sie wurden in Militärkleidung gesteckt und zu Kriegsgefangenen erklärt. „Nach vier Wochen Fahrt kreuz und quer durch Russland – die inzwischen Verstorbenen kamen in den letzten Wagen des Zuges – kamen wir im Verbannungsgebiet Wologda an. Dort mussten wir Arbeitseinsätze bei 50 Grad Kälte leisten. Die letzten Jahre verbrachten wir in Leningrad bis zu unserer Entlassung 1949."
Eine weitere „Sammelstelle" war die Zigarrenfabrik in der Eisenacher Str. 40. In den Kellergeschossen waren von Ende Juli bis Dezember 1945 unter katastrophalen hygienischen Bedingungen Mädchen und Frauen aller Altersgruppen inhaftiert. Bei den meisten handelte es sich um ehemalige Angehörige von NS-Grundeinheiten wie BDM (Bund Deutscher Mädchen) und Frauenschaftsbund. Dazu kamen ehemalige Wehrmachtsangehörige, Luftwaffenhelferinnen, Funkerinnen, Truppenbetreuerinnen. „Die Räume waren total überfüllt, ständig kamen neue hinzu", be-

richtet Marianne Leifheit. „Jeden Morgen um neun Uhr las ein sowjetischer Offizier die Namen der für den Abtransport bestimmten Frauen vor. Danach spielten sich herzzerreißende Szenen ab. Die Zurückbleibenden versprachen, wenn möglich den Angehörigen der Weggefährten Nachricht zukommen zu lassen." Marianne Leifheit kam Dank des Einsatzes ihres Vaters wieder frei. Er hatte fünf eidesstattliche Erklärungen beigeschafft, die bestätigten, daß seine Tochter keine NS- und keine Wehrmachtsangehörige gewesen war.

Besondere Furcht herrschte unter den Polen, Ukrainern und Weißrussen. Viele von ihnen flohen beizeiten aus den Mühlhäuser Dörfern westwärts. So auch alle Polen in Höngeda. Nur einen hatten sie vergessen: Josef Wilkuschensky. Prompt wurde er verhaftet und abtransportiert. Doch gelang ihm während der Fahrt nach Russland die Flucht. Er durchschwamm die Elbe und kehrte heil nach Höngeda zurück.

Nach den Berichten Überlebender gestalteten sich die Deportationen zu furchtbaren Leidenswegen. Die Sterblichkeit auf der Fahrt nach Russland war deshalb allgemein sehr hoch, mitunter betrug sie zehn Prozent der Deportierten. Die Arbeitslager, denen die Transporte zugeleitet wurden, lagen über ganz Russland zerstreut.

Das Zufällige, so kann man aus solchen Berichten herauslesen, spielte immer wieder eine große Rolle. Oft kam es auf eine bestimmte Personenzahl an, die gebracht werden musste. Stimmte sie nicht, kamen groteske Situationen zustande. Bei einer Razzia an der Stätte konnte man beobachten, wie die Bürger, die auf Lastwagen steigen mussten, von den Soldaten gezählt wurden. Als eine bestimmte Zahl erreicht war, wurden die anderen davongejagt. Andererseits konnte es passieren, dass bei Verladungen von Abzutransportierenden, zum Beispiel von Schulhöfen, zufällig Vorbeikommende kurzerhand von den Soldaten gepackt und zu den anderen auf die Lastwagen gesteckt wurden, um eine vorgegebene Personenzahl stimmig zu halten.

Bei Feldarbeiten im August 1945 sahen der 13-jährige Gerhard Mey und sein Vater Heinrich nahe der Kammerforster Flur einen langen Zug Menschen vorbeiziehen. Begleitet von sowjetischen Soldaten ging es in Richtung Mühlhausen. Offensichtlich handelte es sich auch hier um die Erfassung von Arbeitskräften. Zusammengetrieben mochten diese Menschen aus Dörfern wie Craula, Tüngeda, Hötzelsroda, Groß- und Oesterbehringen worden sein. Ein Teil von ihnen stammte möglicherweise auch von weiter her. Zahllos zogen damals solche Menschenzüge durch die Landschaft. Schon bei den Anmärschen gab es viele Opfer. So bei den Verhören auf den Zwischenstationen, wo es immer wieder zu schlimmen Gewaltakten durch die Bewacher kam.

Bei einer Großrazzia im September 1945 wurden auf einer Wiese vor Langula über 100 Männer aus dem Vogteier Gebiet zusammengetrieben, darunter Waldarbeiter und Bauern, direkt von den Feldern verhaftet. Am nächsten Tag brachte man die Eingefangenen nach Heyerode auf das Fabrikgelände von Krumbein. Dort kam nach einer Selektion ein Teil wieder frei, das Gros wurde nach Mühlhausen gebracht und von dort aus nach Buchenwald. Allein elf verschleppte Langulaer verstarben dort bzw. blieben verschollen, u. a.: Albin Baumgardt, Friedrich Dittmann, Herbert (?) Gietzel, Ernst Hecht, Albert Weiß. Es überlebten und kamen nach drei Jahren wieder frei: Martin Bachmann, Willi Bang, Paul Breitbart, Otto Schnepf.

Nach Aussagen von Familie Schwaar trieben Anfang Oktober 1945 sowjetische Soldaten eine Kolonne Zivilisten die Eisenacher Landstraße hinauf. Die Menschen waren erschöpft und wahrscheinlich schon länger unterwegs. Schwaars, die gerne helfen und die Gefangenen befragen wollten, wurden von den Bewachern streng zurückgewiesen. Woher diese Kolonne kam und wohin sie ging, ist nicht bekannt.

Razzien, die in Dörfern stattfanden, hatten immer ihren eigenen Charakter, so in Wendehausen. Nachdem alle männlichen Bewohner zusammengetrieben worden waren, führte man sie in den Wald. Am nächsten Tag brachte man sie per Lastwagen in die Vogtei, wo sie wiederum im Freien übernachten mussten. Danach konnten alle nach Wendehausen zurück, keiner wurde festgehalten, doch ein derart glücklicher Ausgang blieb die Ausnahme.

Nachdem so der erste „große Hunger der Sowjets" (Fricke) an Menschen, vor allem an jungen Männern gestillt war, ebbten diese allgemeinen, öffentlichen Razzien ab und hörten Ende l946 fast ganz auf (Fricke). Die Gefängnisse, Zuchthäuser und die wieder „in Betrieb" genommenen ehemaligen Nazi-KZs waren ohnehin hoffnungslos überfüllt. Zum Anderen verliefen die Weitertransporte dieses menschlichen Beutegutes in die Sowjetunion sehr zögerlich.

Wie viele Frauen und Männer im Kreis Mühlhausen in den Jahren 1945/47 durch Razzien, Meldeaufrufe und Festnahmen aufgegriffen und verschleppt worden sind, lässt sich schätzen. Ihre Zahl liegt bei 1700, wovon nur ein Viertel überlebte. Für die Transporte durch Razzien Gefangengenommener verpflichteten die Russen auch deutsche Fuhrunternehmer, die Traktoren mit Hängern und Lastautos besaßen. Die Route verlief über Langensalza bis Erfurt bzw. Weimar. Von hier aus ging es per Bahn weiter. In Erfurt und Weimar erfolgten die ersten Selektionen.

Die Flucht gelang nur wenigen. Wiedereingefangene wurden auf der Stelle erschossen. Das widerfuhr mehreren Mühlhäusern, als sie hinter Seebach bzw. Großengottern von den Lastwagen sprangen und über die Felder zu fliehen versuchten. Nachdem sie wieder eingefangen worden waren, töteten die sowjetischen Soldaten sie am Straßenrand vor den Augen der anderen mit Salven aus ihren Maschinenpistolen. (Erwin Hinsche, Paul Bargenda)

Solche „auf der Flucht Erschossenen" begruben die Bewohner der nächstliegenden Ortschaft meist als Namenlose. So geschah es auch in Seebach. Hier wollte es die Tragik, dass zwei zufällig vorbeikommende Radfahrer als „Ersatz" gegriffen und auf den LKW gestoßen wurden. Tagelang lagen ihre Räder noch am Straßenrand.

Nach Abschluss dieser Großrazzien gab es dann noch viele kleinere, gezielte Aktionen. Dabei ging es zumeist um öffentliche Veranstaltungen, wie Kinobesuche und Tanzabende. Die dort weilenden jungen Leute trieb man auf Lastwagen und brachte sie wegen Verdachts auf Geschlechtskrankheiten nach den Landeskrankenanstalten Pfafferode. Da russische Offiziere und Unteroffiziere nicht selten Besucher von Tanzveranstaltungen waren, lautete die Begründung solcher Razzien, die deutschen Frauen würden darauf ausgehen,

Erwin Hinsche

sowjetische Armeeangehörige absichtlich anzustecken. „Diese Untersuchungen liefen ganz klar auf eine Demütigung der Frauen hinaus", erklärte später eine der damals diensttuenden Krankenschwestern. „Ständig betraten sowjetische Offiziere den Behandlungsraum und machten laut lachend abfällige Bemerkungen."

Schon gleich nach dem Einzug der Roten Armee war auf Plakaten zu lesen, dass Frauen der Verkehr mit den Besatzungstruppen verboten sei. „Frauen, die Verkehr unterhalten und in der Folge Soldaten durch irgendwelche Krankheiten anstecken, werden erschossen", hieß es.

„Das war", so Sonja Nietzold, „der reine Hohn gegenüber dem, was die Russen an Vergewaltigungen an deutschen Frauen, Mädchen und Kindern bereits vorher begangen hatten. Allein, was ich während der Flucht nach Thüringen durchgemacht habe, kann man gar nicht wiedergeben, was da an Sadismus und Grausamkeiten verübt worden war. Genau umgekehrt war es also gewesen, die Geschlechtskrankheiten hatten die sowjetischen Soldaten eingeschleppt."

Aus allen Städten und Dörfern Thüringens kamen derartige Klagen. Danach war auf Frauen regelrechte Jagd gemacht, Vergewaltigungen sogar in aller Öffentlichkeit vollzogen worden. Nicht selten wurden dabei Frauen in vielfacher Folge von mehreren Soldaten missbraucht.

(Zur Begründung des hier angeführten Textes: Bis 2001 waren dem Autor fünf Mühlhäuser Frauen bekannt, die von Rotarmisten vergewaltigt wurden. Mit allen Opfern hat die Familie des Autors Kontakt aufgenommen. Schließlich erklärten sich auch zwei von ihnen dazu bereit, über ihr Schicksal zu sprechen. Kurz vor den vereinbarten Gesprächsterminen jedoch sagten beide Frauen ab. Sie konnten sich, wie sie sagten, nicht dazu überwinden, über die ihnen angetane Schmach zu reden. Sie baten ferner darum, nie wieder daraufhin angesprochen zu werden.)

„Das war eine Schande sondergleichen und ich bin sicher, dass zumindest am Anfang der Besetzung die sowjetischen Offiziere, einschließlich der Generäle, mit Absicht nichts gegen diese massenhaften Vergewaltigungen unternahmen, sie also duldeten, wenn nicht gar förderten." (Stefan Bobrowski)

Diese primitive Vorgehensweise sowjetischer Soldaten änderte sich auch in den nächsten Jahren kaum. Wo immer sich die Gelegenheit bot, gingen sie schamlos ihren Trieben nach: In Gefängnissen, Lagern, Zuchthäusern. In Torgau, wenn die Frauen und Mädchen zum Duschen mussten, zwangen sie die Besatzer, sich vor deren Augen nackt auszuziehen. „Unter Gejohle und Hohngelächter, begleitet von gierigen Blicken und Griffen, wurden die Gefangenen durch die Gänge getrieben. Stellten sich ältere Frauen schützend vor die jüngeren, ernteten sie Tritte." Das war in Torgau nicht anders als in Sachsenhausen und Bautzen, erinnert sich Erika Grabe. Zwar war es verboten, Gefangene zu vergewaltigen, aber wer hielt sich schon daran?

Meist abends, wenn auf den Gängen Ruhe eingetreten war, kamen die Posten: „Du mitkommen!" Manchmal hatten sie es auf eine bestimmte Frau abgesehen, meist aber war es ihnen egal, wen sie griffen. (1,9 Millionen Vergewaltigungen fanden nach Schätzung von Kowalczuk-Wolle statt, davon eine halbe Million nach Kriegsende.)

Stellvertretend für die bei Razzien verschleppten und nicht wiedergekehrten Mühlhäuser Jugendlichen soll der Name des 18-jährigen Harro Loppow aus der Friedrich-Engels-Straße stehen. Obwohl an einer fiebrigen Lungenentzündung erkrankt, nahmen ihn die Sowjets im August 1945 mit. Gerade erst hatten seine Eltern mit ihm seine Heimkehr aus englischer Kriegsgefangenschaft gefeiert. Wie viele andere Angehörige starben sie, ohne je eine Nachricht über den Verbleib ihres einzigen Kindes erhalten zu haben.

Aussagen weiterer Betroffener:
„Als ich im Herbst 1945 mit meinem Vater im Mühlhäuser Stadtwald Holz sammelte, kam ein Jeep mit sowjetischen Offizieren angefahren. Der Wagen hielt an, man nahm uns mit in die Turnhalle des Gymnasiums an der Burg. Nachdem man mich verhört hatte, konnte ich nach Hause gehen. Mein Vater aber blieb da. Ich habe ihn nie wieder gesehen.

Jahre später klopfte es eines Abends an unsere Haustür. Meine Mutter öffnete, ein Mann stand da und fragte, ob sie die Frau von Alwin Geil sei. Als sie bejahte, sagte er, ihr Mann sei im Frühjahr 1948 in Buchenwald verstorben. Ohne weitere Angaben verschwand er. Uns war klar, dass solche Nachrichten zu überbringen streng verboten war, um so dankbarer waren wir für diese Botschaft. 35 Jahre mussten vergehen, ehe wir durch Herrn Thiele den genauen Sterbetag meines Vaters erhielten, es war der 10. Februar 1948. 1952 hatte meine Mutter auf eine allgemeine Anordnung der DDR-Behörden ihren Mann für tot erklären müssen. Auf diese Art und Weise hatten sich die nächsten Angehörigen von den Getöteten zu trennen."
Theodor Geil

„Im September 1945 wurde mein Neffe, Klaus Steinmüller, bei einer Mühlhäuser Razzia verhaftet. Da ich kein Lebenszeichen mehr von ihm erhielt, wandte ich mich an die Behörden. Aber niemand konnte mir Auskunft geben. Er war 24 Jahre und hatte keine weiteren Angehörigen."
Erna Schöttge, Dresden 1992

„Es war sechs oder sieben Tage nach unserem Abtransport von Mühlhausen, als wir in ein Gefängnis in der Nähe von Leipzig untergebracht wurden. Die Strohsäcke waren unwahrscheinlich schmutzig. Wären unsere Knochen nicht so lahm gewesen, hätten wir lieber auf dem nackten Fußboden geschlafen. Und da waren noch die Wanzen. Kaum waren wir eingetreten, tauchten sie in hellen Scharen, in geschlossenen Haufen, in ununterbrochenen Kolonnen auf. Sie waren so ausgehungert, dass sie nicht einmal das Licht der Lampe, das von der Decke leuchtete, scheuten. Wir kämpften die halbe Nacht gegen sie an, bis wir es aufgaben. Noch tagelang waren unsere Körper mit dicken Schwären bedeckt. Das ist die schlimmste Erinnerung an diesen Transport, der für mich in Pirna endete."
Ralf Otto

„Wir hatten bereits mehrere Razzien in der Stadt erlebt, alle Frauen fürchteten um ihre Männer. Eines Abends kam eine Nachbarin zu uns und sagte, morgen solle wieder eine sein, ich sollte aufpassen und meinen Mann und meinen Vater auf keinen Fall auf die Straße lassen.

Am nächsten Morgen drangen Russen ins Haus, wenig später waren mein Mann und mein Vater verhaftet. Als mein Mann drei Tage später zurückkehrte, war er so krank und erschöpft, dass er kaum reden konnte. Meinen Vater habe ich nicht wiedergesehen."
Veronika Pfeifer

„Die Tragödie in der Knabenmittelschule habe ich als Vierzehnjähriger miterlebt. Am Nachmittag des Abtransportes hunderter Festgenommener stand ich am Kiliansgraben. Ich sah die auf Lastwagen zusammengedrängten Männer, wie sie hilflos den Dastehenden zuwinkten. Zwei meiner Onkel waren dabei, die Brüder meiner Mutter. Schreckliches hatte sich in der Nacht zuvor in den Klassenräumen abgespielt. Viele von den Eingefangenen waren von den Russen halbtot geschlagen worden. Die Stimmung Zuhause, überhaupt in der Stadt, war auf den Nullpunkt gesunken. Einer meiner Onkel kehrte Wochen später zurück, der andere blieb verschollen."
Manfred Käppler

„Unter uns Zusammengetriebenen war ein älterer Mann. Von ihm erfuhr ich, dass die Russen schon 1940 im Baltikum die Männer zusammengetrieben und selektiert hatten. In Estland war es zu massenweisen Erschießungen gekommen. Besonders die Intelligenz hatte daran glauben müssen: Lehrer, Studenten, Offiziere, Ärzte. In Polen sei es nicht anders gewesen.
‚Du musst den Blöden markieren', riet er mir. ‚Dumme und Einfältige haben bei den Sowjets die meisten Überlebenschancen.' Offenbar war er mit dieser Masche auch in der Knaben-Mittelschule durchgekommen, denn ich habe ihn später in der Stadt wiedergesehen."
Ewald Jentsch

Zu den im Sommer 1945 von den Sowjets verschleppten Mühlhäuser Bürgern zählen u. a.:
Heinrich Ahke, Karl Baumgardt, Arthur Bernhard, Paul Blankenburg, Hilmar Blankenburg, Willi Blechschmidt, Hermann Blume, Karl Bohne, Otto Bona, Hermann Bornkessel, Wilhelm Burkhardt, Heinrich Dettmar, Kurt Dietrich, Karl Engelhardt, Arthur Faupel, Willi Frank, Louis Freitag, Ernst Fritsche, Helmut Fuchs, Eugen Geib, Erich Göpel, Paul Gossel, Walter Guth, Erich Hakanson, Kurt Haltenhof, Richard Haltenhof, Konrad Hartmann, Otto Hartmann, Erich Heinemann, Ernst Heinemann, Hermann Junghans, Karl Kämmerich, Paul Kaufmann, Willi Keller, Bernhard Klett, Wilhelm Köhn, Karl Kölle, Paul Kölling, Julius Kolligs, Willi Letsch, Hugo Liedloff, Kurt Ludwig, Adam Mangel, Karl Mastmann, Christian Mund, Karl Nordmann, Erich Nürnberger, Kurt Pfeffer, Bruno Pommer, Robert Poppe, Emil Prüfer, Karl Reinhardt, Artur Rink, Oskar Schiller, Oskar Schlegelmilch, Eduard Schmidt, Karl Schramm, Rudolph Schubert, Karl Schütz, Edgar Schwerdt, Karl Seidel, Gustav Siefert, Werner Thon, Albert Vorreiter, Hans Weber, Werner Weber, August Wegener, Hans-Joachim Wolf, Paul Zichler, Albert Zier, Paul Zietz, Hans Zimmermann.
Etwa die Hälfte dieser Bürger überlebte und kehrte Jahre später zurück.

Deutsches Rotes Kreuz
Generalsekretariat
SUCHDIENST MÜNCHEN
Zentrale Auskunfts- und Dokumentationsstelle

DRK-Suchdienst · Infanteriestraße 7a · D-80797 München

Herr
Siegfied Rink
Hauptstr. 38

99986 Oppershausen

Bitte, geben Sie stets unser Aktenzeichen an.

```
DIR-mi-SL-VA      12.06.1995
Rink, Arthur Emil Albert,
* 12.11.1899
```

Betr.: Rink, Arthur Emil Albert,
       geb. 12.11.1899

Sehr geehrter Herr Rink,

der Suchdienst des Deutschen Roten Kreuzes hat aus den Archivbeständen der Gemeinschaft Unabhängiger Staaten (GUS) Unterlagen über die NKWD-Lager in der ehemaligen Sowjetischen Besatzungszone erhalten und nunmehr ausgewertet.

In diesen Meldungen ist ein

Rink, Artur, geboren im Jahre 1899
aufgeführt, der am 20.07.1946 im Lager Buchenwald
verstorben ist.

Angaben zur Grablage liegen nicht vor.

Wir bedauern, Ihnen diese schmerzliche Nachricht übermitteln zu müssen, hoffen jedoch, daß diese Meldung dazu beiträgt, eine lange währende Ungewißheit zu beenden.

Sollten sich in Zukunft weitere Erkenntnisse ergeben, werden wir Sie selbstverständlich davon unterrichten.

Mit freundlichen Grüßen
i.A.

K. Mittermaier
Geschäftsstellenleiter

Fernruf-Sammel-Nr. (089) 18 80 31 · Telefax (089) 1 23 10 47
Konten: Landeszentralbank in Bayern (BLZ 700 000 00) Konto 700 019 14 · Bayer. Vereinsbank M. (BLZ 700 202 70) Konto 900 101
Postgiroamt München (BLZ 700 100 80) Konto 85 100-805

Wie Familie Rink bemühten sich betroffene Angehörige jahrzehntelang um solche Auskünfte, meist vergeblich.

Zu weiteren Deportationen von Personen aus der Mühlhäuser Region kam es im Spätherbst 1945. Hierbei handelte es sich vorwiegend um Gutsbesitzer, Pächter und Bauern, die von den Kommunisten und der sowjetischen Besatzungsmacht enteignet worden waren. Sie gelangten nicht nach Sibirien, sondern nach Rügen, und zwar in Viehwagen.

Am 21. November 1945 protestierte der spätere thüringische Landesbischof Moritz Mitzenheim schriftlich beim Präsidenten des Landes Thüringen zu Gunsten der Zwangsausgewiesenen: „Bei den Verhafteten handelt es sich, soweit sie mir bekannt sind, durchaus nicht um ehemalige Anhänger des Nationalsozialismus ..."

Derartige Kritik vertrugen die Sowjets gar nicht. Andreas Hermes und Walter Schreiber, von der CDU-Führungsspitze in der SBZ, wurden auf Druck der Besatzungsmacht dafür abgesetzt.

Indessen konnten mit Hilfe von Bauern, Fischern und Pastoren die meisten der nach Rügen Deportierten später fliehen.

Diese Verschleppungen aber waren erst der Anfang einer endlosen Kette von Deportationen der Nachkriegszeit. Noch über Jahre rollten Züge voll deutscher Männer, Frauen und Kinder ostwärts. So fuhr am 8. Mai 1947 von Torgau aus ein Zug mit 707 Gefangenen nach Soswa in die nördlichen Urallager, darunter 94 Frauen und 6 Kinder. Oder am 4. Juli 1947 ein weiterer mit 1003 Personen. Ähnliche Deportationen erfolgten von Weimar aus, von Halle, Cottbus, Berlin, Dresden, Frankfurt/Oder. Noch bis in die 50er Jahre hinein gelangten die Unglücklichen in Stalins Straflager.

Bereits am 20. Juni 1945 war im Mühlhäuser Anzeigeblatt folgende Meldung erschienen:
HEIMKEHR VON ZWEI MILLIONEN KRIEGSGEFANGENEN AUS AMERIKANISCHER GEFANGENSCHAFT
Zur Zeit der bedingungslosen Kapitulation Deutschlands befanden sich insgesamt 2.850.000 deutsche Kriegsgefangene in amerikanischer Gefangenschaft. Die Freilassung wird in regelmäßigen Abständen erfolgen ...

Tatsächlich kamen schon bald darauf die ersten Hunderttausend frei. Viele von ihnen gelangten auch nach Thüringen. Gerade sie aber wurden die Hauptopfer bei den Razzien. Das erste, was ihnen die Sowjets wegnahmen, waren ihre Entlassungspapiere. Praktisch waren sie dadurch sowjetische Gefangene geworden. So konnte die Rote Armee selbst aus denjenigen noch Kapital schlagen, die nach kurzer Verschleppung nach Hause zurückkehren durften. Sie konnte melden, soundsoviele Kriegsgefangene entlassen zu haben.

Nach dem Forschungsstand (1995) der Initiativgruppe Buchenwald wurden durch die Sowjets von Mühlhausen nach Buchenwald im Zeitraum 1945-47 in sieben Transporten 81 Mühlhäuser Bürger transportiert.

Im gleichen Zeitraum gingen ebenfalls 7 Transporte von Langensalza aus nach Buchenwald. Von den 183 Verschleppten war ein Teil Mühlhäuser bzw. Bürger aus dem Kreisgebiet Mühlhausen, Seebach, Flarchheim, Oppershausen, Heroldishausen usw.

Im Juli 2000 entdeckte die Heimatchronistin Ingrid Baumgardt aus Großengottern eine private Aufzeichnung über alle festgenommenen und fortgebrachten Einwohner des Ortes. Danach wurden gleich nach Einmarsch der Roten Armee im Juli 1945 „alle Parteifunktionäre, Amtswalter, Führer der SA, alle Mitglieder der SS" aufgerufen und abtransportiert, teils nach Langensalza, teils nach Buchenwald, einige sogar nach Sibirien. In Gefangenschaft kamen beim 1. Transport:

Reinhold Schade, nach Buchenwald
Albin Heyer, nach Waldheim
Richard Breitfuß, in Mühlberg gestorben
Ludwig Stedefeld, in Sibirien gestorben
Adam Hosbach, in Waldheim gestorben
Dr. Walter Henning, nach Buchenwald
Walter Seeling, nach Buchenwald
Armin Welker, in Buchenwald gestorben

Die heimliche Namensauflistung der von den Sowjets verschleppten Bürger Großengotterns. Abdruck des Originals.

Beim 2. Transport im August 1945 kamen nach Buchenwald:

Karl Ehrsam	Hugo Hill
Karl Martin	Kurt Braun
Willi Buch	Kurt Blankenburg, in Buchenwald gestorben
Oskar Stedefeld	Richard Anhalt
Arno Keiderling	Otto Engel, Lehrer
Hugo Liedloff	Albin Steinbrecher
Albert Bischoff	Erich Förderung
Fritz Baumgardt	Reinhold Rahardt
Hugo Früh	Hertha Bauer, Lehrerin
Hugo Mörstedt	Emil Karpinski

8. EINZELFESTNAHMEN

Neben den Razzien führte die sowjetische Besatzungsmacht im Mühlhäuser Stadt- und Kreisgebiet mit Hilfe deutscher Denunzianten zahlreiche Einzelfestnahmen durch. Bei den betroffenen Bürgern handelte es sich zumeist um ehemalige NS-Parteigänger, aber auch um Offiziere, Beamte, Fabrikanten, Geschäftsleute, Ärzte, Lehrer, Ingenieure, Groß- und Kleinbauern.

Im Landkreis kam es durchschnittlich zu je 10 bis 15 Festnahmen pro Gemeinde (erfragt 1994 mit Unterstützung von Landrat Hilfreich Reinhold). In der Stadt dürften es mindestens siebenhundert gewesen sein. Zur Vermeidung öffentlichen Aufsehens kamen die meist drei- bis vierköpfigen „Kommandos" vorzugsweise in den frühen Morgenstunden. Nach Feststellung der Identität des angezeigten Bürgers wurde dessen Wohnung durchsucht, alles Wertvolle beschlagnahmt, auch Wäsche und Möbel. Nicht selten musste die Familie die Wohnung verlassen und sich eine andere Bleibe suchen. Bei Festnahmen auf dem Lande wurden auch Teile des Besitzes zerstört, Tiere getötet und Wurstkammern geplündert. Nicht selten wurden die Festgenommenen noch auf ihren Grundstücken bzw. in ihren Wohnungen misshandelt, ihre Angehörigen bedroht und geschlagen.

Die Wege der Verhafteten gestalteten sich äußerst unterschiedlich. Manche kamen nach ein paar Wochen wieder frei, andere nach etwa einem Vierteljahr, aber das waren die wenigsten. Die meisten brachte man ins Gefängnis Untermarkt 17 oder in die danebenliegenden Häuser Untermarkt 13/14 oder sehr bald schon nach Weimar und Buchenwald. Ein sowjetisches Militärtribunal führte – wenn überhaupt – die Verhandlungen und Verurteilungen durch. Irgendwelche Benachrichtigungen an die Angehörigen gab es nicht. Auch bei Verschleppungen in Lager oder Zuchthäuser. Es gab auch keine Freigabe von Leichen.

Selbstverständlich waren unter den Betroffenen Personen, die sich schuldig gemacht hatten, sei es als Richter, Staatsanwälte, Gefangenenaufseher, Polizisten und dgl. Festzustellen aber bleibt auch, dass die Hauptverantwortlichen der Stadt und des Kreises, wie NS-Kreisleiter Vollrath und sein Schwager Streil, HJ-Hauptstammführer Höpel oder Berufsschuldirektor Blaufuss, sich längst abgesetzt hatten. Es gab Bürger, die sich mithilfe ihrer NS-Parteizugehörigkeit jahrelang an fremdem Eigentum bereichert hatten und die sich durch Anbiederung bei den Russen wiederum aufs Schamloseste Vorteile verschafften.

Gerechtigkeit war in diesen Nachkriegsjahren nicht zu erwarten – auch später nicht.

Immer wieder ging es um Verbindungen, um Vorteile, für welche die Vertreter der sowjetischen Besatzungsmacht natürlich auch zu haben waren.

Nicht zuletzt lief daher dieses „Zusammenspiel" zwischen Deutschen und Russen auf Korruption und Ungerechtigkeit hinaus. Denn das, was in den späteren SED-Geschichtsblättern mit so kernigen Sprüchen wie vom „erfolgreichen Kampf der Mühlhäuser KPD um die Verwirklichung des Potsdamer Abkommens" oder die „enge Zusammenarbeit zwischen dem Militärkommandanten und den Mühlhäuser Antifaschisten zum Wohle der Bevölkerung" verkündet wurde, und dass dadurch eine neue demokratische Ordnung entstand, war und blieb eine Teilwahrheit und oft nicht einmal das. Zugleich blieb die KPD nichts anderes als ein Befehlsempfänger für die Sowjets. Das wurde für die Altkommunisten und ihre Vorstellungen von der Verwirklichung eines „deutschlandgerechten Sozialismus" nur allzu bald zum Trauma. Den Beweis dazu lieferten die bereits jetzt schon in Scharen flüchtenden Bürger der Stadt.

Einige Namen und Schicksale von Bürgern der Stadt und des Kreisgebietes Mühlhausen. Die Zeit ihrer Festnahme lag vorwiegend 1945/46.
Herbert Kettler (1902) wird im November 1945 am Mühlhäuser Bahnhof von zwei Polizisten verhaftet und dem sowjetischen Geheimdienst übergeben. Der Festgenommene bleibt bis 1946 im Haus Untermarkt 13, seither gilt er als verschollen.

Die Familie von Paul Ruchalzick muss am 20. Juli 1946 die gesamte Wohnung in der Brunnenstraße räumen. Frau, Tochter und Sohn kommen bei Freunden unter, während der Mann inhaftiert wird. Wochenlang versuchen Frau und Tochter, den Inhaftierten wieder frei zu bekommen. Sie lassen nichts unversucht und haben Glück. Nach einem Monat kehrt Paul Ruchalzick wieder in die Freiheit zurück. Die Familie darf sogar wieder die Wohnung übernehmen. Alle Möbel sind noch unversehrt vorhanden, nur die Wertsachen sind verschwunden.

Stefan Ludwig, Grossengottern, wird als „Lückenbüßer" im Herbst 1945 von den Sowjets nach Kirgisien verschleppt. Dort stirbt er 1947. Indessen muß seine Witwe, die nie eine Rente erhält, auf dem örtlichen Friedhof eine Grabstelle mit dem Namen ihres Mannes anlegen. Sie muß so tun, als läge hier ihr Mann hier begraben.

Heinrich Echtermeyer, ehemaliger Oberamtsrichter, wird im Sommer 1945 von den Sowjets in seinem Haus in der Eisenacher Straße verhaftet. Er kommt nach Buchenwald und überlebt die dreijährige Gefangenschaft.

Paul Helferich (1897) wird im Oktober 1945 in der Wohnung seiner Schwester, Windebergerstraße, nach einem kuren Verhör festgenommen. Er soll noch im Gerichtsgebäude Untermarkt 17 gesehen worden sein. Sein Verbleib ist unbekannt .

Schuhmachermeister Karl Anton Schmidt (1903) wird am 19. 12. 1945 verhaftet und auf den Untermarkt 13 gebracht. 1946 bringt man ihn nach Buchenwald. Von da an fehlt jede Spur von ihm.

Ludwig Stedefeld aus Großengottern (1900) wird 1945 nach Buchenwald gebracht. Zwei Jahre später schafft man ihn von dort aus nach Karaganda (Kasachstan). Dort stirbt er im Herbst desselben Jahres, wie Mithäftlinge später übermitteln. Sein Name taucht in keinem Amt auf. Seine Frau Elly geb. Koch bekommt keine Witwenrente.

Bei seiner Festnahme wird Kurt Herold noch in seiner elterlichen Wohnung in der Thomas-Müntzer-Straße von einem NKWD-Mann zusammengeschlagen und danach halb bewusstlos in ein Auto gezerrt. Drei Wochen später kommt er wieder frei. Wie es heißt, handelte es sich um einen Irrtum bei seiner Verhaftung.

Am 27. August 1945 werden die Bürger der Gemeinde Lengenfeld u. Stein, Michael Mühr (1888) und Martin Riese (1904), von den Sowjets verhaftet und verschleppt. Beide kehren nach furchtbaren Leiden und völlig krank im Juli 1948 aus Waldheim bzw. Buchenwald zurück. Josef Eberhardt (1890), ebenfalls am 27. August 1945 verschleppt, überlebte die Torturen nicht. Er verstarb 1947 im KZ Mühlberg.

Der Bahnhofsvorsteher Christoph Fritz, Beberstedt, wird im August 1945 verhaftet und in ein Internierungslager verschleppt. seither gilt er als verschollen.

Der 20jährige Kurt Bader, Wahlstraße, wird 1946 festgenommen und verschwindet spurlos. Ein Jahr später übersiedelt seine Mutter Hedwig nach Kassel. Ihr totgeglaubter Sohn findet sie dort 1952. Man hatte ihn in ein Gefangenenlager nach Rußland verschleppt.

Im Spätsommer 1945 wird Studienrat Fritz Bindemann, Stadtbergstraße 23, verhaftet. Vermutlich wegen seiner nationalsozialistischen Einstellung, die er im Gymnasium vertreten hatte. Es wurde nichts wieder von ihm gehört.

Nach einer Denunziation werden im November 1945 vier ehemalige Wehrmachtsoffiziere verhaftet, dabei werden die Angehörigen vom sowjetischen Einsatzleiter mit der Pistole bedroht. Ein Jahr lang bleiben die Männer verschwunden, plötzlich, im Dezember 1946, kehren sie zurück, darunter Hans Aßmann, Steinweg 80, und John Schlasche, Arndtstr. 2.

Ein sowjetischer Garnisonsoffizier warnt den ihn bekannten Kaufmann Bernhard Titz, Augustastr. 47, vor seiner drohenden Verhaftung durch den NKWD. Titz kann rechtzeitig fliehen, ein Jahr später läßt er seine Familie nach Hessen nachkommen.

Anfang Dezember 1945 wird der Lehrer Richard Schulze, Bahnhofsplatz 3, vom NKWD festgenommen. Im Januar 1946 schafft man ihn, zusammen mit drei weiteren Gefangenen, darunter Erika Grabe, nach Ludwigslust. Dort verliert sich seine Spur. Der NKWD verhaftet den kaufmännischen Angestellten Rudolf Schinköth aus der Breitenstr. 7 und bringt ihn zum Untermarkt 13. Danach gibt es von ihm kein Lebenszeichen mehr.

Der ehemalige Beamte Theodor Weber aus der Wanfriederstraße wird nach seiner Festnahme einem Transport nach Weimar zugeteilt. Weber soll danach in die SU gebracht worden sein.

Der Kassenbote Emil Wartmann aus der Georg-Wolff-Straße, geb. 6.9.1895, wird 1945 von den Sowjets verhaftet und gilt seitdem als verschollen.

Der Vermessungsingenieur Willy Röder aus Zimmern, geb 27.4.1889, wird am 7.10.1945 von den Sowjets ohne Begründung verhaftet. Er stirbt am 9.10.1947 im Lager Mühlberg an Typhus.

Der ehemalige Beamte Wilhelm Schreiber, geb. 1905, Böhntalsweg 8, bekommt in Buchenwald die Häftlingsnummer 3653. Am 8.2.1947 erfolgt sein Weitertransport in die UdSSR, und er gilt seither als verschollen.

Mit dem gleichen Transport gelangen die namensverwandten Mühlhäuser Heinz (geb. 1925) und Werner (geb. 1904) Thon von Buchenwald in die UdSSR. Von ihrer Rückkehr ist nichts bekannt.

Im August 1945 wird Karl Mast, Böhntalsweg 124 b , von sowjetischen Soldaten auf der Straße festgenommen und verschleppt. Acht Jahre später berichtet ein Spätheimkehrer der Ehefrau Maria, ihr Mann sei in einem Lager in Sibirien verstorben.

Tischlermeister Gustav Siefarth aus der Marktgasse 1 gerät nach seiner Verhaftung im Herbst 1945 in mehrere Lager der SBZ. Aussagen Entlassener zufolge, soll er überlebt haben.

Eugen Westendorf, geb. 1886 in Hannover, wird nach einer Razzia festgenommen und nach Buchenwald geschafft. Dort erhält er die Häftlingsnummer 12564. Er stirbt am 18.1.1947 im Lagerlazarett an Unterernährung.

Im September 1945 wird der ehemalige Hauptschriftleiter des Mühlhäuser Anzeiger, Albert Frerichs, in seinem Haus Böhntalsweg 34 vom NKWD verhaftet. Seine Frau Lina muss aus dem Haus und bekommt eine Bleibe Im Flarchen. Von ihrem Mann hört sie nichts wieder.

Walter Schwanitz

Der Werkmeister Walter Schwanitz aus der Breitenstraße, geb. 1908 in Ruhla, wird im August 1945 zum Untermarkt 13 geholt und von da aus nach Weimar gebracht. Seine letzten Lebenszeichen kommen aus Torgau. Das Todesjahr ist unbekannt.

Clemens Ringleb aus Hüpstedt, geb 25.10.1896, wird im Oktober 1945 festgenommen und ins Lager Jamlitz verschleppt. Dort stirbt er im Februar 1947. Dionysius Ringleb, geb. 15.6.1889, ebenfalls aus Hüpstedt, kommt nach seiner Festnahme nach Buchenwald. Er überlebt die Strapazen und kehrt 1948 zurück.

Paul Krienen, Windorststr. 16, ehemaliger leitender Botschaftsangehöriger des Auswärtigen Amtes und letzter deutscher Botschafter in Rumänien, lebt seit 1944 in Mühlhausen. Nach mehreren Verhören am Untermarkt im Herbst 1945 kehrt er nicht wieder zu seiner Familie zurück. Er soll noch in Buchenwald gesehen worden sein.

Im September 1945 wird der ehem. Kanzleisekretär des Reichs-Außenministeriums, Karl Galle, Stadtbergstraße 26, auf der Straße von Rotarmisten verhaftet und spurlos verschleppt.

Im Mai 1946 kommt es zur plötzlichen Festnahme des Prokuristen Paul Böttinger in dessen Wohnung Lützowstr. 43. Der am 26.3.1884 in Eisenach geborene stirbt am 20.12.1947 in Buchenwald.

Der Umsiedler Fritz Loschkau wird im Herbst 1945 acht Wochen lang im Untermarkt 13 festgehalten. Er soll beim Besuch seiner Schwester in Bremen Aufträge für den britischen Geheimdienst entgegenommen haben. Es gibt keine Beweise, Loschkau kann nur vermuten, wer ihm das eingebrockt hat und weswegen. Es geht um eine Woh-

Paul Böttinger

nung An der Aue, die er bekommen soll und die der Denunziant haben will. Zwei Tage nach seiner Freilassung begibt sich Fritz Loschkau mit seiner vierköpfien Familie nach Hessen.

Der Ingenieur Richard Axt aus Menteroda wird 1945 von NKWD-Leuten verhaftet und bei einem Fluchtversuch am Schachteingang erschossen.

Der Bürger Otto Kersten aus Menteroda, geb. 6.9.1905, wird am 10.10.1945 verhaftet und ist seitdem verschollen.

Der Bürger Alwin Köhler, geb. 1898, kommt nach seiner Festnahme nach Buchenwald und erhält die Häftlingsnummer 2852. Er stirbt am 15.7.1949, ohne die Freiheit wieder zu erlangen.

Albin Köhler aus Horsmar bleibt nach seiner Festnahme im September 1945 jahrelang verschollen. Schließlich kehrt er mit einem schweren Lungenleiden zurück. Da es keine Heilung für ihn gibt, nimmt er sich das Leben.

Ebenfalls aus Horsmar wird der 43jährige Familienvater Max Steinert 1945 verschleppt. Erst nach der Wende erhält seine Familie den offiziellen Bescheid, dass er am 1. Februar 1947 im Lager Mühlberg verstarb.

Konrad Hagemann und Gottfried Habig, die am gleichen Tag festgenommen wurden, kamen zwei Tage später ohne Begründung wieder frei.

Der Kammerforster Willi Stephan wird vom NKWD verhaftet und zum Untermarkt gebracht. Nach qualvollen Verhören kommt es vermutlich zu einer Verurteilung. Stephan verbringt acht Jahre in Bautzen, er überlebt aber.

An einem Herbsttag 1945 führen Rotarmisten auf der Eisenacher Landstraße eine Kontrolle durch. Als ein aus der Stadt kommender Radfahrer beim Stop-Zeichen nicht sofort hält, erschießen ihn die Soldaten. Zeuge dieser Bluttat wird Familie Schwaar. Um wen es sich bei dem Toten handelte, ist unbekannt. Vermutlich war es ein Felchtaer oder Vogteier Bürger.

Der Lehrer Rudolf Wieprecht von Zelle wird auf der Landstraße von vorbeifahrenden Russen aufgegriffen und nach Buchenwald verschleppt. Dort stirbt er im Januar 1946.

Der Handelslehrer Ernst Söllner (1900) aus der „Klinge", Mühlhausen, fällt 1946 dem NKWD in die Hände und gilt seitdem als verschollen.

Der Ingenieur Rudolph Schnabel aus der Langensalzaer Landstraße wird auf dem Weg zum Einkaufen verhaftet und nach Buchenwald verschleppt. Er verstirbt dort 1947.

Die Hausfrau Helena Hütter wird von zwei sowjetischen Offizieren verhaftet. Irgendwann schafft man sie nach Buchenwald. Von hieraus gelangt sie mit einem Transport am 9. Februar 1950 nach Waldheim. Danach verliert sich ihre Spur.

Alwin Heyer (1892) aus Großengottern kommt 1945 ins KZ Buchenwald, von dort aus nach Waldheim. In Chemnitz wird er von einem DDR-Gericht zu 6 Jahren Zuchthaus verurteilt = zwei Jahre für seine Zugehörigkeit zum „Frontkämpferbund", zwei Jahre wegen Kassierung für die NS-Winterhilfe, zwei Jahre, weil er 1942 in die NSDAP eintrat. Durch eine Amnestie kann er 1952 wieder nach Hause.

Inge Brodhuhn aus der Wahlstraße arbeitet von 1946 bis 1948 als Denunziantin für den NKWD am Untermarkt und wird schließlich selbst verhaftet. Niemand weiß, ob sie wieder freigekommen ist. Ihre Spur verliert sich danach aus Mühlhausen.

Dr. Paul Kästner, Oberingenieur (1883), wird in seiner Wohnung Friedensstraße verhaftet und nach Buchenwald verschleppt. Dort stirbt er am 10. Juli 1947.

Der Schlosser Siegfried Schramm, geb. 23.12.1901, wird am 10.11.1945 vom NKWD verhaftet und zum Untermarkt 13 gebracht. Seitdem fehlt jedes Lebenszeichen.

Ende 1945 wird Karl Schütz ohne Angaben von Gründen von sowjetischen Militärs abgeholt und im Hintergebäude Untermarkt 17 eingekerkert. Danach führt sein Weg über einen „Zwischenstop" in Heiligenstadt nach Buchenwald. Nach der Wende, mit der Entdeckung eines Massengrabes in der Nähe des ehemaligen KZ, können seine Gebeine gefunden werden. Die besondere Tragik, Karl Schütz starb im Glauben, dass sein Sohn Hans im Krieg gefallen sei. Doch dieser kehrte nach vier Jahren Gefangenschaft in Ägypten nach Hause zurück.

Der Kraftfahrer Leo Brietzke wird im August 1946 verhaftet und nach Gotha gebracht. Nach einem Verhör erklärt ein sowj. Offizier seinen „Fall" als unsinnig und entläßt ihn mit einer Entschuldigung. Zuhause, Ende Oktober, erfährt er von seiner Frau, dass deutsche Polizisten schon mehrmals nach ihm gefragt haben. Da ihm anscheinend eine erneute Verhaftung droht, begibt sich Leo Brietzke mit seiner Familie nach Hanau.

Der Tischler Otto Schröter (1904) aus der Gierstraße fällt 1946 dem NKWD in die Hände und gilt seit dem als verschollen.

Wegen des Verdachts, einem ehemaligen SS-Mann Unterschlupf gewährt zu haben und wegen unterlassener Anzeige, wird die Krankenschwester Anna Graupner im Juli 1946 in Pfafferode vom NKWD verhaftet. Nach peinigenden Verhören kommt sie nach drei Wochen wieder frei.

Der Schlosser Walter Kittel (1892), der Arbeiter Kurt Krone, der Prokurist Hermann Schüler (1888), der Landwirt Adam Gossbach (1888), der Heizer Paul Hoffmann (1900), der Beamte Paul Illhardt (1909) und der Kaufmann Erich Fock belegen nach ihrer Festnahme eine Zelle am Untermarkt 17. Danach trennen sich ihre Wege. Walter Kittel stirbt im April 1947 in Buchenwald, Kurt Krone, Erich Fock und Paul Hoffmann bleiben verschollen. Adam Gossbach wird 1950 von Buchenwald nach Waldheim überführt und gilt ebenfalls als verschollen. Paul Illhardt wird 1947 einem Transport in die SU zugeteilt, auch von ihm kommt kein Lebenszeichen mehr. Allein Hermann Schüler kehrt nach drei Jahren Lagerhaft nach Mühlhausen zurück.

Gertrud Rödiger (1907) wird nach Buchenwald gebracht und erhält die Häftlingsnummer 13732. Am 28. Juli 1948 kommt sie wieder frei.

Der Kapellmeister Willi Graf (1895) aus der „Grünen Pforte" wird im Winter 1946 verhaftet. Er kommt nach Buchenwald und erhält die Häftlingsnummer 5369. Er überlebt und wird im Sommer 1948 entlassen.

Artur Galster (1897) vom „Alten Blobach" wird von den Sowjets verschleppt. Da seine Frau Gertrud drei Jahre lang nichts von ihm hört. glaubt sie, er sei tot und läßt sich als Witwe ins Adressbuch eintragen. Im August 1948 erscheint der Totgeglaubte an der Wohnungstür. Artur Galster war die Zeit über in Buchenwald und hatte keine Möglichkeit, seine Frau zu benachrichtigen.

Derselbe Fall trifft auf das Ehepaar Hüttenrauch am „Petriteich" zu. Willi Hüttenrauch (1898) verschwindet im Herbst 1945 spurlos, nach drei Jahren muss seine

Frau annehmen, dass er umgekommen ist. Auch sie sieht sich als Witwe und lässt sich offiziell so in den „Stadtanzeiger" eintragen. Im August 1948 taucht der „Tote" wieder auf, auch er war in Buchenwald inhaftiert.

Am 12. August 1945, gleich nach dem Einmarsch der Sowjets, wird der 57jährige Hüpstedter Fabrikant Johann Schmalzl nach Torgau verschleppt. Ein Jahr später bringt man ihn in das Todeslager Mühlberg, er überlebt aber und gelangt im Juli 1948 wieder zu seiner Familie zurück.

Der Drogist Wolfgang Ebersheim kommt nach der Denunziation einer Nachbarin nach Sachsenhausen. Dort soll ihm vor einem Tribunal der Prozeß gemacht werden, doch es kommt nicht dazu. Nach vier Jahren lässt man ihn schließlich wieder frei.

Von Frau Martha Massuth vom „Kreuzgraben" gibt es bislang nur den Hinweis, dass sie fünf Jahre als Zwangsarbeiterin in einem sibirischen Straflager zubrachte.

Der Stadtinspektor Paul Großklaus (1904) aus der R.-Breitscheid-Str. wird 1945 vom NKWD verschleppt. Fünf Jahre bleibt er verschollen, danach kehrt er wieder zu seiner Familie zurück; er spricht kein Wort über das Erlebte.

Der Stadtamtmann Oskar Stephan (1896) aus der Th.-Müntzer-Straße, der Angestellte Gustav See (1904) aus der Margaretenstraße, der Musiker Otto Reich (1896) aus der Tonbergstraße, der Schlosser Fritz Richter (1893) aus der Ammerschen Landstraße, der Pfleger Paul Fritsche (1893) sowie Rita Röttig (1905) und Otto Kruspe (1902) kommen mit einem Transport nach Buchenwald. Alle überleben und werden außer Dora Röttig und Gustav See 1948 entlassen. Dora Röttig und Paul See kommen erst 1950 wieder frei.

Ebenfalls gelangen 1945 nach Buchenwald und überleben: Oskar Becker, Artur Engelmann, Kurt Falke, Fritz Feller, Heinrich Fett, Otto Freitag, Ernst Hertwig, Karl Geisler, Theodor Gille, Fritz Holstein, Ernst Heinemann, Bruno Polschak, Otto Schott, Emil Silupp.

Ebenfalls nach Buchenwald gelangen und überleben nicht: Emil Born, Albrecht Butz, Josef Eberhardt, Emil Fuchs, Horst Franke, Eduard Mann, Oskar Rühmer, Wilhelm Schreiber, Willi Sauerbier, Albert Weiß, Oskar Wilhelm.

Die Mühlhäuser Bürger (Geschäftsleute, Beamte) Ernst Göllner, Bertram Lange, Werner Müller, Paul Pospischil, Andreas Schmidt, Friedrich Schreiber und Otto Walter werden im Herbst 1945 von den Sowjets verhaftet und verschleppt. Sie gelten als verschollen.

Gerhard Laufer, Ernst Buhnke und Heinz Steinmann werden 1947 mehrere Wochen am Untermarkt 13 inhaftiert. Sie beschließen, wenn sie wieder frei sind, nach Hamburg zu fliehen. Gerhard Laufer und Heinz Steinmann tun das. Von Ernst Buhnke hören sie nichts mehr, er bleibt weiter in Haft.

Anni Schrecker (1892) aus Beirode gerät durch Denunziation 1945 in die Hände des NKWD. Damit beginnt eine furchtbare Leidenszeit für die Frau. Sie wird gefoltert, bekommt Einzelarrest, schließlich wird sie in ein Lager geschafft. Aber sie überlebt und kommt 1950 wieder nach Hause.

Die 38jährige Gerda Bauer kommt in NKWD-Untersuchungshaft. Vom Untermarkt 13 schafft man sie nach Buchenwald, dort bekommt sie die Häftlingsnummer 12091. Sie überlebt aber alle Torturen und wird im Juli 1948 freigelassen.

Die während des Krieges in einer Küllstedter Fleischerei beschäftigte Weißrussin Olympia N. wird im Sommer 1945 als Dolmetscherin am Untermarkt 13 eingesetzt. Während dieser Zeit gelingt es ihr, mehrere Küllstedter Bürger aus der Haft freizubekommen. Schließlich wird sie selbst Opfer des NKWD. Sie verschwindet spurlos; für ihre Küllstedter Freunde, wie die Familien Faupel und Engelhardt, besteht kein Zweifel, dass man sie umgebracht hat.

1944 verlobt sich der Soldat Hans Götze aus der Wanfrieder Str. mit der Weißrussin Halina K., die in einem herzlichen Verhältnis bei ihren zukünftigen Schwiegereltern lebt. Während Hans Götze schwerverwundet in einem Lazarett von marodierenden Polen erschlagen wird, muß Halina für den NKWD am Untermarkt dolmetschen. Plötzlich brechen alle Kontakte zur Familie Götze ab. Da die Russin spurlos verschwindet, vermutet die Familie Götze, dass man Halina verschleppt oder getötet hat.

Der 51jährige Ernst Rademann aus Mülverstedt wird im Sommer 1945 nach Buchenwald deportiert. Dort stirbt er am 25. Mai 1947.

August Körner aus Wachstedt wird 58jährig von den Sowjets nach Mühlhausen verbracht. Später gelangt er nach Buchenwald und stirbt dort am 19. März 1947.

Kurt Ludwig, geb. 1906, wird 1945 vom NKWD nach Buchenwald geschafft und von dort am 8. Februar 1947 nach Russland.

Adolf Richard aus Struth erhält in Buchenwald die Häftlingsnummer 1557. Er überlebt und kehrt im Juli 1948 nach Hause zurück.

Der 50jährige Otto Richard aus Struth stirbt im Februar 1946 in Buchenwald.

Der 56jährige Paul Nehmert aus Reiser stirbt im Dezember 1946 in Buchenwald.

Der Tischler Albert Ladermann, geb. 1892, aus Bickenriede stirbt im Januar 1946 in Buchenwald.

Hermann Siebert, geb. 1888, stirbt nach seiner Deportation am 30. Juli 1946 in Buchenwald.

Otto Weber aus Seebach stirbt am 4. Mai 1947 55jährig in Buchenwald.

Die Jugendlichen Herbert und Joseph Mainzer aus Heyerode werden jahrelang in Zuchthäusern festgehalten. Die längste Zeit verbringen sie in Sachsenhausen, aber beide überleben.

Der Prokurist Robert Bastian aus der Görmarstraße wird verschleppt und gilt als tot. Jahre später kehrt er überraschend zurück.

Adolf Völker überlebt seine langjährige Haftzeit in Sachsenhausen.

Siegfried Meyenberg (11.12.1921) aus der Görmarstraße wird 1946 vom NKWD verschleppt. In sieben Jahren gelangt er in mehrere Lager, sein Verbleib ist unbekannt.

Der ehemalige Wehrmachtsangehörige Hartmut Stützer wird vom SMT 1946 wegen „Spionage" verurteilt. Er verbleibt acht Jahre in Bautzen.

Edwin Haase aus Eigenrode, Mühlhäuser Straße, wird 1945 nach Bautzen verschleppt und dort kastriert.

Der ehemalige Wehrmachtsoffizier Hasbach aus der Lutherrothstraße wird nach Buchenwald verschleppt und kann dort wegen seiner guten Russisch-Kenntnisse als Depotverwalter arbeiten. Trotz seines rechtschaffenen Verhaltens geben ihn die Russen nicht frei. Er wird nach Sibirien deportiert und vegetiert dort in verschiedenen Straflagern u.a. in Karaganda.

Der Landwirt Edmund Löser aus Heroldishausen überlebt Buchenwald, stirbt aber gleich nach seiner Entlassung 1948 an Entkräftung.

Der Landwirt Kurt Ludewig (23.3.1896) aus Waldstedt kommt 1945 nach Buchenwald. Sein vermutetes Todesdatum ist der 7.4.1947.

Der am 23.8.1891 in Mühlhausen geborene Erich Wehrspon stirbt am 23.2.1947 in Buchenwald.

Der aus Hüpstedt stammende Berthold Burchard (geb. 1887) stirbt am 17.5.1947 in Buchenwald.

Der 53-jährige Edwin Barthel aus Holzthaleben kommt nach seiner Festnahme nach Buchenwald. Sowjetischen Angaben zufolge stirbt er dort am 31.1.1947.

Der noch nicht zwanzigjährige Paul Jaeger aus Kammerforst wird 1945 nach Buchenwald geschafft und durchleidet dort furchtbare Strapazen. Er überlebt und kann 1948 wieder nach Hause.

Die junge Mutter Irmgard Frenssen wird wegen ihrer Zugehörigkeit zum NS-Frauenbund 1945 verhaftet. Wochen später wird ihre Leiche von einem sowjetischen Militärauto aus in einen Straßengraben vor der Stadt geworfen. Die Tochter der Ermordeten lebt heute in Mühlhausen.

Nikolaus Hebenstreit (1893) aus Beberstedt wird am 10.9.1945 vom NKWD verhaftet. Angeblich zur Vernehmung soll er nach Mühlhausen gebracht werden. Nach Angaben eines Mitinhaftierten wird Nikolaus Hebenstreit am Untermarkt wochenlang geschlagen, gequält und misshandelt. Er soll einen Waffenbesitz zugeben, aber er weiß von nichts, er ist unschuldig. Schließlich wird er nach Buchenwald gebracht, seitdem gilt er als verschollen.

Wolfgang Uckermann, Friedrichstraße, Unternehmer und ehemaliger Reserve-Offizier, wird im November 1945 verhaftet. Seine Frau und seine beiden Töchter hören nie wieder etwas von ihm.

Der Werkmeister Edmund Nordmann wird im September 1945 verhaftet und später in ein Internierungslager gebracht. Seither gilt er als verschollen.

Der 37-jährige Hermann Nottrot erhält in Buchenwald die Häftlingsnummer 13371. Am 8. Februar 1947 deportiert man ihn in die SU, von wo er nicht zurückkehrt. Das gleiche Schicksal erleidet der 45-jährige Richard Volkler (Häftlingsnummer 4110).

Christoph Schmerbauch aus Hüpstedt, geb. 9.12.1894, wird im August 1945 von den Sowjets verhaftet und nach Torgau geschafft. Bereits 4 Wochen später stirbt er dort an den ihm zugefügten Mißhandlungen.

Herbert Meier (1909) aus Seebach kommt 1945 nach Buchenwald und erhält die Häftlingsnummer 2744. Zwei Jahre später, am 28.2.1947, wird er in die SU deportiert.

1945 wird die junge Frau Gerda Kobjolke von den Sowjets nach Sibirien verschleppt. Sie überlebt und kehrt nach fünf Jahren mit schweren gesundheitlichen Schäden nach Mühlhausen zurück. An verschiedenen Körperstellen wurden ihr Zeichen in die Haut gebrannt, u. a. steht auf ihrer Hand unlöschbar der Name G e r d a in kyrillischer Schrift.

Einer der ersten verschleppten Mühlhäuser ist Georg Kraft. Der 47-jährige, ehemalige städtische Hausmeister, Ende des Krieges als Schutzpolizist eingesetzt, wird ins Amtsgericht gesperrt. Dort kann er noch mehrmals mit seiner Frau und seinem

Georg Kraft

6-jährigen Söhnchen durch ein Gitterfenster sprechen. Danach wird er weggeschafft. Nie wieder hörte seine Familie etwas von ihm. Alle Nachfragen seiner Frau bei den Sowjets und Mühlhäuser Ämtern bleiben ergebnislos.

Der 1904 in Ammern geborene Musiklehrer Otto Gunstheim wird im Herbst 1945 verhaftet und ins KZ Buchenwald geschafft. Er überlebt und kommt 1948 wieder nach Hause.

Der 48-jährige Fleischer und besoldete Stadtrat Wilhelm Vogt aus der Waidstraße kommt 1945 nach Buchenwald. Dort erhält er die Häftlingsnummer 14110. Auch er überlebt die furchtbaren Haftbedingungen, im August 1948 wird er freigelassen.

Der Maurer Karl Schollmeyer aus Beberstedt, geb. 21.1.1896, wird am 20.9.1945 verhaftet und gilt seit dem als verschollen.

Die 17-jährige Hannelore Döring wird nach einer Razzia im Dezember 1945 von Mühlhausen nach Erfurt, später nach Frankfurt/O. verschleppt. Bei einer Selektion, kurz vor ihrem Abtransport in die SU, wird sie, Dank der Fürsprache eines sowj. Offiziers, freigelassen.

Günter Ochs berichtet: Mit Emil Gaede war ich ein paar Tage im Untermarkt 17 in einer Zelle. Kurz vor dem Transport nach Buchenwald wurde er mit schlimmen Beschimpfungen und Schlägen geholt und die Gefängnistreppe hinunter gestossen. Ich habe ihn nie wieder gesehen. Er war mit mir in der Karzerzelle im Torbau, danach habe ich ihn aus den Augen verloren. Der Kaufmann Ferdinand Franke aus der Spielbergstraße war ebenfalls mit bei diesem Transport. Aber er überlebte, obwohl Invalide. Ich habe ihn später in Westdeutschland wieder getroffen. Ein älterer Lehrer, namens Karl Gebhardt, war zeitlangs in meiner Zelle. Er wurde furchtbar gequält und kam nicht mit nach Buchenwald. Was aus ihm geworden ist, weiß ich nicht. Willi Mönch war mit noch 4 Mann für wenige Tage in meiner Zelle. Man hatte ihm die Zähne eingeschlagen, sein Rücken war voll blutunterlaufener Striemen. Er soll Wehrmachtsoffizier gewesen sein, auch von ihm habe ich nichts wieder gehört.

Einzeln verschleppt bzw. ermordet werden alle (6) in Mühlhausen verbliebenen ehemaligen Angehörigen des Reichsaußenministeriums. So weit bekannt, überlebte nur Botschaftssekretär Hans Müller.

Oben Genanntes ist einer Liste mit 379 ähnlich gelagerten Fälle entnommen.

Anschließend sechs weitere Aussagen von Betroffenen:

„Es war in der Erntezeit, am 4. August 1945, als Angehörige der GPU bei uns vorfuhren, um unseren Vater Adalbert Gröbedünkel abzuholen. Wir Frauen, unsere Mutter, Tante sowie wir beiden Schwestern wurden in der Küche eingesperrt. Vor jeder Tür postierten sich zwei Russen mit aufgepflanzten Bajonetten. Die anderen mit dem Anführer nahmen unseren Vater in die Mitte und durchsuchten das ganze

Adalbert Gröbedünkel

Haus. Alle Schubläden wurden ausgeschüttet, alle Schränke entleert. Was gefiel, kam in Säcke und wurde mitgenommen. Belastendes Material fand sich nicht. Am Ende kam der Anführer zu uns in die Küche und sagte zu unserer Mutter, dass Leute im Dorf ihn hierher geschickt hätten und bezeichnete sie als Schweine.

Als wir unseren Vater weinend beim Abtransport festzuhalten versuchten und uns an ihn klammerten, stießen die Russen unsere Mutter zu Boden, und auf uns Mädchen schlugen sie mit Gewehrkolben ein. Unser Vater wurde nach Langensalza gebracht, wo wohl die ersten Verhöre stattfanden. Später kam er nach Buchenwald.

Anfang Dezember kam unser Vater nach Aussagen von Kameraden mit einer Lungenentzündung ins Lazarett. Sehr viel später erst erfuhren wir durch zwei entlassene Kameraden aus dem Thüringer Wald, die uns heimlich in der Nacht aus Furcht vor Repressalien aufsuchten, dass unser Vater in der Nacht vom 6. zum 7. Dezember verstorben war. Das Schlimmste für uns war, dass wir nicht einmal Trauerkleider anziehen durften.

Wir hatten unterdessen vor der Enteignung gestanden. Dank dem Mut zweier Flarchheimer, Eduard Keppler und Theodor Schade, die in der Langensalzaer Kommandantur für uns gutsagten, durften wir auf unserem Gehöft bleiben.

Im Sommer 1971 war es das erste Mal, dass wir mit zwei ehemaligen Flarchheimern Häftlingen Buchenwald aufsuchten. Den Männern war anzumerken, was sie empfanden, als sie uns den Appellplatz zeigten.

Aber erst nach der Wende getraute man sich, uns zu sagen, wie die Totenbestattung in Buchenwald vor sich ging. Den Leichen wurden Hände und Beine mit Draht zusammengebunden und in der Dämmerung wurden sie wie Holzstücke auf einen Karren geworfen. Außerhalb des Lagers erfolgte dann die Bestattung, d. h. man verscharrte sie wie verworfenes Vieh. Oft war die Erddecke so dünn, dass nach dem nächsten Regen die Körper wieder bloß lagen. Da wurde Kalk darüber geschüttet, darauf herumgetrampelt, bis wieder eine neue Schicht Leichen darauf kam.

Nach 47 Jahren haben wir auf einem kleinen Hain, der dort entstanden ist, ein Kreuz für unseren Vater aufgestellt. Es ist das letzte, was wir für ihn tun konnten. Etwa 20 Kreuze stehen jetzt dort."

Walli Klippstein geb. Gröbedünkel, *Lucie Kästner* geb. Gröbedünkel 1992

„Im März 1948 wurde ich von einem sowjetischen Offizier und zwei deutschen Polizisten in Haft genommen. Irgendeine Begründung legte man mir nicht vor. Erst im Laufe der Verhöre stellte sich heraus, dass ich mit irgendeiner amerikanischen Kontaktgruppe in Westberlin Verbindung aufgenommen hätte und in Mühlhausen Spionage für den ‚westlichen Imperialismus' betreibe. Ich verlangte, mir entsprechende Beweise vorzulegen. Er wurde so wütend darüber, dass er mich packte und gegen die Wand schleuderte. Selbst der Dolmetscher und ein Zivilpolizist zeigten sich erschrocken. Nach meiner Rückführung in die Zelle verweigerte ich das Essen auch am nächsten und übernächsten Tag. Indem kam mir ein Umstand zu Hilfe, der meine Lage merklich verbesserte. Anstelle des brutalen Majors erwartete mich ein junger Oberleutnant beim nächsten Verhör, der sich als sehr viel umgänglicher erwies. Über den Dolmetscher schilderte ich ihm meine Situation, der Major war, wie ich hörte, versetzt worden. Sie können mich erschießen, sagte ich dem Oberleutnant, mit Spionage habe ich aber nichts zu tun. Das wiederholte ich ein ums andere Mal. Tage später erreichte ich es, dass ich freigelassen wurde."

Walther Rother

„Ein GPU-Kommando drang am 9. Oktober 1945 in unser Haus ein, nahm unseren Vater Paul Warlich fest und raubte bzw. vernichtete alles Wertvolle, was wir in Besitz hatten. Nach einem Verhör stieß man unseren Vater in ein Auto, das ihn wegbrachte. Unser Vater hat sich niemals und in keinster Weise eines Vergehens geschweige denn eines Verbrechens schuldig gemacht. Trotzdem wurde er für drei Jahre nach Buchenwald verschleppt. Wir waren damals drei unmündige Kinder, die zurückblieben, unsere Mutter war bereits 1939 verstorben und unsere Großmutter, meines Vaters Mutter, verlor beim Anblick des geschlagenen und entführten Sohnes den Verstand. Bis zu ihrem Lebensende blieb sie irre.

Als im Sommer 1948 entlassene Buchenwaldhäftlinge die Rückkehr unseres Vaters ankündigten, lief unsere jüngste Schwester zum Gotter'schen Bahnhof. In dem „Fremden", an dem sie unterwegs vorbeiging, hat sie ihren Vater nicht wiedererkannt, so hatte man ihn zugerichtet. Wir brauchten Monate, um ihn gesundheitlich einigermaßen wiederherzurichten. Immer wieder pflückte er Grashalme und Milchbüsche, um sie zu verzehren. So war er es von Buchenwald gewöhnt. Das schönste Geburtstagsgeschenk seines Lebens, erzählte er einmal, war eine rohe Kartoffel, die ihm ein Mithäftling zugesteckt hatte."

Helga Täsler

„Mein Mann war kaum fünf Wochen aus der Gefangenschaft zurückgekehrt, als er von der GPU verhaftet wurde. Zunächst verlief alles noch leidlich, zwei Soldaten hatten sich auf dem Hof postiert, ein dritter war mit dem leitenden Offizier ins Haus gekommen. Meinem Mann wurden Fragen gestellt. Allmählich kam der Offizier dann in Rage. Dabei riss er Schubladen auf, durchwühlte die darin liegenden Papiere, schimpfte, wir seien verdammte Faschisten, wo wir Waffen versteckt hielten. Indem begannen die zwei auf dem Hof, die Stallungen zu inspizieren. Immer wütender gebärdete sich ihr Chef, er packte meinen Mann, schlug ihm ins Gesicht, danach schmiss er eine Vase und einige Wandteller zu Boden.

Vor lauter Angst flüchtete ich die Treppe hoch, wo mein Vater wohnte. Er hatte die Tür aufgemacht und sah mich kommen, hinter mir den Russen, der wie ein Wilder schrie. Mein Vater war trotz seines hohen Alters immer noch ein stattlicher Mann mit schlohweißem Haar. Als der Russe ihn sah, wollte er sich auf ihn stürzen, doch dann ließ er davon ab, durchwühlte die zwei Zimmer, schlug eine Lampe um und stürzte wieder auf den Hof, wo mein Mann das Blut bei der Pumpe abspülte, das aus seiner Nase floss. Wenig später fuhr dieses russische ‚Einsatzkommando'

samt meinem Mann im Auto davon. Wenige Wochen darauf kehrte mein Mann völlig entnervt zurück. Aber er lebte, das war die Hauptsache. Das andere haben wir versucht zu vergessen."
Gerlinde Schreiber

„Ich war froh, dass mein Mann den Krieg heil überlebt hatte und nach Hause kam. Aber die Freude darüber währte nur kurz. Eines Abends, im Spätsommer 1945, klingelte es. Zwei Russen und zwei Deutsche kamen, um meinen Mann zu einem Verhör abzuholen. Von diesem Verhör ist er nie wiedergekommen, ich musste meine zwei kleinen Mädchen allein aufziehen. Selbst nach 40 Jahren hoffte ich, doch noch eine Nachricht über den Verbleib meines Mannes zu bekommen. Bestimmt hat er bis zum letzten Augenblick seines Lebens an mich und seine Kinder gedacht."
Margarete Daehre

„Unser Vater wurde im Februar 1946 verhaftet und verschleppt. Wir haben nie wieder etwas von ihm gehört. Er war Stadtinspektor und hat überall geholfen, wo er nur konnte. Er war ein gütiger Mann.

Nach seiner Verhaftung hat man uns so ziemlich alles weggenommen, was von Wert war. Und wenn es nach den neuen Machthabern gegangen wäre, hätte man uns auch noch die Wohnung genommen. Ausgerechnet ein russischer Offizier hat dies verhindert, weil meine Mutter mit uns drei Kindern dann auf der Straße gestanden hätte, wie er meinte.

Von jenem Tage an waren wir immer benachteiligt, in der Schule und auch im Berufsleben. Wehe, wir sagten, unser Vater ist verschleppt worden. Bei den Behörden sind wir da angelappt worden. So etwas gäbe es nicht oder aber man begegnete uns mit eisigem Schweigen. Vor zwei Jahren haben wir nach fünfzig Jahren endlich erfahren, wo und wann unser Vater gestorben ist. Ein Grab von ihm gibt es nicht, wo wir ihn besuchen könnten. Aber eine Kerze können wir nun an seinem Todestag anzünden."
Erika Scholz

Die Zahl von über eintausend Festnahmen in den ersten zwei Jahren im Kreis Mühlhausen beweist, dass fast täglich deutsch-sowjetische Einsatzkommandos unterwegs waren und Verhaftungen durchführten.

Diese Vorgehensweise entsprach den Praktiken, die der NKWD wenige Jahre zuvor, in Ostpolen, in den Baltenländern und Bessarabien gemacht hatte. Es war die Grundsteinlegung für die „Diktatur des Proletariats" sowjetischer Prägung.

Auch nach den großen Verhaftungswellen von 1946/47 kehrte keine Ruhe in die Stadt ein. So wurden weiterhin Menschen verhaftet und spurlos weggeschafft.

Mehr und mehr richteten nun Betroffene ihre Nachfragen an die verantwortlichen Stellen in der SBZ bzw. der DDR. Meist stellten sie in ihren Schreiben sehr präzise die Tatvorgänge vor und baten um Unterstützung bei der Suche der vermissten Angehörigen.

Herrn Minister des Inneren
Gebhardt   Mühlhausen i. Th., den 10.1.1950
Erfurt
Betr. Verhaftung meines Mannes Hans Fuchs
Sehr verehrter Herr Minister!

Seit der Festnahme meines Mannes durch die Deutsche Volkspolizei sind nun zweieinhalb Jahre vergangen, und ich weiß nicht, wo er sich befindet. Ich kenne nicht die Ursache und gesetzliche Begründung der getroffenen Maßnahmen und ich weiß nicht, welches Gericht mit der Angelegenheit befaßt ist.

Seit der Verhaftung meines Mannes habe ich alles versucht, um seinen derzeitigen Aufenthaltsort zu erfahren, doch leider vergebens. Ich bitte Sie daher dringend, sehr verehrter Herr Minister, sich dieses Falles anzunehmen und einer verzweifelten Frau zu helfen.

Mit besonderer Hochachtung
Ida Fuchs

An den
Herrn Ministerpräsidenten der Deutschen Demokratischen Republik
Otto Grotewohl
Berlin
Betr. meine Eingabe vom 8.11.1950
Sehr geehrter Herr Ministerpräsident!

Leider habe ich bis heute noch keine Antwort auf meine dringende Bitte, mir bei meiner Suche meines Vaters Paul Schneller zu helfen.

Wie ich Ihnen mitteilte, wurde mein Vater während einer Reise nach Leipzig am 29. Dezember 1948 von Volkspolizisten verhaftet und angeblich in Untersuchungshaft gebracht. Seither hat unsere Familie nichts mehr über ihn in Erfahrung bringen können.

Ich bitte Sie daher noch einmal ganz herzlich, Ihren Einfluß geltend zu machen und uns zu helfen, Licht in diese, für uns so furchtbare Angelegenheit zu bringen.
Mühlhausen, d. 4.4.1951
Hochachtungsvoll
Gerda Kruse geb. Schneller

Von keiner dieser Stellen kam – wenn überhaupt – eine auch nur annähernd befriedigende Antwort. Es gab Fälle, wo Betroffene bis zu 14 Bittschreiben an dieselbe Adresse richteten, ehe sich die Machthaber dazu herabließen zu reagieren.

Nach der Verschleppung ihrer Angehörigen begann für viele Mühlhäuser Familien ein Martyrium, das in seinem Ausmaß nie öffentlich wurde. Es war ein verzweifeltes Warten und Hoffen.

Jedwede Nachfragen bei den Ämtern erwiesen sich als zwecklos. Ja, sie waren sogar gefährlich. Nicht nur, dass man keinerlei Auskunft erhielt. Es wurde angedroht, besser zu schweigen, ansonsten gäbe es Unannehmlichkeiten.

Als es im Sommer 1948 zu den ersten Lagerentlassungen kam, vor allem in Buchenwald, fanden sich viele der betroffenen Familien am Bahnhof ein. Und wenn auch nicht der Verschollene selbst kam, so konnte man vielleicht von den Entlassenen Auskünfte erhalten. Bei jedem eintreffenden Zug richteten sich ihre Augen erwartungsvoll auf die Aussteigenden. Für viele war es inzwischen zur traurigen Gewissheit geworden, dass der Ehemann, Vater oder Bruder nicht wiederkommen würde.

Immerhin: Hin und wieder gab es Szenen, wie die, wo sich Eheleute in die Arme fielen und Kinder ihren Vater begrüßen konnten. Der Zustand dieser Entlassenen war erbärmlich. Die meisten waren nur noch Haut und Knochen und konnten sich kaum noch auf den Beinen halten. Manche hatten Wasserköpfe und -bäuche, viele waren mit Ausschlägen behaftet.

Diese Nachfragen sind nie versiegt. Sie erfolgten über Jahrzehnte und flammten noch einmal kräftig nach der Wende auf.

Das Ehepaar Scheibner, das mithilfe des Mühlhäuser Abgeordneten Manfred Heise 1991 in Moskau nach dem verschollenen Vater von Frau Scheibner nachfragte, bekam von einem Oberst Strelnikow eine recht aufschlussreiche Antwort, die einmal mehr die Distanz der allgemeinen sowjetischen Streitkräfte zum NKWD nachzuweisen versucht.

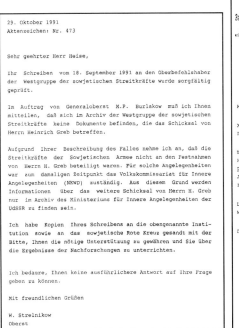
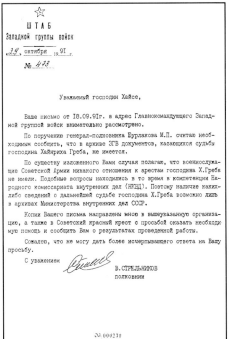

Das ins Deutsche übersetzte Schreiben   *Das Russische Original*

Als am 14. Januar 1950 der Vorsitzende der Sowjetischen Kontrollkommission in Deutschland, Armeegeneral Tschuikow, dem stellvertretenden Ministerpräsidenten Walter Ulbricht brieflich mitteilte, dass laut Regierungsbeschluss seines Landes demnächst alle Internierungslager auf deutschem Boden liquidiert würden, erging der Erlass, den Witwen der Toten die Möglichkeit einer „Todeserklärung" zu geben. Zum einen war damit dem Gesetz Genüge getan, zum anderen glaubte man, endlich die lästigen Nachfragen loszuwerden.

Für die Frauen bedeutete das eine zusätzliche Schikane. Im Interesse ihrer Kinder und der Erhaltung ihrer eigenen Existenz (Arbeitsplatz, Kindergeld, Rentenanspruch u. dgl.) unterschrieben sie die vorgelegten Exemplare.

Wie sich später herausstellte, taten dies aber längst nicht alle. So im Fall von Frau Hildegard Graupner, die ihre Unterschrift verweigerte. Für sie vollstreckte der Staat 1955 selbst das „Todesurteil". Das entdeckte der Sohn, Werner Graupner, als er nach der Wende Nachforschungen nach seinem verschollenen Vater einleitete. Vorausgegangen war lediglich eine eidesstattliche Erklärung seiner Mutter (am 20.9.1949), dass sie seit dem 7. Januar 1946 ohne jede Nachricht von ihrem Manne sei.

Das Schicksal der Familie Rüdiger aus der Wahlstraße macht deutlich, welches Ansinnen mit einer Todeserklärung mitunter verbunden war. Zusammen mit 55 weiteren Mühlhäusern war Karl Rüdiger auf einem LKW aus der Stadt gebracht worden, vermutlich nach Buchenwald. Jahrelang hörte seine Ehefrau nichts mehr

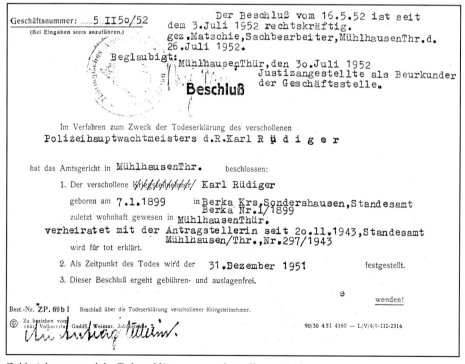

Zahlreich waren solche Todeserklärungen von betroffenen Ehefrauen.

von ihm, bis eines Tages zwei entlassene Gefangene vor dem Haus standen, die Grüße von Karl Rüdiger aus Sibirien ausrichten wollten. Mit dieser Botschaft, ihr Mann könnte noch leben und vielleicht doch noch heimkehren, unterzeichnete Dorothea Rüdiger die „Todeserklärung" – um der Kinder willen.

Entsprechend dieser nach der Wende erfassten Fälle muss eingeschätzt werden, dass es im Kreis Mühlhausen zu mindestens zweihundert solcher Todeserklärungen kam.

Dazu kommt eine weitere, unbekannte Anzahl von gesetzwidrigen Eintragungen in die standesamtlichen Urkunden der Stadt, mit Daten von verschollenen Bürgern, wie im Fall der Heisler-Schwestern (vgl. Kap. 19).

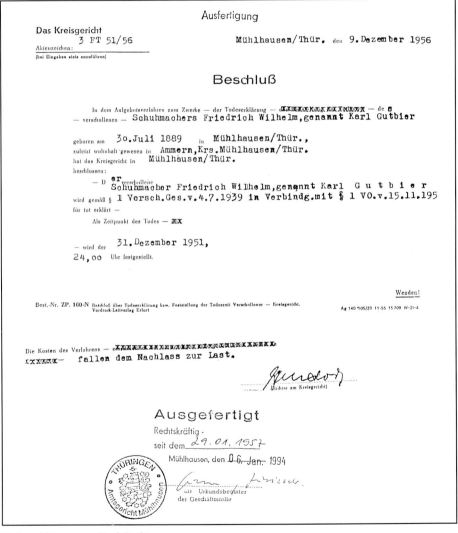

Todeserklärung von Karl Gutbier

V e r h a n d e l t
E i s e n a c h , den 31. August 1948
in der Schreibstube des Notars.

Vor mir, dem unterzeichneten im Bezirk des Oberlandesgerichts Gera wohnhaften Notar
Justizrat Wilhelm Schäfer
mit dem Amtssitz in Eisenach erschien heute
Frau Frieda F ü l d n e r geb. Schieck aus Farnroda, Brunnenstrasse 9 und erklärte:

Ich habe bei der Sozialversicherungsanstalt Thüringen unterm 30. August 1948 einen Antrag auf Waisenrente gestellt. Ich habe glaubhaft gehört, dass mein Ehemann, der Betriebsleiter gelernter Werkzeugschlosser Karl F ü l d n e r am 6. Mai 1946 in Buchenwald verstorben ist.

Frau Füldner wies sich durch Personalausweis Farnroda, den 15. Mai 1946 A = B - 34 979 aus.

Sie erklärte weiter:

Ueber die Bedeutung einer eidesstattlichen Versicherung belehrt, versichere ich hiermit vorstehende Angaben an Eidesstatt.

Das Protokoll wurde der Erschienenen von mir vorgelesen, von ihr genehmigt und, wie folgt, eigenhändig unterschrieben:

gez. Frieda Füldner geb. Schieck

gez. Wilhelm Schäfer
N o t a r .

Kostenrechnung.
Wert: 1000.- DM

Gebühr §§ 144, 43 RKO.	8.-- DM
Umsatzsteuer	-.24 "
Summa:	8.24 DM

Der Notar:
gez. Wilhelm Schäfer.

Antrag auf eine amtlich bestätigte Todeserklärung wegen Anspruch auf Waisenrente.

Frieda Füldner geb. Schieck,   Farnroda, den 26.7.1966
                               Brunnenstr. 9

An das
Deutsche R o t e   K r e u z
Zentraler Suchdienst

1o8   B e r l i n
Mauerstr. 53

Betr.: Todesurkunde über meinen Ehemann

Mein Ehemann

      Karl F ü l d n e r ,
      geb. am 17.April 19o9 in Farnroda
      zuletzt wohnhaft in Mühlhausen, Lützowstr. 43 a

wurde am 21.Juli 1945 in der angeführten Wohnung verhaftet
und weggebracht.
Bis zum Juli 1948 habe ich weder von ihm noch über sein Verbleiben etwas gehört.

Danach erfuhr ich durch

      Herrn Erich S t a p e l, wohnhaft Seebach Krs.Eisenach

dass dieser Zeuge mit meinem Ehemann zusammen in Buchenwald war.
Er erklärte auch, dass ihm bekannt ist, dass mein Ehemann
am 6. Mai 1946 verstorben ist.

Unter Berücksichtigung dieses geschilderten Sachverhaltes bitte
ich zwecks Vermeidung eines Verfahrens auf Feststellung der
Todeszeit um nachträgliche Beurkundung des Sterbefalles.

Aus den verschiedensten Gründen waren Ehefrauen noch nach Jahrzehnten der Verschleppung ihrer Männer dazu gezwungen, glaubhafte Todeserklärungen zu beschaffen.

9. MILITÄRTRIBUNALE

Eine wesentliche Rolle bei der Durchsetzung des neuen Rechtsgefüges in der sowjetischen Besatzungszone und in der späteren DDR spielten die Militärtribunale. Ihre Jurisdiktion basierte teils auf den Strafgesetzen des Alliierten Kontrollrats, teils auf sowjetischen, d.h. sie beriefen sich sowohl auf internationales wie auf nationales (sowjetisches) Recht. Bei letzterem kam fast ausschließlich der berüchtigte Paragraph 58 zur Anwendung, der sich auf „konterrevolutionäre Verbrechen" bezog und der während der stalinistischen Säuberungen in den 30er bis 50er Jahren das Schicksal von Millionen Sowjetbürgern entschieden hatte.

Bestraft werden sollten neben Kriegsverbrechern, Nationalsozialisten, Militaristen und Industriellen auch Oppositionelle, die „West-Kontakte" pflegten oder demokratische Freiheiten forderten. Nahezu jede Verhaftung war mit der Konfiszierung von persönlichen Wertsachen verbunden, wie Uhren und goldene Ringe, ebenso Möbel, Bekleidung und Schuhwerk. In den meisten Fällen ging der eingezogene Besitz an Immobilien und Land später in das Eigentum der DDR über. Wertsachen der Angeklagten (z. B. die Uhr des 1951 vom MT der Weimarer Garnison verurteilten Mühlhäusers Kurt Cramer) wurden zum „Staatseigentum" der UdSSR erklärt. Aber auch Wohnungen wurden konfisziert und die Familien der Angeklagten auf die Straße gesetzt. Auf diese Weise kam es in Mühlhausen bis zum Juli 1946 zu mindestens 80 solcher Ausweisungen.

Bei den hauptsächlich nachts stattfindenden Verhören sahen sich die Gefangenen Stunden dauernden körperlichen und seelischen Torturen ausgesetzt. Ihre „Geständnisse" wurden ihnen von den sowjetischen Untersuchungsbeamten regelrecht herausgeprügelt. Die hierzu eigens hergerichteten Folterkammern befanden sich in Mühlhausen an sechs verschiedenen Stellen.

Die Zusammensetzung der Tribunale belief sich in der Regel auf einen Militärrichter und zwei Militärschöffen. Bei Verfahren gegen Deutsche kam noch ein Dolmetscher hinzu. Zumeist aber sprach der nur wenige Worte Deutsch. Die Aufgabe dieser „Gerichte" bestand im wesentlichen darin, die vom NKWD-Untersuchungsführer abgefasste Anklageschrift zu überprüfen und eine entsprechende Strafe zu finden. Verteidiger waren selbstverständlich nicht zugelassen.

Die Verhandlungen verliefen stets nach demselben Muster. Der oder die Angeklagte(n) wurden direkt aus ihren Haftzellen in den Gerichtsraum geführt, so auch in Mühlhausen. Nur wenn sich das Tribunal eine propagandistische Wirkung versprach, ging man an die Öffentlichkeit. So weit bekannt, geschah das in Mühlhausen zweimal. Beide Verfahren wurden im Café Central abgehalten. Im ersten Fall hatte sich ein gewisser Hartmann wegen unerlaubten Waffenbesitzes zu verantworten. In seinem Garten war eine Pistole vom Kaliber 08 gefunden worden. Das Urteil lautete auf Tod durch Erschießen. Im zweiten Fall hatte ein Gendarm während der NS-Zeit zwei so genannte „Ostarbeiter" geschlagen, die sich unerlaubt vom Arbeitsplatz entfernt hatten. Er bekam das gleiche Urteil zugesprochen. Bei beiden Verhandlungen sollen zahlreiche Bürger zugeen gewesen sein.

Alle übrigen Verfahren spielten sich hinter den Mauern des *Amtsgerichts* ab. Als Beispiel steht der Fall des Ingenieurs Friedrich Dittmann aus Langula. Als Be-

Gerichtsgebäude Untermarkt 17. Sitz der sowjetischen Militärtribunale 1945–47.

triebsleiter war er während des Krieges in der Vogteier Käserei eingesetzt worden. Dort wurde er wegen seiner „politischen Zurückhaltung" ständig von zwei Nazis provoziert. Eines Tages brachten sie ihm einen „Ostarbeiter", der Kartoffeln gestohlen hatte. Den damaligen Regeln entsprechend hätte er den Mann einem KZ überliefern müssen, was zweifellos seinen Tod bedeutet hätte. Um ihm das zu ersparen, gab ihm Dittmann neben entsprechenden Schimpfworten ein paar Ohrfeigen. Damit sah er die Sache abgetan, ohne, dass ihm die Nazis etwas anhängen konnten. Selbstverständlich wusste der NKWD alle Einzelheiten und Dittmann hoffte bis zum Schluss auf ein gerechtes Urteil. Nach halbjähriger Haft wurde er mit acht weiteren Häftlingen in den Verhandlungssaal geführt. Dort verkündete ihm das Tribunal seinen Schuldspruch: Tod durch Erschießen. Das gleiche Urteil erhielten an diesem Tag im Sommer 1946 zwei Siebzehnjährige. Wessen sie sich schuldig gemacht hatten, ist nicht bekannt.

Die Verhältnisse im Gefängnis Untermarkt 17 waren zu dieser Zeit katastrophal. Anstatt der üblichen Belegung von zwei Personen pro Zelle mussten sechs bis acht Menschen auf den etwa 12 Quadratmetern zurechtkommen. Neben der qualvollen Ungewissheit, was weiter mit ihnen geschah, bekamen sie ständig Prügel. Läuse und Wanzen setzten ihnen so zu, dass ihre Körper bald blutig-eiternde Schwären bedeckten. Ohne Verbandszeug und Desinfektion entstanden schmerzhafte Wunden. Das Essen war miserabel. Besonders schlimm empfanden es die Gefangenen, dass sie ohne Nachricht von außen blieben. Die einzige Informationsquelle war das „Morsen". Kaum eine Nacht verging, wo nicht die Eingesperrten ihre Sorgen in die Leitungsrohre trommelten. Das geschah nach dem Alphabet, das sich schnell lernte: einmal klopfen ein „A", siebenmal ein „G". So erfuhr man die Namen der

Mitgefangenen. Auch Todesurteile wurden so weitergeleitet, die „letzten Grüße" an die Angehörigen.

Viel schlimmer als den Deutschen erging es den Ausländern: Polen, Ukrainern, Letten. Sie bekamen noch mehr Prügel und noch weniger zu essen. Zum Beispiel hatte man im Dezember 1945 im Mitteltrakt sechs Polen inhaftiert, deren Hände und Füße in Ketten gelegt waren. Damit mussten sie essen und schlafen. Über den Grund ihrer Gefangenschaft meinte ein Zeuge: „Den Russen reichte es, dass sie Polen waren."

Natürlich fanden sich auch jederzeit „offizielle Anklagepunkte" gegen diese ehemaligen „Ostarbeiter", deren Leidensweg mit der Verschleppung durch die Nazis aus ihren Heimatländern schon Jahre zuvor begonnen hatte. Kollaboration zählte dazu. Mit dem guten Verhältnis, das sie mit ihren Dienstherren gehabt hatten – Bauern aus Mühlhausen und den umliegenden Dörfern – stempelte man sie zu Verbrechern ab. „Ihre Hinrichtung war für die Sowjets reine Formsache", berichtet Herbert Grob. „Eines Nachts wurden sie aufgerufen und abtransportiert wie alle Todeskandidaten."

Während anfänglich die Strafverfahren der Militärtribunale nur die Ahndung von Verbrechen gegen die Menschlichkeit, von Kriegsverbrechen sowie von Verstößen gegen das Besatzungsregime betrafen, dauerte es kaum ein Jahr, bis sich auch eine spezifisch politische Zielrichtung bemerkbar machte. Sie bestrafte Verbrechen gegen die „Demokratische Neuordnung" und die innere und äußere Sicherheit der sowjetisch besetzten Zone, d. h. jegliche Opposition gegen die Politik der KPD/SED wurde bekämpft. Damit trugen die Militärgerichte auch wesentlich zur Niederhaltung jeglicher demokratischer Initiative und allen Widerstandes gegen die Sowjetisierung im Lande bei.

Verantwortlich für sämtliche Gerichtsverfahren im Gebiet Mühlhausen nach dem Krieg war das in Mühlhausen stationierte Militärtribunal der 74. sowjetischen Gardeschützendivision Nitschne-Dnepropetrovskoj. Von den leitenden Vorsitzenden konnte bisher nur einer ermittelt werden, Gardemajor für Justiz Hartschuk. Zeitweilige Mitglieder waren der Untersergeant Gavrjuschin und ein Soldat Rodin sowie die Sekretärin Gardeleutnant Karpova.

Wie viele Häftlinge zwischen 1945 und 1947 im Mühlhäuser Amtsgericht, dem Hauptsitz des SMT, einsaßen, wie viele und was für Urteile gegen sie ausgesprochen wurden und welche namentlich strafwürdigen Nationalsozialisten hier zur Verantwortung gezogen worden sind, ist unbekannt. Geht man davon aus, dass in dieser Zeit über schätzungsweise zwei- bis dreihundert Männer und Frauen verhandelt wurde und ein Fünftel aller Urteile Todesurteile waren (so die Erfahrung von Zeugen), so sind etwa fünfzig Bürger aus der Mühlhäuser Region von den Sowjets ums Leben gebracht worden. Der Vollzug dieser Urteile erfolgte teils innerhalb des Gerichtsgeländes, teils außerhalb. Teils durch Erschießen, teils durch Erhängen.

Die Rechtssprechung sowjetischer Militärtribunale gegenüber deutschen Bürgern wurde erst mit dem Vertrag über die Beziehungen zwischen der DDR und der UdSSR vom 20. September 1955 eingestellt.

Seitenansicht des Mühlhäuser NKWD-Gefängnisses

Zu den in Mühlhausen von sowjetischen Militärtribunalen zu hohen Haftstrafen bzw. zum Tode verurteilten Bürger zählen u. a.:

Wilhelm Bachmann, Eisenbahner, wohnhaft Klosterstr. 8, wurde nach der Denunziation einer Nachbarin (Klosterstraße 20) verhaftet und ins Gefängnis gebracht. Da kein Abtransport und in keiner Lagerliste verzeichnet, wurde er vermutlich im Amtsgericht verurteilt und hingerichtet.

Julius Baumbach aus Treffurt wurde im Oktober 1945 verhaftet, in Mühlhausen zum Tode verurteilt und im März 1946 erschossen.

Emil Gaede, ehemaliger Polizeibeamter, Wanfrieder Str. 73/74, wurde im September 1945 im Gefängnis am Untermarkt 17 eingeliefert, zum Tode verurteilt und erschossen.

Zellentür im Gebäude

Karl (?) Gietzel, ehemaliger Wachmann, 1945 im Gefängnis Untermarkt 17 gefangen gehalten, ist dort vermutlich erschossen worden.

Georg Graf, Leitender Angestellter, wohnhaft Fichteweg, wurde als ehemaliger Angehöriger des SA-Marinesturms zum Tode verurteilt und erschossen.

Nikolaus Hebenstreit, aus Beberstedt, wurde im September 1945 festgenommen und zum Untermarkt 17 gebracht. Da kein Weitertransport verzeichnet ist, ist er mit hoher Wahrscheinlichkeit umgebracht worden.

Albin und Eduard Heddergott, Brüder aus Büttstedt, wurden wegen vergrabener Waffen im Mai 1946 verhaftet und vom SMT am Untermarkt 17 zu hohen Haftstrafen verurteilt. Beide starben im Juli 1948 in Sachsenhausen.

Richard Kahlert, Sondershäuser Straße 45, Seilermeister, wurde im August 1945 am Untermarkt 17 zum Tode verurteilt und hingerichtet.

Der Schlotheimer Rudolf Keilholz, geb. 1902, kam nach seiner Festnahme 1945 nach Buchenwald. Von dort wurde er zwei Jahre später in die SU deportiert.

Heinz Kloschkau, ehemaliger Wehrmachtsangehöriger, zuletzt Böhntalsweg (Lazarett), im Gefängnis Untermarkt 1945/46 gefangen gehalten. Nicht wieder freigekommen.

Friedrich Koch, Oberwachtmeister der Schutzpolizei, geb.: 30. 4. 1902, wurde vom NKWD verhaftet und vom SMT verurteilt. Er starb am 9. 10. 1947 in der Sowjetunion.

Walter Komm, Wahlstraße 41, ehemaliger Polizeibeamter, kam im August 1945 zum Untermarkt 17 und wurde hier zum Tode verurteilt.

Hans Lange, Jugendlicher, wohnte Felchtaer Straße 11/12, wurde vom SMT zum Tode verurteilt und starb durch Genickschuss.

Rudi Möhrstedt, Treffurt, wurde im September 1945 am Untermarkt 17 eingeliefert, zu 25 Jahren Zwangsarbeit verurteilt. Er verstarb in Bautzen.

Willi Münch, ehemaliger Wehrmachtsoffizier, zuletzt 1946 im Gefängnis Untermarkt 17 gesehen und hier aller Wahrscheinlichkeit nach zum Tode verurteilt.

Johannes und Valentin Nievergall, Brüder aus Beberstedt, wurden im September 1945 verhaftet und dem SMT am Untermarkt übergeben. Danach gibt es kein Lebenszeichen mehr von ihnen.

Adolf Ohnesorge, Treffurt, wurde vom SMT am Untermarkt zu 10 Jahren Zwangsarbeit verurteilt. Er hat überlebt.

Fritz Pfeiffer, Viktoriastraße 26f (Thälmannstraße), ehemaliger Polizeibeamter, wurde am Untermarkt 17 zum Tode verurteilt und hingerichtet.

Horst Rauschenbach, Jurist, zum Tode verurteilt und in Waldheim hingerichtet.

Dr. Horst Rechenbach, Kriegsrichter bei der Wehrmacht, zum Tode verurteilt und in Waldheim hingerichtet.

Reinländer, ehemaliger Landgendarm, wurde vom SMT verurteilt, ist 1947 in Bautzen noch gesehen worden.

Paul Schenkendorf, Friedrichstraße 47, ehemaliger Oberstleutnant der Wehrmacht, wurde im Oktober 1945 zu 25 Jahre Haft verurteilt, ist 1946 in Oranienburg noch gesehen worden.

Karl Schmidt, Weinbergstraße 8, Polizei-Oberleutnant, im August 1945 verhaftet und zum Untermarkt 17 gebracht. Gilt seither als verschollen und ist mit höchster Wahrscheinlichkeit zum Tode verurteilt worden.

Karl Schollmeyer I, Beberstedt, Maurerpolier, wurde am 20. 9. 1945 verhaftet und am Untermarkt 17 eingeliefert. Gilt seither als verschollen.

Karl Schollmeyer II, Beberstedt, Namensvetter von I, wurde ebenfalls am 20. 9. 1945 verhaftet und ist gleichfalls seither verschollen.

Willi Schwarzmann, Treffurt, 17 Jahre, im Sommer 1946 wegen „Werwolftätigkeit" vom SMT zum Tode verurteilt und hingerichtet.

Karl Schwarzmann, Treffurt, Vater von Willi, zur gleichen Zeit vom SMT zu 10 Jahren Haft verurteilt. Er überlebte und wurde 1950 aus dem Speziallager VII Sachsenhausen entlassen.

Willi Stein, Ehemaliger Polizeibeamter aus Holzthaleben, wurde im September 1946 verhaftet und vom SMT am Untermarkt verurteilt. Er starb am 17. 4. 1947 in Sachsenhausen.

Willy Zörner, Zöllnergasse 9, wurde vom SMT laut Aussage Mitgefangener am Untermarkt zum Tode verurteilt.

Otto Hartmann, Mühlhausen, wurde im November 1945 zum Tode verurteilt.

Weitere Namen von Bürgern, die vom SMT Untermarkt 17 zwischen 1945 und 1947 verurteilt bzw. vermutlich verurteilt wurden. Der Verbleib der meisten ist unbekannt:

Hermann Baum, Werner Becher, Valentin Benedix, Hugo Beier, Walter Birnbaum, Karl Böhmer, Artur Buttgereit, Fridel Dittmann, Alfred Duft, Otto Gersbach, Erich Glaser, Max Heinrich, Christa Manzner, Siegfried (?) Kieser, Oswald Merkel, Hermann Otto, Hermann Peter, Heinz-Dieter Richter, Oskar Rommel, Karl Rüdiger, Karl Anton Schmidt, Friedrich Schneider, Klaus Schrumpf, Oskar Schröter, Albin Siebert, Paul Stockmann, Gerd Straube, Hans Urbach, Hans-Georg Wolf.

Gutsherren, wo auch immer, waren für die Sowjets Kulaken, die ohne große Umstände liquidiert wurden.

Karl *Schlüter*, geb. 24.11.1894 in Schöningen, war eines der ersten Mühlhäuser Opfer sowjetischer Militärjustiz. Am 4. August 1945 wurde der Sambacher Gutsinspektor ins Stadtgefängnis gebracht. Seither gilt er als verschollen.

Der nicht gerade zimperlich amtierende Mühlhäuser Antifa-Ausschuss, der über das Schicksal ehemaliger NS-Parteigenossen entschied, gab über Karl Schlüter folgendes Urteil ab: Obwohl Karl Schlüter seit 1933 NS-Parteiangehöriger war, können ihm keine belastenden Aktivitäten nachgesagt werden. Demzufolge hätte es keinen Prozess gegen ihn gegeben, auch sein Vermögen wäre nicht beschlagnahmt worden.

Dementsprechend konnte die Ehefrau 1951 für sich und ihre Kinder bei der Stadt Mühlhausen einen Antrag auf Vermögensentschädigung einrei-

Karl Schlüter

> Generalstaatsanwaltschaft
> der Russischen Föderation
>
> Militärhauptstaatsanwaltschaft
>
> 27. April 1998
> Nr. 5 ud-101/98
> 103160 Moskau K-160
>
> Deutsche Botschaft
> Rechts- und Konsularabteilung
> 117 313 Moskau
> Leninski pr. 95a
>
> betr: Ihr Az.: RK 544-14842
>
> Die Militärhauptstaatsanwaltschaft hat den Rehabilitierungsantrag des deutschen Staatsangehörigen Karl SCHLÜTER erhalten und überprüft.
>
> Im Verlauf der von uns bei den zentralen Archivbehörden der Russischen Föderation angestellten Überprüfung konnten keinerlei Angaben über eine Verfolgung (Verurteilung) von Karl Schlüter sowie über den Aufbewahrungsort von Archivunterlagen zur Strafsache festgestellt werden. Daher ist es leider nicht möglich, eine Rehabilitierungsentscheidung zu treffen.
>
> Bitte informieren Sie die Betroffenen über das Obige.
>
> Leitender Militärstaatsanwalt
> Abteilung Rehabilitierung
>
> (Unterschrift) L. P. Kopalin
>
> [*Bitte beachten*: Die Namensschreibung auf diesem Formblatt erfolgt aufgrund der Schreibweise im russischen Original. Bei der Rückübertragung in lateinische Buchstaben kann es daher u.U. zu kleineren Unterschieden in der Schreibweise kommen.]

Diese Auskunft beweist, dass die Opfer zumeist schon bald nach ihrer Festnahme von den Sowjets umgebracht worden sind.

chen. Zu den Vermögenswerten zählten z. B. zwei Traktoren, Fuhrwerke, Vieh, Acker- und Wirtschaftsgeräte. Diesem Antrag wurde stattgegeben. Laut Schreiben des Stadtrates heißt es am 28. 4. 1951: „Die Ersatzansprüche sind nach Prüfung durch unseren Syndikus und nach Beschlussfassung durch die städtischen Körperschaften und Genehmigung des Ministeriums der Finanzen in Berlin zur Auszahlung gebracht worden. Die Zahlung ist erfolgt, weil von Seiten unserer Juristen ein Rechtsanspruch darauf anerkannt worden ist." Die ausgezahlte Summe betrug 48.643,– DM. Dazu kam eine Verzinsung für vier Jahre in Höhe von 6.553,26 DM.

Das war in dieser Zeit von Verfolgung, Enteignung und Repressalien ein erstaunlicher Vorgang. Er zeigt aber auch, dass in der Verwaltung immer noch Kräfte tätig waren, welche die überlieferten Grundsätze wie Redlichkeit und Gerechtigkeit zu bewahren versuchten.

Betr.: Rehabilitierung von durch sowjetische Militärtribunale verurteilten oder durch den NKWD verfolgten Deutschen

Name:	Schlüter
Vorname:	Karl
Geburtsdatum:	24.11.1894
Geburtsort:	Schöningen
Datum der Verhaftung:	4.8.1945
Ort der Verhaftung:	Stadtgut Sambach bei Mühlhausen/Thüringen
Grund der Verhaftung:	unbekannt
verurteilt vom:	unbekannt
verurteilt wann:	unbekannt
verurteilt wo:	unbekannt, evtl. in Mühlhausen
verurteilt wegen:	unbekannt
verurteilt zu:	unbekannt
Ort(e) und Zeiträume der Strafverbüßung:	- ab 4.8.1945 im Gefängnis Mühlhausen, Untermarkt 7 - weitere Orte und Zeiträume sind unbekannt
Ort und Datum der Entlassung	nicht zutreffend, da keine Rückkehr

Möglicherweise hat es nicht einmal einen Prozess gegeben. Schon der Beruf entschied über eine Hinrichtung.

Die nach der Wende aus Moskau eingetroffenen Auskünfte über den Verbleib von Karl Schlüter indessen sprechen für sich. Mit hoher Wahrscheinlichkeit wurde dieser Mann noch in Mühlhausen von den Sowjets ermordet.

Mindestens zwei weitere Gutsbesitzer bzw. -pächter im Kreis Mühlhausen folgten Karl Schlüter in den Tod: Wilhelm Brinkmann, Popperode; Albert Schönfeld, Peißel bei Körner.

Albert Schönfeld und Walter Schönfeld

Im Frühjahr 1932 kauften Albert Schönfeld, geb. 8.6.1877 in Niederdorla, und sein Sohn Walter Schönfeld, geb. 10.3.1908 in Niederdorla, das Gut Peißel mit 249 ha Grundbesitz und stark verkommenen Wirtschaftsgebäuden und Wohnhaus von der Thüringer Landessiedlungsgesellschaft mbH Weimar.

Albert Schönfeld   *Walter Schönfeld*

Später wurden noch Ländereien aus der Gemarkung Altengottern und Bollstedt zugekauft. Albert Schönfeld und sein Sohn Walter waren nicht in der NSDAP. Auf Grund einer Denunziation wurde Walter Schönfeld 1946 von der GPU abgeholt und zum Untermarkt 13 gebracht. Nach schweren Misshandlungen kehrte er vier Monate später krank und weißhaarig nach Niederdorla zurück.

Die ausgewiesenen Eltern (Albert und Minna Schönfeld) wohnten, nachdem man ihnen alles persönliche Eigentum weggenommen hatte und das Gut für die Bodenreform freigegeben worden war, wieder in Niederdorla. Polnische Arbeiter brachten ihnen bei Nacht und unter großen Schwierigkeiten die notwendigsten Möbel sowie Bettzeug usw.

Schließlich wurde Albert Schönfeld im August 1946 verhaftet und nach Erfurt gebracht. Danach übergab man ihn dem sowjetischen NKWD in Weimar. Dort verurteilte ihn ein Militärtribunal zu 10 Jahren Zwangsarbeit. Er kam in einen Transport, seitdem verliert sich jede Spur von ihm.

Eine ebenso gefährdete „Berufsgruppe" waren Förster, Jäger, Waldbesitzer, Jagdaufseher, Leute, die von berufswegen mit Waffen zu tun hatten.

Der Fall von Förster Berthold Staender, Forsthaus Westerwald, zählt dabei zu den brutalsten dieser Art. Staender hatte ein kostbares Jagdgewehr, das mehr ein Schmuckstück als eine Waffe war, auf seinem Grundstück versteckt. Dieser Umstand war einer Unterfamilie aus dem Ruhrgebiet bekannt. Bevor diese Evakuierten nach dem Westen zurückgingen, erstatteten sie bei einem serbischen Hilfspolizisten in Wachstedt Anzeige. Daraufhin rückte ein LKW mit sowjetischem Militär an, umstellte das Haus und holte das Gewehr aus dem Versteck. Der Förster wurde unter schweren Misshandlungen mitgenommen, seine Frau und seine Tochter aus dem Haus gejagt. Von Staender wurde nie wieder etwas gehört.

Der Revierförster von Anrode, Christian Munz, geb. 10.3.1902 in Erlebach bei Stuttgart, wurde ebenfalls schon bald verhaftet und nach Buchenwald gebracht. Wegen seines Berufes offenbar als „besonders gefährlich" eingestuft, kam er nicht wie die meisten der Gefangenen 1948, sondern erst 1950 wieder frei.

Sein Kollege Trautloff aus Körner dagegen blieb nach seiner Verhaftung verschollen.

Fritz *Raschdorf,* Revierförster in Wachstedt, geb. 26.10.1898 in Sandraschütz, Schlesien, Vater von drei kleinen Kindern, wurde am 24.11.1945 infolge einer Denunziation vom NKWD verhaftet und nach Langensalza geschafft. Nach 6-wöchiger Haft kam er ins Weimarer Landesgerichtsgefängnis. Da sich hier die gegen ihn erhobenen Beschuldigungen offenbar als unhaltbar erwiesen, deklarierte ihn das SMT kurzerhand zum „Volkssturmoffizier" und schickte ihn als „Kriegsgefangenen" in die Sowjetunion. Inzwischen war von Raschdorfs Kollegen beim Forstamt Ershausen ein Brief an den Chef des Thüringer NKWD in Weimar geschickt worden, in dem um die Freilassung Fritz Raschdorfs gebeten wurde. Offenbar über die wichtigsten Beschuldigungen informiert, widerlegten sie diese mit konkreten Angaben und bestätigten den guten Ruf, den Raschdorf bei ihnen und auch beim

Nach dem Krieg Verschleppte wurden auf diese Weise zu „Kriegsgefangene" umfunktioniert.

Wachstedter Antifa-Block genoss. Ob dieses Schreiben, datiert vom 20. Februar 1946 tatsächlich etwas bewirkt hatte, muss bezweifelt werden. Indessen war der ehemalige Revierförster bereits am 8. Februar fort von Weimar.

Nach der Einweisung in das Kriegsgefangenenlager Frankfurt/O. kam Fritz Raschdorf nach Krasnogorsk bei Moskau, danach nach Noginsk und schließlich nach Wolsk a. d. Wolga. Unzählige Kameraden waren auf diesem Wege gestorben, verhungert, ohne medizinische Versorgung dahingesiecht. Bis auch er nach den schweren Strapazen ins Lazarett kam, jedoch überlebte und Ende September 1947 mit einem Heimkehrertransport nach Deutschland zurück fahren durfte. Zu den wenigen „Glücksfällen" während seiner Gefangenschaft zählte die Freundschaft mit dem Schriftsteller Josef Martin Bauer, dem späteren Verfasser des weltberühmten Romans „So weit die Füße tragen". Die darin geschilderten Leiden der Deutschen, ihre Ausnutzung bei lebensgefährlichen Arbeiten in Bleibergwerken und beim Gleisverlegen konnte Raschdorf nur bestätigen.

So blieb auch die Heimreise für ihn voller Tücken und Gefahren. Nicht selten geschah es, dass auf Haltestationen NKWD-Leute auftauchten und aus den Waggons rücksichtslos Gefangene zerrten, um sie erneut in Lager zu stecken oder zu liquidieren. Auch andere Schreckensbilder begegneten ihm auf dieser wochenlangen Reise: entgegenkommende Züge voll von deutschen Zivilisten, Männer, Frauen und Kinder, die aus der Sowjetzone nach Sibirien geschafft wurden. Auch in den folgenden Jahren rollten diese Transporte aus Deutschland heran, von keinem Roten Kreuz erfasst, von keinem Alliierten Kontrollrat missbilligt.

Noch im Dezember 1949 berichtet die POLITISCHE UMSCHAU (BRD) darüber.

Am 3. Oktober 1947 traf Fritz Raschdorf in Frankfurt/O. ein. Drei Tage später war er bei seiner Familie, doch noch in der selben Nacht musste er schwer krank ins Küllstedter Krankenhaus gebracht werden. Nachdem ihn 1948 die Mühlhäuser Entnazifizierungskommission als aktiven Nationalsozialisten freigesprochen hatte, durfte er wieder im Forst arbeiten, ab 1953 als Oberförster. Er verstarb 1986 in Eigenrieden.

Friedrich Koch. Der Katasterbeamte wird am 11. November 1946 ohne Angaben von Gründen von NKWD-Leuten und deutschen Polizisten verhaftet. Bereits fünf

> **Verhinderte Heimkehr**
>
> t.g. ULM. Die in den letzten Tagen in Ulm eintreffenden Heimkehrer berichten, daß sie auf dem Weg in die Heimat auch Transportzügen mit deutschen Zivilisten und Kriegsgefangenen begegnet sind, die weiter nach Osten rollten. Die Heimkehrer berichten dabei u. a., daß kurz vor der Abfahrt aus ihrem Gefangenenlager eine schwer bewaffnete NKWD-Abteilung aus dem Transport heraus 234 Kriegsgefangene wahllos herausgeholt und wegtransportiert hat. Was aus ihnen geworden ist, kann niemand sagen. Während der ganzen Heimfahrt durch russisches Gebiet lebten die Heimkehrer in ständiger Furcht, wieder aus dem Zug herausgeholt zu werden.
>
> Hinter Brest, auf dem ersten polnischen Grenzbahnhof, begegnete ihnen ein schwer bewachter Zug mit 30 Waggon auf dem Wege nach Rußland und darin deutsche Zivilisten, <u>Männer und Frauen mit Säuglingen. Die Fen</u>ster waren mit Stacheldraht vergittert, zwischen jedem Wagen ein bewaffneter Posten. Jeder Wagen war mit Scheinwerfern versehen, die den Zug bei Nacht mit hellem Licht anstrahlten. Trotz der schweren Bewachung gelang es einigen Heimkehrern, sich mit den Insassen des Zuges kurz zu verständigen. Es handelt sich hierbei allem Anschein nach um Deutsche, die sich in KZ-Lagern befanden und nun nach Rußland abtransportiert wurden.

Zu Seite 81: Artikel aus der Politischen Umschau (BRD) 1949

Wochen später, am 18.12.1946, erfolgte die Hinrichtung von Friedrich Koch. Alle Recherchen nach dem Grund der Bestrafung und wo die Tötung stattfand, blieben bisher erfolglos.

Gerd Luhn. Von dem jugendlichen Mühlhäuser, Felchtaer Str. 11/12 gibt es bislang nur den Hinweis, dass er vom SMT verurteilt wurde.

Günther Kusch. Schadebergstraße 44e, geb. 1.6.1921 in Lublinicze, wurde im Sommer 1946 von der Mühlhäuser Polizei (Jaritz) aus dem „Postkeller" heraus verhaftet und den Russen übergeben. Grund: Der ehemalige Wehrmachtsoffizier, ein guter Redner und aktives CDU-Mitglied, sollte angeblich über die schlechte Kartoffelversorgung geschimpft haben. Offensichtlich aber ging es um die Ausschaltung oppositioneller Kräfte anlässlich der bevorstehenden Kreis- und Landtagswahlen Thüringens. Bei der anschließenden Hausdurchsuchung der Familie Kusch wurden alle Wertsachen mitgenommen: Sparbücher, Uhren, Schmuck. Die hochschwangere Frau Kusch durfte noch einmal Wäsche für ihren Mann am Untermarkt 17 abgeben, danach brachen alle Kontakte zwischen den Eheleuten ab. Günther Kusch wurde vom SMT zu 25 Jahren Arbeitslager verurteilt. Er kam nach Buchenwald, danach nach Torgau. Als Paradebeispiel solcher Terror-Prozesse gilt der von Manfred Klein, der 1947 als Vertreter der katholischen Jugend und Mitglied des Zentralrates der FDJ von den Sowjets zu einer hohen Haftstrafe verurteilt wurde. Hier wie da ging es um die Ausschaltung intelligenter Kritiker. Von der Geburt seiner Tochter erfuhr Günther Kusch noch in Mühlhausen durch sowjetische Offiziere, deren Frauen in der gleichen Klinik (Dr. Schilling) wie Frau Kusch entbunden hatten. Nach seiner Entlassung im Sommer 1954 siedelte Günther Kusch nach Hamburg über. Seine Frau und seine zwei Kinder blieben in der DDR. Mit dem Terrorurteil war auch das Glück der Familie zerstört worden.

Martin Vockrodt. Nach einer Schlägerei mit einem Rotarmisten werden im Juni 1946 fünf z. T. unbeteiligte Jugendliche in Ammern verhaftet und vom SMT zu je 10 Jahren Haft verurteilt. Nur einer von ihnen überlebte. Vier Jahre später erhält eines der betroffenen Elternpaare einen anonymen Brief, darin heißt es: Werte Familie Vockrodt, ich bin aus dem Lager Sachsenhausen entlassen worden. War 1947 mit Ihrem Sohn Martin und Kurtchen Müller in Bautzen zusammen. Ihren Sohn pflegte ich, er war sehr krank geworden und ist dann auch gestorben. Dasselbe erging auch dem lieben Müller. Es ist schwer für mich, Ihnen diese Mitteilung zu machen, aber es waren Martins letzte Worte, Sie zu benachrichtigen. Ich bin auch als schwer kranker Mensch zurückgekehrt, habe Frau und vier Kinder. Aber Ihr Sohn hat es überstanden und ist sicherlich vielen Qualen aus dem Weg gegangen und ruht sanft. Ich hätte Ihnen gern meine Anschrift geschrieben, aber es ist noch nicht die Zeit dafür.

Richard Röth, Grossengottern, wurde am 13.3.1946 vom NKWD verhaftet und nach Buchenwald gebracht. Am 18.5.1946 verurteilte ihn dort ein Standgericht im Schnellverfahren zum Tode, er wurde erschossen. Als Begründung hieß es, er habe einen Aufstand gegen die Besatzungsmacht geplant. In Wahrheit hatte er lediglich die katastrophalen Lebensverhältnisse im Lager kritisiert.

Horst Sternitzka, Bollstedter Gasse 2. Wegen „Spionage und Agententätigkeit" wurde im August 1947 der 1. FDJ-Sekretär Mühlhausens vom SMT zu 25 Jahren Arbeitslager verurteilt. Bei der Urteilsverkündung sagte ihm die Dolmetscherin, dass er großes Glück gehabt habe, da gerade in der SU die Todesstrafe abgeschafft worden sei. Ansonsten wäre er nicht so „billig" davongekommen. Zu den angelasteten Verbrechen des Verurteilten zählte, dass er Jugendliche dazu überredet hatte, in die FDJ einzutreten, die insbesondere aus christlichen Kreisen stammten und mit denen er dem kommunistischen Gedankengut entgegen arbeiten wollte. Sein Denunziant und Mitankläger war Kurt Hochaus, einem Angehörigen der politischen Polizei (K5). Horst Sternitzka kam nach Buchenwald, danach nach Bautzen, schließlich nach Waldheim. Als er 1955 in die SU transportiert werden sollte, geschah das „Wunder" von Moskau. Durch die von Adenauer und Bulganin ausgehandelte Rückführung der letzten deutschen Kriegsgefangenen kam auch er frei.

Walter Brackelow, geb. 28.02.1906 in Mühlhausen
Wegen des Verdachts „sowjetfeindlicher Tätigkeit" kam es im Februar 1949 zu einer Reihe von Festnahmen Mühlhäuser Bürger. Hauptverdächtiger war der Buchhändler Erwin Exner. Er sollte Zeitungen und Flugblätter aus einem Westberliner SPD-Büro nach Mühlhausen gebracht und an Sympathisanten verteilt haben. Nachdem man Exner durch Folterungen im Haus Untermarkt 13 die Namen seiner Bekannten abgepresst hatte, kam es zur Festnahme des Oberschullehrers Walter Brackelow, des Gastwirts Arno Burkhardt und der Ärztin Dr. Inge Doorentz. Schon kurz darauf erfolgte die Überführung der Beschuldigten in die NKWD-Landeszentrale Weimar. Auch hier wurden die Mühlhäuser qualvollen Verhören unterzogen. Sie wurden geschlagen, gedemü-

Walter Brackelow

tigt und kamen in Einzelarrest. Obwohl es kaum greifbare Beweise für die unterstellten Verbrechen gab, terrorisierten die NKWD-Leute die Gefangenen auf unmenschliche Weise. Meist ging es dabei um die Nennung weiterer Namen von „Mittätern", die Adressen von „Auftraggebern" oder „Pläne für Anschläge gegen die sowjetische Besatzungsmacht".

In diesem Haus in der Weimarer Lottenstraße wurden die Mühlhäuser Zeugen zahlreicher schrecklicher Vorkommnisse. Nicht selten peitschte das Wachpersonal die Inhaftierten aus dem Schlaf, drosch auf sie ein und hetzte sie durch das Gebäude. Es kam zu Selbstmorden, manche der Leidenden verfielen in Panik, schrien oder bekamen Weinkrämpfe. Zu den Martern gehörte es auch, dass die Gefangenen auf den Hof getrieben wurden, wo eine Guillotine stand, die vermutlich noch aus der Nazi-Zeit stammte. Alle Vorkehrungen deuteten auf die Hinrichtung der Deutschen hin. Alle mussten sich ausziehen, jeder bekam eine nummerierte Tafel in die Hand. Dann aber geschah nichts weiter, als dass eine Fotografin die Angetretenen fotografierte und die Geschockten danach wieder in ihre Zellen zurückgetrieben wurden. Offensichtlich gehörten solche Peinigungen zur Strategie der Sowjets.

Ein andermal führte man die Gefangenen in einen Raum, wo sie sich ebenfalls ausziehen mussten. Eine Ärztin erschien zur „Fleischbeschau". Sie prüfte die Muskulatur der seit Wochen ungewaschenen Männer, dabei angeekelt das Gesicht verziehend. Bis sie laut schimpfend die Posten aufforderte, die „dreckigen deutschen Schweine" wieder wegzuführen.

Einmal, nach einem Verhör, wurde Walter Brackelow an einen mit Esswaren überladenen Tisch geführt. Er musste Platz nehmen, aber als er zulangen wollte, schlug ihn ein Offizier auf die Hände. Erst sollte er die geforderten Namen weiterer „Mittäter" nennen, dann erst dürfe er essen. Natürlich erhielt der Ausgehungerte keinen Bissen.

Ein andermal musste der Lehrer wegen seiner „Verstocktheit" eine Nacht lang im Kreis laufen. Anfangs diktierte ein Offizier den Takt seiner Schritte, später kontrollierten seine Wächter nur noch hin und wieder, ob er nicht zusammengebrochen war. Aber er überwand alle Schwächeanfälle, bis man ihn in die Zelle zurückführte.

Die Verurteilung der vier Mühlhäuser erfolgte am 15. Juni 1949 im Weimarer Gerichtsgebäude. Es gab weder einen Verteidiger noch waren bei ihrer Beurteilung Entlastungspunkte herangezogen worden. Das Gericht bestand aus drei sowjetischen Offizieren, eine Dolmetscherin übersetzte in schlechtem Deutsch alle wesentlichen Texte.

Den Angeklagten wurde zur Last gelegt: „Unterstützung imperialistischer, sowjetfeindlicher Kräfte, Spionage, Störung der demokratischen Ordnung, Aufbau eines Agentennetzes, Verbreitung feindlicher Hetzschriften, Bildung einer Widerstandsgruppe". – Erwin Exner und Arno Burkhardt wurden zu je 25 Jahren Zwangsarbeit verurteilt, Dr. Inge Doorentz und Walter Brackelow zu je 20 Jahren.

Walter Brackelow kam nicht, wie zunächst erwartet nach Sibirien, sondern nach Bautzen, später nach Torgau. In Bautzen wurde er unter primitivsten Bedingungen in einem Saal mit mehr als 300 Männern untergebracht. Etwa die Hälfte davon waren ehemalige SPD-Leute. Die Behandlung durch das deutsche Wachpersonal war anders als die von den Sowjets. Die Gefangenen wurden verprügelt und schikaniert, auch später, als sie in Zellen untergebracht worden waren. 1954, bei der

Überführung einer Gruppe von Häftlingen nach Torgau, erlebte Brackelow einmal mehr die brutale Vorgehensweise des DDR-Wachpersonals. Wer nicht schnell genug in die Transportautos kam, wurde geschlagen, einer kam dabei sogar zu Tode. In Torgau war es noch schlimmer. Es wurde mit Gummiknüppeln und Stöcken geprügelt, wer sich damit krank meldete, dem wurde nicht geglaubt. Wer sich gar deswegen beschwerte, kam in den Arrest. Arrest aber war so gut wie eine Todesstrafe. Es gab nur Wasser und Brot. Schon bei der Ankunft war den Häftlingen vom Torgauer Zuchthausdirektor unmissverständlich erklärt worden, dass sie bei ihm „nichts zu lachen" hätten. Dementsprechend war auch der Umgangston. Die übliche Anrede der Häftlinge durch die Diensthabenden lautete: „Sauhunde", „Verbrecher", „Aasvögel", „Stinktiere".

In all diesen Jahren hatten weder die Familie noch die Schulleitung Brackelows eine Nachricht über seinen Verbleib erhalten. Alle Nachfragen seiner Frau bei den Behörden blieben ergebnislos. Auch am Mühlhäuser Gymnasium war sein Name tabu. Keiner seiner Kollegen traute sich von ihm zu sprechen, sich sogar nach ihm zu erkundigen. Erst ein Jahr nach Stalins Tod durfte der Verschleppte per Postkarte ein erstes Lebenszeichen nach Hause schicken.

Als Walter Brackelow im sechsten Jahr nach seiner Verhaftung durch eine Amnestie des Präsidenten der DDR, Wilhelm Pieck, vorzeitig entlassen werden sollte, wurde er von einer Kommission aufgefordert, Reue zu zeigen und sich nach seiner Entlassung mit aller Kraft am Aufbau der neuen sozialistischen Gesellschaft zu beteiligen. Walter Brackelow wies diese Forderung von sich, dazu erklärte er, dass

Der Entlassungsschein Walter Brackelows aus dem DDR-Zuchthaus Torgau.

jenes sowjetische Gerichtsurteil mit Recht und Menschenachtung nicht das Geringste zu tun gehabt hätte und er unschuldig einen Strafvollzug erlebt habe, der an Missachtung jeglicher Würde der Gefangenen geradezu beispiellos sei. Er müsste jede Selbstachtung verlieren, würde er jetzt für das ihm angetane Unrecht auch noch Abbitte tun.

Schließlich, genau an seinem 50. Geburtstag, am 28. Februar 1956, erfolgte seine Entlassung. Für den weiteren Verbleib in der DDR sah der Lehrer keinerlei Anlass mehr. Am 13. Juni stellte Walter Brackelow im Westberliner Aufnahmelager für sich und seine Familie den Antrag, als deutscher Bürger in der Bundesrepublik Deutschland zu leben.

Hertha *Herting,* geb. Betzer, Jg. 1919 – Oskar Herting, Jg. 1915

Hochzeitsbild von Hertha und Oskar Herting

Im Winter 1950/51 wurde das von Mühlhausen nach Rudolstadt übersiedelte Ehepaar Herting wegen „Spionageverdacht" verhaftet. Ihr Kind, zunächst von Nachbarn versorgt, wurde den Großeltern Betzer in Mühlhausen zur Erziehung übergeben. Die Verhöre von Herta und Oskar Herting im Weimarer NKWD-Gefängnis waren mit furchtbaren Folterungen verbunden. Die ehemalige Wehrmachtstelefonistin sollte zugeben, Westkontakte gepflegt und für die Amerikaner Spionage betrieben zu haben. Ähnlich absurde Beschuldigungen erfuhr auch ihr Mann. Zweimal wurden beide gegenüber gestellt. Angesichts der verworrenen Reden und des zerschlagenen Gesichts ihres Mannes bestand für Hertha Herting kein Zweifel mehr an dem unguten Ende ihres Schicksals.

Bereits vier Tage nach ihrer Verurteilung zu lebenslanger Zwangsarbeit, am 28. März 1951, wurde Hertha Herting zusammen mit neun weiteren deutschen Frauen nach Sibirien geschafft. Ihre Leidensgenossinnen hatten wegen „Sabotage" und „Sowjethetze" ähnliche Urteile wie sie erhalten. Als der Transport das Straflager Workuta erreicht hatte, war Hertha Herting am Ende ihrer Kräfte. Ständig weinend gelangte sie in eine Baracke, wo ihr die Baracken-Älteste auf sehr derbe Weise klar machte, dass sie nur überleben könne, wenn sie sich zusammenreißen und ihr Selbstmitleid ablegen würde. Das schaffte sie schließlich.

„Raboti! – Raboti!" Diese Worte sollten den unglücklichen Frauen bis an ihr Lebensende in den Ohren klingen. Bei klirrender Kälte mussten sie Gleise verlegen, Erde karren, Holz schlagen. Zwölf Stunden täglich. Nie wurde die Norm geschafft. Als Hertha Herting einmal bei minus 50 Grad Kabel verlegte und von einem Leitungsmast fiel, rettete sie nur die dicke Schneedecke vor dem sicheren Tod. Auch

Wasserschleppen gehörte zur Arbeit der Frauen. Dazu musste eine von ihnen mit der Spitzhacke Löcher in den zugefrorenen Fluss Workuta schlagen, während die anderen mit Holzeimern das eisige Wasser in die auf Schlitten stehenden Fässer schütteten. In der Nacht darauf sorgte eine Frau dafür, dass die Handschuhe, Jacken und Fußlappen trockneten, was nur teilweise gelang.

Bei mangelnder Hygiene und permanenten Schikanen wurden die Frauen immer wieder geschlagen und vergewaltigt. Davon blieb auch Hertha Herting nicht verschont. Manche ihrer Leidensgefährtinnen, Verschleppte aus allen Teilen der SU, nahmen sich das Leben. Dann fluchten die Aufseher wegen der ausbleibenden Arbeitskraft. Einer von ihnen galt als besonders tückisch im Quälen. Drei Frauen besorgten sich ein Messer aus der Küche. Eines Morgens, beim Erwachen, erblickte Hertha Herting von ihrer Pritsche aus den abgeschnittenen Kopf des Mannes auf dem Tisch der Baracke. Über eine Blutlache hinweg glotzten die Augen des Toten zu ihr hin. Was unterschied Workuta noch von der Hölle? – Nichts!

Zur gleichen Zeit durchlebte ihr Mann Tausende Kilometer entfernt in einem Straflager am Baikal kaum weniger Schlimmes. Ein Wunder, dass er noch lebte. Von den Misshandlungen seiner Wärter war er querschnittsgelähmt. An einen Stuhl gefesselt, musste er arbeiten, um sich sein Essen zu „verdienen".

Als Hertha Herting im Oktober 1955, „vorzeitig" entlassen, nach Mühlhausen zurückkehrte, war sie 36 Jahre alt und eine an Leib und Seele gebrochene Frau. Durch die schwere Arbeit war ihr Unterleib ruiniert, russische Ärzte hatten ihr sogar Invalidität bescheinigt. Der Mühlhäuser Frauenarzt, Dr. K., aber dachte ganz anders darüber. Höhnisch behauptete er, dass selbst Holzhacken auf die Dauer keinerlei Einfluss auf einen Frauenleib haben könnte. Auf den Ämtern erging es ihr nicht anders. Wo sie hinkam – überall wurde sie als „Antikommunistin", als „Gezeichnete" behandelt.

Hertha Herting starb am 24. Oktober 1981. Bei den Nachforschungen ihrer Tochter Heide über die Inhaftierung ihrer Mutter fanden sich keinerlei Unterlagen, weder bei Ämtern noch in Archiven. Erst nach dem Zusammenbruch der Sowjetunion gelangte aus Moskau die Bestätigung über die Verschleppung Hertha Hertings nach Mühlhausen. Fast zur gleichen Zeit traf von der Gauck-Behörde ein Brief ein, worin stand, dass Hertha Herting vom Tag ihrer Rückkehr aus sowjetischer Haft vom Mühlhäuser Staatssicherheitsdienst erfasst und beobachtet wurde. Im Fall von politischen Unruhen, so ein Vermerk, wäre sie eine der ersten Bürgerinnen der Stadt gewesen, die in ein Internierungslager eingewiesen worden wäre.

Anmerkung: Workuta war eine Stadt mit großem Deportationslager im westlichen Vorland des Polarurals. 1953 lebten hier ca. 130.000 politische Häftlinge. Die ersten wurden 1932 eingeliefert, die letzten wurden 1959 entlassen. Bisher konnten neun Mühlhäuser Bürger ermittelt werden, die nach Workuta verschleppt wurden.

Die Gesamtzahl des sowjetischen Sklavenimperiums betrug 165 Lager mit 17 Millionen Häftlingen, davon ca. 10 Millionen Zwangsarbeit Leistende.

Nach bisherigen Erkenntnissen waren 34 Mühlhäuser in solchen Lagern inhaftiert, 18 davon in Karlag nahe K(i)araganda(?). Karlag galt als „Kurort", da sich hier (in Spassk) ein Sonderlager für Häftlinge befand, die invalide geworden

Die angeforderte Rehabilitation für Oskar Herting aus Moskau.

waren. Die Behandlung der Häftlinge war in allen Lagern durchweg unmenschlich. Bei geringsten Verstößen wurden die Lebensmittelrationen gekürzt, eine hohe Sterberate war die Folge.

1950 fanden auf Befehl der GULAG-Leitung in allen Lagern Massenerschießungen von Häftlingen statt. Laut Norm mussten 50% der Gefangenen erschossen werden.

(aus: M. Heller/A. Neckrich, Geschichte der Sowjetunion, Athenäum Verlag)

Übersetzung

**Generalstaatsanwaltschaft
der Russischen Föderation**

Militärhauptstaatsanwaltschaft

05.08.1996
Nr. *5uk-1024-96*

103160 Moskau K-160

Rehabilitationsbescheinigung

Herr/Frau	*Herting, Oskar*
Geburtsjahr und -ort	*1915, Mentsrode*
Staatsangehörigkeit	*deutsch*
Nationalität	*Deutscher*
Vor Inhaftierung wohnhaft:	*in Rudolstadt*

letzter Arbeitgeber vor der Inhaftierung/beschäftigt als: *Maler*
wann inhaftiert: *09.12.1949*
wann und durch wen verurteilt/verfolgt: *gem. Verordnung der Außerordentlichen Konferenz beim Minister für Staatssicherheit der UdSSR vom 28.06.1950*
der Verurteilung zugrundeliegende Paragraphen und Strafmaß
(Grund- und Zusatzstrafen): *gem. §§ 58-6, Teil 1 und 58-14 Strafgesetzbuch der RSFSR 25 Jahre Freiheitsentzug im Arbeits-Besserungslager*
Datum der Haftentlassung: *28.09.1955*

Gemäß Artikel 3 des Gesetzes der Russischen Föderation "Über die Rehabilitierung von Opfern politischer Repressionen" vom 18. Oktober 1991 wurde Herr/Frau *Herting, Oskar* rehabilitiert.

Leiter der Abteilung Rehabilitierung
der Militärhauptstaatsanwaltschaft:
[Siegel, Unterschrift]   L.P. Kopalin

[*Bitte beachten*: Die Namensschreibung auf diesem Formblatt erfolgt aufgrund der Schreibweise im russischen Original. Bei der Rückübertragung in lateinische Buchstaben kann es daher u.U. zu kleineren Unterschieden in der Schreibweise kommen.]

Die Rehabilitationsbescheinigung übersetzt in Deutsch. Verhör- und Verurteilungsprotokolle wurden allerdings nie freigegeben.

Helga Freitag, städtische Angestellte, Jahrgang 1925, wird im Oktober 1947 wegen „Beleidigung Stalins" verhaftet und in Weimar von einem sowjetischen Militärgericht zu sieben Jahren Haft verurteilt. Unter furchtbaren Bedingungen verbüßt sie diese Strafe in Zuchthäusern wie Sachsenhausen und Hoheneck. 1954 kehrt sie nach Mühlhausen zurück.

Walter Karl Max Grothe, geb. 1896 in Magdeburg, wurde wegen seiner Zugehörigkeit zum KgU (Kampfgruppe gegen Unmenschlichkeit) am 18.8.1951 in Weimar zum Tode verurteilt. Am 28.2.1952 erfolgte in Moskau seine Hinrichtung. Ohne Kenntnis von alledem, starb seine Frau Luise Grothe 1970 in Mühlhausen. 2002 wurde Grothe offiziell von der Russischen Generalstaatsanwaltschaft rehabilitiert.

Heinz Baumbach, Treffurt, ist vermutlich das letzte, namentlich bekannt gewordene Opfer sowjetischer Willkürjustiz im Gebiet Mühlhausen. Der jung verheiratete Bergmann hatte noch Briefkontakt mit einer englischen Familie, die er während seiner Gefangenschaft kennengelernt hatte. Durch seine Arbeit bei der Wismut ist dieser Briefwechsel vermutlich überwacht worden. Im Oktober 1952 wurde Heinz Baumbach zum Treffurter Rathaus bestellt. In der Annahme, es handele sich um einen positiven Bescheid auf seinen Wohnungsantrag, ging er ahnungslos hin. Danach kehrte er nicht wieder heim. Erst ein Jahrzehnt später erfuhr seine Frau über das Internationale Rote Kreuz von einer Grabstelle seines Namens südlich von Moskau.

Aussagen Überlebender zufolge kam es im Gefängnis Untermarkt 17 immer wieder zu Selbstmorden bzw. zu Versuchen dazu. Eines dieser Opfer war der Reichsbahnbeamte Karl-Ferdinand *Menge,* Feldstraße 57. Um sich den weiteren Misshandlungen seiner sowjetischen Peiniger zu entziehen, hängte er sich auf.

Ferdinand Menge

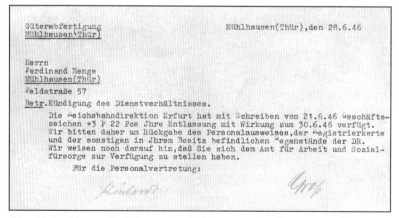

Obwohl der Dienststelle bekannt, dass F. Menge von den Sowjets verschleppt war, wurde diese Kündigung ausgestellt.

Winfried von Schutzbar, 14-jährig

Der damals 14-jährige Winfried von Schutzbar berichtet von seinem Zellenkameraden Heinrich Hunstock: „Er war bei der Bahn angestellt und sollte laut Denunziation gefangene Russen geschlagen haben. Er wohnte in Treffurt, Friedrich-Ebert-Straße 42. Ich hatte mir diese Adresse eingepaukt, weil ja jeder, falls er aus dem Gefängnis heraus käme, die Familie des anderen benachrichtigen sollte. Heinrich Hunstock ist noch mehr als ich gequält worden, er hat dreimal versucht, sich nachts an der Vorhangschiene der Toilette aufzuhängen. Ich bin dann immer, wenn ich dieses Gurgeln hörte, aus dem Bett gesprungen, habe ihn hochgehalten und geschrien, bis jemand kam und das in Streifen gerissene Handtuch durchschnitt." Winfried von Schutzbar, sechs Monate Geisel, leidet bis heute an den ihm zugefügten Misshandlungen.

Zu den von den Sowjets schwer misshandelten und verurteilten Mühlhäuser Kindern zählen Erika Grabe und Hans-Joachim Targacz. Hans-Joachim Targacz, geb. 22. April 1931, Schwabenstraße 52, wurde als 15-Jähriger wegen Verunzierung eines Stalinbildes vom SMT zu 10 Jahren Zuchthaus verurteilt. Als ihn sein Klassenkamerad aus der Petri-Schule, Heinz Knaust, 1956 in der Stadt wiedertraf, war er gerade frei gelassen worden. Er starb am 12. 11. 1990 in Wesel.

Des Weiteren wurden laut Aussagen A. Angerers mindestens drei Mädchen im Alter unter 15 Jahren verurteilt bzw. verschleppt. Zwei von ihnen stammten aus dem Nikolaiviertel, eins vom Eichsfeld. Keines von ihnen dürfte überlebt haben. Frau Waltraud Gartner, geborene Rollberg, berichtet: Weihnachten 1945 bekam sie eine Puppenstube geschenkt, von der ihr Vater sagte, dass sie vorher zwei Mädchen gehört habe. Die beiden 14- und 15-jährigen Schwestern waren nach einer Hakenkreuzschmiererei auf der Straße von Russen verhaftet und später verschleppt worden. An die Namen der Opfer kann sich Frau Gartner heute nicht mehr besinnen. Der Vater der Mädchen war ein guter Bekannter der Familie Rollberg, die „Hinter der Haarwand 11" wohnte. Jener Vater berichtete Jahre später, dass seine jüngere Tochter in Sibirien verstorben sei und dass die ältere in einem GULAG mit einem Russen verheiratet worden ist und ihr die Heimkehr nach Deutschland versagt wurde.

Als Kind hinter Gitter: Erika Grabe, verehelichte Riemann, – geb. am 25.12.1930 in Mühlhausen. – Wanfrieder Straße 65. Frau Erika Riemann, geb. Grabe, lebt heute in Hamburg. Übermütig, immer zu Streichen aufgelegt, hatte die Schülerin im November 1945 mit einem Lippenstift Schleifchen an den Bart eines Stalinporträts in ihrem Klassenzimmer (Brückenstraße) gemalt. Ihr Fall wog um so schwerer, als sie bald darauf als Aushilfe bei Friseur Klages (Linsenstraße) sich weigerte, den verlausten Kopf einer russischen Majorin zu waschen. Nach wochenlangen Verhören am Untermarkt und dem Versuch, sie vor der Majorin zu demütigen, wurde Erika Grabe im Januar 1946 zusammen mit drei Männern auf einen LKW verladen. Die Fahrt bei eisiger Kälte, welche die Häftlinge kniend und mit gesenktem Kopf verbrachten, endete in Ludwigslust. Dort entschied ein sowjetischer Offizier ihren

Erika Riemann, geb. Grabe, 2002

„Fall" als „Kinderei" und das Mädchen wurde freigelassen. Wochen später jedoch wurde Erika, die sich einer Theatergruppe angeschlossen hatte, um sich das Geld für die Heimfahrt zu verdienen, erneut verhaftet. Der Kommandant von Ludwigslust hatte ihre Akte in die Hände bekommen und folgerte daraus eine „Werwolftätigkeit". Erika wurde in eine Einzelzelle gesperrt, wo das Licht Tag und Nacht brannte. Tagsüber durfte sie sich nicht hinlegen, nachts wurde sie ständig von den Posten geweckt. Schließlich ging man noch strenger gegen sie vor: Stundenlang mußte sie auf einem Schemel sitzen, die Arme herunterhängend. Wenn sie einschlief, stiess ihr ein Posten den Gewehrkolben in den Rücken. Der sie verhörende Offizier klopfte seine Pfeife auf ihrer Stirn aus. Die glühende Asche durfte sie nicht aus dem Gesicht wischen. Als sie sich danach immer noch weigerte, das Geständnis ihrer Werwolftätigkeit zu unterschreiben, erhielt sie Prügel. Auch im Schweriner Zuchthaus, wohin man Erika im März 1946 brachte. Zu den Behandlungsmethoden zählte das „Abduschen". Soldaten führten das Mädchen in die Waschküche und bespritzten es mit einem starken, kalten Wasserstrahl. Obwohl das Opfer umfiel und wegzulaufen versuchte, es konnte dem Strahl nicht entkommen. Die Haut platzte ihm auf, es schrie und bettelte, auf Geheiß des sie verhörenden Offiziers wurde diese Tortur fortgeführt.

Am 6. April 1946 wurde Erika Grabe vom SMT der 18. Mechanisierten Division zu 10 Jahren „Zwangsarbeit" verurteilt. Um das Mädchen überhaupt „strafmündig" zu machen, hatte der Richter sein Geburtsdatum um 2 Jahre zurückverlegt. In allen Zuchthäusern, durch die man sie trieb, bekam sie das zu spüren. Wo immer ihre Akte aufgeschlagen wurde und sie auf die Falschdatierung hinwies – keine Zuchthausleitung scherte sich daran. Im Gegenteil: Ihr ständiges Widersprechen, ihre Verweigerung bei Anordnungen, brachten ihr nur weitere Strafen ein. Dabei war sie völlig unterernährt, gerade erst 15 Jahre alt geworden. Erikas nächste Station war Bautzen. In dem großen Saal, überbelegt mit 400 Gefangenen, standen in der Mitte Käfige aus Maschendraht, in die die Frauen nachts zu zweit eingesperrt wurden. In den „Affenkäfigen" gab es nur eine etwa 50 Zentimeter breite Pritsche. Wenn eine der Frauen sich umdrehen wollte, wurde die andere wach. Auch 4 Jahre nach dem Krieg führten die Sowjets immer noch Scheinhinrichtungen durch. Auch das Du-

Name (bei Frauen auch Geburtsname): Grabe	Ort der Festnahme: Ludwigslust	Aktenzeichen: 4/297
Vornamen: Erika	Letzte Wohnung: Ludwigslust Nummerstr. 8	Tag der Festnahme: 2. 1. 1946
Geburtstag und -ort: 25. 12. 1930 in Mühlhausen/Thür.	Jetzige Anschrift der Familienangehörigen: Mutter: Grete Grabe, Theklenburg/Westf. Brachtenburgerstr. Nr. 95	wo: Hoheneck Karteikarte ausgestellt am: 15. 2. 50
Beruf früher: Artistin jetzt: dto.	Größe: 163 cm Gestalt: schlank	o: Hoheneck Fingerabdruck genommen am: 15. 5. 50
Zuletzt beschäftigt als: Theater Ludwigslust w. o.	Gesicht: längl.oval Bart:	o: Sachsenhausen übernahme durch d. Dtsch.V.-Pol. am: 11. 2. 50
Familienstand: ledig Kinder: keine	Augenfarbe: grau Haarfarbe: braun	m: entfällt
Staatsangehörigkeit: Deutsch	Besondere Kennzeichen: keine	arteizugehörigkeit nach d.8.5.45
Deck- Name: keine Adresse:		

Eintritt:	NSDAP	SS	SA	SD	Gestapo	HJ	1942- BDM 1945
-tritt:							

Sonstige Organisationen u. Verbände:	Vorstrafen:	Öffentliche Ämter:	Milit. Verbände und Ausbildung:
keine	keine	keine	keine

Innegehabte Funktionen (z. B. Kreisleiter, SA-Sturmführer usw.): Für Grete Grabe keinen Besuch erlauben, da Brit. Zone

Wenden!

Straftat: antisowj. Agitation	Verurteilendes Gericht: Mil.Trib. d. Division Verurteilt am: März 1946 Aktenzeichen: 12437	Strafdauer lt. Urteil: 10 Jahre Strafarbeitslager
Beginn der Strafhaft: 4. 3. 46 TB	Beendigung der Strafe: 3. 3. 56 TE	Entlassung am 18.1. 1954 Uhr nach Glauchau/Sa.

Datum der Eintragung	Grundsätzliche Bemerkungen für die Beurteilung des Gefangenen z. B. Flucht und -versuche, Ausbruch und -versuche, Gewalttätigkeiten, aber auch außergewöhnliche Leistungen	Verlegungen in andere Anstalten Auszufüllen nach Eintreffen in der neuen Anstalt	
		Von	Nach
7.11.51	nach Standkommando	Hoheneck	Berlin
5.3.52	vom "	Berlin	Hoheneck
5.11.53		Hoheneck	Brandenburg

Diese „Verbrecher"-Karteikarte begleitete Erika Grabe durch alle DDR-Zuchthäuser.
Ein Schicksal, das eine unmenschliche Ideologie widerspiegelt.

schen der Frauen, zum Ergötzen des Wachpersonals, fand in Bautzen seine Fortsetzung. Im Gänsemarsch mussten die Häftlinge, fast entkleidet, an den johlenden Sowjets vorbei defilieren. Ältere Frauen, deren Körper weniger Gier bei den Posten auslösten und die sich schützend vor die jüngeren drängten, wurden mit Tritten und Fausthieben bedacht. Als die Sowjets 1950 ihre Häftlinge den Deutschen übergaben, verbesserten sich die Zustände kaum. Spätestens jetzt hätte man sich des Mädchens erbarmen müssen, doch nichts dergleichen. Über Sachsenhausen gelangte Erika nach Hoheneck, Schrecken aller weiblichen Gefangenen der DDR. Hier waren die Schikanen der Bewacherinnen mindestens so schlimm wie Hunger und Ungeziefer. Als zusätzliche Katastrophe empfand Erika die Vermischung der politischen Gefangenen mit den kriminellen. Mit diesem Vorgehen wollten die Justizorgane die SMT-Verurteilten endgültig kriminalisieren. So fiel es der Mühlhäuserin nicht schwer, sich aktiv an dem berühmten Hungerstreik der Zuchthausinsassinnen zu beteiligen. Ihre Bestrafung war: Zwei Tage lang wurde Erika zwischen zwei Türen eingeklemmt: ohne Essen, ohne auf die Toilette gehen zu können, immer in der Angst, ersticken zu müssen. Sie fiel mehrmals in Ohnmacht. Als man sie herausholte, versuchte sie sich das Leben zu nehmen, was ihr mißlang. Die Folge von allem war, sie hatte Geruch und Geschmack verloren. Fünf qualvolle Jahre lagen hinter Erika, drei noch vor ihr. Erbarmen fand sie ausgerechnet bei einer Mühlhäuserin: Dr. Inge Doorentz. Selbst Gefangene, praktizierte sie in Hoheneck, meist ohne Instrumente und ohne Medikamente. Eines Tages legte sie die Beine Erikas mit der Diagnose „Knochen-TBC" in Gips, weil das dem Mädchen eine Zusatzverpflegung brachte. So oft und umsonst Erika auf ihr gefälschtes Geburtsdatum aufmerksam gemacht hatte, ausgerechnet an ihrem Entlassungstag „stolperte" die verantwortliche Wachhabende darüber. Über die „Berichtigung" vergingen Stunden. Bis auf Erika hätten alle an diesem Tag freigelassenen Frauen gehen können, aber keine kletterte auf die bereitgestellten Lastwagen. Alle warteten solidarisch, bis ihre „Jüngste" mitfuhr. Fünf Jahre lang wußte Erikas Mutter nicht, was aus ihrer Tochter geworden war. Niemand hatte sie von ihrer Verhaftung informiert. Immer, wenn in der Gegend von Gotha, Erfurt oder Eisenach eine Mädchenleiche angeschwemmt worden war, hat sie nachgeschaut, ob es vielleicht Erika war. Später siedelte Grete Grabe in die BRD über. Als sie einmal als „Westbesucherin" ins Mühlhäuser Rathaus eingeladen wurde, empörte sie sich bei dieser Agit-Prop-Veranstaltung laut über das ihr Angetane. Von einem Funktionär angetrieben, spielte die Kapelle immer lauter, um sie zu übertönen. Doch Grete Grabe hatte Erfolg. Der Mühlhäuser Bürgermeister Kurt Reichenbach fuhr mit ihr nach Berlin, um eine Sondergenehmigung zu erwirken. Doch in Hoheneck versagten Grete Grabe die Nerven. Beim Eintritt ins Besucherzimmer, noch bevor sie ihrer Tochter näher treten konnte, fiel sie in Ohnmacht. – Heute lebt die Mutter bei ihrer Tochter in Hamburg.

Heute wissen wir durch die Generalstaatsanwaltschaft der Russischen Föderation in Moskau, dass über 120.000 deutsche Bürger nach dem 2. Weltkrieg von sowjetischen Militärtribunalen für irgendwas verurteilt wurden. Die meisten dieser Urteile lagen zwischen 10 und 25 Jahren Haft. Hinzu kommen weitere 127.000 Fälle nichtverurteilter, dennoch gefangengehaltener, teils verschleppter Deutscher,

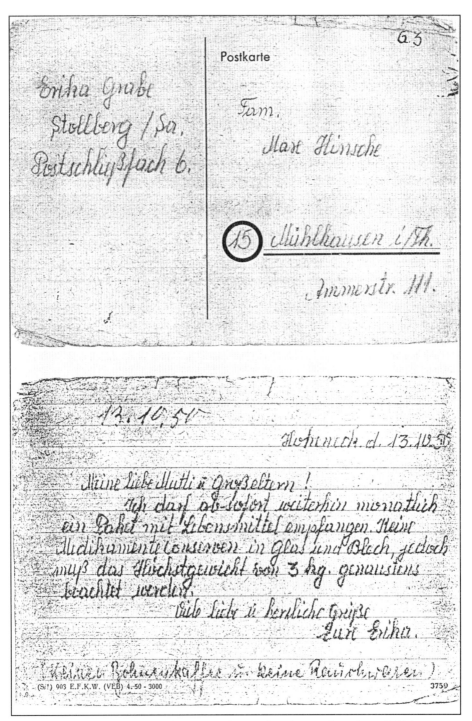

Nahezu fünf Jahre vergingen, ehe die ersten Lebenszeichen des verschwundenen Mädchens nach Mühlhausen drangen.

deren Akten noch unaufgeschnürt in Omsk lagern und der Aufarbeitung bedürfen. Auf jeder Akte steht: „Aufzubewahren für ewig". Gleich auf der ersten Seite ist der Name dessen festgehalten, der das Opfer verraten hat. Alle diese sowjetischen Gerichtsverfahren geschahen in der Zeit zwischen 1945 und 1955. Nur etwa 20 Prozent davon standen im Zusammenhang mit NS-Kriegsgeschehnissen, die übrigen 80 Prozent waren reine Terror-Verfahren gegen die deutsche Bevölkerung.

Nach der Konzentration der in Thüringen verstreut arbeitenden Militärtribunale nach Weimar (1946-47) wurde deren Tätigkeit bis zu einem gewissen Grad in den einzelnen Regionen von den jeweiligen sowjetischen Stadtkommandanten übernommen. Zu deren Aufgaben zählte u.a. die Kontrolle und Überwachung des zivilen Gerichtswesens.

Zu dieser Zeit schien die Mühlhäuser Justiz unter einem günstigen Stern zu stehen. Mit Dr. Schwarz an der Spitze arbeiteten, vom sowjetischen Kommandanten eingesetzt und anerkannt, hervorragende Fachleute am Untermarkt 17. Doch die Spannungen zwischen den Sowjets und den Deutschen mehrten sich zunehmend. So wurden die von den Richtern regelmäßig vorzulegenden Urteile vom Kommandanten als viel zu milde bezeichnet.

Was sich bei den unerquicklichen Auseinandersetzungen mit den Besatzungsbehörden herausschälte, war der grundlegende Unterschied zwischen der deutschen und der sowjetischen Rechtsauffassung. In Deutschland muss der Staatsanwalt dem Angeklagten die Schuld nachweisen. In der Sowjetunion war es umgekehrt. Hier musste der Angeklagte seine Unschuld beweisen.

Bei ihren Rechenschaftsberichten beim Kommandanten hatten die Richter auch die Grundbücher der Stadt vorzulegen. Der Allgewaltige begutachtete persönlich die Löschung der enteigneten Betriebe, und wehe, die Löschungen waren nicht exakt genug und Wortteile oder Buchstaben waren noch erkennbar. Was ihm allerdings entging, war die deutsche Gründlichkeit bzw. doppelte Buchführung, denn ein Duplikat aller Eintragungen befand sich im Archiv des Notariats, das die damaligen Anordnungen der Besatzungsmacht überlebte. Es geschah am 2. Juni 1948, dass der Mühlhäuser Stadtkommandant Driga eine Anzahl Mühlhäuser Bürger zu sich in die Pfeifferstraße einlud, um eine Erklärung abzugeben.

Anlass war ein eingereichter Widerspruch des Mühlhäuser Amtsgerichtsdirektors Hilmar Nehring bezüglich einer von der sowjetischen Kommandantur verlangten Grundstücksübertragung. Nach den deutschen notariellen Bestimmungen war dies so nicht möglich. Es lag weder eine Verkaufsurkunde noch eine freiwillige Abtretungsbestätigung des bisherigen Besitzers vor.

An dieser Sitzung, so der Bericht, nahmen folgende Personen teil:
Oberstleutnant Driga
Innenminister Gebhardt
Bürgermeister John
Oberpolizeirat Wendrich
Amtsgerichtsdirektor Nehring
Kaufmann Brincks
Als Dolmetscher fungierte Apping.

Der Thüringer Innenminister Gebhardt, hieß es weiter, erschien zufällig und nahm an der Sitzung teil.

Nach einer kurzen Begrüßung nahmen die Teilnehmer Platz. Danach sagte der Kommandant folgendes: Die Beschlagnahme des Gesamtvermögens der Eheleute Paul Küstner, Mühlhausen, und der Weiterverkauf der beschlagnahmten Immobilien, der dazugehörigen Anwesen durch die russische Militär-Behörde geschah auf Grund eines militärgerichtlichen Urteils des russischen Kriegsgerichts. Die Militärbehörde gibt über Art und Weise des ergangenen Urteils weder mündlich noch schriftlich irgendeiner deutschen Behörde Auskunft. Keine deutsche Behörde hat das Recht, Verfügungen der russischen Militärbehörden zu kritisieren oder dieselben nicht anzuerkennen.

Der Verkauf des konfiszierten Anwesens an den Kaufmann Franz Brincks, Mühlhausen, ist rechtlich einwandfrei und hierüber inzwischen eine Verkaufsurkunde ausgestellt worden.

In diesem Fall ist seitens des Mühlhäuser Richters Hilmar Nehring ein Widerspruch auf eine Grundbucheintragung, den Kaufmann Brincks betreffend, eingetragen. Diese Eintragung ist unzulässig und ungültig.

Der Antrag der Eheleute Paul Küstner auf grundbuchamtliche Wiedereintragung des Eigentums des von der Militärbehörde an den Kaufmann Franz Brincks verkauften Anwesens wird unbedingt abgelehnt.

Die Rückgabe der Immobilien wird, weil die Küstners Kriegsverbrecher waren, verweigert.

Anmerkung: Von sowjetischen Militärtribunalen als „Kriegsverbrecher" verurteilte Deutsche wurden in der Regel unmittelbar nach der Urteilsverkündung hingerichtet. Schon die Zugehörigkeit zu Sondereinheiten oder zu einer Gruppierung der NSDAP, zur SS, SA und Feldgendarmerie konnte die Liquidierung bedeuten. Die Mindeststrafen in solchen Fällen waren 20 bis 25 Jahre Zwangsarbeit.

Wenn daher das vom Stadtkommandanten als „Kriegsverbrecher" bezeichnete Ehepaar Küstner sich bereits im Sommer 1948 schon wieder auf freiem Fuß befand, so konnte es sich nur um eine der zahllosen Willkürakte handeln.

Wie das Protokoll am Schluss vermerkt, erklärte sich der Thüringer Innenminister Gebhardt dahingehend, dass er voll und ganz dem Standpunkt der russischen Militärbehörde zustimme und dass auch er eine Rückgabe des konfiszierten Anwesens an die Eheleute Küstner ablehne. Bei allenfalls gegenteiligen Ansichten trete er voll und ganz für die Rechtlichkeit seiner Meinung ein.

Damit war der „Empfang der Deutschen" beim Mühlhäuser Stadtkommandanten beendet. Das sofort in Maschine getippte Protokoll wurde von Bürgermeister John und dem Kreispolizeiamtsleiter Wendrich unterzeichnet.

Ganz offensichtlich hatte der sowjetische Stadtkommandant Driga den „Fall Küstner" zum Anlass genommen, um ein für allemal deutlich zu machen, dass auch nach dreijähriger Besatzungszeit allein die Militärbehörde das Sagen in der Region hatte, und zwar in jeder Beziehung. Auch und gerade, was Rechtsfragen betraf. Dazu war auch der Thüringer Innenminister geladen worden, weil gerade nach „oben" hin diesbezüglich keinerlei Zweifel aufkommen durften.

Die Zahl der versteckten und offenen Aktionen gegen die Besatzungsmacht hatte zugenommen. Auch wenn es gelungen war, an Stelle des geflüchteten Thüringer Ministerpräsidenten Dr. Paul einen gefügigeren Nachfolger einzusetzen, so konnte das nicht über die verstärkte kritische Haltung der Bevölkerung gegenüber den Maßnahmen der sowjetischen Verwaltung hinwegtäuschen. Flugblätter waren im Umlauf, in deren Texten gegen die andauernden Reparationsleistungen und die anhaltende wirtschaftliche Notlage protestiert wurde. Vor allem die fehlende Demokratie wurde kritisiert. Kommandeure wie Oberstleutnant Driga achteten daher beim Umgang mit den deutschen Behörden, den Bürgermeistern, Landräten und Parteivertretern streng darauf, dass die Gesetze und Verfügungen der Verwaltung eingehalten wurden.

Eine Kritik, wie sie der Mühlhäuser Amtsgerichtsdirektor vorgebracht hatte, war daher Anlass für diese „Einladung" und gegebene Erklärung gewesen.

Das Ende des „bürgerlichen" Rechtswesens in Mühlhausen bahnte sich mit der Gründung der DDR an. Ausgangspunkt war eine Reihe von Strafprozessen gegen so genannte „Wirtschaftsverbrecher", deren viel zu milde Urteile die SED ablehnte. So im Fall der Druckerei Gerlach im April 1950.

Mit massiven Presse-Angriffen gegen die Juristen am Untermarkt erreichte die SED schließlich den Weggang der letzten „bürgerlichen" Juristen in Richtung Westen. Damit war der Grundstein der neuen Rechts-Ära der DDR gelegt, die unter Hilde Benjamin traurige Berühmtheit erlangte.

Zu einem letzten öffentlichen Höhepunkt sowjetischer Machtdemonstration kam es am Nachmittag des 17. Juni 1953. Mit dem massiven Aufmarsch sowjetischer Garnisons-Einheiten, welche die gegen die SED-Diktatur demonstrierenden Bürger auf dem Untermarkt verjagte und mit Waffengewalt drohte, zeigte sich einmal mehr, wer das Sagen in der „selbständigen Deutschen Demokratischen Republik" hatte.

Gleichzeitig mit dem Aufmarsch wurden an den Litfass-Säulen, Schaufenstern und Häuserwänden Plakate in der Größe 30 x 42 mit folgendem Text angebracht:

Kriegskommandant also! Diese Betitelung sprach offen aus, wie die Sowjets in solchen Fällen dachten. Acht Jahre nach Einmarsch der Roten Armee in Mühlhausen hatte sich nichts an der Besatzungspolitik des Siegers geändert.

Während in Berlin und andernorts sowjetische Standgerichte die Aufständischen

Befehl
vom 17. Juni 1953 für die Stadt Mühlhausen

Ueber die Stadt und den Kreis Mühlhausen wird der Ausnahmezustand verhängt. Sämtliche Demonstrationen, Versammlungen und Gruppierungen über 3 Personen werden strengstens verboten. Bei Zuwiderhandlungen wird von Waffen Gebrauch gemacht.

Kriegskommandant der Stadt Mühlhausen
ZMEEW, Oberstleutnant
17. Juni 1953

17. Juni 1953: Das von einem Mühlhäuser aufbewahrte Plakat.

Ab 18 Uhr verhängt und überall plakatiert.

kurzerhand liquidierten, konnte der Mühlhäuser Kommandant Zmeew die Bestrafung der in seinem Territorium unliebsam aufgefallenen Unruhestifter getrost den neueingesetzten DDR-Richtern überlassen. Ihrer Beflissenheit war er sich sicher.

10. DER FALL BOCKEL – EINE UNDURCHSICHTIGE GESCHICHTE

Dietmar Bockel vor seiner Verhaftung 1950

Wenn es darum ging, Menschen unauffällig zu entfernen, schreckte weder die SMAD noch die SED vor Mitteln zurück, die dem finstersten Mittelalter angehörten: Entführung und Verwahrung an unbekannten Orten. Die Betroffenen verschwanden, ohne dass auch nur eine einzige Spur von ihnen zurück blieb. Es war so, als hatte es sie nie gegeben. H. H. Gatow

Ende Juli 1950 kam es zur Vorladung einer Reihe von Mühlhäuser Männer und Frauen ins Landratsamt am Lindenbühl. Noch bevor die Bürger wussten, um was es sich handelte, wurden sie von Landrat Alfred Eberhardt mit wüsten Beschimpfungen überhäuft. Wütend erklärte er sie zu Staatsfeinden, mit denen man schon fertig werden würde.

Nur mühsam konnten die Vorgeladenen heraushören, dass irgendwelche Flugblätter in der Stadt aufgetaucht waren, die anscheinend „staatsverleumderischen" Inhalt besaßen. Teils bezichtigte sie Eberhardt der Herstellung, teils der Verteilung.

Fakt war, auf einem handgroßen Zettel war die Mühlhäuser Bevölkerung dazu aufgefordert worden, im Hinblick auf eine in Budapest stattfindende Außenministerkonferenz der von der Sowjetunion beherrschten Staaten, alle öffentlichen Veranstaltungen zu boykottieren. Damit sollte bewirkt werden, dass bei dieser Konferenz endlich die im Potsdamer Abkommen allen Deutschen zugesicherten demokratischen Rechte, welche die Sowjets inzwischen durch ihre Sowjetisierung zunichte gemacht hatten, eingefordert und zur Sprache gebracht würden. Nicht von ungefähr wurde dabei auf die im Herbst angekündigten Volkswahlen hingewiesen, bei denen es außer einer Einheitsliste nichts zu wählen gab.

Für die Mühlhäuser SED-Funktionäre hätte es nicht schlimmer kommen können. Die wenigen Zettel hatten immerhin eine rege Mundpropaganda eingeleitet.

Die Vorgeladenen, meist Geschäftsleute und Handwerker, wurden intensiv verhört, einige von ihnen brachte man schließlich zur „Weiterbehandlung" nach Weimar. Damit endete zunächst erst mal das sich bald zum Drama entwickelnde Geschehen.

Der zweite Akt begann, ganz unabhängig vom ersten, genau eine Woche später, als bei einer Familie Cramer in der Brunnenstraße 103 Besuch eintraf. Walter Peters, den Kurt Cramer in der Kriegsgefangenschaft kennengelernt hatte, war mit seiner Frau Gertrud von Leipzig angereist. Gemeinsam wollten beide Familien ein paar Tage verbringen.

Am Sonntag, dem 30. Juli gegen 10.30 Uhr, brachen Kurt Cramer und Walter Peters zu einem Spaziergang auf, mit von der Partie war ein junger Mann, der Freund von Cramers Tochter, Georg Voigt. Was während des Spaziergangs tatsächlich geschah, konnte später nur noch ungenau festgestellt werden. Fakt war: Auf einem Feldweg unweit der Görmar-Kaserne kam den Männern ein Polizeiauto entgegen. Es hielt an, nach kurzer Personalkontrolle wurde Peters ins Auto bugsiert und zur Martinistraße 23 gebracht. Wie es hieß, sollten die Männer die Kaserne fotografiert haben. Diese Behauptung wurde auch aufrecht erhalten, obwohl sich weder vor Ort noch später ein Fotoapparat fand, geschweige denn ein dazugehöriger Film mit entsprechenden Aufnahmen.

Das nächste war, dass es vierundzwanzig Stunden später an der Wohnungstür der Cramers klingelte. Anstatt des sehnlichst erwarteten Peters erschienen zwei Männer in Zivil, die, ohne Ausweis und Haftbefehl, Gertrud Peters „zur Aufklärung einiger Fragen" mitnahmen. Wenn das auch noch nicht gefährlich klang, ernst wurde es jedenfalls, als man wenige Stunden danach auch Georg Voigt verhaftete.

Während der nun folgenden Verhöre in der Martinistraße (und bald darauf in Weimar), bezichtigte man die Festgenommenen der Spionage. Wie es schien, war Peters als „eingefleischter Regimegegner" bereits seit geraumer Zeit von den DDR-Sicherheitskräften beobachtet worden. Nach den ersten Befragungen ergab sich für den Stasi folgendes Bild: Peters hatte sich vom amerikanischen Geheimdienst anwerben lassen. Er schickte Stimmungsberichte, überprüfte bestimmte Brücken auf Tragfähigkeit, auch über in der DDR auftretende Seuchen und Epidemien machte er Aufzeichnungen. Weitere Aufträge für ihn lauteten etwa so: Wird im Serumwerk Ölzschau (Sachsen) Serum gegen Fleckfieber hergestellt? – Gibt es noch weitere Serumwerke in der DDR? – Werden zur Serumherstellung Hühnereier oder Tiere verwandt? –

Selbstverständlich gehörte es zu seinen Aufgaben, Vopo-Kasernen auf ihre Belegschaftsstärke zu erkunden, deshalb auch sein „Spaziergang" nahe der Görmar-Kaserne. Und natürlich hatte er Mitstreiter angeworben oder wollte welche werben, zum Beispiel Kurt Cramer, Drogist, Mühlhausen, – Georg Voigt, Verwaltungsangestellter, Mühlhausen, – Otto Rabe, Ofensetzer, Leipzig, – Gerhard Welcke, Operndirigent, Leipzig, – Horst Zschuppe, Spielzeughändler, Leipzig.

Dass vieles von dem normalerweise in Kreiszeitungen, Adressbüchern und auf Verkehrsschildern stand, schien für die Vernehmer uninteressant. Auch dass die von der Stasi eigens dazu angefertigten Protokolle von Peters nicht unterschrieben wurden, spielte keine Rolle. Genauso wenig, wie man nicht an die Unschuld des Drogisten Cramer glaubte. Schließlich galt dieser Mann in der Drogerie Pohle am Untermarkt als d e r Fotoexperte, der hervorragende Bilder zu schießen und zu entwickeln wusste. Natürlich waren auch an jenem Vormittag Fotos von der Kaserne gemacht worden. Die immer noch nicht gefundene Kamera würde sich schon noch einfinden.

Mit der Festnahme Georg Voigts und den Ergebnissen weiterer eingehender Verhöre gelangte der „Fall Peters" an einen entscheidenden Punkt. Irgendwann fielen Worte über die kürzlich stattgefundene Mühlhäuser Flugblatt-Aktion. Wie sich nach intensiven Kreuzverhören herausstellte, war Georg Voigt daran beteiligt. Wer aber noch? Namen wurden genannt und wieder verworfen. Bis eine Bekanntenliste Voigts beschafft wurde. Alsbald schälten sich zwei Freunde von ihm heraus, die für die Mittäterschaft in Frage kamen: Dietmar Bockel und Ulrich Bednarek.

Es war am 5. August, abends um 22.15 Uhr, als der neunzehnjährige Schlosserlehrling Dietmar Bockel wegen „dringenden Tatverdachts" in seiner elterlichen Wohnung „Hinter der Haarwand" 5 festgenommen und mit Handschellen abgeführt wurde. Nachdem bis 3 Uhr morgens die gesamte Wohnung durchsucht worden war, beschlagnahmte die Polizei eine Anzahl Gegenstände, die allerdings zur Klärung des „Verbrechens" nicht das geringste beitrugen. Ebenfalls verhaftet wurde Ulrich Bednarek. Nach den ersten Verhören konnten die Festgenommenen sich nur wundern, wie viel von ihrem Flugblatt bereits bekannt war. Fakt war: Ulrich Bednarek war in den Besitz drei dieser Handzettel gelangt. Zunächst zeigte er sie Dietmar Bockel, später auch Georg Voigt. Am späten Abend des 20. Juli 1950 beschlossen alle drei, sie irgendwo in der Stadt anzukleben. Bednarek brachte seinen Zettel am Schaufenster der Volksbuchhandlung in der Görmarstraße an, Voigt am Schaukasten des „Thüringer Volk" am Steinweg, Bockel am Konsum-Schaufenster, ebenfalls am Steinweg. Die Beschuldigung indessen, sie wären Mitglieder der Spionagegruppe Peters und wären bereits länger als Widerstandsgruppe tätig, lehnten Bednarek und Bockel strikt ab. Trotzdem reichte das anscheinend, bereits am nächsten Vormittag schob man die zwei in das berüchtigte Weimarer Stasi-Hauptquartier „Weißes Haus" (Ärztehaus) ab. Dort waren inzwischen die verdächtigen Leipziger Otto Rabe, Gerhard Welcke und Horst Zschuppe eingeliefert worden.

Hier in Weimar wurde Dietmar Bockel als Rädelsführer der Flugblatt-Aktion eingestuft. Er war kein „unbeschriebenes Blatt". In seinem Betrieb, dem VEB Möve-Werk, hatte er in Gesprächen und bei FDJ-Versammlungen mehrfach die Sowjetunion kritisiert.

Dieses „staatsfeindliche Bild" vervollkommnete sich auch durch andere „Auftritte". Anlässlich einer im Vorfeld der Weltjugendfestspiele durchgeführten FDJ-Versammlung hatte sich Bockel mit dem Mühlhäuser FDJ-Sekretär Franik wegen dessen Plan, einen Marsch durch Westberlin zu organisieren, angelegt. Auf Bockels Frage, ob das nicht eine Provokation darstelle, die die Sicherheit der FDJler gefährde, hatte Franik gemeint, als „Schutzschild" würden „Junge Pioniere" dem Zug vorangehen. Im übrigen sollte ein Teil der Marschierer bewaffnet sein.

In der anschließenden Debatte und Abstimmung hatte Bockel seine Nichtteilnahme erklärt.

Die Quittung dafür erhielt er nun ein Jahr später. Tag und Nacht setzte es Schläge. Immer wieder holte man ihn aus seiner Zelle, stellte die gleichen ermüdenden Fragen. Waren seine Peiniger mit seinen Antworten unzufrieden, und das geschah oft genug, entzogen sie ihm das ohnehin miserable Essen.

„Wir werden schon mit Ihnen fertig!", versicherte ihm der Chef des Hauses, Hauptmann Harnisch. Seine Art, sich während des Verhörs mit einer Nadel kleine Eiterbläschen auf dem Handrücken aufzustechen, war so widerlich wie alles in dieser Umgebung.

Die fensterlose Zelle, in die man ihn gesteckt hatte, maß 1,50 mal 2,50 m. Harnisch selbst schien sie für ihn ausgesucht zu haben. Sie lag direkt unter einer Toilette. Von den undichten Rohren ging ein entsetzlicher Gestank aus. Sowohl die Matratze auf seiner Pritsche als auch die Decke hatten einen feuchten, ekligen Geruch angenommen, der bald auch an seinen Kleidern haftete.

Unterdessen kämpften in Bockels unmittelbarer Nähe die schon vor ihm verhafteten Mühlhäuser um die Wiedererlangung ihrer Freiheit. Allein 13 Namen finden sich in einer Notiz der Mühlhäuser Vopo-Akten.

„Man durchwühlte unsere Familienverhältnisse bis ins letzte Detail", berichtet einer der Betroffenen. „Dabei wurden unsere intimsten Angelegenheiten auf so gemeine Art zur Sprache gebracht, dass es einfach ekelhaft war. Es hagelte nur so an Unterstellungen. Ich blieb jedenfalls dabei: Von einer Flugblatt-Aktion wusste ich nichts. Schließlich mussten sie mich freilassen."

Indessen fiel es den Männern des Staatssicherheitsdienstes nicht schwer, die „Schwachstelle" der „Spionagegruppe Peters" ausfindig zu machen. Nach vier Tagen war es soweit. Gertrud Peters, fast ohne Schlaf, frierend, zermürbt, nur noch darauf bedacht, den nervtötenden Dauerverhören zu entkommen, begann auszupacken. Sie gestand, ihr Mann hätte sich im November 49 bei dem Besuch einer Schwägerin für den CIC anwerben lassen. Ein Ziel sei gewesen, ein Spionagenetz quer durch Sachsen und Thüringen aufzubauen. Zschuppe und Rabe hätten ihm dabei geholfen. Sie gestand alles, was man von ihr hören wollte. Sie nannte Namen, Orte, Daten. Wie ein roter Faden zogen sich die von ihr geforderten Spionage-Aufträge durch die Verhöre. Man hätte Skizzen und Pläne von Fabriken gemacht, Belegschaftsstärken von Vopo-Kasernen erkundet und Ausrüstungen von motorisierten Einheiten registriert. Schwerpunkt sei immer wieder die Gewinnung weiterer Kontaktpersonen gewesen. Otto Rabe zum Beispiel und der Spielzeughändler Horst Zschuppe.

Das und vieles mehr erzählte sie, nur die Bestätigung der Inhaftierten fehlte. In einem Vernehmungsprotokoll Zschuppes heißt es: er gäbe zu, von Peters angeworben zu sein. Unterschrieben war dieses Protokoll aber nicht. Ähnlich verhielt es sich bei den anderen „Geständnissen". Trotz Schlägen, Drohungen und Essenentzug verwahrten sich die Beschuldigten dagegen, Sabotage oder ähnliches getan zu haben.

Was für die Vernehmer anfangs leicht schien, endete in einer Sackgasse. Peters und Zschuppe waren als Regime-Gegner vorbelastet, Rabe und Welcke dagegen konnten keine „staatsfeindliche Hetze" oder ähnliche Delikte nachgewiesen werden. Gerhard Welcke, Opernkapellmeister, ein kleiner Mann mit weißer Löwenmähne, schien sogar völlig fehl am Platz. Sein Pech war, Gertrud Peters von früher her zu kennen.

Wie die meisten „Leipziger" war er den Verhör-Methoden im Hause kaum gewachsen. Nahezu jedes Wort wurde ihnen im Mund verdreht. Was immer sie sagten, riss man aus dem Zusammenhang und deutete es um.

Je länger die Verhöre dauerten, um so sturer wurde Dietmar Bockel. Harnischs Attacken wichen mitunter sanftem Gesäusel, Bockel würde sofort freikommen, schlimmstenfalls nur eine Mindeststrafe erhalten, wenn er nur endlich die Zusammenarbeit mit den Peters-Leuten zugäbe.

Inzwischen war in die Zelle Zschuppes ein Spitzel namens Trapp gesteckt worden, der die immer noch mehr als dürftigen Untersuchungsergebnisse des „Spionage-Falles" aufbessern sollte. Die von diesem (Deckname – für engl. trap = Falle) vorliegenden handschriftlichen Berichte sind an Unwahrscheinlichkeit nicht zu überbieten. Danach hatte Peters allein in Leipzig 30 und in der ganzen DDR 200 bis 300 Leute zur Spionage angeworben. Ein Unding, sowas in einer Zeit von Ende November 1949 bis Ende Juli 1950 zu schaffen, daran konnten selbst die Stasi-Leute nicht glauben.

Schließlich, am 17. August 1950, brach Unruhe im „Weißen Haus" aus. Offenbar kam es zu einer Verlegung. Tatsächlich verfrachtete man die Häftlinge einzeln und gefesselt in PKW's. Die Fahrt ging durch die Innenstadt Weimars, hinter einem großen Bretterzaun endete bereits die kurze Reise, die Häftlinge sahen rote Spruchbänder mit kyrillischen Buchstaben. Daneben erhob sich ein riesiger roter Stern, umgeben von mächtigen Bildern, auf denen fahnenschwingende Heroen auftraten.

Erst allmählich begriffen wir, was da vor sich ging: Man hatte uns als politischen Sondermüll den Russen überlassen. Zu diesem Zeitpunkt behauptete die Regierung der DDR, ein völkerrechtlich souveräner Staat zu sein. Die Überlassung eigener Staatsbürger an einen anderen Staat steht meines Erachtens ohne Beispiel da. Als wir später sowjetische Justiz-Offiziere auf unsere Nationalität aufmerksam machten und wünschten, vor ein deutsches Gericht gestellt zu werden, zeigte man uns irgendwelche Papiere. Aus denen ging hervor, dass die DDR uns ausgebürgert hatte. Wir waren fortan Freiwild.
Dietmar Bockel, 1998

Das von den Sowjets in Beschlag gelegte und zu einer Justizanstalt umfunktionierte Landesgerichtsgefängnis war total überbelegt. Tausende von Deutschen waren in den letzten Jahren hier durchgeschleust und abgeurteilt worden.

So vergingen die nächsten Wochen, das neue Jahr begann. Bis schließlich am Vormittag des 16. März 1951 der Prozess gegen die 9 „Staatsfeinde und Spione" begann.

Die sogenannte Verhandlung fand in der umfunktionierten Gefängniskapelle statt. Rundum vor den bunten Glasfenstern standen Schulter an Schulter Rotarmisten mit aufgepflanztem Bajonett. Weit von einander entfernt, mussten die Angeklagten auf den Kirchenbänken Platz nehmen. Mit bleichen Gesichtern blickten sie auf die 4 sowjetischen Offiziere, die das Tribunal bildeten.

Als erstes erfolgte die Verlesung der Anklageschriften. Wie erwartet waren es Unterstellungen, wonach die Gruppe mit unglaublicher Intensität Einrichtungen der zur Sicherung des Friedens dienenden Objekte der kasernierten Volkspolizei ausspioniert hatte. Dazu kamen Betriebe und staatliche Einrichtungen, wie Serumwerke und Hospitäler, sowie Straßen und Brücken, über die Peters und seine Komplizen Lageskizzen anfertigten, um sie an die Amerikaner weiterzuleiten. Demzufolge waren deren Kriegsvorbereitungen nachhaltig unterstützt worden. Des weiteren war mit Hilfe von Flugblättern von dieser sowjetfeindlich eingestellten Gruppe versucht worden, den Sturz der Regierung der DDR vorzubereiten.

Schon der Ton des Vortrags verhieß nichts Gutes. Manches mutete so lächerlich an, dass die stumm Dasitzenden sich fragten, ob diese Leute je logisch Denken gelernt hatten. Alles, selbst der kleinste Verdacht, wurde als feststehende Tatsache aufgebauscht und gegen die Angeklagten verwandt.

Je länger die Verlesungen dauerten, um so mehr sank die Hoffnung der in total verschmutzten Kleidern zuhörenden Deutschen. Erst am späten Vormittag des nächsten Tages war der Monolog des Verlesers, der nur von der Stimme der Dolmetscherin unterbrochen wurde, beendet. Die Angeklagten wurden aufgefordert, ein Schlusswort zu sprechen. Jeder sagte irgendwas, nur Gertrud Peters weigerte sich.

Nachdem sich das Gericht noch einmal zur „Beratung" zurückgezogen hatte, kam es schließlich zur Verlesung der Urteile. Als die Stimme der Dolmetscherin erklang, erstarrten alle. Lähmendes Entsetzen überfiel sie.

„Tod durch Erschießen ..., Tod durch Erschießen ..." kam es gleichmütig über die Lippen der jungen Frau. Sie verkündete vier Todesurteile: Walter und Gertrud Peters, Kurt Cramer und Horst Zschuppe. Vier mal 25 Jahre Zwangsarbeit erhielten Bockel, Otto Rabe, Georg Voigt, Gerhard Welcke. Allein Ulrich Bednarek kam mit 10 Jahren Zwangsarbeit davon – eine Kinderstrafe, wie er später in russischen Lagern erfuhr.

Alle wurden nach §§ 58,6, 58,10 und 58,11 des sowjetischen Strafgesetzes, also hauptsächlich wegen Spionage, antisowjetischer Propaganda und Gründung einer Widerstandsbewegung angeklagt und verurteilt. Nur bei Ulrich Bednarek entfiel die „Spionage".

Gertrud Peters nahm ihr Todesurteil fest stehend, ohne einen Laut, entgegen. Als sie gefesselt in die Todeszelle abgeführt wurde, verließ sie den Raum erhobenen Hauptes. Sie bewahrte – so ihre überlebenden Schicksalskameraden später – eine unglaubliche Haltung.

Wann und wo die zum Tode Verurteilten getötet wurden, ist nicht bekannt. Knapp 43 Jahre später erhielt der Sohn von Kurt Cramer, Ulrich Cramer, Mühlhausen, durch die Russische Generalstaatsanwaltschaft in Moskau die Rehabilitationserklärung seines Vaters. Danach wurde Kurt Cramer das Opfer politischer Repressalien. Die vollständige Rehabilitierung und Wiedereinsetzung in seine Rechte erfolgte (posthum) per 15. Oktober 1991.

gez. Unterschrift / S.I. Twerdochleb, Militärtribunal des Truppenteils 48240 der Roten Armee.

Noch am gleichen Tag der Verurteilung ahnte Dietmar Bockel: so, wie diese Verhandlung verlaufen war, die den Opfern nicht die geringste Chance gelassen hatte, würden weder seine Eltern noch sonstwer etwas über sein Schicksal erfahren.

Tatsächlich rollte er längst in einem Güterwaggon ostwärts, als sich sein Großvater, Heinrich Bockel, vergeblich bei den Weimarer Dienststellen nach seinem Verbleib erkundigte. Die einen meinten, er befände sich noch in Thüringen, andere wiederum zuckten die Schultern oder wiesen ihn mit barschen Worten ab.

Über 120.000 deutsche Bürger sind nach dem 2. Weltkrieg von sowjetischen Militärtribunalen für irgendwas verurteilt worden. Die meisten dieser Urteile lagen zwischen 10 und 25 Jahren Haft. Dazu kamen weitere 127.000 „Nichtverurteilte", die in sowjetischen Straflagern oder in DDR-Zuchthäusern dahinvegetierten. Wie viele Mühlhäuser dabei waren, ist nicht bekannt.

EIN VATER KÄMPFT UM SEINEN SOHN
„So lange war ich Vater und musste erst kinderlos werden, um zu wissen, was ein Vater ist."
Leisewitz, Julius von Tarent

Rudolf Bockel fand sich nicht damit ab, dass sein Sohn spurlos verschwunden war. Kein Amt, das er nicht aufsuchte, kein Behördenleiter, den er nicht daraufhin ansprach. Er schrieb an Grotewohl, Pieck und Honecker, an alle Parteivorstände wandte er sich, Ministerien und Gerichte. Allen teilte er mit, dass er seinen Sohn als einen ordentlichen Menschen aufgezogen habe, der keines Verbrechens fähig sei. Und wenn die Staatsmacht ihn verhaftete habe, könne es sich nur um einen Irrtum handeln. Andernfalls möchte man ihm den Grund nennen, zumindest aber sagen, wo sich Dietmar befinde.

Die Antworten, so überhaupt welche eintrafen, waren erbärmlich. Keiner der DDR-Oberen konnte oder wollte ihm etwas sagen, geschweige denn helfen. Lediglich ein Wäschepaket, das er beim Volkspolizei-Kreisamt auf gut Glück abgegeben hatte, wurde ihm von einem Beamten zurückgebracht mit dem Bemerken, er solle fortan nichts mehr schicken oder schreiben. „Das erübrige sich."

Rudolf Bockel aber schwieg nicht. „Ich habe ein viertel Jahr lang gewartet, gehofft und geglaubt", teilte er dem Thüringer Innenminister Gebhardt mit, „die Grenzen dessen, was ein Mensch guten Glaubens ertragen kann, ist für mich und meine Familie erreicht. Wir sind am Verzweifeln …"

Kurz darauf, am 11.11.1950, schrieb er an die gleiche Adresse zu Händen der Stellvertreterin: „Sehr geehrte Frau Kuhl! Noch immer weiß ich nicht, wo mein Junge sich befindet, ich lege Ihnen heute ein Bild Dietmars bei. Dieses Bild dürfte Sie davon überzeugen, dass mein Junge kein Verbrecher ist. Bitte werden Sie, sehr verehrte Frau Kuhl, bei Herrn Innenminister vorstellig, sagen Sie ihm, dass Dietmar am 17. Dezember seinen 20. Geburtstag hat und dass es für uns nicht zu ertragen wäre, wenn er dann auch noch nicht da ist …"

Rudolf Bockel schrieb nicht nur einmal, sondern sechs-, achtmal an dieselbe Adresse. Überall, wo er hinkam, in der Stadt, auf den Dörfern, redete er laut und deutlich über das ihm angetane Leid. Er verteilte Fotos von seinem Sohn, bat um Nachforschung. Damit begann sein „Fall" peinlich zu werden. Geradezu wütend reagierten die Ministerien untereinander. Sie befragten sich gegenseitig, was da los sei. Zum Schluss verlangten die Sekretariate bei der Mühlhäuser Polizei Aufklärung.

Oberpolizeirat Jaritz meldete daraufhin (15.12.50) dem Thüringer Stasi-Ministerium in Weimar: „So wie in seinen Briefen tritt dieser Mann auch in Parteiversammlungen und auch bei anderen Parteien Mühlhausens und in der Öffentlichkeit auf. Wir haben ihn schon einmal gewarnt, er möge sich seiner Äußerungen enthalten, sonst könnte er einer Bestrafung zugeführt werden, trotzdem tritt er in derselben Form weiter auf."

Es war den SED-Funktionären unfasslich, dass einer nicht gewillt war, offensichtliches Unrecht widerstandslos hinzunehmen. Natürlich beließen sie es nicht bei dieser einen Drohung. Mehrfach ließen sie ihn wissen, er bekäme ernsthafte Schwierigkeiten, wenn er nicht den Mund halte. Dabei spielten sie auf die für seine Existenz notwendigen Benzinzuteilungen an.

Ungeachtet dessen kämpfte Rudolf Bockel weiter. Der Mühlhäuser SED-Kreisleitung teilte er am 28. November 1950 mit, dass er enttäuscht sei, weil er trotz mehrfacher Eingaben immer noch keine Antwort erhalten habe. „Es kann", so schrieb er fordernd, „keine überzeugendere Schulung und Propaganda geben, als durch unglaubhaft harte Maßnahmen, wie sie im vorliegenden Fall aus mir unbekannten, mit Rücksicht auf Jugend und Unerfahrenheit, bestimmt aber aus als nichtig anzusehenden Gründen, gegen einen neunzehnjährigen Jungen angewandt werden, die seine Jugend und sein Leben zerstören und die auch seine Eltern zugrunde richten …" Als sei der besorgte Vater für die Mühlhäuser „Oberen" überhaupt nicht vorhanden, erhielt er auch diesmal keine Antwort.

In diesen Oktobertagen machte Rudolf Bockel eine wichtige Entdeckung, die er sogleich für sich zu nutzen versuchte. In der NATIONALZEITUNG wurde über die Verhaftung und Verurteilung mehrerer Westberliner Jugendlicher berichtet, die mit Flugblättern und Unterschriftssammlungen gegen verschiedene Maßnahmen der britischen Besatzungsmacht protestiert und sich dabei abfällig über die Briten geäußert hatten. Benannt wurden u.a. ein Werner Byszio, Günter Leps und eine Erika Thürmer. Wie es hieß, war Erika Thürmers Mutter von den Behörden weder von der Verhaftung noch Verurteilung ihrer Tochter in Kenntnis gesetzt worden. Erst nach mühseligen Nachforschungen sei es ihr gelungen, den Aufenthaltsort Erikas, die inzwischen zu vier Wochen Zwangserziehung verurteilt worden war, zu ermitteln und einige kurze Besuche zu erwirken.

Nicht nur das NDPD-Organ, sondern auch das NEUE DEUTSCHLAND kommentierte den Vorfall mit dicken Schlagzeilen wie „Tiefe Abscheu" und „Wir müssen Erika Thürmer befreien"!

Genau das nahm Rudolf Bockel zum Anlass, den Chefredakteuren mitzuteilen, dass auch er die Empörung gegen dieses unmenschliche Vorgehen teile und „dass solche Gerichtsurteile an die finstersten Zeiten vergangener Jahrhunderte" erinnerten und dass jede fortschrittliche Partei Deutschlands aufs Schärfste gegen solche Zustände Stellung nehmen muss. Damit kam er auf die Situation seines Sohnes zu sprechen. Er verglich beide Fälle und teilte am Ende den Redakteuren mit, dass Dietmars Mutter mindestens genauso leide wie die Mutter Erika Thürmers.

Gleich fünfmal verschickte Rudolf Bockel diesen Brief, der sechste ging an die SED seines Wohnbezirkes II/7 in Mühlhausen.

Inzwischen rückte Weihnachten heran. Ausgerechnet am Geburtstag seines Sohnes traf vom NDPD-Hauptvorstand eine Antwort ein, in der der Vorsitzende, Paul Homann, Rudolf Bockel versicherte, sich seiner Sache anzunehmen und ihm zu helfen.

Doch nach diesem Hoffnungszeichen trat wieder Ruhe ein. Was die Bockels nicht wussten, war, dass sich Homann tatsächlich um eine Klärung bemühte, nur dass ihn das Ministerium des Innern sehr rasch auf die Sinnlosigkeit seines Tuns hinwies. „Der „Fall Bockel", ließ man ihn wissen, läge nicht in ihrem Zuständigkeitsbereich, was sogar der Wahrheit entsprach, nachdem die Stasi den „Spion" den Sowjets überlassen hatte. „Wir werden uns trotzdem weiter kümmern", versicherte Homann Monate später Rudolf Bockel, er könne gewiss sein, dass er die Angelegenheit ständig weiterverfolge und auch hoffe, in absehbarer Zeit doch noch Näheres mitteilen zu können.

Wieder begann Rudolf Bockel zu schreiben. Abends, wenn er todmüde seine Arbeit geschafft hatte, raffte er sich noch einmal auf und brachte seine Gedanken zu Papier. „Für alles aber, was mein Junge tat, fühle ich mich als Vater verantwortlich und hätte große Schuld zu tragen, wenn mein Junge schuldig wurde. Ich hätte Erziehungsfehler begangen, für die er unschuldig büßen musste.", bekannte er dem Präsidenten der Volkskammer, Dr. Johannes Dieckmann. Auch Grotewohl und Honecker teilte er ähnliches mit.

„Sollte mein Junge", gestand er dem NDPD-Hauptvorstand in Berlin, „in jugendlicher Unerfahrenheit eine Torheit begangen haben, so kann das Vergehen niemals so groß sein, als das es durch die verflossenen 16 Wochen unserer Trennung nicht reichlich gesühnt worden ist."

Immer wieder brachte er in solchen Schreiben einen entscheidenden Punkt zur Sprache, dass es nicht der Sinn einer fortschrittlichen DDR-Rechtspflege sein könne, ein junges Menschenleben zu zerbrechen, nur weil es einmal gefehlt hatte.

Woche um Woche verging. Dann, urplötzlich, bekam er im März von der Stasi-Dienststelle Mühlhausen, Martinistraße 23, mitgeteilt, sein Sohn sei wegen Spionage verurteilt worden. Was immer er danach unternahm, Fahrten nach Erfurt zum Polizeipräsidium, Telefonate zum SKK Weimar, niemand konnte ihm das bestätigen oder näheres dazu erklären.

An den Zentralrat der Freien Deutschen Jugend, Herrn Erich Honecker
„Trotz vieler Bemühungen bei amtlichen Stellen in Mühlhausen, Weimar und Berlin kenne ich bis heute weder den Ort, wo mein Sohn festgehalten wird, noch den Grund der gegen ihn getroffene Maßnahmen. Ich frage, muss das sein? Gibt es dafür einen Begriff!? Gibt es dafür überhaupt Gründe und Gesetze? Im Mitgliedausweis Nr. 558130 meines Jungen ist programmatisch zusammengestellt, was die freie Deutsche Jugend will. Ich entnehme daraus folgendes: Die Gewinnung der deutschen Jugend für die großen Ideale der Freiheit, des Humanismus, einer kämpferischen Demokratie, die die Freiheit der Persönlichkeit, die Freiheit des Gewissens und die Freiheit der Gemeinschaft als Grundlage hat und in der die Würde wahren Menschentums geachtet wird. Ich frage Sie, Herr Honecker; wie diese erhabenen Ziele in Einklang mit dem spurlosen Verschwinden meines Sohnes Dietmar, Mitglied der von Ihnen geleiteten Organisation zu bringen ist?"
Rudolf Bockel, 23. März 1951

Natürlich konnte die Stasi den Schreiben Rudolf Bockels nicht Einhalt gebieten, aber sie konnte seine Briefe abfangen, fehlleiten, vernichten. Das tat sie auch. Rudolf Bockel blieb das nicht verborgen. Er begann seine Post während seiner Fahrten, abseits von Mühlhausen, in Briefkästen zu werfen. Gefährdete Freunde benachrichtigte er nur unter Deckadressen. Diese Möglichkeit wandte er insbesondere bei Kontakten wie bei seinem Schwager Fritz Gliemann an, der ihm von Westdeutschland aus mit Informationen versorgte und beriet, welche Mittel gut waren, um seine Nachforschungen bestmöglichst voranzutreiben.

Auch beim Telefonieren war Vorsicht geboten. Auf keinen Fall durfte der Eindruck entstehen, Bockel würde sich vom „Klassenfeind" Unterstützung holen. Also entwickelte die Familie eine Art „Code", wenn Verwandte von „drüben" anriefen.

NATIONAL-DEMOKRATISCHE PARTEI DEUTSCHLANDS
Hauptvorstand
Berlin-Treptow
An den NDPD-Kreisverband Mühlhausen 12.3.51. Es ist uns unverständlich, wieso die Durchschrift unseres Schreibens vom 7.3.1951 an Herrn Bockel unserem Schreiben vom gleichen Tage an Sie nicht beilag.
i.A. Schnackenburg

Arbeitete die Stasi wirklich so stümperhaft oder war es nicht viel mehr so, dass jedermann wissen sollte, wie präsent man war. Vielleicht sollte man derartiges auch als Drohung verstehen.

Zunehmend begann sich ein unsichtbarer Ring um das Haus „Hinter der Haarwand" 5 zu ziehen. Jeder, der dort ein- und ausging, wurde observiert.

Manchmal ließ sich ein Stasi-Mitarbeiter in Rudolf Bockels Taxi irgendwohin fahren, um während eines Gesprächs herauszuforschen, wie es um den „Aufsässigen" stand, wie seine augenblickliche Einstellung war, welche „Pläne" er hatte. Selbstverständlich rechnete der Überwachte damit. Ganz naiv ließ er der „anderen Seite" wissen, dass sein Wille, seinen Sohn freizubekommen, ungebrochen war. Er erzählte von „Verbindungen zu hohen Parteileuten", von denen er angeblich Unterstützung erfuhr. Er zog ein regelrechtes Verwirrspiel auf, um aus den Reaktionen eventuelle Vorteile zu ziehen.

Unterdessen betrieb er unverdrossen seine „Mahn-Post" weiter. Ende Mai 1951 teilte er dem Thüringer Ministerpräsidenten Werner Eggerath mit, dass er nunmehr über 80 Eingaben an alle erdenklichen Regierungsstellen geschrieben habe und dass die Ergebnisse katastrophal seien. Dieser Brief wurde einer der längsten, den er je aufgesetzt hatte. Wie kaum in einem anderen machte er den Regierenden deutlich, dass es sich bei seinem Sohne um eine verbrecherische Verschleppung handele, die staatlich abgesichert sei. Die in der DDR-Verfassung garantierten Grundrechte der Bürger erwiesen sich dabei als reiner Hohn. Seit nunmehr 9 Monaten habe er nichts von seinem Jungen gehört, geschweige ihn sehen oder sprechen können.

„Ich stelle dazu folgendes fest, Herr Ministerpräsident eine Übereinstimmung der gegen meinen Jungen getroffenen Maßnahmen mit den Artikeln 4,6,8,9,133, 134,135 und 136 der Verfassung der DDR ist nicht zu erkennen. Dasselbe gilt für die Artikel 3, Absatz 3,48,50 und 51 Absatz 2 der Thüringer Verfassung. Ich bitte die Regierung, sich meines Jungen, dessen Jugend bedroht ist, anzunehmen und ihn freizulassen …"

Alle nur erdenklichen „Geschütze" fuhr Bockel auf. Jede nur erdenkliche Institution nahm er unter „Beschuss". Er berief sich auf westdeutsche Fälle, über die sich Walter Ulbricht mokiert hatte und die im Vergleich zu dem seines Sohnes nicht wesentlich anders lagen. Schließlich spielte er auf die bevorstehende DDR-Volksbefragung an und machte kein Hehl daraus, bei der Gelegenheit das Unglück seines Sohnes so öffentlich wie nur möglich zu machen.

Niemand meldete sich! Eher erhärtete sich noch der Ring des Schweigens um die Bockels. Was immer Männer wie Dieckmann und Homann guten Willens in die Wege geleitet hatten, alle ihre Bemühungen verloren sich im Dschungel der DDR-Polit-Bürokratie. Mehrmals bereits hatte Dieckmann an den damaligen Staatssekretär Mielke die Bitte herangetragen, ihm im Fall Bockel behilflich zu sein. Nie war ihm eine Antwort zuteil geworden.

Herrn Staatssekretär Mielke, Berlin

Herr Rudolf Bocke1, Mühlhausen, Haarwand 5, hat sich im Laufe der Zeit mit insgesamt 14 Eingaben an die Volkskammer bzw. an mich gewandt, die alle seine Bitte um ein Lebenszeichen seines am 5.8.1950 in Haft genommenen Sohnes zum

Gegenstand hatten. Die diesbezüglichen Eingaben sind lt. Mitteilung des Ministeriums des Innern, an die ich mich zunächst gewandt habe, an das Ministerium für Staatssicherheit weitergeleitet worden. Eine Antwort ist nicht darauf ergangen. Ich bitte Sie sehr, diese Angelegenheit nach den bei Ihnen bestehenden Möglichkeiten nunmehr zum Abschluß zu bringen ...
Hochachtungsvoll, 7. Mai 1951
Dr. Johannes Dieckmann

Genau zwei Jahre später erinnerte der persönliche Referent Dieckmanns, Hanemann, Mielke nochmals an den Wunsch des Volkskammerpräsidenten, ohne den geringsten Erfolg.

Nachdem sich der Vorsitzende der CDU, Otto Nuschke, gleichfalls ergebnislos für das Anliegen Rudolf Bockels stark gemacht hatte, bekam Dr. Lothar Bolz, stellvertretender Ministerpräsident (NDPD) auf seine wiederholten Anfragen von einer ungenannten(!) Dienststelle folgende aufschlussreiche Aufklärungsschrift zugesandt:

Betrifft: „Verhaftung Dietmar Bockel", Mühlhausen/Thüringen
Aktenauszug
Bezug: Auftrag des Herrn Dr. Lothar Bolz.
5.8.1950: 22.15 Uhr Verhaftung des Bockel durch Angehörige des Staatssicherheitsdienstes.
22.9.1950: Volkspolizei-Kreisamt Mühlhausen teilt im Auftrag einer ungenannten Dienststelle mit, dass sich B. in Erfurt befinde und antisowjetischer Propaganda wegen angeklagt sei. (Weder Erfurt noch Weimar bestätigen diese Meldung.)
7.10.1950: Volkspolizei-Kreisamt Weimar fordert Wäsche an im Auftrag einer sowjetischen Dienststelle.
24.4.1951: Dienststelle des Ministeriums des Staatssicherheitsdienstes im Lande Thüringen teilt mit, dass B. wegen Spionage verurteilt sei und demnächst mit seinen Eltern in Verbindung treten würde.
26.4.1951: Die gleiche Dienststelle teilt mit, dass B. durch ein deutsches Gericht verurteilt sei und sich in Thüringen befinde.
24.5.1951: Die gleiche Dienststelle teilt mit, dass die Verurteilung durch ein sowjetisches Gericht erfolgt sei.
8.6.1951: Die gleiche Dienststelle teilt mit, dass sich B. aller Wahrscheinlichkeit nach in Bautzen befinde.
14.5.1951: Strafvollzugsanstalt Bautzen schreibt an die Eltern, dass Bockel in dieser Anstalt nicht festgehalten würde, und auch nichts über ihn bekannt sei.
15.6.1951: Dienststelle des Ministeriums für Staatssicherheit im Lande Thüringen gibt den gleichen Bescheid wie am 8.6.
18.6.1951: Der Großvater des Bockel (Mitglied der SED) erkundigt sich bei der Kreisleitung Mühlhausen der SED. Auskunft: Die Kreisdienststelle des Staatssicherheitsdienstes erklärt, dass das Verfahren gegen Bockel noch nicht abgeschlossen sei.
26.10.1951: Der Großvater des Bockel erhält auf wiederholte Anfragen die Auskunft, dass Bockel republikfeindlicher Betätigung beschuldigt würde und deshalb vor ein Gericht gestellt werden soll. Nach Abschluss des Verfahrens würden die El-

tern des Bockel Kenntnis von dem Urteil erhalten und mit ihrem Jungen in Verbindung treten können.

Für republikfeindliche Tätigkeit sei ein deutsches Gericht zuständig. Eine Angabe über das Gericht erfolgt nicht. Die erbetene Auskunft über den Aufenthalt des Bockel konnte nicht gegeben werden.
Dienststempel des MfS
(Unterschrift)
M-b.Ilr.XII/688, 12. Januar 1952

Präziser hätte sich der neue Machtapparat der DDR nicht präsentieren können. Anscheinend wusste niemand, was mit Dietmar Bockel geschehen war. Und die etwas wussten, schwiegen wohlweislich.

Mehr als anderthalb Jahre waren seit der Festnahme Dietmars vergangen, fünfzehnmal hatte Rudolf Bockel an den amtierenden DDR-Ministerpräsidenten Otto Grotewohl geschrieben und nie eine Antwort erhalten. Am 29. März 1952 setzte er erneut einen Brief an Grotewohl auf.

„Noch immer haben wir kein Lebenszeichen von unserem Sohn, sehr geehrter Herr Ministerpräsident. Wir wissen nicht, ob er noch lebt. Über sein Schicksal sind wir weiterhin völlig im Ungewissen, dass wir nicht einmal seinen Aufenthaltsort, den Grund der gegen ihn getroffenen Maßnahmen oder die für seine Angelegenheit zuständige Behörde kennen. Wissen Sie überhaupt, sehr geehrter Herr Ministerpräsident, wie viel unendliches Leid und welch unermesslicher Schmerz das für uns bedeutet? Es ist uns unfassbar, dass es einen unbescholtenen Jugendlichen, der schlimmstenfalls in Ahnungslosigkeit einem Leichtsinn oder Irrtum zum Opfer fiel, bestimmt aber nichts tat, was ein solches Vorgehen gegen ihn erforderte. Und es erscheint auch unfassbar, dass der Krieg seit sieben Jahren beendet ist und derartige Dinge geschehen können …"

Natürlich erhielt Rudolf Bockel auch auf dieses 16. Schreiben keine Antwort. Ob Grotewohl überhaupt je einen der Briefe zu Gesicht bekam? Die Verantwortung für derartige Eingaben hätte er allemal tragen müssen und dafür zu sorgen gehabt, dass ihm alles vorgelegt wurde, was an ihn adressiert war. Andernfalls war er genau das, was man ihm nachgesagt hat: Ein zum Nichtstun abgehalfterter SPD-Mann, gerade gut genug, als Galionsfigur zu agieren.

In diesem Frühjahr 1952 war Rudolf Bockel erneut aktiv geworden, er hatte alle möglichen Fahrten unternommen, er war in Erfurt, Weimar und Berlin gewesen. Sogar Dr. Johannes Dieckmann hatte er sprechen können. Inzwischen war der Volkskammerpräsident einer seiner festen Ansprechpartner geworden. Am 2. Mai 1952 konnte er ihm folgendes Schreiben übersenden:

An den Präsidenten der Volkskammer der DDR
Herrn Johannes Dieckmann
Berlin W 1
Luisenstraße 58–60
Sehr verehrter Herr Präsident!
Durch Ihr Schreiben vom 19.4.52 und die mir gütigst gewährte Unterredung vom 28.4.52 erfuhr ich, dass mein Junge, der seit 21 Monaten verhaftet ist, verur-

teilt wurde. Unter Bezugnahme auf diese Mitteilung wandte ich mich am 1.5.52 erneut mit einem Gnadengesuch an den Herrn Präsidenten Wilhelm Pieck und gestattete mir, Ihnen, sehr verehrter Herr Präsident, eine Abschrift dieses Gesuches zu übergeben. Ich richte an Sie die herzliche und dringende Bitte, mein Anliegen zu unterstützen und gequälten Eltern, die große Sorge und Not um ihr einziges Kind tragen, zu helfen. Ich hoffe, dass es bald gelingt, Enttäuschung und Verzweiflung von uns zu nehmen und verspreche aufrichtige Dankbarkeit.
Ihr ergebener Rudolf Bockel
Mühlh. 2. Mai 1952
Anlage: Gnadengesuch

Wieder vergingen Wochen, in denen sich niemand meldete. Es wurde Herbst, da las eines Tages Rudolf Bockel in der Zeitung, dass im Dezember ein Deutsch-Deutscher Friedenskongress in der Berliner „Werner-Seelenbinder-Halle" stattfinden solle. Hunderte von Delegierten aus Ost und West würden versammelt sein. Dazu Rundfunk und Presse. Sie alle konnte er mit einem Schlag auf die Ungeheuerlichkeit aufmerksam machen, die ihm und seiner Familie widerfahren war.

Knapp und präzise schilderte er die Sachlage, den Charakter seines Sohnes und die Umstände seines Verschwindens und fügte zur besseren Beurteilung der Angelegenheit mehrere Bescheinigungen und Zeugnisse seines Jungen bei. Zum Schluss versicherte er: „Besonders bitte ich, die durch völlige Ungewissheit vervielfachte Härte der gegen meinen Jungen zur Anwendung kommenden Maßnahmen zu erkennen und der allgemeinen Auffassung, dass 2¼ Jahre in völliger Ungewissheit eine außerordentliche harte Sühne und Strafe für einen Jugendlichen sind, Rechnung zu tragen."

Am liebsten wäre er selbst nach Berlin gefahren. Vermutlich aber wäre er schon am Eingang abgefangen worden. Also wartete er. Inzwischen aber war genau das geschehen, was er befürchten musste.

Als handele es sich um ein Gift-Präparat, war sein Brief vom Vorsitzenden des DEUTSCHEN FRIEDENSKOMITEES, Dr. Eberlein, nach Kenntnisnahme an das Ministerium für Staatssicherheit nach Berlin-Lichtenberg, Normannenstraße 22, zur „Weiterbearbeitung" geleitet worden. Dort wurde er abgeheftet.

So erlebten die Eltern Dietmar Bockels den 22. Geburtstag ihres Sohnes ohne die geringste Hoffnung, irgendetwas könnte sich an ihrem Schicksal ändern. Zum dritten Mal blieb an diesem 17. Dezember 1952 der Stuhl ihres Sohnes leer.

Lore Bockels Gesundheitszustand hatte sich mehr und mehr verschlechtert. Ihr Hausarzt, Dr. Scharf, bescheinigte ihr zunehmende Melancholie. Mehr Sorgen machten ihm allerdings ihr Herz. Indessen schrieb ihr Mann weiter. Allen Briefen legte er das Attest von Dr. Scharf bei. Vergeblich. Weder von Otto Nuschke noch von Erich Honecker traf Post ein. Auch ein weiteres Gnadengesuch an Wilhelm Pieck blieb erfolglos. Lediglich Johannes Dieckmann ließ ab und zu von sich hören.

7. Mai 1953
Sehr geehrter Herr Bockel!
Ihr letztes Schreiben haben wir zum Anlass genommen, nochmals mit der zu-

ständigen Regierungsstelle Verbindung aufzunehmen. Wir bitten Sie, sich zu gedulden, bis wir die von uns erbetene Auskunft erhalten haben.
Hochachtungsvoll!
i.A. Hanemann, Persönl. Referent des Präsidenten der Volkskammer.

Irgendwann im Sommer 1953 musste etwas passiert sein, denn plötzlich begann ein lebhafter Briefwechsel zwischen verschiedenen Regierungsinstanzen. Sowohl der Minister für Staatssicherheit, Wilhelm Zaisser, als auch Staatssekretär Erich Mielke wurden gleichzeitig von mehreren Seiten attackiert, nun endlich in Sachen Dietmar Bockel rührig zu werden. Die Eltern müssten einen „offiziellen" Bescheid bekommen, damit sie Ruhe gäben.
Eben da wurden die Grenzen der „souveränen Staatsmacht DDR" mehr als deutlich. Weder Zaisser noch Mielke bekamen von Karlshorst irgendwelche Auskünfte. Für die Sowjets war die Sache abgetan. Wo und unter welchen Umständen sich der Verurteilte namens Bockel derzeit befand, interessierte nicht. Das hatte auch für die Genossen in der DDR zu gelten.
Also blieben die Brieftexte der Dienststellen, wie schon Jahre zuvor, die gleichen untereinander:

Regierung der Deutschen Demokratischen Republik
Ministerium für Staatssicherheit
Verwaltung Thüringen
Abt. XII / Tgb. Nr. XII/89/52 – Schm./
Weimar, d. 13.6.1952
An das
Ministerium für Staatssicherheit
Abt. XII Berlin
Betr. Bockel, Dietmar, geb. 17.12.30, wohnh. Mühlhausen
Bezug: Ihr Schreiben vom 9.6.1952 Tgb.17,r. PA 362/52
„… Der Vater des Genannten schreibt fast zwei Jahre lang in ununterbrochener Folge sämtliche Instanzen an und drängt um Benachrichtigung über die Verurteilung seines Sohnes …
Eine andere Benachrichtigung wie die vom 24.4.51 kann ihm auch heute von uns nicht gegeben werden, da die Freunde eine weitere Auskunftserteilung ablehnen.
Wir bitten Sie uns mitzuteilen, wie wir uns in diesem Falle weiterhin verhalten sollen.
gez. Hoffmann, V.P.-Rat

So teilte am 19. September 1953 das Staatssekretariat für Staatssicherheit BV Erfurt der Mühlhäuser Dienststelle mit, Rudolf Bockel nunmehr durch „eine formlose Postkarte" vorzuladen und ihm mündlich mitzuteilen, dass sein Sohn Dietmar wegen feindlicher Tätigkeit gegen die Besatzungsmacht von einem sowjetischen Militärtribunal zu 25 Jahren Freiheitsentzug verurteilt worden sei.
13 Tage später erfolgte die Rückantwort durch den Mühlhäuser Abteilungsleiter, Leutnant Brömmer, der die Erledigung des Auftrages bestätigte.

Genau drei Jahre und 25 Tage mussten vergehen, ehe die Eltern des Verschollenen eine erste offizielle Benachrichtigung mit Angabe des Strafmaßes erfuhren. Mehr als 170 Briefe waren von Rudolf Bockel in dieser Zeit verschickt worden. Jeder umfasste mindestens zwei engbeschriebene Seiten. In kaum einem gab es Wiederholungen, jeder war frisch aufgesetzt.

Wie viele solcher „Hilferufe" damals bei den Regierenden eingegangen sein mögen, kann nur erahnt werden. Bestimmt aber waren es Tausende. Denn viele hundert junge Leute waren 1950/53 in der DDR verhaftet und in Schnellverfahren abgeurteilt worden. Sie verschwanden, weil sie nach Hitler keine neue Diktatur mehr wollten und das Ulbricht-Regime ablehnten. Mit Flugblättern hatten sie auf das neue Unrecht aufmerksam gemacht oder sie hatten „Spionage", wie Inge Schnabel in Werder, betrieben, die in der Fabrik die Marmeladengläser gezählt hatte, die in die sowjetische Garnison geliefert wurden. Dafür war sie zu dreimal 25 Jahren Zwangsarbeit verurteilt worden. Was immer die Eltern unternahmen, um etwas über ihre Kinder zu erfahren, endete an einer Mauer des Schweigens.

Auf seine zwei Gnadengesuche (1952, 1953) an den Präsidenten der DDR, Wilhelm Pieck, hatte Rudolf Bockel jeweils zwei knappe Antworten erhalten. Darin hieß es, man werde die Angelegenheit überprüfen und ihm alsbald Bescheid zukommen lassen. Eine Benachrichtigung erhielt Bockel nie.

Indessen war die Bockel-Affäre für die Ämter längst noch nicht zu Ende. Bei der Benachrichtigung Rudolf Bockels hatten die zwei Stasi-Männer Kornietzko und Brömmer offensichtlich falsche Angaben gemacht, was zu neuen Verwicklungen führte. Sie hatten gegenüber Rudolf Bockel vom Obersten Gerichtshof der DDR gesprochen und ihm versichert, mit sofortiger Wirkung könne Sohn Dietmar schreiben, Besuche empfangen und Pakete erhalten. Nur seinen genauen Aufenthaltsort wüssten sie nicht, den müsse er sich schon von jener Stelle geben lassen.

Aufgebracht nach Rudolf Bockels Anfrage, wandte sich der Präsident des Obersten Gerichts der DDR, Dr. Schumann, an Ministerpräsident Otto Grotewohl, er kenne keinen Fall Bockel! Zu keiner Zeit fände sich der Name in der Zentralkartei. Er verlange sofortige Aufklärung!

Wie sich herausstellte, war das Gespräch der beiden Stasi-Leute mit Rudolf Bockel nicht in der Martinistraße, sondern im Mühlhäuser Polizeikreisamt geführt worden, wobei sich Brömmer und Kornietzko als Angestellte der Kriminalpolizei ausgegeben hatten. Daraufhin verwahrte sich der Gerichtspräsident gegen derartige Machenschaften und verlangte die Zurechtweisung der beiden Männer. „Im übrigen", hieß es am Schluss jenes Schreibens Dr. Schumanns vom 8. Dezember 1953 an das Sekretariat Otto Grotewohls, „wäre ich für eine Nachricht über die weiteren Ermittlungen einer Verurteilung des Sohnes der Familie Bockel, Mühlhausen, Haarwand 5, dankbar."

Wie die Akten ergeben, hatte sich in dieser „Endphase" des Falles Bockel doch noch das Büro Otto Grotewohls eingeschaltet, wobei der persönliche Referent des Ministerpräsidenten, Jeromin, den Schriftverkehr führte. Dass nicht nur er scheiterte, geht aus einem weiteren Brief Dr. Schumanns vom 11. März 1954 an das Stasi-Hauptquartier in der Berliner Normannenstraße hervor, worin der DDR-Gerichtspräsident diesmal direkt die Feststellung der Personalien der Mühlhäuser Stasi-Leute anmahnt, die ihm offensichtlich Jeromin nicht hatte besorgen können.

Auch daraufhin erfolgte keine Antwort. Lore und Rudolf Bockel blieben nach wie vor im Ungewissen. Sie wussten weder, wo ihr Sohn sich befand, noch, ob er überhaupt lebte.

Dreieinhalb Jahre mussten vergehen, ehe endlich, am 11. Januar 1954, die Eltern das erste Lebenszeichen von ihrem Sohn Dietmar erhielten. Trotz des permanenten Schweigens des Ministerpräsidenten wandte sich Rudolf Bockel sofort noch einmal an Grotewohl, um ihn zu bitten, seinen Einfluss für eine Freilassung Dietmars geltend zu machen.

„Sehr verehrter Herr Ministerpräsident!

… Wir sind für dieses erste kleine Lebenszeichen nach langen Jahren hoffnungslosen Wartens dankbar. Es ist keine Undankbarkeit, wenn wir auch heute noch eine dunkle Zukunft vor uns sehen. Das Leid und die Enttäuschungen dieser Jahre waren zu groß und ihre Spuren zu tief.

Aus den Worten und Schriftzügen meines Jungen, die uns ermutigen sollen, spricht eindrücklich eine große Not: die Sorge um seine Eltern, von denen auch er seit 3 1/2 Jahren nicht das geringste Lebenszeichen erhalten konnte. Es ist die gleiche Not, die uns, seine Eltern, seit 3 1/2 Jahren zermürbt und immer mehr lähmt, sodass ein völliger Zusammenbruch nicht mehr fern sein kann.

Ich bitte, sehr verehrter Herr Ministerpräsident, ganz herzlich, helfen Sie uns doch, dass unser Junge nun wiederkommt und dass wir nach dem vielen Leid noch einige Jahre erleben dürfen, in denen wir frei von schwerer seelischer Last wieder aufatmen dürfen. Wir möchten unserem Jungen noch helfen, ein gutes Leben aufzubauen, und wir brauchen auch seine Hilfe so dringend.

Ihr Rudolf Bockel, 17. Januar 1954

Auch auf dieses Schreiben erhielt die Mühlhäuser Familie vom DDR-Ministerpräsidenten keine Antwort. Und um die Freilassung Dietmars hat sich Otto Grotewohl auch nicht bemüht.

UMS ÜBERLEBEN

Das Ziel für Dietmar Bockel hieß Workuta, Stadt und Strafgebiet im Petschora-Kohlebecken am Rande des Urals. Die Bedingungen, die er vorfand, waren schlimmer als erwartet. Die Trostlosigkeit des Lagers, der Hunger, dazu die Grausamkeit der Aufseher, machten das Leben zur Hölle.

Im 10. Regime-Lager, Schacht 29, wo er eingesetzt war, hatte Dietmar keinen freien Tag. Er war zehn bis zwölf Stunden auf Außenkommando, kaum einer schaffte die Norm. Für nichterfüllte Norm aber gab es weniger Brot.

Sie waren etwa 3000 Häftlinge im Lager, die meisten davon waren Sowjetbürger. Der Rest setzte sich aus Verschleppten aller möglichen Nationen zusammen: Balten, Rumänen, Moldawier, Polen, Ukrainer, Ungarn. Die Deutschen zählten etwa 170. Für sie gestaltete sich das Leben am schwersten. Von allen Seiten schlug ihnen Feindseligkeit entgegen. Bei Beschuldigungen konnte man sich wegen der Sprachbarriere weder verteidigen, noch etwas richtig stellen. Geschwächt von der langen Untersuchungshaft und den Strapazen der wochenlangen Fahrt, schaffte keiner von ihnen die geforderte Arbeitsnorm. Alsbald galten sie als „Arbeitsverweigerer".

Allmählich aber fasste Dietmar Fuß. Gerade denen, die ihn beschimpften, zeigte er, dass er guten Willens war, und wenn nicht anders, gebrauchte er auch seine Fäuste, was ihm sogar eine gewisse Anerkennung brachte.

Sein Drang, so rasch wie möglich Russisch zu lernen, half ihm, Kontakte zu finden und Vorurteile abzubauen. Dank seiner schnellen Auffassungsgabe und seinem technischen Geschick konnte er sogar Erleichterungen im Arbeitsvorgang schaffen. Und noch etwas geschah, er schloss Freundschaften. Mit Heini Fritsche zum Beispiel, einem Potsdamer, der – ähnlich wie er – von der Stasi als „Spion" an die Sowjets ausgeliefert worden war. Beide erkannten, dass dem brutalen Normensystem, das alle Menschlichkeit unter den Gefangenen zerstörte, etwas entgegengesetzt werden musste.

Es kamen Tage, wo sich Dietmar mit seinem Schicksal abgefunden glaubte, wo er den Alltag des Lagerlebens als gegeben hinnahm. Aber 25 Jahre würde er nicht aushalten. Auch nicht 15 oder 10. Wie es daheim aussah, konnte er nur ahnen.

Das erste Jahr verging. Der zweite Winter kam. Bis zu 60 Grad unter Null sanken die Temperaturen. Zeitweilig kam er auf dem „Holzplatz" zum Einsatz, ein Ort, wo schon mancher zum Krüppel wurde. Die aus den südlicheren Waldgebieten angefahrenen Stämme mussten für den Grubenbau abgeladen werden. Glasig gefroren, rutschten und sprangen die Ungetüme von den Waggons. Ketten lösen, wegspringen, und wieder auf die Waggons, hieß die lebensbedrohliche Aufgabe.

Dann doch wieder unter Tage. Nicht nur, dass die Arbeit dort leichter war, endlich bekamen sie einen Brigadier, der die Deutschen fair behandelte. Der Georgier sorgte dafür, dass Dietmar zum Gasmesser avancierte. Fortan war es seine Aufgabe, vor und nach den Sprengungen mit einem Messgerät die Luft in den Schächten auf ihren Gasgehalt zu prüfen.

Zu den wenigen Informationen, die von außen drangen, gehörten die Nachrichten der im Lager ausgehangenen sowjetischen Zeitungen, wie ISWESTIJA und PRAWDA.

So aufmerksam Dietmar und sein Freund die politischen Tendenzen auch verfolgten, eine Änderung des grausamen Regimes schien nicht in Sicht zu sein. Bis plötzlich Ende Februar 1953 die Lagersprecher ganz ungewöhnlich leise von einer Erkrankung Stalins berichteten. Das konnte nur eines bedeuten: Stalin lag am Sterben! Und tatsächlich: Am 5. März hörten die Häftlinge die getragene Stimme des Moskauer Rundfunksprechers, der den Stillstand der Atmung des „Großen Führers" aus dem ärztlichen Bulletin verkündete. Die Sirenen und Dampfpfeifen der Schächte begannen zu heulen, in den Herzen seiner Sklaven aber jubelte es. Es gab Szenen, wo die Häftlinge vor Freude tanzten. Längst hatte sich wieder Mutlosigkeit ausgebreitet, als die Verhaftung Berijas bekannt wurde.

Und noch eine Nachricht erreichte die Häftlinge. In Ostdeutschland hatte es einen Aufstand gegeben. Tausende von Arbeitern waren am 17. Juni in Berlin und anderen Städten auf die Straße gegangen. Erst der Einsatz von sowjetischen Panzern hatte allem ein Ende gemacht.

Die Reaktion in Dietmars Baracke war das Erstaunlichste dabei. Laut lobten die Häftlinge das Aufbegehren der Deutschen. „Auch wir werden es denen noch zeigen", beteuerten sie. Aber wie!?

Als wären ihre Worte gehört worden, erfuhren sie wenige Tage darauf von

Streiks in anderen Schächten. Volksdeutsche Sprengmeister, die sich als Verbannte außerhalb der Lager bewegen durften, brachten die sensationelle Nachricht in Dietmars Brigade. Das außergewöhnlich sommerliche Wetter mit guter Fernsicht erlaubte es, hinunter zum Schacht zu schauen. Tatsächlich – dort standen die Bänder still. Schlagartig stieg die Stimmung. Das Verhältnis entspannte sich zwischen Deutschen und Nichtdeutschen. Jetzt, da eine gemeinsame Aufgabe sie verband, sahen sie sich mit ganz anderen Augen an.

Zu den neuen Freunden der zwei jungen Deutschen zählte bald eine Anzahl ehemaliger sowjetischer Offiziere, darunter Kaukasier, Balten und Ukrainer, die wie viele Russen wegen Kooperation mit den Deutschen und anderer Delikte hier ihre Strafen abarbeiteten. Von ihnen erfuhren sie in regelrechten „Lehrstunden" von den Wortbrüchen der Bolschewiki, wie sie ein Nachbarland nach dem anderen in ihr Sowjet-Imperium vereinnahmt hatten, und in welcher Rechtlosigkeit die Menschen seither dort lebten!

„In der gesamten Armeespitze werdet Ihr nur Russen finden", erklärten sie den beiden Deutschen. „Weder Mongolen, Usbeken noch Kaukasier sind dort geduldet. Sie sind die größten Nationalisten in dieser UdSSR, die man sich denken kann."

Schließlich, vierundzwanzig Stunden später, passierte es. Dietmars Brigade weigerte sich, das Grubengelände zu verlassen. Das gleiche tat die zur Ablösung befohlene, noch im Lager befindliche Brigade. So sehr die Posten tobten, die Häftlinge blieben bei diesem Entschluss. Danach zerfiel die Disziplin ziemlich rasch. Ganze Kolonnen verweigerten die Arbeit.

Während die MWD-Wächter begriffen, dass sie mit Drohungen und Schlägen nicht weiter kamen, beratschlagten die Aufständischen, darunter Dietmar und Heini, wie die restlichen Lager zur Arbeitsniederlegung gebracht werden konnten. Vor allem wollten sie mit den Minderheitsgruppen einen Forderungskatalog aufstellen: Rückführung in die Heimatländer, Überprüfung ihrer Urteile, schnellstmögliche Verbindung mit den Angehörigen daheim.

Wie lange die offenkundige Ratlosigkeit der Bewacher dauern würde, blieb fraglich. Der mehrfache Versuch von Offizieren, „Rädelsführer" ausfindig zu machen und festzunehmen, scheiterte.

Schließlich geschah etwas Ungeheuerliches, das sich wie ein Lauffeuer in den Baracken herumsprach. Einer der Gefangenen, ein Westukrainer, hatte vor der Lagerverwaltung eine mitreißende Rede gehalten. Nicht nur die dort versammelten Gefangenen, sondern das gesamte Lager-Personal zeigte sich davon tief beeindruckt. Das ganze Sündenregister der Sowjetherrschaft wurde von ihm aufgezählt, die Zwangsherrschaft und das Elend von Millionen von Menschen, die in Gefängnissen schmachteten oder die wie sie, die Elendsten dieser Gesellschaft, die Politischen, mit viehischer Knochenarbeit ganze Industrien aus dem Boden stampfen mussten.

Mit einer dramatischen Geste auf den dabei stehenden Lagerkommandanten Schablin weisend, rief er: „Auch an Ihren Händen, Kapitän, klebt Blut!" Dass der Allgewaltige daraufhin zur Verblüffung aller tatsächlich einen Augenblick lang seine Hände hob und sie betrachtete, verhalf diesem Auftritt zu einem ungeahnten Höhepunkt. Mit der Forderung, dass die Häftlinge nicht mehr mit der Lagerverwaltung, sondern nur noch mit zuständigen Regierungsvertretern verhandeln würden, schloss der Ukrainer seine rhetorische Meisterleistung. – Ohne auch nur ein Wort über die ketzerischen Vorwürfe zu verlieren, versicherte Schablin, die Regierung zu informieren. Danach verschwand er wortlos. Zwei Tage später wurden Dietmar und sein Freund Zeuge, wie eine Gruppe ordensglänzender Offiziere das Lagergelände betraten. Der einzige Zivilist unter ihnen war, wie sich schnell herumsprach, kein geringerer als der Generalstaatsanwalt der UdSSR, Rudenko. Jener Mann, der in Nürnberg 1946 so empört über deutsches Verbrechen gegen die Menschlichkeit zu berichten gewusst hatte und allen Nachfragen über die eigenen Verbrechen – wie die Schauprozesse der 30er Jahre, Katyn und die blutige Annektierung Kareliens – geschickt ausgewichen war.

Während ein Oberstleutnant von der Lagerverwaltung in der anschließenden Versammlung den Häftlingen vorhielt, welch enormen Schaden sie mit ihrer Arbeitsverweigerung der Sowjetwirtschaft zufügten, unterbrachen die Häftlinge ihn mit ständigen Buh-Rufen. Schließlich konnten Rudenko und sein Stab nicht länger an sich halten. Als Verbrecher hätten sie überhaupt nichts zu fordern, donnerte Rudenko, worauf ein Wutgeheul aus Hunderten von Gefangenenkehlen losbrach. Geradezu fluchtartig stürmten die Bonzen daraufhin aus dem Lager.

Zu der alles entscheidenden Begegnung mit der Staatsmacht kam es aber erst noch. Am 30. Juli rückte die erwartete Moskauer Kommission an. Zwar fehlte der erwartete neue Innenminister Rudenko, dafür aber war der Chef und Zuständige für alle SG-Straflager dabei, Armee-General Masslenikow. Wie nicht anders zu erwarten, unterbrach er abrupt die Verlesung der von den Häftlingen vorbereiteten Resolution. Gruppen hätten überhaupt nichts zu fordern, legte er los, das sei „Zusammenrottung" laut Gesetz. Nur Einzelne könnten ihr Anliegen vortragen.

Und so geschah es. Eben da aber offenbarte sich gleich bündelweise die ganze Unmenschlichkeit des Lagersystems. Für einen Fluch gegen Stalin schuftete ein armenischer Familienvater seit neun Jahren. Wegen einer Schlägerei mit einem Partei-Funktionär war ein Student zu zwanzig Jahren verurteilt worden. Ein Rumäne trug vor, unter dem Namen Bedrut verurteilt worden zu sein, während er in Wirklichkeit ganz anders heiße. Aus reiner Schikane wäre er nach hier verbannt worden.

Stimme auf Stimme erhob sich. Wie versteinert hörte sich Masslenikow die Vorwürfe an.

Sein Waterloo indessen erlebte der General, als ein ehemaliger Kapitän der Roten Armee sein Schicksal vortrug. 1941 war er mit seiner Armee eingekesselt worden. So lange wie möglich hatte er sich mit seinen Leuten gegen die Deutschen verteidigt. Zum Schluss, als ihm Munition und Verpflegung ausgegangen war, habe er sich seinem Gewissen gemäß mit den Resten seiner Einheit ergeben. Dafür habe ihn Stalin hierher gesteckt, während der General jener Armee ausgeflogen wurde. Eben dieser General, der seine Truppe feige in Stich gelassen hatte, müsste eigentlich an seiner Stelle hier schuften. Immerhin, hob er seine Stimme, stände dieser General jetzt vor ihm: Masslenikow! Er heiße ihn herzlich willkommen! – Wie versteinert hatte er nach der Anklage des ehemaligen Offiziers dagestanden. Noch nie war er wohl in seinem Leben so bloßgestellt worden. Dass er schließlich in seiner Wut die Häftlinge als Verbrecher beschimpfte, hatte sein „Waterloo" letztlich besiegelt. „Nicht wir – Ihr seid die Verbrecher!", hatte man ihm zugeschrieen. Wie ein Blitz war er daraufhin verschwunden.

Am nächsten Morgen, es war der 1. August 1953, forderte die Lagerverwaltung die Häftlinge über Lautsprecher auf, das Lager zu verlassen und an die Arbeit zu gehen. „Freiheit! Freiheit!", erscholl die Antwort aus Hunderten von Kehlen. Mittlerweile waren Truppen des MWO aufmarschiert, man hatte Maschinengewehre und Granatwerfer in Stellung gebracht, das Tor stand weit offen, nahe den dort herumstehenden Posten redete eine Anzahl von Offizieren mit den Generälen Masslenikow und Rudenko.

Als niemand dem Befehl folgte, trat Stille ein. Die Rebellen formierten sich in Zwölferreihen und stellten sich untergehakt vor dem Lagertor auf. Dietmar Bockel befand sich in der dritten Reihe der ersten Kolonne. Rechts neben ihm stand Heini Fritsch, links zwei Ukrainer.

Ein zum Streikkomitee gehörender junger Pole hatte sich zum Sprecher aller gemacht. In der Hand ein Stück Papier mit den festgelegten Forderungen, trat er vor und wurde sogleich zurechtgewiesen. Er wisse doch, dass Gruppenbeschwerden nach sowjetischem Gesetz strafbar seien. Einzeln müssten die Anliegen vorgetragen werden. Dennoch machte der Pole zwei Schritte vorwärts. Da geschah es: Ohne die geringste Erregung zog einer der Offiziere seine Pistole und erschoss den Jungen. Im gleichen Augenblick eröffneten die Posten von den Türmen und von den Zäunen das Feuer. Nahezu alle Männer der ersten Reihe stürzten. Heini und Dietmar warfen sich hin, indess zuckte Heini zusammen, Blut drang hinter seinem Gürtel hervor.

Wie in Trance zerrte Dietmar den Körper des Freundes hoch und schleppte ihn zum Tor. Dort ging es drunter und drüber. Das Feuer war eingestellt worden, eine weinende Militärärztin hatte sich anklagend gegen die Offiziere gewandt. Dietmar musste Heini fallen lassen, zusammen mit anderen Überlebenden wurde er auf die zum Lager führende Straße getrieben.

Wie durch ein Wunder war Dietmar heil geblieben. Später hörte er, sechzig Tote hatte es gegeben, mehr als hundertfünfzig waren verwundet worden. An einer langen Tischreihe hatten die Offiziere Platz genommen. Namen wurden aufgerufen, wer genannt worden war, trottete in Richtung Baracken davon. So verging Stunde um Stunde. Schließlich waren es von zweieinhalbtausend noch zehn, dann noch fünf, dann nur noch einer auf dem leeren Platz: Dietmar selbst.

Vielleicht war er schon gestorben, überlegte er, und alles war nur noch Traum. Zweiundzwanzig Jahre war er alt geworden. Wie oft war er in dieser Zeit schon gestorben? Er verspürte Durst und lief ohne Anruf auf die Offiziere zu. Die starrten ihn an, fragten: Name, Geburtsjahr, Strafe? „Du bist tot", sagte einer.

Wie sich herausstellte, war er von einem Landsmann bei der Identifizierung der Toten mit Gerd Kische verwechselt worden. Gerd Kische war durch einen Kopfschuss völlig entstellt worden. Eine Verwechslung mit Folgen. Dietmar bekam keine Essenmarken mehr und wurde auch keiner Arbeit mehr zugeteilt. Erst nach Wochen gelang es ihm, sich wieder unter den Lebenden einzureihen.

Es wurde Herbst und wieder Winter. Endlich, nach jahrelangem Schweigen, durften die Totgesagten erstmals eine Postkarte nach Hause schicken.

„Liebe Eltern", begann Dietmar die ersten Worte zu formen. „Mir geht es soweit gut", vor Aufregung sank ihm der Stift aus der Hand, er sah Mutter und Vater, wie sie die Karte in den Händen hielten, die Sätze wieder und wieder lesend.

Auf die Freude erfolgte gleich wieder Schrecken. Erneut stand Dietmar vor einem Tribunal. Diesmal lautete die Anklage auf Sabotage. In einem „seiner" Stollen hatte es eine Explosion gegeben. Schwerverletzte waren zu beklagen. Um die Norm zu schaffen und nicht Zeit mit Warten auf den Sprengmeister zu vergeuden, war es üblich, dass die Kumpels selbst ihre Sprengungen durchführten.

„Was hätte er tun sollen?", verteidigten ihn sein Fahrsteiger und der ukrainische Obersteiger. „Hätte er hier bis zur Sprengung gewartet, wäre das gleiche an anderer Stelle passiert."

Dietmar ging straffrei aus. Nicht nur das. Er durfte diese Tätigkeit auch weiterhin ausführen.

Aber dann kam der Husten! Er kam nicht plötzlich, ganz allmählich machte er sich bemerkbar. Nachts holte er ihn aus dem Schlaf, dazu rasselte es in seiner Brust. Der Lagerarzt, Dr. Suslin, der ihn abhorchte, hatte in Deutschland studiert. Er diagnostizierte TBC und Fieber. Also, ab in die Isolierstation. Dort hockten sie beieinander: Deutsche, Russen, Ukrainer.

Es waren Russen und Ukrainer, die ihm das Leben retteten. Bei einer Visite erklärte Dr. Suslin, im Rayon 12 sei ein Röntgengerät eingetroffen. Mit drei anderen machte sich Dietmar auf den Weg. Als Dr. Suslin später die Aufnahme besah, sagte er etwas Unglaubliches: „Ihre Lungen sind sauber. Ich habe mich geirrt." – Wann das erste Mal von Entlassung gesprochen wurde, wusste keiner zu sagen.

In Moskau hatte man Berija hingerichtet, im Lager waren die Arbeitsnormen gesenkt worden. Sogar die Häftlingsnummern durften von den Jacken getrennt werden. Spürbar war nach Stalins Tod „Tauwetter" eingetreten.

Zunächst aber geschah etwas ganz anderes: Post traf ein. Wer lange nicht mehr geweint hatte, weinte wieder. Keiner, der einen Brief erhielt, der nicht einen Winkel suchte, um seinen Tränen freien Lauf zu lassen.

„Wir alle sind gesund, mein lieber Junge", schrieb Vater Bockel. „Gib nur auf Dich acht, wir denken viel an Dich", und am Schluss: „In Liebe, Deine Eltern."

Zu den Wundern solcher Post im April 1954 zählten auch Pakete. Eines Tages erhielt Dietmar einen rechteckigen Karton, gefüllt mit Schokolade, Keks, Taschentüchern. Der Name der Absenderin war ihm unbekannt: Irmgard Mezger. Die in Stuttgart lebende Tochter des Mühlhäuser Hygienearztes Dr. Mezger hatte von seinem Schicksal gehört. Überwältigt davon, sandte sie ihm dieses Zeichen der Anteilnahme.

Indessen verging das Jahr. Endlich – im Januar 1955 – begann die Verladung der Deutschen. Im März war Dietmar dran. Wochenlang rollte der Zug nach Südost, über den Ural, bis nach Swerdlowsk, von da weiter nach Omsk, Nowosibirsk, fast bis zum Baikalsee. Schließlich fanden sie Aufnahme in einem halbleeren Kriegsgefangenenlager in Revda nahe Swerdlowsk.

Schließlich verband sich ihrer aller Schicksal mit dem Besuch Adenauers in Moskau. Nach seinen erfolgreichen Verhandlungen mit Bulganin begann die Rückführung aller noch in der SU lebenden deutschen Kriegsgefangenen und Verurteilten. Sie mussten schon nahe der Grenze sein, als plötzlich Zettel ausgeteilt wurden, die auszufüllen waren. Wohin man genau wollte? In die DDR oder BRD? Zu welchen Verwandten? Alle Angaben sollten präzise sein.

Was also schrieb einer, der wie Dietmar absolut nicht in die DDR zurück wollte?

Kurzerhand setzte er Namen und Adresse von Irmgard Mezger ein. Bundesrepublik Deutschland – Stuttgart. Verwandtschaftsgrad: Kusine.

Dann endlich: Frankfurt/Oder. Deutsche Schilder, deutschsprechendes Bahnpersonal. In diesem Augenblick gab es keinen unter ihnen, der nicht höchst aufgewühlt war. Deutschland – Heimat! Sie hatten die Hölle durchlebt! Doch dem Hochgefühl folgte sogleich die Ernüchterung.

Im Lager Fürstenwalde mussten die „Westorientierten" nochmals Fragebögen ausfüllen. Herren in Zivil und in Uniform fragten an, ob sie nicht doch bleiben wollten. Alles sei vergeben und vergessen. Hier sei ihre Heimat! Selbst nachts um halb zwei holte man sie zu solchen „Gesprächen" aus dem Bett. Wie in Weimar, ging es Dietmar durch den Kopf. Nein, er wollte nicht!

Während ein Teil die Entlassungspapiere erhielt und verschwand, blieben die Nein-Sager in den Baracken. Keiner sagte ihnen, wie es weiterging. Eisige Kälte schlug ihnen entgegen, beredter als tausend Worte es vermochten.

Ein Tag verging. Noch einer. „Vielleicht bringen sie uns gleich wieder ins Zuchthaus", begannen sie zu orakeln.

Schließlich, am Vormittag des 16. Dezember 1955, fuhren Busse vor. Als sie unsicheren Schrittes, ihre Holzköfferchen in den Händen, einstiegen, flüsterte ihnen einer der Fahrer zu: „Keine Angst, wir bringen Euch zur Grenze." Und tatsächlich: Längst war die Nacht hereingebrochen, als die Busse rumpelnd an den hochgezogenen Schlagbäumen eines DDR-Grenzpostens vorbeifuhren. Irgendwo wurde gehalten, sie mussten aussteigen und sich in Zweierreihen aufstellen. Auf einem Stück Papier quittierten sie, dass sie auf eigenen Willen in die BRD entlassen waren. Danach erfolgte die letzte Anweisung des Stasi-Begleitpersonals: "Jetzt lauft hier die Straße entlang. Dort hinten warten welche auf Euch!" Ohne Entlassungspapiere, ohne einen Ausweis, waren sie wie von aller Welt verlassen „heimgekehrt".

Später in Friedland, längst hatte Dietmar gebadet und war in frische Wäsche geschlüpft, erinnerte er sich des letzten Wegstücks durch das deutsch-deutsche Niemandsland. Busse des Roten Kreuzes hatten sie aufgesammelt. Beamte waren zugestiegen. Sie waren befragt worden, wie sie hießen, was sie fühlten. Benommen hatte er irgendwas geantwortet, kaum begreifend, was um ihn herum geschah. Nur dass Wanfried nicht weit entfernt lag, machte ihn hellhörig. In Wanfried lebten seine Verwandten: Familie Heinrich Saul. Dort müsste seine erste Station sein. Stuttgart hatte noch Zeit. Er und die anderen waren schon eingeschlafen, als ihre Namen von den Rundfunkstationen gesandt wurden.

Lange hatte Lore Bockel an diesem Abend gebügelt, gerade wollte sie den Stecker aus der Dose ziehen und das Radio ausschalten, als der Name ihres Sohnes neben ihr erklang. „Dietmar Bockel aus Mühlhausen ist nach langjähriger sibirischer Haft in Friedland eingetroffen."

Was fühlt eine Mutter in solch einem Augenblick?

Der Zufall wollte es, dass auch die Sauls durch diese Sendung von Dietmars Heimkehr erfuhren. Schon am nächsten Tag, es war Dietmars 25. Geburtstag, holten sie ihn nach Wanfried. Zwei Tage später trafen auch seine Eltern ein. Nach fünfeinhalb Jahren sahen Lore und Rudolf Bockel ihren Sohn wieder.

Rudolf Bockel
Mühlhausen i.Th.
Harwand 5.

BStU
002070

Mühlhausen i.Th., den 25.12.1951.

An den Vorsitzenden der National - Demokratischen Partei
Deutschlands
und stellvertretenden Ministerpräsidenten der
Deutschen Demokratischen Republik
Herrn Dr. L o t h a r B o l z
B e r l i n - T r e p t o w .

Eing. 2 JAN 1952
Tagebuch-Nr. 8/12

Sehr geehrter Herr Ministerpräsident!

Ich beziehe mich auf die Ausführungen Ihrer Erklärung vor dem 2.Politischen Ausschuß der UN - Vollversammlung, in denen Sie zu dem Vorschlag zur Einsetzung einer neutralen Kommission der UN zur Überprüfung der Voraussetzungen für freie Wahlen in beiden Teilen Deutschlands Stellung nehmen.

Aus dem Bericht im "Neuen Deutschland" zitiere ich folgenden Abschnitt:
Hier wurde die Zahl von 185000 angeblich in Konzentrationslager in Ostdeutschland eingelieferten sogenannten "politischen Häftlingen" genannt. Es ist jedoch auch dem, der hier diese Ziffer vortrug, sehr wohl bekannt, daß es seit langer Zeit in der Deutschen Demokratischen Republik kein einziges Konzentrationslager gibt. Ebenso frei erfunden sind auch alle anderen Zahlen, die in diesem Zusammenhang hier genannt worden sind. Dies erkläre ich mit aller Verantwortung für jedes Wort, das ich spreche.

Aus diesen Ausführungen geht hervor, daß es in Ostdeutschland keine Konzentrationslager gibt. Ihrer Redewendung von den "sogenannten politischen Häftlingen" soll wohl entnommen werden, daß bei uns niemand aus politischen Gründen festgehalten wird.

Es ist nicht wesentlich, wie man die Strafanstalten in Bautzen, Waldheim usw. nennt, wo unglückliche Menschen hohe Freiheitsstrafen verbüßen. Es ist auch nicht wesentlich, welche Begriffe man für diese Menschen und ihre Vergehen findet. Wesentlich aber ist, daß man die Tatsachen dieser Schicksale sieht und klar zu ihnen Stellung nimmt. Es wird immer deutlicher, daß hier eine Frage vorliegt, die nicht nur die zunächst Betroffenen, die politischen Gefangenen selbst, ihre Angehörigen, Freunde und Bekannten in höchstem Maße bewegt, sondern für unser ganzes Volk und seine Wiedervereinigung von großer Bedeutung ist.

Um harte und bittere Tatsachen eines Menschenschicksals, nicht aber um "offensichtlich erlogene und mit gefälschtem Material begründete Argumente der Herren von Brentano und Reuter" handelte es sich, als ich mich am 25.11.1950 erstmalig an den Hauptvorstand der NDPD wandte und um Hilfe und Unterstützung in der Angelegenheit meines
Sohnes Dietmar

Kopien sämtlicher Briefe Rudolf Bockels kamen in die Stasi-Archive der DDR.

Sohnes Dietmar bat. Fast 17 Monate lang frage ich überall vergeblich wo befindet sich mein Junge,von dem wir bisher nicht das geringste Lebenszeichen besitzen,und welches ist sein Schicksal!

Dietmar wurde am 5.8.1950,22.15 Uhr im Alter von 19 Jahren durch Angehörige des hiesigen Staatssicherheitsdienstes ohne Haftbefehl und Angabe von Gründen verhaftet und mit Handschellen und unter Hinweis auf eine Pistole abgeführt. Anschließend fand eine Durchsuchung meiner Wohnung statt,bei der nur belanglose Dinge,die zum großen Teil mein Eigentum sind,mitgenommen wurden.Eine Benachrichtigung gemäß Artikel 136 der Verfassung erfolgte nicht. Trotz vieler Bemühungen,Eingaben und Anfragen bei Behörden in Mühlhausen, Erfurt,Weimar und Berlin besitze ich bis heute nicht das geringste Lebenszeichen von meinem Jungen,ich weiß nicht einmal,wo und durch welche Dienststelle er festgehalten wird.

Der Hauptvorstand der NDPD versprach,sich mit den in Betracht kommenden Behörden in Verbindung zu setzen,um die Möglichkeit zu erhalten,mir etwas Näheres mitzuteilen. In einem Schreiben heißt es:"Selbst wenn dies einige Zeit in Anspruch nehmen sollte,können Sie doch gewiß sein,daß wir diese Angelegenheit ständig weiterverfolgen. Sie erhalten von uns auf jeden Fall noch eine Nachricht." Unter Berufung auf dieses Versprechen und angesichts der Tatsache,daß seit meinem letzten Schreiben vom 25.11.50 ein Jahr ergebnislos vergangen war,wandte ich mich am 26.11.51 erneut an den Hauptvorstand der NDPD.

Wenn die nationale Würde unseres Volkes anerkannt wird,wenn auf Seite 116 des "Weißbuches" kritisiert wird,daß es nach dem "Bonner Zuchthausgesetz" für die Bürger des westdeutschen Separatstaates nicht mehr den geringsten Rechtsschutz gibt,besteht Grund zu der Auffassung,daß unsere Regierungsstellen in der Lage sein müssen, Auskunft und Hilfe in der Angelegenheit eines Jugendlichen zu gewähren,der durch eine Dienststelle der DDR geholt wurde. Es besteht Grund zu der Auffassung,daß solche Angelegenheiten,Sorgen und Beschwerden zwischen Deutschen und ohne Einschaltung überstaatlicher Kommissionen verhandelt werden können.Diese Hoffnung setzte ich auf meine Eingaben.

Es ist im Rahmen dieses Schreibens unmöglich,eine umfassende Übersicht über den außerordentlich umfangreichen Schriftverkehr mit Behörden und Parteistellen der DDR zu geben.Meine Eingaben wurden zum Teil nicht beantwortet,zum Teil an andere,zuständige Stellen, von denen nie Antwort einging,weitergeleitet. In einigen Fällen soll ich Nachricht erhalten,sobald ein Bescheid eingeht.Auch darauf warte ich bisher vergebens.Somit ist das Ergebnis dieser Bemühungen bei innerstaatlichen Stellen bisher erfolglos,entmutigend und enttäuschend.

Mündliche Auskünfte amtlicher Stellen,die zum Teil schon in früheren Eingaben enthalten sind,stelle ich folgend zusammen:
Am 22.9.1950 erfuhren wir durch das hiesige Volkspolizeikreisamt im Auftrag einer ungenannten Dienststelle,daß sich unser Junge in Erfurt befinde und "antisowjetischer Propaganda" angeklagt sei. Weder in Erfurt noch in Weimar war eine Bestätigung dieser Nachricht zu erhalten.
Am 7.10.1950 mußten wir Decke,Wäsche usw. zum Volkspolizeikreisamt in Weimar bringen. Die angeforderten Gegenstände wurden durch die Volkspolizei nach einer sowjetischen Dienststelle in Weimar weitergeleitet.
Am 24.4.51 teilte die hiesige Dienststelle des Ministeriums für Staatssicherheit mit,daß unser Junge wegen "Spionage" verurteilt sei und demnächst mit uns in Verbindung treten werde.
Nach einem ebenfalls mündlichen Bescheid in gleicher Dienststelle bei nochmaliger Nachfrage am 26.4.51 wurde unser Junge durch ein
                                             deutsches Gericht

deutsches Gericht verurteilt und befand sich in Thüringen.
Am 24.5.51 besagte eine Auskunft im Ministerium für Staatssicher=
heit in Weimar,daß die Verurteilung durch ein sowjetisches Gericht
erfolgt sei.
Am 8.6.51 und 15.6.51 erhielten wir im Ministerium für Staatssicher=
heit in Weimar Bescheid,daß sich unser Junge mit größter Wahr=
scheinlichkeit in Bautzen befinde. Dort sollten wir anfragen.
Die "Strafvollzugsanstalt Bautzen" aber teilte am 14.6.51 auf meine
Anfrage mit,daß mein Junge dort nicht festgehalten wird und
über ihn dort nichts bekannt ist.
Am 8.6.51 erkundigte sich mein Vater als Mitglied der SED bei der
hiesigen Kreisleitung der SED. Diese schickte nach dem hiesigen
Amt für Staatssicherheit. Jetzt lautete die Auskunft,das Verfahren
sei noch nicht abgeschlossen.
Auf wiederholte Eingaben meines Vaters an die Partei,vielleicht
auch zufolge mehrfacher Anfragen in Versammlungen und Schulungs=
abenden,erhielt er am 26.10.51 folgende mündliche Auskunft: Der
Junge werde "republikfeindlicher Betätigung" beschuldigt und des=
halb vor ein Gericht gestellt. Nach Abschluß des Verfahrens wür=
den wir Kenntnis von dem Urteil erhalten und mit unserem Jungen in
Verbindung treten können. Für "republikfeindliche Tätigkeit" sei
ein Gericht der DDR,also ein deutsches Gericht,zuständig. Eine
Angabe über das zuständige Gericht erfolgte nicht! Die erbetene
Auskunft über den Aufenthaltsort unseres Jungen konnte nicht
gegeben werden.

Auf die gegen meinen Jungen erhobenen Anschuldigungen möchte ich
hier nicht eingehen. Es ist zum Teil schon in früheren Einga=
ben geschehen.Dabei verweise ich gleichzeitig auf die meinen
früheren Eingaben beigefügten Bescheinigungen und Zeugnisse.

Die Widersprüche der oben verzeichneten Auskünfte aber sind so
deutlich,daß sie die Besorgnis um den Jungen und seine Jugend
vergrößern müssen. Das ist umsomehr der Fall,als seit einigen Mo=
naten ein Gerücht auftauchte und nicht bestätigt,unser Junge sei
nicht mehr am Leben. Die Nachricht,so besagt das Gerücht,stamme
von einem nach Westdeutschland entkommenen Häftling.

Abgesehen von einer Frage nach der politischen Notwendigkeit und
Zweckmäßigkeit der im vorliegenden Fall getroffenen Maßnahmen
gestatte ich mir,auf folgende Fragen hinzuweisen:
1.) Entsprechen die gegen meinen Jungen zur Anwendung kommenden
Maßnahmen unserer Rechtsauffassung und unseren Gesetzen.Auf welches
Gesetz gründen sie sich. Entsprechen sie den Artikeln 4,6,8,9,
133,134,135 und 136 unserer Verfassung.
2.) Entsprechen sie fortschrittlichen Grundsätzen und den Geboten
der Menschlichkeit. Dabei bitte ich zu berücksichtigen,daß mein
Junge im Alter von 19 Jahren geholt wurde und wir seit fast 17
Monaten in völliger Ungewißheit über seinen Aufenthaltsort und
sein Schicksal sind,daß auch er seit dieser Zeit nichts mehr von
seinen Eltern weiß! Allgemein besteht die Auffassung,daß auch ein
Leichtsinn oder Irrtum eines Jugendlichen,wenn er begangen sein
sollte,in dieser harten und langen Zeit bereut und bitter genug
gesühnt wurde!

Ich gestatte mir,sehr geehrter Herr Ministerpräsident,Ihre Auf=
merksamkeit für die Angelegenheit meines Jungen zu erbitten. Ich
bitte,veranlassen zu wollen,daß die mir gegebene Zusicherung,die
Angelegenheit ständig weiter zu verfolgen und mir auf jeden Fall
Nachricht zu geben,erfüllt wird. Es wird heute gefordert,daß
Deutsche "deutsch" sprechen. Darunter versteht man allgemein,
die Dinge unverblümt und beim richtigen Namen zu nennen. In diesem
Sinn

Sinn darf ich hoffen, daß Sie meinen Eingaben Verständnis entgegen bringen.

Ich bitte, sehr geehrter Herr Ministerpräsident, um Ihren Schutz für meinen Jungen und seine Jugend. Ich bitte, dafür einzutreten, daß ihm nun seine Freiheit wiedergegeben wird und er Gelegenheit erhält, sich zu bewähren. Ich bitte, ihn und uns zu Dankbarkeit zu verpflichten.

Mit ganz besonderer Hochachtung!

gez. Rudolf Bockel

Einschreiben.

Von 1950 bis 1953 bat Rudolf Bockel 15 mal den DDR-Ministerpräsidenten Otto Grotewohl um Hilfe beim Wiederfinden seines Sohnes – vergeblich.

BStU
000032

5.Jan.1952

øu 1235/50

Herrn

Staatssekretär M i e l k e

Berlin

Sehr geehrter Herr Staatssekretär !

    Herr Rudolf B o c k e l , Mühlhausen i.Thür.,
Harwand 5, hat sich im Laufe der Zeit mit insgesamt 14 Ein_
gaben an die Volkskammer bezw. an mich gewandt, die alle
seine Bitte um ein Lebenszeichen seines am 5.8.1950 in Haft
genommenen, damals 19-jährigen Sohnes Dietmar Bockel
zum Gegenstand haben.

    Die diesbezüglichen Eingaben sind lt.Mitteilung des
Ministeriums des Innern, an das ich mich zunächst gewandt
hatte, am 18.5.1951 an das Ministerium für Staatssicherheit
weitergeleitet worden. Eine Antwort ist darauf nicht ergangen.

    Herr Bockel hat sich Ende des Jahres erneut mit der
Bitte um einen Bescheid auf seine Eingaben gemeldet. Vorher
hatte er - mit Brief vom 9.Sept. 1951 - sein Anliegen nochmals
in einem Briefe zusammengefaßt, den ich Ihnen als Anlage in
der Urschrift übersende.

    Ich bitte Sie sehr, diese Angelegenheit nach den bei
Ihnen bestehenden Möglichkeiten nunmehr zum Abschluß zu bringen, damit ich dem Vater endlich eine Mitteilung auf sein-e
zahlreichen von väterlicher Sorge diktierten Briefe zustellen
kann.

                   Mit vorzüglicher Hochachtung

Anlage

```
REGIERUNG DER                           Berlin, den 14. 1. 52
Deutschen Demokratischen Republik       Schw.
Ministerium f. Staatssicherheit
      B e r l i n -
Abt. VI  Referat I   Tagebuch Nr.
                                        BStU
                                        000085
An das
Ministerium f. Staatssicherheit
Verwaltung Thüringen
in  W e i m a r                  Ausgang 15.1.1952.


Betrifft:  B O C K E L , Dietmar geb. am 17. 12. 1930 in Jena,
           wohnhaft Mühlhausen/Thr. Harwand 5

Wie festgestellt wurde, wurde am 5. 8. 1950, der im Betreff genannte
Bockel, in Mühlhausen, von Mitarbeitern des Ministeriums fest-
genommen und aller Wahrscheinlichkeit nach, nach Weimar überführt.

Es wird ersucht festzustellen:

       1.) Welcher Straftat wurde B. beschuldigt?
       2.) Wann erfolgte seine Aburteilung?
       3.) Die Höhe des Strafmasses?
       4.) Wo befindet sich B. z. Zt.

Wegen der Dringlichkeit wird um entsprechenden Bescheid bis
zum 18. 1. 52 ersucht.

                                        (Reuscher)
                                        Abt.- Leiter
```

In diesen Briefen wurden die Grenzen der „souveränen Staatsmacht DDR" mehr als deutlich. Die Sowjets agierten in Mitteldeutschland wie sie wollten, auch bei Menschenverschleppungen. Ihr Sicherheitsapparat MVD verhaftete, verschleppte und verurteilte DDR-Bürger noch bis 1955, ohne den deutschen Genossen darüber Informationen zu geben.

A b s c h r i f t.

Rudolf Bockel
Mühlhausen i.Th.
Harwand 5.

Mühlhausen i.Th., den 1. Mai 1952.

BStU
000040

An den Herrn
    Präsidenten der Deutschen Demokratischen Republik
    W i l h e l m   P i e c k
    B e r l i n - N i e d e r s c h ö n h a u s e n.

Betr. Gnadengesuch für meinen Sohn Dietmar, geb. 17.12.1930, verhaftet seit 5.8.1950.

Sehr verehrter Herr Präsident!

Unter Bezugnahme auf meine Eingabe vom 5.11.1951 gestatte ich mir, Ihnen heute ein Gnadengesuch zugunsten meines Jungen zu unterbreiten.

Mein Junge wurde am 5.8.1950, 22.15 Uhr, im Alter von 19 Jahren durch Angehörige des hiesigen Amtes für Staatssicherheit verhaftet.

Da ich in den verflossenen 21 Monaten von meinem Jungen nicht das geringste Lebenszeichen erhielt, auch nicht erfahren konnte, wo er festgehalten wird und welches sein Schicksal ist, wandte ich mich in wiederholten Eingaben an Dienststellen und führende Persönlichkeiten der DDR. Es gingen nur wenige, zumeist ausweichende Antworten ein. Auskünfte, die mündlich über Dienststellen des Ministeriums für Staatssicherheit in Mühlhausen und Weimar erteilt wurden, widersprachen sich hinsichtlich der gegen meinen Jungen erhobenen Beschuldigungen, des zuständigen Gerichts und des Verlaufs des gegen ihn durchgeführten Verfahrens und mußten deshalb unsere Sorgen noch weiter vergrößern.

Den Bemühungen des Herrn Präsidenten der Volkskammer Johannes Dieckmann verdanke ich eine schriftliche Nachricht vom 19.4.1952, die in einer am 28.4.1952 erfolgten Unterredung ergänzt wurde und folgendes besagt: mein Junge lebt, er wurde durch ein sowjetisches Gericht wegen "Spionage" verurteilt und kann wahrscheinlich "in absehbarer Zeit" mit uns in "briefliche Verbindung" treten.

Wenn auch diese Nachricht, die mit einer mündlichen Auskunft des Amtes für Staatssicherheit in Mühlhausen vom 24.4.1951 weitgehend übereinstimmt, die Ungewißheit über das Schicksal unseres Jungen für uns noch immer nicht beseitigt, so geht doch einwandfrei aus ihr hervor, daß die Verurteilung erfolgt ist. So dürfte in dieser Hinsicht einer Bearbeitung meines Gnadengesuches kein Hindernis entstehen.

Ich bitte, sehr verehrter Herr Präsident, dafür bemüht zu sein, daß mein Junge

Selbst die Gnadengesuche des verzweifelten Vaters fanden beim DDR-Staatsoberhaupt kein Gehör.

Regierung der
Deutschen Demokratischen Republik
Ministerium für Staatssicherheit
Verwaltung Thüringen
Abt. XII

Weimar, den 13.6.1952
Schm./

Tgb.Nr. XII/8.9./52/...

An das
Ministerium für Staatssicherheit
Abt. XII
B e r l i n

Betr.: B o c k e l Dietmar geb. 17.12.1930 wohnh. Mühlhausen
Bezug: Ihr Schreiben vom 9.6.1952 Tgb.Nr. PA 362/52

Der Vater des Genannten Bockel Rudolf wurde schon am 24.4.1951 auf Anweisung des Herrn Chefinspekteurs Menzel benachrichtigt, daß sein Sohn Dieter Bockel wegen Spionage verurteilt ist.
Herr Bockel schreibt fast zwei Jahre lang in ununterbrochener Folge sämtliche Instanzen an und drängt um Benachrichtigung über die Verurteilung seines Sohnes. Die verschiedenen und teilweise wiedersprechenden Auskünfte, die ihm hierbei erteilt worden sind, haben ihn beunruhigt.
Eine andere Benachrichtigung wie die vom 24.4.51 kann ihm auch heute von uns aus nicht gegeben werden, da die Freunde eine weitere Auskunftserteilung ablehnen.
Wir bitten Sie uns mitzuteilen, wie wir uns in diesem Falle weiterhin verhalten sollen.

(Hoffmann)
V.P.-Rat

Verwaltung Thüringen
Abt. XII

Weimar, den 3.7.1952

Dieter Bockel gehört einer Spionagegruppe an. Er wurde am 6.8.1950 festgenommen und am 17.8.1950 den Freunden übergeben. Auf Anweisung des Herrn Chefinspekteurs Menzel wurde der Vater am 24.4.1951 benachrichtigt, daß sein Sohn wegen Spionage verurteilt ist. Der Vater des Verurteilten gibt sich mit dieser Auskunft nicht zu frieden, er hat in ununterbrochener Folge Verwaltungsstellen und Parteien angeschrieben. Die voneinader abweichenden Auskünfte, die er dabei erhalten hat, benutzt er jetzt um seine Schreibereien zu verstärken.
Wo sich Dieter Bockel jetzt befindet konnten wir von unseren Instrukteur nicht erfahren. Wir sind daher nicht in der Lage, dem Vater des Verurteilten eine andere Auskunft zu geben, wie die vom 24.4.1951.

A b s c h r i f t

Rudolf Bockel   Mühlhausen i. Th., den 17.12.1953

An den
Herrn Präsidenten der Deutschen Demokratischen Republik
     W i l h e l m   P i e c k

    Berlin - Niederschönhausen

Sehr verehrter Herr Präsident!

In mehreren Eingaben berichtete ich Ihnen von dem grausamen Schicksal meines Sohnes Dietmar, der am 5.8.1950 im Alter von 19 Jahren verhaftet wurde und von dem ich bis zum heutigen Tag jedes Lebenszeichen fehlt. Nicht einmal sein Aufenthaltsort wurde uns bekannt.

Das enttäuschende Ergebnis unablässiger Bemühungen, Gewißheit über das Schicksal meines Jungen zu erhalten, möchte ich mit Sätzen kennzeichnen, die Herr Ministerpräsident Otto Nuschke vor einigen Wochen in der "Neuen Zeit" veröffentlichte und die die Wirklichkeit in ihrer ganzen Härte noch gar nicht voll treffen:
"Bei Verhaftungen wurden oft genug die Angehörigen, entgegen der Vorschrift, nicht benachrichtigt, die Sicherheitsorgane gaben ausweichende oder voneinander abweichende Auskünfte, so daß häufig eine Rechtsunsicherheit Platz griff und viel Unruhe und Herzeleid in der Bevölkerung hervorgerufen wurde......"

Am 29. Juli 1952 teilte mir Ihre Kanzlei mit, daß der Herr Minister für Staatssicherheit ersucht wurde, eine Überprüfung zu veranlassen und mir über das Ergebnis Mitteilung zu machen. Die in Aussicht gestellte Mitteilung ist nicht erfolgt.

Am 13. Juli 1953 erhielt ich von Ihrer Kanzlei Nachricht, daß von zuständiger Stelle" die Angelegenheit überprüft werden solle, damit mir der Bescheid "baldigst" zugehe. Den in Aussicht gestellten Bescheid habe ich nicht erhalten.

Bis 1954 hatte Rudolf Bockel über 170 Briefe verschickt, um etwas über seinen verschleppten Sohn zu erfahren.

Zur gleichen Zeit wie Dietmar Bockel wurde im August 1950 der am Petristeinweg 61 wohnende Stricker Robert Graf vom NKWD festgenommen. Grund: Er habe einem Offizier der sowjetischen Armee seine Schnaps-Zuteilung zukommen lassen. Dieser Offizier sei daraufhin alkoholisiert mit seinem Militär-Fahrzeug tödlich verunglückt.

In diesem nicht nachweisbaren Vorgang sahen die „Kläger" einen vorsätzlichen Anschlag auf die Sowjet-Armee. Ein sowjetisches Militärtribunal verurteilte den Mühlhäuser aus diesem Grund zu zehn Jahren Arbeitslager, die er in der Sowjetunion abzubüßen hatte.

Alle von der Frau bzw. von den Angehörigen Grafs gemachten Eingaben und Nachfragen bei der sowjetischen Militäradministration und den DDR-Gerichten bzw. Regierungsstellen blieben unbeantwortet. Vom Zeitpunkt seiner Verhaftung an wurde von Robert Graf nichts mehr gehört.

11. ULRICH BEDNAREK

Meine Haftzeit

5.8.1950: Gegen 23 Uhr Verhaftung im elterlichen Haus in Mühlhausen/Thür. Ich war 19 Jahre alt. Kein Haftbefehl, Hausdurchsuchung ohne richterliche Anordnung, keinerlei mündliche Auskünfte. Ein Durchsuchungsbericht ist mit „Menzel" und „Schade" unterschrieben.

Nachts Verhöre bei der Staatssicherheit. Vorwürfe: Zugehörigkeit zu einer illegalen Organisation, antisowjetische Propaganda, Spionage. Aus meiner Sicht bestand die „Organisation" darin, dass ich seit Jahren einen Schulfreund kannte, Dietmar B. Eine Propaganda ließ sich natürlich aus (fast) jeder kritischen Äußerung konstruieren. Der Spionage-Vorwurf war völlig absurd. Typische Verhörmethoden: Der „Gute" und der „Böse" teilten sich die Arbeit. Ich hatte keinen Schlaf. Es gab nichts zu essen oder zu trinken.

Protokolle wurden in Mengen gefertigt, ich musste unterschreiben. Bei Weigerung wurde erklärt, dass ich ja nur unterschriebe, die Vorlage gelesen zu haben, nicht aber, mit dem Inhalt einverstanden zu sein. Eine Methode, die ich erst später durchschaute. Ein oder zwei Tage später: Verlegung nach Weimar ins berüchtigte „Weiße Haus" der Staatssicherheit. Dunkelhaft, keine Lüftung, Ungeziefer. Verhöre mit einer Dauer zwischen drei Minuten und 12 Stunden, dabei keine Nahrung. Blaues Auge, verrenkter Arm, andere „Kleinigkeiten", Hunger.

17.8.1950: Überstellung an das sowjetische Militär in einem großen Gefängnis in Weimar, ein früheres deutsches Gefängnis. In einem entsprechendem Papier der Stasi (das ich erst in den 90er Jahren erhielt) heißt es dazu: „Der ... wurde den Freunden übergeben" und an anderer Stelle: „17.8.50 ... an SSK". Die Abkürzung SSK kenne ich nicht. Vielleicht ist es auch ein Tippfehler; SKK bedeutet in einem anderen Schreiben „Sowjetische Kontrollkommission".

Überwiegend Einzelhaft, Verhöre und Verpflegung wie üblich.

16. bis 18. März 1951: „Prozess" vor einem sowjetischen Militärtribunal des Truppenteils 48240, zusammen mit acht weiteren Angeklagten. Ein (militärischer) „Verteidiger" wurde gestellt, ich habe nie ein Wort mit ihm gewechselt. Meine Einrede, dass ich als deutscher Staatsbürger vor ein deutsches Gericht gehöre und nach deutschem Recht beurteilt werden wolle, wurde mit einem hochgehaltenem Stück Papier beantwortet: das sei meine Entlassung aus der deutschen Staatsbürgerschaft, ich sei staatenlos.

Urteile also nach sowjetischem Recht: vier Todesurteile (die auch vollstreckt werden sollten), vier mal 25 Jahre Zwangsarbeit in Arbeitslagern, ich selbst erhielt nur 10 Jahre (vielleicht, weil der Spionagevorwurf fallen gelassen wurde?).

Frühsommer 1951: Gelbsucht. Überstellung ins Durchgangsgefängnis Berlin-Lichtenberg (?). Hier waren wir bereits eine internationale Gefangenengesellschaft in Großzellen bis etwa 150 Mann. Im als Küchenwagen getarnten Gefängniswaggon, angehängt an den „Blauen Express" Berlin-Warschau-Brest, ging es in die Sowjetunion. Schubweise, ab jetzt immer in Güterwagen, kam ich schließlich nach Ostsibirien auf die „Taischeter Trasse". Diese Bahnlinie wurde später bekannt als die Baikal-Amur-Magistrale, BAM.

Bis etwa Mai 1953: Waldarbeiten aller Art mit unerfüllbaren Normen. Dazu: Hunger, Unfälle, Krankheiten, Verletzungen, Erfrierungen, Karzer usw. Hitze mit Mücken im Sommer, Temperaturen bis unter -60 Grad im Winter, Schneestürme.

Anfang Juni 1953: Transport nach Westen in ausschließlich deutscher Besetzung. Bei Moskau wurde die Fahrt eine Woche lang unterbrochen: der 17. Juni war „dazwischen" gekommen. Letztendlich kamen wir nicht heim, sondern in ein großes Lager in Tapiau bei Königsberg/Ostpreußen.

23. bis 27. Dezember 1953: Etwa 1500 Gefangene fahren nach Frankfurt/Oder, Entlassung.

Weit über drei Jahre war ich für meine Familie verschollen gewesen. Ich durfte nicht schreiben. Die Eltern schrieben Dutzende von Briefen an Polizei, Staatssicherheit, Ministerien, Kirchen, Präsident der Republik und Volkskammer. Nie wurde Auskunft gegeben, wo ich verblieben war. Meist gab es keinerlei Antwort.

Nach 1990: Es war nicht möglich, bei der „Gauck-Behörde" zu erforschen, warum ich eigentlich verhaftet wurde, warum ich an die Sowjets ausgeliefert wurde und wer das jeweils veranlasst hatte.

19.5.1992: Rehabilitierung durch eine russische Staatsanwaltschaft.

29.8.97

12. „DAS WEISSE HAUS"

Zentrale des Staatssicherheitsdienstes Thüringens Weimar, „Bauhausstraße" 11 (bis 1945 „Kurthstraße" – zu DDR-Zeit „Erich-Weinert-Straße")

Hieß auch Ärztehaus und war ehemals Sitz der kassenärztlichen Vereinigung (ca. 1938 gebaut). Dieses Gebäude war seinerzeit weiß.
1945 wurde es neben etlichen Nachbarhäusern von der sowjetischen Besatzungsmacht in Beschlag genommen. Seit 1947 war es das Quartier der Thüringer Politischen Polizei K 5, danach Stasi-Zentrale. – Auf Initiative von Manfred Thiele und der Buchenwald-Gedenkstätte konnte mittels einer Anzeige in der TA Weimar das Gebäude am 20. März 2001 als solches identifiziert werden.

Das „Weiße Haus" galt für die damals hier eingelieferten Häftlinge als „Stasi-Folterhölle". Nach ihrer Auskunft wurden bis 1953 auch die Keller der Nachbarhäuser zur Unterbringung von Untersuchungshäftlingen genutzt, so das Haus „Bauhausstraße" 18. Dieses repräsentative Gebäude, das den Krieg nahezu unversehrt überstand, wurde von den Russen bis zur Rückgabe 1990 „gänzlich abgewohnt" (Weber, Villen in Weimar Bd. I).
Nach Aussagen Betroffener gelangten von 1948 bis 1953 regelmäßig Häftlinge aus Mühlhausen ins „Weiße Haus", erfasst wurden bisher 40. Danach ist anzunehmen, dass in diesem Zeitraum mehrere tausend Thüringer hierher verschleppt wurden. Diese Stasi-Zentrale galt als „Hauptlieferant" für die Weimarer Militärtribunale. Belegt war das Zentrum mit ca. 60 Stasi-Mitarbeitern.

Aussagen von Betroffenen:
Im April 1948 wurde mein Bruder Joachim Schönau bei einem Besuch in Mühlhausen verhaftet und hierher gebracht. Mein Bruder kam aus Hannover, wir haben nie wieder etwas von ihm gehört.
Marianne Wetzlaff

Meine Eltern Herta und Oskar Herting wurden im Dezember 1949 verhaftet und kamen ins „Weiße Haus". Nach der Aufforderung durch die Mühlhäuser Polizei durfte meine Großmutter Wäsche dorthin bringen. Ich war damals 9 Jahre alt und konnte sie begleiten. Im Juni wurden mein Vater und meine Mutter von einem Weimarer Militärtribunal zu je 25 Jahre Arbeitslager verurteilt. Beide überlebten mit schweren gesundheitlichen Schäden. Großgezogen haben mich meine Großeltern.
Heide Schäfer geb. Herting

Im Juli 1950 wurde ich in Mühlhausen verhaftet und von Stasi-Chef Schade persönlich nach Weimar ins „Weiße Haus" transportiert. Mit Handschellen. Im Parterre waren 5 Räume für Verhöre eingerichtet. Zu Beginn jeder Vernehmung zog der verhörende Stasi-Offizier jedesmal einen Revolver aus der Tasche und warf ihn krachend auf den Tisch. Das war als Drohung zu verstehen. Behandelt wurde ich wie ein Schwerverbrecher, die Fingerabdrücke wurden mir abgenommen und man fotografierte mich. Hinter dem Hauptgebäude befand sich ein kleiner Hof, der zu einem kleineren Gebäude führte. An den Seiten waren Mauern. Mir wurde gesagt, bei einem Fluchtversuch würde augenblicklich geschossen.

Nachdem man mir keinerlei Schuld an einer Flugblattaktion nachweisen konnte, wurde ich freigelassen, mit der Auflage, mit niemandem darüber zu sprechen.

Ernst Zierentz

Stasi-Offiziere im „Weißen Haus" in Weimar
Kommissar Fritz Harnisch hat mich persönlich häufig vernommen. Brutal, unsympathisch auch im Auftreten und Aussehen her.

VP-Rat Munsche hat mich auch vernommen, manchmal mit Harnisch zusammen. Da spielte er den verständnisvollen Beschwichtiger. Harnisch den Brutalen.

VP-Rat Koch, mit ihm hatte ich zu tun, kann mich aber nicht erinnern, in welchem Zusammenhang.

VP-Rat Jehle, VP-Oberrat Schrumpf und VP-Oberrat Schleimer, mit diesen Leuten hatte ich nach meiner Erinnerung keine persönlichen Kontakte. Sie nahmen vornehmlich Verhaftungen vor.

Chefinspekteur Menzel gehörte zur Stasi-Verwaltungsstelle Thüringen in Weimar und war einer der Leitwölfe. Er ordnete Verhaftungen/Einlieferungen in das „Weiße Haus" an. Die Verweildauer unserer Gruppe betrug zwischen knapp zwei und drei Wochen je nach Verhaftungsdatum.

Dietmar Bockel zu 25 Jahre Arbeits-Besserungslager verurteilt.

„Meine Schwester und ich waren noch Kinder, als unser Vater Kurt Cramer 1949 verhaftet wurde und nach Weimar ins „Weiße Haus" kam. Unsere Mutter durfte noch einmal Wäsche hinbringen, danach haben wir nichts mehr gehört. Erst nach der Wende erfuhren wir, dass unser Vater zum Tode verurteilt wurde. Ich bekam eine Rehabilitationserklärung aus Moskau, aber wie und wo unser Vater hingerichtet worden ist und was aus seinem Leichnam wurde, kann uns bis heute niemand sagen."

Ulrich Cramer

Operativer Sektor Thüringens des NKWD / MWD,
Paul-Schneider-Straße 50a
Ebenfalls mit der Anzeige in der Thüringer Weimarer Allgemeinen vom 20. März 2001 wurde diese bis dahin in der Innenstadt vermutete Zentrale des sowjetischen Geheimdienstes festgestellt.

Standort: „Paul-Schneider-Str." 50a – vormals „Lottenstraße" 39 (bis 1945), „Kaiserin-Augusta-Straße".

Das Haus ist breitgezogen, ca. 100 m von der Straße entfernt. Auch hier waren umliegende Häuser von den Sowjets beschlagnahmt worden: teils wurden sie zu Wohn- und Dienstzwecken genutzt, teils zur Unterbringung von Gefangenen.

Der Chef dieses operativen Sektors für Thüringen war von Juli 1945 bis Oktober Generalmajor Bezanow. Ihm zur Seite stand Oberstleutnant Judanow. Mittels beider Befehle erfolgten solche räuberischen Reparationen wie die Verlegung der Jenaer Zeiß-Werke in die SU, sowie die Verschleppung zahlreicher Werksangehöriger

Die NKWD-Zentrale Thüringens in der Lottenstraße

samt ihrer Familien. Nach dem Auszug des sowjetischen Sicherheitsdienstes 1953 nahm hier das Weimarer MfS seinen Sitz.

Laut Angaben Betroffener waren in diesem Gebäude von 1948 bis 1952 immer wieder Mühlhäuser inhaftiert. Ihre Behandlung erfolgte nach tschekistischen Methoden, d. h. sie wurden körperlich und seelisch misshandelt und zu Geständnissen gezwungen. Von hier aus erfolgten ihre Verurteilungen.

Folterungen bei Verhören des sowjetischen Sicherheitsdienstes waren seit 1937 durch das ZK der KPdSU (B) sanktioniert. In einem Telegramm vom 10.Januar 1939 äußerte Stalin dazu: „Das ZK der KPdSU (B) ist der Ansicht, dass die Methode der physischen Einwirkung auch weiterhin unbedingt gegenüber offenen und sich nicht ergebenden Feinden des Volkes als vollkommen richtige und zweckmäßige Methode ausnahmsweise angewendet werden sollte."
Zitat nach Chrustschow 1990

Zu den von der deutschen Bevölkerung fälschlicherweise „GPU-Keller" genannten Gebäuden gehörte auch das Grundstück „Paul-Schneider-Str." 8, damals „Lottenstraße".

Diese „GPU-Keller" gab es in Thüringen unzählige. Die Verhaftungsrate war zu dieser Zeit enorm hoch, dass nicht einmal den deutschen Justizbehörden Raum für die eigene Arbeit und die Unterbringung von „Zivilgefangenen" blieb. In Thüringen sind in mehr als 50 Städten mindestens 70 Haftorte nachweisbar. Zu diesen, in NKWD-Haftanstalten umfunktionierten Einrichtungen, kamen zusätzlich noch besagte „GPU-Keller".

In Mühlhausen waren auf diese Weise vier Gebäude von den Sowjets konfisziert worden, dazu zählte auch das Amtsgericht. Die Mühlhäuser Justizbehörden mussten deshalb ihre Arbeit in der „Friedrichstraße" 4 verrichten.

Landgericht Weimar, Sitz des Militärtribunals und Haftanstalt für politische Gefangene der Sowjets

Das Weimarer Amtsgericht

In diesem Gebäude waren die sowjetischen Militärtribunale tätig. Wie lange, ist noch ungeklärt. Da in Weimar bis 1955 Militärtribunale wirkten, wurden vermutlich noch in anderen Häusern der Stadt Verurteilungen vorgenommen.

Die Toten

Nach Berichten Mühlhäuser „Buchenwälder" wurden vor ihrer Einlieferung 1945 ins Speziallager 2 immer wieder Mithäftlinge von den Transportfahrzeugen geholt und abgeführt. Das geschah in Weimar durch sowjetische Offiziere, welche die Betreffenden namentlich aufriefen. Diese Personen wurden danach weder im Lager noch in Mühlhausen wiedergesehen. Für die Zeugen war das ein Zeichen, dass diese Opfer umgebracht worden sind.

Gedenktafel am Eingangsportal

Zu den in Weimar amtierenden Sowjetischen Militärtribunalen, die von 1945 bis 1951 gegen die in ihrer Gesamtzahl wohl nie mehr zu erfassenden Zahl an Thüringer Bürgern Todesurteile und jahrzehntelange Haft- und Lagerstrafen aussprachen, zählten u. a. die Einheiten 48240 und 03735.

13. WERWÖLFE

Die „Werwolf"-Aktion in der ehemaligen SBZ und in der DDR war ein Massenmord an deutschen Jugendlichen.
Benno Pries

Nachdem im Frühjahr 1945 die Alliierten Truppen die deutschen Grenzen überschritten hatten, proklamierte Joseph Goebbels die nationalsozialistische Untergrundarmee „Werwolf", die in einem militärisch besiegten Deutschland bis zum „Endsieg" weiterkämpfen sollte. Aufgefordert waren vor allem die beiden Jugend-Organisationen „Jungvolk" und „Hitlerjugend", die im Alter von 10 bis 16 Jahren standen. Als „Werwölfe" sollten sie in den bereits von alliierten Truppen besetzten deutschen Gebieten Sabotage- und Terrorakte verüben. Zu den wenigen bekannt gewordenen Verbrechen zählt der Fall Oppenhoff.

Am Palmsonntag, dem 25. März 1945, wurde der erste Nachkriegsbürgermeister von Aachen, Rechtsanwalt Franz Oppenhoff, von dem österreichischen SS-Mann Leibrecht ermordet. Dem Mordkommando gehörten die 15-jährige BDM-Führerin Ilse Hirsch und der 16-jährige Hitlerjunge Erich Morgenschweiß an.

Nach dem 8. Mai 1945 sind keine weiteren Werwolfanschläge bekannt geworden. „Der ‚Werwolf' blieb eine einmalige, abscheuliche Episode in der deutschen Geschichte" (Fricke). Um so schlimmer aber war die Ausnutzung dieses Begriffes in der späteren sowjetischen Besatzungszone. Obwohl der Krieg vorbei war und es weder in Thüringen, Sachsen und Mecklenburg zu irgendwelchen Anschlägen gegen sowjetische Soldaten oder deren Einrichtungen kam, wurde auf Jugendliche vornehmlich im Alter zwischen 14 und 17 Jahren regelrechte Jagd gemacht. Unter dem Vorwand, sie seien Werwölfe und würden Aktionen gegen die Besatzungsmacht planen, nahm man sie fest. In brutalen Verhören sollten sie ihre Pläne und Waffenlager verraten. Die unsinnigsten Geständnisse wurden dabei von ihnen erpresst. Später berichteten die Betroffenen immer wieder das gleiche: „Wir bekamen Schläge, ins Gesicht und in den Unterleib. Dazu wurden wir beschimpft, wir seien Schweine und Faschisten."

Ein typisches Beispiel für den bewussten Terror der Sowjets an den deutschen Jugendlichen war ihr Vorgehen in Greußen. Trotzdem sehr schnell bekannt wurde, dass es sich um eine Denunziation handelte, ließ der sowjetische Kommandeur 38 Jugendliche foltern und danach ins KZ Sachsenhausen bringen. Nur wenige der Betroffenen überlebten.

Auch der Fall „Eisenach", wo 33 Jugendliche willkürlich vom NKWD zum Tode bzw. zu hohen Freiheitsstrafen verurteilt wurden, zählt dazu. Allein 14 von ihnen starben in den Weimarer Gefängniszellen. Ein Überlebender aus einer anderen Gruppe, Werner Blechschmidt, berichtet, wie die Wachposten alle zwei bis drei Tage Kleidungsstücke an die Jungen verteilten. Zu deren Entsetzen erkannten sie die Hosen und Jacken ihrer inzwischen getöteten Kameraden.

In Mühlhausen hat es nicht einmal im Ansatz eine Werwolftätigkeit gegeben, trotzdem wurden schon bald nach dem Eintreffen der Roten Armee zahllose Jugendliche festgenommen und im Mühlhäuser Amtsgericht, Untermarkt 17, eingesperrt.

Einer der ersten eingelieferten Jungen war der 17-jährige Günter Ochs. Zusammen mit seinem Vater war er wegen angeblichen Waffenbesitzes festgenommen worden. In Wahrheit hatten sich beide mit einem Mühlhäuser Kommunisten geprügelt. Voneinander getrennt wurden sie immer wieder qualvollen Verhören unterzogen. Während andere Inhaftierte rasch den Mut verloren und sich aufgaben, vermochte Günter Ochs sein Selbstvertrauen zu behalten. Hin und wieder bekam er seinen Vater zu Gesicht bei den inzwischen eingeführten Hofgängen. Schon bald aber sorgten die deutschen Wächter dafür, dass sie nur noch getrennt auf den Hof gelangten.

„Die Schikanen dieser Leute zählten zum Erbärmlichsten, was wir im Gefängnis erlebten", berichtet Ernst Döring, der nach acht Wochen wieder frei kam. „Während die einfachen Russen schon mal ein gutes Wort für die Gefangenen übrig hatten und zu einer kleinen Gefälligkeit bereit waren, zeigten sich die ‚Mühlhäuser Deutschen' als besonders heimtückisch. Mit unverhohlener Freude quälten sie uns Jungen."

Gleich Tieren wurden die Häftlinge mit Peitschen in die „Arena" zum Rundgang und danach wieder zurück in die Zellen getrieben. „Wer nicht schnell genug war", so Günter Ochs, „hatte bald Striemen an Armen und Beinen, aus denen sich rasch eiternde Wunden bildeten."

Fünf Wochen nach seiner Einlieferung war das Gefängnis zum Bersten gefüllt. Bis zu sieben Personen mussten sich in eine Einmann-Zelle teilen. Die meisten Neuankömmlinge waren ehemalige Wehrmachtsangehörige, die sich glücklich nach Hause durchgeschlagen hatten und die sich nun in diesem Elendsquartier wiederfanden. Von den Russen waren sie so verdroschen worden, dass ihre Rücken bluteten. Darauf liegen musste allerdings keiner, so der sarkastische Kommentar von Ochs. Liegen konnte sowieso keiner in der Zelle.

Das Schlimmste war, dass es kaum Wasser gab. Nur ein Klo stand in jeder Zelle. Es stank entsetzlich. Die ungewaschenen Körper, der Eiter, der Schweiß und die ständige Plage durch die Läuse und Wanzen sorgten dafür, dass die Gefangenen einem Kollaps nahe kamen.

„An Schlafen war auch kaum zu denken", berichtet Ernst Döring. „Ständig wimmerte einer, andere wiederum husteten oder lamentierten. Wirklich still wurde es nie im Gebäude. Zuweilen hörte man Klopfzeichen an den Heizrohren. Natürlich hörte man mit. ‚Hallo, Max K. hat Todesurteil!' – ‚Siegbert L. wurde eingeliefert, er fragt nach M. Krause.' – ‚Vorsicht, Helmut Z. ist Spitzel, passt auf!' Kaum war ein Klopfgespräch fertig, begann eilig ein anderes, dem bald ein drittes folgte.

Einer hieß Bernd. Er war ein fröhlicher Bursche aus dem Eichsfeld, braunhaarig, untersetzt, der sich rasch einfügte und sich immer hilfsbereit zeigte. Er sollte eine Brückensprengung vorbereitet haben. Die Beweisstücke waren ein bei einer Hausdurchsuchung gefundenes Fahrtenmesser mit dem HJ-Symbol, eine Luftdruckpistole und eine Lagekarte, auf der die Kefferhäuser Eisenbahnbrücke angekreuzt war. Nach dem ersten Verhör zeigte er sich noch zuversichtlich, er erzählte von seinem Hund, was er ihm an Kunststücken beigebracht hatte und noch beibringen wollte. Nach dem zweiten Verhör hockte er stumm auf dem Boden, das zerschlagene Gesicht zitternd mit den Händen bedeckend. „Was meint Ihr, was mit mir wird?", wollte er wissen. „Na, was schon?" Die anderen redeten das übliche Tröstliche. Ein paar Mal müsse er schon noch was einstecken, aber dann käme er nach Hause. Doch es sah nicht gut aus. Die Todeskandidaten wurden meist abends geholt.

An dem Abend, da der junge Eichsfelder Bernd aufgerufen wurde, war es später als sonst. „Das bedeutet gar nichts", meinte einer. „Du wirst verlegt, nimm deine Sachen mit." Aber der Posten drängte, er solle seine Sachen dalassen. „Um so besser", sagten die Kameraden, „dann bist du gleich wieder da!" – „Na klar", sagte er und nickte den anderen zu, als wollte er ihnen recht geben. Aber er kam nicht wieder.

Herbert Grob war am 14. November 1945 in seiner elterlichen Wohnung von einem NKWD-Offizier in Zivil festgenommen worden und ins Gefängnis Untermarkt 17 gebracht worden. „Von da an war für die nächsten vier Jahre der Hunger mein ständiger Begleiter", berichtet er. „Die Zelle am Untermarkt maß drei mal sechs Schritte. Flöhe und Wanzen fraßen uns schier auf. Tag und Nacht brannte Licht, so dass man kaum schlafen konnte. Öfters musste ich die Zelle wechseln."

Binnen weniger Tage umfasste das Protokoll Herbert Grobs viele Seiten. Alles war in kyrillischer Schrift geschrieben. Zu den Verhörmethoden gehörten auch längere Pausen. Wochenlang wurde er in Ruhe gelassen, bis dann der Posten eines nachts seinen Namen rief.

Herbert Grob

Fast immer war es derselbe Vernehmer. „Er war noch jung", erinnert sich Herbert Grob, „fast zart und hatte blondes Haar. An der rechten Hand fehlte ihm ein Finger, auf dem Handrücken war das Wort KUKUMOW eintätowiert".

Nachdem die Russen mit ihren allgemeinen Vorwürfen nicht weitergekommen waren, gingen sie mit neuen Taktiken vor. In der Nähe von Grobs elterlicher Wohnung war während der amerikanischen Besatzungszeit ein kleiner Flugplatz eingerichtet worden. Eines der an- und abfliegenden Flugzeuge sollte Herbert Grob gesprengt haben. Als er in seiner Not eine solche Tat zugeben wollte, um endlich Ruhe zu haben, wurde ein Mithäftling entlassen. Ihm trug er auf, zu seiner Mutter zu gehen und die neue Situation zu schildern.

Schließlich rückte das nächste Verhör heran und siehe da, von der Flugzeugaffäre war keine Rede mehr. Fünf Jahre später erfuhr Herbert Grob, dass der Beauftragte tatsächlich bei ihm Zuhause gewesen war und dass seine Schwester beim Bürgermeister eine Bestätigung erwirkt hatte, dass es einen solchen Vorfall in Mühlhausen nicht gegeben hatte. Von einer Dolmetscherin war diese Bestätigung beim NKWD abgegeben worden. Eine Entlassung Herbert Grobs erfolgte dennoch nicht. Mehr als ein halbes Jahr musste der Jugendliche, der inzwischen 18 Jahre alt geworden war, in den Zellen am Untermarkt 17 verbringen. Es muss im Juni oder Juli 1946 gewesen sein, bekennt Herbert Grob, als er und seine Kameraden, darunter Georg Wolf und Günter Suß, aus den Zellen geholt wurden. Im Gerichtssaal mussten sie sich mit noch weiteren, älteren Gefangenen in einer Reihe aufstellen. Danach wurden in gebrochenem Deutsch die Anklagepunkte vorgetragen. Nach den ausgebrochenen Feindseligkeiten zwischen den Russen und den Amerikanern machten sich ausgerechnet die Russen zum Fürsprecher der Amis. Sie erklärten, die

> **Im Namen der UdSSR**
>
> **Militärgericht der 74. Garde Nitschne - Dnepropetrovskoj**
>
> Die Division besteht aus:
>
> Vorsitzender: Garde Major für Justiz Hartschuk
>
> Mitglieder: Unter Sgt. Gavrjuschin
> Soldat Rodin
>
> Sekretärin: Garde Lt. Karpova
>
> Das geschlossene Gericht hat ohne Anwesenheit der Generalstaatsanwaltschaft in der Sache Klage gemäß § 58.8-59.9 und 58-11 UK RSFSR erhoben gegen:
>
> 1. Grob, Herbert, geb. 1828, deutsch, Wohnort: Mühlhausen in Thüringen, Mitglied in der Hitler-Jugend, Ausbildung - 10 Klassen, nicht verheiratet.
>
> 2. Wolf, Hans-Georg, geb. 1928, Wohnort Mühlhausen in Thüringen, deutsch, Mitglied in der Hitler-Jugend, Ausbildung - 10 Klassen, nicht verheiratet.
>
> 3. Süss, Günther, geb. 1928, Wohnort Mühlhausen in Thüringen, deutsch, Mitglied in der Hitler-Jugend, Ausbildung - 8 Klassen, nicht verheiratet.
>
> Die Untersuchung des Militärgerichts hat ergeben:
>
> Im April 1945 hat Karl Müller - zu diesem Zeitpunkt in der Amerikanischen Zone - die terroristische Organisation "Werwolf" gegründet. Grob, Wolf und Süss hatten das Ziel, bewaffneten Widerstand im Untergrund gegen Besatzungstruppen zu planen und im April 1945 der Organisation "Werwolf" freiwillig beizutreten, bis zur Verhaftung waren sie bereits Mitglieder.
>
> Grob, Wolf und Süss - als Mitglieder von "Werwolf" - haben mehrmals an Versammlungen teilgenommen, wo über die Verbreitung der Organisation und über praktische Tätigkeiten ihrer Mitglieder beraten wurde.
>
> Aufgrund dessen erklärt das Militärgericht Grob, Wolf und Süss nach § 58-8, 58-9 und 58-11 UK RSFSR für schuldig.
>
> Das Militärgericht hat nach §§ 319-320 UPK und 49UK RSFSR folgendes Urteil gesprochen:
>
> Herbert Grob, Hans-Georg Wolf und Günther Süss werden im Zusammenhang Ihrer Verbrechen gemäß § 58-9 UK RSFSR mit Sanktion von § 58-2 UK RSFSR zu 10 Jahren Haft (im ITL) verurteilt, ohne Beschlagnahmung des Privatvermögens.
>
> Die Haftzeit beginnt am 02. Februar 1946. Das Urteil ist endgültig, einem Berufungsantrag wird nicht stattgegeben.

Urteil des sowjet. Militärtribunals in deutscher Übersetzung

Mühlhäuser „Werwolf"-Gruppe habe gegen die US-amerikanische Besatzungsmacht Sabotage und Spionage betrieben, sich dann allerdings nach dem Einmarsch der Roten Armee als Gruppe aufgelöst. Dabei hätte sie sich aller Waffen entledigt.

Nach kurzer Besprechung des „Gerichtshofes" wurden die Urteile verkündet. Schon das erste Urteil an einem 17-jährigen Treffurter lautete auf Tod durch Erschießen. Ein weiterer 17-Jähriger erhielt 25 Jahre Haft, er war verwandt mit dem zum Tode Verurteilten, dessen Vater ebenfalls mit in der Reihe stand, der zehn Jahre Haft zugesprochen bekam, weil er der Vater eines „Verbrechers" war. Danach kamen Haftstrafen von 15 und 10 Jahren zur Verlesung.

Schließlich wurde Herbert Grobs Name aufgerufen: ihm standen 10 Jahre Zuchthaus bevor. Seine beiden Kameraden Georg Wolf und Günter Suß bekamen ebenfalls 10 Jahre. Zum Schluss wurden alle, außer dem Todeskandidaten, von dem sie nie wieder etwas hörten, in eine gemeinsame Zelle gebracht. Hier waren die Wände voller Namen, Daten und Grüße bekritzelt. Viele dieser „Vorgänger" waren ihnen bekannt, die meisten davon schon tot, erschossen, erschlagen. Die nächsten Wochen verbrachten sie in Langensalza.

In Torgau, ihrer nächsten Station, mussten sie sich nackt ausziehen, alle Kleidungsstücke wurden auf einen Haufen gelegt und sogar die Knöpfe davon entfernt. Die Absätze der Schuhe hackte man mittels kleiner Beile ab. Das Essen, zumeist Graupen oder Weißkrautsuppe, wurde in Schüsseln in der Größe von Waschschüsseln gereicht. Fünf bis sechs Mann mussten sich hineinteilen. Da es keine Löffel gab, blieben nur die Hände zum Schöpfen übrig.

Manchmal, so berichtet Herbert Grob, wurden Namen aufgerufen. Die Genannten mussten zum Kommandanten kommen, dort verpasste man ihnen eine Nachverurteilung, zum Beispiel von zehn auf zwanzig Jahre. So was war nicht unüblich.

Innerhalb von drei Monaten war die Zahl der Häftlinge um die Hälfte zusammengeschrumpft. Nur die jungen, widerstandsfähigsten hatten Aussicht zu überleben.

Wie überall, wo Not herrscht, blüht die Korruption, so auch in den Torgauer Kasematten. Ein Mühlhäuser Mitgefangener Herbert Grobs tauschte bei einem der Posten einen Teil seiner Goldzähne gegen einen Löffel, ein paar Zwiebeln, etwas Brot und Suppe ein. Ähnliches taten auch andere, so sie was zu bieten hatten.

Nach Torgau kam Bautzen und nach Bautzen Sachsenhausen.

Hier, in dem berüchtigten Speziallager 7, dem ehemaligen Nazi-KZ, büßte Herbert Grob mit Tausenden von Leidensgenossen in primitiven Barackenunterkünften seine weitere Strafe ab. Auch hier wurde gestorben. Viereinhalb Jahre ständig Hunger und immer wieder Schläge, so Grob, „zermürbten selbst die Tapfersten unter uns".

Bericht von Hans-Georg Wolf
„In den ersten zwei Jahren meiner Inhaftierung in Torgau hatte ich nicht ein einziges Mal Freigang. Ich war also zwei Jahre lang nicht ein einziges Mal an der frischen Luft gewesen. Während meiner vierjährigen Haftzeit gab es nur Wassersuppe und Brot. Für die meisten von uns, die wir uns noch im Wachstum befanden, führte diese Kost zum Tode. Wir waren völlig unterernährt; irgendwann bekamen die jugendlichen Häftlinge eine Rippenfellentzündung, wenig später TBC, die dann ausnahmslos zum Tode führte. Es hatte also gar keinen Zweck für mich, eine Freundschaft mit einem Gleichaltrigen aufzubauen, denn ich erlebte ein ständiges Sterben um mich herum.

Fast dreieinhalb Jahre vergingen, ehe ich zum ersten Mal meinen Eltern nach Mühlhausen eine Postkarte schreiben durfte. Diese Karte verriet ihnen allerdings nicht, wo ich mich befand. Alle Gefangenenpost ging über ein Büro in Berlin und war mit einer Kennzahl versehen.

Als Ende 1950 die ersten Entlassungen von uns „Werwölfen" erfolgte, begann für manche unserer Kameraden ein neues Martyrium. Sie kamen nach Waldheim

Herbert Grob (l.) und Hans-Georg Wolf 1999 vorm Haus Untermarkt 13.

und wurden dort durch die DDR-Strafjustiz wegen irgendwelcher „Vergehen gegen die Sowjetmacht" erneut verurteilt. Das war für die meisten von ihnen das Ende ihres jungen Lebens. Als sich Hans-Georg Wolf 1999 von der Russischen Generalstaatsanwaltschaft in Moskau einen Rehabilitierungsbescheid erbat, erhielt er ihn, allerdings mit dem Bemerken, dass er keinerlei Forderungen stellen könne.

Am 24. Oktober 1945 wurden die 15- bzw. 16-jährigen Heinz Meyer und Hanno Leineweber aus Körner verhaftet und wegen „Werwolftätigkeit" verurteilt. Hanno Leineweber starb mit 18 Jahren im KZ Sachsenhausen, Heinz Meyer überlebte und kehrte 1950 als Invalide zurück. Beide hatten beim Spielen eine Pistole auf dem Felde gefunden und damit abseits vom Dorf geschossen. Hanno Leinewebers Mutter starb frühzeitig an diesem Leid.

Auf der Fahrt nach Gotha wurden Kurt Wiegler und Edith Ernst im Dezember 1945 bei einer Zugkontrolle verhaftet und ins Gefängnis Untermarkt 17 gesperrt. Sie waren beide 18 Jahre alt. Wegen „ungültiger" Ausweise blieben sie als „Werwolf-Verdächtige" bis Mai 1946 in Mühlhausen, danach in Gotha und Erfurt inhaftiert. Edith Ernst kam wieder frei, Kurt Wiegler durchlitt mehrere Lager, er überlebte aber. Wegen „Waffenbesitz" wurde Günter Wehnemann 1945 am Untermarkt mit Stromstößen in der Badewanne gefoltert. Gesundheitlich stark angeschlagen, kam der 15jährige nach Waldheim, wo Hunger und Seuchen die Eingelieferten rasch dezimierten. Wer bei den Zählappellen nicht mehr sprechen konnte, musste den Arm heben. Wer das nicht mehr konnte, kam ins Krankenrevier. Endstation für die meisten waren dann die Totengruben. So mancher dieser Unglücklichen gelangte noch lebend dahin und wurde mit Kalk zugeschüttet. Der 15-jährige Herbert Kaiser vom Wendewehr wurde 1945 wegen „Werwolf-Verdacht" verschleppt. Seine Eltern hörten nie wieder etwas von ihm.

Die Lazarette waren gleichsam die letzte Station vorm Tode. „Als ich eine feuchte Rippenfellentzündung bekam", erzählt Herbert Grob, „kam ich ins Lazarett. Dort punktierte mich ein Arzt. Einen halben Eimer voll Wasser zog er mir ab. Er sagte mir aber gleich: ‚Du gehst so schnell als möglich wieder auf den Saal, hier stirbst Du.' Als ich in das Krankenzimmer kam, wusste ich warum. Es gab zwar weiß bezogene Betten, aber jeder Patient hatte eine Blechbüchse um den Hals hängen, in die er seine sich auflösende, blutende Lunge spuckte."

Treffurter Kinder und Jugendliche, die 1946 vom NKWD verhaftet wurden und welche die Folterungen im Mühlhäuser Gefängnis überlebten: Hans Avemann, Gerhard Grimm, Albert Hoßbach, Hermann Hunstock, Willi Krause, Hans Lotz und Heinz Nordmann.

„Ich war zu zehn Jahren Haft verurteilt worden in Mühlhausen", erinnert sich Alfred Angerer, der sich nach acht Wochen Haft schon als Todeskandidat sah. Von den Schlägen, die ihm die Russen zugefügt hatten, war seine linke Schulter gebrochen. Er sollte zugeben, eine Ostarbeiterin vergewaltigt zu haben. Das konnte er gar nicht, denn er war erst 1946 aus amerikanischer Gefangenschaft zurückgekehrt, als diese Frauen längst fort waren. Man sollte sie ihm doch bitte gegenüberstellen, verlangte er. Für diese „Frechheit" schlug man ihn bewusstlos, danach verbrachte er furchtbare Wochen in seiner Zelle. Er glaubte schon tot zu sein, als er sich auf dem Transport nach Waldheim wiederfand. Zu essen gab es dort Rübensuppe und etwas Röstbrot. Von Waldheim kam er dann nach Bautzen und von dort aus nach Sachsenhausen.

Alfred Angerer

Rückblickend lässt sich zur Behandlung der Verurteilten in Sachsenhausen sagen: Für die vielen tausend Inhaftierten, die sich alle in äußerst schwacher gesundheitlicher Verfassung befanden, standen lediglich zwei Lazarettbaracken bereit, mit etwa 150 Betten. Medikamente gab es so gut wie keine. In der Dystrophie- und Krätze-Station war es noch schlimmer. Unterbringung und Verpflegung waren verheerend, den Block IV hat keiner wieder lebend verlassen.

Entsprechend solcher Haftverwaltung waren auch die Strafen. Schon bei geringen Vergehen wie Besitz von Nadeln, Bleistiften und Gürteln gab es 14- bis 21-tägige Karzerstrafe, die nur in Unterhose, ohne Decke, ohne Strohsack in einer Zelle mit geöffnetem Fenster verbüßt werden musste. Essen gab es nur alle zwei Tage.

In den ersten Jahren waren die Häftlinge so geschwächt, dass sie bei den täglichen Freiluftgängen zusammenbrachen. Von den Kolbenschlägen der sowjetischen Bewacher wieder hochgetrieben, wurden sie von ihren Kameraden untergehakt und mitgezerrt. Runde um Runde, wie es die Lagerordnung vorschrieb. Dabei kam es vor, dass Wachsoldaten von ihrer Aufgabe so angeekelt waren, dass sie sich mit ihren Offizieren anlegten. Sie verschwanden daraufhin und wurden von den Häftlingen nicht wieder gesehen.

Belegt war Sachsenhausen mit einer Häftlingszahl, die zwischen 11.000 und 16.700 schwankte. Bis zum Herbst 1947 gehörte auch ein deutsches Offizierslager dazu. Hier wurden Offiziere der ehemaligen deutschen Wehrmacht gesammelt, gedemütigt, geschlagen, ermordet. Insgesamt sind 60.000 Strafgefangene und Internierte durch dieses Stalin'sche Speziallager Nr. 7 gegangen. Davon starben 13.000.

Einer der wenigen, dem die Flucht aus dem Amtsgericht gelang, war Klaus Schröter. Eines Abends, im Februar 1946, war er von einem Posten über den Hof geführt worden. Er hatte beim Entladen eines LKWs geholfen, plötzlich geriet sein Posten mit dem Fahrer in Streit. Als Schröter das Haupttor offen stehen sah, begann er sich vorsichtig dorthin zu bewegen. Schließlich rannte er los. Ungeachtet der gleich darauf folgenden Schüsse und Schreie hinter sich, erreichte er ein Nachbargrundstück, von wo aus er über die Stadtmauer fliehen konnte. Die Nacht verbrachte er bei seinen Großeltern am Stadtberg, andertags floh er nach Hessen.

„Es ist schon erstaunlich", erinnert sich Gerda Weisenborn, „was man als junger Mensch alles ertragen konnte." Siebzehnjährig war sie zu drei Frauen in eine Zelle gesteckt worden, angeklagt wegen „Sowjethetze". Nach sieben Wochen war sie so erschöpft, dass sie mehrmals ohnmächtig wurde. Das Essen ekelte sie an, ständig musste sie brechen, trotzdem hat sie den anderen noch Mut zugesprochen. Was aus den drei Frauen wurde, hat sie nie erfahren. Sie selbst erkrankte schwer. Irgendein russischer Offizier muss dann wohl doch Erbarmen mit ihr gehabt haben, denn eines Tages fand sie sich in einem Weimarer Gefängnislazarett wieder. Von dort aus wurde sie entlassen, ihre Papiere waren von Mühlhausen verloren gegangen, so dass keine Anklage erhoben werden konnte. Obwohl 1950 alle Straflager auf deutschem Boden aufgelöst und die darin befindlichen Häftlinge den DDR-Behörden übergeben worden waren, behielten die Sowjets dennoch Gefangene unter eigener Bewachung. Davon entließen sie im Frühjahr 1953 zweihundert. Darunter befanden sich immer noch „Werwolf"-Verurteilte, nunmehr – nach über siebenjähriger Haftzeit und kaum älter als vierundzwanzig Jahre – waren sie in einem greisenhaften Zustand. Mühlhäuser wie Georg Wolf, Paul Schirmer, Adolf Völker, Karl Grunder, Willi Lehmann, Willy Stiefel, Karl Gutheil, Karl Schwarzmann und Erika Grabe haben wie Herbert Grob Sachsenhausen durchlitten. Wie viele Mühlhäuser insgesamt dort gewesen, wie viele zurückgekehrt bzw. dort verstorben sind, ließ sich nicht mehr ermitteln.

Nach einer Aufstellung des ehemaligen Lagerinsassen Herbert Lange verstarben in Sachsenhausen 663 jugendliche „Werwölfe" der Jahrgänge 1927 bis 1932. In Bautzen waren es 278, in Ketschendorf 260, in Buchenwald 47, in Fünfeichen 99. Sie waren gestorben, bevor sie erwachsen wurden. Aber es gab noch jüngere Häftlinge, Kinder, die als Elf- und Zwölfjährige vom NKWD eingeliefert worden waren. Ihre Zahl ist unbestimmt.

Laut Ermittlungsstand 1997 starben ab Mai 1945 bis Februar 1950 in sowjetischen Speziallagern Jugendliche der Jahrgänge 1925 bis 1932:

1945	71 Tote
1946	587 Tote
1947	1.261 Tote
1948	1.115 Tote
1949	361 Tote
1950	22 Tote

bis Februar 1950 insgesamt 3.417 Tote.

Die genaue Zahl an Jugendlichen, die in anderen Lagern und NKWD-Gefängnissen erschossen und erschlagen worden sind, konnte der Suchdienst des Deutschen Roten Kreuzes noch nicht endgültig feststellen. Den Schätzungen nach aber sind im sowjetischen Machtbereich bei 10.000 deutsche Jungen und Mädchen umgekommen.

Alle jugendlichen Häftlinge, die, zumeist nach 1950, von den Sowjets an die DDR-Justiz übergeben wurden, waren todkrank und haftuntauglich. Trotzdem hat man sie nicht entlassen, sie mussten elend in DDR-Gefängnissen sterben. Ihre Leichen wogen kaum noch 50 Pfund. In Waldheim waren es 40, in Torgau sieben.

Natürlich befanden sich unter den Häftlingen im Mühlhäuser Amtsgericht Untermarkt 17 von August 1945 bis zur Rückgabe des Gebäudes an die Stadt ständig Mädchen und junge Frauen. Über ihr Schicksal ist wenig bekannt. Einige waren wegen ihrer Zugehörigkeit zum BDM eingesperrt worden, die meisten aus Gründen wie „sowjetfeindliches Verhalten", „versuchte Sabotage" oder „Spionage für den Imperialismus". Die Sowjets behandelten sie nicht anders als ihre männlichen Opfer, sie wurden erschlagen, erschossen, verschleppt. Eine Annemarie Reichenbach soll wegen Besitz von Wehrmachtskleidung (Handschuhe, Stiefel, Mützen, Mäntel) zu 25 Jahren Arbeitslager verurteilt worden sein. Und die zwanzigjährige Brigitte Hühn blieb acht Monate inhaftiert, weil ihr Bruder flüchtig war, der sich einer Festnahme widersetzt hatte. Zu Enlassungen kam es nach qualvollen Verhören und Demütigungen. Zu diesen Frauen zählen Ilse Pfeiffer, Gerda Schöller, Sigrid Zehner, Erika Schwanz, Magda Specht sowie die schwangere Hedwig Strauß.

Wie weit ein solches „Mädchen-Schicksal" von damals reicht, erlebt gerade eine Familie auf tragische Weise. Als Fünfzehnjährige war Charlotte B. in ein Flüchtlingslager bei Sonneberg gelangt. Mehrfach von Rotarmisten vergewaltigt, fand sie sich eines Tages schwanger auf der Landstraße wieder. Sie brachte das Kind zur Welt, später heiratete sie und gebar noch weitere Kinder. Nun liegt sie seit Jahren schwer krank im Bett. Und wie der Arzt sagt, kann sie nicht sterben, weil sie mit ihren damaligen Erlebnissen nicht fertig wird. Nie hat sie sich dazu überwinden können, mit jemandem darüber zu reden, um sich von der Last zu befreien. Nun bemühen sich ihre Töchter verzweifelt, ihre letzten Schritte aus dem Leben zu erleichtern.

1990, kurz vor ihrem Tod, gestand eine nach Flarchheim evakuierte Frau ihrer Freundin, dass sie 1947 von Russen vergewaltigt worden war. Ein sowjetisches Militärfahrzeug hatte, ihr auf der Landstraße entgegenkommend, angehalten und die Insassen waren über sie hergefallen. Selbst ihren eigenen Töchtern hatte sie nie davon erzählt.

Es war also durchaus nicht so, dass wie beim Einmarsch in Ostpreußen, nur die Fronttruppen die deutschen Frauen in barbarischer Weise vergewaltigten. Auch nach Kriegsende, nachdem Westberlin gegen die Länder Thüringen, Sachsen und Anhalt eingetauscht worden war, wurde diese grausame Kriegskontribution von den Rotarmisten weiterhin eingetrieben.

Vergewaltigt wurde auch die 16jährige Eva Maria Steege. Sogar im Beisein ihrer Eltern, die verzweifelt zusehen mussten. Vor einer Anzahl angetrunkener Offiziere musste sie sich nackt ausziehen, danach packte einer von ihnen das Mädchen, drückte es aufs Bett und als es sich wehrte, presste er ihr einen Revolver gegen die

Brust, bis sie schluchzend aufgab. Damit nicht genug. Sie kamen immer wieder, um Eva zu holen, zu schlimmen, schrecklichen Nächten, die das Mädchen apathisch über sich ergehen lassen mußte.

Im April 1946 wurde Ruth Helfrich auf dem Dorlaer Platz von einem sowjetischen Serganten vergewaltigt. Tage darauf passten Freunde des Opfers den Serganten ab, um ihn zur Rede zu stellen. Bei dem einsetzendem Handgemenge starb der Vergewaltiger. Die jungen Männer blieben unentdeckt, sie zählten in den fünfziger Jahren zu den namhaftesten Mühlhäuser Reitersportlern.

Der Kampf der Mühlhäuser Eltern, insbesondere der Mütter, ihre eingesperrten Kinder wieder frei zu bekommen, war vergeblich. Ihre Bitten um Fürsprache durch einheimische Kommunisten bis hin zu Bestechungsversuchen sowjetischer Wachposten – nichts hatte Erfolg. Sie nahmen Kolbenstöße in Kauf und begaben sich sogar in Lebensgefahr, wie die Mutter von Günter Ochs, die bis ans Lagertor von Buchenwald vordrang und nur durch ein Wunder der Verhaftung entging. Dass sie zum Schluss noch einen Rührkuchen ins Lager schmuggelte und dieser Kuchen tatsächlich in die Hände ihres Jungen gelangte, ist für jeden, der um den Absperr-Riegel von Buchenwald weiß, schier unglaublich.

Bei der Einschätzung der „Werwolf-Aktion" durch die sowjetische Besatzungsmacht bleibt festzustellen: Alle hauptamtlichen und weit über dreißig Jahre alten Hitlerjugendführer in Mühlhausen, die für die politische Erziehung der jungen Menschen in der Stadt verantwortlich waren, wurden nur kurzfristig oder überhaupt nicht von den Sowjets festgenommen.

Unter den etwa 10.000 in Jamlitz festgehaltenen Personen befanden sich hauptsächlich Jugendliche, selbst 12- und 13-jährige Kinder waren darunter, von denen fast jedes Dritte an Hunger, Seuchen und Misshandlungen zugrunde ging.

700 Kinder in Gefangenschaft der Ostzone
Als sich im Oktober 1947 die deutschen katholischen Bischöfe wegen der Verhaftung von Kindern und Jugendlichen in der SBZ an den Alliierten Kontrollrat wandten, wussten sie natürlich, dass die von ihnen ermittelten Zahlen nur ein Bruchteil von allen Verschleppten darstellten.

Immerhin konnten sie acht Namen von Kindern unter 14 Jahren nennen. Des Weiteren 149 14-jährige, 285 15-jährige und 270 16-jährige. Nur in ganz wenigen Fällen wussten die Eltern etwas über den Verbleib ihrer Kinder. Bei Nachforschungen wurden sie mit Verhaftung bedroht.

Außerdem machten die Bischöfe darauf aufmerksam, dass in zahlreichen Fällen die aus US-amerikanischer und britischer Kriegsgefangenschaft entlassenen Soldaten bei der Rückkehr in die SBZ erneut gefangengesetzt wurden.

Die Sowjets wiesen diese Beschuldigung als „westliche und böswillige Propaganda" zurück, die nur dazu diene, den Frieden zu gefährden.

Nach Schätzungen Überlebender waren während ihrer Mühlhäuser Haft 1945 bis 1947 am Untermarkt über 200 Jugendliche inhaftiert.

14. WERWOLF-VARIANTEN

Als besonders infames Vorgehen muss man die Scheinhinrichtungen bezeichnen, die damals an den jungen Menschen vorgenommen wurden.

Der 15-jährige Klaus Bosecker war wegen Verdachts auf Waffenbesitz festgenommen und zum Untermarkt 17 gebracht worden. Nachdem er dort mehrere Tage lang festgehalten und verhört worden war, holte man ihn eines Nachts aus seiner Zelle und schaffte ihn mehrere Häuser weiter auf den Hof des Grundstückes Untermarkt 13/14. Dort wurde ihm von einem Offizier gesagt, wenn er nicht sofort das Waffenversteck preisgäbe – es sollte sich um zwei Pistolen handeln – würde er erschossen. Der Hof war nur schwach erleuchtet, der Junge erkannte mehrere Soldaten mit Gewehren in der Hand. Schließlich legte man ihm eine Binde um die Augen und führte ihn an die Stadtmauer, danach erklangen in langsamen Abständen Befehle in russischer Sprache, so dass er annehmen musste, dass er im nächsten Augenblick erschossen würde. Er wollte schreien, brachte aber keinen Ton über die Lippen. Dann waren ihm anscheinend doch die Sinne geschwunden, er spürte Schläge im Gesicht, er erkannte den Offizier, der ihn zum Bewusstsein zu bringen versuchte, danach musste er sich übergeben. „Was noch alles geschah, weiß ich nicht mehr", berichtete er später. „Man ließ mich noch in derselben Nacht frei."

Anfang Dezember 1945 erschienen bei dem 17-jährigen Eberhard Schmidt mehrere Polizisten sowie zwei Zivilpersonen und nahmen ihn ohne Begründung fest. Auch er landete bei den Sowjets auf dem Untermarkt. Bei den Verhören wurde ihm erklärt, er sei verdächtig, dem so genannten „Werwolf" anzugehören. Eberhardt Schmidt wies den Vorwurf zurück. Zwei Wochen lang wurde er verhört und dabei mit Schnaps betrunken gemacht. Alles, was der 17-jährige zu gestehen hatte war, dass er von 1942 bis 1945 Angehöriger der Hitlerjugend im so genannten SRB-Streifendienst (Feuerwehr) gewesen war und dass er auch nach dem Krieg noch als Feuerwehrmann tätig sei. Doch eines erzählte der junge Mann schließlich auch: Am Stadtberg hatte er im Frühjahr 1945 ein Kleinkalibergewehr vergraben. Dies deshalb, um die Waffe aus dem Haus zu bekommen.

Mit einem Jeep fuhren die russischen Offiziere Eberhard Schmidt zum Kriegerdenkmal am Löwen. Die dort vergrabene Waffe wurde gefunden und von den Russen wieder schussbereit gemacht. Danach musste Schmidt in seine Zelle zurück, einige Tage später wurde er mit verbundenen Augen auf den Hof geführt. Zum Erschießen, hieß es. Er hörte russische Kommandos und das Durchladen der Karabiner. Plötzlich nahm man ihm die Binde ab. Er sah, wie er allein mit einem der Offiziere auf dem Hof stand. Der sagte ihm, dass er entlassen sei und schubste ihn zum Tor hinaus.

Scheinhinrichtungen zählen in der Tradition der russischen Armee zum festen Bestand. Sie reichen bis ins 18. Jahrhundert zurück. Die bekannteste ist uns von dem Dichter Dostojewski überliefert. Von einem Militärtribunal zum Tode verurteilt, sollte er am 22. Dezem-

Eberhard Schmidt

ber 1849 auf dem Moskauer Semjanowski-Paradeplatz hingerichtet werden. Erst im letzten Augenblick, nachdem ihm schon die Augen verbunden und die Kommandos erfolgt waren, wurde von der Erschießung Abstand genommen. Übergangslos hat die Rote Armee diese Bestrafungsart übernommen. Nicht weniger als sechsmal holte man den ehemaligen Moskauer Gouverneur Dachunkowskij nachts aus seiner Zelle zum Erschießen, bevor seine endgültige Liquidierung durch die Fürbitte unzähliger Moskauer Bauern verhindert wurde. Dass Stalin ihn 1938 doch noch umbringen ließ, war nicht anders zu erwarten. In Torgau waren 1948 an den drei jungen Frauen Milke, Griese und Klinger Scheinhinrichtungen vollzogen worden. „Noch lange bewegten sie sich wie Wesen aus einer anderen Welt zwischen uns", so Erika Grabe, „irgendetwas war tatsächlich in ihnen gestorben."

Knut Beirich, Jahrgang 1927, war nach Abschluss der Oberrealschule als Luftwaffennachrichtenhelfer tätig gewesen. Seine Lehrer hatten ihm eine überdurchschnittliche künstlerische Begabung bescheinigt, insbesondere im Malen. Als er im September 1947 die bei seiner Mühlhäuser Tante Grete Möller aufbewahrten Zeichnungen aus seiner Schulzeit holen wollte, verhaftete ihn der NKWD. Seine Angaben, er sei bis zum Kriegsende als Nachrichtenhelfer tätig gewesen, legten man ihm als „Werwolftätigkeit" aus, die er immer noch betreibe. Die beschlagnahmten Skizzen und Zeichnungen galten als „verdächtiges Material". Sie verprügelten ihn und versuchten ihn zu einem Geständnis zu pressen. Bei seiner Freilassung Anfang Dezember 1947 hatten sie ihm zwei Zähne ausgeschlagen und eine Rippe gebrochen. Seine Zeichnungen, mit denen er sich an der Düsseldorfer Kunstakademie zum Studium bewerben wollte, bekam er nicht wieder.

Bernd Schellhorn gehörte zum Jahrgang 1928; er war Schlosserlehrling und half hin und wieder befreundeten Russen bei der Reparatur ihrer Fahrzeuge. Als einmal ein Auto Feuer fing, nahm ihn ein NKWD-Offizier fest und beschuldigte ihn der Sabotage. Bernd Schellhorn wurde inhaftiert, kam nach Erfurt, von da aus nach Halle. Bei jedem Verhör nahm sein „Verbrechen" größere Dimensionen an. Danach sollte er auch eine „Werwolf-Unterorganisation" gegründet und geleitet haben. Nach einem halben Jahr, im März 1947, wurde ihm von einer Dolmetscherin gesagt, er sei zu acht Jahren Arbeitslager verurteilt worden. Er kam nach Torgau, wurde aber dort im August 1948 überraschend entlassen.

Zu den ältesten „Mühlhäuser Werwölfen" zählte der damals 24-jährige Willi Lehmann. Bei einer Hausdurchsuchung im April 1947 hatte man bei ihm einen amerikanischen Coltrevolver gefunden. Nie zuvor hatte er ihn gesehen, auch nicht seine Frau und die Mitbewohner im Haus. Für alle stand fest, die Waffe hatte man ihm untergeschoben. Schon nach kurzer Haft in Weimar schaffte man ihn in die NKWD-Zentrale der SBZ nach Potsdam. Die schweren Folterungen dort brachten ihn rasch an den Rand des Todes. Nacht für Nacht starben Mithäft-

Willi Lehmann

linge neben ihm. Fest eingeprägt blieben ihm die morgendlichen Visiten der Posten, die mit den Händen die Halsschlagadern der Zusammengeschlagenen befühlten, ob noch Leben in den Körpern war. Mit „Davai! – Davai!" wurden danach die noch Atmenden auf den Hof getrieben.

(Eine generelle Altersbegrenzung für Werwölfe gab es nicht. Der Vorwurf, als solcher tätig geworden zu sein, wurde willkürlich von den sowjetischen Verhörern bestimmt. Ein Betroffener konnte zehn- aber auch dreißigjährig sein.)

Von einem sowjetischen Militärtribunal wurde schließlich Willi Lehmann zu 15 Jahren Arbeitslager verurteilt. Er kam in verschiedene Zuchthäuser, zuletzt nach Sachsenhausen. Längst war aus dem kräftigen Mann ein Wrack geworden. Offene TBC wurde bei ihm festgestellt, doch es gab weder Arzneien noch Vergünstigungen, dafür furchtbare Erlebnisse. Schon bei kleinsten Vergehen wurden die Gefangenen schwer misshandelt. Einzelarrest wechselte mit Essensentzug. Beschwerden endeten damit, dass Betroffene tagelang an Händen und Füßen mit Handschellen ans Bett gekettet wurden, so dass ohne Hilfe weder die Notdurft verrichtet noch Nahrung aufgenommen werden konnte. In schauerlicher Erinnerung blieb Willi Lehmann die Begegnung mit dem Mühlhäuser Gustav Merkl. Merkl war irre geworden. Mit verdrehten Augen und nur noch lallend vegetierte er zwischen den Gefangenen dahin.

Die Hoffnung, bei der Auflösung des KZs Sachsenhausen 1950 entlassen zu werden, zerschlug sich für den schwerkranken Willi Lehmann. Er kam nach Waldheim. Dreieinhalb Höllenjahre lagen hinter ihm, drei noch vor ihm. Die TBC hatte

Der Entlassungsschein Willi Lehmanns, der ihm die Wiedereinbürgerung garantierte.

inzwischen weitere Organe angegriffen. Im Haftkrankenhaus wurde ihm ein Stück Darm herausgeschnitten. Bei seiner Entlassung 1954 wog er noch 82 Pfund. Damit aber waren seine Leiden noch nicht zu Ende. Bei seiner Heimkehr erfuhr er, dass seine geliebte Frau inzwischen verstorben war. Weder Russen noch Deutsche hatten es für notwendig erachtet, ihn davon in Kenntnis zu setzen. Als sich eine neue Darmoperation erforderlich machte, erklärte ihm der Mühlhäuser Chirurg, Dr. Georg Raeschke, in Waldheim hätte man Pfuscharbeit geleistet, vermutlich sogar Versuche an ihm vorgenommen. Heute lebt Willi Lehmann am Rollstuhl gefesselt, als Vollinvalide.

Obwohl der sowjetische Ermittlungs-Apparat längst die Unsinnigkeit einer Werwolf-Tätigkeit im besetzten Deutschland erkannt haben musste, gab er diese Fiktion nur allmählich auf. Bis schließlich andere „Delikte" an die Stelle traten wie „Spionage", „Sowjethetze", „konterrevolutionäre Verbrechen", „Nichtanzeigen von Verbrechen". Hierbei blieben deutsche Jugendliche weiterhin potentielle Opfer des NKWD, insbesondere die Jahrgänge 1928 bis 1933.

Indessen begegneten die so gefährdeten Mühlhäuser Jugendlichen den stupiden Verfolgungen auf eigene Weise. Sie begannen, ihre Zimmer mit Stalin- und Leninbildern auszurüsten, legten Bücher russischer und sowjetischer Autoren auf die Tische und hatten damit Erfolg. War wieder eine Hausdurchsuchung, verschwanden die Russen bald wieder mit Schulterklopfen und „Karascho" aus dem Haus.

Ein besonders drastischer Fall war die Flucht von fünf Schülern im Frühjahr 1948 im Alter zwischen 15 und 18 Jahren nach dem Westen. Nur durch die Warnung eines VP-Angehörigen konnten sie sich vor der Festnahme des NKWD retten. Bei ihnen ging es um „Sowjethetze". Zwei Väter der Schüler waren 1945 von den Russen verschleppt worden. Darüber hatten sie in der Schule geredet und sich negativ gegen die russischen Zustände, die seit der Besetzung in der Stadt herrschten, geäußert. Das war angezeigt worden.

Solche „Abwanderungen" junger Leute nach dem Westen gehörten längst zum Alltag jener Jahre. Einzeln zumeist, aber auch mit ihren Eltern verließen sie ihre angestammte Heimat. So verließ jedes Jahr regelmäßig ein Teil der Abiturienten die Stadt in Richtung Westen. Bei manchen Jahrgängen waren es bis zu 70 Prozent.

Auch als ab 1950 politische Strafsachen mehr und mehr von der DDR-Justiz übernommen wurde, behielten die Sowjets alle „politischen Fälle" fest im Auge, besonders, wenn es sich bei den Tätern um Jugendliche handelte, wie bei dem Werdauer Oberschüler H. Jürgen Flade, der 1951 zunächst zum Tode verurteilt, dann aber mit 18 weiteren Werdauer Oberschülern wegen „Boykotthetze" zu insgesamt 124 Jahren Zuchthaus „begnadigt" wurde.

In Mühlhausen bestätigte ein Fall, wie der des 19-jährigen Klaus Fischer, dieses Zusammenspiel. Fischer war zunächst von der Volkspolizei festgenommen, dann den Russen übergeben und dann doch noch vor ein deutsches Gericht gestellt worden. In der Urteilsbegründung zu 3 Jahren Zuchthaus hieß es, er habe militärisches Schriftgut besessen und antidemokratische Äußerungen gemacht. Zwei Freunde Fischers waren als Zeugen vorgesehen, die es aber vorgezogen hatten zu verschwinden. Damit wäre eigentlich der „Fall" geplatzt gewesen, denn das belastende „Material" bestand aus einigen Wehrmachts-Fotos und Ordensurkunden von Fischers

Vater, die Klaus Fischer herumgereicht hatte, während seine Äußerungen, wie immer sie gelautet haben mochten, nun vor Gericht nicht mehr bezeugt werden konnten. Dennoch ging die Anklage von „Kriegshetze" und „friedensgefährdender Wühlarbeit" aus und hatte damit auch Erfolg.

Am 18. 11. 2001 wurde am Creuzburger Rathaus eine Gedenktafel enthüllt. Damit gedachten die Bürger vorwiegend der elf Jugendlichen, die 1946 von der sowjetischen GPU verhaftet und inhaftiert worden waren. Die Opfer hatten 25-jährige Haftstrafen erhalten und waren teilweise bis nach Sibirien verschleppt worden. Einer der jungen Menschen hatte das Martyrium nicht überlebt.

Es war und blieb auffällig, dass die sowjetische Besatzungsmacht jede sich bietende Gelegenheit dazu benutzte, sich jugendlicher Deutscher zu bemächtigen und sie zu inhaftieren. Allein die Verweigerung von Russisch-Unterricht reichte aus, um Schüler zu verhaften und vor ein Militärgericht zu stellen, wie im Falle des Potsdamer Jugendlichen Hermann Schüler. Seine Verweigerung wurde in „Werwolftätigkeit" und „feindliche Einstellung zur Sowjetunion" umgemünzt und damit eine Verurteilung zum Tode gerechtfertigt. Dass dieses Urteil später in eine 20-jährige Haftstrafe umgewandelt wurde, ändert nichts an dieser „Rechtssprechung".

Nicht zuletzt wird dabei die Geheimhaltung solcher Prozesse verständlich, denn allzu grotesk waren meistens die erhobenen Anschuldigungen. So im Fall von Gerhard Hoffmann. Er habe, so steht es wortwörtlich im Protokoll, 50 sowjetische Panzer abgeschossen und 100 Rotarmisten getötet. „Das habe ich natürlich nicht unterschrieben", bekannte er später. „Ich habe ja niemals an Kampfhandlungen teilgenommen, war auch nicht in der NSDAP. Da hat man mich so zusammengeschlagen, dass ich mit dem bisschen Bewusstsein, das ich noch hatte, mir gesagt habe: Besser du unterschreibst und kommst irgendwie davon oder die hauen dich total kaputt."

Endergebnis: der 16-jährige Gerhard Hoffmann „wanderte" fünf Jahre durch Stalins Straflager in der SBZ, um am Ende mit schweren gesundheitlichen Schäden am 14. Februar 1950 als einer der letzten Häftlinge aus Buchenwald entlassen zu werden.

Ulrich Bednarek, Dietmar Bockel und Georg Voigt waren längst nicht die letzten Mühlhäuser Jugendlichen, die verhaftet und verschleppt wurden oder Repressalien erfuhren. Auch nach Gründung der DDR blieb die Verfolgung junger „Andersdenkender" Hauptaufgabe für Stasi und NKWD.

So berichtet Kurt Keil, dass er 1951 mehrfach verhaftet und in U-Haft kam, weil er angeblich einem Spionage-Ring angehörte, der gegen DDR-Politiker Attentate vorbereitete. Während seiner Haftzeit traf er mehrfach Jugendliche seines Alters (20), denen ähnliche Delikte vorgeworfen wurden.

Wie viele Mühlhäuser Jugendliche aus „politischen" Gründen zwischen 1950 bis 1953 verurteilt worden sind, bleibt noch zu klären. Die Schätzungen gehen auf mindestens 20 Fälle.

Nicht von ungefähr befasste sich der Deutsche Bundestag in seiner Sitzung vom 24. April 1952 insbesondere auch mit DDR-Gerichten und ihren Urteilen in Jugendstrafprozessen.

„Der Abgeordnete Blachstein erklärte, dass in der DDR allein im Jahre 1950 4.300 Jugendliche vor dortigen Gerichten zu langjährigen Zuchthausstrafen verurteilt worden sind und dass auch das Jahr 1951 mit weiteren 2.000 Verurteilungen keine Änderung dieser Haltung der DDR-Justiz zeige. Er erklärte, dass die Regelstrafe 25 Jahre Zwangsarbeit betrage und dass selbst die Verhängung der Todesstrafe an Jugendliche für anwendbar und zulässig erklärt und ausgesprochen worden sei."

Hanns-Heinz Gatow

15. DIE HEISLER-SCHWESTERN

Herta Heisler

Marianne Heisler

Im Jahre 1952 gelangte eine Fotografie in das sowjetische Straflager Workuta, worauf zwei Mädchenköpfe abgebildet waren. Die beiden Mädchen, Herta und Marianne Heisler aus der Mühlhäuser Erfurter Straße, waren im Sommer 1945 von den Sowjets verhaftet worden und seitdem spurlos verschwunden. Über sieben Jahre hindurch hatten die Eltern versucht, den Verbleib ihrer beiden Kinder herauszufinden. Vergeblich, niemand konnte oder wollte ihnen etwas sagen, bis sie eines Tages hörten, dass in der Ammerstraße ein Ehepaar wohnte, dessen Tochter im sowjetischen Straflager Workuta eine langjährige Haft verbüßte. An dieses Ehepaar namens Betzer wandten sich die Heislers, und die Betzers schickten die Fotografie der zwei Schwestern zu ihrer Tochter Herta Herting in die ferne Tundra. Hier in Workuta im Petschora-Kohlebecken, wo unter unmenschlichen Bedingungen neben russischen Strafgefangenen Verschleppte aus aller Welt Frondienste leisten mussten, wanderte die Fotografie von Baracke zu Baracke. Unzählige Hände hielten sie in der Hand, Hunderte von Augenpaaren betrachteten die Mädchengesichter, aber niemand kannte sie. Keinem waren sie im Lager begegnet. So erhielten die Heislers über das Ehepaar Betzer ein halbes Jahr später den Bescheid, dass auch in Workuta keine Spur von ihren zwei Töchtern zu finden war. Wie viele Versuche von den verzweifelten Eltern unternommen wurden, um doch noch etwas über ihre Kinder zu erfahren, lässt sich nur ahnen. Dabei waren ihnen schon mehrfach Andeutungen gemacht worden, dass Marianne und Herta bereits in Mühlhausen schon bald nach ihrem Verschwinden getötet worden waren. Es hatte sogar einen sehr deutlichen Hinweis auf ein Verbrechen gegeben. Die Mutter war auf der Straße einer Russin begegnet, die zweifellos die Strickjacke von Marianne trug. Trotzdem wandten sie sich immer wieder an deutsche und sowjetische Dienststellen. Immer wieder sprachen sie mit entlassenen Häftlingen, die aus Buchenwald, Jamlitz und Sachsenhausen kamen. Doch die Mädchen blieben verschwunden. Für die Eltern bedeutete das nicht nur unsägliches Leid, sie starben vorzeitig an diesem Unglück. Ein letztes Lebenszeichen beider Schwestern gab es dennoch, und zwar in einer Gefängniszelle am Untermarkt 17. Dort waren ihre Namen, wie Herbert Grob bestätigt, in die Wand eingeritzt worden.

Vier Jahre später, 1949, begingen zwei junge Frauen in einem Mühlhäuser Betrieb am „Alten Blobach" ein ähnliches „Verbrechen". Ein großes Stalinbild war an der Stirnseite der Garderobe angebracht worden und die zwei Frauen, Kusinen aus

Görmar, bekritzelten Stalins Gesicht mit Buntstiften. Ihr Meister, der das beobachtet hatte, ließ sie festnehmen. Liselotte Höfer und Margarete Junge kamen vor Gericht. Was heute lächerlich erscheint, wurde bitterer Ernst für sie. Das Gericht verurteilte beide zu hohen Zuchthausstrafen.

Bei der vorzeitigen Entlassung der zwei Frauen (dank Stalins Tod) erklärte ihnen der Direktor, der junge DDR-Staat habe sich inzwischen so weit gefestigt, dass er es erlauben könne, Verbrecherinnen wie sie auf freien Fuß zu setzen. Dankbar sollten sie aber allemal sein; damit bot er ihnen an, für den Staatssicherheitsdienst zu arbeiten.

Waltraud Nohr

Die beiden Frauen wiesen dieses Ansinnen kategorisch ab. Ihre Abneigung gegen ihre Peiniger wurde nicht geringer, als sie zu Hause erfuhren, dass zwei weitere junge Kolleginnen ihres Betriebes damals in Gefahr geraten waren: Waltraud Nohr und Ruth Krause. Jener Meister, von dem sie angezeigt worden waren, hatte beobachtet, wie sie bei der Bemalung des Stalinbildes zugeschaut und gelacht hatten. Für dieses Lachen sollten sie ebenfalls bestraft werden. Ein Mühlhäuser Staatsanwalt hatte bereits einen Haftbefehl gegen sie erlassen. Durch einen Kripo-Beamten aber war das den Frauen hinterbracht worden. So packten Waltraud Nohr und Ruth Krause, beide wohnhaft in Kammerforst, das Nötigste zusammen und flohen mit Hilfe einiger Kammerforster Männer nach dem Westen.

Nach der Veröffentlichung des Falles in verschiedenen Presseorganen kam es doch noch zu einer gewissen Klärung des Schicksals der Geschwister Heisler. Eine bisher nicht bekannte, in Schleswig-Holstein lebende, jüngere Schwester meldete sich.

Sie berichtete, wie eines Tages ein junger russischer Soldat in das Haus der Heislers kam, der im gebrochenem Deutsch sagte: „Es ist zu schwer zu sagen für Mutter, erschossen worden sind beide Mädchen, in einem Wald."

„Mir klingen diese Worte noch heute im Ohr!", so die jüngere Schwester Gisela: „Meine Mutter war dem Wahnsinn nahe. Nachdem ich den Soldaten rausgelassen hatte, beschwor ich meiner Mutter sich zu beruhigen. Da alles so unglaubwürdig und keineswegs amtlich war, sagte ich zu meiner Mutter, dass es sich auch möglicher Weise um zwei Flakhelferinnen gehandelt haben könnte. Natürlich beruhigte sie das nicht. Sie stellte Nachforschungen an, noch und noch. Sie ließ nichts aus: Alles ohne Erfolg!

Als ich 1992 in Mühlhausen war und Urkunden haben wollte, bekam ich plötzlich die Sterbeurkunden meiner Geschwister. Hertas Sterbeurkunde lautete: ist am 31. Oktober 1946 in der UdSSR verstorben.

Auf Mariannes Sterbeurkunde stand: ist am 1. November 1945 in der UdSSR verstorben. Ich war wie erschlagen, plötzlich auf diese Weise damit konfrontiert zu werden. Keine weiteren Angaben dazu. Über die Todesursache? Über den Ort? Die Zeit? Einfach nichts!"

Im August 2001 meldete sich eine weitere Zeugin, Frau Hedwig Strauß aus Kloster-Zella. Als schwangere junge Frau hatte sie am Untermarkt das Drama der

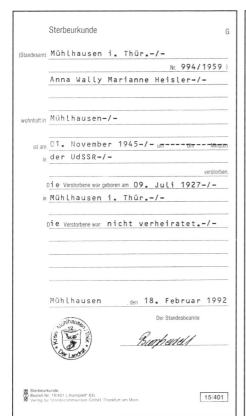

Natürlich waren diese Urkunden fingiert. Wer aber gab die Anordnung dazu?

Heisler-Schwestern bis zum bitteren Ende miterlebt. Sie weiß noch, wie die Schwestern von den zusätzlichen Brotrationen, die sie fürs Wäsche waschen von den Russen bekamen, stets den Mühlhäuser Männern beim Hofgang etwas abgaben. Ein junger mitleidiger sowjetischer Offizier hatte den Mädchen Hoffnung gemacht, ein Gnadengesuch an Stalin könnte ihr Todesurteil in „lebenslänglich" umwandeln. Doch die Mädchen starben, bevor es aufgesetzt war. Vor ihnen wurden allerdings schon andere junge Frauen erschossen, darunter eine aus der Vogtei, die tagelang verzweifelt nach ihrer „Mutti" geschrien hatte.

Hedwig Strauß hatte das Glück, nach 6 Wochen wieder frei zu kommen. Danach erlebte sie, wie die Mutter der ermordeten Herta und Marianne noch lange Zeit Blumen an eine bestimmte Stelle im Mühlhäuser Stadtwald brachte. Ob es sich dort um die von ihr vermutete oder um die tatsächliche Grabstelle ihrer Kinder handelte, ist ihr nicht bekannt.

Möglicherweise hat es sogar eine Duplizität im Fall der Heisler-Schwestern gegeben. Bei der Erkundung ihres Schicksals tauchte mehrfach ein Schwesternpaar namens Raddau auf. Doch nicht nur von verschleppten Schwesternpaaren, sondern auch von Freundes-, Ehe- und Geschwisterpaaren ist bei diesen Nachforschungen glaubhaft die Rede. So von einem Bruder und seiner Schwester, die von einem

Исп. вх. №

ГЕНЕРАЛЬНАЯ ПРОКУРАТУРА
РОССИЙСКОЙ ФЕДЕРАЦИИ

ГЛАВНАЯ
ВОЕННАЯ ПРОКУРАТУРА

„3" апреля 1998 г.
№ 5уд-62/98

103160, Москва, К-160

Посольство ФРГ
Консульско-правовой отдел
II7313, г.Москва,
Ленинский пр-т, дом 95"а"

Ваше обращение от 7 января 1998 г. (номер дела РК 544-14776) с просьбой о реабилитации граждан Германии Хайзлер Херты и Хайзлер Марианне поступило в Главную военную прокуратуру и проверено.

Проверкой установлено, что компетентные архивные органы Российской Федерации сведениями о репрессировании (осуждении) граждан Германии Хайзлер Херты и Хайзлер Марианне не располагают.

В связи с этим принять решение о их реабилитации в соответствии с требованием Закона РФ "О реабилитации жертв политических репрессий" от 18 октября 1991 г. не представляется возможным.

С уважением!

Начальник
отдела реабилитации   Л.П.Копалин

Diese Antwort aus Moskau ziegt, dass örtliche Hinrichtungen solcher Art keiner weiteren Registratur Wert schienen.

<u>Übersetzung</u>

**Generalstaatsanwaltschaft
der Russischen Föderation**

Militärhauptstaatsanwaltschaft

3. April 1998
Nr. 5ud-62/98
103160 Moskau K-160

Ihr Antrag vom 7. Januar 1998 (Az.: RK 544-14776) auf Rehabilitierung der deutschen Staatsangehörigen Herta Heisler und Marianne Heisler ist in der Militärhauptstaatsanwaltschaft eingegangen und geprüft worden.

Die Überprüfung ergab, daß die zuständigen Archivbehörden der Russischen Föderation über keinerlei Angaben bezüglich der Verfolgung (Verurteilung) von Herta und Marianne Heisler verfügen.
Deshalb ist es nicht möglich, sie im Rahmen des Gesetzes der Russischen Föderation "Über die Rehabilitierung von Opfern politischer Repressionen" vom 18. Oktober 1991 zu rehabilitieren.

Leiter der Abteilung Rehabilitierung
[Unterschrift]   L.P. Kopalin

[*Bitte beachten*: Die Namensschreibung auf diesem Formblatt erfolgt aufgrund der Schreibweise im russischen Original. Bei der Rückübertragung in lateinische Buchstaben kann es daher u.U. zu kleineren Unterschieden in der Schreibweise kommen.]

sowjetischen Militärtribunal zu je 10 Jahren Zwangsarbeit verurteilt wurden. Grund dafür sei „Spionage" gewesen. Der Bruder, Walter Zimmermann, hat die Strafe, nach Zeugenaussagen, überlebt. Wie seine Schwester hieß und ob sie überlebt hat, ist nicht bekannt.

16. HAUS DES GRAUENS – UNTERMARKT 13

„In den Jahren meiner Arbeit in der Rehabilitierungsverwaltung habe ich Akten und Unterlagen gelesen, die so schlimm waren, dass ich davon schlaflose Nächte hatte. Die Kommunisten waren keinen Deut besser als die Faschisten – oft haben jene diese sogar übertroffen."
Walerij Wolin, Russischer Generalstaatsanwalt, 1995

Blättert man im „Mühlhäuser Wohnungsanzeiger" von 1949, so macht man eine merkwürdige Entdeckung: Die Häuser Untermarkt 13 und 14 sind in der Reihenfolge ausgeklammert. Nach Nummer 12 kommt gleich die 15.
Wie kam es dazu?
Zwischen 1945 und 1950 hatte hier der sowjetische Geheimdienst NKWD/MWD sein Domizil. Zeitlangs waren sogar weitere Häuser auf der Südseite des Marktes, einschließlich des Gerichtsgebäudes, von der Truppe in Besitz genommen worden. Ein Bretterzaun riegelte die Brunnenkreßstraße von jeglichem Verkehr ab.
Die Tätigkeit des NKWD auf dem Gebiet der damaligen Ostzone entsprach zunächst den alliierten Regelungen, Nazi- und Kriegsverbrecher dingfest zu machen und „möglicherweise gefährliche Deutsche" zu internieren. Wie sich in der Folge zeigte, ging es aber bald nicht mehr nur um Entnazifizierung, sondern um die Ausschaltung möglicher Oppositioneller, so genannter „Klassenfeinde", wie Lehrer, Beamte, Großbauern, Kaufleute, Fabrikanten usw., die dem zu errichtenden System sowjetischer Prägung auf deutschem Boden gefährlich werden könnten. Es war also eine „Säuberungsaktion", die im erweiterten Sinne über eine Entnazifizierung hinaus alle wirklichen und eingebildeten Gegner der kommunistischen Lehre erfasste.

Zahllose Unschuldige wurden dadurch verhaftet. Sie erlebten Furchtbares und kamen, wenn überhaupt, erst nach jahrelanger Internierung wieder frei, zumeist mit schweren gesundheitlichen Schäden.

Nachdem das Mühlhäuser Amtsgericht Untermarkt 17 und das danebenliegende Gebäude Nr. 16 platzmäßig nicht mehr ausreichte, um die anfallenden Mengen „verdächtiger Mühlhäu-

Haus Untermarkt 13

ser" aufzunehmen, richtete der sowjetische Geheimdienst die beiden Grundstücke Untermarkt 12, 13 und 14 für seine weitere „Arbeit" her. Hier verblieb sein Hauptsitz bis 1950.

Trotz der reichlich vorhandenen Räume auf beiden Grundstücken kam es für die Folterer wie für die Gefolterten rasch zu einer Überfüllung der Häuser. So schnell wie der „Nachschub" rollte, konnten die eingelieferten Fälle gar nicht behandelt werden. Neben Bürgern der Stadt kamen mehr und mehr Menschen aus dem Landkreis hinzu. Wegen dieser Überfüllung beschlagnahmten die Sowjets zeitlangs auch die Grundstücke „Reise'sche Villa" in der „Dr.-Wilhelm-Külz-Straße" 20 sowie die Häuser 17, 16, 15, 14, 13 und Spielbergstraße 46. Auch in den Häusern Steinweg 6 (Postkeller) und 75 (Bürgerschenke) führte der NKWD Verhöre durch. Die Kellerräume von Lindenbühl 61 (Museum) waren samt Turnhalle 1945-46 ständig mit Gefangenen belegt. Die Beschlagnahmung von Häusern und Wohnungen, mitunter auch nur von einzelnen Zimmern, erfolgte quer durch die Stadt. Die Bewohner wurden kurzerhand rausgesetzt und mussten zusehen, wo sie unterkamen. Zumeist halfen Nachbarn sofort und anstandslos.

Die in der Külzstraße und Spielbergstraße Festgenommenen wurden schon bald auf Lastwagen weggebracht. Bei ihnen handelte es sich vorwiegend um ehemalige Angehörige der NS-Partei und deren Gliederungen aus den Dörfern des Kreises: Ortsbauernführer, deren Stellvertreter, Kassierer, Luftschutzwarte usw. Teils waren sie zu Hause abgeholt worden, teils zu „Gesprächen" bestellt worden. Verwandte, die Tage später zu den Inhaftierten vorzudringen versuchten, wurden von den Posten abgewiesen. In manchen Fällen konnten solche Angehörige, wie die Tochter des Dingelstädter Blockwarts, Zeugen bestimmter Vorkommnisse werden. Sie hörte furchtbare Schreie aus den Kellerräumen dringen, darunter erkannte sie die Stimme

Die Reise'sche Villa „Dr.-Wilhelm-Külz-Straße" 20

ihres Vaters. Ein sowjetischer Posten nahm ihr das kleine Esspaket ab, das sie mitgebracht hatte und versprach ihr, es dem Vater zu geben. Die Familie hat nie wieder etwas von ihm gehört.

Zeugen aus der Nachbarschaft dieser beiden Grundstücke bestätigen, dass immer wieder Schüsse in den Häusern gefallen sind. In der Reise'schen Villa wurden ganz zweifellos Erschießungen vorgenommen. Alle von hier Abtransportierten kamen nach Jamlitz und Mühlberg. Aus diesen Lagern hat sich später keiner zurückgemeldet. So überlebte niemand von den hier Eingewiesenen.

Die Zahl der in der Spielbergstraße Inhaftierten lag bei etwa 150 Männern. Ob vor ihrer Verschleppung noch Selektionen stattfanden, also dass ein Teil von ihnen wieder nach Hause gehen durfte, ist nicht bekannt.

Durch die bis zum Bersten überfüllten Räume im Haus Untermarkt 13/14 kam es zeitweise zu chaotischen Verhältnissen. Wie Betroffene später berichteten, herrschte unter den Männern ständige Angst. Die Schmerzen nach den durchstandenen Verhören und die Aussicht, bald wieder geholt und verprügelt zu werden, hielt die Inhaftierten in einer Atmosphäre der Panik. Stundenlang lagen die von Verhören Zurückgekehrten in einer Ecke und wimmerten und versuchten, ihre Wunden, meistens Platzwunden, zu versorgen. Nur zwischen Mitternacht und 3 Uhr morgens trat einigermaßen Stille ein. Danach wurden wieder die Türen aufgerissen und die Wächter riefen Namen auf. Kurz danach hallten wieder Schreie durchs Haus.

Walter Reutter, ein Lehrer aus dem Eichsfeld, berichtete, wie ein junger Wehrmachtsleutnant in sein Zimmer gestoßen wurde. Eine Stunde lang war er von einem NKWD-Mann mit einer Knute bearbeitet worden. Die Zähne schlugen ihm wie im Fieber zusammen. Als Reutter ihn tröstend anfassen wollte, zuckte er zurück. Reutter vermutete, dass das Handgelenk gebrochen war. So gut es ging, legte er mit zwei Taschentüchern einen Verband an. Das Schluchzen des jungen Mannes verstummte allmählich und ging in ein leises Wimmern über. Wie Reutter in den nächsten Stunden von ihm erfuhr, sollte der ehemalige Wehrmachtsoffizier ein Waffenlager verraten. Dabei war er erst vor zwei Wochen aus Kassel gekommen, wo er nach einem kurzen Lazarettaufenthalt seine Entlassungspapiere erhalten hatte.

So gut es ging, halfen Reutter und andere Zimmerkameraden, den moralisch völlig Zerstörten Mut zuzusprechen. Im Laufe der nächsten Nacht aber kehrten etliche selbst zerschlagen und gequält von den Verhören zurück. Jeder hatte mit sich zu tun, alle Augenblicke klangen Schmerzenslaute aus den Zimmern. In dieser Atmosphäre durchlitten die Männer die Hölle, immer gewärtig, wieder geholt und geschlagen zu werden. Selbst das wenige Essen, was gereicht wurde, interessierte in diesen Stunden kaum. Die blanke Angst schnürte ihnen die Kehlen zu. Es kam vor, dass welche um sich zu schlagen begannen und mit dem Kopf gegen die Zimmerwand rannten. Auch gegen die Tür pochten sie mit den Fäusten. Egal, was ihnen passierte, schlimmer konnte es nicht kommen.

„Man wollte es einfach nicht glauben, dass nur wenige Meter entfernt vor dem großen Eingangstor der friedliche Untermarkt lag, mit Spaziergängern und Kindern, die spielten", berichtete Karl-Heinz Knopf nach seiner Entlassung seiner Frau Herta. Er hätte Jahre seines Lebens dafür gegeben, um das Gebäude damals verlassen zu können, so furchtbar war das Erlebte.

Der junge Leutnant war noch einmal geholt und wieder zurückgebracht worden. Danach hatte man ihn noch ein weiteres Mal abgeführt, von den Männern im Zimmer ist er nicht wieder gesehen worden. Er soll Kretschmann oder Kretschmar geheißen haben.

Herbert Grosse war noch keine zehn Stunden im Haus, als er mit noch einem Dutzend weiterer Gefangener, die anscheinend auch erst kurze Zeit eingeliefert worden waren, ins Treppenhaus befohlen wurde. Dort mussten sie zusehen, wie eine Gruppe blutig geschlagener Gestalten vom Hof ins Haus getrieben wurden. Ihr Anblick war schrecklich. Kaum einer vermochte sich auf den Beinen zu halten. Aus verquollenen, blaugeschlagenen Gesichtern starrten blicklose Augen. Manche hinkten, einige stützten sich gegenseitig. „Unser offensichtliches Entsetzen", so Weinrich, „wurde von den Russen in einer Art beobachtet, die sich nur schlecht beschreiben lässt. Es war eine Mischung von Genugtuung, aber auch von solch erschreckender Kälte, dass uns schauderte. Wenn sie uns mit diesem Vorbeimarsch hatten Angst einjagen wollen, so war ihnen das jedenfalls restlos gelungen."

Dieses Zur-Schau-Stellen blutig zugerichteter Gefangener hat es nach den Berichten anderer wieder Freigekommener anscheinend mehrfach gegeben. Offenbar gehörte das zur „Art des Hauses" als eine Art Ouvertüre. Zu den körperlichen Qualen hatte man sich seelische ausgedacht, die dem NKWD besonders wirksam erschienen.

Karl Füldner, ehemals Meister im GERÄTEBAU, schreibt in einem aus dem Haus geschmuggelten Brief: „(Sonntag, d. 12.8.1945) Liebe Mutti und Kinder! Jeder Tag wird schwerer, heute war es am allerschwersten. Ich konnte mich nicht mehr halten, da habe ich mich richtig ausgeweint. Es ist eine Schande, wie man unschuldige Menschen foltert. Vor allem die kommenden Tage. Dein Geburtstag, nun liebe Mutti, ich hoffe bis Mittwoch zu Hause zu sein. Sollte es aber nicht sein, dann wünsche ich Dir soweit alles Gute, vor allem Gesundheit und die Kraft, diesen schweren Schlag zu überwinden. Sei stark! Wir hören und sehen überhaupt nichts. ... sind wir alle 7 Mann; wir hoffen nur ... bald, die anderen kommen. Denn ich bin unschuldig, nur daß ich seit 1942 den Blockleiter gemacht habe. Nun liebe Mutti schreibe mir doch auch mal ein paar Zeilen, was machen die Kinder und wie sieht es sonst aus. Mein lieber Jürgen, hast Du Dir schon die Haare schneiden lassen? Mit dem Schreiben macht es doch so ... auf dem Boden von den Tüten legst Du den Zettel schön zusammen und ... alles in die Wege zur Hand ... Wenn unser H ... frei wird, daß wir sofort nach Hause können. Ich bleibe nicht länger hier in Mühlhausen, wenn Du Gelegenheit hast, Wäsche mit nach Hause (Ruhla) zu schicken, dann tut es. Denn wir müssen doch weg, die Miete können wir doch nicht mehr bezahlen, hoffentlich hast Du das Geld noch. Du glaubst nicht, wie groß die Freude ist, wenn Du mir etwas schickst und wenn es nur ein Gruß ist, es erleichtert, es ist eben immer die Ungewißheit, wie lange noch. Es sind ... schon 6 Wochen und es vergeht ein Tag nach dem andern und immer hört und sieht man nichts. Grüße bitte Frau Zink und wenn möglich

Karl Füldner

meine Eltern. Hoffen wir doch, daß uns das Glück beschieden ist, daß wir uns bald wiedersehen. Also recht herzliche Grüße und baldiges Wiedersehen, Euer lieber Vati. Meine Sehnsucht ist ..." (Schluss nicht mehr lesbar).

Karl Füldner sah seine Angehörigen nicht wieder. Er starb am 6. Mai 1946 in Buchenwald.

Briefauszug an den Generalsuperintendenten Dr. Krummacher – Berlin-Weißensee (Januar 1948): „Mein Ehemann Karl Füldner, geb. 17. 4. 1909, zuletzt wohnhaft in Mühlhausen, Lützowstraße 43a wurde am 21. 7. 1945 durch die russische Polizei ohne Angabe eines Grundes verhaftet. Von diesem Zeitpunkt an fehlt von ihm jede Spur. Mir ist durch Nachforschungen bekannt geworden, daß mein Mann am 20. 9. 1945 von Mühlhausen nach Weimar geschafft wurde. Ich habe keine Mittel noch Wege gescheut, irgendetwas Näheres über das Schicksal meines Mannes in Erfahrung zu bringen, doch alles ohne Erfolg. Ich hin Mutter von 4 schulpflichtigen Kindern und lebe seit der Verhaftung meines Mannes ohne jegliche geldliche Unterstützung. Man müßte doch annehmen, daß von seiten der russischen Besatzungsmacht die politisch Inhaftierten einmal nach der Schwere ihrer Belastungen sortiert und dementsprechend abgeurteilt werden und wir Angehörigen durch eine entsprechende Benachrichtigung von der belastenden Unruhe befreit werden. Es wäre schon eine Beruhigung zu wissen, wo er sich befindet und wie es ihm gesundheitlich geht." –

Frieda *Füldner*, Farnroda / Kr. Eisenach

„Heute Nacht haben sie wieder geschossen. Ich war angekettet, meine Füße bluten. Es ist so kalt ..." Text eines Kassibers mit der Unterschrift Hilde, etwa aus der Zeit März 1947.

Das alles geschah mehrere Monate nach Kriegsende und setzte sich über die Jahre 1946/47 genauso intensiv fort. Der Krieg, so sagten sich die hier im Hause Leidenden, fand hier ohne Unterbrechung seine Fortsetzung, qualvoll, demütigend, erbarmungslos. Es gab nicht die geringste Möglichkeit zur Verteidigung oder eine Einbeziehung neutraler Stellen, die sich um diese Haftbedingungen gekümmert hätten. Nicht nur ehemalige NS-Angehörige, Wehrmachtsoffiziere, Hitler-Jungen litten hier, sondern auch unabhängige Ärzte, Rechtsanwälte, Schauspieler, Grundstücksbesitzer, Geschäftsleute. Selbst Pfarrer blieben nicht verschont, sie wurden genau wie die anderen geschlagen und gefoltert. Nach Angaben von Alois Groß aus Döringsdorf war mit ihm zusammen ein katholischer Priester aus dem Eichsfeld eingeliefert worden. So weit er wusste, handelte es sich um den Leiter des Heiligenstädter Konvikts. Was aus ihm geworden ist, war ihm nicht bekannt.

Groß selbst war im November 1945 als Bewohner des unmittelbaren Grenzgebietes (500-Meter-Streifen) nach seiner Entlassung aus englischer Gefangenschaft (August) wegen Spionage vom NKWD verhaftet und nach Mühlhausen gebracht worden. Er hatte als Lastwagenfahrer in der „Spinnhütte" gearbeitet und öfters in Wanfried zu tun. Sechs Monate erlitt er unsägliche Qualen im Haus Untermarkt 13. Immerhin hatte er dann das „Glück", verurteilt zu werden und nach Gräfentonna in einen offiziellen Strafvollzug zu kommen. Von Gräfentonna erhielt seine Frau Maria, die sich mit vier kleinen Kindern allein durchschlagen musste, darüber Bescheid. Sie durfte ihn auch mehrmals besuchen. Dazu musste sie jeweils vorher nach Mühlhausen auf die Stadtverwaltung kommen, um eine Besuchserlaubnis zu holen. „Dort wurde ich", so Maria Groß, „jedesmal von einem Beamten angeschrien, ich würde einen verfluchten Spion besuchen." So waren für sie stets bittere Wege nötig, ehe sie ihren Mann sehen durfte. Im Gräfentonnaer Gefängnis indessen tröstete sie ein deutscher Wachmann, der meinte: „Alles was von den Russen kommt, ist unschuldig."

Letztendes war ihr das egal, Hauptsache, ihr Mann lebte. Schließlich wurde er auch entlassen. Auf seinem Entlassungsschein ist vermerkt: „Aktenzeichen der Strafsache U-Haft Kripo A.G. – St.A. zu Mühlhausen – Regierungsrat Stübner".

Das Trauma seiner Haftzeit beim NKWD hat Alois Groß wie die meisten seiner Schicksalskameraden nur schwer verkraftet. Er nahm seine Frau extra mit nach Mühlhausen, um ihr das Fenster zu zeigen, hinter dem er die qualvollste Zeit seines Lebens verbrachte. Er starb am 1. 2. 1991, ohne seine Rehabilitierung zu erleben. In der DDR galt er als vorbestraft.

Zu den prominentesten Opfern dieses Hauses zählte Oberst Oswald von Schierbrand. Als Standortältester der Wehrmacht war er zu Kriegsende noch einmal einberufen worden. Der NKWD nahm ihn fest, so wie viele andere Offiziere, u. a. Major Hübener, Hauptmann Solms, Rittmeister Grabner. Teils wurden sie erschossen, teils erschlagen, nur wenige kamen wieder frei. Mitunter spielte das Verhalten der Betroffenen bei den Urteilsfindungen eine ziemliche Rolle. Standhaftigkeit imponierte den Russen sehr. Wie Zeugen erzählen, mussten Offiziere ihre Uniformen anziehen, Orden anlegen und darüber berichten, wo sie gekämpft hatten. Es kam zu Fachsimpeleien, man sprach über Taktiken, bis irgendwann die Stimmung wieder umschlug und die alten Verhörmethoden wieder zur Anwendung kamen. Immerhin schafften es einige, im rechten Moment entlassen zu werden.

Eine erstaunliche Rolle spielten in diesem Drama die Ehefrauen. In nicht nachlassendem Eifer versuchten sie immer wieder in das Mordhaus vorzudringen. Sie brachten Wäsche oder Briefe. Ihr Weg endete aber stets schon in der Torfahrt. Bei einer Wäscheübergabe erlebte Frau Lucie Hitzner einmal, wie der damalige Mühlhäuser Polizei-Chef Jaritz Unterlagen zur Verhaftung Mühlhäuser Bürger einem NKWD-Offizier überreichte. Neben einer Namensliste sah sie einen Stapel Fotos, der anscheinend in einem Foto-Atelier beschlagnahmt worden war. Auf den Bildern erkannte sie Uniformierte, Einzel- und Gruppenaufnahmen, Fotos von Wehrmachts- und SA-Aufmärschen in der Stadt. Offensichtlich sollten sie zu weiteren Ermittlungen dienen.

Frau Hitzner wusste um die Gefährlichkeit des Mannes, dessen Name bei jedem Mühlhäuser Schrecken auslöste. Mit fanatischem Eifer verfolgte er alle ehemaligen NS-Parteigenossen und Uniformträger. Doch nicht nur sie. Jeden, der eine Gefahr für den neu importierten sowjetischen Absolutismus darstellen könnte, schob er dem NKWD in die Arme. Wobei ihm bewusst war, was mit diesen Menschen geschah.

In den zahllosen Berichten und Beschreibungen, die heute vorliegen, taucht sein Name in immer wiederkehrender Folge auf. Eben daraus geht hervor, wie viele Unschuldige zu Opfern wurden. Junge Leute, wie die sechzehnjährigen Günter Suß

Kellertreppe

und Günter Ochs lieferte er persönlich im „Haus des Grauens" ab. Bei zahllosen Verhaftungen war er dabei. Er beschimpfte und bedrohte die Angehörigen, wenn sie aufbegehrten. Woher seine Motive stammten, ist nicht bekannt. Als Straßenbahnschaffner war er vom Wehrdienst UK gestellt worden, nach dem Einmarsch der Roten Armee indessen agierte er mit blinder Rachsucht. Jahrelang meldete die Zeitung triumphierend, wie dieser Chef der neugebildeten Polizei „Schiebern, Saboteuren und Sozialismus-Verrätern das Handwerk legte" – bis ihn die eigene Partei aus dem Amt nahm.

„Ich war im März 1946 von diesem Mühlhäuser Polizei-Chef und einem NKWD-Offizier in der Wohnung meiner Eltern verhaftet und zum Untermarkt gebracht worden", berichtet Gerhard Henning." In der folgenden Nacht erfolgte das erste Verhör. Ein Foto wurde mir vorgelegt, auf dem eine Anzahl Hitler-Jungen zu erkennen war. Ein NKWD-Offizier zeigte auf eines der Gesichter und sagte, das sei ich. Ich kannte das Foto überhaupt nicht und schüttelte mit dem Kopf. Sofort bekam ich einen Faustschlag, der mich vom Stuhl warf. Ich sollte sagen, wer die anderen seien. Tatsächlich erkannte ich zwei der Abgebildeten von der Schule her, aber ich berief mich darauf, dass ich nicht mit auf dem Bilde sei, was ja stimmte. Darauf erhielt ich weitere Schläge, das Blut tropfte auf das Foto, es wurde abgewischt, dann schob man mir andere Bilder zu, auch hier sollte ich Namen und Adressen angeben. Immer wieder bekam ich Schläge, auch in den nächsten Nächten setzten die Russen mir zu. Dass ich Wochen später plötzlich auf der Straße stand, schien mir wie ein Wunder."

Wie viele Menschen in diesen Jahren des NKWD-Terrors in dem Haus Untermarkt 13 eingeliefert worden sind, lässt sich nicht mehr feststellen. Wie sich aus Gesprächen Betroffener ergab, war der Anteil Jugendlicher unter zwanzig Jahren ziemlich groß. Er steigerte sich sogar noch im Verlauf der Jahre 1946 bis 1948. Manche der Inhaftierten kamen nach wenigen Wochen wieder frei – natürlich mit der Auflage, für den NKWD zu arbeiten. Andere dagegen starben oder traten einen jahrelangen Leidensweg an, mitunter bis nach Sibirien. Im Falle Detlef Bach (damals 18) verlief es so, dass er aus Mühlhausen hier eingeliefert wurde, sechs Wochen dablieb, danach über Weimar, Buchenwald nach Torgau kam und dabei insgesamt 4 Jahre Haft verbüßte – ohne Verurteilung. Im Falle Paul Warlichs (damals 47) verlief der Weg von Flarchheim hierher, um bereits wenige Tage später entlassen zu werden. Acht Wochen später holten ihn die Russen erneut, brachten ihn diesmal nach Langensalza ins Amtsgericht, von wo er für drei Jahre nach Buchenwald kam – als Internierter.

Beinahe jeder Weg der Betroffenen verlief anders. Manche wurden nach Weimar überführt und kamen vor ein sowjetisches Militärtribunal. Andere wurden als Internierte behandelt oder deutschen Gerichten zugeführt. Wieder andere landeten über Zwischenstationen wie Weimar, Buchenwald oder Halle in Torgau und Bautzen oder kamen direkt ins Speziallager. Es war ein ständiges Kommen und Gehen im Haus Untermarkt 13, wobei manche bis zu einem halben Jahr hier bzw. im Nebenhaus (U.14) verbrachten. Die Belegung dürfte im Schnitt bei 50 bis 70 Personen gelegen haben.

Völlig verwirrend ist die Tatsache, dass nicht nur Bürger aus Mühlhausen und den umliegenden Dörfern hierher gebracht wurden, sondern aus ganz Westthüringen. So aus Gotha, Eisenach, Sondershausen, vor allem aus dem Eichsfeld mit den Städten Worbis, Heiligenstadt und Leinefelde. Und das, obwohl in Eisenach und Sondershausen gleichfalls NKWD-Kommandostellen „arbeiteten". Es scheint unglaublich, aber dieses Haus Untermarkt 13 haben Tausende von Deutschen durchlitten. Wie viele sich davon während der NS-Zeit wirklich schuldig gemacht haben und Strafe verdienten – die Verhörmethoden des NKWD haben zur Klärung nicht beigetragen, im Gegenteil! Die Sensibelsten sprangen zuerst über die Klinge, die Hartgesottenen dagegen wurden am ehesten mit den Gegebenheiten fertig. Untersucht man die Aussagen Betroffener, so ergibt sich, dass die Russen die Häftlinge während der Verhöre in eine Art Schablone zu pressen versuchten. Was den Häftlingen zunächst als Taktik erscheinen musste, erwies sich auf die Dauer als erbarmungslose Stupidität, die weit an einer Wahrheitsfindung vorbeilief. So deckten sich in den seltensten Fällen die vorgeworfenen Beschuldigungen mit den tatsächlichen Fakten.

Kellergewölbe

Zu den unglaublichen Vorkommnissen in diesem Haus zählt der Fall des SA-Obertruppführers Seebaß. Als einer der höchsten NS-Funktionäre Mühlhausens war er mit allen Angehörigen des Mühlhäuser SA-Marinesturms verhaftet und hierher gebracht worden. Während seine Kameraden ausnahmslos umgebracht wurden, kam Seebaß nach einer Lagerhaft wieder frei.

Es spricht für sich, dass der DDR-Staatssicherheitsdienst hier in diesem Haus über vierzig Jahre lang bis nach der Wende ein Zimmer für konspirative Zwecke benutzte. Diese „Tradition" zum sowjetischen NKWD ist bezeichnend für die Staatsmoral und muss als Mahnung für alle Zeiten in der Stadtgeschichte festgehalten werden.

Wichtig zu wissen ist nicht zuletzt, dass sich unter den Opfern jenes NKWD-Terrors Mühlhäuser Männer und Frauen befanden, die sich gegen die radikalen Bestimmungen der neuen Diktatur auflehnten und die demokratischen Grundrechte, wie sie im Potsdamer Abkommen festgesetzt worden waren, einforderten.
Viele der im Gebäude Untermarkt 13 Inhaftierten blieben für immer verschollen. Nie wieder erfuhren ihre Angehörigen etwas von ihnen. So waren die nach vierzig Jahren verfassten Schreiben fast alle nahezu gleichlautend.

„Mein Schwager Herbert Bruckner, damals 30 Jahre, wurde im Dezember 1945 von russischen und deutschen Polizisten geholt. Er kam nach Mühlhausen, meine Schwester war dann mehrmals dort, sie hat aber nichts mehr über ihn in Erfahrung bringen können."
Ernst Grimm

„Mein Vater Heinrich Keller wurde im November 1945 unbegründet in seinem Haus Ammerlandstraße 92 von Polizeiinspektor Jaritz und dem sowjetischen Geheimdienst in Haft genommen. Er kam zum Untermarkt 13, war dort bis 1946 inhaftiert. Danach ist sein Verbleib unbekannt."
Käte Keller

„Mein Onkel Paul Stockmann, wohnhaft Mühlhausen, Spielbergstraße, wurde 1945 von der GPU verhaftet und am Untermarkt 13 festgehalten. Danach kam er ins Zuchthaus Bautzen und von da aus wurde er nach Sibirien verschleppt. Er kam nicht zurück. Der Grund für seine Verhaftung war der Kauf eines Grundstückes 1932, das vormals einem Juden namens Goldmann gehörte."
Traude Stockmann

„Mein Onkel Kurt Siebenhaar, Inhaber der Drogerie Untermarkt 19/20, ist im Februar 1946 verhaftet worden. Seitdem haben wir nie mehr etwas von ihm gehört, wissen also auch nicht, wohin er deportiert worden und wann er gestorben ist."
Eberhard Rau

„Mein Vater Max Heinrich wurde am 2. September 1946 in Mühlhausen, Grünstraße 61, vom sowjetischen Geheimdienst, Untermarkt 13, verhaftet. Wochen spä-

Auszugsweise Abschrift mit Übersetzung

СССР
ИСПОЛНИТЕЛЬНЫЙ КОМИТЕТ
СОЮЗА ОБЩЕСТВ
КРАСНОГО КРЕСТА И КРАСНОГО ПОЛУМЕСЯЦА

Москва, К-31, Кузнецкий мост, д. 18,7 Телефон Б 8-20-22

№ ОС/474-з. Москва, 5.апреля 1960 г.
Дело:

Германскому Красному Кресту
г. Бонн

Уважаемые господа!

В соответствии с Вашими просьбами о розыске интересующих Вас лиц,Исполком СОКК и КП СССР,при активном содействии других советских компетентных организаций,навел необходимые справки и сообщает Вам результаты произведенного розыска:
43. ХЕЙНРИХ, Макс Роберт, 1897 года рождения,уроженец Мюльхаузен/жил там же/.Умер 8 января 1949 года.

С уважением
Н.ЧИКАЛЕНКО
Член Президиума Исполнительного Комитета
Начальник Управления Внешних Сношений

Ü B E R S E T Z U N G

U d S S R
E x e k u t i v - K o m i t e e
der Allianz der Gesellschaften vom
Roten Kreuz und Roten Halbmond

Moskau K - 31, Kusnezkij Most Nr. 18/7   Telefon B 8-2o-22

Nr. OS/474-z.   Moskau, 5.April.1960
Akte:

An das
Deutsche Rote Kreuz
Stadt Bonn

Geehrte Herren!
Entsprechend Ihren Bitten um Ermittlung der Sie interessierenden Personen,hat das Exekutivkomitee der AGRK u.RH der UdSSR,bei aktivem Mitwirken anderer sowjetischer kompetenter Organisationen die notwendigen Erkundigungen eingezogen und teilt Ihnen die Ergebnisse der durchgeführten Nachforschung mit:
43. HEINRICH,Max Robert,geb.im Jahre 1897,gebürtig aus Mühlhausen/wohnte dortdelbst/. Gestorben am 8.Januar 1949.

Hochachtungsvoll
N.TSCHIKALENKO
Präsidialmitglied des Exekutivkomitees
Leiter der Auslandabteilung.

Für die Richtigkeit des Auszuges und der Übersetzung:

P.Ramin

Solche Ermittlungsergebnisse waren zu dieser Zeit nur über BRD-Ämter möglich.

ter holte man dann auch noch die Hälfte der Möbel sowie die persönliche Bekleidung ab. Auskünfte über seinen Verbleib bekamen wir nicht. Mehrere Schreiben meiner Mutter an den Präsidenten Wilhelm Pieck und an das Innenministerium der DDR und an den Schriftsteller Bruno Apitz mit der Bitte um Aufklärung über das Schicksal meines Vaters blieben ohne Erfolg. Erst 1960 erhielten wir über westdeutsche Bekannte, die sich an das sowjetische Rote Kreuz in Moskau wandten, die Todesnachricht meines Vaters, allerdings ohne weitere Angaben. Es war furchtbar, man kann es nicht in Worte fassen."

Waltraud Binternagel, geborene Heinrich

„Unser Vater Karl Anton Schmidt, wohnhaft zuletzt in Helmsdorf, Anger 10, wurde am 19.12.1945 von der Sowjetmacht verhaftet und nach Mühlhausen Untermarkt 13 gebracht. 1946 kam er nach Auskunft am Untermarkt nach Buchenwald. Von da an fehlt jede Spur von unserem Vater."

Ottilie Kämpf, geb. Schmidt

„Im August 1945 wurde mein Vater, Otto Schröter, wohnhaft in der Mühlhäuser Weinbergstraße, von vier Männern in Zivil per Auto zu einem ‚Gespräch' abgeholt. Drei Tage später forderte man meine Mutter auf, Unterwäsche in die Dienststelle der GPU, Untermarkt 13 zu bringen, denn dort war mein Vater gelandet. Die vier Zivilisten entpuppten sich als vier Kommunisten aus Bad Langensalza. Nach weiteren 10 Tagen musste meine Mutter nochmals in die russische Kommandantur, diesmal nach Bad Langensalza. Schreie aus den dortigen Kellerräumen erkannte sie als die meines Vaters. Er hatte mit seinem eigenen Gehstock Schläge erhalten und brauchte dringend neue Wäsche. Kein Urteil, keine Anschuldigung rechtfertigte das anschließende Verschwinden meines Vaters. Zu Hause erfolgte die Beschlagnahmung des Kontos auf der Sparkasse, Leute vom so genannten Erfassungsamt gaben sich die Klinke in die Hand und versorgten sich mit Teppichen, Möbeln und anderen Wertgegenständen. Dazu kamen weitere Schikanen örtlicher Behörden. Vater war nach 14 Tagen Aufenthalt nach Buchenwald gebracht worden in das Speziallager II des NKWD. Zwei Briefe aus Bu-

Otto Schröter, rechts im Bild

chenwald, herausgeschleust durch mutige ‚Lieferanten', brachten unserer Familie Klarheit darüber, wo sich Vater befand. Hunger, Krankheit und Sorge um seine Familie zerstörten das Selbstvertrauen des 1,90 m großen schlanken Mannes. Im Lager wurde er scherzhaft ‚Stockmann' genannt, weil er als einzigster seinen Gehstock benutzen durfte.

Im Frühjahr 1947 hatten es die Russen geschafft, aus dem lebensfrohen Menschen ein Wrack zu machen. Ruhr, Diphtherie, eiternde Wunden und nervliche Zerrüttung führten nicht auf die Krankenstation, sondern endeten für ihn im Hundezwinger des Lagers. Tage später wurde er zur namenlosen Leiche, eine von vielen, die ihre letzte Ruhe in einem Massengrab nahe des Steinbruchs am Ettersberg fanden.

Eines Tages bekamen wir Besuch (1949) von einem Freund meines Vaters, der ebenfalls von der Straße weg verhaftet worden war und auch in Buchenwald gesteckt hatte. Er berichtete meiner Mutter, wie es ihrem Otto dort ergangen war und dass er nur von seiner Familie den ganzen Tag sprach. Er schilderte auch die Leiden, die Vater und die anderen Inhaftierten durchmachen mussten. Von ihm erfuhren wir auch, dass wir nicht länger zum Bahnhof gehen brauchten, denn zu der Zeit trafen öfters Buchenwald-Entlassene in Mühlhausen ein. Vater war nämlich schon zwei Jahre tot. Diese Informationen waren lebensgefährlich, denn den Entlassenen war jede Äußerung über die Haft streng verboten worden. Die örtlichen Organe wurden vom Tod meines Vaters und der vielen anderen Inhaftierten nicht in Kenntnis gesetzt. Und doch wusste der damalige Bürgermeister Reichenbach aus Mühlhausen Bescheid, denn sein Verhalten, bei einem Zusammentreffen mit meiner Mutter, deutete darauf hin."

Hartmut Schröter, Mühlhausen

Der Ehemann von Frau Irma Stephan, Friedrich Stephan, geb. 6.2.1904, wohnte 1945 in der Waidstraße 29 und war als Schlosser im E-Werk beschäftigt. Er wurde im August 1945 zur Polizei-Behörde in die Ratstraße bestellt und mit einer Arbeit beauftragt. Anschließend brachte man ihn in die Dr.-Wilhelm-Külz-Straße. Nach Zeugenaussagen kam er später nach Halle in eine Fabrik (?). Seine Todeserklärung erfolgte am 13.3.1951, da sonst seine Kinder keine Halbwaisenrente bekommen hätten. Aus der Todeserklärung geht hervor, dass Friedrich Stephan am 1. Juli 1946 im Lager Mühlberg an der Elbe an TBC gestorben ist.

Armin Karmrodt

„Im September 1945 haben GPU-Leute meinen Vater an der Dreschmaschine verhaftet und in seinem Haus, Oberdorla – Mühlhäuser Str. 36, eine Durchsuchung ohne Befund durchgeführt. Danach brachte man ihn zusammen mit Heinrich Fett, Albert Richter, Wilhelm Schreiber und Otto Trautwein fort – merkwürdigerweise aber nicht die allgemein bekannten bissigen Nazis im Ort. Im Juli 1948 kamen dann alle Oberdorlaer zurück, außer meinem Vater. Alle sind im KZ Buchenwald gewesen. Bis heute habe ich nicht erfahren, woran mein Vater gestorben ist. Meine Mutter hat das bis zu ihrem Tod nicht verwunden. Eine offizielle Todesnachricht traf nie ein. Wegen der Witwenrente mussten wir Vater für vermisst und dann für tot erklären lassen. Es soll aber Akten über die Todesfälle von Buchenwald gegeben haben. Wo sind die?"

Walter Karmrodt, Oberdorla

„Unser Bruder, Oberleutnant der Wehrmacht Heinz Großdorf, geb. 24.11.1925, wurde auf der Straße von sowjetischen Soldaten grundlos festgenommen und in das

Gebäude Untermarkt 13 in Mühlhausen gebracht. Nur von einem Augenzeugen erfuhren wir davon. Unsere Nachfragen bei den Wachposten blieben erfolglos. Es wurde immer nur mit dem Kopf geschüttelt. Unser Bruder war gerade erst aus dem Lazarett entlassen worden. Als Flak-Offizier war er immer in Deutschland gewesen."
Ilse Klesling, Nürnberg, *Franziska Schramm,* Krefeld

„Mein Vormund und Großvater Karl Rüdiger, geb. 7. 1. 1899 in Berka, Krs. Sondershausen, wurde am 9. 1. 1946 von der GPU ohne jegliche Anschuldigung verhaftet. Er ist angeblich in Buchenwald oder Sibirien umgekommen. Eine offizielle Benachrichtigung haben wir nicht erhalten."
Brigitte Hohlstein, geb. Werner, Mühlhausen

„Paul Hartwig, geb. 29. 11. 1904, wohnhaft Kurze Jakobistraße 5, wurde am 12. 8. 1946 von der GPU ohne Anschuldigung verhaftet und ist angeblich in Buchenwald umgekommen. Eine offizielle Benachrichtigung haben wir nicht erhalten."
Grita Krüger, geb. Hartwig, Kamen/Westfalen

„Mein Vater Valentin Nievergall aus Beberstedt wurde im September 1945 vom sowjetischen Geheimdienst mit fünf weiteren Bürgern von Beberstedt weggeholt. Einige Wochen waren sie in Mühlhausen im Gefängnis am Untermarkt inhaftiert. Dann wurden sie abtransportiert. Und von der Zeit an fehlt, trotz größter Bemühungen, von ihnen jede Spur".
Germana Schöler, Beberstedt

„Mein Vater Theodor Schäfer, geb. 16. 8. 1898, wohnhaft in Mühlhausen, Nach Feierabend 6, wurde am 30. 7. 1945 von deutschen Beamten entsprechend einer Namensliste zu einem so genannten Verhör abgeholt. Später erfuhren wir, dass er in ein Haus in der Dr.-Wilhelm-Külz-Straße gebracht wurde. Von da aus soll ein Transport über Halle nach Ketschendorf-Jamlitz gegangen sein. Von da an fehlt jede Spur von meinem Vater. Es hat niemals eine Verhandlung gegeben, und wir haben auch keine Nachricht erhalten. Niemand weiß, wo und wann er verstorben ist."
Gisela Binternagel, geb. Schäfer, Mühlhausen

Im Herbst 1945 wurde der Fuhrunternehmer Hermann Boy, Philosophenweg 11, vom NKWD verhaftet. Seither gilt er als verschollen.

Verhörmethoden des NKWD im Haus Untermarkt 13
Um von den Verhafteten die gewünschten Schuldbekenntnisse zu bekommen, wurden von den Offizieren des NKWD die vielfältigsten Methoden angewandt, mit denen sie die Unglücklichen zermürbten und ihren Widerstand zerbrachen. Dadurch kamen die unsinnigsten „Geständnisse" zustande, aber auch wahllose Denunziationen.
1. Hunger: Wochenlange Verabreichung von Wassersuppen mit wenig trockenem Brot. Gelegentlich auch die Entziehung dieser kargen Kost.

DEUTSCHES ✚ ROTES KREUZ
SUCHDIENST HAMBURG

Frau
Anna Nievergall
(15a) Beberstedt Krs. Mühlhausen
Leitpostamt Dingelstedt-Eichsfeld

HAMBURG-OSDORF, DEN 25. Okt. 1961
BLOMKAMP 61
FERNRUF: 82 79 53-56
DRAHTANSCHRIFT: SUCHDIENST HAMBURG

Az.: II C 2 -Sta-

Bei Beantwortung bitte angeben!

Betreff: Valentin Nievergall, geb. 20.9.1886 in Beberstedt

Sehr geehrte Frau Nievergall!

Wir möchten Ihnen davon Kenntnis geben, daß uns eine Meldung vorliegt, die besagt, daß Ihr Angehöriger,

Herr Valentin N i e v e r g a l l ,

im Mai/Juni 1947 in Sachsenhausen verstorben ist.

Diese Mitteilung geben wir Ihnen vorsorglich, da wir aus unseren Unterlagen nicht ersehen können, ob Sie bereits von anderer Seite benachrichtigt wurden.

Erlauben Sie uns bitte, Ihnen auch heute noch unsere aufrichtige Anteilnahme an dem schweren Verlust, der Sie betroffen hat, auszusprechen.

Wir bitten Sie, uns den Empfang dieses Schreibens unter dem Az.: LK/Z VZ. zu bestätigen, damit wir wissen, daß unsere Benachrichtigung Sie erreicht hat.

Mit vorzüglicher Hochachtung
I.A.

(Reichenbach)
Sachgebietsleiter

Weitergeleitet
über
DRK-Landesnachforschungsdienst
Berlin-Dahlem, Im Dol 2

BANKKONTO: VEREINSBANK HAMBURG, F. POSTSCHECKKO
HAMBURG-ALTONA, GIROKONTO NR. 118071
HAMBURG 20427

Nahezu ausnahmslos waren solche Auskünfte nur mit Hilfe von West-Verwandten möglich.

2. Schlafentzug: Den ganzen Tag über aufrechtes Stehen oder Sitzen des Häftlings. Bei Zuwiderhandlung Prügelstrafe. Erst spätabends gegen 23 Uhr „Schlafenszeit". Wecken gegen Morgen um 5.30 Uhr. Dazwischen Abholen zu Verhören, so dass oft weniger als 3 Stunden pro Nacht zum Schlafen blieben.

3. Lichtterror: Brennenlassen von Licht in den Zellen die ganze Nacht über. Bei Verhören Lichtstrahlen von Schreibtischlampen voll ins Gesicht des Häftlings.

4. Schläge: Brutale Schläge mit Peitschen, Stöcken und Knüppeln von NKWD-Offizieren und Wachpersonal.

5. Auf Erbsen knien: Die Häftlinge ohne Hosen auf harten Erbsen knien lassen, bis sie sich tief ins Fleisch eindrückten.

6. Scheinerschießung: Androhung von Erschießung, aber auch Abführung des Opfers zu einer Scheinhinrichtung. Dem Häftling werden die Augen verbunden und er wird an eine Wand geführt; alles geschieht so, als würde er tatsächlich erschossen. Er hört die Befehle des Offiziers an das Erschießungskommando, das Klicken der Gewehrschlösser usw. In dem Augenblick, da er meint sterben zu müssen, erfolgt das höhnische Gelächter der „Vollstrecker", danach wird das Verhör fortgesetzt.

7. Auf-Flaschen-Sitzen: Der Häftling hat Hose und Unterhose auszuziehen und sich auf den Hals einer aufrecht stehenden Flasche zu setzen. Das führt zum Zerreißen der Schließmuskeln und zu inneren Verletzungen des Mastdarms.

8. Aufhängen: Die Hände des Häftlings werden an Eisenringen befestigt, danach wird mittels Stricken der Delinquent zur Zimmerdecke hochgezogen. Die nackten Füße kommen in einen Wasserbottich zu hängen, in den Stromstöße geleitet werden. Aber auch mit Stöcken wird auf die Füße geschlagen.

9. Einzelhaft: Die gefürchtetste Foltermethode war: Der Häftling muss nur in Unterzeug im Kellerraum stehen und bekommt alle halbe Stunde einen Eimer Wasser über den Kopf gegossen. Das geschah auch im Winter bei offenen Türen und Durchzug. Nach 24-stündiger Prozedur folgten weitere Verhöre mit der Drohung, den Häftling in den „Wasserkarzer" zu stecken. In solchen Fällen wurde nahezu jedes Geständnis unterschrieben.

10. Sippenhaft: Dem Häftling wird angedroht, seine Angehörigen (Eltern, Geschwister, Kinder) seien festgenommen worden und es drohe ihnen nun ebenfalls Folter und Schläge, wenn er nicht geständig ist.

11. Elektroschock: Der Häftling kommt in eine mit Wasser gefüllte Badewanne, in die Stromstöße geleitet werden.

12. Schaustellung: Frisch eingelieferte Häftlinge müssen ins Treppenhaus kommen, wo man ihnen die schon länger im Haus weilenden Opfer zeigt: blutig geschlagene Gestalten, die kaum noch fähig sind zu stehen oder zu gehen.

13. Einklemmen: Der Häftling wird zwischen zwei Türen eingeklemmt. Die Dauer der Folter hängt vom Abstand der Türen und der Konstitution des Opfers ab. Es erleidet Atemnot, Todesangst, die Tortur endet zumeist mit Ohnmacht.

Auch das gab es: Im Februar 1949 wurde Erwin Exner mit dem nackten Hintern auf eine glühende Ofenplatte gesetzt. Daraufhin soll er, so Arno Burkhardt, die Namen seiner SPD-Genossen verraten haben, die mit ihm im Widerstand lebten.

Alle vom NKWD/MWD angefertigten Protokolle waren in russischer Sprache abgefasst. Keiner der inhaftierten deutschen Bürger wusste, was er unterschrieb.

In den ersten SU-Besatzungswochen waren auch Bürger in der damaligen Kommandantur am Kiliansgraben 10 inhaftiert. So Dr. Ernst Brinkmann, Otto Fröhlich, Karl Schell, Ida Seltzer, Gunter Stegemann, Lieselotte Michael.

Der Mühlhäuser Stadtarchivar, Dr. Ernst Brinkmann, wurde im August 1945 in die Kommandantur geschafft, wo er die meiste Zeit auf einem Stuhl sitzen musste. Auf dem obersten Boden des Rathauses waren abgelegte Hakenkreuzfahnen entdeckt worden, dafür machte man ihn verantwortlich. Mehrfach drohten sowjetische Offiziere, ihn zu erschießen. Als er nach 14 Tagen qualvoller Sitzens frei kam, war er völlig verwahrlost und fast verhungert.

Ernst Brinkmann

Weil Lieselotte Michael sich am Untermarkt brüsk von einem gerade aufgestellten Stalinbild abwandte, brachte sie ein sowjetischer Offizier in die Kommandantur. Dort musste sie mehrere Tage lang Putzarbeiten verrichten und mehrfach am Tage vor einem Stalinbild niederknien und demütig den Kopf senken.

Otto Fröhlich war als Zwanzigjähriger gerade aus englischer Gefangenschaft entlassen worden, als er nach einer Straßenrazzia hierher kam. Er musste heizen, Holz hacken und bekam mehrfach Prügel. Grund: Er trug noch eine Wehrmachtshose mit Koppel und ein Klappmesser.

Karl Schell kam aus dem Lazarett; nach einer Denunziation, er hätte sich abfällig über die Russen geäußert, sperrte man ihn in ein Zimmer der Kommandantur. Dort riss ihm ein Offizier den Verband von der Brust, um zu sehen, ob er tatsächlich verwundet war. Karl Schell fiel mehrmals in Ohnmacht, erst Tage später versorgte ihn eine Russin im Haus notdürftig.

Otto Fröhlich

Nach der Auseinandersetzung mit einem sowjetischen Offizier, der Ida Seltzer unerlaubten Tauschhandel mit Rotarmisten vorwarf, wurde die junge Hebamme in die Kommandantur gebracht und dort mehrere Tage eingesperrt. Sie wurde bedroht, gedemütigt und ständig in Angst gehalten. Andererseits bekam sie von jenem Offizier, namens Salkowski, mehrfach Lektionen erteilt, was für ein großartiger Mensch Stalin sei, den sie zu ehren und zu achten lernen müsse. Kurz nach ihrer Freilassung ging Ida Seltzer zusammen mit ihrem Verlobten, mit dem sie in einer Mühlhäuser Klinik arbeitete, nach Kassel. Noch einmal mit einem derartig schizophrenen Vertreter der sowjetischen Besatzungsmacht zu tun zu bekommen, war ihr unerträglich.

Gunter Stegemann hatte man in den Keller der Kommandantur eingesperrt, weil er angeblich Russen beschimpft hatte. Er wurde verhört und geschlagen, bis ihn ein Offizier zum Untermarkt 13 bringen ließ. Gegenüber den dort misshandelten Gefangenen erging es ihm verhältnismäßig gut. Bei den Verhören erklärte er immer wieder, er sei kein Faschist, hätte nie der NS-Partei angehört und wäre auch nicht im Krieg gewesen. Er wurde schließlich entlassen.

„Mein Vater, Malermeister Hermann Michel, war Offizier der Wehrmacht gewesen und frühzeitig aus amerikanischer Gefangenschaft heimgekehrt. Eines Tages sollte er auf die Kommandantur kommen, er ging in seinem weißen Malerkittel hin und meinte, es handele sich um einen Auftrag. Von der Kommandantur brachte man ihm zum Untermarkt 13. Ich habe meinen Vater nur ein einziges Mal weinen gesehen, das war, als er Wochen später von dort zurück kam. Er hatte mehrmals versucht sich das Leben zu nehmen, mehr sagte er uns nicht, aber er muss Furchtbares erlebt haben." –
Käthe Neuwöhner, geborene Michel

Zeitweilig hing ein riesiges Stalinbild an der Frontseite der Kommandantur. Der Kult, den die russischen Männer und Frauen mit ihrem Idol trieben, war nach Meinung *Siegfried Kleinschmidts* kaum anders als die Götzenverehrung heidnischer Naturvölker. Während er im Hause Klempnerarbeiten verrichtete, sah er mehrfach weibliche Offiziere vor einer Stalin-Büste in der Halle knien. „Der absolute Hammer aber war, als Mühlhäuser Kommunisten Bürger dazu brachten, mit Stalinbilder grölend durch die Straßen zu ziehen. So was im 20. Jahrhundert – das war grauenhaft."

Weitere Berichte Betroffener
„Unter meinen Mithäftlingen war einer katholischen Glaubens, der sich sehr besorgt zeigte, ohne letzte Ölung aus dem Leben scheiden zu müssen. Mehrmals versuchte er, mir den Sinn des Sakraments zu erklären. Ich habe ihn getröstet und gemeint, wie viele Männer im Krieg ohne diesen Beistand gestorben seien. Bestimmt wäre keiner von Gott verlassen gewesen und er werde es auch nicht sein. Im Übrigen sei es noch nicht so weit. Er war Leinefelder, zuletzt hatte er als Meister bei der Bahn gearbeitet. Die Russen hatten ihm noch vor dem ersten Verhör zwei Zähne ausgeschlagen, als er nicht schnell genug die Treppe hoch gelaufen war."
Arno Ennert

„Wir lagen zu mehreren Mann in einem Zimmer. Mit manchen war ich wochenlang zusammen, mit anderen nur tagelang. Einen habe ich nur einige Stunden erlebt. Er war ein ehemaliger Luftschutzwart aus der Wahlstraße. Er wusste, wer ihn angezeigt hatte, eine junge Kriegerwitwe, die er einmal wegen ihrer wechselnden Männerbekanntschaften zur Rede gestellt hatte. „Jetzt poussiert sie mit den Russen rum", meinte er und beschimpfte sich selbst wegen seines Einmischens. Durch ihn erfuhr ich, wie es im Hause ablief und wie ich mich verhalten sollte. „Auf jede Frage antworten, irgendwas. Du musst reden, nur nicht schweigen." Kurz nachdem er mir das gesagt hatte, wurde er zum Verhör geholt und kam nicht wieder. Möglicherweise war er in Einzelarrest oder in ein anderes Zimmer gekommen oder abtransportiert worden. Wieder gesehen habe ich ihn nicht."
Roland Helm

„Was soll ich zu den Deutschen sagen, die sich zum Handlanger der sowjetischen Besatzungsmacht machten? Schon möglich, dass der eine oder andere glaubte, bei der Abrechnung mit dem Hitler-Faschismus sein Scherflein beitragen zu müssen. Die wirklich ehrlich etwas Neues aufbauen wollten, hatten es nicht nötig, andere anzuzinken. Der, der bei der Verhaftung unseres Vaters die Russen anführte, bediente sich kräftig bei den beschlagnahmten Sachen unseres Haushalts, während unser Vater am Untermarkt einsaß. Später hat er noch einen schönen Posten in der Verwaltung eingenommen und große Reden geschwungen."
Irma Schellhaas

„Mein Mann wurde in Worbis verhaftet und in dieses Haus gebracht. Danach bin ich zweimal in Mühlhausen gewesen, um Näheres zu erfahren. Aber es war immer vergeblich. Später hörte ich, er wäre mit einem Transport nach Buchenwald gekommen, aber auch das blieb unbestätigt. Ich habe meinen Mann nie wieder gesehen."
Herta Töpfer

„Ein Major zählte zu den Schlimmsten im Hause. Er war klein und breit gebaut ... Es gab kein Verhör bei ihm, wo nicht geschlagen wurde. Sein Blick verriet, worauf es bei ihm ankam: Schmerzen zu bereiten und sich daran zu ergötzen. Selbst seine Genossen fürchteten sich vor ihm. Sie veränderten ihre Haltung, wenn er auftauchte, oder machten, dass sie aus seiner Nähe kamen. Offenbar fühlte sich keiner seines Lebens sicher, selbst in dieser Truppe nicht.
So viel Angst ich auch hatte vor den Schlägen, den immer wiederkehrenden bohrenden Fragen, innerlich habe ich mich über diesen Mann erhaben gefühlt. Er war der richtige Mann an der richtigen Stelle bei dieser Mordtruppe."
Heinrich Jakobs

„Möglicherweise hatten wir Deutsche es nicht anders verdient, als das, was uns in diesem Haus widerfuhr. Aber dann waren die Russen um kein Stück besser als die Faschisten. Sie haben sogar noch eins drauf gesetzt. Denn wer die Untaten der Faschisten so laut und bitter beklagt und dann selbst foltert und mordet – wo ist da der Unterschied? Wo die Berechtigung, besser zu sein? Nach dem, was ich in diesem Haus erlebt habe, bin ich keinem Russen mehr was schuldig."
Karl Stöckener

„In diesem Haus habe ich geschrieen, wie viele andere auch. Vor Schmerzen und Angst. In Erinnerung aber sind mir nicht die Schreie und das Brüllen der Russen geblieben, sondern das furchtbare Schweigen hinter diesen Mauern. Man sitzt auf einem Schemel, hungrig, frierend, schmutzig, voller Ekel vor sich selbst und wartet auf das nächste Verhör. Schon der Gedanke daran macht einen kaputt. Dann, mitten in der Nacht, bemerkt man das tödliche Schweigen, das wie eine Zentnerlast auf einen drückt. Spätestens nach zwei Verhören weißt du, die Russen wollen alles und jeden vernichten. Gerechtigkeit gibt es nicht, die ist nicht eingeplant. Es geht nur um das Auslöschen von Persönlichkeiten und die Vernichtung der Körper – auf eine möglichst schnelle und unkomplizierte Weise. Ich zähle mich zu den Wundern, überlebt zu haben."
Bernhard Stedinger

„Am 16. Oktober 1945 wurde ich in dieses Haus gebracht. Nach 2 Wochen kam ich mit einem Transport nach Weimar, danach war ich in verschiedenen Lagern, zuletzt in Torgau. Die Bedingungen waren fast überall dieselben: Kaum zu essen, Ungeziefer, Schikanen aller Art. Die Brutalität unserer Bewacher ging weit über das Maß von Gefangenschaft hinaus. Die furchtbarsten Situationen erlebte ich in Mühlhausen. Das Benehmen dieser Soldateska hatte System, es war nichts Zufälliges oder Vorübergehendes, es war eingefleischt."
Michael Schäffer

„Kein Wort hat unser Vater über seine Erlebnisse am Untermarkt verloren. Auch nicht, als wir längst verheiratet waren und selbst Kinder hatten. Dabei hat er immer gern aus seinem Leben erzählt. Sagt das nicht alles, was sich in diesem Haus abgespielt haben muss?"
Gerda Lauffer

„Mehrmals habe ich versucht, in das Haus am Untermarkt zu gelangen, aber es war unmöglich. Jedes Mal hat mich der hinter der Tür stehende Posten weggejagt. Danach habe ich mich in der Nähe aufgestellt und stundenlang gewartet, ob sich nicht doch eine Möglichkeit ergab, etwas in Erfahrung zu bringen. Einmal kamen zwei Offiziere aus dem Haus, die habe ich angesprochen. Ob sie vielleicht meinen Mann kennen und habe seinen Namen gesagt. Aber sie schüttelten nur den Kopf und sind rasch weitergegangen. Meine Mutter hat sich dann mit mir abgewechselt. Wir sind noch tagelang in der Nähe der Kirche gewesen, damit unsere Warterei nicht so auffiel. Dabei bemerkten wir noch andere Frauen, die offensichtlich das Gleiche wie wir wollten. Mit einer kam ich ins Gespräch, sie kam aus Gottern. Ihr hatten sie den Vater und den Bruder weggeholt. Leute hatten ihr gesagt, sie seien wahrscheinlich am Mühlhäuser Untermarkt eingeliefert worden. So verging die Zeit, wir haben nichts erfahren. Nach vier Jahren ist mein Mann aus Torgau wiedergekehrt. Er ist bald danach gestorben."
Lisa Fernschild

„P.S. Bei der Frau aus Gottern handelt es sich um Emma Buch geb. Rasemann. Sie stammte aus Mülverstedt. Der Ehemann Willibald und der Bruder Ernst wurden verschleppt. Willibald war von August 1945 bis September 1948 in Buchenwald. Der Bruder von Frau Buch war Bürgermeister in Mülverstedt. Er war zuckerkrank und starb in Buchenwald."
Ingrid Baumgardt

„Der Vater von Fritz Kieser aus Felchta war 1945 zu den Sowjets zum Untermarkt 13 bestellt worden. Dort sollte er Auskunft über den Weißrussen Watjek geben, der bei ihm als Kriegsgefangener gearbeitet hatte. Watjek war ein guter Freund der Kiesers geworden. Auch nach Kriegsende, als die ehemaligen Gefangenen und ‚Fremdarbeiter' in der ‚Fuchs-Kaserne' untergebracht worden waren, tauchte er immer wieder in Felchta auf. Jetzt war ihm anscheinend sein enges Verhältnis zu den Deutschen zum Verhängnis geworden, offensichtlich hielt man ihn gefangen und beriet, wie man mit ihm verfahren sollte. Wie ein NKWD-Mann zynisch zugab, war für vom ‚Westen' infizierte Leute kein Platz mehr in der sowjetischen Gesellschaft.

Da die Familie Kieser nach dieser Befragung nichts mehr von Watjek hörte, stand für sie fest, dass man ihn umgebracht hatte.

Das NKWD-Vorauskommando, das im Juli 1945 am Untermarkt auftauchte, bestand aus zwei „Zivilisten". Der einen trug einen schwarzen Frack, gleich einem Kellner, der andere einen deutschen Matrosenanzug, dessen goldene Knöpfe er ein paar Tage später durch braune ersetzte.

Zu den ersten ‚Amtshandlungen' der beiden gehörte es, einen nagelneuen BMW, den ein Schweizer Bürger auf dem Hof Untermarkt 11 abgestellt hatte und den er nach Kriegsende holen wollte, zu ‚übernehmen'. Tage später mussten dann auf ihre Anweisungen hin die meisten Häuser auf der Südseite des Marktes von den Bewohnern geräumt werden. Als bald darauf das Hauptkommando eintraf, bildete diese Truppe mit ihren grünen Schirmmützen das ‚besondere Merkmal' des Platzes. Ein weiteres Merkmal war, dass die Truppe anscheinend tagsüber schlief, denn es rührte sich in den Häusern kaum etwas, nachts dagegen brannten alle Lichter, bis der Morgen graute."
Karl-Heinz Cramer

„Wo die Toten hingekommen sind? Ich weiß es nicht. Ich habe welche im Hausflur liegen sehen, von dort wurden sie von den Russen auf den Hof gezerrt und abtransportiert. Wie gesagt, ich weiß nicht, wohin. Ich rätsele heute noch manchmal darüber."
Horst Reutter

„In unserem Haus in der Windebergerstraße wohnte ein Mann, der dem Kommunismus sehr zugetan war … Er knüpfte große Erwartungen an die Russen und meinte, dass für die Deutschen viel Gutes herausspringen würde, wenn sie sich mit den Russen zusammentäten. Als ich nach meiner Haft am Untermarkt nach Hause kam, sah er mein zerschlagenes Gesicht. Wir standen im Treppenhaus, er sagte, etwas verlegen, wenn sich erst einmal alles beruhigt hätte, würde es schon werden. Aber es wurde nicht. Nach drei Jahren wurden in der Stadt immer noch Bürger weggeholt und verschleppt. Da war mir klar, das gehörte zum System. Daran würde sich nie was ändern. Also bin ich ab nach dem Westen."
Martin Wiegler

„Ich war gerade 18 Jahre alt, als ich ein Erlebnis hatte, das ich bis heute noch als sehr bedeutsam einschätze. Im August 1947 wachte ich eines Nachts mit einem ungeheuren Angstgefühl auf. Etwa zwei Stunden lag ich wie erstarrt, gleichsam eingesargt, unfähig, mich zu rühren. Nie hatte ich bis dahin irgendwelche Schlafprobleme gehabt. Nun erlebte ich hellwach, wie etwas Drohendes von mir Besitz ergriff. Kaum, dass ich zu atmen wagte. Dazu kam ein Gefühl unendlicher Verlassenheit. Am nächsten Vormittag wurde ich von Offizieren des sowjetischen Geheimdienstes wegen Spionageverdachts in meiner elterlichen Wohnung verhaftet. Diese Festnahme geschah ohne jede Vorwarnung. Man brachte mich in das NKWD-Hauptquartier am Untermarkt. Was ich darin, trotz aller Widrigkeiten, erst allmählich begriff, war, dass ich in einem ‚Totenhaus' angelangt war und dass mein Leben nur noch an dem berühmten seidenen Faden hing.

Während meines Einlebens in meine neue Umgebung erfuhr ich, dass eben um die Zeit, wo ich mein Angsterlebnis hatte, zwischen 2 und 4 Uhr, die härtesten Verhöre und die Vorbereitungen für die Festnahmen des nächsten Tages stattfanden. Ergab sich von daher eine Erklärung für meinen Zustand? Darüber habe ich lange nachgedacht.

In den Stunden, da unsere Peiniger Pausen einlegten und das Wimmern der Geschlagenen leiser wurde, hat mancher das Beten wieder gelernt. Ein ehemaliger Wehrmachtsoffizier, mit dem ich eine Zeit lang die Zelle teilte, gestand mir, er habe stets an die Gerechtigkeit Gottes geglaubt. Dieser Glaube sei ihm verloren gegangen. Ich war viel zu jung, um diesem achtunggebietenden Mann irgendwelche Ratschläge geben zu können. Ich spürte aber, wie er mit sich kämpfte. Bis ich ihn eines Abends auf seinem Lager flüstern hörte. Als ich ihm anderntags sagte: ‚Sie beten aber doch', antwortete er unwirsch: ‚Ich versuche es, aber es scheint zwecklos'. Immerhin erörterten wir, ob nicht der Sinn unserer Situation vielleicht gerade darin läge, zu Gott zu finden. Seine Frau, erzählte er, sei sehr gläubig und würde bestimmt für seine Freilassung beten. Ob es nützte? ‚Ich werde es erfahren', schloss er skeptisch. Er erfuhr es. Tage später entließen ihn die Russen, nachdem sie ihn einer Mutprobe unterzogen hatten: Einer Scheinhinrichtung. Wer derartige Torturen ohne Ohnmacht überstand, den ließen sie frei – mitunter. Er jedenfalls schaffte es."

Manfred Thiele

„Da wir Besitzer eines LKW waren, musste unsere Firma hin und wieder für die Mühlhäuser ‚Fahrdienstleitung' Einsätze fahren. Schließlich bekamen wir von dort die damals notwendigen Benzinmarken.

Eines Tages, im August 1946, wurde ich mit unserem LKW zum Untermarkt 13 beordert. Auf dem Hof stiegen 5 Gefangene auf die Ladefläche, dirigiert von einem Russen, der eine Maschinenpistole bereit hielt. Ein zweiter Russe, auch mit einer Maschinenpistole bewaffnet, setzte sich zu mir ins Fahrerhaus. In

Mit diesem LKW wurden Mühlhäuser Häftlinge 1946 ins KZ Buchenwald transportiert.

schlechtem Deutsch gab er zu verstehen, dass ich nach Weimar fahren sollte. Aber Weimar war nicht das Ziel, sondern Buchenwald.

Was Buchenwald bedeutete, hatte sich herumgesprochen. Ob ich da überhaupt wieder heil rauskam? Schließlich standen wir vor dem Tor. Die fünf Mühlhäuser mussten absteigen, ich wendete und fuhr mit meinen beiden Wächtern davon. Nur weg von hier, dachte ich. Denn bei den Russen wusste man nie, wie sie im nächsten

Augenblick reagierten. Vielleicht hätten sie mein Auto gebraucht und mich gleich dazu.

Von den fünf Gefangenen hatte ich einen gekannt. Lothar Pflock. Aber ob der überlebt hat?"

Otto Schmitz Nachf. H.W.

„P.S. Lothar Pflock hat überlebt. Wohl mit demselben Glück, wie dieser Mühlhäuser Bürger jüdischer Abstammung vorher dem Nazi-Terror entkommen war. Jahre später kehrte er von Buchenwald zurück und lebte fortan in der Mühlhäuser Friedrich-Engels-Straße."

Manfred Thiele

„Im August 1945 wurde mein Vater, Karl Matthes, verhaftet und auf den Untermarkt gebracht. Nachbarn hatten behauptet, er sei der stellvertretende NS-Kreisleiter von Mühlhausen gewesen. Natürlich stimmte das nicht, indessen begann eine schlimme Zeit für unsere Familie. Als die Aufforderung kam, frische Wäsche für den Eingesperrten zu bringen, konnte sich meine Mutter nicht entschließen, selbst zu gehen. Zu groß war ihre Angst vor dem, was in diesem Haus passierte. Schon gar nicht wollte sie meine 15-jährige Schwester schicken. So entschlossen wir uns, dass ich die Aufgabe übernahm. Ich war noch ein Kind von 10 Jahren, mir würde man sicherlich nichts tun.

So war es auch. Die Soldaten im Haus waren alle freundlich zu mir, sie versprachen auch, das Mitgebrachte meinem Vater zu geben. Indessen hab ich furchtbare Schreie gehört, die durch das Haus hallten. Es waren Schreie von Erwachsenen, wie ich sie als Kind nicht kannte und die von daher helles Entsetzen in mir hervorriefen. Trotzdem bin ich wieder hingegangen. Ich wusste um die Notwendigkeit meiner Aufgabe.

Nachdem ein großer Teil der Inhaftierten nach Buchenwald abtransportiert worden war, war mein Vater immer noch im Hause. Im Spätherbst durfte mein Vater aus seinem Zimmer, er musste saubermachen und die Öfen heizen. Das war eine Art Vergünstigung. Die Tragik-Komik seiner Situation war: Er hatte bei seiner Festnahme sein Gebiss nicht mitgenommen, er sprach daher nur undeutlich und nuschelte. Eben das war sein Glück, er wurde schließlich entlassen. Der verantwortliche Offizier sagte ihm beim Abschied, er habe böse Nachbarn, er soll sich vor ihnen in acht nehmen. Jedenfalls könne jemand mit solch einer Aussprache, wie er sie hätte, niemals ein großer Partei-Redner gewesen sein.

Zuhause hat dann mein Vater uns eindringlich ermahnt, niemals ein Wort über das Geschehene fallen zu lassen. Das haben wir auch strikt befolgt."

Christa Eckert

„Ich hatte keine Ahnung, was mit dem Haus los war, als ich 1988 dort defekte elektrische Leitungen erneuern musste. Merkwürdig war nur, dass in das vordere Eckzimmer kein Reinkommen war. Niemand besaß einen Schlüssel dazu und ich konnte meine Arbeit hier nicht fertig machen. Erst als ich drei Jahre später in der Zeitung las, was es mit dem Zimmer auf sich hatte und dass der Stasi dort einen Stützpunkt hatte, bekam ich die Erklärung.

Bei meiner Arbeit damals kam ich mit einer älteren Frau ins Gespräch. Sie wohnte im Parterre und hieß Plebanski. Sie hatte ein schlimmes Flüchtlingsschicksal hinter sich, die Russen hatten ihre Tochter vor ihren Augen vergewaltigt und danach erschossen. Von ihr erfuhr ich, dass nach dem Krieg die Russen im Haus wohnten und manches Ungute durch sie geschah. Aber etwas Genaueres wusste sie auch nicht."
Hans-Joachim Zieger

„Wegen der brutalen Vorgehensweise am Untermarkt wollte mir ein Genosse weis machen, dass man dafür Verständnis haben müsse. Die Faschisten wären mindestens so grausam in der Sowjetunion vorgegangen. Mancher der Soldaten im Haus hätte vermutlich einen Angehörigen dadurch verloren. Ich habe ihm geantwortet, diejenigen, denen so was widerfahren ist, würden sich kaum so benehmen. Denn die wüssten, was Leid bedeutet. Diese Truppe hier dagegen übte das als Handwerk aus. Sie war niemals an der Front, sondern immer nur dahinter. Und mit den eigenen Leuten ist sie auch nicht anders umgegangen. Das sei inzwischen hinlänglich bekannt."
Dieter Wachsmuth

„Mein Vater Julius Waldhelm war von 1943 bis 1944 Leiter des B-Lagers am Stadtwald. Als ihn der NKWD im August 1945 zum Verhör am Untermarkt holte, sagte die russische Lagerdolmetscherin positiv für ihn aus und er kam wieder frei. Durch die Denunziation eines Zugezogenen bei der deutschen Polizei kam es danach zur Verhaftung mehrerer Heyeröder Männer, auch meines Vaters. Seither fehlt jede Spur von ihnen."
Günther Waldhelm, Heyerode

„Ich habe versucht, die Menschen zu zählen, denen ich in diesem Haus begegnet bin. Es waren 34. Manche davon haben mit mir das Zimmer geteilt, andere sind mir im Treppenhaus begegnet. Fast alle waren mir unbekannt. Wie ich erfuhr, kamen viele von ihnen von den Dörfern, auch aus Treffurt, Eisenach und Sondershausen. Ich habe noch die Schreie im Ohr, die durchs Haus hallten. Von einem der Unmenschen wurde erzählt, dass er die Schläge zählte, bis dem Delinquenten der erste Schrei entfuhr. Wer vor dem dritten Schlag schrie, war für ihn uninteressant. Die Hartnäckigen hing er am Kellereingang auf und peitschte sie. Oder er gab ihnen Elektroschocks.

Ich lernte einen jungen Unteroffizier kennen, er kam von Dessau und wollte nach Bayern, hier war er nun gelandet. Er war ein rauhbeiniger Bursche und hatte alle Torturen einigermaßen überstanden. Wie er mir erzählte, wollte er sich einen Bauernhof anschaffen, vielleicht einheiraten, davon hatte er schon als Kind geträumt, irgendwie selbständig zu sein und in der freien Natur zu arbeiten. ‚Wenn ich erst einmal hier raus bin', sagte er, ‚wird sich das finden.' Er war einer der wenigen, die trotzig und mit einem gewissen Humor unsere Situation zu meistern versuchten. Für die Russen hatte er Spitznamen wie ‚Kalaschnikow', ‚Wanzenfresser', ‚Krummschnautzki'. Er mochte sie nicht und sie ihn auch nicht. Ihre Schläge verkraftete er besser als wir. Nie hörte ich ihn jammern, wenn er vom Verhör kam."
Lorenz Kaltruweid

Die Verantwortlichen
Zu den zeitweilig in Mühlhausen stationierten NKWD-Offizieren zählten u. a. Major Matschenkow, Hauptmann Trubnikow, Hauptmann Koschalew und Hauptmann Nowsorow. Diese Männer waren nicht nur für die ordentliche „Arbeit" in ihrer Dienststelle Untermarkt 13/14 verantwortlich. Zu ihren Aufgaben zählte vor allem auch die Errichtung und Kontrolle einer ersten deutschen politischen Polizei-Truppe, K 5 genannt, die als eine Art Geheimpolizei die in Mühlhausen entstehenden neuen Machtstrukturen sichern sollte.

Alle diesbezüglichen Befehle kamen aus der NKWD-Zentrale des SMA Thüringens, Weimar – Lottenstraße. Der leitende Chef war hier Oberst Judanow. Insbesondere Hauptmann Trubnikow unterhielt eine enge Beziehung zu dieser Stelle. Seine Machtbefugnisse in Mühlhausen waren nahezu unbegrenzt.

Über die „Arbeit" der NKWD-Zentrale am Untermarkt finden sich im Mühlhäuser Stadtarchiv kaum Hinweise. Selbstverständlich war dieses Thema zu DDR-Zeiten absolut tabu. Erst 1997 stieß die Leiterin, Frau Beate Kaiser, zufällig in einer Personalakte auf einen Vermerk. Danach war der Verwaltungsangestellte Johann Stehr am 15. Januar 1946 vom NKWD verhaftet worden. In Klammer stand dahinter: Seine Beurteilung wurde zum Untermarkt 13 geschickt.

Johann Stehr wurde am 2. 1. 1894 in Hamburg geboren. Laut Personalakte war er seit 1943 in Mühlhausen beim Luftnachrichten-Ersatzteillager für Personalbearbeitung zuständig gewesen. Am 24. 9. 1945 begann er dann seine Tätigkeit bei der Mühlhäuser Stadtverwaltung als Außendienstangestellter im Wohnungs- und Unterkunftsamt. Am 2. November 1945 wurde er zum kommissarischen Leiter des Wohnungsamts ernannt. Diese Tätigkeit endete mit seiner Verhaftung, so ein Vermerk vom 26. Januar 1946. Weitere Nachfragen der Verwaltung nach seinem Verbleib beim NKWD blieben erfolglos.

Drei Monate später, am 23. Mai 1946, meldete sich das Komitee ehemaliger politischer Gefangener aus Hamburg beim Mühlhäuser Stadtrat. Offensichtlich hatten die Familienangehörigen des Verschleppten in seiner Heimatstadt um Unterstützung gebeten. In einer eidesstattlichen Erklärung versicherte das Komitee, dass Johann Stehr „stets Antifaschist gewesen und niemals Mitglied der NSDAP" gewesen sei. Ob diese Erklärung an die Sowjets weitergereicht worden ist, geht nicht aus den Papieren hervor.

Als Johann Stehr nach zwei Jahren nach Mühlhausen zurückkehrte, schrieb er folgenden Bericht:

„Ich saß vom 16. Januar 1946 bis 28. August 1946 im GPU-Gefängnis in Mühlhausen, Untermarkt 13 in Einzelhaft. Ich bin nicht verurteilt worden. Im Gefängnis wurde ich in den ersten 3 Wochen Tag und Nacht verhört. Ich bin den schwersten Misshandlungen ausgesetzt gewesen, ich habe Schläge mit dem Gummiknüppel unter die Fußsohlen, in den Nacken, ins Kreuz und auf den Kopf bekommen. Ferner hat man mir Schlüssel zwischen die Finger gesteckt und mit der Faust auf die Hand geschlagen. Ich wurde oft mit der Pistole bedroht und diese lag dauernd während der Vernehmung auf dem Tisch. Später im Lager (Buchenwald) sind wir nicht mehr misshandelt worden. Allerdings haben uns die Russen schikaniert, wo sie nur konnten. Alle 14 Tage war große Filzung. Wir mussten stundenlang in Regen, in

Sturm und Kälte draußen zubringen. Die Großappelle dauerten oft 5 bis 6 Stunden, selbst Kranke mit hohem Fieber mussten aus den Baracken mit antreten. Am liebsten machte der Russe diese Appelle an hohen Feiertagen wie Ostern und Weihnachten. Während meiner Haftzeit im Mühlhäuser GPU-Gefängnis habe ich jede Nacht Schreie gehört wie: ‚Erschießt mich doch!' und Ähnliches."

Der Transport von Johann Stehr von Mühlhausen nach Buchenwald geschah folgendermaßen: „Ich wurde gefesselt und mit 6 anderen Kameraden auf einen LKW geladen und mit 9 Mann Bewachung, die ihre Maschinenpistolen schussbereit hielten, transportiert."

Von seinen Mithäftlingen, die Johann Stehr später dann kennen lernte, hatten nur wenige eine ordentliche Gerichtsverhandlung erlebt. Eigentlich wurde ihm nur ein einziger Fall bekannt, von dem Kommunisten Otto Rabitz aus der Mühlhäuser Linsenstraße 10. Er soll vor einem russischen Gericht gestanden haben. Weswegen er angeklagt war, konnte Stehr allerdings nicht in Erfahrung bringen. Angeblich aber soll er freigesprochen worden sein.

Genau nach 2 Jahren, am 16.8.1948, kehrte Johann Stehr aus der Internierung nach Mühlhausen zurück. Seine mehrfache Bitte bei der Stadtverwaltung, ihn wieder einzustellen und zu beschäftigen, wurde ihm nicht gewährt. So meldete er sich schließlich am 16.9.1949 beim Einwohnermeldeamt ab und kehrte nach Hamburg zurück. Johann Stehrs Hamburger Wohnung war während des Krieges zerstört worden. Er hatte gehofft, in Mühlhausen Fuß fassen zu können, das war ihm nicht vergönnt gewesen.

Als im Herbst 1949 die Häuser Untermarkt 13/14 vom NKWD/MWD an die Stadt Mühlhausen zurückgegeben wurden, bot sich den Verwaltungsangestellten bei einer ersten Besichtigung ein Bild völliger Verwahrlosung. Nichts war in den Gebäuden heil geblieben, alles erstarrte in Schmutz. Sie sahen durchbrochene Fußböden, zerschlagene Fenster, umgestürzte Möbel. In Fetzen hingen die Tapeten von den Wänden. Sie stolperten über Flaschen und verrostete Waschbecken. Umgekippte Müllkübel verbreiteten einen entsetzlichen Gestank. Hof und Flure lagen voller Kothaufen. Bei den in den folgenden Tagen notwendigen Aufräumarbeiten erstellten die Angestellten eine Liste allen beweglichen Inventars. Diese Liste umfasste exakt 400 Gegenstände.

Nach dem Abtransport allen beweglichen Inventars wurden die Bauschäden erst richtig sichtbar. Stromkabel waren herausgerissen, Mauerwerk durchbrochen, Türrahmen zerdrückt. In den einzelnen Stockwerken fanden sich nasse Stellen in den Wänden und verfaulte Fußböden. In einem der Räume hatte es offenbar eine offene Feuerstelle gegeben, denn Teile des Fußbodens waren völlig verbrannt.

Dabei waren ständig Reparaturarbeiten durchgeführt worden, darunter sehr kostspielige, zwischen 1946 bis 1949. Die darüber ausgestellten Rechnungen liegen in neun Aktenordnern vor. Zu den beauftragten Firmen zählen u. a. die Baufirmen Karl-Louis Müller; Franz Bader; Herpe, Margard & Sparr; Klempnerei Stockmann; Malergeschäft Röhrig; die Elektrogeschäfte Eberhard und Tatarczik; die Ofensetzereien Otto Rohn, die Schlosserei Zierentz usw.

Repariert bzw. neu verlegt werden mussten immer wieder Elektroanlagen, ebenso Ofenanschlüsse. Offensichtlich gab es auch mehrfach Maurer- und Zimmermannsarbeiten auszuführen. Wie eine Rechnungsaufstellung der Firma Franz Bader besagt, wurden im Dezember 1946 300 Backsteine und eine Unmenge Bauholz angeliefert und verarbeitet. Auf drei engbeschriebenen Seiten werden Hölzer (Rundhölzer, Kanthölzer, Unterleghölzer) in den unterschiedlichsten Größen und Stärken benannt in insgesamt 87 Posten.

Beispiel:
Fichte 130 mm ??
3,00 m   2/25 cm ?
5,20 m   3/18 cm ??
1,50 qm   2,83 ??
2,81 qm   2,83 ??

Von der Firma Karl-Louis Müller musste im Seitenflügel ein Türdurchbruch gemacht und eine neue Tür eingesetzt werden (10.8.1948). Bereits Anfang September hatte das Elektrogeschäft Paul Eberhard mehrere Lampen im „Stall", im Hof sowie im Keller anzubringen sowie eine Reihe von Steckdosen im unteren Hausbereich anzulegen.

Die Rechnungs-Anschriften lauteten zumeist „An das Baukontor Mühlhausen für die NKWD" oder „An das Baukontor für russische Aufträge Mühlhausen" oder „Für die Einheit Untermarkt 13". Die teilweise auf diesen Rechnungen angegebene Feldpostnummer der NKWD-Einheit war stets durchgestrichen. Sie lautete 08615c.

Nur wenige Male stand der Name eines der auftraggebenden Offiziere darauf. Es waren dies ein Kapitän Schamanin und ein Leutnant Sagulin sowie ein Major Matschenkow. Alle Rechnungen trugen den Stempel der Stadt bzw. des OB's:

„Die Einheitspreise sind angemessen und übersteigen nicht die Preise vom 8.7.1945."

Die Beträge:

August 1945	762.88 Mark	
30.3.1946	56.00	
28.8.1946	93.49	
28.8.1946	09,50	
12.9.1946	71.29	
10.12.1946	1.647.08	
1.11.1947	8.335.91	beteiligt 16 Firmen
März 1948	1.350.37	
10.4.1948	42.26	
28.7.1948	21.00	
Juni 1948	1.273.48	beteiligt 12 Firmen
10.8.1948	762.80	
22.3.1949	40.57	
	56.57	
	165.46	
? 1949	33.74	
insgesamt	14.827.40 Mark	

Zu dieser Zeit betrug der Stundenlohn für einen Handwerker weniger als 2 Mark. Ein Brett oder ein Meter Metallrohr wurden nach Groschen berechnet.

Laut einer Rechnung des Fuhrunternehmers Keppler aus der Langensalzaer Straße kostete eine Gespannstunde (Müllabfuhr für die Einheit Untermarkt 13) 3 Mark, der dazugehörige Gespannführer erhielt 1 Mark. Entsprechend niedrige Preise sind auch aus einer Rechnung der Elektrofirma Kurt Tatarczyk, Felchtaer Straße 1, zu ersehen. Hier waren Arbeiten im Haus Bismarckstraße 15 (Dr.-W.-Külz-Str.) verrichtet worden. Dieses Gebäude unterstand ebenfalls dem NKWD/MWD.

Lichtleitung nachgesehen.		
2 Anschalter	(72 Pfg.)	1.44 Mark
1 Fassung		–.45
1 Schalenschalter 80er		–.60
1 Aufhängenippel		–.15
Lüsterklemme		–.10
Isoliermaterial		–.25
2½ Std. Montage-Monteur	(1.50)	3.75
2½ Std. Lehrling	(–.50)	1.25
Montagezeit der ausgeführten Arbeit		9.25
		17.24
Übersetzungsgebühren		3.00
	20.24 Mark	

Auf nahezu jeder Rechnungs-Akte sind auf den Innenseiten Vermerke von den Verwaltungsangestellten eingetragen. Bei der von 1947 heißt es:
Rechng. 31.12.47/Mappe 5265
Die Ausgleichszahlung an die Handwerker für geleistete Arbeiten für die Einheit Untermarkt 13 erfolgte nach Rücksprache mit Herrn Stücker (Bürgermeister). Eine Beibringung der Beträge von der Einheit Untermarkt 13 war unmöglich, es wurden daher 6 000 RM aus dem Verwaltungskonto 61 für diese Zwecke entnommen.
Rechng. 10.8.48
Bezahlung durch den Chef der Einheit abgelehnt.
Rechng. April 49/Mappe 5906
Zahlung der Handwerker-Rechnung wurde abgelehnt, da Truppe ausgewechselt. Die unbezahlten Rechnungen werden im Zuge der Abwicklung des Bonuskontos vom Verwaltungs-Konto 50 ausgezahlt.
Rechng. – Mappe 738
Die restlichen Forderungen in Höhe von 1776.– RM wurde vom 10.10.49 Herrn Bürgermeister zur Entscheidung, ob die Summe aus dem Verwaltungskonto 50 zu überweisen sei, vorgelegt.
Rechng. März 49/ Mappe 5637
Betrifft Ofenreparatur in der Privat-Wohnung Eisenacher Str. 14b. Wurde vom Major (Matschenkow) nicht anerkannt, der Meister soll eine ordentliche Arbeit liefern, dann wird dieselbe auch bezahlt.
Rechng. 6.10.47/ Mappe 5736
Die Rechnungsaufstellung wurde mehrmals der Einheit Untermarkt 13 eingereicht, bei der letzten Rücksprache am 20. April 1949 zahlte der eine Offizier aus eigener Tasche 16.47 DM. Dieser Betrag wurde sofort der Firma Busch ausgehän-

digt. (Die Verhandlung führte die Dolmetscherin Frl. Tilling). Die unbezahlten Rechnungen werden im Zuge der Abwicklung des Bankkontos vom Verw.Kto. 50 ausgezahlt.

Rechng. 25.8.49

Die Beträge der X rot angekreuzten Positionen wurden aus einem vom russischen Offizier der Einheit Untermarkt 13 dem Bankkonto zur unmittelbaren Auszahlung ausgehändigt. Auf Befragen, was mit den anderen Rechnungen werden soll, erklärte der Offizier: „Dieselben sind von mir bezahlt worden." Nach Rücksprache bei den betreffenden Handwerkerfirmen waren die Rechnungen vom 20.8.48 bezahlt.

Zu dem Ärger mit den meist unbeglichenen Rechnungen kamen für die Stadtverwaltung die nicht enden wollenden Beschwerden der Handwerker. Immer wieder weigerten sie sich wegen der unberechenbaren Verhaltensweisen der Russen, weitere Aufträge anzunehmen. Teils wurden sie wieder weggeschickt, teils beschimpft oder sonst wie dumm behandelt. Andererseits traktierte man sie mit Essen und Trinken, dass an ein ordentliches Arbeiten nicht zu denken war.

Natürlich kamen sie mit den in diesen Häusern Inhaftierten nicht in Berührung. Alle Arbeiten verrichteten sie unter strenger Bewachung von Posten. Noch 1947 konnte es passieren, dass bestellte Handwerker über Tage festgehalten wurden. 1946 soll einer von ihnen nicht mehr an seine Arbeitsstelle bzw. zu seiner Familie zurückgekommen sein.

Über die Bezahlung von Handwerkerrechnungen für ausgeführte Arbeiten bei sowjetischen Truppeneinheiten hat es anscheinend keine gesetzlichen Regelungen gegeben. Wie die Akten besagen, oblag die Bezahlung den Russen, deren (teilweiser) Sold und deren Garnisons-Kasse in Anrechnung auf die Reparationsleistungen mit deutschen Banknoten finanziert wurde. Die immer wieder in Anspruch genommenen Ausgleichskonten Nr. 50 und 61 lassen allerdings vermuten, dass die Mühlhäuser Stadtverwaltung mit Zahlungsverweigerungen rechnete und sich darauf eingerichtet hat.

Ob später eine Ausgleichs- bzw. Rückzahlung von einer höheren Instanz, wie z. B. vom Land Thüringen oder der SMA Thüringen, an die Stadt Mühlhausen erfolgte, ist ungeklärt. Wahrscheinlich nicht. In den folgenden 40 Jahren mussten derartige Reparaturen, Ausstattungen, An- und Umbauten von Mühlhäuser VE-Betrieben übernommen werden. Selbstverständlich auch ohne Bezahlung. Hier hießen die Konten „Friedensbeitrag", „Freundschaftsdienst" usw.

Zweifellos sind alle anderen in der Stadt von Russen belegten Wohnungen und Häuser mit derartigen Reparaturleistungen von Mühlhäuser Handwerkern instand gehalten worden. Ebenfalls bezahlt von Stadtsteuergeldern. Es gab über viele Jahre mehrere Dutzend solcher Häuser und Wohnungen, vor allem im Bereich Goethe-, Schillerweg, Pfeifferstraße, Martinistraße, am Schadeberg in der Prof.-Berger-Straße, Brunnen- und Langensalzaer Straße.

Zu den zwei Gebäuden Untermarkt 13 und 14 wurden vom NKWD/ MWD 1949 auch die Grundstücke Brunnenstraße 1, 2 und 3 an die Stadt zurückgegeben.

17. DAS WAHRE GESICHT
Porträt des sowjetischen Geheimdienst-Chefs Trubnikow

„Wir werden in den von uns besetzten Ländern den Kommunismus zu seinem Ziele verhelfen, indem wir diesen Völkern zunächst die Intelligenz und später die Kapitalisten nehmen. Die übrigbleibende breite Masse ist gefügig, und mit ihr können wir machen, was wir wollen."
  Skopzow, Major des NKWD, Berlin 1945
  (Echo der Woche, 15. 4. 1949, S. 12)

Um die barbarische Vorgehensweise des sowjetischen Geheimdienstes und seiner Kommandeure in Mühlhausen besser verstehen zu können, muss man einen kurzen Blick auf die Geschichte dieser Organisation werfen. Das oberste Prinzip dieser militärischen Sonderabteilung hieß „Terror um jeden Preis", und zwar in der Weise, dass dieser Terror weniger öffentlich als hinter verschlossenen Türen ablief. Die dem Bolschewismus vor allem in der Ära Stalin/Wyschinskij anhängende Auffassung vom „stetig verschärfenden Klassenkampf" hatte seit Ende der zwanziger Jahre zu einer Perfektionierung des sowjetischen Geheimdienstapparates, der „Wachsamkeits-Attitüde", der aktiven Genossen und der Geheimhaltungspflicht selbst in belanglosesten Angelegenheiten geführt. Damit die Politkommissare, die die Moral der Armee im Sinne der Partei überwachen sollten, nicht nachlässig wurden, befahl Stalin zum Beispiel, einige tausend von ihnen zu erschießen. Das „Kommando", das diese Untaten schon routinemäßig erledigte, war die Tscheka. Nach 1922 hieß sie GPU, bekannt geworden durch die Geheimpolizei, diese wurde 1941 als Volkskommissariat für Staatssicherheit (NKGB) wieder verselbständigt; 1946 wurden beide Kommissariate zu Ministerien umgewandelt: das NKWD ging in MWD auf, die Geheimpolizei im MGB, das 1954 in das Komitee für Staatssicherheit KGB unbenannt wurde.

Insgesamt waren 1945 drei Geheimdienstorgane in der SBZ tätig: Die Einheiten des Volkskommissariates des Innern (NKVD), der Staatssicherheit (NKGB) und der militärischen Abwehr „SMERS". Auf Landesebene nahmen die operativen Sektoren des NKVD, in Kreisstädten und einigen Städten des jeweiligen Kreises operative Gruppen ihre Arbeit auf. Der Leiter des Operativen Sektors in Thüringen war von Juli 1945 bis Oktober 1946 mit Standort Weimar Generalmajor Grigori Akimowic Besanow. Für die Haftanstalten und das Gefängniswesen in Thüringen war Oberstleutnant Ivanov zuständig.

Zum Leiter des sowjetischen Geheimdienstes für das Gebiet Mühlhausen Nordwestthüringen wurde Hauptmann Trubnikow eingesetzt. Trubnikow galt als typischer Vertreter seiner „Zunft". Im Geist dieser Stalinschen Sondertruppe erzogen, war er in allem, was Brutalität, Menschenverachtung und Peinigung seiner Opfer betraf, bestens ausgebildet. Mittelgroß, blond, von schneller Auffassungsgabe, zeigte er sich nicht selten als Untersuchender, Richter und Henker zugleich. Selbst die Garnisons-Offiziere hatten vor ihm Angst, wie im Fall von Major Smirnow. Smirnow, Chef des Lazarettes am Philosophenweg (Schillerweg – ehemalige Oberschule für Mädchen), hatte bei einer Mühlhäuser Familie einige Beutestücke untergestellt, Bilder, Teppiche, Münzen, Stoffe. Als Trubnikow das Haus der Familie beschlagnahmte, wagte Smirnow nicht, die Sachen herauszufordern, vielmehr warnte er die Familie, sich vor Trubnikow in acht zu nehmen. Es sei lebensgefährlich, sich mit ihm anzulegen. Freunde besaß Trubnikow keine. Allein ein Schäferhund zählte zu seiner ständigen Begleitung sowie eine Freundin namens Ellen und ein junger Dolmetscher „Peter". Zunächst bewohnte Trubnikow das Haus Lindenbühl 12, nachdem er dort kurzerhand die Bewohner auf die Straße gesetzt hatte. In den Kellerräumen ließ er Gefangenenzellen und Verhörräume herrichten. Mitunter holte er sich Gefangene vom Untermarkt, manchmal auch aus der Külzstraße.

Was Versprechungen zur „Mitarbeit" anbelangte, zeigte sich Trubnikow nicht kleinlich. Immer wieder war bei ihm von viel Geld die Rede, auch von gutem Essen. Aber auch in anderer Hinsicht erwies er sich als sehr „spendabel". Das bewiesen die Hängevorrichtungen in den Kellerräumen, an den Auspeitschungen und Erschießungen. Ein von Trubnikow „Angeworbener", Volkmar Einhardt, berichtete, Trubnikow habe ihm eine Uhr versprochen und sie ihm auch gegeben. Wie sich herausstellte, stammte sie von einem Eichsfelder Geschäftsmann, den Trubnikow bis aufs Hemd ausgeplündert hatte. Die Ehefrau hatte sich nach der Verhaftung des Mannes das Leben genommen, während eine der Töchter Trubnikow ihren gesamten Gold- und Silberschmuck für die Freilassung ihres Vaters hergab. Als Trubnikow noch mehr von ihr verlangte, übergab sie ihm alles, was sie in ihrer Verwandtschaft erbetteln konnte. Nach der Freilassung begaben sich Vater und Tochter nach Hessen. Der Vater verstarb später in einem Hanauer Hospital. „Trubnikow war so gierig auf Wertsachen, dass er mir schließlich die Uhr, die er mir gegeben hatte, wieder abpresste", berichtete Einhardt weiter.

Haus Lindenbühl 12 in Mühlhausen

Als dieser Zeuge einmal von Trubnikow ins Haus Lindenbühl 12 bestellt wurde und in einen der Kellerräume geriet, erlebte er eine Szene, die er zeitlebens nicht mehr vergass. Ein Mann lag auf dem Boden, über ihm Trubnikow. Der schlug mit einer kurzen Knotenpeitsche auf den Mann ein. Der schrie und schrie. Daneben saß Trubnikows Freundin auf einem Hocker und wollte sich ausschütten vor Lachen. So, als ob nichts geschehen wäre, wandte sich Trubnikow seinem Besucher zu, während seine Freundin den Geschlagenen wegführte.

Indessen verwahrloste die Villa rasch. Zerbrochene Möbel lagen umher, Wasserlachen bedeckten den Boden, zerschlagene Flaschen und Lumpen. Dazu durchzog ein bestialischer Geruch das Haus, hervorgerufen durch herumliegenden Menschen- und Hundekot. Als nächstes wurde das Haus Philosophenweg 12 beschlagnahmt. Nachdem der Besitzer Willi Marhold zum NKWD bestellt worden war, erklärte ihm dort Trubnikow kategorisch: „Ich Dein Haus, Du mein Haus!" In einem offenen Polizei-Wagen ließ er Marhold wieder nach Hause bringen, dort mussten Marholds Frau und Töchter das Nötigste zusammenpacken. Danach schaffte man die Familie in Trubnikows bisheriges Quartier am Lindenbühl. „Dort empfingen uns die Ratten, so dass wir unmöglich bleiben konnten", berichtete eine der Töchter. Eine vorläufige Bleibe erhielt die Familie schließlich bei hilfsbereiten Nachbarn, bis ihr die Stadt eine „Ausweichwohnung" zuteilte. Etwa acht Monate wirkte Trubnikow in seinem neuen Domizil. Wie Nachbarn berichten (Familie Brinkmann, Topfstedt), ertönten immer wieder furchtbare Schreie aus dem Gebäude, auch Schüsse. An der Form der „Gepäckstücke", die von hier hin und wieder, zumeist nach Einbruch der Dunkelheit, von Militärfahrzeugen abgeholt wurden, ließen sich unschwer menschliche Körper erkennen. Der Grund, weswegen Trubnikow ausgerechnet dieses Haus beschlagnahmt hatte, war anscheinend der, dass schräg gegenüber, im Gebäude Böhntalsweg 1, die Mühlhäuser „Politische Polizei" K5 ihre erste Dienststelle eingerichtet hatte, für die er verantwortlich war. Ihm oblag es, den Kader dieser neugebildeten Truppe zu prüfen und zu bestätigen. Er war für die Bewaffnung und für die Unterrichtung verantwortlich. Ohne Zweifel muss es in dieser Zeit eine enge Zusammenarbeit mit dem Mühlhäuser Polizei-Chef Jaritz gegeben haben. Dafür spricht die Tatsache, dass dem NKWD-Offizier ständig deutsche uniformierte Polizisten, die damals noch Tschakos trugen, zur Verfügung standen.

Nachdem Trubnikow zur Erfüllung „höherer" Aufgaben abberufen worden war, konzentrierte sich die Arbeit des NKWD/MWD allein noch auf die Zentralstelle Untermarkt 13. Alle anderen Häuser wurden freigegeben bzw. an Garnisonsangehörige abgetreten. Wie viele Bürger in Trubnikows „Häusern" seine „Sonderbehandlung" erfahren haben, wie viele davon ermordet oder weiterverschleppt wurden, wird nie aufgeklärt werden.

Trubnikows vorgesetzte Dienststelle befand sich in Weimar, Lottenstraße 39. Der hier für Thüringen verantwortliche Chef hieß Oberst Iwanow. Neben ihm agierte, relativ unabhängig, Oberst Judanow. Als Hauptverbindungsmann zwischen der Thüringer Leitstelle und Karlshorst, wo Generaloberst Iwan Serow residierte, verfügte er über eine nahezu unbegrenzte Befehlsgewalt. Er vertrat den Generaloberst in allem, was die Überwachung der eigenen Leute und die Abwehr betraf, sowie in der Durchführung der von den Deutschen zu leistenden Reparationslieferungen. Als brillanter Organisator verstand es Judanow, stets die richtigen Leute an die richtige Stelle zu dirigieren. Schon während seiner Geheimdienstausbildung hatte er seine Vorgesetzten damit verblüfft. So waren von ihm aus Strafgefangenenlagern „umgeschulte" Balten angefordert worden, die nicht nur deutsch sprachen, sondern die sich mit der Mentalität der Deutschen auskannten. Sein System, solche Leute in Funktionen einzusetzen und sich dazu noch gegenseitig überwachen zu lassen, funktionierte bis auf wenige Pannen ausgezeichnet. Ihnen war die Freiheit versprochen worden und aussichtsreiche Posten. Wann immer Judanow aus dem Schatten trat, in Amtszimmern, bei Konferenzen oder Empfängen – irgendwann kam er auf die „demokratische Entwicklung" zu sprechen, welcher die Sowjetmacht in der Zone zur Entfaltung verhelfen wollte. In Wirklichkeit sah sein „demokratisches Verständnis" so aus: Als eine Nordhäuser Delegation beim General Subarow in Weimar vorsprechen wollte, mischte er sich ein und bezeichnete die Delegierten als Rebellen, die er augenblicklich verhaften lassen würde, wenn sie nicht verschwänden. Das Anliegen der Nordhäuser war nach einstimmiger Beschließung des Senats, aus Thüringen auszutreten und sich zur Provinz Sachsen zu schlagen. Ein durchaus demokratisches Verlangen. Um den Thüringer Ministerpräsidenten Dr. Rudolf Paul unter Druck zu setzen, wurden auf Anweisung Judanows einmal in einer nächtlichen Blitzaktion drei Thüringer Staatsanwälte verhaftet und zwar die aus Erfurt, Gotha und Mühlhausen. Es ging ausschließlich darum, ihnen einen gehörigen Schreck einzujagen. Unterstellt wurde ihnen, sie hätten auf Anweisung Dr. Pauls Berichte gesammelt, die sich ausschließlich mit russischen Fällen befassten und die dem Ministerpräsidenten vertraulich weitergereicht worden waren.

Mit dem Argument der Wühlarbeit gegen das Besatzungsregime ließ Judanow die aus dem Schlaf Gerissenen noch in deren Wohnungen verhören. Den Präsidenten indessen ließ er durch einen seiner deutschen „Mittelsmänner" wissen, dass als nächstes sämtliche Oberstaatsanwälte Thüringens mit ihrer Verhaftung rechnen müssten. Auf diese Art wurde den Thüringer Politikern deutlich gemacht, dass ihre Eingaben an die SMAD betreffs Gewaltakten, durchgeführt von Rotarmisten an der Zivilbevölkerung, unerwünscht waren und in Zukunft unterbleiben sollten.

Zu dieser Zeit wurde der Mühlhäuser Gerichtsdirektor Dr. Otto Schwarz zweimal hintereinander in das Gebäude Untermarkt 13 befördert. Hier sollte er Angaben über seine Zeit in Leipzig machen, wo er als Gerichtspräsident gewirkt hatte. Die Personen und Fälle, die man ihm anlastete, waren ihm völlig unbekannt. Der Zweck dieser Vorgehensweise war nichts anderes als ihn zum Abtreten zu bewegen. Kriminell wurde es für ihn tatsächlich, nachdem sein Schreibtisch durchwühlt worden war und wichtige Unterlagen fehlten. So zog er es vor, seinen Abschied zu nehmen. Auf diese Weise „regelten" die Sowjets schnell und auch meistens problemlos alle anstehenden Personal- und Sachfragen in den von ihnen besetzten Gebieten.

Trubnikows Hauptanliegen galt der politischen Umgestaltung der Stadt, ganz im Sinn der sowjetischen Besatzungsmacht, wie Herbert Beilschmied berichtet, der ihm mehrfach begegnete. Während der Wahlvorbereitungen 1946 (Gemeinde-Kreis- und Landtagswahlen) achtete Trubnikow streng darauf, dass die Aktivitäten der beiden Parteien CDU und FDP weitgehendst eingeschränkt wurden. Sei es durch Papierentzug für Wahlplakate, Redeeinschränkungen oder Auftrittsverbote. Gezielt nahm er kurzfristige Verhaftungen von besonders aktiven CDU-Mitgliedern vor, um diese Partei zu verunsichern.

Um die katholische Bevölkerung zu schockieren, ließ Trubnikow durch einen Leutnant Orschow dem Mühlhäuser Dechanten Karl Ruppel den Befehl erteilen, allen katholischen Geistlichen des Kreises Mühlhausen folgendes zu sagen: „Mit sofortiger Wirkung sind alle katholischen Jugendgruppen aufgelöst, weil einige Geistliche im Rahmen dieser Gruppen politische Tätigkeiten entfaltet haben. Es liegen Anzeigen vor gegen den Pfarrer von Heyerode. Er hat in der Predigt vom 4.8.46 gesagt, die einzige Volkspartei für einen kirchlichen Mann sei die CDU. Der Pfarrer von Struth hat am 11.8.46 in einer Predigt andere Parteien angegriffen und gegen die Schulreform gesprochen. Das Gleiche der Pfarrer von Faulungen in „hetzerischer Weise". In Wachstedt hat am 1.4.46 eine Frau aus Erfurt in der Kirche über die Wahl gesprochen." Das von Trubnikow aufgebaute und benutzte Spitzelnetz begann seine Früchte zu tragen. Immerhin konnte der jeweilige „Antifa-Block" dieser Orte diese Anschuldigungen abschmettern, so dass das Verbot wieder aufgehoben wurde. Wie für alle sowjetischen Befehlsträger, so galt auch für Trubnikow der Leninismus-Marxismus als unfehlbare Heilslehre, die jedermann anzuerkennen hatte.

18. WOHIN MIT DEN TOTEN?

Für die Häftlinge, die die Torturen im Haus Untermarkt 13 überlebt hatten, stand die Frage: Was war aus ihren Kameraden geworden, die in diesem Gebäude umgebracht worden waren? Noch nach Jahren machten sich Männer wie Walter Schönfeld darüber Gedanken. Sonntags, wenn er mit seiner Familie im Mühlhäuser Stadtwald spazieren ging, suchte er nach verdächtigen Stellen. Immer wieder kratzte er mit dem Gehstock im Waldboden. Am meisten zog es ihn in die Nähe des ehemaligen „Gerätebaues". Mit seinen Leidensgenossen hatte er gemeint, die Russen müssten die Leichen ganz in der Nähe der Stadt verscharrt haben.

Bei seiner Suche aber blieb Walter Schönfeld erfolglos. Dafür machte er eine andere „Entdeckung". Eines Tages kam er mit dem Heizer des Mühlhäuser Krematoriums Erich Schmidt ins Gespräch, den er gut kannte. Der offenbarte ihm: Nicht selten war er von den Russen nachts aus dem Bett geholt und gezwungen worden, von ihnen mitgebrachte Leichen im Krematorium zu verbrennen. Schmidt war in seinem Beruf einiges gewöhnt, aber was er da zu sehen bekam, erschütterte ihn zutiefst. Mitunter waren die Gesichter der Toten derart zugerichtet, dass ihn schauderte. Natürlich erkannte er als alter Mühlhäuser manche der Unglücklichen, und natürlich war ihm von den Russen absolutes Schweigeverbot auferlegt worden.

Walter Schönfeld dagegen hatte mit seiner Vermutung bezüglich des „Mühlhäuser Stadtwalds" gar nicht so Unrecht. Es war im April 1953, als die Förster Fritz Raschdorf und Heinz Freybote daran gingen, aus dem Kiefernbestand hinter der Gaststätte „Peterhof" die abgestorbenen Bäume herauszuschlagen. Während dieser

Krematoriumsgebäude mit Trauerhalle auf dem Neuen Friedhof

Arbeit stolperte einer der Helfer über eine verweste Hand. Bei der weiteren Untersuchung des Waldbodens fiel den Männern auf, dass im näheren Umkreis der Stelle auffällig wenig Grassoden vorhanden war. Nachdem sie in der Gaststätte „Peterhof" die Mühlhäuser Polizei angerufen hatten, kamen drei PKWs angefahren, darunter ein sowjetisches Militärfahrzeug. Ein sowjetischer Offizier studierte wenig später eingehend eine Generalstabskarte. Bevor er sie wieder zuklappte, hatte Förster Heinz Freybote mehrere rote Markierungen darauf erkennen können. Dieser Offizier erteilte dann den strikten Befehl, die Arbeit an diesem Waldstück „Tuterode" umgehend einzustellen. Jeder der Anwesenden habe über das Vorkommnis zu schweigen. Später hat Freybote die Stelle unauffällig gekennzeichnet.

Zwölf Jahre später erfuhr Freybote während einer Betriebsfeier der Mühlhäuser Forstwirtschaft, dass es sich vermutlich um die Küllstedter Geiseln handele, die man dort verscharrt habe.

Heute ist die Tatsache, dass der sowjetische Offizier seinerzeit (1953) die „Grabstelle" der Küllstedter Geiseln auf seiner Karte eingezeichnet hatte, aufschlussreich. Offensichtlich hat der sowjetische NKWD alle Orte, wo sie Deutsche vergraben, vielleicht auch erst an dieser Stelle erschossen haben, auf Mühlhäuser Kreiskarten vermerkt. Das wäre eine durchaus mögliche „Buchführung". Sollten diese Karten noch existieren, so lagern sie vermutlich in russischen Militärarchiven. Das Mühlhäuser Stadtwaldgebiet muss jedenfalls als „Bestattungsfeld" des sowjetischen NKWD einbezogen werden. Das bestätigen Gerüchte in Dörfern wie Eigenrieden, Struth und Dörna. Danach sollen Leichen von erschossenen Deutschen in den am nordwestlichen Ende des „Gerätebaus" befindlichen Brunnen geworfen worden sein. Dieser stark betonierte Rundbau, der z. T. mit in die Sprengungen nach der Demontage des Werkes einbezogen wurde, dürfte allerdings kaum zu untersuchen sein.

Zeuge von Exekutionen war der von den Sowjets in Geiselhaft genommene 14-jährige Winfried von Schutzbar. Von seinem Zellenfenster aus sah er, wie die Russen deutsche Gefangene durch Genickschuss und Erhängen töteten. Entsprechend den Aussagen anderer Gefangener sind aber wohl die meisten Hinrichtungen außerhalb des Grundstückes Untermarkt 17 vorgenommen worden. Herbert Grob berichtet, wie die sowjetischen Posten abends gegen zehn Uhr im Gefängnistrakt Zellentüren aufschlossen, die Namen von Gefangenen aufriefen und diesen dann in den Gängen anzutreten befahlen. Bald darauf hörten die Zurückgebliebenen das Aufheulen von Lastwagen-Motoren und das Anfahren von Fahrzeugen. Keiner der Aufgerufenen kehrte zurück.

Dieses Vorgehen entsprach den allgemeinen Hinrichtungspraktiken des NKWD in der sowjetischen Besatzungszone. „Das Herausholen der Verurteilten erfolgte nachts", berichtet der Historiker Fricke, „wobei sich entschied, ob es zum Genickschuss ging oder ob eine standrechtliche Erschießung vorgesehen war. Der Todeskandidat musste sich zumeist nackt ausziehen und durfte nur eine Decke mitnehmen, in die sein Leichnam später eingewickelt wurde. Das Geräusch der sich entfernenden bloßen Füße auf dem Steinfußboden des Kellerganges, das Anlassen des Motors eines LKWs auf dem Gefängnishof und das Klirren auf den Wagen geworfener Spaten war das Letzte, was von den Unglücklichen zu hören war …"

Auch Herbert Grob hat immer wieder nach „Grabstellen" in der Nähe Mühlhausens

191

geforscht. Sein Suchgebiet lag im Reiserschen und im Flachstal sowie im Gebiet des Forstbergs. Für andere ehemalige Häftlinge kam der Hainich in Frage, auch die Mühlhäuser und Keulaer Hardt. Nach Aussagen von Günter Ochs sollen ehemalige Angehörige der Mühlhäuser Schutzpolizei im Bereich der „Katzentreppen" „auf der Flucht erschossen" worden sein. Auch „Ämilienhausen" und die Höngedaer Flur finden Erwähnung.

Anzunehmen ist nach den in den vergangenen 10 Jahren eingegangenen Berichten von Zeitzeugen und Betroffenen folgendes:

1) Auf dem Grundstück Untermarkt 17 (Amtsgericht und Gefängnis) starben bzw. wurden zum Tode verurteilt: 60 bis 80 Personen

2) Auf dem Grundstück Untermarkt 13/14 starben vorwiegend durch Folter und Erschlagen: 80 bis 100 Personen

3) Auf dem Grundstück Dr.-Wilhelm-Külz-Straße 20 starben vorwiegend durch Erschlagen und Erschießen: 30 bis 40 Personen

Im Beseitigen von Leichen brachten es die Sowjets zu erstaunlichen Leistungen. Ebenso im Verwischen von Spuren, die zu ihren Verbrechen führten, z. B. bei dem von ihnen zu verantworteten Massensterben in Buchenwald. „Den Häftlingen war es strikt verboten, irgendwelche Aufzeichnungen zu machen. Lagerinsassen berichteten, dass die Gräber mit Rasenstücken, Büschen usw. getarnt werden mussten. Die Angehörigen des letzten Beerdigungskommandos gelangten 1950 nicht zur Entlassung, sondern gingen auf Transporte in die UdSSR. Dort wurden sie auf verschiedene Lager verteilt." (Ritscher) Insgesamt verstarben an den Folgen unmenschlicher Haftbedingungen in nicht einmal drei Jahren mehr als 20.000 Deutsche in den Speziallagern der SBZ. Von dieser hohen Zahl selbst überrascht, schlug der verantwortliche Sicherheitsbeauftragte Kovalcuk deshalb Stalin im Mai 1948 vor, „Deutsche, die an Beerdigungen von Toten beteiligt waren, wie auch jene, die am besten über die Sterblichkeit der Gefangenen informiert sind, auf keinen Fall aus den Lagern zu entlassen", was in der Folge zu weiteren Verbrechen führte (N. Petrov).

Wie sich heute zeigt, sind in vielen solcher Fälle kaum oder gar keine Protokolle angefertigt worden. Die Tötungen erfolgten oftmals „spontan", vor allem in den ersten Monaten nach Einzug der Roten Armee.

Als sich nach der Wende Mühlhäuser Familien auf die Suche nach dem Verbleib ihrer vor mehr als 40 Jahren verschleppten Angehörigen machten, tauchten bei den Namen der Gesuchten die entlegensten Orte auf. So Orte in Ungarn, Rumänien und in Süd-Russland. Wie lange die Verschleppten dort waren, ob sie dort verstarben oder von dort aus weitertransportiert wurden, war nicht zu erfahren.

Auf der Suche nach seinem 1945 von den Sowjets verschleppten Vater, Fritz Schulz, gelangte sein Sohn Erhard Schulz 1953 auf den Erfurter Petersberg. Dort, so hatte ihm ein Mühlhäuser „Rückkehrer" berichtet, sei der Verschollene zum Schluss gewesen. Er selbst, so dieser Zeuge, habe aus der Nebenzelle tagelang das furchtbare Schreien von Fritz Schulz gehört, den man dort offenbar folterte. Bis eines Morgens das Schreien verstummt war und ein sowjetischer Posten kam und sagte: „Nuu Schuulz kaputt."

Mit diesem Hinweis bat Erhard Schulz bei einem dortigen Verwaltungsmann um Aufklärung. Mit ziemlichem Unwillen nahm dieser Mann schließlich eine Liste zur Hand. Nach einem längeren Blick in die Papiere sagte er, ja der Name Fritz Schulz befände sich darin. Erst nach weiteren Drängen des Besuchers, ob sein Vater noch lebe oder was sonst mit ihm sei, antwortete der Befragte, der Gesuchte sei tot. Mehr nicht.

Auf der Suche nach ihrem Bruder Gerd Bromme gelangte Hilde Stroebel nach Gotha, später nach Arnstadt. Frau Mergental fand Hinweise eines Aufenthaltes ihres Vaters in Sondershausen, andere Angehörige konnten Spuren von Verschleppten in Nordhausen, Frankenhausen, Eisleben und Merseburg ausmachen. Selbst in kleineren Orten wie Kelbra, Nebra und Schmiedeberg gab es Zeichen dafür, dass die Verschleppten zumindest zeitlangs da gewesen waren.

Unter den erstellten Opferlisten Mühlhäuser Bürger befindet sich eine mit 56 Namen. Diese Namen sind bisher in keiner Lager- bzw. Gefängnisliste der SBZ gefunden worden. Von daher ist anzunehmen, dass diese Männer und Frauen mit höchster Wahrscheinlichkeit den auf dem Mühlhäuser Territorium Umgebrachten zuzuzählen sind.

19. ZWANGSVERSCHLEPPUNGEN
(Versuch einer Zusammenfassung)

1. Knabenmittelschule
Nach zwei Groß-Razzien Sammelstelle für mehrere hundert gefangengenommene Bürger. Nach zweitägiger Haft verlassen am Sonntagnachmittag, dem 22. August 1945, 10 Großfahrzeuge (LKWs) das Grundstück der Schule und fahren entlang Kiliansgraben-Langensalzaer-Straße in Richtung Langensalza – Erfurt. Auf den Ladeflächen befinden sich ca. 230 bis 250 Zivilisten, streng bewacht von Sowjetsoldaten. Der Transport geht teilweise bis nach Pirna. Über die Hälfte dieser Bürger überlebt und kehrt später in die Stadt zurück.
Bestätigt durch 15 Zeugenaussagen

2. Gymnasium „An der Burg"
Nach einem Meldeaufruf des sowjetischen Kommandanten Sammelstelle für vorwiegend ehemalige Wehrmachtsangehörige. Ebenfalls im August 1945 fahren 5 Transportfahrzeuge, darunter auch welche mit Hänger, vom Schulhof. Die Zahl der hier Verschleppten wird auf 100 geschätzt. Ihr weiteres Schicksal bleibt weitgehendst ungeklärt.
Bezeugt von 6 Betroffenen: Gülland, Bargenda, Sonntag, Köhler, Machwitz, Hartlaub

3. Wilhelm-Külz-Straße 20 und *Grundstücke Spielbergstraße 42–46*
Von August bis Dezember 1945 finden hier mindestens 4 größere LKW-Transporte statt. Bei den hier Verschleppten handelt es sich ebenfalls um Bürger der Stadt aber auch des Kreises. Ihre Haft auf den Grundstücken bis zum Abtransport beträgt meist mehrere Wochen. Ihre geschätzte Zahl liegt bei 80 bis 100 Personen. Diese Transporte gehen direkt in die Lager Jamlitz und Mühlberg. Soweit bekannt, hat keiner dieser Verschleppten überlebt.
Bezeugt von Angehörigen der Opfer sowie Anwohnern der Brunnen- und Spielbergstraße

4. Mühlhäuser Amtsgericht – Stadtgefängnis, Untermarkt 17
Vom Sommer 1945 bis Ende 1946 werden von hier aus in unterschiedlichen Abständen gefangengenommene Bürger in Richtung Erfurt–Weimar transportiert. Bei ihnen handelt es sich um teils SMT-Verurteilte, teils um Personen, die zur Internierung vorgesehen sind.
Nach Angaben der Betroffenen ist die Personenzahl bei diesen Transporten sehr unterschiedlich. Georg Kraft fährt Ende Juli mit etwa 10 Gefangenen – Adolf Stuckert, September 1945 mit 15 – Heinz Vogel, Oktober 1945 mit 18 – Wolfgang Daniel, Oktober 1945 mit 41 – Ingrid Melzer, November 1945 mit 9 – Günter Ochs, Februar 1946, mit 32 – Bernhard Donath, April 1946, mit 9 – Emil Haase, Mai 1946, mit 7 – Herbert Grob, Juni 1946, mit 6 – Robert Fiedler, Juli 1946, mit 10 – Reinhold John, August 1946, mit 11 – Heinz Krapowsky, August 1946, mit 5 – Eckard Gramms, September 1946, mit 7 – Gustav Fleischer, September 1946, mit 3 – Ewald Wagner, November 1946 mit 5.

Nach Aussagen aller Zeugen bzw. Betroffenen gab es bestimmt noch mehr solcher Transporte.

Vorsichtigen Schätzungen zufolge wurden von hier aus mindestens 220 bis 240 Personen verschleppt.

5. Untermarkt 13 / 14 – NKWD / MWD – Zentrale

Nachdem der sowjetische Geheimdienst bereits im Juli 1945 seine Arbeit aufgenommen hat , erfolgen von hier aus ständig größere und kleinere Gefangenen-Transporte .Im 1. Jahr verlaufen sie vorwiegend in nördliche Richtung mit Zielorten wie Brandenburg, Potsdam, Oranienburg, Spandau, Ludwigslust, Fürstenwalde, Schwerin. Erst ab Sommer 1946 werden die Inhaftierten mehr und mehr nach Erfurt, Weimar (Buchenwald) und Halle geschafft.

Gerhard Scholz, September 1945, 8 Gefangene – Rudi Hoffmann, Oktober 1945, 6 Gef. – Käthe Assmeier, Dezember 1945, 10 Gef. – Hans Kirsten, Dezember 1945, 6 Gef. – Erika Grabe, Januar 1946, 4 Gef. – Paul Nossak, März 1946, 6 Gef. – Karl Bertuch, März 1946, 9 Gef. – Greta Sachse, April 1946, 5 Gef. – Gert Schuchart, Mai 1946, 3 Gef. – Siegmar Franke, Juni 1946, 6 Gef. – Alois Groß, Juni 1946, 7 Gef. – Johann Stehr, Juli 1946, 7 Gef. – Eberhard Gutzelt, September 1946, 5 Gef. – Hans Schmitz, September 1946, 5 Gef. – Lothar Pflock, September 1946, 5 G. – Stefan Hahn, Oktober 1946, 4 G. – Karl Hüschmann, April 1947, 3 Gef. – Albin Schönhauer, Mai 1947, 5 G. – Friedrich Mittelsdorf, Januar 1948, 4 G. – Gustav Rötzinger, Juni 1948, 4 G. – Hanna Rödinger, Oktober 1948, 3 Gef. – Walter Brackelow, Februar 1949, 5 Gef. – Werner Köhn, März 1949, 3 Gef. – Kurt Bolk, Apil 1949, 3 G. – Gertrud Heinze, Mai 1949, 4 Gef.

Fraglos sind in diesen 4 Jahren aus diesem Terrorzentrum sehr viel mehr Menschen verschleppt worden.

6. Grundstück Eisenacher Straße 40, Ecke Brunnenstraße

Vermutlich wurden von hier aus mehr als 200 weibliche Personen unterschiedlichen Alters verschleppt. Über die Verschleppungsorte sowie über das weitere Schicksal der Frauen ist nichts bekannt.

7. NKWD / MWD – Zentrale Langensalza, Poststraße

Mitte Oktober 1945 kommt es zu Einzelfestnahmen in den Dörfern rings um Mühlhausen, u. a. in Flarchheim, Oberdorla, Kirchheilingen, Neunheilingen, Altengottern, Saalfeld, Grabe, Craula, Obermehler, Mülverstedt. Die etwa 80 Männer werden in die NKWD / MWD-Zentrale Langensalza, Poststraße, geschafft. Bei den Verhören halten ihnen die sowjetischen Offiziere immer wieder Pistolen an den Kopf und drohen mit sofortiger Erschießung. Die Männer sollen auf einer vorgelegten Liste die Namen von ehemaligen NS-Kriegsverbrechern bestätigen. Nach einem Bericht von Paul Warlich aus Flarchheim geht es den Russen vor allem darum, die Gefangenen zu demütigen. Die meisten

Paul Warlich

Namen der auf der Liste stehenden sind den Männern bekannt, aber kaum einer macht das verlangte Kreuzchen. Zum einen sind die aufgelisteten Personen kaum mehr als Mitläufer, zum anderen handeln sie so aus Selbstachtung gegenüber der brutalen Vorgehensweise der Offiziere.

Dementsprechend verschlimmert sich ihre Lage. Die Tagesration für die 8 Mann im Zimmer Paul Warlichs beträgt ein Teller Suppe. Der wird ohne Löffel gereicht. Nach zehn Tagen verfallen die meisten Gefangenen in Apathie, sie können sich nicht mehr auf den Beinen halten. „Noch ein paar Tage weiter", so Paul Warlich, „und wir wären verhungert."

Die Rettung für die Männer erfolgt durch den Abtransport nach Buchenwald. Das geschieht Anfang November 1945.

NKWD-Gefängnisse in Bad Langensalza 1945–1947/48: Amtsgericht „Alte Post", Gasthaus „Zum schwarzen Adler", Brüdergasse 47.

8. Fußtransport Langula–Heyerode–Mühlhausen
Siehe Seite 45. Siehe im Kapitel „Razzien" der untere Abschnitt: „Bei einer Großrazzia im September 1945 wurden auf einer Wiese vor Langula ..."

9. Transporte über Langensalza–Weimar
Vom 23. bis 25.11.1945 kommt es zu zahlreichen weiteren Festnahmen in Mühlhäuser Dörfern, im Südeichsfeld sowie in den Gebieten Treffurt, Schlotheim. Der Transport von etwa 100 vorwiegend aus westlicher Gefangenschaft Entlassenen endet zunächst ebenfalls in Langensalza. Erst Anfang Januar 1946 werden diese Männer nach Selektionen weitergeschickt. Ein Teil kommt nach Buchenwald, ein anderer über Weimar in die Sowjetunion.

Nach Aussagen Hartmut Seidls gelangen auch das ganze Jahr 1946 über in wechselnder Folge und Stärke Mühlhäuser in Langensalzaer NKWD-Haft (Poststraße, Amtsgericht). Keiner kommt frei, alle werden weiter transportiert.

In diesem Zeitraum 1945/46 versuchen die Inhaftierten immer wieder Kontakt zur Außenwelt aufzunehmen. Sie werfen Kassiber mit Adressen und Grüßen aus Transportfahrzeugen und Kellerfenstern, hoffen, dass Passanten sie finden und die Angehörigen benachrichtigen. Verdienste erwirbt sich dabei die evangelische Gemeinde von Langensalza mit ihrem Pfarrer. Trotz Absperrung versuchen Gemeindemitglieder in die Nähe der Häftlingshäuser zu gelangen, wo solche Zettel liegen. Eine gefährliche Angelegenheit mit sehr unterschiedlichen Erfolgen.

Auf diese Weise erhält Frau Anni Raschdorf, Wachstedt, Nachricht von ihrem Mann. Sie fährt nach Langensalza und sucht den Pfarrer auf, um mit ihm gemeinsam Kontakt zu den Eingesperrten zu halten. Das gelingt auch. In dem letzten Langensalzaer Kassiber von Fritz Raschdorf heißt es: „Herr Pfarrer, bitte meine Frau benachrichtigen, am 8.1. nach Weimar! Gott möge uns nicht ganz vergessen!"

Auch in Weimar finden sich Menschen, die Verbindung zu den Verschleppten aufnehmen und deren Nachrichten an die Angehörigen weiterleiten.

An Frau Anni Raschdorf – Wachstedt Krs. Mühlhausen
3. 2. 46 Liebstes Annele! Ich habe Gelegenheit mal wieder ein Lebenszeichen von mir zu geben. Dem Dieterle herzl. Geburtstagswünsche (Sohn). Wie mag es Euch allen gehen? Der Gedanke, daß ich Euch habe und einmal wiedersehen werde, hält mich aufrecht. Alles im Leben ändert sich und so werden auch diese bösen Tage einmal vorübergehen. Wenn Du mehr von uns wissen und hören willst, wende Dich an die Frau eines Kameraden, der hier auch sitzt (Landesgericht Weimar). – Aber Vorsicht! Adresse umseitig. Nun Annele, bleibt alle gesund. Viele Grüße, besonders auch an Mutter und alle anderen von Deinem Fritz.
Adresse: Frau Gläsel – Weimar Th. Boelckestraße 18 bei Hartmann.

Im letzten aus Deutschland an Anni Raschdorf gesandten Kassiber heißt es:
Am 8.2. mit einem Eisenbahntransport in östlicher Richtung abgefahren.

10. *Fußtransport Ammern–Wanzleben*
In der 2. Augustwoche 1945 werden in Ammern bei Mühlhausen etwa 180 Männer zu einem Sammeltransport zusammengetrieben. Bei den meisten handelt es sich um ehemalige Angehörige von NS-Organisationen und der Wehrmacht sowie um Beamte, Eisenbahner, Werkmeister und Bauern.
Unter strenger Bewachung von Rotarmisten beginnt ein mehrtägiger Marsch, der zunächst über Heiligenstadt nach Mansfeld führt. Dabei werden diesem Trupp ständig weitere Gefangene zugeführt, u. a. Bewohner der Orte Bickenriede, Wachstedt, Kallmerode, Birkungen, Hüpstedt, Dingelstädt, Leinefelde, Geismar, Schwobfeld, Heiligenstadt. Die Gefangenenkolonne umfasst schließlich an die 400 Personen.
Dieser Zug wird von Ammern aus von zahlreichen Ehefrauen und Müttern begleitet, vor allem von Mühlhäuserinnen, die um das Leben der Gefangenen bangen. Von den Bewachern immer wieder bedroht und weggetrieben, erreichen nur noch wenige dieser Frauen das Ziel des Marsches: Wanzleben.
Während die Männer in Fabrikgebäude eingesperrt und später, im November, in verschiedene Lager und Zuchthäuser der SBZ gelangen, versuchen die Frauen Verbindung mit ihnen zu halten u. a. durch Bestechung der Posten. Den in Mühlhausen zurückbleibenden Angehörigen übermitteln sie entsprechende Nachrichten und lassen Nahrungsmittel, Wäsche usw. zukommen. Nach dem Weitertransport der Männer versiegten alle Kontakte. Von den Verschleppten wird nichts mehr gehört. Den Angaben der Hinterbliebenen zufolge, die zeitlangs noch in Mühlhausen Verbindung untereinander hielten, haben nur ganz wenige der 180 Mühlhäuser die Gefangenschaft überlebt. Zu einem davon zählt der erblindete Paul Hupe. Von ihm stammt die Namensliste internierter Kameraden, mit denen er zusammen im Lager Buchenwald und Torgau war. Die meisten der 111 Angeführten stammen aus Städten wie Dingelstädt, Langensalza, Greussen, Leinefelde. Lediglich 10 Mühlhäuser finden Erwähnung und 24 Bürger aus dem Kreisgebiet. Zu den weiter bisher erforschten Mühlhäuser Namen zählen u. a. Karl Ertingshausen (Kaufmann) und Ernst Funke (Fleischermeister). Karl Ertingshausen stirbt im Lager Mühlberg. Während die mit verschleppte 16jährige Sohn Ernst Funkes in Dingelstädt frei kommt, endet das Leben des Vaters (laut Eintragung eines Ortsbewohners) am 24. 12. 1945 in Ketschendorf bei Fürstenwalde. Jahrzehnte später kann ihn seine

Tochter nach Öffnung eines Grabes, in dem noch drei weitere Opfer liegen, anhand seines Eheringes und den Resten seiner gestreiften Fleischerjacke identifizieren. Diese Grabstelle dürfte die einzig bekannt gewordene von all den bei diesem Marsch Umgekommen sein. Indessen deutet der Todesort Funkes nahe bei Frankfurt/Oder daraus hin, dass ein Teil der Verschleppten zum Transport in die SU vorgesehen war.

Beispiel eines Einzelschicksals
Nach seiner „Entnazifizierung" wird Walter Fischer im Mai 1945 wieder als Angestellter in die Mühlhäuser Stadtverwaltung eingestellt. Am 9. August 1945 erfolgt seine Verhaftung durch die Sowjets direkt am Arbeitsplatz; er wird jenem Transport zugeteilt. Seine Frau und seine Tochter folgen zeitweilig dem Trupp und versuchen Kontakt mit ihm zu halten. Walter Fischer gelingt es, ihnen mehrmals schriftliche Nachrichten zu übermitteln.

a) An Frau Ida Fischer, Mühlhausen Wahlstraße 54
Mansfeld, den 29. 8.
Meine Lieben alle! Bitte schickt mir 1 Zeltplane, 1 Kochgeschirr, 1mal Wäsche ohne Oberhemd, Shagpfeife, Tabak und Streichhölzer und Rasierseife ohne Hülse mit, kein Apparat. Wie geht es Euch allen, doch gut. Recht herzl. Gruß
Euer Vati
(Von Frau Burghardt erfährst Du alles andere, Vati)

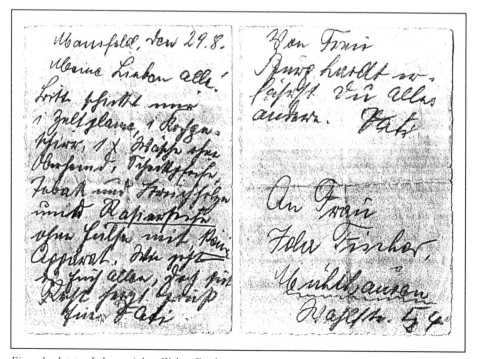

Eines der letzten Lebenszeichen Walter Fischers

b) Liebe Mutti und Elfriede u. Hein.

Soweit geht es mir gut. Schickt mir bitte meine alte Arbeitsjacke, ein Oberhemd und ein Paar Strümpfe mit Rauchwaren.

Recht herzl. Gruß
Euer Vati

Ist bei Euch alles noch in Ordnung? Habt Ihr die Sachen mitgesandt. Dann nichts mehr weiter schicken.
(ohne Datum)

c) Habt Ihr meine Sachen von der Dienststelle alle abgeholt, Photoapparat usw. Aktentasche. Holt Stahlfedern in der Blechschachtel in Schreibtischmitte.

Walter Fischer

Herzl. Gruß und viele Küsse
Vati

d) Wanzleben, d. 7.9.45
Meine liebe gute Mutti
und meine lieben Kinder.

Für Euer Paket danke ich Euch nochmals recht herzlich. Ich habe mich sehr darüber gefreut. Zumal ich weiß, dass Ihr alle noch am Leben seid. Hier geht es so seinen alten und uns jetzt gewohnten Gang. Wo es nun hingeht, wissen wir noch nicht. Am Montag, d. 27.8.45 sind wir von Heiligenstadt nach hier gekommen. Seit Ihr an diesem Tage in H. gewesen? Hoffentlich nicht. Habt Ihr auch alle meine Sachen von der Dienststelle abgeholt (Aktentasche und Scheckheft und im Schreibtischkasten noch einige andere Sachen). Holt sie ab. Auch eine lange Blechschachtel mit Stahl-Federn, Bleistiftspitzer, Photoapparat usw. (Tintenfüller.) Habt Ihr noch Geld von unten bekommen? Seht nur zu, daß Ihr zurecht kommt. Es wird doch nicht mehr lange dauern, dann bin ich wieder daheim. Sonst nichts Neues. Nur Kopf hoch, es wird schon wieder werden.

Recht herzl. Grüße und tausend Küsse Euer Vati

e) Wanzleben, d. 7.9.1945
Liebe Mutti, lb. Kinder !

1 Unterhose, 1 Hemd, 1 Pr. Strümpfe, Kuchen, 3 Eier, Rotwurst u. Käse erhalten und auch die Rasierseife mit dem Kochgeschirr u. Zeltplane. Wie es hier weitergeht, weiß ich noch nicht. Hoffentlich kommen wir bald wieder heim.

Vielen Dank. Recht herzl. Grüße u. Küsse. Vati

f) An Frau Ida Fischer Mühlhausen Wahlstraße 54
Wie geht es Euch allen? Ist bei Euch alles in Ordnung?
Gruß Vati

Diese letzte Nachricht ist ohne Datum. Von Wanzleben aus kommt Walter Fischer nach Buchenwald, wo er am 1. Mai 1947 stirbt. Dies erfährt aber seine Tochter Elfriede erst fünfzig Jahre später.

Fritz Unger

Fritz Unger, Ammern, kaufmännischer Angestellter, geb. 27. 7. 1907, wird Anfang August 1945 von zwei sowjetischen Offizieren zu einer „Befragung" abgeholt. Auch er gelangt nach Wanzleben. Drei schriftliche Nachrichten kann er seiner Frau Hilde bis September zukommen lassen. Noch klingt alles sehr hoffnungsvoll: „Wir werden uns bestimmt bald wiedersehen", schreibt er und gibt die Namen und Adressen von Mitgefangenen an, damit die Frau deren Familien benachrichtigt. Am 30. 8. heißt es: „4 Mann aus Kammerforst befinden sich hier in Wanzleben, 3 aus Flarchheim, 2 Weberstedt, 1 Heroldishausen, 2 Wachstedt." Und ein andermal: „Liebe Hilde! Halte Verbindung zu folgenden Kameraden … Frau Nordmann – Fr. Mangel – Fr. Kölling – Fr. Böhne … Umseitige Adresse in Kammerforst mal persönlich aufsuchen. Kamerad Mey vermutet, Du würdest bestimmt ein paar Eier u. s. fg. bekommen – Adr. Frau Minna Mey, Kammerforst 42."

Hilde Unger bekommt sogar sehr viel mehr. Ihr 3-jähriges Söhnchen Manfred wächst zeitweise in Kammerforst auf und wird durch diese Zufallsbekanntschaft von Minna Mey mit großgezogen. Indessen erhalten beide Frauen kein Lebenszei-

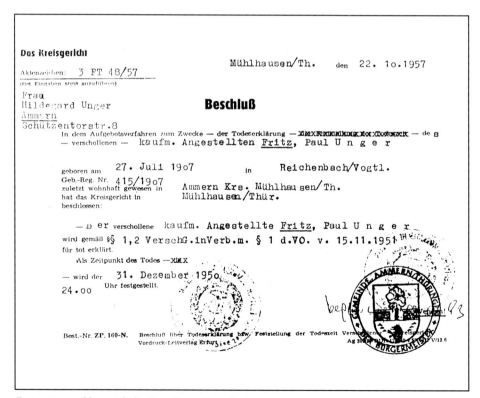

Erst spät entschloss sich die Familie zu dieser Todeserklärung.

chen mehr von ihren Männern. Um die Versorgungsansprüche für sich und ihre Familie zu sichern, entschließt sich Hilde Unger nach 12 Jahren vergeblichen Wartens 1957 zur Todeserklärung ihres Mannes.

Erst nach der Wende kann Manfred Unger Nachforschungen nach seinem verschollenen Vater anstellen. Acht Jahre lang sucht er vergebens. Bis er nach Buchenwald fährt. Dort blättert er in dem ausgelegten „Totenbuch" und findet zwischen Erich ... und Walter ... Fritz Unger. Dieser Eintragung zufolge starb sein Vater am 17. 12. 1947. Weiteren Angaben nach war der Häftling verhungert.

Zu den von Fritz Unger aus Wanzleben genannten Namen gehören noch Ernst Herwig, Falken und ... Wächter, Heyerode 4.

Buchenwald

Das von den Nazis 1936 errichtete Konzentrationslager an der Nordseite des Ettersberges bei Weimar stand nach der Befreiung durch die Amerikaner von April bis Juli 1945 zur Besichtigung für die Bevölkerung frei. Bereits am 12. August 1945 wurde es von den Sowjets als „Speziallager Nr. 2" wieder in Betrieb genommen. Die Durchschnittsbelegung lag bis zur Auflösung 1950 bei etwa 12.000 Menschen. Mindestens 8.000 Inhaftierte starben durch Unterernährung und mangelnder Hygiene. Die Leichen wurden in Massengräbern an der Nordseite des Lagers verscharrt.

Die Zahl der 1999 namentlich erfassten Bürger aus dem Gebiet Mühlhausen, die nach Buchenwald verschleppt worden sind, beläuft sich auf 217.

Überlebt haben aus dem Landkreis: 83, aus der Stadt: 70 = 153 Personen, davon entlassen: 1948: 130; 1950: 23. Insgesamt verstorben sind 64, davon im Lager: 36; nach Verschleppung in die SU: 19, nach Übergabe an DDR-Behörden: 9 Personen.

11. *Martinistraße 23 – Mühlhäuser Politische Polizei SBZ / Stasi*

Zweifellos werden seit 1948 von hier aus Mühlhäuser Bürger als „politisch verdächtig" gefangengehalten und weiter verschleppt, vorwiegend in das sog. „Weiße Haus" in Weimar, dem Thüringer Stasi-Hauptquartier.

Zu den Opfern zählen u. a.: Edith Rösner, Karl Staemmler 1948 – Otto Schäfer, Sieglinde Herbst 1949 – Dieter Vogt, Melani Werner 1950. Allein im August 1950 werden nach qualvollen Verhören Ulrich Bednarek, Dietmar Bockel, Georg Voigt, Kurt Cramer, Walter Peters, Gertrud Peters, Harald Angemann, Stefan Leypold nach Weimar transportiert. 1951 ist es Axel Funk, Alfred Schlosser, Gerlinde Gummrich. 1952 Anni Günther, 1953 Herbert Kirsten, 1954 Manfred Rommel, 1955 die Tierärzte Harald Kirbach, Dr. Adolf Schubert, Dr. Oskar Großklaus, Dr. Carl von Seigneux, Dr. Fritz Weymann.

Verschleppt heißt: Eine Festnahme wird ohne Haftbefehl durchgeführt, es gibt keinerlei Rechtsbeistand, die Angehörigen bleiben ohne jegliche Information darüber, wo sich der Festgenommene befindet und wessen er beschuldigt wird. Oft wird auch von den DDR-Dienststellen eine Festnahme abgestritten und der Betreffende als „vermisst" erklärt.

Wie die Praxis zeigt, werden die Opfer nicht selten unter einem Vorwand an einen bestimmten Ort gelockt oder auf dem Weg zur oder von der Arbeit festgenommen. Nach der Offenlegung einer Festnahme verpflichten die Vertreter dieses

„Staatsorgans" die Angehörigen zum Schweigen. Probate Mittel hierbei sind Drohungen, Erpressungen, Demütigungen. Alle Eingaben, Bittgesuche und Nachfragen, bis zu Regierungsvertretern, bleiben meist unbeantwortet.

Nach Auflösung der sowjetischen NKWD/MWD-Zentrale am Untermarkt 13/14 Ende 1949 übernimmt die Stasi-Dienststelle in der Martinistraße 23 deren Aufgaben und Vorgehensweisen.

Die oben genannten Namen stellen nur einen Bruchteil aller in diesem Zeitraum (1948–1955) verhafteten und drangsalierten Bürger dar.

20. DENUNZIATION – SPITZELDIENST – ERPRESSUNG

„Denn der Kitt des Systems ist die Angst."
Günter Kunert

Kaum einer der vom sowjetischen Geheimdienst wieder Freigelassenen verließ das Haus Untermarkt 13, der nicht mit seiner Unterschrift versichert hatte, für den NKWD zu arbeiten. Er wurde verpflichtet, andere Bürger zu melden, die den Sowjets verdächtig sein könnten. Dass diese Zusagen erpresst waren, bedarf keiner Frage. Allein der Betroffene befand darüber, wie er sich zu der Forderung stellte. Für Gewissenlose gab es wenig Bedenken, den nächsten Besten ans Messer zu liefern, sei es ein verhasster Nachbar oder ein zufälliger Bekannter, dem er was anhängen wollte. Auch unangenehme Familienmitglieder mussten daran glauben, Gründe fanden sich allemal, wenn für den Denunzianten Vorteile heraussprangen. Zu einer Zeit, da alles knapp war, Essen, Wohnraum und Kleidung, wurde schon für Weniges Verrat geübt. Bezahlt wurden solche Menschenopfer mit Möbeln, Esswaren, selbst mit Immobilien, wie sich heute herausstellt.

Für die meisten Betroffenen indessen bedeuteten diese Erpressungen durch das NKWD furchtbare Gewissensqualen. Ihre Erklärungen, wenn sie sich zu den vorgeschriebenen Zeiten wieder einstellten, sie hätten keinen Verdächtigen ausmachen können, kamen ihnen teuer zu stehen. Der verstärkte physische und psychische Druck zwang sie schließlich, doch irgend jemanden zu benennen oder aber unterzutauchen.

„Einer der Offiziere, ein Hauptmann", berichtet Werner Wagenknecht, „besaß eine Peitsche aus geknoteten Lederriemen, die am Ende in einer Schlinge verlief. Mit der schlug er mir abwechselnd auf meine bloßen Hände und Füße. Der Schmerz war so ungeheuerlich, dass ich alles gesagt hätte, was man von mir verlangte. Das Blut sprang aus der Haut. Er wollte das Versteck eines Gewehres wissen, das ich in meinem Garten vergraben haben sollte. Ich hatte aber keins vergraben. Hätte ich irgendeine Stelle benannt und sie hätten dann nichts gefunden, wäre das mein sicherer Tod gewesen. Und so habe ich mich mehrmals in Ohnmachten hinein retten können."

Frau Walli Schönfeld aus Niederdorla berichtet: „Mein Mann Walter wurde acht Tage nach seiner Heimkehr aus amerikanischer Gefangenschaft Anfang März 1946 vom sowjetischen Geheimdienst in Niederdorla mit Gewehrkolben zusammengeschlagen und mit Tritten über den Hof unseres Grundstückes in ein Auto gezerrt. Nicht einmal das Blut durfte er sich an der Pumpe abwaschen. Man brachte ihn nach Mühlhausen Untermarkt 13. Dort erfolgten jede Nacht grausame Verhöre bei grellem Licht und ständigen Misshandlungen. Nie sprach er über das Erlebte, bis er mir nach wochenlangem Fragen unter Tränen gestand, wie es zu seiner Freilassung gekommen war. Man hatte ihn wieder einmal mit den Händen gefesselt an der Decke aufgehangen, während seine nackten Füße in einem Wasserbottich hingen. Einer der Russen, der ihn verhörte, drückte ihm einen Revolver ins Genick, während ein anderer immer wieder Stromstöße ins Wasser leitete. Irgendwann hat er dann in seiner Verzweiflung geschrieen: „Ich hätte nie gedacht, dass russische Offiziere solche Schweine sind!" Er meinte, ja, er hoffte, das sei nun sein Ende und damit Schluss mit der Quälerei. Aber man schnitt ihn los, er stürzte zu Boden; einer der Russen riss ihn hoch, schaute ihn an und setzte ihn auf einen Stuhl. Danach ging er hinaus und kam kurz darauf mit einem Schriftstück zurück und sagte: „Da lies! Nicht wir Schweine!" Auf dem Papier konnte mein Mann die Unterschrift seines Denunzianten lesen. Daraufhin brachte er meinen Mann in seine Zelle, wo er seinen monatelangen Bart abrasieren musste. Schließlich beförderte man ihn mit einem Tritt aus der Torfahrt ins Freie. Als er nach viermonatiger Haft heim kam, war aus ihm ein Greis geworden. Beide Füße hatte man ihm kaputt geschlagen. Durch die Misshandlungen ist er nie wieder gesund geworden.

Als NKWD-Offiziere 1945 Niederdorla aufsuchten und den Bürgermeister bedrängten, ihnen alle ehemaligen NS-Angehörigen zu benennen, erklärte dieser, in seinem Dorf habe es keine NS-Verbrecher gegeben. Dabei blieb er, auch als die Russen ihn umzubringen versuchten. Ganz anders reagierte der Bürgermeister im Nachbardorf O. Nachdem dort die Russen fünf Männer nach Langensalza verschleppt hatten, reiste er ihnen nach. Auf seinen Vorschlag hin ließ er einen neu ins Dorf gezogenen Mann abholen, um einen der fünf Männer freizubekommen. Dieser musste dem Bürgermeister fortan aus „Dankbarkeit" dienstbar sein.

Von vielen Betroffenen weiß man, dass sich ihre sowjetischen Peiniger während der Verhöre Notizen machten. Wie ausführlich sie waren und welchen Inhalts, ist weitgehendst unbekannt. Es wurden sogar Protokolle angefertigt – in Russisch versteht sich –, die unterzeichnet werden mussten.

Wie sich nach dem Zusammenbruch der Sowjetunion herausstellte, sind tatsächlich umfangreiche Protokolle von den Verhören – auch aus dem Untermarkt – angefertigt worden. In der Moskauer Zentrale des MWD, im Haus der Ljubjanka, lagern in den Archiven noch Unmengen von Materialien aus jener Zeit. Aber noch immer ist es schwer, heran zu kommen, wie russische Bürgerrechtler bestätigen, die sich um die Aufarbeitung bemühen.

Sinn und Zweck der sowjetischen Geheimdienst-Tätigkeit war nicht zuletzt der Aufbau eines Informationsnetzes quer durch die Stadt und den Kreis Mühlhausen. Sicherlich geschah manches sehr zufällig, aber mit der Zeit wuchs dieses Netz mithilfe des Antifa-Blocks, insbesondere durch den von ihm geschaffenen Polizei-Apparat, zu einem recht gut funktionierenden Instrument heran. Die ersten Polizei-Kommandeure Jaritz und Meyer gaben den Sowjets reichlich zu tun, nicht nur durch die Anzeige und Zulieferung ehemaliger NS-Angehöriger. Viele ihnen unliebsame Personen, vor allem aus dem gehobenen Bürgerstand, wie Kaufleute, Lehrer, Beamte, gelangten durch sie in die Fänge des NKWD. Zu indirekten Helfern und Nutznießern wurden auch die für die Sowjets tätigen deutschen Dolmetscher wie Boris Merkner, der sich in der Villa An der Burg 23 einmietete und dort rauschende Feste veranstaltete. Auf Kosten Enteigneter und Verjagter kreierte er als Parvenü die nunmehr führende Gesellschaftsklasse der Stadt, eine Halbwelt, zu der

Russen, Neureiche, Emporkömmlinge und politische Aktivisten zählten. Symptomatisch für diese „Zusammenarbeit" war das Ende Merkners, der nach seinem Weggang nach Berlin spurlos verschwand. Vermutungen nach wurde er vom NKWD umgebracht oder in ein Zuchthaus verschleppt.

Der eigentliche Sinn der Arbeit des NKWD ergab sich für die aufmerksame Bevölkerung spätestens nach der Abrechnung bzw. der Verschleppung aller ehemaligen NS-Funktionäre und zwar mit der steigenden Zahl von Festnahmen an Bürgern, die der Spionage für die Amerikaner verdächtig waren und ebenso misshandelt und geschunden wurden.

Schon ein Brief eines amerikanischen Verwandten genügte für schlimmste Beschuldigungen. Werner Raßloff berichtet darüber: „Zwei Tage vergingen nach meiner Festnahme, als ich zwei Offizieren vorgeführt wurde. Nur allmählich begriff ich den Sinn ihrer Fragen. Ich sei ein amerikanischer Spion, sagten sie, und ich solle den Namen meines Verbindungsoffiziers verraten, wo und wann ich mich mit ihm treffe. Ich wusste von nichts und bekam sofort einen Schlag über den Kopf, der mir fast die Besinnung raubte. In der Zelle sagte ich mir dann, wenn du aus diesem Haus heil rauskommen willst, musst du dir etwas einfallen lassen. Aber es fiel mir nichts ein, doch ich passte genau auf, was man mir sagte. Bei den nächsten Verhören wurde ein paar Mal Langensalza erwähnt. In Langensalza hatte ich eine Freundin gehabt und ein befreundetes Ehepaar. Es wusste, dass ich mich mit einem Vetter in Amerika schrieb, ich hatte auch gesagt, dass ich am liebsten nach Amerika auswandern würde. Sollten die beiden mir das eingebrockt haben? Ich habe es nie erfahren, denn ich bin gleich nach meiner Freilassung nach Bremen geflüchtet. Nach mehreren Verhören hatte man nämlich von mir verlangt, ich sollte zwei Kollegen an meiner Arbeitsstelle in der ‚Möve' beobachten und mir merken, was sie redeten. Dazu wurde mir eine Frist gesetzt. Der eine stand im Verdacht, etwas mit den Russen zu tun zu haben. Vielleicht wollte man mich mit diesem Auftrag nur auf die Probe stellen. Noch in Bremen habe ich jahrelang in der Furcht gelebt, es könnte noch etwas nachkommen, etwas Schreckliches …"

Endlos sind die Berichte betroffener Mühlhäuser, die mit dem sowjetischen Geheimdienst zu tun bekamen. Nicht selten teilen sie darin die Namen der Denunzianten mit, die sie selbst oder ihre Angehörigen in furchtbare Situationen trieben. Sie schreiben, was sie alles angestellt haben, um etwas über den Verbleib ihrer entführten Väter, Brüder oder Schwestern zu erfahren. Bündel von Briefen und Dokumenten stapeln sich bei ihnen zuhause, ausgefertigt von Rechtsanwälten, Suchdiensten, vom Deutschen und dem Internationalen Roten Kreuz.

Andere wiederum suchen noch heute verzweifelt den Namen des Denunzianten in Erfahrung zu bringen, der ihrer Familie so viel Leid zugefügt hat. So heißt es u. a. an M. Thiele gerichtet:

„Ich werde im Oktober 76 Jahre alt und setze alles daran, um den Namen des Verräters zu erfahren, der meinen Vater den Russen ausgeliefert hat. Können Sie mir nicht helfen? Ich kann mich nicht damit abfinden aus dem Leben zu treten, ohne den Namen dieses Subjektes zu kennen …"
Hilmar V.

„Ich wäre Ihnen sehr verbunden, wenn Sie mir den Namen desjenigen sagen könnten, der meinen Vater, Walter K. an die Russen verraten hat. Mein Vater hat keinem Menschen etwas zu leide getan, die letzten Lebenszeichen, die wir von ihm hörten, kamen aus dem Haus Untermarkt 13."
Ulrich K.

„Unser Bruder Karlheinz wurde 1948 vom sowjetischen Geheimdienst weggeholt, kurz, nachdem er aus amerikanischer Gefangenschaft heimgekehrt war. Seitdem haben wir nie wieder etwas von ihm gehört. Dieses unglaubliche Verbrechen verdanken wir einem Mühlhäuser Polizisten, dessen ehemalige Verlobte sich mit unserem Bruder angefreundet hatte. Es lagen also überhaupt keine politischen Motive vor. Nur durch einen Zufall sind wir dahinter gekommen. Bei einer Feier am Schützenberg hat dieser Polizist mit dieser „Tat" im angeheiterten Zustand geprahlt. Als wir ihn später daraufhin zur Rede stellten, wollte er nichts davon wissen. Erst nachdem wir ihn einen erbärmlichen Feigling nannten und ihn versicherten, ihn nie mehr in Ruhe zu lassen, gab er den Verrat endlich zu."
Ruth B., Ernst M.

Dieter Benzold berichtet, wie er 1948 bei der Stadt angestellt gewesen war und wie eines Tages ein Besucher, der sich als „Sicherheits-Mitarbeiter" zu erkennen gab, ihn aufforderte, zwei seiner Vorgesetzten zu beobachten. Er sollte deren Privat-Besuche und Briefe kontrollieren und auch auf die Telefongespräche achten.

Dieter Benzold war völlig überrascht und lehnte ab. Doch der Besucher kam wieder und bedrängte ihn diesmal ziemlich massiv, dabei fehlte es auch nicht an versteckten Drohungen, etwa so, dass Benzold in Schwierigkeiten kommen könnte, was seinen Arbeitsplatz und seine Familie betraf. „Ich bin daraufhin zu einem meiner beiden Vorgesetzten gegangen und habe das erzählt. Er war nicht überrascht darüber, war aber sehr dankbar für meine Information. Ein halbes Jahr später ist er von Mühlhausen weggezogen. Dem ‚Sicherheits-Onkel' habe ich die kalte Schulter gezeigt und bin damit auch nicht schlecht gefahren … Irgendwann war er dann verschwunden, vielleicht hat er anderswo ‚Karriere' gemacht. Ich habe alle meine Bekannten von diesem Mann und seiner ‚Arbeit' informiert. Wahrscheinlich ist das bis an seine Dienststelle gedrungen, dass die ihn schließlich aus dem Verkehr gezogen hat."

Schwerpunkte der Arbeit des NKWD/MWD

1945/46
Erfassung und ‚Sicherstellung' aller ehemaligen NS-Führungskräfte. Ihre Einweisung in Lager oder gerichtliche Aburteilung nach begangenen, vermuteten oder zu unterstellenden Verbrechen im Sinne des Art. 58–59 Teil I des StGB der RSFSR.

Spionageabwehr – Feststellung und Festnahme feindlicher, vom amerikanischen Imperialismus gesteuerter Kräfte.

Spionageaufbau – Heranziehung eigener und deutscher Ermittler zwecks Erkundung feindlicher Basen, Bewegungen und Vorhaben.

Aufbau eines freiwilligen deutschen Helferpotentials.

Beobachtung und Kontrolle aller deutschen Dienststellen, Ämter, Verwaltungen – insbesondere der leitenden Personen.

1946/47
Beseitigung aller sich den sowjetischen Anordnungen entgegenstemmenden Kräfte.
Überwachung aller durchzuführenden Reparationsleistungen. Bessere Kontrolle der mit Demontagearbeiten beauftragten deutschen Firmen, Abschreckende Maßnahmen – Schaffung von Präzedenzfällen.
Überwachung der Sequestrierung, Bodenreform, Bankenreform, Enteignungen.

1947/48
Ausbau der Spionageabwehr – erweiterte Überwachung der politischen Parteien, Überprüfung der herausgegebenen Schriften auf antisowjetische Inhalte.
Strenge Unterbindung von „Sowjethetze", Zerschlagung von Sabotageringen, Stimmungsanalysen der Bevölkerung.

Die besondere Schwierigkeit der Arbeit des sowjetischen Geheimdienstes in Mühlhausen lag zweifellos an der nahen Grenze zur amerikanischen Zone. Mindestens jede zweite Mühlhäuser Familie hatte Kontakte nach „drüben". Der illegale Grenzverkehr floss ständig, trotz scharfer Bewachung. Waren es in den Jahren 1945–48 vorwiegend Lebensmittel, die von Mühlhäusern eingeschmuggelt wurden, tauchten nach 1948 immer mehr verdächtige Gegenstände auf, so Textilien, Kaffeebüchsen, Zigaretten, Spielzeug – lauter Dinge, die aus dem imperialistischen Feindlager stammten und von daher auch jederzeit gegen den Besitzer als „Beweis" für eine sowjetfeindliche Tätigkeit gewertet werden konnten.

„Dank" der Volkspolizei und ihren Helfern konnten in dieser Zeit immer wieder „Hamsterlager" entdeckt werden. Mit Pressefotos aufgetürmter Mehl- und Zuckertüten, Einmachgläser, Wurst und Fleischkonserven sollte bewiesen werden, dass noch genügend Versorgungsgüter da waren und dass es nur an den Deutschen selbst lag, für eine gerechtere Verteilung zu sorgen.

Zu den weiteren Aufgaben des NKWD/MWD zählte die Sicherung des Territoriums vor „inneren" und „äußeren" Feindanschlägen sowie Spionageabwehr und die Grenzsicherung. Hier war wiederum eine besondere Abteilung für die Erkundung der auf westlicher Seite stationierten US-amerikanischen Einheiten, insbesondere der im Raum Eschwege-Wanfried eingesetzten CIC-Beobachter, vonnöten.

Wie die aus deutscher Sicht gemachten Erfahrungen von sowjetischen Arbeitsweisen aussahen, lässt allerdings berechtigte Zweifel an einem koordinierten und erfolgreichen Vorgehen in den verschiedenen Einheiten entstehen.

Die allgemeine „Arbeitszeit" begann für die niederen Chargen zwischen 9 bis 10 Uhr, für die mittleren Chargen um die Mittagszeit, und die Hauptleute waren kaum vor 3 Uhr nachmittags zu erwarten. Unter diesen Voraussetzungen mussten die Verhältnisse für Außenstehende geradezu als chaotisch betrachtet werden. Kompetenzgerangel, Trinkgelage und Selbstüberschätzung gehörten zum Alltag dieser Truppe. Es gab Zwistigkeiten aller Art und vieles wurde auf Zufälligkeiten aufgebaut. Selbst Familienauseinandersetzungen mischten da kräftig mit.

Der Streit um vordere bzw. bestimmte Posten nahm in der Roten Armee mitunter groteske Formen an. Ob er zur Tradition bei dieser Truppe zählte oder erst mit den turbulenten Nachkriegsgeschehnissen akut geworden war, bleibt offen. Immer wieder, so die „Mühlhäuser Erfahrungen", brauchte es erst ein Donnerwetter von oben, um wieder Ordnung zu schaffen. Zu den gebräuchlichsten Sanktionen zählten Degradierung, Schläge, Arrest, auch Erschießungen.

Zu den verantwortlichen NKWD-Offizieren in Mühlhausen zählten Major Kolischew, Hauptmann Trubnikow, Hauptmann Nevsorow, später Hauptmann Runewski, Leutnant Krapin, genannt der „Blitz".

Unter ihrer Leitung entwickelte sich das Netz der Spitzel, die Anwerbung „Neuer" mittels Erpressung jeglicher Art.

Hauptmann Nevsorow stellte den kaltberechnenden und dennoch wie unter ständigem Druck stehenden Typ jenes NKWD-Offiziers-Corps dar. Seine Spezialität waren Faustschläge auf den Kopf. In besonderen Situationen fesselte er seine Opfer und zog sie mittels eines eingehängten Seils an einem Balken hoch. Stromstösse oder Stockschläge auf die entblößten Füße waren dabei die üblichen „Behandlungsmethoden".

Die Kopfschläge verursachten einen langanhaltenden bohrenden Schmerz unter der Schädeldecke, wie Delinquenten berichteten. Nur allmählich klang dieser Schmerz ab. Sobald die Gequälten sich wieder einigermaßen erholt hatten, erfolgte der nächste Schlag. Danach kam wieder eine Pause und dann der nächste Schlag. Diese Prozedur ging über eine halbe Stunde, je nach Konstitution eines Opfers.

Zu Nevsorows Arbeitsweise gehörte, dass er nie tobte oder schrie. Er verrichtete alles kühl und sehr sorgfältig. Was aus den Delinquenten herausgepresst werden sollte, war ohnehin zweitrangig. Was immer der Gemarterte zugab, geschlagen wurde er sowieso.

Eine wichtige Stufe in Nevsorows Verhörmethode war die Wartezeit zwischen den Verhören. Sie konnte kurz, aber auch sehr lang sein. Mitunter wurde ein Opfer bereits nach einer Stunde wiedergeholt, es konnte aber auch passieren, dass Wochen vergingen, ehe die nächste „Vorführung" erfolgte.

Als Anfang Januar 1947 der in Langensalza stationierte NKWD-Oberleutnant Milovo Budimir verhaftet und nach Mühlhausen überführt wurde, übernahm Nevsorow seinen „Fall". Es müssen politische Gründe gewesen sein, die dem Oberleutnant vorgeworfen wurden. Von den üblichen Delikten wie Unterschlagung, Vergewaltigung oder Diebstahl wussten seine Freunde jedenfalls nichts. Bei „politischen" Vergehen handelte es sich meistens um Kompetenzgerangel, die nicht selten im Alkoholrausch geklärt wurden und als Untergrabung der Truppenmoral galten. Die „Behandlung" Nevsorows an seinen Kameraden war drastisch und gefürchtet. Nach kurzem Aufenthalt am Untermarkt verschwand Budimir spurlos.

Bis zu diesem Zeitpunkt sollen seit dem Eintreffen der Roten Armee in Mühlhausen mindestens 40 sowjetische Armee-Angehörige im Schnellverfahren verurteilt worden sein, darunter zahlreiche Offiziere. Teils wurden sie degradiert, teils mit „schlagenden Argumenten" zur Räson gebracht, teils zur Verbüßung längerer Haftstrafen abtransportiert. Was damals kaum oder gar nicht nach außen drang, erfuhr man erst nach der Wende. Die Zustände in den sowjetischen Garnisonen waren katastrophal und teilweise unmenschlich, insbesondere was Bestrafungen anbelangte.

Die ersten Mühlhäuser Geheimdienstmitarbeiter, etwa 10 Mann, kamen ausnahmslos aus der Abteilung K 5 der Stadtpolizei. 1947 arbeiteten über 20 Hilfswillige für den NKWD.

1950 betrug die Zahl aller in Thüringen festangestellten MfS-Leute etwa 150. Zwei Jahre später waren es bereits 600. Geradezu sprunghaft wuchs ihre Zahl danach weiter an. Auf diese Weise entwickelte sich der DDR-Geheimdienst schließlich zu einem Machtapparat, der weit über den der sozialistischen Bruderländer hinausragte. Am Ende 1989 waren in Mühlhausen 47 hauptamtliche Mitarbeiter und 220 IM tätig.

Bereits Anfang Mai 1945 war von Ulbricht eine Anweisung herausgegeben worden, wonach in Berlin und in der späteren sowjetischen Besatzungszone sich kommunistische Gruppen bilden sollten, die auf Anweisung des NKWD in der bürgerlichen Bevölkerung nachzuforschen hatten, welche Teile davon man „Nazi- und Kriegsverbrechen" anlasten konnte, um sie aus dem öffentlichen Leben auszuschalten.

Auf diese Weisung hin wirkten auch in Mühlhausen mehrere kommunistische Gruppen, die im Auftrag des NKWD ‚bürgerliche Kräfte' ermittelten und sie als Nazi- und Kriegsverbrecher dem NKWD meldeten. Die Denunzierten wurden vom NKWD registriert und kurz darauf nachts verhaftet. Dabei konnte nahezu jeder Erwachsene eines Kriegsverbrechens bezichtigt werden. Sei es, dass er Wehrmachtsangehöriger gewesen war oder in einem Rüstungsbetrieb gearbeitet hatte. Auch Bauern, insbesondere Großbauern, bei denen ‚Fremdarbeiter' tätig gewesen waren, fanden Aufnahme in diese Einschätzung.

Bei Verhaftungen durch den NKWD und den Mitarbeitern der „K 5" waren die kommunistischen Denunzianten meist zugegen. Ihnen oblag die Aufgabe, die ‚Hausdurchsuchung' vorzunehmen. Nicht dabei waren die ‚freiwilligen' und ‚gepressten' Denunzianten. Sie blieben im Hintergrund. Ihre Motive waren ‚persönliche Rache', materielle Vorteile, mitunter auch nur Wichtigtuerei. Für sie fiel fast immer etwas ab. Wohnungen, Möbel, Hausrat, Schmuck. Auch Gärten, Grundstücke, angenehme Arbeitsplätze, Esswaren, elektrische Geräte. Die Belohnung der kommunistischen Funktionäre waren gut dotierte Posten, wie Polizeidirektor, Landrat, Werkleiter.

Prüft man die Lebensumstände der in Mühlhausen denunzierten, verhafteten, verschleppten und ermordeten Bürger genauer, so finden sich unter ihnen kaum pointierte „Nazi- oder Kriegsverbrecher". Genauso wenig handelte es sich bei ihnen um Leute, die eine Gefahr für die Besatzungsmacht dargestellt hätten. Von daher ist die Anweisung Ulbrichts so zu verstehen: Es ging bei dieser Aktion allein um die Beseitigung breitester bürgerlicher Kreise.

Der Anstoß zur Zentralisierung der Polizei durch die SMAD wurde durch einen im Wortlaut niemals veröffentlichten Befehl vom 30. Juli 1946 zur Bildung einer „Deutschen Verwaltung des Innern" als „Leitungsorgan für die gesamte Polizei" in die Wege geleitet.

Laut Staatssicherheitsminister Abakumovs Bericht an Stalin am 11. Dezember 1948, waren bereits im Frühjahr 1947 bei den Kriminalpolizeiverwaltungen der SBZ-Länder sogenannte „Dezernate K5" geschaffen worden. Als Ulbrich 1948 wiederholt in Moskau um die Erstellung eines eigenen Geheimdienstes bat, wurde er von Abakumov darauf verwiesen, die „K5" würde ohnehin schon von den West-Alliierten als „Gestapo" verleumdet und dass es in der Zone „zu wenig überprüfbare Kader" gäbe. Das Entscheidende aber war wohl, dass Abakumov den deutschen Kommunisten nicht traute und seine Kompetenzen mit ihnen nicht teilen wollte.

Dann aber kam doch überraschend die Genehmigung Stalins, in der SBZ ein deutsches Sicherheitsorgan zu schaffen. Bereits am 28. Dezember 1948 faßte das Politbüro der VKP(b) den entsprechenden Beschluß. Wenige Wochen später arbeiteten diese Organe in allen Kreisen des Landes, also auch in Mühlhausen. Zu ihrer Kontrolle und Anleitung wurden die Kreisabteilungen des MGB eingesetzt. Zu deren Verstärkung kamen noch einmal 115 Mitarbeiter aus der UdSSR nach Deutschland.

Erst nach den internen Auseinandersetzungen der sowjetischen Geheimdienste und Stalins Tod kam es durch Geheimdienstchef Berija zu einer drastischen Reduzierung des MGB-Apparates in Deutschland. Die Zahl von 2.222 Mitarbeitern beim MGB hielt Berija für völlig überzogen, zumal diese Leute vorwiegend die Arbeit der DDR-Staatssicherheit machten und die unmittelbaren sowjetischen Interessen darüber vernachlässigten. 328 Mitarbeiter wurden daraufhin zurückgeholt. Sofort nach seiner Entmachung bzw. Hinrichtung revidierte der neue sowjetische Innenminister Kruglov Berijas Entscheidung. Mit der Behauptung, es sei viel zu früh, die sowjetische Kontrolle über die DDR-Staatssicherheit aufzuheben, wurde zur besseren Aufsicht der deutschen Genossen der MVD-Apparat wieder auf 540 Mitarbeiter aufgestockt.

Verantwortliche Kommandeure des Operativen Sektors NKWD-MGB Thüringen waren:

Generalmajor Bezanow, Grigorij Akmovic, von Juni 1945 bis Oktober 1946

Oberst Mirosnicenko, Andrej Seliverstovice, von November 1946 bis 13.06.1952

Verantwortliche Kommandeure des Operativen Sektors MGB Thüringen (Weimar), Bezirk Erfurt: Oberst Mirosnicenko, Andrej Seliverstovice, von 6.06.1952 bis 9.06.1953

Einer der aktivsten und gefährlichsten Denunzianten Mühlhausens war Jahre hindurch Max Apping. Der aus dem Baltikum stammende Ingenieur war 1942 von der deutschen Firma GOLLNER & SOHN eingestellt worden. Mit dem von dem späteren Mühlhäuser Bürgermeister Josef Stücker geleiteten Betrieb gelangte er danach über Stettin nach Oberdorla, wo er dank seiner russischen Sprachkenntnisse zum persönlichen Dolmetscher Stückers avancierte.

Die rätselhaften Verhaftungen im Umfeld Stückers, sowohl im Mühlhäuser Rathaus als auch im Oberdorlaer Betrieb, blieben für die Angehörigen ein Rätsel und natürlich auch für Stücker, der sich mit diesen Fällen konfrontiert sah, bis schließlich ein Ereignis eintrat, in dessen Verlauf der Verdacht auf Apping fiel.

Am 12. Februar 1947 verhaftete die GPU (NKWD) auf dem Mühlhäuser Bahnhof Stückers Schwägerin, Frau Cilli Knappen, samt ihrer Begleiterin, Frau Aßmann. Beide Frauen kamen ins Haus Untermarkt 13. Trotz seines sofortigen Einschaltens bei der Stadtkommandantur und der GPU konnte Josef Stücker nichts über die Gründe der Festnahme erfahren, vielmehr wurde er durch den Leiter der GPU, Hauptmann Nevsorow, wissentlich in die Irre geführt, denn dieser behauptete nachdrücklich, die beiden Frauen seien längst wieder freigelassen worden.

In dieser Notlage klammerte sich zu diesem Zeitpunkt Stücker an Max Apping, in der Hoffnung, dass er ihm helfen könnte. Immerhin war Apping inzwischen sein wichtigster Verbindungsmann zu den Russen, der sämtliche Anordnungen übersetzte und bei den meisten Ausführungen behilflich war.

Schließlich wandte sich Stücker nicht nur an die Thüringer GPU-Zentrale in der Weimarer Lottenstraße, sondern zugleich auch an den Chef der SMA Thüringen, General Kolesnikow, sowie an fünf weitere sowjetische und deutsche Dienststellen. Ohne Erfolg. Niemand wollte etwas von den verschwundenen Frauen wissen. Auch seine Nachfragen bei Ministerpräsident Dr. Paul und den Ministern Busse und Eggerath blieben erfolglos. Lediglich das Zentralsekretariat der SED-Landesleitung teilte ihm mit, dass, falls es sich bei dieser Angelegenheit um ein politisches Vergehen handle, er von keiner russischen Dienststelle irgendwelche Auskünfte erwarten könnte.

Auf diese Weise verging Woche um Woche. Die beiden Frauen blieben verschwunden. Doch nicht nur das. Es kam noch schlimmer.

In der Nacht vom 19. zum 20. März 1947 wurde Stückers Schwager Markhöfer verhaftet, wie es heißt „in der Angelegenheit seiner Schwester Cilli Knappen". Und weiterhin herrschte Schweigen. Nichts drang aus dem Haus Untermarkt 13 nach außen. Obwohl sich Josef Stücker mehrfach den Russen anbot, in der Sache, wie immer sie lautete, zur Verfügung zu stehen, wurde er nicht vernommen. Dagegen teilten die Russen den Festgenommenen während der Verhöre mit, Stücker sei inzwischen samt seiner Frau ebenfalls festgenommen worden, weil gegen ihn ausreichende Beweise einer angloamerikanischen Spionage vorlägen. Er sei bereits geständig, es hätte keinen Zweck, länger zu leugnen.

Es geschah Ende März 1947, als Bürgermeister Stücker in dem ihm vom sowjetischen Stadtkommandanten, Oberst Solojeff (Held der Sowjetunion), zugewiesenen Haus am Stadtwald Besuch empfing. (Dieses Haus gehörte der Fa. „Gerätebau" und war vom Direktor Hugo Brinkmann bewohnt worden.) Unter den Gästen befand sich auch die Frau des sowjetischen Obersts Linjow von der Mühlhäuser Garnison. Auch Max Apping hatte sich sehen lassen, war aber dann vorzeitig gegangen. Eben da berichtete die Frau des Obersten der Gastgeberin, Frau Stücker: Apping hätte in seinem Leben mindestens zehnmal das Fell gewechselt. Zeitweilig sei er sogar Offizier der Roten Armee gewesen, hätte sich dann zu den Polen und schließlich zu den Deutschen geschlagen. Als seine Heirat mit einer Polin nicht mehr von Vorteil für ihn gewesen sei, hätte er sich von ihr getrennt und eine Deutsche geheiratet. Jetzt bemühe er sich, wieder Anschluss bei der Roten Armee zu kriegen und zwar mittels „guter Taten", wie er selbst meinte.

An diesem Abend fiel es Josef Stücker wie Schuppen von den Augen. Allein Apping hatte außer ihm und seiner Frau von dem Reisetermin der beiden verhafteten Frauen gewusst, nur er konnte die GPU auf sie angesetzt haben. Die Frage weshalb, erklärte sich von selbst. Was die GPU bei den Frauen als Beweisstücke für Spionage gefunden hatte, war so belanglos wie verdächtig. Schon ein Messer konnte als Beweis für einen beabsichtigten Anschlag gegen die Rote Armee gelten.

Josef Stücker war, ohne es zu wollen, am 25. August 1945 vom sowjetischen Stadtkommandanten zum Bürgermeister der Stadt Mühlhausen eingesetzt worden. Der Grund war, dass er nachweislich kein Nazi gewesen war. Als praktizierender Katholik hatte er in Bochum, später in Berlin und Stettin einem Widerstandskreis angehört und war deshalb in Stettin von keinem geringeren als dem berüchtigten SS-Obergruppenführer Trettin verhaftet worden.

Mit dem Wissen um Appings Spitzeltätigkeit für die Russen beobachtete der Mühlhäuser Bürgermeister nach jenem Abend nunmehr jenen Mann, den er bis dahin als seinen engsten Vertrauten angesehen hatte. Einige wenige „Proben" genügten, um dessen Zwielichtigkeit zu erkennen.

Anfang September 1947 war es schließlich so weit, Josef Stücker konnte und wollte nicht mehr. Er teilte Oberbürgermeister Dr. Neumann mit:

„Meinen Weggang begründe ich damit, um auf diesem Wege vor derartigen Kreaturen warnen zu können, damit nicht weiterhin unbescholtene Mühlhäuser Bürger durch falsche Anschuldigungen der GPU ausgeliefert werden.

Ich hatte gedacht, in Mühlhausen eine neue Heimat zu finden und glaube auch sagen zu können, daß ich in den fast zwei Jahren meiner Tätigkeit als Bürgermeister von Mühlhausen meine Objektivität unter Beweis gestellt habe.

Die Verhältnisse sind stärker als ich und ich habe mich im Interesse der Mühlhäuser Bürger zu diesem Schritt entschlossen. Man kann einem aufrechten Menschen nicht zumuten, keine Möglichkeit zu haben, derartige minderwertige Gesellen abzuschütteln und sie weiterhin um sich dulden zu müssen."

gez.: *Josef Stücker*

Sieben Tage später, am 12. 9.1947, meldete das „Thüringer Volk":
BÜRGERMEISTER STÜCKER VOM URLAUB NICHT ZURÜCKGEKEHRT
Bürgermeister Stücker, kompromittiert durch zwei seiner nahen Angehörigen, die einen verbotenen Schieberhandel betrieben haben, hat auf Grund dessen, daß er sich in diese Angelegenheit verwickelt fühlte, sein Amt als Bürgermeister niedergelegt und dies dem Oberbürgermeister mitgeteilt.

Fazit

1) Für die Öffentlichkeit wurde der Vorwurf der „Spionage" in „Schiebertum" umgewandelt. Für Schiebereien indessen wäre der sowjetische Geheimdienst nicht zuständig gewesen.

2) Vier Monate verbrachten die zwei Frauen, Knappen und Aßmann, im Haus Untermarkt 13, Markhöfer drei.

3) Seine Tätigkeit als Spitzel setzte Max Apping als selbständiger Dolmetscher fort. Sein Büro unterhielt er in der Eisenacherstrasse 14a. Die Zahl der durch Apping an die Sowjets zugeführten Bürger kann nicht einmal geschätzt werden.

Über den weiteren Lebensweg Max Appings ist nichts bekannt. Eines ist allerdings sicher: Gedankt haben es die Sowjets solchen „Mitarbeitern" so gut wie nie. Im Gegenteil. Irgendwann machten sie sie selbst zu Opfern.

Am Rande dieser Affäre bleibt noch zu vermerken. Nachdem die Hausinhaberin des Grundstückes „Am Stadtwald" 28, Frau Brinkmann, gegen die durch den Stadtkommandanten veranlasste Einweisung von Bürgermeister Stücker in ihr Haus vergeblich protestiert hatte, wandte sie sich an das Thüringer Landesgericht, um dort ihr Recht einzuklagen.

Hier nahm sich der Oberverwaltungsgerichtsrat Dr. Sievers der Sache an, ohne auch nur das geringste ändern zu können. Denn als der Mühlhäuser Stadtkommandant Solowieff davon erfuhr, stellte er klar, selbst ein Landesgericht hätte ihm nichts vorzuschreiben, er stände als sowjetischer Kommandant immer noch darüber, und wenn Frau Brinkmann sich weiter gegen ihn stelle, würde er sie verhaften lassen.

Während die Nazis mit mehr oder weniger allgemein gehaltenen Parolen wie „Feind hört mit!" – „Um die Ehre des Vaterlandes!" oder „Seid wachsam gegenüber Fremden!" zum Denunzieren aufforderten, war es bei den Sowjets wesentlich anders.

Der Aufbau eines Denunzianten-Netzes wurde in einer Stadt wie Mühlhausen durch die sowjetische Besatzungsmacht mit geradezu akribischer Kleinarbeit durchgeführt. Jede sich bietende Gelegenheit wurde genutzt, um Denunzianten zu werben, einzusetzen und durch sie immer neue dazuzugewinnen. Diese Art war absolut neu, barbarisch und unvergleichlich in der Geschichte der Stadt. Denn für unzählige Menschen brachte dies furchtbare Konflikte mit sich, es war das Appellieren an die niedrigsten Instinkte mit dem Ziel der Zerstörung jeglicher Moralität. Nicht zuletzt flüchteten deshalb Tausende von Menschen nach dem Westen. Nicht zu zählen sind die Schicksale derer, die durch die sowjetischen „Überwachungsmaßnahmen" ihre Heimat verloren. Nachrichten wie diese kursierten seinerzeit in Mengen:

Liebe Mutter! Verzeih mir, daß ich mich jetzt erst bei Dir melde.

Aber Gerhard war von Hauptmann L ... erneut aufgefordert worden, sich zu einem „Gespräch" bei ihm einzufinden. Was das heißt, weißt Du ja. Wir hatten gedacht, daß nun endlich Schluß damit ist, aber dem war nicht so. Tagelang hat Gerhard kaum ein Wort gesprochen, da ahnte ich, was los war. Natürlich ging es wieder um Heinz M., über den er berichten sollte. Sowas hält kein Mensch aus. Lieber irgendwohin gehen und hungern, als länger diesen Teufeln ausgeliefert zu sein.

Wenn Du diese Zeilen erhältst, sind wir in Berlin (hoffentlich!). Dort sehen wir weiter. Wahrscheinlich setzen wir uns mit Tante Anna in Kassel in Verbindung. Mach Dir keine Sorgen, sobald als möglich hörst Du von uns – aber nur über „Dritte", damit Du keine Schwierigkeiten bekommst.

Deine Dich liebende Herta

Für die „Lieferung" eines Opfers zahlten NKWD-Dienststellen bis zu 300.– Mark Prämien. Das war viel Geld zu einer Zeit, da der Monatslohn eines Facharbeiter bestenfalls 250.– Mark betrug.

Es gibt keine grausamere Tyrannei als die, welche unter dem Deckmantel der Gesetze und mit dem Scheine der Gerechtigkeit ausgeübt wurde; denn das heißt sozusagen Unglückliche auf der Planke ertränken, auf die sie sich gerettet haben.
Montesquieu

Weil ein Funktionär den Freund seiner Tochter nicht mochte, zeigte er ihn an. Der junge Mann, so sein Vorwand, pflege „Westkontakte", u. a. bekäme er Pakete mit unerlaubten Druckerzeugnissen. Der junge Mann wurde verhaftet, aber auch seine Freundin, die gerade bei ihm war. Auch sie hatte die besagten Schriften gelesen, sie hatte sogar welche in ihrem Zimmer bei sich zuhause, wovon ihr Vater nichts wusste. Nach drei Wochen wurde der junge Mann freigelassen, mit dem Auftrag, für den Geheimdienst zu arbeiten. Er verschwand, seine Freundin indessen hielt man fest. Was immer ihr Vater tat, um sie freizubekommen, misslang. Zwei Tage vor ihrer Entlassung hängte er sich auf.

Eine Frau in der Wanfrieder Straße war gezwungen worden, ihren Untermieter zu observieren, seine Post zu kontrollieren und seine Besucher zu melden. Sie fasste sich ein Herz und gestand ihrem Mieter ihren Auftrag. Der reagierte wütend, beschimpfte und schlug sie. Wie sich herausstellte, war er derjenige gewesen, der sie als Informantin den Russen vorgeschlagen hatte. Der Auftrag war als Probe gedacht, um ihrer Verschwiegenheit sicher zu sein. Sie arbeitete als Sekretärin bei einem Privatunternehmer, der zugleich Stadtverordneter war und sich mit beherzten Reden gegen verschiedene Willkürakte der Besatzer deren Unwillen zugezogen hatte. Über seine Sekretärin wollte man „Beweismaterial" gegen ihn sammeln, um ihn verhaften zu können und fortzubringen.

Der unbescholtene Geschäftsmann Scherzberg in der Felchtaerstraße 5 war in den Verruf gekommen, mit dem NKWD zusammenzuarbeiten. Tatsächlich hatten Nachbarn beobachtet, wie des öfteren russische Offiziere seinen Laden betraten und in der Hinterstube verschwanden. Zur gleichen Zeit traten auch stadtbekannte Spitzel das Geschäft, die ebenfalls in die Hinterstube gingen. Irgendwie war dieser Geschäftsmann in diese Mitarbeit hineingeraten, sein guter Ruf war bei den Mühlhäusern dahin. Die Tragödie, die sich zweifellos damit verband, kam nie ans Tageslicht.

Zu den in dieser Zeit vom Westberliner Sender RIAS genannten Mühlhäuser Spitzeln zählten u. a. Jaritz und Abend.

Robert Abend, Meister bei der ehemaligen Mühlhäuser NS-Schutzpolizei, war nach 1945 von der neugebildeten Mühlhäuser Volkspolizei übernommen worden. Aus gutem Grund. Er kannte durch seine mehr als zwanzigjährige Amtszeit nahezu alle Bürgerkreise in der Stadt und war bereit, über jedermann Auskunft zu geben, d. h. Spitzeldienste zu leisten. Einer seiner Sprüche lautete: „Während der Systemzeit haben wir (die Polizei) Nazis und Kommunisten gejagt, bei Hitler waren es nur die Kommunisten und heute sind es zur Abwechslung die Nazis."

Lange Jahre gehörte der Sender RIAS zu meist gehassten Medien bei der SED. Insbesondere deshalb, weil von hier aus die Namen der in Dienst der Stasi und des NKWD arbeitenden Denunzianten genannt wurden, zugeführt von geflüchteten Bürgern, die damit die Bevölkerung warnte.

Die unter der Anweisung des sowjetischen NKWD arbeitenden deutschen Polizisten aus dem Kommissariat 5 waren zunächst am Böhntalsweg 1 stationiert, später am Stadtwald, nach 1948 endgültig in der Martini-Straße 23. Die Kommissariate 5 waren bereits 1945 in unmittelbarer Beziehung zu den geheimpolizeilichen Strukturen der sowjetischen Besatzungsmacht entstanden, sie gelten als die Vorläufer des MfS.

Zuständig für den Aufbau dieser Polizei in Thüringen war Innenminister Gebhard. Er und der Leiter der SMA-Abteilung für innere Verwaltung, Schipko, sowie etliche Sowjetoffiziere arbeiteten in engster Verbindung zueinander.

Im Anfang ihrer Entstehung war diese Truppe auch als Institution zur Umsetzung der Direktive 201 gedacht, bald darauf aber schon erhielt sie ein wesentlich erweitertes Aufgabenprofil, nämlich „die demokratischen Einrichtungen, ihre Entwicklung und den wirtschaftlichen Wiederaufbau in der sowjetischen Besatzungszone vor Störungsversuchen zu schützen". Damit waren zugleich alle Voraussetzungen für den späteren ostdeutschen Überwachungsstaat geschaffen worden.

Über die genaue Stärke der Mühlhäuser Truppe finden sich keine Angaben, doch lassen sich im Vergleich zu anderen Thüringer Städten Schätzungen vornehmen. Dem Kreis Greiz standen 1948/49 120 Mann zur Verfügung und wie es heißt, waren sie „mühsam ausgesucht worden". In Weißensee waren es 19 Mann, in Sonneberg 31.

Ihre Existenz verdankte diese Einheit der politischen Machtfrage in der SBZ, die Unterdrückung jeglicher demokratischer Regungen in der Bevölkerung und die Sicherung der Vorherrschaft der von der Mehrheit der Bevölkerung abgelehnten SED.

So gehörten von Anfang an Stimmungsberichte zum Aufgabenbereich der Truppe an die vorgesetzten Weimarer Dienststellen. Das machte die Hilfe von Denunzianten unerlässlich. Wenn auch das vom NKWD-Major Kolischew aufgebaute Mühlhäuser Informanten-Netz zur Verfügung stand, so musste es doch im weiteren Verlauf kontrolliert und ausgebaut werden. Das hieß: Ständig waren neue Informanten zu gewinnen. Wie ein „Aussteiger" später verriet, war die Fluktuation ziemlich beträchtlich, einesteils wegen der Gefahr, von den Verwandten oder Kollegen entdeckt zu werden, anderseits, weil ihnen der Boden unter den Füßen zu heiß geworden war und sie aus Mühlhausen verschwanden.

Einer der engsten deutschen Mitarbeiter Kolischews war Polizeichef Jaritz. Dieser Mann zeichnete auch für die Gründung der Kriminalpolizei und für die erste Mühlhäuser „Politische Polizei" (K5) verantwortlich. Unter seiner Leitung wurden die dort tätigen Genossen bewaffnet, unterrichtet, d.h. für ihre Aufgaben vorbereitet.

Binnen kurzer Zeit hatte sich Jaritz durch sein skrupelloses Vorgehen gegen die Bevölkerung für die Sowjets unentbehrlich gemacht. Über seinen Schreibtisch gingen sämtliche Fälle denunzierter, zu überwachender und festzunehmender Bürger.

So wurde Jaritz die Anlaufstelle aller in Mühlhausen öffentlich tätigen wie auch verdeckt arbeitenden Denunzianten. Insbesondere erhielt er von der Mühlhäuser Sequesterkommission über Jahre hindurch die Namen aller unliebsam gewordenen Bürger der Stadt zugestellt. Dazu erreichten ihn Denunziationen aus den Grundeinheiten der Partei, aus den Betriebsgruppen, den Städtischen und Kreis-Ämtern sowie allen Dienststellen.

Letzte Endes entschied Jaritz über das weitere Schicksal der Gemeldeten, wer von ihnen an die Russen (NKWD) übergeben wurde oder nicht, oder der deutschen Gerichtsbarkeit zugestellt wurde oder wo er es bei Verwarnungen beließ, die er persönlich vornahm.

Wie aus seinem Briefverkehr hervorgeht, informierte Jaritz meistens auch seine vorgesetzten Dienststellen über Vorfälle einschließlich der Namen, so die Polizeidirektion in Weimar, aber auch Nachbardienststellen, so in Jena, Gotha Eisenach. Dabei berichtete er mitunter ausführlich über seine Vermutungen und über die von ihm Verdächtigten. Oft legte er auch sog. „Beweisstücke" bei, u. a. Briefe, Dokumente und Fotos.

Alle von den Sowjets eingesetzten Funktionsträger der Stadt, angefangen von Polizei-Chef Jaritz über Linse, Lohs, Launert, Beyer von der „Reinigungskommission" bis hin zu Treuhändern wie Schommer, Schröter, Ackermann, traten sowohl in ihren Briefen als auch bei ihren persönlichen „Besuchen" gegenüber den betroffenen Bürgern auf. Kaum ein Auftritt von ihnen, wo sie nicht mit der Heranziehung sowjetischer Soldaten drohten, so ihre Forderungen nicht erfüllt würden. Von dieser Möglichkeit machten sie übrigens reichlich Gebrauch.

> Ministerium f. Staatssicherheit
> Mühlhausen, d. 20.11.1950
> Verwaltung Thüringen
> Kreisverwaltung Mühlhausen/ Thür.
> An das Ministerium f. Staatssicherheit Verwaltung Thüringen
> Weimar
> Abt. IV.
> Betr.: Bericht über die Verdächtigen H. Werner, P. Höch, K. Hartmann.
> Obengenannte wurden von meinen Leuten in Augenschein genommen und mehrere Wochen überprüft (Briefverkehr – Personenkontakte usw.). Die Ergebnisse finden Sie im beiliegenden Bericht. Zumindest für Höch und Werner scheint eine baldige Festnahme ratsam, da sich beide über eine Berlin-Reise geäußert haben. Der Verwandten- bzw. Bekanntenkreis wohnt in Charlottenburg, also im Westteil der Stadt.
> Anlage: Bericht 8 Seiten
> Der Dienststellenleiter
> gez. *Jaritz*
> V.P.Oberrat

> An dieselbe Stelle:
> 16.1.1951
> Anbei übersenden wir Ihnen zwei weitere Eingaben der Ehefrauen der verhafteten Paul Tippelt und Franz Brömmer und bitten um Bearbeitung.
> Anlage
> *Jaritz*

> 17.8.1950
> Der anliegende Vorgang betrifft den von uns verhafteten und Ihnen überstellte Josef Keyser. Dazu zwei Eingaben vom Bruder und der Ehefrau Keysers.
> Bitte um Weiterleitung zwecks Bearbeitung.
> Anlage
> *Jaritz*

2.10.1950
Die uns zugeleitete Anfrage nach der Person Anna Lenk hier in Mühlhausen, Alter Blobach 31, ist in Bearbeitung. Die bisherigen Ergebnisse deuten daraufhin, daß es sich bei der Lenk tatsächlich um Unterstützung uns feindlich gesinnter Personen handelt. Spätestens nächste Woche wird Ihnen der Abschlußbericht zugehen.
Jaritz

An die Polizei-Inspektion Mühlhausen z. H. Herrn Jaritz
20.4.1946
Beiliegend schicken wir Ihnen eine Auflistung der Leute, die gegen die Sequestrierung der Fa. Kroll & Kleinschmidt Protest eingelegt haben. Die ersten fünf sollten Sie einmal näher in Augenschein nehmen.
gez. Lohs

Stadtkommission Mühlhausen
An PolizeiInspektor Jaritz
3.8.1946
Betrifft: Firma Felsberg
Die von den Angestellten der Firma geschriebene Protesterklärung geben wir Ihnen zur Information weiter. Des weiteren die Namen und Anschriften der Wortführer.
gez. i.V. Bayer
Stadtkommission Mühlhausen

Aussagen von Zeitzeugen über den Mühlhäuser Polizei-Chef Jaritz
Jaritz war bei der Verhaftung meines Onkels Paul Scharfe zugegen. Zwei seiner Leute ließ er die Wohnung durchsuchen, auch den Keller und den Boden. Beschlagnahmt wurden alle neueren Kleidungsstücke sowie Schuhe, des weiteren alle Briefschaften, auch Bücher. Unterdessen schnauzte Jaritz herum und tat sich wichtig. Er beschimpfte meinen Onkel, er sei ein Halunke, der mit den Nazis Geschäfte gemacht habe. Anfangs hat mein Onkel Jaritz noch widersprochen und sich gegen die Vorwürfe verwahrt, doch dann hat er es sein lassen.
Mehrere Wochen blieb mein Onkel inhaftiert. Keiner durfte ihn besuchen. Über das, was er in dieser Zeit erlebt hat, hat er nie ein Wort verloren.
Gabriela Richter

In seinem Buch „Meine gestohlene Zeit" schildert Günter Ochs sein Verhör bei Jaritz. Weil sich der 16-jährige mit einem Verwandten geprügelt hatte, einem angeblichen ‚Kommunisten', hatte ihn Jaritz festnehmen und zu sich auf die Wache in die Ratstraße bringen lassen. Dort stellte er sich als Polizeipräsident von Mühlhausen vor, was auf den Jungen eher komisch als respekteinflößend wirkte.
Nachdem Günter Ochs bei diesem Verhör erfahren hatte, dass er und sein Vater auf einer von Jaritz angelegten Liste bereits als gefährliche Leute geführt wurden, entfuhr es ihm, dass wohl nur Kommunisten in einer Stadt wie Mühlhausen Polizei-Präsidenten sein könnten. Wütend darüber versicherte ihm Jaritz darauf, diese Worte würde er noch bereuen und übergab ihn den Sowjets am Untermarkt 13.

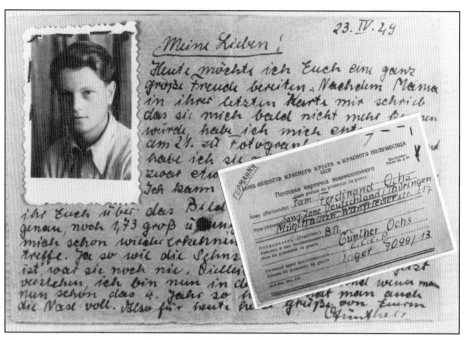

Denunziert von einem Verwandten, verbrachte Günter Ochs fünf Jahre seiner Jugend im Gefängnis, im KZ Buchenwald und in sowjetischen Arbeitslagern in Kasachstan.

Damit begann der langjährige Leidensweg, der den Jungen über Buchenwald bis nach Sibirien führte.

Innerhalb von fünf Jahren war von dem in Mühlhausen stationierten NKWD und seinen deutschen Helfern ein funktionstüchtiger Informationsapparat aufgebaut worden, der eine grausige Spur von Leid und Tränen hinterlassen sollte. Als ihn der DDR-Staatssicherheitsdienst Anfang der fünfziger Jahre übernahm, brauchte er nicht viel daran zu ändern, nur noch etwas „deutscher" zu organisieren und zu straffen.

Beim Aufbau der ersten Mühlhäuser „Geheim-Polizei" wirkte zeitlangs ein gewisser Frantz mit. Irgendwo sollte er einen politischen Schulungskurs besucht haben. Hier in Mühlhausen unterrichtete er die Neueingestellten im Waffengebrauch und erteilte ihnen eine Art von Politunterricht, indem er Lenins und Stalins Leben und deren Vorstellungen vom Sozialismus erzählte.

„Anfangs machte er auch einen sehr guten Eindruck auf mich", erzählte ein „Aussteiger". „Er strahlte Vertrauen aus und gab sich, auch in hektischen Situationen, immer ruhig und sachlich. Bis ich ihn schließlich auf andere Weise kennenlernte. Hier in Mühlhausen hatte er eine Frau kennengelernt, wie es schien, wollten beide auch heiraten. Da kehrte der Verlobte der Frau aus der Gefangenschaft zurück und sie entschied sich für ihre erste Liebe. Frantz verlor kein Wort darüber, doch eines Tages war der Zurückgekehrte verschwunden. Die Frau kam in unsere Dienststelle und beschuldigte Frantz, er habe das veranlasst, ihn also verschleppen lassen. Ich war unfreiwilliger Zeuge, erkannte aber am Benehmen von Frantz, dass die Frau wahrscheinlich recht hatte. Von da an sah ich diesen Mann mit anderen Augen an. Ich stellte fest, dass er, wenn es um seine eigensten Angelegenheiten ging, ein eiskalt berechnender Typ war. Genau das erlebte ich auch bei den anderen in dieser Truppe. Sie redeten von hohen Idealen, aber sie handelten sehr berechnend, sobald es um ihre Vor- oder Nachteile ging.

Besonders tragisch verlief 1948 eine Denunziation beim Mühlhäuser Gewerkschaftsbund (FDG) am Kiliansgraben. Nachdem der Mitarbeiter Rudi N.N. mit Schimpfworten auf dem Hof ein Stalinbild zertrümmert hatte, wurde er angezeigt und den Russen übergeben. Als Denunziantin verdächtigten die Kollegen seine junge Sekretärin. Rudi N.N. war sehr beliebt gewesen und galt als angesehener Bürger in der Stadt. Obwohl seine Sekretärin immer wieder ihre Unschuld beteuerte, war selbst ihre Familie von ihrer Täterschaft überzeugt. Darunter litt sie ihr Leben lang. Von Rudi N.N. wurde nie wieder etwas gehört.

Gemeinsam mit den Mühlhäuser K5-Leuten versuchten die Sowjets ein Netz zu flechten, durch das die wichtigsten Positionen und Ämter in Stadt- und Kreisgebiet überwacht werden konnten. Insbesondere alle Amtsinhaber, Parteivorsitzenden und Betriebsleiter galt es auf ihre Loyalität und ihren Gehorsamswillen zu überprüfen. Hauptaugenmerk galt dabei allen der SPD entstammenden nunmehrigen Funktionsträgern. Nach der weitgehendsten Beseitigung aller ehemaligen NSDAP-Anhänger wurde nunmehr diese Gruppe „Verdächtiger" streng unter die Lupe genommen. Egal ob die Betreffenden noch irgendwelche Verbindungen pflegten oder nicht, die Absicht der Sowjets ging darauf hinaus, sie spürbar zu reduzieren und möglichst ganz auszuschalten. Ähnliches galt für die Mitglieder der CDU und FDP.

Genau in dieser Richtung arbeitete die Mühlhäuser NKWD-Dienststelle, samt ihren deutschen Genossen. Kein Amt, Betrieb, keine Dienststelle, Partei, Haus- oder Straßengemeinschaft, die nicht der Überwachung unterlag. Zielpersonen waren insbesondere Vorsteher und Leute in Schlüsselpositionen. Im Rathaus waren dies der Bürger- und Oberbürgermeister, Stadträte und Abteilungsleiter. Dazu kamen die Leiter aller städtischen und staatlichen Einrichtungen und natürlich alle Parteivorstände. Auch Pfarrer, Lehrer und Ausbilder, weil deren Worte mehr Geltung als andere hatten. Schon bald ging es darum, unbequeme Personen wegzudrängen und sie durch Linientreue zu ersetzen. In dieser Phase des „gesellschaftlichen Neubeginns" lässt sich leicht feststellen, wie insbesondere kluge und kritische Leute gegen stramme Ja-Sager ausgetauscht wurden – mit welchen Mitteln auch immer. Die Folge war eine geistige Verarmung. Mehr und mehr „Hohlköpfe" fanden sich in verantwortlichen Stellungen, Personen, die ohne Sekretärinnen keinen vernünftigen Brief zustande gebracht hätten. Beispiele dafür gab es zur Genüge, ein „Parade-Exemplar" war der Betriebsleiter der Mühlhäuser Zigarrenfabriken.

Auf diesem Niveau verliefen die fünfziger und sechziger Jahre im wirtschaftlichen und amtlichen Leben der Stadt. Eilfertige, oft dumme, nicht selten aber auch raffinierte Gefolgsleute der Partei bestimmten die „Entwicklung" mit Nachplärren vorgegebener Parolen, ohne eigenes Gedankengut dazugeben zu können.

Einige Beispiele von Denunziationen aus den 40er und 50er Jahren und ihre Folgen

Die Sekretärin Ursula Mecke aus der Langensalzaer Landstraße wird in einer Anzeige bei der KVP als „Agentin" bezeichnet, die von Wanfried „westliches Propagandamaterial" nach Mühlhausen befördert. Als sie von dieser Verdächtigung Kenntnis erhält und eine Verhaftung befürchtet, flieht sie nach Hessen.

Der Jugendliche Heinz Saul aus der Max-Reger-Straße soll angeblich Mitwisser in einer gegen die Besatzungspolitik gerichteten Flugblatt-Aktion sein (Bockel-Affäre). Er bekommt von einer diesbezüglichen Denunziation Kenntnis und flieht nach Westdeutschland. Dort nimmt er einen anderen Namen an.

Frau Ilse Franke in der Oberen Johannisstraße wird von einer Nachbarin als Spionin denunziert. Danach soll sie Beziehungen zu amerikanischen Dienststellen in Kassel unterhalten. Sie wird von einem Kripoangehörigen gewarnt und verläßt daraufhin Mühlhausen.

Der 19jährige Rolf Töpfer wird von einem Stasi-Spitzel denunziert, er habe sich mehrfach öffentlich über die miserablen politischen und wirtschaftlichen Zustände in der Stadt geäußert. Er wird zu einer zweijährigen Gefängnisstrafe verurteilt, die er auch verbüßt.

Der Kaufmann Alfred Kroll aus der Wanfrieder Straße wird wegen seiner mehrfachen Fahrten nach Westberlin denunziert. Angeblich soll er für den US-amerikanischen Geheimdienst Zersetzungspropaganda bei der Bevölkerung betrieben haben. Als Kroll von seiner bevorstehenden Verhaftung erfährt, begibt er sich mit seiner Familie nach Westdeutschland.

Der Student Horst Böhme wird von seinem ehemaligen Lehrer angezeigt, er besitze nazistisches Propaganda-Material und hetze gegen die sowjetische Besatzungspolitik. Er wird verhaftet und kommt in U-Haft. Da man ihm keine derartigen Vergehen nachweisen kann, kommt er wieder frei. Aus Furcht vor einer nochmaligen Festnahme begibt er sich nach Westdeutschland.

Der Autovermieter Willi Siebrand vom Lindenbühl wird von einem Stasi-Spitzel angezeigt, er betreibe Schiebergeschäfte und würde Hetzschriften und feindliches Propagandamaterial aus Westberlin einschleusen. Nach einigen Verhören bei der Polizei begeht Siebrand mit seiner Familie „Republikflucht".

Der Prokurist Rudi Möller vom Kopernikusweg erfährt, daß mehrere Anzeigen gegen ihn wegen angeblicher Wirtschaftsvergehen vorliegen. Er kennt den Denunzianten, der aus Neid gehandelt hat, und stellt ihn zur Rede. Da aber die Denunziationen nicht aufhören, verläßt Möller Mühlhausen und begibt sich mit seiner Familie nach Süddeutschland.

Die Abiturientin Ursula Köthe aus der Görmarstraße wird wegen angeblicher Sowjethetze denunziert. Unter einem Vorwand wird sie zusammen mit ihrem Verlobten zum Arbeitsamt bestellt, dort sollen beide festgenommen werden. Als ihnen der Pförtner arglos erklärt, daß an diesem Tag eigentlich keine Sprechstunde sei, schöpfen die jungen Leute Verdacht. Tatsächlich erkennen sie mehrere KVP-Männer in ihren typischen langen schwarzen Ledermänteln im hinteren Flur. Kurzschlossen fliehen sie über die hintere Grundstückmauer in die Wanfrieder Straße und begeben sich noch am selben Tag nach Westberlin.

Eine Denunziation in Mühlhausen entwickelt sich in der Folge zu einem landesweiten Skandal, der am Ende das gesamte Justizwesen der DDR blamiert.

Bei einer Betriebsfeier im Juni 1955 schlägt der Schlachthofangestellte SED-Genosse Rolf Büchner ein Bild von Wilhelm Pieck von der Wand und beschimpft dabei den Staatspräsidenten. Das MfS verzichtet auf ein Strafverfahren und erpresst Büchner zur Spitzeltätigkeit und für die Rolle als Belastungszeuge in einem anstehenden Schauprozeß gegen den Cheftierarzt am Mühlhäuser Schlachthof Harald Kirbach und Dr. Adolf Schubert. Beide sollen aus feindlichen Beweggründen bewusst die gesetzlichen Impfvorschriften nicht eingehalten und so der Schweinepest Vorschub geleistet haben. Zudem hätten beide Ärzte am 17. Juni 1953 gemeinsam den westlichen Hetzsender RIAS abgehört.

Noch bevor es am 18. Juni 1955 in Erfurt zu einem Schauprozeß kommt, flieht Büchner nach Westberlin und widerruft von dort aus in einem Brief alle bis dahin von ihm gemachten Anschuldigungen gegen Kirbach und Dr. Schubert.

Männer vom MfS entführen daraufhin Büchner aus dem Westberliner Aufnahmelager und schaffen ihn in die DDR zurück. Darüber erstattet Hilde Benjamin zwei Jahre später, im Dezember 1957, dem SED-Politbüro ausführlich Bericht.

Trotz des Widerrufs des Hauptbelastungszeugen werden die beiden Mühlhäuser Tierärzte zu zwölf bzw. acht Jahren Zuchthaus verurteilt. Am selben Tag verhaftet das MfS den Verteidiger Schmidt und die Ehefrau von Kirbach wegen Boykotthetze und Anstiftung zur Republikflucht Büchners. Am 10. Dezember 1955 wird Schmidt zu acht und Erika Kirbach zu drei Jahren Zuchthaus verurteilt. Der Zustand des bei diesem Prozeß anwesenden R. Büchner ist erbärmlich, wie seine Frau und weitere Zeugen bestätigen. Mit seinen Aussagen wirkte er an diesem Tag völlig eingeschüchtert, ganz offensichtlich waren ihm nach seiner Entführung schwere Misshandlungen zugefügt worden.

Nach dem XX. Parteitag der KPdSU 1956 und der kurzen Tauwetterperiode danach wird das Urteil gegen Schmidt und Erika Kirbach aufgehoben und zur Neuverhandlung an das Oberste Gericht in Leipzig verwiesen. Dieses entscheidet sich am 2. Mai 1957 zu einem Freispruch „wegen erwiesener Unschuld", was wiederum zu einer Protestlawine innerhalb der SED führt. Bei dem nun einsetzenden Juristenstreit quer durch die DDR siegt am Ende das MfS. Es kommt zu unzähligen Maßregelungen von Funktionären wegen „Aufweichlertum" und „Förderung liberalistischen Gedankenguts". Nicht nur Richter des Erfurter Landgerichts verlieren ihre Positionen, entfernt werden auch das Politbüromitglied Schirdewan, MfS-Chef Wollweber, MdJ-Abteilungsleiter Dr. Rudolf Helm und der stellvertretende Generalstaatsanwalt Bruno Haid.

In harten Auseinandersetzungen werden ganz gezielt weitere Staatsfunktionäre auf ihre Zuverlässigkeit überprüft, wobei alle Mitarbeiter des Leipziger Obersten

Gerichts, insbesondere die Richterin Trautzsch, ins „Fegefeuer des Inquisitionsgerichts der Partei geraten".

Als am 13. März 1958 der inzwischen in die BRD geflohene Rechtsanwalt Schmidt in Abwesenheit zu fünf Jahren Zuchthaus verurteilt wird, hat die Partei in rasanter Folge die Linie gewechselt. „Sie hatte Haken geschlagen wie ein vom Fuchs verfolgter Hase, die mit ihrer Spruchpraxis hinterhereilenden Genossen der Justiz gerieten immer wieder ins Stolpern. Kaum hatten sie die neue Position der Partei bezogen, saß diese schon wieder in der gegenüberliegenden Ecke." (Werkentin)

PROVOKATION mit dem Ziel der Denunziation

Schon zur Zeit der SBZ – sehr viel mehr aber noch zu DDR-Zeiten – zählte Gesinnungsschnüffelei zum Alltagsleben in der Stadt. Sei es bei Einwohnerversammlungen, am Arbeitsplatz, in den Hausgemeinschaften oder bei Verkaufsgesprächen, stets mussten die Bürger gewärtig sein, für das, was sie sagten, zur Rechenschaft gezogen und angeprangert zu werden.

Wehe, wer unüberlegt seine eigene, überzeugte Meinung offenbarte. Sehr bald schon begann die SED, mit provozierenden Fragen solchen Personen „auf die Schliche zu kommen". Zur Erkundung wurden Vorsitzende von Haus- und Straßengemeinschaften vorgeschickt, auch „Abschnittsbevollmächtigte", Betriebsräte usw. In scheinbar biederen Alltagsgesprächen wurde dabei gezielt auf bestimmte Probleme hingewiesen, die bei den Verdächtigen Antworten provozieren sollten, aus denen man die entsprechenden Schlüsse ziehen konnte.

Spätestens in den Berichten von Funktionären solcher „Aushorcher" erschienen die Namen und Einschätzungen der „anrüchigen" Bürger. Fortan wurden sie unter die Lupe genommen, gegebenenfalls dem MfS gemeldet. Ein probates Mittel bei dieser Gesinnungsschnüffelei waren die Unterschriftssammlungen für politische Proklamationen, Proteste und Bekundungen. Sei es für die Freilassung der amerikanischen Bürgerrechtlerin Angela Davis oder für das Verbot der unabhängigen polnischen Gewerkschaft SOLIDARNOSC. Wer seine Unterschrift verweigerte, galt schon als verdächtig.

Die „Masche" dieser vom Staat organisierten und durchgeführten Sammlungen bestand darin, für den Frieden, den Fortschritt, überhaupt für soziale Gerechtigkeit zu sein. Wer also nicht unterschrieb, kam unter Druck. Mit Recht konnten dann die Funktionäre mit dem Finger auf solche „schwarzen Schafe" zeigen, sie öffentlich brandmarken.

Die über Jahrzehnte lang angeordneten Schulungen in Betrieben und Dienststellen waren ebenfalls zum Ausschnüffeln angelegt. So auch die Montagmorgens stattfindenden Schulungen im staatlichen Handel. Anstatt der sich übers Wochenende angesammelten Arbeit nachzugehen, überprüfte die Geschäftsleitung, was sich inzwischen an ungutem, nichtsozialistischen Gedankengut in den Köpfen des Verkaufspersonals angesammelt hatte. So wurde – nach dem Ableiern aller wichtigsten politischen Ereignisse der vergangenen 48 Stunden – zur allgemeinen Stellungnahme aufgefordert.

So war der Alltag der Bürger von Gesinnungsschnüffelei und von offener und verdeckter Repression durchzogen. Selbst für den unpolitischen Untertanen und den Flüchtling ins Private war die immer wieder abverlangte „Zustimmung" und die organisierte „Dankbarkeit" des Bürgers eklig. Er musste sich in das Kontrollsystem im Betrieb oder in den „Hausgemeinschaften" fügen. Das Führen von „Hausbüchern" war Pflicht. Selbst in der SED mussten die Genossen demütigende Kontrollverfahren und Disziplinierungen hinnehmen.

Alles sollte hundertprozentig sein: hundertprozentiges Einreihen, hundertprozentiges Jasagen, hundertprozentige Wahlergebnisse. Selbst als man längst wusste, dass die Bürger, allein um ihre Ruhe zu haben, diesen Schwindel mitmachten, machte die SED mit dieser zur Lächerlichkeit verkommenen Aktion nicht Schluss. So wurden die Wahlen in Mühlhausen wie überall in der DDR zum „Probedurchlauf"(vom Bürger „Viehzählung" genannt), wo die Gesinnung allein schon vom zeitlichen Erscheinen eingeschätzt wurde.

GEZIELTE ÖFFENTLICHE DENUNZIATION

Schon bald nach Zulassung der Presse- und Medienarbeit in der SBZ begann ein gezieltes Vorgehen der SED gegen Kritiker und Andersdenkende in der Öffentlichkeit.

In Zusammenarbeit mit „Hausnachbarn" (Spitzeln), Presse und Partei wurden Bürger mit Namen und Adresse bloßgestellt, deren Verhalten nicht der neuen Linie entsprach. Diese „schiefliegenden" Bürger wurden zurechtgewiesen, hatten Reue zu zeigen oder mussten es sich gefallen lassen, weitere Rügen einzustecken, gar verhaftet und vor Gericht gestellt zu werden.

Der Grund für diese Vorgehensweise war eindeutig: Die Privatsphäre der Bürger sollte durchsichtig und aufgehoben werden.

Angeschwärzt wurden insbesondere diejenigen, die sich wiederholt weigerten, an öffentlichen Kundgebungen, Sammlungen oder an den von Haus- und Straßengemeinschaften organisierten Aktionen teilzunehmen, sie gar zu kritisieren. Auch Parteigenossen blieben davon nicht verschont.

WO STEHST DU, GENOSSE MÜLLER – NEBEN ODER IN DER PARTEI?

hieß es mit schwülstigen Volk-Presse-Schlagzeilen. Hier sollten insbesondere diejenigen auf „Vordermann" gebracht werden, die nicht gerade mit heißen Herzen zur SED gefunden hatten. Auf diese Weise provozierte man sie, sich endlich auch laut zur Arbeiterklasse zu bekennen. Verlangte dann einer darüber verärgert, aus der Partei auszutreten, zahlte man es ihm dementsprechend heim. Austritt auf Verlangen gab es nicht. Allein die Parteiführung befand darüber, ob einer ging oder nicht. Wenn also ein „Aufkündiger" ging, hatte er sich als „gefeuert" zu betrachten.

Höhepunkte solcher Denunziationen blieben später die Verunglimpfung von Fernseh-Besitzern, deren Antennen in der falschen Richtung standen. Kaum eine Woche verging, wo nicht Häuser mit sog. „Ochsenkopf-Antennen" im „Volk" abgebildet waren, natürlich mit Hausnummer und dem Namen des Besitzers. 1962 lief die wohl breiteste Kampagne gegen die sogenannten Übeltäter. Nahezu jede Woche wurden sie in der Lokalpresse ausgeschmiert.

„Wie der Deckel auf den Topf ...
Passt's Eselohr zum Ochsenkopf!"
Diesen Vers schreiben wir Genossen Wetzel, Mitarbeiter des VEAB-Kreisbetriebes ins Stammbuch. Ohne vor Scham zu erröten, läßt er auf dem Dache die Koexistenz thronen. Auf dem Nationalkongreß hat Genosse Max Reimann die Bonner Atomkriegsvorbereitungen enthüllt. ... Nur Genosse Wetzel scheint das nicht zu kapieren, wenn er Abend für Abend dem Klassenfeind Zutritt in seine eigene Wohnung gestattet. Mach endlich Schluß damit und erkenne, welchen gefährlichen Einflüssen Du Dich hingibst. Gehe den anderen Bürgern mit guten Beispiel voran und bringe Deinen Ochsenkopf dorthin, wo er hingehört: Auf den Schrotthaufen. (VOLK 20. Juni 1962)

Den ersten dieser Angriffe hatten die Bickenrieder über sich ergehen lassen müssen (24.3.62), wo über die Hälfte aller Antennen in Richtung Westen zeigten. Die vorläufig letzte Attacke richtete sich gegen die Schlotheimer, speziell gegen neun Hausgemeinschaften in der „August-Bebel-Straße" (Schlotheimer Widerspruch 5.9.62). Dazwischen prangerte die SED die Bürger mit Einzeldenunziationen an, mit Schlagzeilen wie:

IDEOLOGISCHE KOEXISTENZ GIBT ES NICHT – GEGEN MORD-HETZE UND ATTENTATE – DER SOZIALISMUS IST EINE GESETZMÄSSIGKEIT – !
Es unterstützt den Feind!

Herr Fresino, Puschkinstraße 1
Genosse Erich Nummer, An der Stirn 12
Herr Karl Georg, Bei der Marienkirche 14
Herr Bäckermeister Johannes Merkert, Jakobistraße 20
Firma Louis Klingner, Steinweg
Genossenschaftsbauer Otto Koch, Höngeda

„Herr Dieter Holzapfel, wohnhaft Herrenstraße 23, scheint sich aber noch nicht im klaren darüber zu sein, daß die Kreuz-Antenne auf dem Dach dem Feind der deutschen Nation Möglichkeit gibt, in seine Wohnung einzudringen. Deshalb sollte er sich von dem schwarzen Kanal und dem Kreuzrechen auf dem Dach lossagen, denn die Zukunft gehört der DDR."

Das war Rufmord und Einschüchterung zugleich. Terror stalinistisch-sowjetischer Prägung, den hier die SED praktizierte, der sie einmal mehr an die Grenzen ihrer Macht führte. Denn die Betroffenen, und das war die Mehrheit der Bevölkerung, entwickelte eine entsprechende Verhaltensweise. Sie begann sich „abzudecken". Wo selbst Offiziere, Lehrer, Betriebsleiter nicht im Traum daran dachten, auf Westfernsehen zu verzichten, konnte als Endergebnis nichts anderes als Heuchelei stehen. „Wie oft hat der Direktor unserer Schule uns in Dienstgesprächen auf die „Schädlichkeit" von Westfernsehen hingewiesen", erinnert sich die Lehrerin Marlies Kühr. „Was hat er uns gemahnt, bedrängt. Er wohnte damals in der Johannisstraße. Und dann kam die Überraschung. Als er auszog, fand ein Mitbewohner in seiner Bodenkammer die komplette Vorrichtung für eine West-Antenne, die hatte er vergessen zu beseitigen."

Die Wut auf den Fotoreporter Gülland, der für die öffentliche Ausschmierung der Bürger verantwortlich zeichnete, wurde schließlich derartig groß, dass die SED sich gezwungen sah, ihn wegen der telefonisch und schriftlich angedrohten Prügel aus dem „Verkehr" zu ziehen.

WIR SCHALTEN KEIN RIAS UND KEIN WESTFERNSEHEN EIN !
Ein Transparent mit diesem Text hing 1959 zeitlangs an einem Haus in der Rosenstraße. Indessen bekamen „gute Genossen" Fernseh-Apparate mit allen Kanälen ausgehändigt, im Gegensatz zu den Normalverbrauchern.

Als während eines Vortrages ein sowjetischer Kulturoffizier im „Schützenberg" das öffentliche Anprangern als demokratische Errungenschaft der neuen sozialistischen Gesellschaft pries, fragte ihn der Vorsitzende der Liberal-Demokratischen-Partei Alfred Fuhlrodt, was daran demokratisch sein solle, da die angegriffenen Personen gar nicht in die Lage kämen, auf Anschuldigungen ebenfalls öffentlich reagieren zu können. Er habe jedenfalls noch keine Antwort eines öffentlich Beschuldigten in der Zeitung gelesen, seine Gegenargumente und Gründe. Der Kulturoffizier redete daraufhin lang und breit, ohne richtig zur Sache zu kommen, währenddessen es im Saal unruhig wurde. Die meisten Anwesenden waren SED-Genossen, die nach Schluss der Veranstaltung auf Fuhlrodt eindrangen, wie er es wagen könne, mit derart läppischem Gequatsche einen solchen verehrten Gastredner zu irritieren. Die Antwort Fuhlrodts darauf: „Wenn er gesagt hätte, das gehört zur Diktatur, dann hätte ich das akzeptiert. Wenn aber einer von Demokratie redet, muss er wissen, wovon er spricht oder soll es besser sein lassen."

Die „öffentliche Denunziation" war ein weiterer Schritt in Richtung „Einheitsdenken", anders gesagt: zur „Massenverdummung". Die sich damit abfanden, fühlten sich zufrieden, die das nicht konnten, bekamen Probleme. Beide Teile indessen entwickelten ein schizophrenes Verhalten. Man hatte eine Meinung für sich zu Hause und eine für die Öffentlichkeit. Dementsprechend wurden auch die Kinder erzogen. Sie wussten genau, was sie in der Schule sagen durften und was nicht, was ihnen gute Zeugnisnoten einbrachte und was ihren Eltern eventuell schadete. Natürlich ergab das in der Folge eine Vielzahl von Komplikationen, sowohl fürs Elternhaus wie für Lehrer. So, wie fanatisierte Erzieher im Unterricht „staatsfeindliche Verhaltensweisen" der Eltern ihrer Schüler zu entdecken meinten, versuchten Funktionärskinder, ungenügende politische Qualifikationen bei ihren Lehrern zu erforschen. Bei ersteren kam es gegebenenfalls zu unerquicklichen Eltern-Aussprachen wegen ungenügender politischer Aufklärungsarbeit zu Hause, bei letzteren hagelte es Rüffel, Überprüfungen, mitunter auch Versetzungen oder Entlassungen. An einer Mühlhäuser Schule „lehrte" eine Lehrerin, die jeden Morgen 4 Schüler (12-jährige) vortreten ließ, die über „tagespolitische" Ereignisse berichten mussten. Hierbei kam es nicht auf die eigene Meinung der Schüler an, bewertet wurde, wie der Staat diese Ereignisse einschätzte.
Auf diese Weise wurden Lippenbekenner erzogen, Heuchler, aber nicht selbständig denkende Individuen.
Einer der ersten Leiter der Mühlhäuser „Politischen Polizei" (K5) hieß Otto Schade. Er stammte aus Höngeda und versah sein Amt in der Zeit, da Landrat Eber-

hard tätig war. Allen Auskünften nach entsprach er genau dem Typ, den der NKWD für seine Zwecke brauchte: Er war brutal und primitiv, vor allem was seine Sprache betraf. Seine ganze Verhaltensweise deutete auf einen Menschen von geringer Intelligenz hin, der sich auch gar nicht darum bemühte, das zu verbergen. Vorher hatte er als Traktorist gearbeitet. Etliche Mühlhäuser erinnern sich noch gut an ihn und seine „Auftritte".

Als bei der „Bockel-Affäre" im Jahr 1949 eine Anzahl Bürger als Verdächtige ins Landratsamt am Lindenbühl vorgeladen wurden, nahm Otto Schade sie beim Eintritt in das Gebäude in Empfang. Als erstes riss er ihnen die Uhren von den Händen und brüllte: „Verbrecher brauchen keine Uhren!" und „Der Teufel wird Euch alle holen, verlasst Euch drauf!"

Ähnliches bekamen die Vorgeladenen auch vom Landrat Eberhard zu hören. Ebenfalls laut brüllend bezeichnete der die Vorgeladenen mit Worten wie „Schweinehunde! – Verbrecher" und „Elendes Pack". Dabei prophezeite er allen harte Strafen. (E. Zierentz)

Dass eine Anzahl der so Beschimpften nach der eingehenden Untersuchung wieder frei kamen, interessierte diese Mühlhäuser Spitzenfunktionäre wenig. Von Entschuldigung konnte keine Rede sein und ihre Uhren bekamen die Betroffenen natürlich auch nicht wieder.

Zu diesem Zeitpunkt hatten die Anleitungen und das Vorbildverhalten der sowjetischen Genossen vom Untermarkt 13 ihre Früchte getragen. Ihre deutschen Nachfolger befanden sich auf dem rechten Weg zur „Neuerziehung" der Mühlhäuser Bevölkerung.

In diesem Jahr 1949 wurde die Mühlhäuser „Politische Polizei" in das von Weimar aus geführte Kommissariat C 10 zum weiteren Ausbau übernommen. Ab Oktober desselben Jahres bekam dieses Kommissariat die Bezeichnung Kriminalpolizei Dezernat D und wurde von der allgemeinen Polizei völlig abgekoppelt. Dieses Kommissariat war nun eine völlig unabhängige Organisation, über der niemand stand außer dem MGB. Mit Beschluss der neuen Regierung der DDR hieß die Organisation ab 1. Januar 1950 „Staatssicherheit", sie hatte ein eigenes Ministerium und alle führenden Männer standen im Militärdienstrang. Dabei darf aber nicht übersehen werden, dass die Führung der SED die Kontrolle und Leitung des SSD bis 1989 innehatte und also für alle Taten (sprich Untaten) verantwortlich war.

(Um sich ein Bild von der rasanten Entwicklung der politischen Polizei in der DDR zu machen: Bereits 1952 war die Personalstärke des MfS um 4–5mal größer als bei den vor 1945 auf demselben Gebiet aktiven Gestapo-Stellen. Quelle: Herz-Fiege)

Entsprechend seiner guten Arbeit als Chef der Mühlhäuser „Politischen Polizei" wurde Otto Schade 1950 als Offizier bei der „Staatssicherheit" aufgenommen. Die weiteren Stationen in seiner Karriere waren Eisenach und Sondershausen, wo es ihm oblag, politisch Verdächtige jenen berüchtigten Verhören zu unterziehen, die immer Geständnisse erzielten.

Nicht ohne Grund zählten preußische Tugenden zu den Hauptangriffspunkten der SED-Propaganda. Gerade hier stieß die „Partei neuen Typus" auf den energischen Widerstand bei der Bevölkerung.

Mit der Begründung, die Bürger „besser vor Außeneinwirkungen schützen zu können", sollten Bahn und Post genauestens kontrolliert und damit u. a. das Briefgeheimnis aufgehoben werden. Dass diese Maßnahme Ende 1949 einmal mehr eines der in der DDR-Verfassung garantierten Grundrechte außer Kraft setzte, interessierte diese Partei in keiner Weise. Ihr Problem war lediglich, wie die Angestellten in den Postämtern darauf reagierten. Immerhin zählten auch Genossen dazu.

Wie die Funktionärs-Berichte aus den Thüringer Städten zeigten, stemmten sich zahlreiche Mitarbeiter gegen die neue Anordnung, private Postsendungen zu öffnen und auf West-Lektüre zu überprüfen. Typisch dafür ist das Schreiben des Instrukteurs der Oberpostdirektion Erfurt, der aus Altenburg berichtet:

„Die politische Situation im PA Altenburg ist eine ausgesprochen sehr schlechte ... Dieses ist fast ausschließlich darin begründet, daß unsere Genossen und Genossinnen ihre Arbeit fast überhaupt nicht als eine politische Aufgabe ansehen. Man merkt fast täglich, daß die Grundsätze unserer Partei überhaupt nicht beachtet werden, dagegen die Anweisungen und Verfügungen der Oberpostdirektion oder der Hauptverwaltung wie die Verse einer Bibel behandelt und ausgeführt werden. Nur von einer sehr notwendigen und engen parteiverbundenen Linie will man nichts wissen ..." (17.10.1949)

Auch in Mühlhausen war die Situation ähnlich. Das Ansinnen der SED stieß auf eine allgemeine Ablehnung. Wie eine langjährige Mitarbeiterin berichtete, herrschte allgemeine Empörung. Ihr Vater hatte über 40 Jahre bei der Post Dienst getan, treu und redlich, wie sie betonte, für sie kamen derartige „Kontrollen" nicht in Frage. Andere dagegen, zwei Genossinnen, hatten nicht die geringsten Skrupel und warfen den Andersdenkenden zudem auch noch politische Unreife vor.

Die „Überwachung" von Postsendungen aus der BRD in die DDR entwickelte sich in der Folge zu einer üblen Fledderei, der gegenüber der englische Postraub ein Nichts war. Unter der Verantwortung von VP-Oberst Trobel wurden Waren aller Art, bis hin zu Fernsehgeräten, Videorekordern usw., vor allem aber Bargeld, Schmuck und sonstige Wertsachen aus den Paketen geraubt. Von 20 Millionen Paketen in die DDR waren „nur" ein Prozent abgängig. Aber dieses eine Prozent bedeutete 200 000 Pakete, mit deren Inhalten sich insbesondere die Führungskader des SSD samt ihren Familien gütlich taten.

Bei dem aus diesen Sendungen geraubten Bargeld soll es sich nach Angaben der DDR-Staatsbank (nach der Wende) um 6,5 Millionen DM gehandelt haben. Es ging auf das Konto des MfS ein. Aller Wahrscheinlichkeit nach war jedoch die Beute zehnmal so hoch. Diese Gelder sind vermutlich auf die Auslandskonten geflossen, welche die SED u. a. in Wien und Zürich unterhielt. (Gatow)

Zu den wichtigsten Aufgaben der SED zählte der Kampf gegen Kirche und Glauben. Die Religionen wurden als „Opium fürs Volk" diskriminiert, Gläubige wurden bedrängt und verfolgt, Funktionäre u. a. Lehrer, die noch einer Glaubensgemeinschaft angehörten, zum Kirchenaustritt aufgefordert. Bei dieser Kampagne stellte die Partei die Junge Gemeinde der evangelischen Kirche als Spionage- und Agentenorganisation hin. Verstärkt richtete sie daher ihre Aufmerksamkeit auf die Pfarrer, insbesondere auf diejenigen, die nach Westdeutschland zu Kirchentagen und Seminaren fuhren. In Rundschreiben wurden Funktionäre darauf aufmerksam gemacht, die Predigten und Reden „dieser Leute" zu überwachen und gegebenenfalls Meldung zu erstatten.

Um den Unmut der Genossen gegen die Kirche zu schüren, verdächtigte die Partei so ziemlich alles, was an Nachrichten und Äußerungen aus dem Kirchenbereich kam. Bevorzugte Vokabeln dabei waren „Wühlarbeit", „Irreführung der Bevölkerung", „Hetze", „Verdummung".

Als typisches Beispiel stand dafür der Besuch Bischof Otto Dibelius 1957 in den USA. Sein Gespräch mit dem Präsidenten Eisenhower und der Erhalt von 270 Millionen DM für caritative Zwecke verwandelte sich im Slogan der SED zur „Berichterstattung über die Zustände in der Sowjetzone" und in „Entgegennahme von Unterstützungsgelder für reaktionäre Gruppen". In diesem Zusammenhang informierte die SED ihre Genossen, zur Tarnung nicht durchschaubarer Aktionen seien schon vom April 1955 bis Juni 1956 rund 44 Millionen DM über das evangelische Hilfswerk in die DDR eingeschleust worden. Wie immer solche Meldungen lauteten: Die Instrukteure und Agitatoren gingen aus den Parteischulungen mit dem festen Glauben, alles, was aus dem Kirchenbereich kam, stelle eine ernste Bedrohung für den jungen, aufstrebenden DDR-Staat dar.

Abneigung, wenn nicht Haß, wurde auf diese Weise geschürt, wobei die Partei-Oberen durchaus wußten, wofür diese Gelder verwandt worden waren, nämlich zur Betreuung geistig und körperlich Behinderter. Tausende von ihnen wurden in kirchlichen Heimen betreut, nicht nur das, es wurden Heilungsprozesse und Arbeitstherapien eingeleitet.

Nicht von ungefähr brachten die sieben amtierenden DDR-Bischöfe 1959 einen Hirtenbrief in Umlauf, in dem sie die sie „Quälenden Fragen" in den Kirchen kund machten. Einer der wichtigsten Punkte darin lautete: Die Jugend solle sich nicht zu Spitzeldiensten hergeben!

Zu den 15 vom MfS des Bezirkes Erfurt als „politisch-negativ" eingeschätzten Gruppen zählten alle „kirchlich gebundenen Kräfte". Mit über 1.000 Personen nahm diese Schar sogar eine Spitzenposition aller zu Überwachenden ein. Nur die „Übersiedlungsersuchenden" verlangten mit 3500 Verdächtigen noch höhere Aufmerksamkeit von der Stasi. Wehrdienstverweigerer (101), Nichtwähler (305) und Haftentlassene (politische Haft 603) lagen schon weit abgeschlagen in diesem Feld im Mai 1988.

Verantwortlich für alles, was mit der Überwachung der Kirche im Bezirk Erfurt zu tun hatte, war die Abteilung XX beim MfS. Im Kreis Mühlhausen wurden 1958 32 Kirchenleute observiert. Entsprechend den eingehenden Informationen, Telefon- und Briefkontrollen hatte der verantwortliche Führungsoffizier diesen Personenkreis um eine Vielzahl Verwandter, Freunde und Bekannter erweitert, so dass es zeitweise über 150 „Verdächtige" zu überwachen galt. Hier versagte allerdings das MfS, es war nicht effizient genug, all diese als feindlich anzusehenden Personen ständig unter Beobachtung zu halten. So gab es Dienstregelungen zur relativ gezielten „Bearbeitung" in Operativakten. Die hier angewandten Maßnahmen konnten zwar sehr massiv sein, wurden aber selten länger als zwei bis drei Jahre geführt. Den Protokollen ist zu entnehmen, wie die Informationen weiter verwendet wurden. Teils kamen sie in eine Operativ-Akte zur möglichst baldigen Verwendung, teils wurden sie im MfS-Speicher abgelegt. Zwei in diesem Bereich tätigen Spitzel bekamen 1958 für ihre „treuen Dienste beim MfS" die Verdienstmedaille der DDR in Silber verliehen. Die Urkunde war unterzeichnet von W. Stoph.

Wie die damaligen Mühlhäuser Pfarrer mitunter ärgerlich, meist aber spöttisch ihren Freunden erzählten, taten die eingesetzten Spitzel ihre Arbeit viel zu plump, als dass sie nicht aufgefallen wären. Dementsprechend verstanden die Pfarrer auch mit ihnen umzugehen. Sehr viel massiver ging das MfS gegen die katholischen Gemeinden vor. „Für die Wallfahrten, besonders die großen, waren immer Spitzel eingesetzt. Zur Männerwallfahrt, die immer 15–20.000 Teilnehmer aufwies", so Heinz Siebert, „war, wie einmal festgestellt wurde, ein ganzer Bus voll mit Stasi-Leuten aus Erfurt gekommen und hatte sich unter die Wallfahrer gemischt. Das geistige Niveau, selbst der berufsmäßigen Spitzel, war äußerst dürftig, wie das Heinz Siebert anhand zahlreicher Vorkommnisse belegt.

Während die SED sich mit ihrer Vorgehensweise nur schadete, provozierte sie geradezu die Flucht der Bürger aus ihrem Staat. Hemmungslose Verurteilungen wie gegen den Erfurter Studentenpfarrer Martin Giersch, der wegen einiger kritischer Äußerungen 14 Monate ins Gefängnis mußte, taten ein übriges. Allein in den ersten fünf Monaten 1958 flüchteten 440 Ärzte, 1.236 Lehrer und 107 Wissenschaftler. 1959 lagen diese Zahlen noch höher.

Nachdem es bei der Kontrolle kirchlicher Druckschriften und Informationsblätter beim Mühlhäuser MfS kaum Nennenswertes zu verzeichnen gab, was zur Rubrik „Wühlarbeit" gehört hätte, kam es ausgerechnet zu den „Thüringer Bachtagen" 1959 zu einem äußerst ärgerlichen Zwischenfall für die SED. Zu den Höhepunkten zählte die Einweihung der von Bach entworfenen Schuke-Orgel. Internationales Publikum wurde erwartet. Ausgerechnet da gelangte ein Brief an die Öffentlichkeit. Das Original war an den Präsidenten der DDR-Volkskammer, Dr. Johannes Dieckmann, gerichtet und beinhaltete 14 provokatorische Fragen. Zahlreiche Abschriften kursierten bereits in der Stadt. Unter anderem hieß es:

Warum werden seit vielen Jahren die wichtigsten Grundrechte des Bürgers wie persönliche Freiheit, Meinungs- und Versammlungsfreiheit, Pressefreiheit, die in den Artikeln 6–18 der DDR-Verfassung ausdrücklich garantiert wurden, in vielen Fällen nicht gewährt, sodaß das System in der DDR nicht mehr als demokratisch bezeichnet werden kann?

Warum ist der Besuch von Oberschulen und Universitäten nur an eine bestimmte Bevölkerungsgruppe gebunden, in denen Kindern von Pfarrern die Bildungsstätten verwehrt sind, so daß Hunderttausende von Jugendliche in die BRD flüchten müssen?

Warum sind 25 Pfarrer und kirchliche Mitarbeiter sowie viele tausend Bürger, Studenten und Schüler, die von ihrem Recht, ihre Meinung frei und öffentlich zu äußern, Gebrauch gemacht haben, inhaftiert?

Warum funktioniert fast 15 Jahre nach dem Zusammenbruch die Wirtschaft in der DDR noch immer mangelhaft?

Warum haben in den letzten Jahren viele Tausende von Wissenschaftlern, vor allem Ärzte und Hochschulprofessoren, ihre Posten in der DDR verlassen und sind in die BRD geflüchtet, so daß hier ein großer Mangel in diesen Berufen entstanden ist?

Die Regierung der DDR beteuert immer, daß sie den Frieden und ein gutes Verhältnis zu den benachbarten Völkern wünscht. Warum aber sind alle Zeitungen in der DDR voll von einer Hetze gegenüber der BRD und den westlichen Völkern?

Diese Frage ist für die auf dem Bachfest anwesenden Kirchenmusiker besonders brennend. Ihre Regierung sagt immer, sie wolle die Kultur fördern. Warum aber ist es allen Mitgliedern der staatlichen Kulturorchester verboten, in Kirchen zu spielen, so daß die Pflege Bach'scher Werke außerordentlich erschwert ist? (Kreisarchiv)

Am Schluss war zu lesen, ob nun endlich von der DDR-Regierung etwas getan würde, diese unerträglichen Verhältnisse, unter denen die Bevölkerung zutiefst leide, behoben würden.

Die sofort anberaumte Krisensitzung mit dem Vorsitzenden des Rates des Kreises Sommerlatte und Vertretern der Abt. Inneres, der SED Kreisleitung und des Staatssicherheitsdienstes, führte zu keinem Ergebnis. Vermutet wurde, dass es sich bei den Absendern um jüngere BRD-Bürger handelte, die in Kontakt mit Mühlhäuser Kirchengemeinden standen.

Stasi-Zentrale in der Martini-Straße

Getreu ihrem Vorbild, dem NKWD, und mit der ausdrücklichen Genehmigung der DDR-Führung. sind bis 1989 Tausende von „Fällen" während der 42jährigen Existenz der Mühlhäuser Stasi in der Martinistraße 23 abgehandelt oder eingeleitet worden. Einer davon hieß:

Agentin „Madeleine"

Sie war keine Mühlhäuser MATA HARI und wollte auch gar keine sein. Doch ehe sie es sich versah, befand sie sich in deren Fußstapfen. Wenn es nach der Stasi gegangen wäre, hätte es ihr ruhig den Kopf kosten können.

Der Prozeß, den das Frankfurter Oberlandesgericht im Frühjahr 1981 gegen die ehemalige Mühlhäuser Krankenschwester Marlis Pabst führte, war durchaus keine Farce, vielmehr eine typische Stasi-Story mit primitivem „Strickmuster", wenn auch nicht ohne Pikanterie.

Laut eigenem Geständnis hatte sich die Angeklagte 1976 zur Mitarbeit für den MfS erpressen lassen. Die „Sicherheitsleute" hatten intime Fotos von ihr in die Hände bekommen, die von einem Westberliner Arzt während eines DDR-Besuches gemacht worden waren. Als erstes mußte die 44jährige, nunmehr unter dem Decknamen „Madelaine", diesen Arzt für den Staatssicherheitsdienst anwerben, was auch gelang. Danach schickte sie ihr Verbindungsoffizier zum „Anschaffen" nach Leipzig, Berlin, zu Messen und Kolloquien. Die Opfer wurden für sie ausgesucht: Westeuropäische Geschäftsleute, Wirtschaftsexperten, Politiker. Bis ihre MfS-Zuhälter sie nach Bulgarien beorderten. Hier, auf internationalem Terrain, mit Seebädern wie Warna, erhofften sie sich besonders gute Beute zu machen. Eben da beendete „Madeleine" den weiteren Mißbrauch ihrer Person. Sie begab sich nach Westdeutschland und offenbarte sich dort den Gerichten, um in ein normales Leben zurückkehren zu können.

Als im Spätherbst 1949 der NKWD/MWD das Haus Untermarkt 13 räumten, waren von den Sowjets alle Voraussetzungen geschaffen worden, den Menschen zu einem kontrollierbaren Objekt zu entmündigen. Es war der Versuch der Zerstörung eines in Jahrhunderten gewachsenen Moral- und Ehrgefühl eines Volkes.

Zehn Monate Haft für Agentin beantragt

lh — Zehn Monate Haft mit Bewährung wegen geheimdienstlicher Tätigkeit hat die Staatsanwaltschaft am Montag vor dem Staatsschutzsenat des Oberlandesgerichtes Frankfurt gegen eine 44 Jahre alte, aus der DDR stammende und heute in der Nähe von Frankfurt lebende Krankenschwester beantragt. Das Urteil soll am kommenden Freitag verkündet werden.

Die Angeklagte hatte sich laut eigenem Geständnis im Jahr 1976 zur Mitarbeit für den Staatssicherheitsdienst der DDR erpressen lassen, weil dieser intime Fotos von ihr besaß, die ein Westberliner Arzt bei einem Urlaub in der DDR gemacht hatte. Dieser Arzt wurde von der Angeklagten zwecks Nachrichtenübermittlung für den Staatssicherheitsdienst angeworben.

Im Jahr 1979 lernte die Angeklagte dann bei einem Urlaub in Bulgarien einen Angestellten einer Hanauer Firma kennen, die sich mit der Beseitigung von radioaktivem Müll befaßt. Nachdem der Angestellte einige kleinere Aufträge, unter anderem die Besorgung eines Vorlesungsverzeichnisses der Frankfurter Universität, für die Angeklagte erledigt hatte, entwickelte sich eine Beziehung, die im Jahr 1980 die Angeklagte veranlaßte, in der Bundesrepublik zu bleiben und sich den Behörden zu offenbaren. Sie ist inzwischen mit dem Angestellten aus Hanau verheiratet.

Artikel in der „Frankfurter Allgemeine" 1981

Nach dem Abklingen der ersten großen Mühlhäuser Denunziantenwelle Ende 1947 ergibt sich eine erschütternde Bilanz. Bei den meisten Anzeigen handelte es sich um Wichtigtuerei, Anbiederung, Gehässigkeit bzw. Neid, Rachsucht und Gewinnsucht. Die wenigsten Anzeigen erfolgten auf Grund politischer Überzeugung.

Die Reaktion der Sowjets gegenüber deutschen „Anzinkern" dagegen war: Sie machten keinen Hehl aus ihrer Verachtung gegenüber diesen Leuten. Nicht selten verrieten sie den Opfern die Namen derer, die sie dem NKWD ausgeliefert hatten. So als wären sie selbst unschuldig. Doch dem war nicht so. Sie hatten dieses „Gewerbe" fest in ihre Besatzungspolitik eingefügt.

Unmengen von Geldern hat die SED für die Bezahlung zur Anstiftung zum Verrat, Verfolgung und Demütigung von deutschen Bürgern durch die sowjetische Besatzungsmacht bezahlt. Schlimmer aber noch ist, dass dieses, von den Sowjets aufgebaute System erst der Auftakt für die vier Jahrzehnte andauernden Stasi-Verbrechen war, die in ihrer Perfektion, sprich Perversion, für einmalig in der Welt gelten.

Zum Kostenaufwand stehen uns folgende Zahlen zur Verfügung:

Die Installierung des gigantischen Sicherheitsapparates des MfS kostete den DDR-Bürgern 20 Milliarden. Der jährliche Etat belief sich auf 3,5 bis 4 Milliarden. Alles zu dem Zweck, die SED vor dem Volk zu schützen. (Gatow)

21. SEQUESTRATION

Stadtkommission
zur Durchführung der Befehle Nr. 124 und 126

Mühlhausen i. Thür.
Auguststraße 41
Fernruf 3378 u. 3379
Landesbank Thüringen
Konto 73 822

Stadtverwaltung
Stadthauptkasse

Mühlhausen i. Th.

Aktenzeichen
Pr.

Datum
28. September 1946

Briefkopf der Sequesterkommission. Nur selten erhielten die Bürger gute Nachrichten von diesem Amt.

Von der Verfolgung und entschädigungslosen Enteignung nahm es nicht Wunder, dass von 1949 bis 1954 der Anteil der Privatgeschäfte von vorher 82 Prozent auf 32 Prozent zurückging. Diese Maßnahme der SED wurde „Entprivatisierung" genannt. Auch der Großhandel der DDR ging zur Gänze in Staatshände über. Diese Politik der Enteignung, lies Beraubung, der Bürger tötete jede Privatinitiative und warf die DDR in jenes Vakuum, das in seiner ganzen gewaltigen Ausdehnung erst nach der Wende bekannt wurde.

Mit der Besetzung der Stadt Mühlhausen durch die Rote Armee am 4. Juli 1945 ergaben sich in der Folge eine Reihe von Maßnahmen, die die Grundlage für das spätere politische, gesellschaftliche und wirtschaftliche System der DDR schaffen sollte – ganz nach dem stalinistischen Vorbild der UdSSR.

Anders als die westlichen Alliierten, deren Vorstellungen von parlamentarisch-demokratischen und freiheitlich-rechtsstaatlichen Grundauffassungen geprägt waren, interpretierte die Sowjetunion die Bestimmungen des Potsdamer Abkommens in marxistisch-leninistischem Sinne, der sie die eigene Besatzungspolitik zum Hebel tiefgreifender Umwälzung der politischen und gesellschaftlichen Verhältnisse des besetzten Landes machen ließ. Mit anderen Worten: Nach der Zerschlagung der Nazidiktatur sollte nun die Diktatur des Proletariats das Sagen haben.

Einer der wichtigsten Befehle, den Marschall Shukow im Frühjahr 1945 erteilte, war der SMAD-Befehl Nr. 5, der die „sofortige Organisation eines normalen Lebens in den deutschen Provinzen" forderte. Eng damit verband sich das Ausschwärmen zahlreicher Polit-Offiziere, die die Aufgabe hatten, die politische Lage in den Gemeinden und Städten zu sondieren und die Voraussetzungen für die Errichtung einer regionalen Sowjetischen Militärverwaltung zu schaffen. Neben der Lösung des Ingangkommens des zivilen Lebens ging es bei diesen Aktionen um die Steuerung und Umgestaltung des politischen Lebens im Sinne der „sozialistischen Besatzungspolitik". Die Offiziere waren also für alles, was mit Fragen der Ideologie und Propaganda, Presse, Rundfunk und Zensur, für Kirchen- und Jugendpolitik sowie für Gewerkschaftsangelegenheiten verantwortlich. Dabei spielte die Beeinflussung der thüringischen Parteien, die auf der Grundlage des SMAD-Befehls Nr. 2 in den ersten Juliwochen 1945 von der SMATh lizenziert worden waren, eine entscheidende Rolle.

So wundert es nicht, dass nahezu ein Jahr lang die Bevölkerung weitgehendst von allen wichtigen Tagesinformationen ferngehalten wurde, d. h. sie musste sich mit einseitigen, durch Plakate und Lautsprecher an sie herangetragenen Mitteilungen begnügen. Wobei es sich im wesentlichen um Instruktionen, Aufrufe und Befehle handelte. Bereits Ende 1945 ergingen die ersten Sequestrierungsbescheide an Mühlhäuser Firmen und Betriebe. Die hierfür rasch zusammengestellte Stadtkommission nannte sich zunächst „Thüringer Verwaltungsgesellschaft GmbH – Sitz Mühlhausen", später „Reinigungskommission" bzw. „Sequesterkommission". Dieses Gremium war aus Vertretern der Parteien paritätisch zusammengesetzt, um über die von den Sowjets bei Enteignungen festgelegten Vermögenswerte zu befinden. In einem Schreiben der Allgemeinen Verwaltung des Thüringer Ministeriums hieß es an den Mühlhäuser Oberbürgermeister:

Zur schnelleren weiteren Bereinigung der öffentlichen Verwaltung und Wirtschaft von Nazi-Elementen beauftrage ich Sie mit der Bildung eines „Reinigungs-Ausschusses" in Ihrer Stadt in folgender Zusammensetzung:
ein Vertreter des Oberbürgermeisters
Vertreter des FDGB
je ein Vertreter der drei antifaschistischen Parteien
ein Vertreter der Personalabteilung der beteiligten Dienststellen
Die Mitglieder dürfen nicht Mitglieder der ehemaligen NSDAP oder einer ihrer Gliederungen gewesen sein.

Das Büro des Mühlhäuser „Reinigungsausschusses" wurde im Haus Augustastrasse 41 eingerichtet. Der Ausschuss zählte 14 Mitglieder. Das waren die Herren Dr. Hintze, Atzrott, Hartung, Kohlstedt, Rowedder, Dr. Grimm, Thomüs, Eppinger, Eberhard, Niltop, Hilbert, Schmidt, Frau Gunkel und Bürgermeister Stücker.

Geschäftsführer war von Anfang an Erich Lohs, sein Stellvertreter Gerhard Launert. Des weiteren fungierten unter ihnen Karl-Ferd. Linse und Bayer.

Die Situation in Mühlhausen sah derzeit so aus, dass die meisten der Betriebsinhaber genau wie die anderen führenden NS-Funktionäre wie Vollrath, Strail, Blaufuß nicht mehr in der Stadt waren. Betriebs-Chefs wie Herbert Franke, als Mitinhaber der Fa. Gebr. Franke, waren gar nicht erst nach Mühlhausen zurückgekehrt. Hier stand für die Kommission außer Frage, dessen Betrieb zu enteignen.

Was bei der Arbeit des Ausschusses allerdings sehr bald deutlich wurde, war eine über das Maß der Befugnisse hinausgehende Sequestrierung von Betrieben sowie nicht gerechtfertigte Vermögensbeschlagnahmen. Weder waren die Betroffenen ehemals aktive Nazis gewesen noch hatten sie Produktionsstätten für die Rüstung geleitet. Zu den sich gegen die Sequestrierung ihrer Betriebe und ihres Privatvermögens energisch zur Wehr setzenden Mühlhäuser Geschäfts- und Betriebsleitungen zählten u. a.:

Albin Aulepp, Wollwarenfabrik, Brückenstraße 12
Dr. Werner Becke, Lederverarbeitung, Brückenstraße 9
Binckebanck & Hammer, Tuchfabrik, Wanfriederstraße 133
S. F. Giebe, Färberei, Klinge 66
K. Haberstolz, Holzwarenfabrik, Wanfriederstraße 83
Adolf Knorr, Tütenfabrik & Druckerei, Brunnenstraße 125
August Pabst, Strickwarenfabrik, Klingemühle
Rudolf Sayle, Druckerei, Steinweg 51
C. Schröter, Druckerei, Papier- & Schreibwaren, Wanfriederstraße 201
H. Wender, Krenzmühle, Sondershäuserstr. 51
K. Wagner, Strickerei, Petriteich 15

In Protestschreiben an den Oberbürgermeister, Bürgermeister, den sowjetischen Stadtkommandanten und an das Thüringer Landesministerium (Busse) verwiesen sie auf den eklatanten Rechtsbruch, der ihnen mit der Sequestrierung ihres Eigentums widerfuhr. Keiner von ihnen war Mitglied der NSDAP gewesen noch war diese Partei durch sie in irgendeiner Weise unterstützt worden.

So schreibt der Strickwarenfabrikant Albin Aulepp an den Oberbürgermeister der Stadt, Dr. Neumann: „Wie in der Presse veröffentlicht wurde, fällt unter die Befehle nur das Eigentum solcher Personen und Institutionen, die aktiv den Nazismus unterstützt haben, die selbst und durch ihre Produktion in den Betrieben zur imperialistischen Kriegsführung beitrugen."

Dabei beruft er sich auf den von der Landeskommission Thüringens verfassten Text: „... daß auf keinen Fall wir Antifaschisten es sein müssen, die die ungeheure Last des Krieges augenblicklich und in Zukunft zu tragen haben."

In einem ausführlichen Schreiben verweist der Inhaber der Papierfabrik C. Schröter, Alois Schröter, auf die in der ihm zugestellten Sequesterbescheinigung angefügte Bemerkung, er könne in seinem Betrieb möglicherweise unerlaubte Drucke herstellen: „Ich besitze weder Setzmaschinen noch Rotationspressen und habe auch nur einen verhältnismäßig geringen Bestand an Schriftmaterial. In dieser Abteilung können somit keine Zeitungen oder Zeitschriften, Prospekte, Bücher, Werke oder sonstige umfangreiche Druckarbeiten hergestellt werden ...". Schröter weist nach, dass er bei den Opfern des Faschismus ein anerkannter Gegner des Nationalsozialismus war. Die ihm während des Krieges zugewiesenen Kriegsgefangenen und „Ostarbeiter" bekamen bei ihm jegliche Unterstützung. Als einer dieser Männer wegen eines angeblichen Hosendiebstahls arretiert und verurteilt wurde, setzte er sich nachdrücklich für ihn ein, um ihm wieder freizubekommen.

Zu den zahlreichen Protestschreiben aus den Reihen der größeren Mühlhäuser Unternehmen zählt auch der folgende Brief:
An den Oberbürgermeister
Ernst Rowedder
Tuchfabrik
Mühlhausen, d. 16.1.46
Betr. Errichtung der Sequestration
„Ich erhielt Ihre Aufforderung betr. Sequestration und teile hierauf mit, daß nach meiner Ansicht die Befehle 124/126 nicht auf mich zutreffen.

Aus unserer antifaschistischen Einstellung haben wir nie einen Hehl gemacht, das gilt sowohl für mich persönlich, wie vor allem für meine Frau, aber auch für meine Söhne, heute im Alter von 35, 33 1/2 und 32 Jahre. Keiner von uns hat jemals der NSDAP oder einer ihrer Gliederungen angehört. Wir haben auch niemals die Aufnahme in die ehemalige NSDAP beantragt. Um nichts mit dieser Partei zu tun zu haben und weil er den Krieg kommen sah, ist unser jüngster Sohn 1935 nach Amerika ausgewandert."

Nach einem detaillierten Bericht über die Entwicklung seines Familienunternehmens vermerkt Rowedder:

„Mein Vermögen hat sich nach dem Jahre 1933 nicht vergrößert ... Ich habe praktisch den Überschuß des Betriebes im wesentlichen Umfange durch Jahrzehnte hindurch der Belegschaft mit zur Verfügung gestellt. Mehr als die Hälfte der 140 Belegschaftsmitglieder sind länger als 20 Jahre eingestellt."

Ebenfalls in einem langen Protestbrief verweist der Inhaber der Fa. S. F. Giebe, dem auch das Privatvermögen einschließlich des Wohnhauses beschlagnahmt worden war, darauf, dass sein Familienbetrieb seit 1805 bestehe und dass er stets im Gegensatz zur NSDAP gestanden hat.

Hans Christian Giebe war vor 1933 Mitglied der Liberalen Partei Deutschlands gewesen und nach der Gründung der Demokratischen Partei, wie sich in Thüringen die Liberal-Demokratische Partei (LDP) bis Dezember 1945 zunächst nannte, im Juli 1945 deren Mitglied geworden.

Nach dem Sequester-Bescheid richtete der Mühlhäuser Parteivorsitzende Friedrich Weitzel der LDP ein energisches Protestschreiben an die Stadtkommission.

In dem Schreiben Weitzels heißt es: „Nachdem in der gestrigen Sitzung der Stadtkommission seitens des Vertreters der Landeskommission in Weimar eine eingehende Darlegung in der Hinsicht erfolgt ist, daß einwandfrei klargestellt worden ist, wer unter den Begriff der Befehle 124/126 des Marschall Shukow fällt, liegt einwandfrei fest, daß der Betrieb S. F. Giebe nicht unter Sequester gestellt werden durfte, weil der Senior-Inhaber, Herr Carl Giebe, politisch überhaupt nicht vorbelastet ist.

Wenn der Herr Präsident des Landes Thüringen am letzten Sonntag, den 7.7.46 in Erfurt anläßlich des Parteitages der LDP seinen sämtlichen Zonen die Erklärung abgegeben hat, Thüringen sei ein Rechtsstaat und die Schaffung von Rechtssicherheit sei unser erwünschtes Ziel, dann haben wir, die antifaschistische Partei die Pflicht, uns in jedem Fall für die Verwirklichung des Zieles um Rechtssicherheit zu erreichen, mit aller Kraft einzusetzen. Es ist schon besser, Herr Lohs, ein Fehlurteil einer Revision zu unterziehen, als das offenbar feststehende Fehlurteil zur Wirkung zu bringen."

Zu diesem Zeitpunkt war die LDP die stärkste politische Kraft in Thüringen. Kernpunkte ihres Programms waren die Bildung einer Volksregierung auf der Grundlage des allgemeinen, gleichen und geheimen Wahlrechts, die Schaffung eines Rechtsstaates sowie die Sicherung des persönlichen Eigentums. Wenn auch Mühlhausen nicht wie Erfurt, Weimar, Apolda, Eisenach zu den Hochburgen der Thüringer LDP zählte, so lag das Stadtgebiet mit 38,2 Prozent – bei den Landtagswahlen 1946 im Landkreis Mühlhausen – Wählerstimmen weit über dem Durchschnitt anderer Parteien. Von solchen Zahlen war die KPD/SED weit entfernt.

Der Inhaber der Firma „W. Söhngen & Co." – Mechanische Weberei & Verbandstoff-Fabrik, Edmund Hoppe, schreibt:
„Ich erhebe hiermit Einspruch gegen die Sequestration, da die Befehle Nr. 124/126 auf den Betrieb nicht in Anwendung zu bringen sind. Der Betrieb ist kein nationalsozialistischer Betrieb gewesen, da ich weder der Partei noch einer ihrer Gliederungen angehört habe, im Gegenteil, ich war Antifaschist und Angehöriger der SPD …" Hoppe konnte nachweisen, dass sein Betrieb während des Krieges nahezu stillgelegt worden war und demnach auch nicht unter die Rubrik „Rüstungsbetrieb" fiel. Auch die übrigen leitenden Mitarbeiter waren keine Nazis gewesen, keiner hatte der NSDAP angehört. Am Schluss steht:
„Ich, als Inhaber der Firma, bin mit einer gebürtigen Engländerin verheiratet, Alice, geb. Clour. Unser Sohn Eddy, Ernst William Hoppe, wohnhaft in Yaxley bei Peterbrough, England, ist englischer Staatsangehöriger und war während des Krieges Soldat in der englischen Armee; hat also dazu beigetragen, das nazistische System zum Sturz zu bringen."

Viele Firmeninhaber schrieben in oft gleichlautenden Texten: „Ich habe meinen Betrieb im Jahre 19... gegründet und denselben ausschließlich und allein entwickelt und zu einem bescheidenen Erfolg geführt. Der Betrieb ist ausschließlich und allein Produkt meiner eigenen Tüchtigkeit und der Ausdruck eines nimmermüden Fleißes und nimmermüden Arbeitswillens und Arbeitskraft meinerseits, meiner Frau und meiner Familie … Was die bei mir in Lohn stehenden Arbeiter betrifft, so hat jeder stets seinen redlichen Anteil erhalten, oft auch mehr, ohne daß er sich den Kopf zerbrechen mußte, wo die Aufträge herkamen, die Kredite getilgt und wie überhaupt die Organisation des Unternehmens zu leisten war, um das Unternehmen durch die Wirrnisse dieser Zeit zu führen."
Aus Dutzenden von Mühlhäuser Betrieben kamen solche Resolutionen, auch aus der Lederwaren-Fabrik Stephan. Hier hatten sich 50 Belegschaftsmitglieder dazu bekannt, dass der Firmeninhaber Schmidt niemals im Betrieb im nationalistischem Sinne tätig war. Von daher könne überhaupt nicht die Rede von einem Nazi-Aktivisten sein, dem der Betrieb weggenommen gehöre. Der Betriebsgewerkschafts-Sekretär sah das ganz anders. So gering sein Ansehen bei der Belegschaft war, immer wieder drängte er auf die Enteignung der Firma „im Sinne der proletarischen Revolution".

Schreiben von Bürgermeister Stücker an das Kommissionsmitglied Atzrott vom 17. März 1947 (Auszug).
Wie die Verhandlungen im Weimar ergaben, sollte dieser Betrieb aus der Sequestrierung herausgenommen werden, da ein Anteilbetrieb.
Am Sonnabend, den 15.3.47 erhielt ich von dem kaufmännischen Direktor, Herrn Schenk der HLB die mündliche Mitteilung bei seinem Besuch in Mühlhausen, daß Leder Stephan endgültig von dem Sequester befreit worden sei.
Dadurch, daß der Sequester aufgehoben worden ist, ergibt sich für mich, daß der

Betrieb als freier Betrieb angesehen werden muß. Wir sind demnach nicht berechtigt, Treuhänder für den Betrieb zu bestellen.

Ich verhandelte heute mit den Geschäftsinhabern, Frau Schmidt und Frau Eberhardt und verständigte sie davon, daß der Betrieb aus dem Sequester heraus käme und wir den Treuhänder (Herr Schaarschmidt) zurücknehmen. Ich gab ihnen zu verstehen, daß unsere Maßnahmen zu Recht bestanden, weil wir laut Gesetz verpflichtet sind, ein reibungsloses Weiterarbeiten der Betriebe zu gewährleisten haben.

Das ständige Drängeln des Gewerkschaftlers, den Betrieb dennoch zu enteignen, wurde daher von der Belegschaft als unerträglich empfunden, als Druck, den sie um so mehr ablehnten, als er von Leuten kam, die sie nicht gewählt hatten. Nach einer Reihe heftiger Auseinandersetzungen und gegenseitigen Beleidigungen, musste sich schließlich der Sekretär gegenüber der Kommission verantworten. So hieß es u. a. in einem Schreiben von ihm am 4. September 1946: „Nach Kenntnis der Psyche des demokratischen Arbeiters unter Zugrundelegung einer 12-jährigen Naziherrschaft kann jeder aufgeklärte und klassenbewußte Arbeiter mit Recht auf sich in Anspruch nehmen, daß mit der Unterschrift unter diese „Belegschafts-Erklärung" nicht die Willensäußerung der Arbeiter zum Ausdruck gebracht wurde. Vielmehr habe ich als Gewerkschafts-Sekretär darauf aufmerksam gemacht, daß wir Arbeiter aus der Vergangenheit unserer politischen Geschichte zu lernen hätten."

Er verwahrt sich dagegen, jemals „Druck" ausgeübt zu haben und Bemerkungen gemacht zu haben, wie „Euren Krauter werden wir schon noch kriegen". Das sei alles falsch, er habe lediglich zum Ausdruck gebracht, dass nach eingehender Prüfung die Voraussetzungen zur Enteignung Schmidts gegeben seien, mehr nicht.

Dessen ungeachtet musste Hans Jürgen Schmidt von 1946 bis 1947 „die Hölle sowjetzonaler Haftanstalten durchleiden", wie er 1995 in einem Brief u. a. dem Vorsitzenden der CDU/CSU-Bundestagsfraktion, Dr. Wolfgang Schäuble mitteilt.

So wie hier sahen sich die Kommunisten in der Stadt während der ersten zwei Besatzungsjahre einer breiten Ablehnung gegenüber, gerade bei der Arbeiterschaft, auf die sie sich immer laut beriefen. Liberalismus war gefragt und Demokratie, nicht aber totalitäre Ansprüche einer Minderheit. Um überhaupt etwas aktuell Konkretes über den Firmeninhaber Schmidt zu Papier zu bringen, konnte sich der Gewerkschaftler am Schluss seines Berichts nur darauf berufen, Schmidt hätte anlässlich einer Gewerkschaftsschulung den anwesenden Jugendlichen gegenüber gespottet, „ob sie sich wieder mal richtigen Bluff vormachen ließen": Dies allerdings reichte dem Sekretär aus, um Schmidt zu enteignen.

Betriebsrat der Fa. Binckebanck & Hammer Mühlhausen, 24. Januar 1946
An Oberbürgermeister
Geschäftsführender Ausschuß der Stadt-Kommission
zur Durchführung der Befehle Nr. 124 u. 126
Betr.: Errichtung der Sequestration.
Wir wurden davon in Kenntnis gesetzt, daß laut Ihrem Schreiben vom 16. 1. d. J. die Vermögensmasse der Firma Binckebanck & Hammer unter Sequestration fallen soll, und können nur annehmen, daß die Zusendung Ihres Schreibens versehentlich

erfolgt ist, da die Befehle 124/126 des Herrn Marschall Shukow auf unsere Firma nicht zutreffen.

Bemerken möchten wir, daß unser Betriebsführer Herr Hans Binckebanck bisher stets die sozialen Belange unserer Belegschaft in bester Weise erfüllt hat. Wir wünschen hiermit, daß keine Veränderung in der Betriebsführung eintritt.
Betriebsrat, gez.: Emil Schill

Ich, der unterzeichnete Betriebs-Obmann der Firma
Richard Triebel, Mühlhausen i/Thür., Pfannschmidtstraße 32
stehe mit der Belegschaft auf dem Standpunkt, daß die Durchführung der Sequestrierung ein Unrecht bedeuten würde. Der Inhaber hat sich zu keiner Zeit nazistisch, militaristisch oder reaktionär betätigt und stets die sozialen Belange seiner Mitarbeiter anerkannt und denselben Rechnung getragen. Alle haben gut verdient und waren mit Behandlung und den festgesetzten Arbeitsnormen und Löhnen immer zufrieden. Die Mitarbeiter und ich würden es begrüßen, wenn die Sequestrierung aufgehoben werden könnte.
Mühlhausen, d. 21. 4. 1946
Oskar Eyle, Betriebs-Obmann

Die Reaktion darauf entsprach ganz dem „Geist der neuen Zeit"! – Sofort nach Erhalt dieser Eingaben wurden die Namen der protestierenden Betriebsräte vom Geschäftsführer Erich Lohs an den Mühlhäuser Polizei-Chef Jaritz übergeben. Zur sorgfältigen Überprüfung, wie es hieß. Die damit verbundenen Nachteile für die Denunzierten, wie Kündigung oder Verhaftung, nahmen die Kommissionsmitglieder selbstverständlich in Kauf, sie förderten sie sogar.

Die Ursachen für die Schwierigkeiten mit den Russen waren so verschieden wie deren Launen. Spätestens mit dem Wechsel eines Kommandanten stellten sich neue Anordnungen ein. Oft genug liefen sie den vorherigen völlig zuwider. So wurden eben noch von Kommunisten unter Sequester gestellte Mühlhäuser „Kapitalisten" vom sowjetischen Stadtkommandanten wieder frei gesprochen. Das geschah nicht nur ein-, sondern mehrmals.

So bei der Zigarrenfabrik Martin, Klosterstraße 5, mit zehn Belegschaftsmitgliedern. Nachdem die Mühlhäuser Kommunisten die komplette Beschlagnahmung des Betriebes und des persönlichen Eigentums angeordnet und die Inhaber Helmut Martin und Armin Wollweber aus ihren Büros vertrieben hatten, waren es ausgerechnet die Russen, welche die Sequestration unterbanden. Geschickt hatten die beiden Firmeninhaber die Rauchlust der Russen genutzt und bei ihren Vorladungen auf die sowjetische Kommandantur reichlich Zigarren und Tabak mitgenommen und unter den Offizieren verteilt. Sozusagen durch „Spicken" gelang es ihnen schließlich, die Besatzungsmacht davon zu überzeugen, dass ihr Betrieb bei den jetzigen Inhabern in besseren Händen als in denen der Kommunisten war. Nach mehrmonatigem Hin und Her musste die „Reinigungskommission" auf Anordnung der Kommandantur den Sequestrationsantrag zurückziehen. Helmut Martin und Armin Wollweber durften in ihre Büros wieder einziehen. Erst 1972 kam die Firma in staatlichen Besitz.

Auch bei der Lederfabrik C. C. Becke Sohn, Brückenstraße 9, lief es ähnlich ab. Hier lagen die Gründe allerdings anders.

„Laut heutiger persönlicher Unterredung des Herrn Lappe mit Herrn Hauptmann Katasanoff von der Militär-Kommandantur Mühlhausen i/Thür. fällt die Firma C. C. Becke Sohn, Lederfabrik Mühlhausen i/Thür. nicht unter Sequestrierung und ist auch nicht von der Militär-Kommandantur erfaßt worden. Bei einer ev. Sequestrierung oder Beschlagnahme soll sofort die Militär-Kommandantur, Industrie-Abteilung, Hauptmann Katasanoff angerufen werden. Auch Herr Hauptmann Hamaloff und Herr Leutnant Saidow erklären bei ihrem heutigen Hiersein, daß die Befehle 124/126 für die Firma C.C. Becke Sohn, Mühlhausen i/Thür. nicht zutreffen, da dieselbe mit ihrem Inhaber, Herrn Dr. Werner Becke, laut Anlagen in jeder Beziehung antifaschistisch war und handelte.
Mü., d. 23.1.46"

Am 22. Mai 1946 hatte man der Mitbesitzerin der „Thuringia Brauerei", Frau Schmidt, auf der sowjetischen Kommandantur eröffnet, die Sequestration des Anteils ihres Mannes sei erst am 7. 5. 1946 von der SMA ausgesprochen worden. Aber „Man verstand daher überhaupt nicht", schrieb sie dem Mühlhäuser Bürgermeister, „daß schon seit Januar 46 über die ‚Thuringia Brauerei' ein Treuhänder eingesetzt war. Vielmehr sollte nach Wunsch der Kommandantur ich die Verwaltung der meines Mannes zustehenden Anteile übernehmen. – Sie wollen, sehr geehrter Herr Oberbürgermeister, hieraus ersehen, daß sich in der Einstellung der Kommandantur und der Stadtkommission zur Durchführung der Befehle 124/126 eigenartige Widersprüche ergeben. – Dies tritt auch insofern in Erscheinung, als der Treuhänder Gröger mir und meiner Familie, ebenso wie meiner Schwiegermutter zunächst alle Bezüge aus der Firma gesperrt hatte, während die SMA auf dem Standpunkt steht, daß trotz der Sequestration alles weiter gehen solle wie bisher. Im übrigen ist es mir als Brasilianerin gänzlich unverständlich, daß auch mein Vermögen unter Sequester gestellt werden soll." Schließlich kommt es in dieser Angelegenheit am 3. Juni 1946 bei der Kommission zu folgendem Aktenvermerk:

Frau Elsa Schmidt geb. von Heyer, Mühlhausen, Schützenbergstrasse 20, hat u. a. erklärt: „Am Mittwoch, dem 22. 5. 1946 wurde ich zur russischen Kommandantur bestellt. Dort legte mir der Dolmetscher Peters einen Sequesterbescheid vom 7. 5. 1946 vor, wonach ich verantwortlich sein sollte für den Anteil Walter Schmidt an der Thuringia Brauerei, sowie für Haus, Garten und Garage. Er wunderte sich, dass über die Thuringia Brauerei bereits ein Treuhänder eingesetzt sein sollte. Ich wurde nochmals bestellt und es wurde mir erklärt, dass wir nicht schon seit Januar unter Sequester sein könnten, denn die Sequestration sei erst jetzt von der russischen Kommandantur ausgesprochen. Auch wurde gesagt, der Betrieb solle ungehindert weiter laufen und die Entnahmen sollten genau wie früher erfolgen."

In diesen Protesten und Stellungnahmen wurden Schicksale deutlich, die nicht alltäglich waren. Neben überzeugten Nationalsozialisten, die nun ihre Haut zu retten versuchten, gab es Bürger, die mit ihrem Eintritt in die NSDAP nichts anderes versucht hatten, als ihre gefährdeten Familienangehörigen zu retten: Geistig Behinderte, Nichtarier usw. Da gab es etliche in Mühlhausen.

In der Verteidigungsschrift des Firmeninhabers Werner Haberstolz, dessen Betrieb und dessen gesamtes Vermögen beschlagnahmt worden war, zeigte sich ein geradezu erstaunliches Schicksal.

Werner Haberstolz war schon vor 1933 Mitglied der NSDAP geworden. Er meinte, hier mit seiner deutsch-nationalen Gesinnung die richtige Alternative gefunden zu haben. Sogar in die SS war er eingetreten. Nachdem er aber sah, in welch abstrusem Wahn diese Truppe stand und zu welchen Mitteln sie griff, um „Überzeugungsarbeit" zu leisten, bekam er große Bedenken. Anlass zum Bruch mit der Mühlhäuser SS-Kampfstaffel war schließlich die Konfrontation mit dem SS-Obergruppenführer von Eberstein, dem Chef der Thüringer SS-Standarte. In einem persönlichen Gespräch war Haberstolz von Eberstein aufgefordert worden, sich umgehend von seinen jüdischen Verwandten loszusagen. Haberstolz' Schwester war mit einem Juden verheiratet, die beiden Söhne, seine Neffen wohnten bei ihm und wurden in ihrer Ausbildung von ihm unterstützt. Haberstolz lehnte das Ansinnen des SS-Obergruppenführers ab, nicht nur das, in der anschließenden Auseinandersetzung musste er Beleidigungen und Drohungen hinnehmen und es sich gefallen lassen, aus dem Thüringer SS-Hauptquartier in Weimar geworfen zu werden. Zwar hatte er erreicht, was er wollte, nämlich die Trennung von der Schutzstaffel, doch die ihm zugefügten Beleidigungen ließen ihm keine Ruhe.

II/14. SS-Standarte Abtlg. IIa   Sondershausen, den 5. Oktober 19
Herrn Werner Haberstolz
Betr.: Der Reichsführer SS „SS-Gericht Nr. 18012 und Führungstabes Nr. 7699 vom 29.9.1933 – SS-Sturm 4/II/14 Mühlhausen.
Mit Bezug auf obige Verfügung sind Sie mit sofortiger Wirkung aus der Schutzstaffel entlassen. Eigentum der Staffel bzw. des SS-Stammes 4/II/14 ist unverzüglich an den SS-Scharführer Vogt abzugeben.
Der Führer der II/14 SS-Standarte   i.V. Maul   SS-Obertruppführer

Ein Jahr nach Hitlers „Machtantritt" verklagte Werner Haberstolz den SS-Obergruppenführer von Eberstein wegen Verleumdung und Beleidigung. Sein Gang vors Gericht hatte Erfolg. Das Weimarer Oberlandesgericht verurteilte den persönlichen Freund von Gauleiter Fritz Sauckel und besten Freund Heinrich Himmlers im Januar 1934 zu einer Geldstrafe und der Verwarnung, sich künftig „im Zaum zu halten". Mit Recht konnte daher Werner Haberstolz in seinem Brief an die „Reinigungskommission" behaupten, kein „aktiver Nazi" gewesen zu sein. Er konnte nachweisen, dass er zudem während der restlichen 11jährigen Naziherrschaft allen möglichen Schikanen ausgeliefert war, denn diesen Prozess und seinen Parteiaustritt hatten ihm die Nazis nie verziehen. Das alles aber nutzte nichts. Auch nicht, dass er im April 1945 mit anderen mutigen Mühlhäusern die weiße Fahne vor die Stadt getragen hatte, um seine Stadt vor der Zerstörung zu bewahren und dass sich seine 150 Belegschaftsmitglieder zu ihm bekannten.

Auch in der Folge gaben Lohs-Launert-Bayer alle Namen der von Arbeitern und Betriebsräten unterzeichneten und ihnen zugesandten Protestschreiben an den Mühlhäuser Polizeichef Jaritz bedenkenlos weiter.

An die Polizei-Inspektion Mühlhausen
z.H. Herrn Jaritz
20.4.1946
Beiliegend schicken wir Ihnen eine Auflistung der Leute, die gegen die Sequestrierung der Fa. Kroll & Kleinschmidt Protest eingelegt haben. Die ersten fünf sollten Sie einmal näher in Augenschein nehmen.
gez. Lohs

An Polizei-Inspektor Jaritz
4.9.1946
Betrifft: Firma Ernst Kühne
In der Anlage überreichen wir Ihnen eine Abschrift der Erklärung der Belegschaft o. g. Firma zu Ihrer Information.
Lohs

An die Mühlhäuser Polizei-Inspektion Herrn Jaritz
10.10.1946
Das von der Firma Triebel bei uns eingegangene Schreiben vom Betriebsrat geben wir Ihnen in einer Abschrift weiter.
gez. i.V. Bayer

Jaritz legte die aufgelisteten Namen durchaus nicht ad acta, sondern studierte sie sehr aufmerksam. Die meisten der Genannten kannte er als alter Mühlhäuser. Die ihm fremd waren, über die holte er sich die ihm notwendigen Auskünfte ein. Es entsprach der Mentalität dieses Mannes, jeden, der ihm auf diese Weise auffiel, als persönlichen Gegner anzusehen. Diese Erfahrung mussten etliche der Unterzeichner in den folgenden Jahren schließlich machen. Die Übergabe dieser Listen war die Geburtsstunde der Mühlhäuser Stasi. Die Denunziation von Menschen, die von ihren gerade errungenen Bürgerrechten Gebrauch zu machen versuchten, unterstanden fortan dem „wachsamen Auge" der Partei der Arbeiterklasse. Aus seiner reichgefüllten „Sammeltruhe" der ihm zugetragenen und von ihm selbst erkundeten Informationen gab Jaritz, je nachdem er es für notwendig hielt, an sowjetische und deutsche Dienststellen weiter.
Dazu gehörten Hinweise auf politisch Verdächtige, die in Mühlhäuser Nachbarstädten als Redner bürgerlicher Parteien auftraten, als auch Hinweise auf untergetauchte Nazis.

An die Polizeidirektion Jena
28.8.1946
Wie wir in Erfahrung gebracht haben, halten sich in Jena die aus Oppeln (Oberschlesien) stammenden Herren Misch, früher Kreisamtsleiter der NSDAP in Oppeln und Erich Meyer, früher aktiver Faschist auf. Da es anzunehmen ist, daß die Herren in Jena ein schwarzes Gewerbe betreiben, dürfte es ratsam sein, das Tun und Handeln der Genannten zu überwachen.
Jaritz

Ebenso nach Weimar: Wir haben ermittelt, daß sich in Weimar Herr Kahlert, ehemaliger Major des Bezirkskommandos Groß-Mangersdorf aufhält ...

Einmal erlebte Jaritz bei dieser Tätigkeit eine Überraschung. Dieser Überraschung war ein Brief der Sequesterkommission an die Mühlhäuser SED-Kreisleitung vorausgegangen:

An die SED Obermarkt 17
8.8.1946
Bei der Überprüfung von ehemaligen Mitgliedern der NSDAP in der uns zur Verfügung stehenden Kartei haben wir festgestellt:
Unter dem Buchstaben ‚K' steht ein gewisser Willi Kroneberg, geb. am 25.4.98 Dorlaerstraße 5
Eintritt in die SED 1.7.46 – Mitglied der beratenden Landesversammlung des Bundeslandes Thüringen als Vertreter des FDGB Mühlhausen
mit einer Mitgliedsnummer der NSDAP: 3 702 526
Eintrittsjahr: 1936
Eintrittsjahr NSV: 1933
Eintrittsjahr DAF, 1933
ab 1.10.34 Kreisberufsverwalter der DAF.
Nach Feststellung in seinem politischen Fragebogen als Angestellter der Stadt Mühlhausen und auf dem Fragebogen der SD hat Kroneberg die Mitgliedschaft zur NSDAP verschwiegen. Kroneberg hat sich wissentlich bedient, uns über seine politische Vergangenheit zu täuschen und wir bitten die Kreisleitung nach genauer Überprüfung ein Gerichtsverfahren gegen Kroneberg einzuleiten.
gez.: Lohs – Bayer

Bei diesem ihm zugeleiteten und von ihm an höhere Stelle weitergegebenen Fall Kroneberg erhielt er den Wink, dass derartige Leute mitunter und nach entsprechender Schulung für bestimmte Aufgaben herangezogen würden. Diese „Aufgaben" bestanden z. B. darin, sie in bürgerliche Parteien eintreten und sie dort für die SED wirksam werden zu lassen. Das geschah natürlich nicht ohne Druck, schließlich konnten sich die ehemaligen NSDAP-Mitglieder ihrer „moralischen Pflicht" nicht entziehen, manche fanden sogar regelrechten Spaß an dieser Rolle, wie im Fall Rothe, der nach seinem CDU-Eintritt schnell einer der glänzenden Redner in Saalfeld wurde. Schon bald füllte er gleich mehrere Funktionen in der Kommunalpolitik aus. Unter anderem gehörte er der Sequesterkommission an. Hier trat er als einer der schärfsten Befürworter rigoroser Enteignungen auf.
Während die Demontage von Maschinen, Werkzeugen und Rohmaterial auf Hochtouren lief und die Betriebe in ihrer Wirtschaftlichkeit nahezu am Boden lagen, forderten die sowjetischen Militärbehörden ständig Steuergelder bei den zuständigen Ämtern. Bei der Durchführung ihrer Befehle verstanden die sowjetischen Offiziere keinen Spaß, das bestätigte einmal mehr der Thüringische Ministerpräsident Werner Eggerath: „Schon ein oder zwei Tage später kam die Kontrolle. „Bitte, wo ist die Planung der Durchführung?", hieß es dann, und sie ließen sich unter keinen Umständen mit allgemeinen Angaben oder Ausreden abspeisen. Verstöße

gegen ihre Befehle ahndeten sie mit dem Befehl Nr. 160 vom 8. Dezember 1945 (‚Über die Verantwortung für Sabotage und Diversionsakte')" Das hieß für die „Verursacher" langjährige Freiheits- oder auch Todesstrafe. In regelmäßiger Folge ergingen Schreiben an die Städte und Kreise und von dort aus wiederum Zahlungsaufforderungen, wie diese vom Mühlhäuser Landrat an den Leiter der Stadtkommission Mühlhausen vom 27. Juni 1946:

Betr. Steuerrückstände bei sequestrierten Vermögensmassen usw.
Die Landeskommission für Finanzen hat mitgeteilt, die Steuerrückstände nach Maßgabe der vorhandenen Mittel an die zuständige Finanzkasse zu begleichen. Es ist hierbei gleichgültig, ob die Rückstände vor dem 8. Mai 1945 oder danach, vor oder nach der Sequestrierung entstanden sind … Der Chef der Finanzabteilung der SMA hat erneut die Höhe der Rückstände beanstandet und deren sofortige und unbedingte Beseitigung gefordert. Der russische Bevollmächtigte hat alle Einwände zurückgewiesen, die die Rückstände der Vermögensbeschlagnahme, Sequestration usw. begründen sollten.
gez. Gunstheim

Gleichzeitig mit diesem Raubbau zerbrachen alle sozialen Bindungen der deutschen Bevölkerung. So Krankenkassenansprüche, Renten, Zinsguthaben. Selbst Versicherungsgelder fielen der Habgier der Sowjets zum Opfer. Aus den Reparationsleistungen entwickelte sich ein unkontrollierbarer Raubzug. So musste die Mühlhäuser Kommission der Reichsunfallkasse in Berlin mitteilen:

Die Firma Claes & Co. Mühlhausen i. Thür., der Sie noch nachträgliche Beträge für Unfallversicherung in Höhe von 1881.– RM in Rechnung stellten, ist von unserer Dienststelle sequestriert. Im Einvernehmen mit der SMAD dürfen Schulden bei sequestrierten Betrieben auf keinen Fall beglichen werden …
Die Kreisdirektion der Landes-Versicherungs-Anstalt Thüringen meldete gleichzeitig an ihre Zentrale, sie verfüge über keinerlei Gelder mehr, um Auszahlungen vornehmen zu können. Auch den privaten Versicherungsvertretern der Stadt standen keine Gelder mehr zur Verfügung. Obwohl durch die vielen Ungereimtheiten zwischen der Mühlhäuser Sequesterkommission und der sowjetischen Stadtkommandantur längst noch keine endgültigen Lösungen vorlagen und dies auch dem Thüringer Ministerium mitgeteilt worden war, drängte man von dort auf eine sofortige Überstellung aller in Mühlhausen beschlagnahmten Vermögenswerte. Die SMA Thüringen, hieß es von Weimar aus, könne und wolle nicht länger warten. So schrieb der Mühlhäuser Bürgermeister John an die Kasse des Mühlhäuser Finanzamtes – Abt. Vollstreckung am 27. Juni 1946:
„Ich erinnere hiermit an die Erledigung meines Schreibens vom 19. d. Monats, in dem ich um eine Aufstellung über die von Ihnen erfaßten Betriebe und Grundbesitze bat."

Auf diese Weise kam eine vorläufige Aufstellung zustande, die schließlich nach Weimar gesandt wurde.

Unter Sequester gefallen	Sequestrierter Wert
9 Industriebetriebe, davon	
2 Brauereien	287.271.Mark
	1.757 Mark
1 Malzfabrik	3.000 Mark
1 Druckerei	51.000 Mark
1 Möbelfabrik	44.000 Mark
1 Sägewerk	100.000 Mark
1 Weberei	10.000 Mark
1 Baugeschäft	35.000 Mark
1 Telefonbau-Konzern	<u>276.362 Mark</u>
	791,726 Mark
9 Handwerksbetriebe, davon	
1 Schlosserei	31,578 Mark
3 Bäckereien	54,484 Mark
1 Stellmacherei	17,600 Mark
1 Gärtnerei	56,487 Mark
1 Malerei	25,298 Mark *
1 Schmiede	38,500 Mark
1 Sattlerei	<u>32,625 Mark</u>
	256,572 Mark
23 Handelsbetriebe	
1 Schuhgeschäft	29.200 Mark
1 Photogeschäft	35.885 Mark
1 Möbelhaus	110.239 Mark
1 Haushaltswaren	32.086 Mark
3 Gastwirtschaften	47.577 Mark
1 Käsegroßhandel	10.295 Mark
1 Wäscherei	32.470 Mark
1 Putzgeschäft	49.298 Mark
1 Tabakwarengeschäft	17.854 Mark
1 Tapetenhandlung	20.802 Mark
1 Textil-Einzelhandel	32.765 Mark
1 Textilwarenhandlung	77.678 Mark
1 Hersteller	25.000 Mark
1 andere Branche	8.546 Mark
1 Areal mit Schießständen	103.959 Mark
1 Vergnügungsunternehmen	46.533 Mark
1 andere Branche	20.922 Mark
1 Apotheke	47.020 Mark
1 Prießnitz Verein**	36.016 Mark
1 Drogerie	69.319 Mark
1 andere Branche	<u>853.464 Mark</u>
	1.901.762 Mark

Dazu kamen u. a. die Gaststätten der Reichsquell-Brauerei (22.5.1946):
„Schwanenteich" Mühlhausen. 57.100 Mark
„Feldschlösschen" Dingelstädt 12.635 Mark
„Zum Anker" Gebesee 18.100 Mark
„Zum Kellerhof" Gräfentonna <u>25.000 Mark</u>
112.835 Mark

insges. 2.014.597 Mark

* Auf Betreiben Mühlhäuser Antifaschisten wurden dreizehn dem Prießnitz-Verein zugehörige Gärten den bisherigen Besitzern weggenommen und unter den Antifaschisten verteilt. Da sich einige von ihnen bereits weitere Gärten angeeignet hatten, mussten sie auf Druck der Bevölkerung etliche der Prießnitz-Gärten anderen Bewerbern überlassen.

Nach der Sequestrierung zahlreicher Kleinbetriebe, Hausgrundstücke und Beschlagnahmung von Privatvermögen gingen bei der Stadtkommission fast ebenso viele Protestschreiben ein, etliche mit dem Vermerk, was die Kommission mit derartigen Unterstellungen, man sei aktiver Nazi gewesen, bezwecke? Tatsächlich konnten sich die Mühlhäuser des Eindrucks nicht erwehren, dass mit einer Art Rundumschlag die gesamte Privatwirtschaft ausgelöscht werden sollte.

Frau Martha Richert aus der Mittelstraße 6 schreibt an die Kommission, nachdem sie auf einem Formular ihre Vermögensverhältnisse angegeben hatte, mit der wiederholten Beteuerung, kein Nazi gewesen zu sein:
Betrifft: Ausgefülltes Formular betreffs Sicherstellung des Nazi-Vermögens.
In Abwesenheit meines Mannes, Peter Richert, teile ich Ihnen mit, daß mein Mann am 9.9.1932 aus der Partei „wegen Dienstverweigerung und Untergrabung der Autorität der Führung" ausgeschieden wurde.

Das von ihr beigelegte Entlastungs-Dokument bewirkte immerhin, dass ihr Grundvermögen unangetastet blieb. Sehr viel später erst konnte sie wieder darüber verfügen. Nachdem der Inhaber einer Reparaturwerkstatt mehrmals vergeblich wegen der Wegnahme seines Besitzes bei der Kommission vorgesprochen hatte, wandte er sich schließlich verzweifelt nach Weimar.
Reparaturwerkstatt für Fahrräder und Motorfahrräder
Wanfriederstraße 15
Mühlhausen d. 14.2.1946
Sehr geehrter Herr Busse!
Die Beschlagnahme meines Vermögens und das meiner Ehefrau erfolgte zu Unrecht. Begründung: Meine Ehefrau und ich waren nie Mitglied der NSDAP oder der NS-Frauenschaft. Ich habe mich nie als Förderer der NSDAP oder einer ihrer Gliederungen hervorgetan. Ich bin auch kein Kriegsgewinnler, da mein Betrieb Erzeugnisse für den Krieg überhaupt nicht gefertigt hat …

Die Sprache der Gewalt

Nahezu übergangslos war nach der Diktatur des Nationalsozialismus die „Diktatur des Proletariats" in Mühlhausen eingezogen. Zunächst noch in den Befehlen der sowjetischen Besatzungsbehören eingefügt, unmittelbar dahinter aber schon in den öffentlichen Auftritten der KPD praktiziert. Was die Befehle der Sowjets anbelangte, nämlich sich vor Waffenbesitz und Sabotageakten zu hüten, war naturgemäß selbstverständlich. Nicht so aber die mit Drohungen gespickten Ankündigungen der Kommunisten, „tiefgreifende gesellschaftliche Veränderungen" vornehmen zu wollen. Schon die ersten Anzeichen deuteten auf eine neue Gewaltherrschaft hin. Die Vertreter der Sequester-Kommission drohten bei jeder Gelegenheit mit Strafen, Vorladungen, öffentlicher Blamage, Polizeianwendung. Vor allem drohten sie mit der GPU. Was GPU bedeutete, wusste inzwischen jeder Mühlhäuser sattsam. Kaum eine Familie, in deren Bekanntenkreis nicht schon jemand mit dem Haus Untermarkt 13 zu tun bekommen hatte. In Sollstedt hatte der Tischlermeister Psotto auf dem völlig verwahrlosten Grundstück der Mühlhäuser Thuringia-Brauerei mit Unterstützung des Gemeinderates eine Tischlerei hergerichtet. Nachdem er in monatelanger Arbeit und durch Neuanfertigung von Türen und Fenstern einen Teil des Grundstückes wieder bewohnbar gemacht hatte, wurde er von der Kommission zur Mietzahlung aufgefordert. Alle der Brauerei zugehörigen Grundstücke ständen unter Sequester, Psotto wäre also der Kommission gegenüber verpflichtet. Psotto berief sich hingegen über den Gemeinderat darauf, erst einmal seine monatelang eingebrachten Investitionen zu verrechnen, bevor er mit der Mietzahlung begänne. Davon wollte aber die Kommission nichts wissen, vielmehr veranlasste sie den Einzug von vier Umsiedlerfamilien in einen Teil der neuhergerichteten Räume und teilte Psotto am 28. Mai 1946 folgendes mit:

Bis heute sind wir auf Grund unseres Schreibens vom 4. 5. 46 ohne Ihre Rückantwort geblieben. Auch haben Sie es versäumt, der Thuringia Brauerei die angemahnten Mietrückstände zu übermitteln. Wir sind nicht mehr in der Lage, Ihr, uns gänzlich unverständliches Verhalten länger hinzunehmen. Sollte nicht in aller Kürze eine ausführliche Rückäußerung vorliegen, so werden wir mit dem zuständigem sowjetischen Dienststellen Maßnahmen ergreifen, die schnellstens zum Ziele führen werden, darauf können Sie sich verlassen. Wenn Sie glauben, unsere bisherige Zurückhaltung ausnutzen zu können, so werden wir Ihnen beweisen, daß wir auch andere Wege zu beschreiten in der Lage sind.

Launert

Als Antwort bekam Launert von Psotto eine ausführliche Aufstellung aller von ihm geleisteten Renovierungsarbeiten mit den dazugehörigen Geldaufwendungen zugeschickt. Erst wenn diese mit dem vereinbarten Mietzins abgerechnet seien, würde er mit der Mietzahlung beginnen.

Der übliche Text für Vorladungen von der Kommission lautete wie dieser:
An Frau Schmidt – Schützenbergstraße 20:
Sie haben sich Mittwoch, den 3. Juli 1946 vormittags 11 Uhr in unseren Diensträumen Augustastraße 41 einzufinden.
Lohs

Eine ganze Flut solcher Schreiben erhielten die Bürger der Stadt in den Jahren 1945 bis 1948 von der Kommission zugeschickt:

An die Wäscherei Frieda Rössler, Waidstraße

Von verschiedenen Seiten wurde mir wiederholt mitgeteilt, daß Sie die von Ihrem Treuhänder Herrn Neubauer erhaltenen Richtlinien nicht befolgen. Überhaupt legen Sie ein Verhalten an den Tag, das eindeutig dem durch den Befehl 124/126 gekennzeichneten Neuaufbau zuwiderläuft …

Aus diesem Grund weisen wir nochmals daraufhin, daß Ihr Betrieb unter Sequester gestellt ist und unserer Dienststelle als Oberaufsicht untersteht …

Wir hoffen, daß die heutigen Zeilen Sie veranlassen, in Zukunft den Anweisungen des Treuhänders in jeder Weise folgen leisten werden. Sollten wir noch einmal Klagen hören, so sind wir gezwungen, dementsprechende Maßnahmen zu ergreifen, die für Sie keine angenehmen Folgen haben werden.

Lohs

Andere umfangreiche Schreiben endeten meist mit Sätzen wie: „Sie werden sich noch wundern, was wir alles können und wozu wir in der Lage sind …" – „Sie begreifen offenbar nicht, was die Stunde geschlagen hat …" – „Sie können sich eine Menge Ärger ersparen, wenn Sie endlich einsehen, daß es besser ist, mit uns zusammenzuarbeiten …" – „Wir haben noch ganz andere Mittel, Sie von der Richtigkeit unseres Vorgehens zu überzeugen …" – „Hüten Sie lieber Ihre Zunge im Umgang mit uns, oder Sie werden uns kennenlernen …" usw.. Spätestens mit der Schlussansprache Max Fechners zum Vereinigungsparteitag der SPD im April 1946 war diese Sprache in der SBZ „abgesegnet" und den Funktionären zum allgemeinen Gebrauch empfohlen worden.

Sequestriert wurde in Mühlhausen nicht selten auf folgende Weise: Unter der Führung eines kommunistischen Einsatzleiters kam ein Trupp Russen in die Wohnung des Betreffenden gerückt, um eine „Durchsuchung" vorzunehmen. Dabei wurde so ziemlich die Hälfte des Hausrats und der Möbel zerschlagen. Die Familienmitglieder mussten mit erhobenen Händen dabeistehen und die gewünschten Auskünfte erteilen, z. B. wo sich Geld und Wertsachen befanden. Dasselbe geschah auch bei der Sequestrierung der Wohnung des Färbermeisters Fritz Schulze in der Klinge 66. Als Fachkraft war Fritz Schulze von seinem Betrieb Giebe den ganzen Krieg durch u. k. gestellt gewesen, die Sequestrierung seiner Wohnung bzw. Hauses erfolgte auf Grund seiner Mitgliedschaft bei der NSDAP. Der kommunistische Einsatzleiter war hier Fritz Fromm. Unter seinem Kommando wurden die meisten Möbel auf die Straße geschmissen, ebenso ein Großteil des Hausrats. Der Rest der Möbel galt als beschlagnahmt, er wurde aufgelistet und abtransportiert. Fritz Schulze wurde ebenfalls mitgenommen.

Fritz Schulze

Tage später erhielt die Frau, Frieda Schulze, eine Bescheinigung zugestellt. Auf dem zum Teil vorgedruckten Papier stand in Russisch und Deutsch folgender Text:

Hierdurch teile ich Ihnen mit, daß ich lt. meines Befehls vom 25.1.1946 Nr. 36 ein Sequester auf jedes Grundstück Schulze Fritz – Wert RM 7.967.00 – gelegt habe.

Sie tragen die persönliche Verantwortung für die Erhaltung und den Schutz des angeführten Vermögens. Alle Abmachungen über das Vermögen, die von dem Rahmen der normalen Handlungen abweichen, haben ohne meine Bewilligung keine Gültigkeit.

Unterschrieben vom Chef der Verwaltung der Sowjet-Militäradministration des Landes Thüringen, Garde-Generalmajor Kolesnitschenko

Anfang September des gleichen Jahres erhielt Frau Schulze aus Weimar eine Urkunde zugeschickt, in der es hieß:

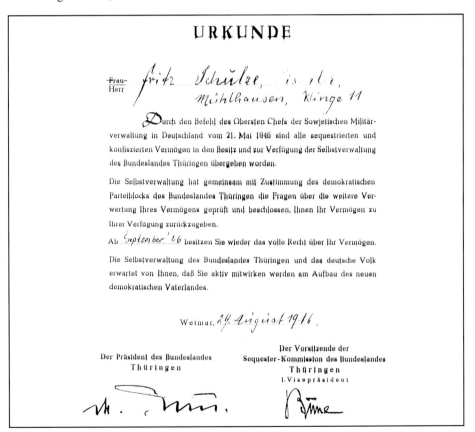

Solche Texte standen in krassem Widerspruch zur Vorgehensweise der Besatzungsmacht.

Zu diesem Zeitpunkt war der Ehemann von Frau Schulze vermutlich schon nicht mehr am Leben. Alle Nachfragen nach ihm bei Ämtern und Militärbehörden blieben ergebnislos.

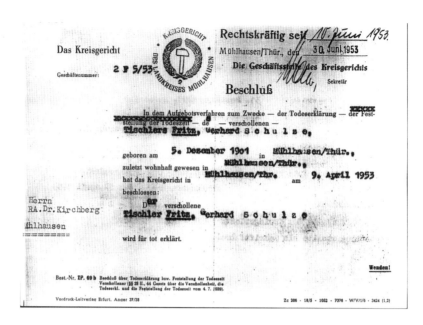

Todeserklärung acht Jahre nach Verschleppung Fr. Schulzes

Die Geschäftsführer der Reinigungskommission waren im Besitz des Namensverzeichnisses aller ehemaligen Mühlhäuser NSDAP-Mitglieder, beschuldigten immer wieder Bürger der Nazizugehörigkeit oder dass sie Unregelmäßigkeiten oder Unterschlagungen gemacht hätten. Ganz offensichtlich versuchten sie dadurch, Menschen zu erpressen oder sich für irgendwelche Aktionen gefügig zu machen.

Das endete mitunter auch für die betroffenen Familien tragisch, wie im Fall des Bäckermeisters Hermann Brendel in der Schadebergstraße. Man hatte Brendel beschuldigt, einen Sack Mehl bei der Kontrolle nicht angegeben zu haben. Nach harten Beschuldigungen und der Drohung, deswegen ins Zuchthaus zu kommen, nahm er sich das Leben.

Mehr Möglichkeiten zur Verteidigung seines guten Rufes hatte Bäckermeister Richard Röth in der Brückenstraße. In einem Schreiben an den Oberbürgermeister (mit Abschrift an die Kommission) heißt es:

Betrifft: Beschlagnahme meines Vermögens durch Herrn Linse am 27.1.1946.

Ich bin als angebliches Mitglied der ehemaligen NSDAP zur Vermögensmeldung aufgefordert worden. Gegen diese Aufforderung erhebe ich hiermit Einspruch. Ich versichere hiermit an Eides statt, daß ich niemals Parteimitglied der NSDAP gewesen bin, was ja auch durch Einsicht der Mitgliederkartei der früheren NSDAP festzustellen ist.

Zahlungen oder Zuwendungen in irgendeiner Form sind von mir niemals geleistet worden und habe gerade deswegen durch das hiesige Arbeitsamt meine Schwierigkeiten bei Einstellung von Lehrlingen gehabt. Rechtskräftige Zeugen sind vorhanden.

Stiftung für ehemalige politische Häftlinge	Az.
Marienfelder Allee 66-80 W-1000 Berlin 48	II-5-13768-T

Bescheinigung gemäß § 10 Abs. 4
des Gesetzes über Hilfsmaßnahmen für Personen, die aus politischen Gründen außerhalb der Bundesrepublik Deutschland in Gewahrsam genommen wurden (Häftlingshilfegesetz – HHG)

I [X] Herrn [ ] Frau

Name, Vorname	
Schulze, Erhard	
Geburtsdatum	Geburtsort, Kreis, Land
25.12.1927	Mühlhausen

wird hiermit bescheinigt, daß er/sie

[ ] wegen des von ihm/ihr erlittenen, unter II. angeführten Gewahrsams zum Personenkreis nach § 1 Abs. 1 Nr. 1 HHG gehört und daß Ausschließungsgründe nach § 2 HHG nicht vorliegen.

[X] wegen des unter II. angeführten Gewahrsams von

[X] Herrn [ ] Frau

Name, Vorname	
Schulze, Fritz	
Geburtsdatum	Geburtsort, Kreis, Land
05.12.1901	Mühlhausen
verstorben am	in (Gemeinde, Kreis, Land)
31.12.1951	unbekannt
Verwandtschaftsverhältnis zum Inhaber dieser Bescheinigung	
Vater	

[X] zum Personenkreis nach § 1 Abs. 1 Nr. 3 HHG (Hinterbliebener) gehört und daß Ausschließungsgründe nach § 2 HHG nicht vorliegen.

II Gewahrsam nach § 1 Absatz 1 Nr. 1 HHG einschließlich der Zeiten, die nach § 1 Absatz 5 Satz 2 HHG als Gewahrsam gelten

vom	bis	in (Ort, Land)
Februar 1946	31.12.1951	Mühlhausen, Erfurt, Buchenwald, unbekannt

III Er/Sie hat mit Bescheid vom 21.07.1993 Leistungen nach [X] § 9 a HHG [ ] § 9 b HHG [X] § 9 c HHG erhalten.

Ort, Datum: Berlin, den 21. Juli 1993
Im Auftrag

Antragsteller

Seit 14 Jahren versucht Erhard Schulze im In- und Ausland Genaueres über den Verbleib seines Vaters zu erfahren – vergeblich.

23. 140

Übersetzung

**Generalstaatsanwaltschaft
der Russischen Föderation**

Militärhauptstaatsanwaltschaft

10. Januar 2002
Nr. 7ud-4280-01
103160 Moskau K-160, per. Cholsunowa 14

<u>REHABILITIERUNGSBESCHEINIGUNG</u>

Herr/Frau	*Schulze, Fritz*
Geburtsjahr und -ort:	*1901, Mülhausen (Thüringen)*
Staatsangehörigkeit:	*deutsch*
Volkszugehörigkeit:	*deutsch*
Vor Inhaftierung wohnhaft:	*am Geburtsort*
letzter Arbeitgeber vor der Inhaftierung/ beschäftigt als:	*Arbeiter*
wann inhaftiert:	*2. August 1946*
wann und durch wen verurteilt/verfolgt:	*2. August 1946 auf Anordnung des Ermittlers der Ermittlungsabteilung des operativen Sektors Thüringen in Deutschland.*
der Verurteilung zugrundeliegende Paragraphen und Strafmaß (Grund- und Zusatzstrafen):	*Nach Art. 58-8, 58-9 und 58-11 des Strafgesetzbuches der RSFSR. Das Strafverfahren wurde wegen Todes von Schulze am 23. November 1946 eingestellt.*
Datum der Haftentlassung:	.

Gemäß Art. 3 Pkt. „f" (russisch „je" – 6. Buchstabe des kyrillischen Alphabets) des Gesetzes der Russischen Föderation "Über die Rehabilitierung der Opfer politischer Repressionen" vom 18. Oktober 1991 wurde Herr/Frau Fritz Schulze rehabilitiert.

Anmerkung: Die Entscheidung über die Rehabilitierung kann nicht als Grundlage für nicht im Einklang mit den geltenden gesetzlichen Bestimmungen und internationalen Verpflichtungen stehende Vermögensansprüche deutscher Staatsangehöriger dienen.

Leiter der Abteilung Rehabilitierung
der Opfer politischer Verfolgung

[Siegel, Unterschrift]   S. W. Urasowski

[*Bitte beachten*: Die Namensschreibung auf diesem Formblatt erfolgt aufgrund der Schreibweise im russischen Original. Bei der Rückübertragung in lateinische Buchstaben kann es daher u.U. zu kleineren Unterschieden in der Schreibweise kommen.]

Mit obiger Anmerkung achten die russischen Behörden sehr darauf, dass seitens der Opfer nicht etwa finanzielle Forderungen erhoben werden.

Derartige Reaktionen waren bei der Kommissionsleitung schnell abgehakt. Obwohl nach dem Bekanntwerden der Verbrechen an der jüdischen Bevölkerung jeder wusste, mit welchem Respekt man nunmehr mit den Überlebenden umzugehen hatte, schreckten Lohs und Launert nicht vor der Beschlagnahme des jüdischen Grundstückes Lindenbühl 17 zurück. Hier musste erst der Thüringer Ministerpräsident einschreiten und den beiden klar machen, dass sie die Hände davon zu lassen hatten. Erst durch den jüdischen Regierungsrat Chaim (Weimar) aber konnten durch einen Beschluss des Geraer Oberlandesgerichts die Rechte der Besitzerin, Frau Irmgard Oppe, endgültig sichergestellt werden.

Bevorzugt bedrängt wurden von diesen „Geschäftsführern" Frauen, deren Männer noch nicht aus der Gefangenschaft zurückgekehrt waren und wo es etwas zu holen gab.

In einem erbitterten Brief an den Thüringer Ministerpräsidenten Dr. Paul schildert die Mühlhäuserin Ilse Rechenbach im Dezember 1945 das Vorgehen der Kommissionsmitglieder Lohs und Bayer und was sie durch sie erdulden musste:

„Am Sonnabend, den 17. November kamen zwei Herren von der Thüringischen Verwaltungsgesellschaft GmbH, ein Herr Bayer und ein Herr Lohs besichtigten meine Wohnung und enteigneten mir ein Radioapparat (Lumophon) sowie ein Wecker, der meinen Töchtern gehört. Ich bekam keine Quittung. Am Donnerstag, dem 22. November kamen die beiden Herren wieder, besichtigten abermals alles, nahmen mir den Teppich aus dem Eßzimmer fort und auf meine Frage nach einer Quittung stellten sie mir einen Schein über die drei entnommenen Gegenstände aus. Dann versiegelten sie mir mein Eßzimmer, ferner mein Schlafzimmer …

Ich verdiene mein Geld durch Heimarbeit, mein Mann ist noch in Gefangenschaft. Vor Monaten bekam ich Nachricht von ihm, daß er schwer verwundet im Trebbiner Lazarett läge. Er war Obergefreiter. Als ich ihm schrieb, kam der Brief mit dem Vermerk zurück: ‚Nicht mehr im Lazarett anzutreffen.' Seit der Zeit habe ich kein Lebenszeichen von ihm …

Da mir die beiden Herren mit der Verhaftung durch die GPU drohten, schaffte ich das von mir versteckt gehaltene große achtröhrige Radio (Ingeln-Gigant) herbei, das ich wegen meines Geldmangels verkaufen wollte. Es wurde mir weggenommen, ohne Quittung …

Am Montag, den 26. November sprach ich die beiden Herren in der Kreisstelle an und bat sie, mir mein Zimmer frei zu geben. Die ganzen Nächte habe ich im Sessel schlafen müssen, ohne Zudecke. Herr Bayer versprach mir zu kommen. Er kam aber nicht. Ich verfüge über kein Stückchen Leib- und Bettwäsche, alles befindet sich im Schlafzimmer.

Am Donnerstag, dem 6. Dezember, 14 Tage nach der Versiegelung, begab ich mich wieder auf die Kreisstelle. Traf Herrn Bayer und bat ihn, mein Schlafzimmer zu öffnen. Er gab mir einen ablehnenden Bescheid – er hätte mit dem Herrn Kommandanten zu arbeiten. Nun verbringe ich schon 16 Nächte im Sessel, habe furchtbare Schmerzen … Warum muß ich so darunter leiden mit meinen beiden Kindern? Helfen Sie mir, daß ich mit meinen beiden Kindern unser Schlafzimmer wieder betreten darf, denn nach Ihrem Erlaß vom 5.1.45 soll ja eine Enteignung nur durch den Landespräsidenten erfolgen."

Frau Ilse Rechenbach

Weitere Beschwerden der Frau erreichten lediglich, dass die Mühlhäuser SED-Kreisleitung bei der Kommission nachfragte (14. Juni 1946), was aus dem Wecker und dem Radio-Apparat LUMOPHON geworden sei. In einem Antwortschreiben wies Lohs zunächst erst einmal darauf hin, dass es die seinerzeitige Thüringer Verwaltungsgesellschaft GmbH nicht mehr gäbe und dass die „Reinigungskommission" nicht deren Nachfolger sei. Der Wecker wäre, so Lohs, dem Herrn Polizei-Inspektor Hauemann zum Dienstgebrauch überlassen worden und das Radio der Marke LUMOPHON hätte die sowjetische Einheit Untermarkt 13 bekommen.

Im Herbst 1947 traten auch die Volkskontrollausschüsse, die Vorläufer der Kontrollkommissionen, in Erscheinung. Diese hatten die Aufgabe, auf allen Gebieten des öffentlichen Lebens Kontrollen durchzuführen.

Die Ausschaltung der Großhändler gelang der SED relativ einfach und schnell. Natürlich hatten Großhändler umfangreichere Lager als Einzelhändler, wie sonst hätten sie diesem Beruf nachgehen können? Aus normalen Sortimentslagern wurden „Schieberlager", aus Großhändlern Großschieber gemacht. Den Rest erledigte die „Presse". Schon bald nach Aktivwerden der „Volkskontrollausschüsse" kündeten dicke Schlagzeilen von „Aufgeflogenen Hamsterlagern! – Veruntreuten Konsumgütern! – Gehorteten Textilien!"

DAS WIRD BLEIBEN, TROTZ ALLER VERBOTE
„Das ist ja das Dilemma. Hat der Volkskontrollausschuß ein Lager entdeckt, dann kommt die Kripo und stellt sicher. Es wird Strafantrag gestellt. Monate gehen ins Land, bis bei unserer asthmatischen Justizmaschine der Prozeß anläuft. Die beschlagnahmten Strickjacken bleiben liegen. Der Angeschuldigte gibt sich nicht geschlagen, legt Berufung ein. Weitere Monate verstreichen und die warmen Jacken und Stricksachen bleiben sichergestellt, während unsere abgerissenen Umsiedler frieren und kalte Füße kriegen. Man findet, wenn man Zeit hat, einen tüchtigen Rechtsanwalt, doch noch einen verstaubten Paragraphen und die wollenen Sachen werden wieder zurückgegeben und der Bedürftige friert weiter." VOLK 9.1.49

Was dem Schreiber nicht in den Kopf ging, war eigentlich nur die Tatsache, dass die Ware von dem Händler rechtmäßig erworben und sein Eigentum war. Diese Ware wurde von ihm an den Einzelhandel verkauft, hier wiederum waren vom Kunden Kleidermarken abzugeben, wenn der z. B. eine Strickjacke erwerben wollte. Nebst den von den Ämtern eingeführten Kleidermarken verlief alles in einem völlig normalen Rechtsweg, der mit „verstaubten Paragraphen" nur insofern etwas zu tun hatte, als die SED diese schnellstmöglichst aus dem Weg geräumt haben wollte.

Mitunter überschlugen sich die Meldungen – was wurde nicht alles entdeckt! An Verstecktem! Gehortetem! Verschobenem! Hier waren es 20 Zentner Kartoffeln, dort fünfzig Kilo Nägel. Kompensationsgeschäfte mit Ziegeln hatte es gegeben. Unerlaubte Freigaben für Berufsbekleidung.

DIE TOTENGLOCKE DER SCHIEBER LÄUTET
154 Zentner Mehl veruntreut, Kompensationsgeschäfte mit Textilien, Staatsanwalt beantragt Zuchthausstrafe ... (VOLK 28. Sept. 1949)

DER VERBRECHERISCHE SCHUH-GROSSHÄNDLER KARL SCHIRO FLÜCHTIG
Seine Frau in Haft
Immer wieder waren wir in letzter Zeit gezwungen, in der Presse gegen den völlig aufgeblähten Großhandel zu Felde zu ziehen ... Wir haben bemerkenswerte Einzelheiten in Erfahrung gebracht, die wir heute – auch wenn das einzelne Mühlhäuser LDP und CDU-Größen gar nicht schmecken wird, veröffentlichen ...

RIESIGES SCHIEBERLAGER BEI DER FIRMA I.C. HARTUNG
Großer Erfolg der Volkskontrolle!
ENTEIGNUNG VON I. C. HARTUNG GEFORDERT
Resolution
Die Belegschaft des Landeseigenen Betriebes „Chemische Werke Knochenverwertung", vormals G. Eberlein & Sohn, Leim- und Düngemittelfabrik Mühlhausen, hat mit Interesse aber auch mit großer Empörung die Veröffentlichung in der Tagespresse gelesen, wonach die Firma I. C. Hartung ein ungeheuer großes Handelslager von Haushaltsgegenständen, Werkzeugen und anderen bezugsbeschränkten Materialien durch die Volkskontrolle entdeckt worden ist. …

Wir begrüßen deshalb die Beschlagnahme des gesamten Lagers durch die Volkskontrolle.

DIE JUSTIZ MUSS VOLKSNAH WERDEN (VOLK 18. 9. 1948)
Zu den Angestellten des hiesigen Amtsgerichts sprach der Personalchef der SED Hohmann. Er forderte eine volksnahe Justiz. Wir stehen in einer sprunghaften Entwicklung der Wirtschafts- und Gesellschaftsordnung, führte er u. a. aus. Da darf die Justiz nicht zu weit nachhinken und nicht an altem Überlebten kleben. Es wird erforderlich sein, daß die Richter mit dem Volk Verbindung aufnehmen.

Die Rechtssprechung darf nicht nach starren Paragraphen erfolgen. …

So und auf ähnliche Weise wurde öffentlich Druck gemacht, u. a. hieß es, die Durchführung der Zweijahrespläne werde auch die Justiz stärker berühren – die Justiz sei reformbedürftig, von der Absetzbarkeit der Richter solle mehr Gebrauch gemacht werden.

Indessen hämmerte die Presse weiter mit Schlagzeilen wie:
SEID WACHSAM! – SCHÄDLINGE BEDROHEN UNSERE WIRTSCHAFT!
– DER AUFGEBLÄHTE GROSSHANDEL WIRD REDUZIERT – STATT BISHER 118 KÜNFTIG NUR NOCH 30 GROSSHANDLUNGEN!

Der Angriff erfolgte von allen Seiten, gleichzeitig ging man auch gegen die anderen Parteien vor.
WIE KONNTE FRAU SCHIRO ENTFLIEHEN?
Amtsgerichtsrat Nehring hat aus dem Fall Wölfel nichts gelernt – Wir erwarten Einschreiten des Thüringer Justizministeriums.

Nehring, der den Erlass eines Haftbefehls abgelehnt und lediglich Polizeiaufsicht angeordnet hatte, geriet nun vollends in die Kritik der SED.

„… das vermag vielleicht ein Paragraphenreiter zu fassen, der seine formalen Rechtskenntnisse in der wilhelminischen Epoche erworben, im praktischen Leben anscheinend wenig gelernt, die neue Zeit aber vollends verschlafen hat … Es nimmt nicht wunder, daß Frau Schiro ihre Behandlung geradezu als Aufforderung zur Flucht aufgefaßt hat, die sie auch prompt am 21. Oktober (49) unter Mitnahme ihres Kindes und der Wintergarderobe ungehindert ausführen konnte …"

Die Masse der beschlagnahmten Firmen- und Hausratsgegenstände, wie Möbel, konnte gar nicht an einer Stelle untergebracht werden. So gab es gleich mehrere Lager in der Stadt. Das Zentrallager befand sich Augustastraße 41. Von hier aus erfolgte die Weitervergabe. Ein Teil davon bekamen Evakuierte und öffentliche Einrichtungen, auch die Sowjets erhielten Zuteilungen. An den besten Stücken indessen bereicherten sich die „Geschäftsführer" und deren Günstlinge. Einer davon war der 1. Mühlhäuser Gewerkschaftssekretär, wohnhaft An der Burg 12. Dieser hatte sich vornehmlich an den zurückgelassenen Einrichtungen geflohener Nazi-Größen bedient. Angefangen von silbernen Essbestecken, Vasen und wertvollen Ölgemälden bis hin zu feinsten Stilmöbeln entsprach seine Wohnung der eines gutbürgerlichen Geschäftsmannes. Aber auch die sowjetische Besatzungsmacht nahm ständig Beschlagnahmungen von Wohnungseinrichtungen vor. Ihre „Erfassungsstelle" befand sich auf dem Grundstück Martinistraße 1. Sehr sorgsam ging man allerdings mit dem kostbaren Beutegut nicht um.

Ernst Trautmann Mühlhausen – Wahlstraße 50
An die Stadtsparkasse Mühlhausen
Betr.: Konfiskation von Guthaben
Mit Ihrem Schreiben vom 27.11.1945 teilen Sie mir mit, daß das aus der Zeit nach dem 8.5.45 errechnete Guthaben von RM 2015,36 wegen meiner Zugehörigkeit zur NSDAP konfisziert wurde. Aus der beiliegenden Bestätigung ersehen Sie, daß ich in dieser Partei kein Mitglied war und ich bitte die oben genannte Konfiszierung aufzuheben.
Hochachtungsvoll
gez. Ernst Trautmann

Der Oberbürgermeister
Stadtrechtsamt 03/196/45   Mühlhausen, den 12. November 1945
Herrn Ernst Trautmann, Mühlhausen
Nachdem Sie aus der Haft entlassen worden sind, habe ich die nach dem Gesetz Nr. 52 der alliierten Militär-Regierung gegen Sie ausgesprochene Vermögensbeschlagnahme wieder aufgehoben. Ich habe das Erfassungsamt angewiesen, die in Ihrem Schreiben vom 3.11.45 genannten Gegenstände an Sie herauszugeben. Ich bitte Sie, mit dem Erfassungsamt, Friedrichstraße 4, umgehend in Verbindung zu setzen und dort anzugeben, wohin die Gegenstände gebracht werden sollen.
i. A. Dr. Hinze

Aus dem Protokoll des Reinigungsausschusses:
21. Januar 1947
… Es wurde Übereinstimmung darüber erzielt, daß die nachstehend angeführten Betriebe der Industrie und des Großhandels als bedeutende Unternehmen zu betrachten sind, während die übrigen Betriebe in die Gruppe der weniger bedeutenden Unternehmungen eingeordnet werden sollen.
I.
Kammgarnspinnerei Thuringia, Schröter, Norddeutsche Wolle- und Kammgarnindustrie, Ludwig Böttcher, Kroll & Kleinschmidt, A. G. Kersten, Engelbert Laufer

II. (Großhandel)
Friedrich Rathgeber, Konsum-Verein Mühlhausen, S.F. Giebe, Heinrich Leithäuser, Gebr. Hecht, I.C. Hartung, Gebr. Franke KG, Oscar Feigenspan, Überlandwerk Nordthüringen, Reise & Co., Eisenhardt & Co., Altmann, Thuringia Brauerei, Central Gen. (Raiffeisen), Reichsquell Brauerei, Centrale Ankaufsstelle, Otto Stephan, Walter & Co., Christ. Walter AG, Hermann Thämert, Wilh. Becher, Thüringer Volk
gez von den Kommissionsmitgliedern:
Dannersche Buchdruckerei und Verlagsanstalt, Pokorny, Rudolf Sayle, Felsberg, Otto Krämer, Manegold, Kreuzmühle, Werner, C.C. Becke und Sohn, Helbig, Claes & Co., Kühne, Rohn, Lambertz.

Bereits wenige Wochen später, am 14. Februar 1947, wurde bei einer Tagung des Reinigungsausschusses ein weiterer Schritt in Richtung „Klassensieg" unternommen. „Wo eine Übersättigung von Geschäften oder Betrieben vorliegt", hieß es in einem Beschluss, „haben wir kein Interesse, die unrentablen Geschäfte in der Stadt offen zu halten." Unter diesen Beschluss fielen 11 Geschäfte in der Stadt: Groß- und Einzelhändler, Kommissionäre, Kleinunternehmer.

Aus dem Protokoll:
Betrifft Emil Ohnesorge, Pfannschmidtstraße – Autovermietung.
Hier ist es auch nicht möglich, einen Treuhänder einzusetzen. Wahrscheinlich wird Ohnesorge nur einen Wagen zur Verfügung haben, der nach Ansicht der Kommission sein Privateigentum ist und, wie in anderen Betrieben die Maschinen, nicht beschlagnahmt werden kann. Ihm muß das Gewerbe entzogen und der Wagen für die Fahrbereitschaft zur Verfügung gestellt und dort eingesetzt werden ...
Louis Scheffel, Wanfriederstr. 12 – Fuhrunternehmer.
Besitzt aber neben seinem Gewerbe überwiegend Landwirtschaft, die nicht in die Reinigung fällt. Das Gewerbe für das Fuhrunternehmen soll ihm entzogen und kein Treuhänder eingesetzt werden.
Kurt Lode ... hat keine Bedeutung und ist zu schließen.
Karl Gutwasser ... soll geschlossen werden.
Karl Breitlauch ... ist zu schließen
Alfred Kleinschmidt ... unbedeutend und wirtschaftlich nicht gerechtfertigt. Schließung vornehmen.
Otto Schäfer, Inhaber der Firma Eller Nachfolger ist zu schließen. Er hat Einspruch erhoben, da er seinerzeit als Treuhänder für sein Vermögen eingesetzt wurde. Auf Grund des Gesetzes vom 24. Juli 1946 (Regierungsblatt Teil I Seite 1I) ist ihm sein Gewerbe trotzdem zu entziehen.
Von den zu schließenden Geschäften ist die Ware restlos zu beschlagnahmen. Für die Beschlagnahmung der Maschinen usw. besteht allerdings keine Handhabe. Die Reinigungskommission muß aber die Hand darauf haben, damit keine Verschiebungen vorkommen können. Falls nötig, können die Maschinen auch vermietet werden, damit die Wirtschaft nicht zum Erliegen kommt bzw. unter diesen Schließungen leidet.

Schon nach kurzer Zeit, am 25. Februar 1947, teilte ein Oberregierungsrat Petermann vom Thüringer Ministerrat dem Mühlhäuser Bürgermeister mit, dass am

Freitag, dem 28. Februar um 10 Uhr, der Herr Ministerpräsident Busse zusammen mit Ministerrat Bergner eine Zusammenkunft mit dem Mühlhäuser Reinigungs-Ausschuss wünschen. Sämtliche Unterlagen, Sitzungsprotokolle sind bereitzulegen. Ganz offensichtlich war man bestrebt, so schnell wie möglich vollendete Tatsachen zu schaffen.

J. H. Rinneberg
Mühlhausen in Thüringen

Fabrik von Regenschirmen und Gartenschirmen

Bank-Konto: Commerz- und Privatbank A.G., Filiale Mühlhausen i.Thür.
Postscheck-Konto: Erfurt Nr. 6182
Fernsprech-Anschluß Nr. 2059

Mühlhausen i. Thür., den 13. Mai 1946.

An die
Sequesterkommission zur Durchführung der Befehle 124/126

Mühlhausen i./Thür.
Augustastr. 41.

Ich stelle das höfl. Ansuchen mir von dem bei der Firma Grönlinger Nachfolger, Schirmfabrik in Barmen, Zweigbetrieb in Mühlhausen, beschlagnahmten Material eine größere Menge des Schirmstoffes sowie der Zubehörteile zur selbständigen Bearbeitung zuzuweisen. Wie ich in Erfahrung gebracht habe, wurde dem Treuhänder der sequestrierten Firma ein Teil der beschlagnahmten Ware wieder ausgehändigt, dies wohl zu dem Zwecke um das Material zu verarbeiten.

Zur Begründung meiner Bitte möchte ich zur Kenntnis bringen, daß mein Unternehmen fast 100 Jahre besteht, in der technischen Ausstattung auf der Höhe ist und sich in der Schirmfabrikation eines guten Rufes erfreut. Infolge Materialmangels vermag ich derzeit keine Neuanfertigung von Schirmen vorzunehmen und muß um mein ohnedies vermindertes Personal nicht entlassen zu müssen und meinen Betrieb ganz zu schließen, mich mit der Herstellung von Schirmreparaturen befassen was aber auf die Dauer infolge der geringfügigen Verdienstmöglichkeit nicht durchführbar ist.

Auf der anderen Seite hat die sequestrierte Firma nur 5 Arbeitskräfte ferner fehlen ihr die hauptsächlichsten Maschinen um Bestellmaterial herzustellen und muß diesbezüglich meine Dienste in Anspruch nehmen. So mußten auch die bereits beschlagnahmten aber unvollendeten Schirme erst durch mich fertiggestellt werden, was ich auch in der vorgeschriebenen Zeit zur Zufriedenheit durchgeführt habe. Auch für die Durchführung der Reparationsaufträge die der Firma Grönlinger Nachfolger erteilt werden sollten, steht mein Betrieb zur Verfügung. Da ich in Mitteldeutschland die einzige Schirmfabrik bin die die Kundschaft mit Schirmen jeder Art belieferte, jetzt auch noch durch die vielen Ostzuwanderer der Bedarf an Schirmen noch erheblich zugenommen hat, kann ich aus Materialmangel den an mich gestellten Anforderungen nicht mehr entsprechen, denn wie bekannt lassen die westlichen Besatzungsgebiete das benötigte Rohmaterial nicht über die Zonengrenze, so daß ich gezwungen bin mein Personal feiern zu lassen, wodurch es der öffentlichen Fürsorge zur Last fällt.

Ich bitte daher aus den angeführten Gründen meinem Ansuchen zu entsprechen und mir einen größeren Materialbestand zur Aufarbeitung zuzuweisen, worauf ich bemüht sein werde den an mich gestellten Anforderungen in jeder Hinsicht auf das Gewissenhafteste zu entsprechen.

J. H. Rinneberg

Dieser Brief spiegelt den verzweifelten Überlebenskampf der Mühlhäuser Privatunternehmen wider.

Enteignete Betriebe, die an die Vereinigung volkseigener Betriebe des Landes Thüringen übertragen sind:
24. Juni 1948
    Seguin, Georg, Steinweg 54, Ofen- und Heizungsbau
    Rochlitzer, Ernst, Holzstraße 6, Strickwarenfabrik
    Künne, Ernst, Bergweg 2, Lokomotivreparatur
    Allgem.-Elektrizitäts-Gesellschaft
    Vereinigte Thür. Möbelfabrik
    Möbelfabrik Haberstolz, Konrad, Wanfriederstr. 53
    C. Kleeberg, Obere Johannisstr. 34, Büromöbel
    Schreiber & Rumpel, Thälmannstraße, Sägewerk
    W. Söhngen & Co., Bahnhofsplatz 1, Verbandsstoffe
    Koelle, Karl, Wanfriederstr. 27, Hemdweberei
    Krapp & Co., Thomas-Müntzer-Str. 48, Kleiderfabrik
    Otto Stephan, Johannisthal, Lederfabrik
    Wildbrett, Wanfriederstr. 78, Lederwaren
    Eckhardt, Enno, Erfurterstraße 14, Malzfabrik
    Reichsquellbrauerei, An der Burg, Brauerei
    Thuringia Brauerei, Brauerei
    Vereinigte Thür. Lichtspiele, Portella, Kino
    Trautmann, Hans, Langensalzaerstr. 1, Hotel

Enteignete Betriebe, die an die Stadt Mühlhausen zu übertragen sind:
    Mehmel, F., Petristeinweg 54, Sägewerk
    Überlandwerk Nordthüringen, Elektrizitätsversorgung
    Wiegmann, Oskar, Haarwand 72, Zigarren
    Albin, August, Pfortenstr. 15, Schuhmacher
    Gensel, Gerhard, Linsenstr. 21, Schuhwaren
    Jödik, Adolf, Felchtaerstr. 19, Schuhgeschäft
    Frommberger, F., Obere Ratstraße 15, Fahrradreparatur
    Volkmann, Karl, Felchtaerstr. 29, Klempnerei
    Bergmann, Oskar, Görmarstr. 7, Elektrogeschäft
    Bickel, Leopold, Steinweg 82, Fotogeschäft
    Meyer, Erich, Obermarkt 16, Elektrogeschäft
    Trube, Willy, Untermarkt, Elektrogeschäft
    Steg, Eduard, Linsenstr. 12, Tapeten und Teppiche
    Strathe, Hermann, Görmarstr. 69, Textileinzelhandel
    Köth, Albert, Tonbergstr. 19, Handelsgeschäft
    Burkhardt, Lindenbühl 17a, Gärtnerei
    Eberhard, Herrenstr. 16, Möbel- und Polsterwaren
    Niemczek, Paul, Steinweg 90, Friseur
    Heinemann, Ernst, Bei der Marienkirche, Gaststätte
    Danner, G., Bei der Marienkirche, Verlagsbuchhandlung
    Schwarzburg, Erich, Karlstr. 36, Tabakgroßhandel
    Zentgraf & Heinemann, Herrenstr. 6, Fahrradteile
    Eberhard, Hugo, Friedrichstr. 1, Apotheke

Blass, Wilhelm, Ammerstr. 109, Apotheke
Abelmann, Adolf, Breitenstr. 3, Schlosser
Eck, Karl, Weinbergstr., Klempnerei
Ritzau, Wilhelm, Arnoldstr. 17, Handelsunternehmer
Ellinger, Richard, Grünstr. 27, Schneiderei
Kasino Gesellschaft e.V. Brunnenstr. 29, Gaststätte
Prießnitz-Verein, Bahnhofsplatz 1, Gaststätte
Böhnhardt, Hermann, Alter Blobach 31, Bäckerei
Eisenhardt, Richard, Linsenstr., Bäckerei
Schneider, Friedrich, Görmarstr. 44, Bäckerei
Stilzebach, Albin, Holzstr. 29, Bäckerei
Hippius, Werner, Herrenstr. 89, Fleischerei
Becke, Ernst, Steinweg 84, Bäckerei
Rümpler, Albin, Lindenbühl 38, Grundstücke
Hartmann, Richard, Feldstr. 5, Maler
Rüger, Kurt, Augustastraße 64, Maler
Schmölling, Waldemar, Erfurterstr. 21, Friseur
Steinicke, Alfred, Friseur
Henze, Gustav u. Johanna, Untermarkt 23, Putzgeschäft u. Stellmacherei
Häßner, Oskar, Wäscherei
Rössler, Arthur, v. d. Wagenstädter Brücke, Wäscherei
Hühn, Kurt u. Otto, Wanfriederstr. 33, Baugeschäft
Wünscher, Rudolf, Wagenstädterstr. 7, Baugeschäft

Für die Richtigkeit
Mühlhausen i. Thür., den 24. Juni 1948
Bürgermeister John

Enteignete Betriebe, die in die Konsumgenossenschaft zu übertragen sind:
Jödick, Ernst, Bei der Marienkirche, Schuhwaren
Kölling, Hermann, Steinweg 4, Textilwaren
Streil, Hans, Görmarstr. 34, Textilwaren
Menge, Christoph, Felchtaerstr. 15, Lebensmittelhandlung
Mohr, Otto, Untermarkt 25, Lebensmittelhandlung
Filialen der Firma Tengelmann, Steinweg 15, Lebensmittelhandlung
Filialen der Firma Nordsee, Lebensmittelhandlung
Hartung, Adolf, Görmarstr. 63, Haushaltswaren
Rümenapp, Franz, Wanfriederstr. 73, Fleischerei
Beyreiß, Paul, Görmarstr. 27, Fleischerei
Eisenhardt, August, Görmarstr. 12, Fleischerei
Ramsenthaler, Heinrich, Feldstr. 97, Fleischerei
Rittner, Kurt, Görmarstr. 37, Käsegroßhandel

Enteignete Betriebe, die im Zuge der Wiedergutmachung laut Befehl 82 zu übertragen sind:
Fischer, Paul, Görmarstr., Druckerei
Sayle, Rudolf, Steinweg 51, Druckerei
Bürgerschützenkompanie, Schützenbergstr. 1, Gaststätte

Enteignete Betriebe, die an den VdgB zu übertragen sind:
   Manns, Conrad, Felchtaerstr. 8, Sattlerei
   Krause, Herbert, Wanfriederstr. 23, Schmiede
   Beck, Karl, Holzstr. 30, Stellmacherei

Enteignete Betriebe, die der zonalen Verwaltung unterstellt sind:
   Gebr. Franke, Metallwarenfabrik
   S.F. Giebe, Textilveredlung
   G. Eberlein u. Sohn, Düngemittelfabrik
   A.G. Kersten, Schürzenfabrik
   Kroll & Kleinschmidt, Baumwoll-Spinnerei
   Norddeutsche Woll- und Kammgarnspinnerei, Textilbetrieb
   Walter & Co., Metallwarenfabrik
   Engelbert Laufer, Textilien

In verschiedenen Schreiben an die Stadtkommandantur wurden die jeweils enteigneten Betriebe vorgestellt und abschließend darum ersucht, der Schließung der Firmen zuzustimmen. Dazu stand meistens noch der Vermerk: „Inzwischen wurde das Vermögen des (Name des Inhabers) sequestriert. Es wurde samt dem S.-Bescheid an den Garde-Generalmajor Kolesnitschenko angewiesen."

VORSICHT VOR FALSCHEN KONTROLLEUREN
   Es sind uns Gerüchte zu Ohren gekommen, nachdem sich skrupellose Elemente als Volkskontrolleure ausgegeben haben sollen, um ihre eigene Tasche füllen zu können. Wir weisen die Bevölkerung darauf hin, dass die Mitglieder des Volkskontrollausschusses amtliche Ausweise besitzen. (Das Volk)
   In diesen Mühlhäuser „Wildwestzeiten" konnten Auswüchse wie diese nicht ausbleiben. Zu verlockend war das zur Verfügung stehende „Warenangebot". Es war genug da, sich zu bereichern. Man musste nur entsprechend auftreten, eingeschüchtert waren die Menschen ohnehin. Doch diese „falschen Kontrolleure" hat es kaum gegeben. Es war nur so, dass die echten noch zusätzliche Einsätze unternahmen. Wegen der Wut der Bevölkerung und der zahlreichen Anzeigen kam die SED nicht umhin, derartige Meldungen zu veröffentlichen.

Alle bis dahin geführten Angriffe zwecks Zerschlagung der mittelständischen Unternehmen in der Zone reichten der SED nicht aus. Zu langsam ging es damit voran. – Daher suchte im Juli 1947 der erste Vorsitzende des FDGB, des „Freien Deutschen Gewerkschaftsbundes" den Thüringer Ministerpräsidenten auf. Die aus Berlin angereiste Kapazität sollte die Frage, die nach Auffassung der Berliner Parteistellen in Thüringen dem übrigen Lande gegenüber nachhinkte zur beschleunigten Lösung verhelfen. Es handelte sich um rund 45.000 Handwerksbetriebe, die bei dem ewigen „Alles-Flicken" und „Aus-Altem-Neues-machen-müssen" nicht entfernt zur Befriedigung dringendster Reparaturen und sonstiger Arbeiten für die Bevölkerung ausreichen. Nach Auffassung des FDGB-Oberen hatten die Ladeninhaber und Kleingewerbetreibenden keine Daseinsberechtigung mehr. Sie gehörten in Fabriken oder in Bergwerke.

Der von dem Gewerkschaftsvorsitzenden umgehängte Tarnmantel lautete: Kampf dem Nazismus! Von den 45.000 Handwerksbetrieben müssten sofort 25.000 geschlossen werden, weil sie nazistisch verseucht seien.

Dieser Unterstellung hielt Dr. Paul entgegen, dass es sich, wenn überhaupt, um reine Mitläufer handele. Alle stärker Belasteten waren durch die Sequestrierung bereits ausgeschaltet worden. Ohne diese „Flickerei" sehe es bei der katastrophalen Wirtschaftslage noch viel schlimmer aus.

Während sein Besucher weiterhin darauf pochte, dass die 25.000 Handwerker immer noch eine politische Gefahr bedeuteten, machte ihn Dr. Paul darauf aufmerksam, dass in seiner Gewerkschaft mindestens 100.000 ehemalige Nazi-Mitläufer organisiert waren. Ob das eine nicht viel größere Gefahr bedeutete. Der Herr Vorsitzende möchte also konsequenterweise erst einmal seine eigenen Reihen säubern. Nahezu täglich hatte der Thüringer Ministerpräsident derartige Debatten zu führen. Diese „frei" werdenden Arbeitskräfte sollten auch noch schnellstmöglich in die Urangruben Sachsens verpflichtet werden. Nur damit die Russen schneller zu ihrer ersehnten Atombombe kamen. Nachdem der Mühlhäuser Stadtrat, Dr. Max Roer, anlässlich eines Besuchs in Weimar von Dr. Paul über die neuen Berliner Forderungen informiert worden war, hatte er in seiner Mühlhäuser Kanzlei eine Ausrechnung vorgenommen und festgestellt, dass, wenn sich diese Forderung erfüllte, mehr als fünfhundert Kleinbetriebe in der Region auf der Strecke blieben. Selbst Dachdecker zählten dazu, Schornsteinfeger, Klempner, Schmiede. Das bedeutete, dass selbst wenn Frauen in die Bresche springen würden, die Basisversorgung gänzlich darniederlag. Daher wunderte es den Stadtrat nicht, als er erfuhr, dass sich der Thüringer Ministerpräsident nach dem Westen abgesetzt hatte.

Den Ausschlag für die Flucht des Thüringer Ministerpräsidenten Dr. Paul hatte eine Auseinandersetzung zwischen ihm und einem Moskauer General gegeben. Es ging um die Thüringer Kaligruben. Zunächst hatten die Sowjets keinen einzigen sequestrierten Betrieb in Thüringen beansprucht. Kein geringerer als Marschall Shukow hatte sein Wort dafür gegeben. Doch Shukow war abgelöst worden, sein Wort hinfällig, das Land Thüringen musste den größten Teil jener Betriebe der sowjetischen Militär-Administration als Reparationen übergeben. Weitere Betriebe kamen hinzu, welche die Sowjets kauften, dies allerdings mit bei der Bankenreform gestohlenem und mit unkontrolliert gedrucktem deutschen Geld, um nachher als sowjetische Aktiengesellschaften ihr wirtschaftliches Eigenleben zu führen. Die besten Betriebe darunter, deren wahrer Wert nicht annähernd zur Anrechnung auf die Reparationsleistung gekommen wäre, waren so dem Land Thüringen verlorengegangen. Jetzt, im Sommer 1947, da die endgültige Trennung der besetzten deutschen Zonen noch nicht feststand, versuchten nun die Sowjets durch Grundbucheintragungen, sich für alle Zeiten als Besitzer zu etablieren. Mochte das Land regieren, wer wollte, die Schächte gehörten ihnen. Immerhin hatten ihre „Experten" herausgefunden, dass diese Kaligruben das größte Vorkommen Europas darstellten. Sie waren von unschätzbarem Wert. Da sie nicht wie demontierte Maschinen abtransportiert werden konnten, waren sie, wie hundert andere Objekte, zu sowjetischen AGs geworden. Auch diese waren einmal ausdrücklich aus der Sequestermasse dem Lande übergeben und zum Eigentum des Landes Thüringen erklärt worden. Dr. Paul ließ daher dem General gegenüber keinen Zweifel, dass ihr Vorhaben nicht das geringste mehr mit Reparationen zu tun hatte. Klipp und klar erklärte er ihm, dass die Sowjetunion, wenn sie sich die Thüringer Kaligruben aneignen würde, dreißig Milliarden in Gold bzw. zehn Milliarden Dollar in Gold an Deutschland zu zahlen hätte. Eine Summe, welche nach Ansicht Außenminister Molotows, der gesamten Reparationsforderung der Sowjetunion entsprach. Nichts wollten die Russen bezahlen, bestenfalls die Einrichtungen, die Förderanlagen, das Stützwerk usw. Der letzte Versuch Dr. Pauls war schließlich der Verweis auf den Landtag, der allein darüber zu entscheiden hätte. Doch davon wollte der General überhaupt nichts wissen, schon wegen des Öffentlichwerdens der Angelegenheit.

Damit war der Ministerpräsident am Ende seines Lateins. Er konnte und wollte seinen Namen nicht mehr länger für diese Ausplünderungen hergeben. Sein Amtseid hatte gelautet, sich für das Wohl und den Nutzen des Landes Thüringens einzusetzen. Das konnte er nun nicht mehr.

(Th. Plievier)

Ein Jahr später spitzte sich die Situation für den Mühlhäuser OB auf ähnliche Weise zu. Die wirtschaftliche Not, das Leid der Bürger, dazu der Druck der Besatzungsmacht ließen die chaotischen Verhältnisse in der Stadt nicht abebben.

Zu allem Ärger erreichte den OB Dr. Neumann ein Brief vom Thüringer Präsidialamt aus Weimar, der einer regelrechten Anklage glich. Zu diesem Zeitpunkt hatte die SED allerdings Dr. Neumann bereits seines Amtes enthoben.

Der Ministerpräsident des Landes Thüringen
Weimar, den 10. Sept. 1947
Ausschuß zum Schutze des Volkseigentums, Marienstr. 15
An den Herrn Oberbürgermeister der Stadt Mühlhausen, persönlich
Betr.: Besetzung der enteigneten Unternehmen mit Treuhändern.
Bei der Durchsicht der enteigneten Unternehmen aufgrund meines Rundschreibens Nr. 3 habe ich festgestellt, daß in einer Unmenge von Fällen diese Angaben durch die ehemaligen Besitzer selbstgemacht werden und daß die ehemaligen Besitzer noch heute als Treuhänder diese Schreiben unterzeichnet haben. Dieser Tatbestand ist für mich vollkommen unverständlich, da ich nicht annehme, daß Sie bewußt alle bisher getroffenen Verfügungen des Herrn Minister des Innern sowie die Anordnungen des Ausschusses zum Schutze des Volkseigentums übergangen haben. Ich spare es mir, die einzelnen Verfügungen und Anordnungen aufzuzählen, sondern stelle lediglich fest, daß angeordnet war, daß für jedes Unternehmen schon vor längerer Zeit Treuhänder eingesetzt werden mußten und daß, wie auch alle anderen Herren Oberbürgermeister und Landräte, die Stadt Mühlhausen mir die Durchführung bestätigt hat. Abgesehen von der abgegebenen Falschmeldung ist es unverantwortlich von Ihnen oder dem von Ihnen beauftragten Dezernenten, daß gerade Mühlhausen einen derartigen Zustand aufweist.

Im Interesse des Volkseigentums verlange ich daher von Ihnen, daß Sie persönlich dafür Sorge tragen, daß sofort in allen enteigneten Unternehmen ein Treuhänder eingesetzt wird.

Den Eingang dieses Schreibens und die Durchführung wollen Sie mir bitte bestätigen.
i.V. Lehmann

Natürlich hatte der Mühlhäuser Oberbürgermeister Dr. Neumann mit allen ihm zur Verfügung stehenden Mitteln versucht, Härtefälle zu vermeiden. So weit es ihm möglich war, hatte er auch gegen die Befehle der Sowjets gehandelt. Aus seiner achtjährigen Amtszeit von 1925 bis 1933 kannte er nahezu alle Betroffenen. Es konnte nicht angehen, dass seriöse Geschäftsleute wie C. Schröter und Kölling die gleiche Enteignungsstrafe erhielten wie „Vollblut-Nazis", die längst im Westen lebten.

Nach Erhalt des vom Weimarer Innenministerium an ihn gerichteten Schreibens, diktierte Dr. Neumann seinem bisherigen Stellvertreter, Bürgermeister John, die Antwort. Es war einer seiner letzten „Amtshandlungen", der Brief lautete:

An den Ministerpräsidenten des Landes Thüringen
Ausschuß zum Schutze des Volkseigentums
Vorgang: Ihr Schreiben vom 10.9.1948 – A IV – Le./Br.

Ich bestätige den Eingang Ihres o.a. Schreiben und möchte zunächst die darin zum Ausdruck gebrachte Unterstellung, eine Falschmeldung in Durchführung der ministeriellen Anordnung vom 29. Mai 1948 abgegeben zu haben, auf das entschiedenste zurückweisen. Die Ihnen mit Schreiben vom 7.6.1948 eingereichte Aufstellung hat bis heute – zumindest soweit es sich um in städtischen Besitz übergegangene Betriebe handelt – volle Gültigkeit und auch den für die einzelnen Unternehmen eingesetzten Treuhändern hat sich praktisch nichts geändert. In gar keinem Fall aber ist die Leitung enteigneter Betriebe geblieben. Für die richtige und termingemäße Erstellung der lt. Befehl 8, Nr. 3 erforderlichen Angaben war in einigen Fällen die Hinzuziehung der ehemaligen Besitzer nicht zu umgehen. Von diesen ehemaligen Inhabern wurde nach Abschluß der getroffenen Feststellungen Gegenzeichnung gefordert. Bedauerlicherweise gelangten diese Schriftstücke, die allein für unsere Unterlagen bestimmt waren, in Ihren Besitz, während die für Sie gefertigten Meldebogen mit ordnungsgemäßen Unterschriften der Treuhänder zu den Akten gelegt wurden. Ein Austausch der Meldeformulare kann, sofern Sie es wünschen, noch erfolgen.

Ich darf wohl hoffen, daß diese kurzen Ausführungen zur Klärung des Sachverhalts vollauf genügen.

Die Grundbuchaustragungen der enteigneten Betriebe erfolgten gemäß einem Befehl der sowjetischen Militärbehörden. Sie wurden streng kontrolliert. Die Angestellten des staatlichen Notariats mussten die Austragungen vornehmen. Mit Tusche hatten sie die Firmennamen und Firmeninhaber so zu überstreichen, bis nichts mehr erkennbar war. In regelmäßiger Folge wurden dann die Grundbücher dem Stadtkommandanten vorgelegt. Das zählte zur Tätigkeit der Amtsgerichtsdirektoren. Zunächst war das Dr. Schwarz. Später, nach 1947, Herr Nehring. Hilmar Nehring, ausgebildeter Jurist, galt als außerordentlich korrekter Mann, der mit dieser Art von „Grundbuchlöschung" überhaupt nichts anzufangen wusste. Sie war wohl einzigartig auf der Welt, primitiv und lächerlich, wie er seinen Mitarbeitern bekannte. Der Kommandant nahm bei den Kontrollen die Bücher hoch und hielt die Blätter gegen das Licht. Für Nehring hatten diese Löschaktionen samt solcher Kontrollen mit rationalem Denken und Handeln nichts mehr zu tun. Um so mehr, wenn sich ein erwachsener Mann, zumal ein Offizier, sich derartig kindisch benahm. Später wurde dieses „Kontroll-Amt" von beauftragten „Experten" der SED vorgenommen.

Mit der Sequestration wurde in der Stadt eine Atmosphäre angeheizt, die jeden, der über irgendwelche Besitztümer verfügte, anrüchig machte. Wenn schon kein Nazi, dann musste es ein Kriegsgewinnler gewesen sein. Und wenn kein Kriegsgewinnler, dann war es ein Freund von ihm gewesen, woher sollte er auch zu dem großen Haus mit dem schönen Garten gekommen sein?
So hatte ein gewisser Seiffert „Am Tonberg" Nr. 8 der NSDAP jährlich riesige Spenden zukommen lassen. Sein Haus und sein Vermögen wurden daraufhin konfisziert. Wie sich nach näherer Untersuchung herausstellte, bestand die „große" Parteispende aus einem monatlichen Beitrag von 1 RM und zwar für die „Hilfsaktion für arbeitslose Familien". Der Betrieb und das Vermögen des Altwarenhändlers Paul Stockmann am Untersteinweg war unter Sequester gestellt worden, weil er sein Unternehmen zu einem „wehrwirtschaftlichen Betrieb" ausgebaut hatte. Was viel schwerer wog war, dass er Kriegsgefangene hatte für sich arbeiten lassen.
Nicht nur Geschäftsleute, auch Arbeiter und Nachbarn bescheinigten Stockmann eine große Hilfsbereitschaft. Kaum einer war so wie er mit den ihm zugewiesenen Gefangenen umgegangen. Selbst der frühere Kriegsgefangene René Bureboun aus Südfrankreich schickte eine Fürbitte für Stockmann. Er wüsste nicht, teilte er der Sequesterkommission mit, was aus ihm in Deutschland geworden wäre, wäre er nicht in die Hände von Herrn Stockmann geraten, der ihn gut und menschlich behandelt habe.

Im Haus Schadebergstraße 74 habe sich ein hoher SS-Offizier versteckt, der unmittelbare Untergebene von Reichsleiter Martin Bormann. Was man fand, waren zwei nicht angemeldete Ziegen. Sie wurden der Volksküche zugeführt. In der Sackgasse hieß es, würde ein Elektromeister eine Funkstation aufbauen, um mit dem amerikanischen Geheimdienst Kontakt aufzunehmen und militärische Geheimnisse der in Mühlhausen stationierten Russen preiszugeben. Gefunden wurden zwei ausgediente Autobatterien und ein Radioapparat Marke „Blaupunkt", das der Elektromeister für den Eigengebrauch wieder zurechtbasteln wollte.

Auffallend bei den Sequestrierungen war, dass sich unter den zu konfiszierenden Betrieben sämtliche Druckereien und Verlage befanden. Selbst Betriebe, wie die von Adolf Knorr, die kaum mehr als Tütenaufschriften und Etiketten fertigten, bekamen den Sequester-Bescheid zugeschickt. Keiner der Inhaber war Mitglied der NSDAP gewesen, hier handelte es sich eindeutig um die Sicherstellung von Druckmöglichkeiten, die eventuell der „Klassengegner" für seine Zwecke dienstbar machen konnte. Schließlich hatte Lenin ausgiebig auf solche Gefahren hingewiesen und dementsprechende „Vorarbeit" in Russland geleistet.
Den Protestschreiben der Betroffenen begegnete die SED mit ziemlicher Gelassenheit. Als „kampferprobte" Partei wusste sie allemal Mittel und Wege zu finden, um doch noch ans gewünschte Ziel zu kommen. Eins der Mittel hieß: Kontrolleure in die Betriebe zu schicken.

„Es gehörte nicht viel Intelligenz dazu", erzählte Adolf Knorr, „um die wahren Absichten solcher ‚Besuche' herauszufinden und welche politische Absichten sich dahinter verbargen. Einmal beobachtete meine Frau, wie ein Hygiene-Inspektor sich in einer Ecke der Druckerei zu schaffen machte, wo er normalerweise gar nichts zu suchen hatte.

Meiner Frau ließ das keine Ruhe, bis sie schließlich in einem Packen Altpapier eine „Thüringer Gauzeitung" entdeckte, mit Abbildungen von Nazi-Größen. Uns wurde klar, dass vermutlich schon in den nächsten Tagen eine weitere Kontrolle stattfand, bei der dieses „Beweisstück" unserer wahren Gesinnung „gefunden" werden würde. Tatsächlich tauchte zwei Tage darauf ein Herr vom Wirtschaftsamt auf, der unseren Papierbestand überprüfte. Als er sich dem bewussten Stapel näherte, trat ich dazu, als er nichts fand, sagte ich zu ihm: Na, haben Sie gefunden, wonach Sie suchten? Als er bald darauf verschwand, merkte man ihm an, dass er ziemlich wütend war."

Natürlich unterrichteten sich die Geschäftsleute in der Stadt davon, mit welcher Moral die SED arbeitete. Bezeichnend für die Haltung gegenüber den „Klassenfeinden" zeigte sich auch hier die Sprach- und Schreibgewohnheit der neuen Machthaber. So hieß es bei ihren gegenseitigen Informationen zumeist nicht (z. B.) „Herr" oder „Helmut Schäfer", vielmehr redete man von „dem Schäfer" oder „die Schäfern". – „Schäfer" hat dies gesagt oder getan – „Schäfer sollte öfters mal vorgeladen werden ..." usw.

Die Betreffenden wurden kriminalisiert, ohne straffällig geworden zu sein, eine Gepflogenheit, die später bei der Stasi Schule machte. Es war eine Diskriminierung von Menschen, die für die Amtierenden als „abgestempelt" galten.

Bei ihren Bemühungen um die Beseitigung einer weiteren Privatdruckerei heißt es in einem Schreiben der SED im Mai 1946 u. a.:

Betrifft Druckerei Maschke – Herrenstraße 19/20
(Treuhänder Richard Markewitz)
„... Dort wurde seinerzeit eine Verschiebung vorgenommen insofern, als die Inhaberin Frau Maschke ihren unbelasteten Sohn notariell die Hälfte des Vermögens überschreiben ließ.

Herr Markewitz wurde zwar als Treuhänder eingesetzt, aber führend im Geschäft ist Herr Maschke. Die Überschreibung darf nicht als gültig angesehen werden. Dieser Fall soll noch einmal genau überprüft werden, ob eine Möglichkeit besteht, Herrn Maschke aus dem Betrieb zu entfernen ..."

Natürlich fand sich bald schon eine Möglichkeit, diesen Miteigentümer von seinem Besitz zu trennen. Neun Druckereien existierten seinerzeit in Mühlhausen. Eine der am härtesten „umkämpften" wurde die der Firma Rudolf Sayle Buch-, Stein- und Offsetdruckerei, Buchbinderei und Verlag Mühlhausen, Steinweg 51. Am 29.1.1946 schrieb der Junior-Chef der Firma, Rudolf Sayle, empört an den Thüringer Ministerpräsidenten Busse, ihn dabei um Hilfe bittend:

„In vollkommen ungesetzlicher Weise wurde mir heute durch Herrn Lohs ohne Beschluß der Stadtkommandantur ein Treuhänder in den Betrieb gesetzt. Ich erkenne durch die Ungesetzmäßigkeit die Einsetzung des Treuhänders nicht an und erhebe schärfsten Protest gegen diese vollkommen eigenmächtige Maßnahme des Herrn Lohs …"

In seinen Akten machte Rudolf Sayle jun. dazu noch folgende Notiz:

„Lohs und Launert anscheinend eigenmächtig und nur mithilfe der Stadtkommandantur als ‚Treuhänder' tätig."

Innerhalb weniger Tage kam es dann zu einer dramatischen Auseinandersetzung zwischen der um ihre Existenz ringenden Familie Sayle und den Mühlhäuser Kommunisten und deren Helfershelfern. In einer Art von Tagebuch hielt dabei der Junior-Chef die wichtigsten Phasen fest:

29.1.1946 Schommer (Paul) meldet sich bei mir als nunmehriger Treuhänder unserer Firma und wird zweimal von mir zurückgewiesen. Er droht mit meiner Verhaftung durch die Polizei.

30.1.1946 Schommer kommt, behauptet mit dem Oberbürgermeister gesprochen zu haben. Ein Anruf von mir ergibt, daß dies nicht wahr ist. Ich schicke ihn daraufhin wieder weg. Schommer kommt daraufhin mit Lohs (Erich) und Launert (Gerhardt) und fordern mich zur „Schlüsselübergabe" auf. Wiederum Anrufe beim Oberbürgermeister. Sie ergeben, daß ich im Recht bin und den Betrieb behalte. Daraufhin droht mir Launert mit der Militärregierung. Er werde sie kommen und mich abführen lassen. Eingeschüchtert gebe ich nach. Schommer wird als Treuhänder eingewiesen.

31.1.1946 Schommer sieht die Bücher ein und unterzeichnet als einzig Bevollmächtigter allen Schriftverkehr. Er stellt fest, daß die Löhne sehr hoch seien. Der Privatverbrauch sehr gering. (90.- RM die Woche).Die Weihnachtsgelder seien für unseren Betrieb zu hoch.

1.2.1946 Schommer entläßt Weidermann nach Vorlage der Arbeiternehmerliste. Der Mann war 33 Jahre im Geschäft und unser bester Setzer.

5.2.1946 Deussing (Nichtarier) wurde 1942 von meinem Vater im Betrieb eingestellt. Mein Vater tat dies, obwohl er wußte, daß ihm daraus Nachteile entstehen konnten. Deussing will nun für meinen Vater aussagen. Meine Schwester war während des Krieges dreimal in Weimar gewesen, um Deussing von der Zwangsarbeit frei zu bekommen. Die Familie Deussing wurde in dieser Zeit auch geldlich unterstützt. Ich bin mit Deussing bei Launert und Lohs gewesen, Deussing hat beiden gegenüber seine Aussage gemacht und Briefe vorgezeigt, die alles bestätigen.

5.2.1946 In Gegenwart von Herrn Deussing bestätigt Launert seine Drohung mir gegenüber mit der Militärregierung.

6.2.1946 Schommer sagt folgendes: „Ich habe nur eine parteiliche Aufgabe zu lösen, so lange die Verhältnisse nicht geändert sind, bleibe ich bei Ihnen im Betrieb und werde dafür sorgen, daß nur die grundsätzlichen Interessen meiner Partei vertreten werden."

7.2.1946 Anruf von der KPD-Kreisleitung. Bei uns würde eine Buchhalterin gesucht. Ich verneine und mache mir Gedanken, was das bedeuten soll.

8.2.1946 Besprechung mit Schommer und Betriebsräten. In der kommenden Woche soll endgültig die Enteignung erfolgen. Mein Vater und meine Schwester sollen den Betrieb verlassen.

12.2.1946 In Gegenwart des Betriebsrates setzt Schommer meinen Vater als Betriebsführer ab. Schommer tritt an die Stelle meines Vaters.

Ich verliere meine Funktion als Betriebsführer, darf die Personalsachen und Verhandlungen des Betriebsrates ect. nicht mehr machen. Die Offsetabteilung behalte ich nur als Angestellter mit Bewährungsfrist. Meine Schwester muß sofort die Kasse abgeben und hat nur noch die Auftragsbearbeitung. Die Technische und Personalleitung übernimmt sofort für mich Herr Hellmann (Buchbinder & Betriebsobmann).

13.1.1946 Eine Betriebsversammlung. Von der Familie durfte niemand anwesend sein. Auf Anweisung von Herrn Hellmann wurde meine Schwester, obwohl jetzt auch nur im Angestellten-Verhältnis, fortgeschickt. Schommer äußert sich mir gegenüber wie folgt: „Ich habe mit dem gestrigen Tag den Betrieb übernommen und werde aus ihm machen, was Sie nicht wollten – einen Partei-Betrieb."

14.2.1946 13 Uhr Gehe zur Kommandantur, erhalte Schriftstück, aus dem zu ersehen ist, daß ein Treuhänder nicht erforderlich ist. Auf der Kommandantur wird uns mündlich bestätigt, daß Treuhänder nicht erforderlich ist und im Betrieb nichts zu suchen hat. Setze Schommer davon in Kenntnis. Dieser tobt, läuft zum Telefon, ruft Lohs an und droht mir mit Verhaftung. Er brüllt: „Das wird Ihnen und Ihrer Familie teuer zu stehen kommen." Dann werden die Betriebsräte ins Büro geholt. Ich komme wieder ins Büro. Schommer fordert mich auf, unverzüglich das Büro zu verlassen. Ich gehe. Gleich darauf ging ich wieder zur Kommandantur, der zuständige Offizier sagt mir, ich solle in den Betrieb zurückgehen und Schommer hätte dort nichts mehr zu suchen. Treuhänder und ich sollen um 17 Uhr auf die Kommandantur kommen. Bin um 17 Uhr mit meiner Schwester auf Kommandantur gegangen. Schommer wird der Treuhand-Ausweis entzogen. Er soll sich mit Herrn Lohs dort melden.

15.2.1946 Da am gestrigen Tag Herr Lohs und Schommer nochmal zur Kommandantur kommen sollten, frage ich heute vormittag nach dem Ergebnis. Es wurde mir gesagt, daß Schommer als politische Aufsichtsperson im Betrieb verbleibe!

Verlagsdruckerei G. Danner Bei der Marienkirche 13 u. Wahlstr. 3/5 Gründer u. Herausgeber des „Mühlhäuser Anzeiger" (Frei von politischer und wirtschaftlicher Bindung)

Im Dezember 1945 wird die Firma unter Sequester gestellt. Die Eigentümer dürfen keine Vermögensänderungen in Sachen und Recht vornehmen bis zu einer eventuellen Aufhebung des Sequesters.

1946 März: Der Betriebsrat fordert die Enteignung der Firma und sendet eine entsprechende Resolution nach Weimar. September: Die Enteignung ist nicht zulässig. Dies beschließt eine aus allen Parteien gebildete Kommission unter dem stellvertretenden Ministerpräsidenten. Es können keine Belastungen aus der NS-Zeit gegen den inzwischen verstorbenen Karl Kressmann vorgebracht werden und Eva Falk (Tochter) falle ohnehin unter die Jugendamnestie. Das Sequester wird aufgehoben.

1948 Mitte: Die 16-seitige Rotationsmaschine wird als Reparationsleistung demontiert und einer KPÖ (Kommunistische Partei Österreichs) – Druckerei in Wien zur Verfügung gestellt. Die Firma kann ohne diese Maschine leben, aber: sie erhält eine Abfindungszahlung von etwa 50 000.– RM. Diese Einnahme kommt 1949 zur

Versteuerung, als die Währungsreform in der Ostzone schon stattgefunden hat. Das vereinnahmte Geld darf jedoch nicht abgewertet zur Versteuerung kommen, die Einkommensteuer ist in neuem Geld zu zahlen. Zur Abhilfe muss ein Haus verkauft werden und auch eine Setzmaschine.

1949 Juli: Gewerbe für zunächst 4 Jahre an den „Thüringer Volksverlag GmbH, Weimar" verpachtet. Dann wird die Situation für die Firmeninhaber unhaltbar.

1988 April: Die Inhaber (Fam. Falk – Wiesbaden) finden bei einem Besuch in Mühlhausen die Produktionsstätte völlig ausgeschlachtet vor.

Es geschah am 1. April 1949, als die Mitinhaberin der Buchdruckerei Gerlach, Wahlstraße 84, Margarete Gerlach, von der deutschen Volkspolizei wegen schwerer Wirtschaftsverbrechen verhaftet wurde. Noch während sie zur Untersuchungshaft nach Heiligenstadt gebracht wurde, begannen Vertreter des Mühlhäuser „Kreiskontrollausschusses" mit der Durchsuchung ihrer Wohnung. In Anwesenheit der mit ihr dort lebenden Mutter und Schwestern beschlagnahmten die „Kontrolleure": Lebensmittel, Wäsche, Privatpapiere, Gebrauchsgegenstände, einen Fotoapparat.

Vor allem ging es um Bargeld und Sparbücher. Immer wieder wurden die eingeschüchterten Frauen von dem Anführer der Truppe, August Schröter, lautstark dazu aufgefordert, alles versteckte Geld herauszurücken. Wenn sie dies nicht täten, erginge es ihnen schlecht. Als er aus einem Schrank eine Zigarrenkiste mit gebündelten Geldnoten holte, schrie er euphorisch: „Und was ist das!?" Wie sich herausstellte, handelte es sich um wertloses Mühlhäuser Inflationsgeld, das bestenfalls Sammlerwert besaß. Schröter entschuldigte sich für sein Auftreten durchaus nicht, vielmehr nahm er auch dieses mit.

Der Gipfel war die Beschlagnahme von fünf Ampullen Strophantin, das die schwer herzkranke Mutter der Verhafteten unbedingt brauchte. Erst nach dem energischen Einschreiten von Frau Dr. Hildegund Heyser, die geholt worden war, wurden zwei Ampullen freigegeben.

In den darauffolgenden Tagen erfuhren die Frauen genauere Einzelheiten über die gegen die Firmeninhaber Christian und Margarete Gerlach erhobenen Beschuldigungen. Christian Gerlach sollte zusammen mit seiner Tochter Margarete wertvolle Druckmaschinen nach dem Westen verschoben haben. Außerdem unterhalte er seit längerem enge wirtschaftliche Beziehungen zu Westfirmen, denen er Unmengen von Rohstoffen hätte zukommen lassen.

Tatsache war, dass Christian Gerlach vor einiger Zeit eine Anilindruckmaschine bei der Leipziger Maschinenbaufirma Kohlbach & Co. bestellt hatte. Darüber hatte er auch mit seinem in Hessisch-Lichtenau lebenden Sohn korrespondiert und ihn gebeten, gegebenenfalls Unterstützung bei der Forcierung der Angelegenheit zu geben, da an diese Maschinen schwer heranzukommen war und der Sohn ein schreibgewandter Mann war.

Was die „Westfirmen" betraf, mit denen Gerlach „Schiebergeschäfte" gemacht haben sollte, so handelte es sich um die drei langjährig mit Gerlach befreundeten Eschweger und Wanfrieder Betriebe Saul, Grosse und Franke. Ohne die Hilfe dieser Firmen hätte sein Betrieb bei der ostzonalen Rohstoffnot, die insbesondere in seiner Branche herrschte, wahrscheinlich gar nicht überlebt. Immerhin beschäftigte er zwanzig Leute, die mussten bezahlt und auch die entsprechenden Steuern abgeführt werden. Schon aus diesem Grund hatte sich Christian Gerlach einen Interzonenpass besorgt. Dank ihm hatte er die Möglichkeit, ständig kleinere Mengen Material, wie Heftklammern und -draht, Spezialleim, Maschinenöl usw. heranzuschaffen. Auch jetzt weilte er deswegen in Hessen. Der Betrieb wurde unter Sequester gestellt, ein Treuhänder eingesetzt. Keine der Frauen durfte mehr die Druckerei betreten.

Während Tochter Margarete eine schikanöse Untersuchungshaft durchleiden musste, erhielten ihre Mutter und ihre Schwester 100.– DM Unterhaltsgeld, mit denen sie einen Monat lang auskommen mussten. Alle Anstrengungen, mit Hilfe von Freunden und dem Rechtsanwalt Michael Hahn den Betrieb zurückzubekommen, misslangen. Auch die Anfrage der Frauen, mehr Geld zu erhalten, scheiterte.

Stadtrat Dr. Hintze Mühlhausen
17. Juni 1949
An Fam. Gerlach
Betr.: Treuhandschaft Buchdruckerei Christian Gerlach
Bezug auf Ihren Antrag vom 10. Juni 1949

Mit Rücksicht auf das gegen Ihre Tochter Margarete Gerlach schwebende Strafverfahren ist eine Aufhebung der Treuhandschaft für den Betrieb zurzeit nicht möglich. Auch eine Erhöhung des Unterhaltsbetrags von monatlich 100.– DM, den Sie vom Treuhänder erhalten, kann nach der derzeitigen Lage des Betriebes nicht verantwortet werden. Wir stellen Ihnen anheim, den letzten Antrag gegebenenfalls nach etwa 3 Monaten zu wiederholen. Wir werden dann in einer erneuten Prüfung darüber entscheiden, ob die Lage der Firma sich bis dahin gebessert hat und eine höhere Unterstützung, ohne Beeinträchtigung der Interessen des Betriebes, gezahlt werden kann.

gez. Dr. Hintze.

Nach mancherlei Rückschlägen auf dem Weg zur wirtschaftlichen Umgestaltung des Landes war der SED-Kreisleitung der „Fall" Gerlach gerade recht gekommen. Der „Fall" gab alles her, um die ganze Verderbtheit einer typischen Bourgeoisie-Familie in der Öffentlichkeit anzuprangern. Vordergründig handelte es sich scheinbar um ein alteingesessenes Unternehmen mit solidem Geschäftsgebaren. Gerade weil der Senior-Chef ein nachgewiesener Nazigegner gewesen war, sollten nun endlich seine „Schattenseiten" aufgedeckt werden. Doch der Prozess verlief für die SED alles andere als erfreulich. Bei der am 1. Juni 1950 im Mühlhäuser Landesgericht anberaumten Verhandlung gegen Margarete und Christian Gerlach konnte der Verteidiger, Rechtsanwalt Hahn, sehr bald die Unhaltbarkeit der Anklagepunkte nachweisen. Der als Westflüchtling beschuldigte Christian Gerlach war nicht, wie es hieß, illegal aus der Zone entwichen, vielmehr war er mit einem ordentlichen Interzonenpass nach Hes-

Christian Gerlach

sen gefahren, um sich dort mit Verwandten und Geschäftsfreunden zu treffen. Im übrigen sei es traurig genug, dass der Angeklagte auf Grund der Aufregungen, die ihn aus Mühlhausen erreicht hatten, inzwischen im Westen an einem Schlaganfall verstorben war. Was die Verschiebung einer Anilindruckmaschine betraf, so konnte Hahn anhand des mit der Leipziger Firma Kohlbach & Co. geführten Schriftverkehrs nachweisen, dass weder diese noch andere Maschinen geliefert worden waren – weder nach Mühlhausen noch nach Hessen, wobei die damalige Bestellung allein Christian Gerlach vorgenommen hatte und seine Tochter Margarete diesbezüglich keinerlei Schritte unternommen hatte. Allein der Punkt der „Verschiebung von Druckerzeugnissen und Rohstoffen" nach dem Westen blieb von Bestand. Der Umfang war allerdings derart gering,

Margarethe Gerlach

dass von einem „Verbrechen" kaum die Rede sein konnte, zumal der Vorteil eindeutig bei der Ostzone lag. Weder war wertvolles Papier noch anderer Rohstoff an die Eschweger Firmen geliefert worden, im Gegenteil, diese Firmen hatten für ihre Druckaufträge jede Menge Altpapier und wertvolles Druckpapier, darunter ganze vier Ballen, nach Mühlhausen geschickt. Das Urteil daraufhin lautete: Mit der neunmonatigen U-Haft sei die Strafe für Margarete Gerlach abgegolten. Ab sofort befand sie sich wieder auf freiem Fuß.

Die Reaktion bei der SED-Kreisleitung war entsprechend. Die Schuld für den für sie so blamablen Ausgang des Prozesses schob sie vornehmlich den „Rechtsverdrehern" beim Mühlhäuser Landesgericht zu. Allein schon die Art, wie Staatsanwalt Kleinspehn die Haftaufhebung der Gerlach veranlasst hatte, empfand sie als empörend. „Ein Verteidiger hätte es nicht besser machen können."

Durch den Schriftverkehr mit der Firma Maschinenfabrik Kohlbach & Co., Leipzig, ist festgestellt worden, daß eine Anilindruckmaschine von dort gar nicht ausgeliefert worden ist. Also eine Verschiebung nicht stattfand. Die Verschiebung von Druckerzeugnissen nach dem Westen geschah zudem in einem so geringem Umfange, dass eine hohe Strafe nicht zu vertreten ist.
Landesgericht Mühlhausen gez. Kleinspehn

Die Reaktion der SED-Genossen über den nach ihrer Meinung völlig schiefgelaufenen Prozess zeigte sich am 14. Juni 1950 in einem Kommentar im „VOLK":
JUSTIZIA MIT VERBUNDENEN AUGEN ?
Diese unglaubliche und unvollkommene Entscheidung kann die Bevölkerung in keiner Weise befriedigen. Sie ist nur verständlich, wenn man weiss, dass die Prozessbildung deutlich die immer wieder geforderte unbedingt notwendige Wachsamkeit ausser Acht gelassen hat.
Wir fragen den Herrn Richter Franz Müller, wer denn überhaupt noch zu bestra-

fen ist, wenn nicht die Wirtschaftsverbrecherin G.? Es war ja so einfach einen Toten auf die Anklagebank zu setzen, in dem alle Schuld dem Vater zugeschoben wurde ...

Sie (die Gerlach) hat weiterhin geduldet, dass die Setzer und Drucker zur Begehung unehrlicher Handlung verleitet wurden und hat persönlich Nutzen gezogen aus der Herstellung illegaler Druckerzeugnisse für den Westen mit ihrem Betrieb ...

Wir erwarten, dass das Justizministerium nochmals sehr genau sich eingehend mit diesem „Urteil" des Mühlhäuser Landgerichts beschäftigt, denn es kann nicht angehen, dass derartige Schädlinge frei herumlaufen und ihnen damit weitere Möglichkeit zu geben, uns bei der Entwicklung unserer DDR skrupellos in den Rücken zu fallen.

Doch nicht genug damit. Vier Tage später stießen die Genossen nochmals nach und verkündeten am 18. Juni 1950 im „VOLK":
VERANTWORTLICH IST DIE GANZE KAMMER!
Bei einer Aussprache zwischen der Kreisredaktion und der SED-Betriebsgruppe des Landgerichts über die Lokalspitze „Justizia mit verbundenen Augen" wurde bekannt, dass selbstverständlich nicht der benannte Landesrichter allein, sondern die ganze Kammer für die Urteilsfindung verantwortlich ist, nach deren Meinung des bei der Verhandlung vorliegendem Material, sie zu keiner anderen Entscheidung hatte kommen lassen können.

Damit war der Kampf zwischen „bürgerlicher" und „proletarischer" Rechtsauslegung in Mühlhausen auf dem Höhepunkt angelangt. Zwischen dem, was die Richter und Staatsanwälte im „Fall Gerlach" unter herkömmlichen und dem, was die Partei der Arbeiterklasse unter politisch-ideologischem Recht verstanden, klafften Welten.

Der erste, der noch vor den Mühlhäuser Richtern die Konsequenz daraus zog, war Staatsanwalt Lührs. Gerade er, der sich von der eben gegründeten DDR eine besonders hohe Rechtsverantwortung gegenüber der Bevölkerung versprochen hatte, sah ein, dass er sich schwer getäuscht hatte. Lührs ging nach dem Westen.

Neben zwei ähnlich gelaufenen Verfahren hat der Fall Gerlach entscheidend zur Wende in der Mühlhäuser Justiz-Geschichte beigetragen. Zu den aus Gewissensgründen Mühlhausen den Rücken kehrenden Richtern zählten in der Folge Amtsgerichtsdirektor Hilmar Nehring sowie Frau Erdmann und Herr Kleinspehn. Mit ihnen ging auch noch eine weitere Anzahl von Justizangehörigen. Die Mühlhäuser Bevölkerung indessen hatte mit Bestürzung einmal mehr solche Worte wie die in dem „VOLK"-Artikel verwendeten Worte wie „Schädlinge" registriert. Es war die Sprache des Antihumanismus.

Als Margarete Gerlach im Herbst 1950 ihren Betrieb zurückerhielt, fand sie ihn total heruntergewirtschaftet vor. Nicht nur das Bankkonto war leer, die Maschinen waren verdreckt, teilweise defekt, kein Stückchen Papier lag mehr auf dem Lager. Von den 15 Arbeitskräften standen ihr nur noch 4 Halbtagskräfte zur Verfügung. Der von der SED eingesetzte „Treuhänder" Konrad Krebs hatte alles getan, was zum Ruin der Firma hatte beitragen können.

Trotzdem versuchte die Unternehmerin zusammen mit ihren Schwestern und dem Altmeister Paul Riemann den Neuanfang. Fast grenzte es an ein Wunder, dass sie die Druckerei noch bis 1969 halten konnte. Einen der härtesten Rückschläge hatte sie allerdings schon 1949 hinnehmen müssen, als sie sich noch in U-Haft befand. Damals waren ihre Mitarbeiter Hans Riedel und Fr. K. Müller nach Leipzig zum Verlag VOLK & WISSEN bestellt worden, wo man beiden erklärte, dass die von Herrn Riedel entworfenen Lehrmittel, die später für alle DDR-Berufsschulen Gültigkeit hatten, nur noch im Lohndruck von Leipzig aus zur Anwendung gelangen könnten. Dazu möchte Herr Riedel seine Zustimmung geben. Natürlich hatte H. Riedel das kategorisch abgelehnt. Doch weder sein Protest und die Tatsache, dass sein geistiges Eigentum beim Mühlhäuser Amtsgericht als Patent eingetragen war und das alleinige Verfügungsrecht bei der Firma Gerlach lag, änderte etwas an dem neuen Zustand.

VERHÖHNUNG

Während die Bürger in der Stadt in der Sorge ums tägliche Brot oft nicht ein noch aus wussten, feierten die Großschieber mit Russen und Geschäftsführern der Sequesterkommission rauschende Feste. Zu den Großschiebern zählte „Schorsch" Weiland aus der Karlstrasse, der mit Reifen und Benzin einen schwunghaften Interzonenhandel betrieb und als Dolmetscher fungierte. Dazu kam der Kaufmann E. Dallaserra, der am Industriebahnhof eine Tankstelle hatte. Treffpunkt war das Haus Thomas-Müntzer-Straße 23, die sogenannte „Kaffeemühle". Dieses Gebäude wurde von einem seltsamen Dreigespann bewohnt. Hausherr war der Prokurist und Mitinhaber der Mühlhäuser Bergbrauerei Ernst Lorenz. Seine beiden Mieter waren der sowjetische Major Nikolai Sokolow sowie der 2. Mühlhäuser Polizei-Chef Karl Meyer. An diesem Haus schien die schwere Nachkriegszeit völlig vorbeigegangen zu sein. Es fehlte an nichts, weder an hochklassigen Getränken noch an gutem Essen. Zu seinen Stammgästen zählten die drei L's. Im Gegensatz zu seinem Chef-Kollegen Karl Jaritz, stellte Karl Meyer einen eher jovialen Typ dar, der nicht zuletzt wegen seiner Buchenwald-Inhaftierung zu seinem Posten gekommen war. Ihn störte es offenbar überhaupt nicht, mit den „Kapitalisten" und Schiebern an den Gelagen teilzunehmen. Im Gegenteil. Er und Major Sokolow stellten für die Schieberfahrten nach Hessen die notwendigen Passierscheine aus. Beide waren die schützenden Engel der Bande. Als die Tochter von Ernst Lorenz, Gisela, 1947 einen Mühlhäuser Fleischermeister heiratete, glaubten sich die Mühlhäuser tatsächlich ins Märchenland versetzt. Die Martinikirche, Schauplatz der Ereignisse, versank geradezu in einem Meer von Blumen. Die Rosen für den Brautstrauß waren eigens aus Spanien geholt worden.

So viele Debatten es auch bei der SED-Kreisleitung wegen der nichtabreißenden Kritik aus der Bevölkerung gab – ändern tat sich nichts. Die Bestechungen zwischen Schwarzhändlern, Russen und Amtspersonen waren so gestaffelt, dass sich niemand in der Lage sah, auch nur den geringsten Einfluss zu nehmen.

Wie raffiniert Funktionäre, Amtsinhaber und Spekulanten (u. a. ein Kripo-Chef, zwei Betriebsleiter, ein Hotelier, zwei Ärzte) sich auch später Russen nutzbar zu machen verstanden, zeigte sich in der sog. „Sackgassen-Affäre" 1959. Nachdem durch Bürgerkritik das „Elite-Bordell" aufgeflogen war, stellte sich heraus, dass kein geringerer als der sowjetische Stadtkommandant hier zu Gast gewesen war. Man hatte ihn zu einer Feier geladen, mit ihm gegessen und getrunken, bis plötzlich mehrere nackte „Damen" erschienen und sich mit ihm zu „beschäftigen" begannen – in Anwesenheit zahlreicher Zeugen. Damit war er erpressbar geworden. Daß zumindestens zeitweise die Ordnung der sowjetischen Besatzungstruppe wieder hergestellt wurde, geschah dergestalt, dass zwei der Offiziere, die die Mühlhäuser Schiebereien begünstigt hatten, nach einem Schnellverfahren erschossen wurden. Der eine, Oberleutnant Gorinew, war den Mühlhäusern durch einen langen Ledermantel und sein flottes Auftreten gut bekannt gewesen.

Mit der Einstellung von Leuten wie Linse, Lohs, Launert als Geschäftsführer der „Reinigungskommission" hatte sich die Mühlhäuser KPD/SED zweifellos einen Bärendienst erwiesen. Zu der Zeit, da kaum ein Deutscher ein Auto besaß, nicht einmal Ärzte, fuhren die drei große Luxus-Limousinen. So hatte sich Launert mittels Erpressung einen Mercedes beschafft und zwar durch die Rückgabe eines sequestrierten Geschäftes an den „belasteten" Inhaber.

So übertrug sich die Abneigung gegenüber diesen Männern im vollem Maße auf die politische Führung der Stadt. Für die Bürger bedeutete Kommunismus so viel wie „wegnehmen", „sich ins gemachte Nest setzen", „die große Klappe haben" und „Menschen schikanieren".

Zu diesem Zeitpunkt, Ende 1948, hatten bereits an die 4.000 Bürger der Stadt den Rücken gekehrt. Sie waren nach dem Westen gegangen, weil sie unter den herrschenden Verhältnissen keine persönliche Entwicklungsmöglichkeit mehr für sich sahen.

Vor allem war es die Einschränkung der eigenen Initiativkräfte, ja Lähmung, welche in ihnen die Abneigung gegen das „kommunistische System" stärkte. Wo alles nur von oben diktiert wurde, angefangen von der Arbeit bis hin zur organisierten Freizeitgestaltung, das widersprach ihrer Mentalität. Ihr Lebenssinn trachtete nach Selbstverwirklichung und nicht danach, Vorgekautes nachzukauen.

Zu den damals aus der sowjetischen Besatzungszone Flüchtenden zählten auch zahlreiche SED-Mitglieder. Grenzpolizisten waren darunter, Gewerkschaftler, Pionierleiter. Die mit mehr oder weniger gedämpften Erwartungen in die Partei Eingetretenen hatten bald einsehen müssen, dass der von ihnen erhoffte Neuanfang unter der Führung der Arbeiterklasse sich sehr schnell in kleinliches Postengerangel verfilzte.

Man jagte gute Kräfte davon und übertrug denjenigen die Verantwortung, die den Oberen nach dem Munde redeten. Mittelmäßigkeit machte sich breit, sie beherrschte die Szene bis zum Ende der DDR. So war es in der Verwaltung, an den Hochschulen, in der Wirtschaft. Bedeutende Fachleute und Wissenschaftler wurden von Nichtskönnern weggeekelt, was Regimekritiker wie Robert Havemann anprangerten und dafür ins Gefängnis kamen.

Am 17. April 1948 stellte die Sequester-Kommission gemäß SMAD-Befehl Nr. 64 ihre Tätigkeit ein. Damit galt die sogenannte Überführung der Betriebe von Kriegsverbrechern in Volkseigentum als abgeschlossen.

Hintergrundinformation: An diesem Tag wurden aus dem Speziallager Nr. 10

Torgau 1000 Gefangene und ein Kind mit dem aus 42 Waggons bestehenden Pendelzug Nr. 97101 in die UdSSR deportiert, 951 von ihnen zur Station Suchobeswodnaja zur Abteilung UNSHALAG des MWD.

Am Ende der Sequestrierungen, als die „schwarzen" Schafe von den „weißen" getrennt schienen, gab es dennoch keinen Schluss mit der „Säuberung von oben". In breit angelegter Kampagne ging es nun gegen den Rest der verbliebenen „Kapitalisten" vor. Man wollte sie weg haben und tat dies entgegen aller Gesetzlichkeit – auf eine erschreckend primitive Weise. Unter der Rubrik: „SEID WACHSAM! SCHÄDLINGE BEDROHEN UNSERE WIRTSCHAFT!" erschienen in regelmäßiger Folge Presseberichte, die solche „Volksschädlinge" anprangerten.

Alteingesessene Familien wie die Griesbachs wurden verhöhnt mit Schlagzeilen wie „ HERR GRIESBACH (CDU) STAND VOR EINEM TRÄNENSTURZ". Nur weil der CDU-Abgeordnete anderer Meinung war, als die SED es wünschte, gab man ihn der Lächerlichkeit preis.

„Schieber", „Spekulanten", „Blutsauger", „Tyrannen" zählten zu den üblichen Beschimpfungen der verbliebenen Unternehmer. Sich selbst dagegen lobte die SED auf geradezu penetrante Weise als „hochherzig", „rechtschaffen", „menschenfreundlich", „ehrlich".

Natürlich ging es in den kapitalistischen Betrieben „schlampig" und „chaotisch" zu. Hier mussten die Arbeiter „schuften", während es in den VE Betrieben eine Freude war, dort arbeiten zu dürfen. Dort war alles „sauber", „ordentlich" und „sozial" eingerichtet. Mit dem Chef konnte man menschlich reden, denn er war Genosse. Der kapitalistische Chef hingegen saugte aus, tyrannisierte, quälte seine Leute.

KAPITALISTISCHE MISSWIRTSCHAFT
Schlagzeile aus den VOLK vom 11.9.1948
Wird in diesem Artikel dem Strickwarenfabrikanten Schollmeyer in Silberhausen Schlampigkeit im Betriebsablauf vorgeworfen, mit dem Zusatz: „Für einen Kapitalisten seines Schlages nichts Neues", so erweist sich an gleicher Stelle die VE-Strickwarenfabrik Reinicke in Dingelstädt als das ganze Gegenteil. „Hier atmet schon von außen eine saubere, gesunde Atmosphäre. Ordnung, Sauberkeit, fleißiges Schaffen und gute Kameradschaft erfüllen die Werkräume." Meist hatten die so Angegriffenen gar keine Möglichkeit, sich öffentlich gegen derartige Beschuldigungen zu verwahren und ihren Ruf zu verteidigen. Andererseits konnten die jahrelang eingehämmerten Plattitüden bei der Bevölkerung nicht ohne Wirkung bleiben. Darauf setzte die SED.

WUCHTIGER AUFMARSCH FÜR DIE EINHEIT DEUTSCHLANDS IN MÜHLHAUSEN
hieß es nach der 1.-Mai-Kundgebung 1948. Und mit Schlagzeilen wie:
WIR NEHMEN KEINE RÜCKSICHT MEHR
wurden die Unternehmer über ihre Zukunftsaussichten in der Zone aufmerksam gemacht.

JEDER HAMMERSCHLAG EIN SCHLAG GEGEN DEN KLASSENFEIND
hieß es im VOLK, als anlässlich einer Festansprache zum „Maxhüttenaufgebot" aufgerufen und gegen alle verbliebenen Privatunternehmer gewettert wurde. Mit Vorträgen wie STALIN IST DER LENIN VON HEUTE, den der sowjetische Leutnant Chabalow von der Mühlhäuser Kommandantur vor SED-Funktionären hielt, bestärkte sich die Partei einmal mehr vom unaufhaltsamen Sieg des Sozialismus.

Schon der leiseste Zweifel an der SED genügte den Genossen, um über die Zweifler herzufallen und sie öffentlich niederzumachen. So hatte es das LDP-Mitglied, der Fabrikant Knöpfel, es gewagt, sich bei einer Kreistagssitzung über die seines Erachtens bestehenden Unzulänglichkeiten des von der SED vorgelegten Zweijahresplanes zu äußern. Wenige Tage darauf erschien im Mühlhäuser „VOLK" unter der Überschrift:

ZU KNÖPFELS GLANZZEITEN GAB'S DAS NICHT
Wir antworten einem reaktionären Unternehmer
Unter anderem hieß es:
„Der Oberdorlaer Textilfabrikant Knöpfel konnte es sich nicht verkneifen, als Verteidiger kapitalistischer Privatinteressen Giftpfeile gegen den Wirtschaftsplan abzuschießen. Wie ein rotes Tuch auf den Stier wirkte auf den CDU-Vertreter Knöpfel die Tatsache, daß der Plan gerade von der SED aufgestellt worden ist.
Es paßt dem Herrn Fabrikanten anscheinend gar nicht in seinen Plan, daß die Partei der ehrlich schaffenden Massen auch plant, wie das Volk endlich wieder herauskommt aus dem durch private Pläne profitgieriger Kapitalisten hervorgerufenen Chaos …
Zum Abschluß Herrn Knöpfel noch einen Rat: Wenn Ihnen der Wirtschaftsplan nicht gefällt, dann packen Sie noch heute Ihren Koffer und gehen Sie zu Ihren Freunden jenseits der Werra. Wir würden Ihren Betrieb gern in die Hand des Volkes überführen. … Sollten Sie aber bleiben und versuchen nicht nur mit Worten, sondern auch mit Taten zu sabotieren, dann werden wir Sie ohne gepackten Koffer zum Teufel jagen!"

War ein Fabrikant aus Überzeugung kein Nazi gewesen, so drehte man das, wie im Fall des „Gutsbesitzers" Kurt Kleinschmidt auf eine Weise um:
DER „HERRENMENSCH" IN DER „ROTEN LÖWENMÜHLE"
Das Antlitz eines Reaktionärs – Aus den Knochen der … saugt er seinen Vorteil.
Der Besitzer Herr Kleinschmidt machte schon des öfteren nachteilig von sich reden. Im Gegensatz zu anderen Trägern der bekannten Ideologie ist deren verdientes Schicksal nur rein zufällig dadurch erspart geblieben, daß er als Logenbruder nicht in die NSDAP aufgenommen werden konnte. In den vergangenen drei Jahren hätte er nun eigentlich Zeit und Gelegenheit gehabt, sich umzustellen und Beweise eines besseren Menschentums zu erbringen. Aber daran denkt Herr Kleinschmidt nicht im geringsten … Wir fragen mit Nachdruck: Wie lange noch darf solch tyrannischer Geist noch herrschen, und weshalb wurde nicht längst gegen ihn eingeschritten?

„Einschreiten! – Wegräumen! – Ausmerzen! – " Immer wieder trat die SED mit diesen Parolen an die Öffentlichkeit. Dabei störte es sie nicht, sich als Freimaurer-Gegner zu erklären, als ob nicht Tausende von Freimaurern als Antifaschisten gewirkt, verfolgt und ins KZ gekommen wären. Ihr Demokratieverständnis dagegen sahen die Genossen darin, nunmehr eine Bauerndelegation auf dem Kleinschmidtschen Grundstück aufmarschieren zu lassen, die eine Begutachtung vornehmen sollte. Natürlich war aus der „Roten Löwenmühle" inzwischen eine „Rattenmühle" geworden und natürlich befanden die zu „Richtern" avancierten Landwirte, dass das heruntergewirtschaftete Gut sofort in die Hände eines Treuhänders gehörte.

Gleichzeitig mit diesem Kampf gegen die im Stadt- und Landkreis verbliebenen „Kapitalisten" ging die SED gegen die Blockparteien vor. Meist konnte sie damit gleich zwei Fliegen mit einer Klappe schlagen, denn die meisten Unternehmer waren Mitglieder der LDP und CDU. Wo anders als hier hätten sie noch Hilfe bei ihrem Ringen gegen die übermächtige SED finden können? Möglicherweise noch bei der „Handwerkskammer", die in Mühlhausen ihren Sitz in der Felchtaerstraße 27 hatte. Tatsächlich waltete da eine Person, die auf geradezu einzigartige Weise diese Menschen unterstützte: Ella Lauche, ihres Zeichens Sachbearbeiterin und Vorstandsmitglied der LDP. In mehr als 20 Jahren half sie in nie erlahmender Tatkraft den „großen" und „kleinen" Geschäftsleuten bei ihren Auseinandersetzungen mit der SED-Bürokratie, die es darauf angelegt hatte, ihnen das Leben so schwer wie möglich zu machen.

Immer wieder redete sie ihnen Mut zu. Sie hieß sie, die oft schon gepackten Koffer wieder auszupacken und überredete sie zum Dableiben. „Nicht weichen!", hieß ihre Parole. Hunderte von Briefen schrieb sie jedes Jahr für ihre Schützlinge. In Tausenden von Telefonaten wetterte sie mit Funktionären, um das Minimum verbliebenen Rechts für ihre Leute zu wahren. Sie drohte mit Presse-Veröffentlichungen in ihrer Parteizeitung und besorgte einen Rechtsanwalt, wenn einem der „ihren" Gefängnis drohte. Und immer wieder knüpfte sie Verbindungen. Wenn keiner mehr weiter wusste, Ella Lauche besorgte Ersatzteile, ließ reparieren, wusste, wo noch Material lagerte, wie man an Benzin kam. Es war ein Kampf im Verborgenen, von dem die Öffentlichkeit kaum etwas merkte, von dem aber viele Menschen profitierten.

Ella Lauche

So kam eins zum andern. Der Mühlhäuser CDU-Vorsitzende Fuhlrott musste es sich gefallen lassen, vor den Stadtkommandanten zitiert zu werden und sich dessen Standpauke anzuhören, weil er unter Sequester gestellte Parteifreunde bei der Abfassung ihrer Protestschreiben geholfen hatte.

Während die Genossen der SED laut Presse-Schlagzeilen „Ehrliche Blockpolitik im Stadtparlament" anboten, trieben die CDU-Direktoren „böse Vetternwirtschaft in Heyerode". Drei Volkseigene Betriebe existierten damals in Heyerode: 1 Strick-

und 2 Zigarrenfabriken mit insgesamt 250 Beschäftigten. Dass die meisten davon CDU-Wähler waren, schien der SED unbegreiflich zu sein, denn sie stöhnte laut, alles, selbst die BGL, sei in den Händen der CDU.

„Man meint, die Zeit ist stehen geblieben. Die früheren reaktionären Unternehmer haben bis heute ihre Betriebe kommunistenrein gehalten. Ist unsere Partei (SED) wirklich so machtlos gegen einen solchen schlecht versteckten Gesinnungsterror? … Die 154 Genossen von Heyerode beginnen das Vertrauen zur Partei als führende Kraft der Arbeiterklasse zu verlieren, weil alle Meldungen über diese Zustände (dass in den Heyeröder Fabriken keine Genossen eingestellt würden) bisher unbeachtet blieben …"
DAS VOLK vom 25.8.1949

Höhepunkt des Skandals

WIE LANGE NOCH BLEIBT LAUNERT MITGLIED DER VVN?
Großhändler saufen, während das Volk arbeitet
(DAS VOLK v. 25. Januar 1949)
(VVN = Verband der Verfolgten des Naziregimes. Seine Mitglieder genossen in der DDR zahlreiche Vorrechte.)

Gegen Mitternacht des 6. Januar 1949 war in der Brunnenstraße ein Ehepaar namens Zierentz auf dem Gehsteig angefahren und dabei schwer verletzt worden. Der vermutlich stark angetrunkene Fahrer war davongerast, ohne sich um die Opfer zu kümmern. Bereits eine Stunde später jedoch konnte unter dem dringenden Verdacht der Täterschaft „der als Trinker nur allzu bekannte Mühlhäuser Großhändler Gerhard Launert festgenommen werden." Als wenige Tage später das „Mühlhäuser Volk" unter der Überschrift „War es Herr Launert?" über den Vorfall berichtete, hatte Launert sein bis dahin „freches Leugnen", nichts mit der Sache zu tun zu haben, aufgegeben und ein Geständnis abgelegt. Zugleich aber war über einen Gewährsmann von ihm bekannt gemacht worden, dass sich jeder, der ihm in dieser Sache zu nahe komme, in acht nehmen sollte. Insbesondere den Schreiber des gegen ihn gerichteten Artikels würde er sich noch vorknöpfen, „denn er hätte einen langen Arm!"
Die Reaktion der Mühlhäuser Bevölkerung glich einem tiefen Aufatmen. Anscheinend gab es doch noch so etwas wie Gerechtigkeit. Launert hinter Gitter! Das war tatsächlich eine Sensation. Auch die Reaktion der Mühlhäuser SED-Kreisleitung war eine ganz erstaunliche, wie sie zu dem ihr mehr als unangenehmen Vorfall stand. Drei Jahre lang hatte dieser Mann in ihrem Auftrag gehandelt. Hunderte von Familien waren durch ihn in Verzweiflung gestürzt worden. Plötzlich wussten die Genossen: Ein Säufer sei er gewesen. Er hatte Unterschlagungen gemacht, hatte sich spicken lassen, hatte bestochen. Man entsann sich sogar, dass dieser Verkehrsunfall gar nicht der erste war. Launert hatte schon einmal ein Kind totgefahren. – „Er hatte gesoffen und gesoffen", ließ man der Presse wissen. Und was seine Mitgliedschaft in der VVN (Vereinigung der Verfolgten des Nazi-Regimes) betraf, so war man sich ziemlich sicher, dass Launert nicht als Nazi-Gegner, sondern wegen Urkundenfälschung und Schiebereien im Nazi-Knast gelandet war.

Geradezu herausfordernd schrieb ein naiver Korrespondent kurz darauf:
„So wie der Bestechungsversuch durch Launerts Geschäftskompagnon Hadrossek an uns abgeprallt ist, so fürchten wir auch nicht den „drohenden langen Arm" Launerts. Im Gegenteil, wir würden es begrüßen, wenn er in Tätigkeit tritt, damit wir sehen können, wer in Weimar, Erfurt oder sonstwo diesen skrupellosen Großhändler deckt."

Er sollte sich wundern. Schon wenige Tage nach seiner Festnahme befand sich „der gewissenlose Säufer Launert" zur allgemeinen Empörung der Mühlhäuser wieder auf freiem Fuß. Und er wunderte sich noch mehr, als er erfuhr, wer dies veranlasst hatte: Die Oberstaatsanwaltschaft Erfurt!

Das war aber längst noch nicht alles. Launert fuhr weiterhin seinen Mercedes, während die Ärzte im Krankenhaus um das Leben der von ihm überfahrenen Frau kämpften. Die öffentliche Anfrage, wieso die Polizei den Wagen des Großhändlers noch nicht sicher gestellt und sein Führerschein noch nicht eingezogen hatte, blieb unbeantwortet.

So verwunderte es kaum noch, als bei dem am Mühlhäuser Amtsgericht durchgeführten Prozess gegen den Verkehrssünder Launert nichts weiter als „ein unglaublich mildes Urteil" herauskam. 9 Monate Gefängnis wegen fahrlässiger Körperverletzung. Freispruch von der Anklage wegen Fahrerflucht mangels Beweise. Danach war der Angeklagte in dieser Nacht nur leicht angeheitert gewesen, des weiteren hatte er unter Gedächtnisschwund gelitten. Alle „Gutachter" sprachen sich positiv für Launert aus. Einer der bemerkenswertesten Sätze von Gutachter Dr. Born lautete: „Herr Launert hätte ein Unmensch sein müssen, wenn er tatsächlich bemerkt hätte, was er angerichtet hatte und trotzdem weitergefahren wäre."

Nicht nur, dass die Hauptbelastungszeugin, Polizeimeisterin Richter, die versichert hatte, Launert würde durch ihre Aussage für lange Zeit hinter Gitter kommen, kurz nach dem Unfall von Mühlhausen versetzt worden und zum anberaumten Gerichtstermin nicht erschienen war – viele weitere mysteriöse Vorgänge spielten sich ab. Akten verschwanden, auch „Zeugen", die sich erst viel später oder überhaupt nicht mehr meldeten. Den „langen Arm" Launerts hatte es jedenfalls tatsächlich gegeben.

Am Ende der erhofften „Revolution von unten" war das ganze Gegenteil eingetreten. In einer breiten Solidarisierungsfront hatten sich die Bürger vor ihre „Ausbeuter" gestellt. Sie verteidigten die „Volksfeinde" mit Worten und Taten in einer Leidenschaft, die für die KPD/SED geradezu bestürzend war.

So schrieb der Mühlhäuser Bürgermeister Karl John in einem abschließenden Bericht auf eine Anfrage des THÜRINGER VOLKSVERLAGES GmbH Weimar am 12. März 1948:

Sehr geehrte Schriftleitung!

… Die Mitarbeit der Bevölkerung bei der Durchführung der Entnazifizierung, der durch den Befehl 201 eine ausschlaggebende Rolle zugedacht worden war, ist in der Praxis gleich Null gewesen. Belastendes Material ist der Kommission überhaupt nicht zugegangen, Belastungszeugen haben sich nur in den seltensten Fällen gemeldet.

„Angesichts des verschärften Klassenkampfes" ordnete die SED daher an, nunmehr „Volkskontrollausschüsse" zu bilden, die zum „Schutze des Volkseigentums" gegen das sich häufende Schiebertum und immer öfters auftretende Sabotageakte.

Sie knüpfe, wie sie stolz verkündete, dabei an die Erfahrungen der Arbeiter- und Bauerninspektionen in der Sowjetunion an. Was sie dabei verheimlichte war, dass die Inspektoren seinerzeit mehr als 37.000 Personen ermordeten, Kulaken vor allem, aber auch Einzelbauern. Trotz oftmaliger Anzeigen der Bürger, denen die Schiebereien in den Verwaltungsstellen nicht entgingen, tat sich in dieser Richtung kaum etwas.

So war es eher eine Blamage für den Staat, dass 1957, 12 Jahre nach Kriegsende, in den Zeitungen immer noch von „Hamsterern" und „Schiebern" die Rede war.

Zählt man die von den Kontrollausschüssen benannten Mühlhäuser Bürger im Zeitraum von 5 Jahren zusammen, so macht man eine erstaunliche Feststellung. Über die Hälfte davon floh nach dem Westen. Das heißt: Damit war zwar die SED die ungeliebten „Kapitalisten" los, zugleich aber entgingen ihr unersetzliche Fachleute, welche die Wirtschaft so dringend benötigte.

Mühlhausen besaß 1945, auch noch 1950, neben einer breitgefächerten Handwerkswirtschaft immer noch eine gutfunktionierende Mittel- und Kleinindustrie, die in ihrer Art einmalig und durchaus in der Lage war, nicht nur den Bedarf der Regionalbevölkerung sicherzustellen. Und dies trotz der enormen Reparationsleistungen, in die auch sie eingebunden war. Die diktierte „Revolution" der SED zerschlug sie, Stück für Stück, mit dem Ansinnen, eine „neue Epoche der Weltgeschichte" einleiten zu wollen.

Allein was die holzverarbeitenden Betriebe, Tischlereien, Drechslereien usw. wie Eulenberg, Blass, Großklaus, Moths, Rudolph, Fuchs, Leopold, Mecke, Mauff betraf, wo jeder auf ganz individuelle Weise Möbel vom feinsten herzustellen in der Lage war, so war deren Verlust geradezu tragisch zu nennen. Dabei gab es nicht nur eine wirtschaftliche Seite, sondern um ein in Generationen gewachsenes und weitervererbtes Fühlen und Denken von Menschen, deren Kunst- und Handfertigkeiten, Ideen und Lebenseinstellung für immer verloren gingen.

Typisch war das Verhalten der SED-Verantwortlichen gegenüber den drei Instrumentenbauern Oskar Adler, Jakobi (Fa. Selle) und Robert Krause. Nachdem diese Männer bereits mehrfach auf die prekäre Situation ihres Handwerks mit dem Mangel an Nachwuchs aufmerksam gemacht hatten, stellten sie im Frühjahr 1963 noch einmal persönlich ihre Bedenken dem Rat des Kreises vor. Sie verwiesen auf die reiche Mühlhäuser Musiktradition und erklärten in dem Zusammenhang den hohen Stellenwert des Instrumentenbaus. Nur mit Hilfe von Fachleuten, die über eine langjährige Erfahrung bezüglich Aufbau, Reparatur und Stimmen von Klangkörpern verfügten, konnte das Musikleben der Stadt zukünftig gesichert werden.

Adler galt als einer der profiliertesten Geigenspezialisten Westthüringens. Jakobi vermochte bereits am Anschlag Marke und Baujahr eines Klaviers bestimmen. Er reparierte Orgeln und hatte als Klavierstimmer namhafte Virtuosen auf ihren Tourneen begleitet. Diese drei Meister verlangten nichts weiter, als Lehrlinge ausbilden zu können. Sie waren bereit, diesen jungen Leuten später ihre Werkstätten samt allen kostbaren Werkzeugen kostenlos zu überlassen.

Umsonst. Sie wurden abgewiesen.

Diese Rodung betraf auch die mit anderen Werkstoffen umgehenden Betriebe, so die leder-, metall- und textilverarbeitenden.

Der Wind indessen, welcher der „Partei der Arbeiterklasse" aus den Reihen der Arbeiterschaft entgegenblies, blieb rau, auch in den folgenden Jahren und Jahrzehnten. Es war und blieb eine Fiktion der SED, die Mehrheit der Arbeiter, insbesondere der Fabrikarbeiter, die den stärksten Standfuß der „Klasse" darstellte, hinter sich zu wissen. Ganz im Gegenteil. Mit wiedergekäuten Parolen, wie „Wie wir heute arbeiten, werden wir morgen leben", ließ sich keiner mehr abspeisen.

„Es ist mir leider nicht gelungen, die Werktätigen im VEB ... restlos von der Richtigkeit unseres Programms zu überzeugen", so und ähnlich lesen sich die Funktionärsberichte der SED-Kreisleitung. „Hört auf mit eurem dummen Gequatsche, seht lieber zu, dass mehr Obst in die Läden kommt!" oder „Mit euren Zahlen wollt ihr uns doch nur besoffen machen", redeten die „Werktätigen" sich den Frust vom Leibe.

Fast immer waren diese Betriebsbesuche für die Genossen mit Ärger verbunden. Als am 1. September 1960 der Vorsitzende der Nationalen Front während der Mittagspause vor 170 Werksangehörigen der Firma Claes & Co. sprach, wurde er ziemlich hart attackiert. So heißt es in seinem Bericht:

„Bereits beim Erscheinen im Maschinensaal wurde ich mit Kirmesliedern und Zwischenrufen, die sich auf die Verschiebung der Mühlhäuser Kirmes bezogen, empfangen. Der V.L. Sekretär der Betriebsparteiorganisation, Genosse Zilliax, mußte die Anwesenden erst mehrmals zur Ruhe ermahnen, ehe ich überhaupt mit meinen Ausführungen beginnen konnte.

Als ich auf die Zustimmung der Bevölkerung zur letzten DDR-Regierungserklärung zu sprechen kam, ... wurde ich mit Zwischenrufen unterbrochen (Hör auf, Du Knetscher! – Behalt Dein Senf für Dich!") usw. Die anschließende Aussprache wurde von den Diskussionsrednern völlig unsachlich, laut und durcheinander sowie zum größten Teil auch politisch negativ geführt. Die wesentlichen Diskussionen waren: „Warum Hilfsangebot durch den Minister für Landwirtschaft-Erfassung und Forstwirtschaft der DDR an Westdeutschland, wenn wir doch selber nicht in der Lage sind, unser eigenes Getreide verlustlos zu bergen. Damit will doch unsere Regierung nur politisches Kapital rausschlagen ..."

Bei meiner politischen Erläuterung dieses Hilfsangebots wurde ich von einem Kraftfahrer dieses Betriebes mit dem Hinweis unterbrochen: „Sprechen Sie nicht so viel, sondern erklären Sie uns, was man damit erreichen will. Es gibt doch nur ein Ja oder Nein. Es glaubt Ihnen doch kein Mensch, daß Westdeutschland ein solches Angebot von einem Lande, das selbst Hilfe braucht, annimmt."

Ein anderes Betriebsmitglied stellte die Frage: „Warum habt Ihr die Bauern erst gezwungen, Mitglied der LPG zu werden, wenn wir (die Arbeiter) jetzt die Arbeit machen müssen?" Diese Meinung wurde auch durch den Gewerkschaftssekretär, einem Mitglied der LDP, unterstützt.

Meine Ausführungen über die Gewährleistung der Sicherung unserer sozialen Errungenschaften wurden durch den Zwischenruf eines Arbeiters namens Möller unterbrochen: „Erzähl uns keine Märchen, uns tut keiner was zu leide, damit soll nur die Existenz der Volksarmee gerechtfertigt werden."

Durch die Genossen der SED wurde keine Meinung vertreten.(!)

Schluß: Ich habe versucht, auf alle Fragen die richtige politische Antwort zu geben – meine Antworten wurden aber keineswegs mit Befriedigung aufgenommen. Es müssen weitere Maßnahmen durch die Partei und Gewerkschaft eingeleitet werden, um die noch vorhandenen negativen Meinungen zu zerschlagen."

Chef der Nationalen Front

P. F., 1.9.1960

22. REPARATIONEN

„Was hatten die Russen im Sinn? Ganz zuerst einfach (begreiflicherweise) Rache; das Verhalten der siegreichen Truppe in den ersten Wochen zog eigentlich von Anfang an den deutschen Kommunisten den Boden unter den Füßen weg. Dann (ebenso begreiflicherweise) Reparationen: Richert (Historiker) macht überdeutlich, wie die riesigen und immer wieder unberechenbar hereinbrechenden russischen Reparationsentnahmen (nie abgerechnet, geschätzt auf 30 bis 50 Milliarden Mark) jeden neuen Wirtschaftsplan der unglücklichen deutschen Kommunisten über den Haufen warfen und zum Gespött machten, und das fast zehn Jahre lang."
Sebastian Haffner

Zu den ersten „Reparationsleistungen" der Stadt zählten die Wegnahme der letzten noch vorhandenen Privat-Pkw. Die Autos wurden aus den Garagen geholt und weggebracht. Nur selten erhielten die Eigentümer eine Quittung, gar Entschädigung, dafür.

Weihnachten 1945 kam es schließlich zur Enteignung vieler ehemaliger NSDAP-Mitglieder. Sie mussten ihre Häuser räumen und wurden in minderwertige Quartiere gesteckt. Auch unbeliebte Personen befanden sich darunter, wie „Kapitalisten" oder Bürger, die überdurchschnittlich vermögend waren oder die man als „fragwürdig" eingestuft hatte. Ihre Schicksale gingen im Trubel der Ereignisse schnell unter, so auch der Tod von Fleischermeister Eisenhardt aus der Görmarstraße. Nachdem er seinen Hausrat auf ein Pferdefuhrwerk gepackt hatte, starb er vor Aufregung am Untermarkt durch einen Herzschlag.

Einer, der die Möbel der beschlagnahmten Wohnungen zu einer Sammelstelle fahren musste, war der Fuhrunternehmer Karl Rödel. Wenn er konnte, warnte er die Betreffenden vorher, damit sie ihre Wertsachen in Sicherheit bringen konnten. Rödel selbst wurde am 17. Juni 1953, als er am Untermarkt laut auf die Staatsführung schimpfte, von dem Spitzel Drechsel angezeigt und verhaftet. Im Schnellverfahren erhielt er ein Jahr Gefängnis.

Noch bevor die wichtigsten Demontagearbeiten in der Stadt abgeschlossen waren und die Reparationsleistungen in Gang kamen, übernahm die „Russische Handelsgesellschaft" die Organisation aller weiteren Abläufe. Ihren Sitz hatte sie in den Räumen der ehemaligen Fa. „Gebr. Busch" am Bahnhofsplatz. Mühlhäuser, die mit der Gesellschaft in Kontakt kamen, erfuhren, dass viele der Reparationsgüter ins westliche Ausland verkauft wurden, also mit zusätzlichem Profit. Andererseits wurden Dachziegeln aus Höngeda von der sowjetischen Armee aus zurückgeschickt, weil sie nach „Teilüberprüfungen" angeblich nicht der erforderlichen Qualität entsprachen. Ein schikanöser Aufwand, der in keinem Vergleich zum Wert der Ware stand. Auf diese Weise quälte sich die Mühlhäuser Wirtschaft mühsam am Rande des Existenzminimums. Während die SED mit aufrüttelnden Parolen eine bessere Zukunft versprach, blieb die Stimmung bei den meisten Bürgern gedrückt. Schließlich hatte jeder das Dilemma vor Augen. Das rigorose Vorgehen der Besatzungsmacht, deren Truppen bei diesen katastrophalen Verhältnissen miternährt werden mussten, war nur eins von vielen Problemen. Die Krankenhäuser waren voll mit TBC- und Geschlechtskranken. Schon bald waren diese Zustände Grund dafür, dass viele Bürger abwanderten. Für sie schien klar zu sein, dass es unter der Regie der Sowjets niemals zu einer Lebensqualität nach ihren Vorstellungen kommen konnte. Allein schon, wie mit den Reparationsgütern am Bahnhof bzw. Industriebahnhof umgegangen wurde, ließ Böses ahnen. Berge wertvoller Güter lagerten wochenlang bei Wind und Wetter im Freien. Telefonapparate wurden mit Heugabeln in die Waggons geschmissen.

Wirklich schmerzhaft blieb für die Region die Demontage der zweiten Bahngleise zwischen Leinefelde und Silberhausen-Trennung sowie etlicher Rangiergleise auf den Bahnhöfen Mühlhausen, Großengottern, Langensalza.

Mit dem Abriss der „General-Fuchs"-Kaserne und der Sprengung des „Gerätebaus" endeten schließlich die Demontagearbeiten. Obwohl sie den Kontrollratsbestimmungen entsprachen, riefen sie doch heftigen Unmut bei der Bevölkerung hervor. Immerhin fluteten zu der Zeit Unmengen von Flüchtlingen in die Stadt. Für sie hätte die „Fuchs"-Kaserne, zumindest für einige Jahre, ein festes Dach über dem Kopf bedeutet. Und der „Gerätebau" wäre für die TBC-Erkrankten mit seinem milden Stadtwaldklima ein ideales Sanatorium gewesen. So mussten sie in dem von Seuchenerkrankten überfüllten Pfafferode verbleiben. Dieser Unmut schien um so berechtigter zu sein, als die Mühlhäuser Kommunisten gerade diese Demontagen befürworteten und bei Kundgebungen Begründungen wie „jedem Deutschen solle die Hand abfaulen, der je wieder ein Gewehr in die Hand nähme" abgaben. Dieselben Kommunisten halfen bald darauf die „Kasernierte Volkspolizei" zu bewaffnen und im B-Lager unterzubringen.

Ein ständiges Balancieren machte sich für die Kommunisten erforderlich, das um so schwieriger wurde, da die Russen ihren Wirtschaftsaufbau mit bleibendem Misstrauen beobachteten. Und wenn Chrustschow einerseits das mitteldeutsche Staatsprovisorium immerhin als einen Eckpfeiler „seines Revolutionsmodells" pries, auf das er sehr stolz war, so achtete er andererseits streng darauf, es nicht zu sehr in die Höhe schießen zu lassen. Dadurch wurden die mühsamen Versuche der DDR-Planer Leuschner, Selbmann und Rau immer wieder durchkreuzt, weil schon bis 1952 die Russen das Vierfache an Reparationen aus der DDR herausgeholt hatten, als was in Jalta „feierlich" beschlossen worden war, nämlich 20 Milliarden Gesamtreparationen. Dazu kamen die direkten Besatzungskosten von 16 Milliarden Mark im Zeitraum 1946-1953.

Als Ulbricht 1956 nach Moskau zu Chrustschow fuhr, um einen Stopp dieser ungeheueren Ausbeutung zu erreichen, geschah das vor Verzweiflung, denn nicht nur die Menschen liefen ihm in Scharen davon, insbesondere die Fachleute, sondern die Staatswirtschaft war drauf und dran kaputtzugehen. Der Erfolg dieser Reise zeigte sich daran, dass das Warenangebot für die DDR-Bevölkerung jährlich um 2 Milliarden Mark anwuchs. Erstmals bekam die DDR-Mark eine gewisse Stabilität.

Indessen blieb die sowjetische Politik der unbegrenzten Demontage, Reparationen und sonstigen Entnahmen unbeeindruckt. Längst hatte die Viermächtekontrolle deswegen ihre Arbeit eingestellt. Die Ausplünderung des „sozialistischen Brudervolkes" setzte sich über die folgenden Jahrzehnte fort, mit Warenlieferungen der DDR an die UdSSR zu festgesetzten Verrechnungspreisen, die nicht einmal die Selbstkostenpreise deckten.

In den Bereich der sowjetischen Reparationen zählen auch die „arbeitsverpflichteten" deutschen Ingenieure und Techniker. Als hochqualifizierte Fachleute wurden sie in die Sowjetunion „gebracht" und – teils auch per Vertrag – zur Arbeit verpflichtet.

In Mühlhausen sollen vier Techniker von 1946 bis 1954 auf diese Weise in die SU gelangt sein. Die geringe Zahl ergibt sich daraus, dass von hier aus kein kompletter Betrieb in die SU verlagert wurde. Ganz anders sah es im benachbarten Bleicherode aus. Hier waren in den unterirdischen Werkhallen unterm Kohnstein bis 1945 die Heckteile der V2-Raketen gefertigt worden. Nachdem die Russen das entdeckt hatten und es ihnen gelungen war, die vollständige Rekonstruktion der Rakete und die zu ihrer Fertigung benötigten Taktstraßen herzustellen, fassten sie den Plan, das verbliebene Material samt den noch greifbaren Arbeitern in die Sowjetunion zu bringen. Am Abend des 21. Oktober 1946 lud der mit dieser Aufgabe betraute General Dadaikow alle 200 ehemaligen Mitarbeiter des Werkes zu sich ein, feierte mit ihnen, um sie gegen Morgen durch sowjetische Militärpolizei nach Kleinbodungen bringen zu lassen. Dorthin hatte man inzwischen die Familien der Männer gebracht und in 60 bereitgestellte Waggons gesteckt. Den Männern blieb nichts anderes übrig, als ebenfalls einzusteigen. Mittels dieses Handstreiches gelangten die Deutschen an ihre neuen Arbeitsplätze in der SU. Insgesamt verschleppten die Russen auf ähnliche Weise 20.000 Fachleute aus der sowjetischen Besatzungszone.

Einige Daten für die Bleicheröder Aktion
1) Der verantwortliche sowjetische Offizier für den Raketenabbau war Boris Tschertok.
2) Der Beschluss für die Aktion war von Stalin persönlich bereits am 13. Mai 1946 getroffen worden.
3) Laut Zeugenaussagen wurden die Menschen wie Vieh zusammengetrieben und abtransportiert.
4) Die V 2 bestand aus 20.000 Einzelteilen. Bei dem Transport wurden 3.000 Maschinen sowie 200 im Rohbau befindliche Teile mitgenommen.
5) Ein Jahr später erfolgte der erste erfolgreiche Start einer V 2 auf sowjetischem Boden.
6) Die deutschen Wissenschaftler wie Walter Albrigs (Aerodynamiker) fuhren in einem Extra-Zug. Ihre neue Heimat lag zwischen Moskau und Leningrad. Sie bekamen bündelweise Geld und konnten sich alles kaufen, was die russische Bevölkerung nicht konnte. Sie galten als „tüchtige Leute" bei den Russen.
7) 1948 wurden alle Deutschen aus allen wichtigen Positionen herausgenommen. Ihre russischen „Schüler" hatten inzwischen genug von ihnen gelernt.
8) 1958 – Zwölf Jahre nach der Deportation erfolgte die Rückkehr der letzten Techniker nach Deutschland.
9) Am 4. Oktober 1957 erfolgt der Start des 1. Sputniks.

Die herausragendste Persönlichkeit aller aus der Sowjetzone nach Russland „Verpflichteten" dürfte der 1899 in Keula geborene und in Mühlhausen aufs Gymnasium gegangene Siegfried Günther gewesen sein. Als langjähriger Chefkonstrukteur des berühmten Flugzeugfabrikanten Ernst Heinkel hatte er die He-178, das erste Düsenflugzeug der Welt gebaut, das kurz vor Kriegsende zusammen mit der Me-26l noch zum Einsatz kam. Nachdem Günther sich 1945 mehrfach den Amerikanern für Entwicklungsarbeiten angeboten hatte, sie aber kein Interesse an ihm zeigten, fuhr er zurück nach Keula und von da aus zu seinen Schwiegereltern nach Ostberlin. Dort wurde er im Oktober 1946 von der sowjetischen Geheimpolizei verhaftet. Vierzehn Tage lang saß er im Gefängnis, dann brachte man ihn nach Hause und erklärte ihm, er habe zwei Stunden Zeit, seine Sachen zu packen. Günther weigerte sich. Schließlich sagte er: „Ohne meine Frau fahre ich auf keinen Fall!" Beide bekamen sechs Stunden „Packzeit", schon am 22. Oktober rollten Siegfried und auch Ruth-Carola Günther unfreiwillig ostwärts. Das Ziel hieß Kimry bei Kalinin, Sitz der wichtigsten Luftfahrtversuchsanstalt der UdSSR. Die Sowjets gaben Günther, was er brauchte: Eine kahle Zweizimmerwohnung, Jack-London-Romane, vor allem aber, woran ihm am meisten lag, hervorragende Kost und viel Arbeit. Während über der kalifornischen Wüste von Edwards Base die amerikanischen Düsenbomber Tag für Tag sorgfältig getestet und wieder und wieder zur Verbesserung in die Werke zurückgeschickt wurden, mussten in der Sperrzone von Kimry deutsche Konstrukteure unter Siegfried Günther mit Hochdruck arbeiten, um das von den sowjetischen Auftraggebern geforderte Pensum zu erreichen. Auf diese Weise verschaffte sich Wassilij Stalin, Josef Stalins Sohn, mit Hilfe von deutschem Arbeitseifer die beste Jagdflug-Waffe der Welt. Ihre Feuerprobe bestanden die Jagdflugzeuge Mig-15 und La-17 im Korea-Krieg 1950-53, als sie sich der amerikanischen Luftflotte als absolut überlegen erwiesen.

Vor der Weltrekordmaschine He-100. Die Aufnahme zeigt Prof. Dr. Ernst Heinkel (auf dem Bild mit Knickerbockern), Siegfried Günther (Pfeil) neben Ernst Udet.

Für Professor Heinkel, zu dem sehr bald die Amerikaner klagend kamen, dass ihnen dieser Konstrukteur Günther entgangen sei, stand sofort fest: Nicht Mokoyan und Gurewitsch oder Lawotschkin, sondern Siegfried Günther war der wahre Schöpfer der neuen sowjetischen Jägerwaffe. Die Flügel in Pfeilform an den Rumpf angesetzt, das Leitwerk stark gefeilt, das Höhensteuer hochgesetzt – das waren die Voraussetzungen, die sein ehemaliger Chefkonstrukteur bereits 1945 für einen schnellen Düsenjäger benannt hatte. „Es war die bitterste Lehre im Korea-Krieg, dass wir die Luftüberlegenheit verloren haben und selbst daran Schuld sind", bekannten 1953 die Generäle im US-Kriegsministerium, während der Leiter der Militärakademie der UdSSR, Oberst Tokajew, unverhohlen zugab: „Siegfried Günther war für die Sowjetunion wichtiger als die Atombombe."

Ingenieur Siegfried Günther, „Rußlands wertvollste Beute", an seinem Hochzeitstag, 27. Mai 1939, mit seiner Frau Ruth-Carola.

Trotz seiner Verdienste, die sich Günther auf diese Weise erworben hatte, zeigten sich die Sowjets äußerst undankbar. So durfte er nach seiner Freilassung, weil er seinen Wohnsitz in Westberlin genommen hatte, offiziell nicht mehr in die DDR reisen. Nur heimlich hat er seine alte Mutter in Keula besucht. Diese Umstände zwangen ihn schließlich sogar, der Beerdigung seiner Mutter fernzubleiben. Ernst Heinkel stellte Günther, als der Flugzeugbau in Deutschland wieder anlief, wieder als Chefkonstrukteur bei sich ein. Als bester Aerodynamiker der Welt und als „wertvollstes Beutegut Russlands" ist Siegfried Günther in die Geschichte der Luftfahrt eingegangen.

Die Mutter in Keula: Marta Günther, geb. Burgin

Betriebe, deren Maschinen und Fabrikationsanlagen komplett demontiert und im Zuge von Reparationsleistungen abtransportiert wurden:
Mühlhausen-Stadt:
Gerätebau Gebr. Thiel (Ruhla) Stadtwald – Rüstungsbetrieb
Nach der totalen Demontage Sprengung der gesamten Anlage
Lorenz-Werke Naumannstraße
Mühlenwerke (Junkers-Thuringia) Naumannstraße
Thüringische Maschinenfabrik AG – Bearbeitung von Röhren für Bordkanonen
Elbtalwerke – Instandsetzung von Elektromaschinen für die Rüstung
Urefa AG – Federn für Rahmen

Mühlhausen-Land:
Rüstungsfabrik Beyrode Wagner&Co. GmbH
Luftfahranlagen GmbH, Berlin-Schöneberg
„Seit Juni 1936 führte diese Firma Aufträge für die Rüstungsindustrie durch. Eigentümer des 10 ha großen Betriebsgeländes war die reichseigene Luftfahranlage-Gesellschaft (LAG). Wagner & Co. stellte Teile der 2-cm-Flak für die Luftwaffe her ... Am 31. Januar 1944 beschäftigte die Firma 1.460 Arbeitskräfte. In den Jahren 1945/46 wurde das Werk vollständig demontiert und danach gesprengt.
Frank Baranowski

AUFSTELLUNG 23. Juli 1946
I. LAG-Anlagen Anschaffungswert
Grundstücke & Gebäude   31.12.44: 1.446.806.– RM
Demontiert und abtransportiert

	Anschaffungswert	Bilanzwert
Bearbeitungsmaschinen	3.723.820.77 RM	796.084.– RM
Energieerzeugungsanlagen	120.030,85 RM	23.445.– RM
Fabrikationseinrichtungen	137.021,75 RM	7.284.– RM
Prüfungseinrichtungen	79.066.81 RM	13.124.– RM
Anlagen für Kraft, Licht, Heizung	678.807.57 RM	238.557.– RM
Eigene Anlagen:		
Bearbeitungsmaschinen	125.587.72 RM	19.093.– RM
Werkzeuge etc	459.188.91 RM	786.– RM
Büromaschinen	<u>72.092.08 RM</u>	<u>14.908.– RM</u>
	5.395.615.46 RM	1.124.881.– RM

GERÄTEBAU GmbH (Stadtwald), Inh. Gebr. Thiel, Ruhla
Belegschaft: 7.000–12.000 Personen
Herstellung: Zünder für Flugabwehrgranaten der 8,8 und 12 cm Flak
Einzelstücke, die nach technischen Neuerungen aussahen, wurden bereits von den Amerikanern im April/Mai 1945 ausgebaut und abtransportiert. Die danach von der sowjetischen Besatzungsmacht angeordnete Gesamtdemontage des Betriebes erfolgte auf die rigoroseste Weise. Trotz Warnung des ehemaligen Fachpersonals wurden die hochempfindlichen Maschinen aus ihren Verankerungen herausgewuchtet. Der Transport zum mehrere Kilometer entfernt liegenden Verladebahnhof erfolgte auf Kanthölzern, gezogen von 5 to. Büssing-LKW. Dabei hätten diese Maschinen keinen Meter ohne Ausbau ihrer Kugellager bewegt werden dürfen. Sie waren also schon Schrott, bevor sie in die SU gelangten. Bei der fast ein Jahr dauernden Demontage wurden vom Arbeitsamt immer wieder Bürger verpflichtet, die sich bei diesen sehr gefährlichen Arbeiten völlig überfordert sahen. So wurden auch durch Razzien aufgegriffene junge Leute hierher verpflichtet, mit der Androhung, dass ihnen die Lebensmittelkarten entzogen würden und ähnliches, so sie sich nicht willig zeigten. Auch kam es zu zahlreichen Unfällen und Erkrankungen. Der 16-jährige Werner Rudolph aus der Grünstrasse lag nach einem schweren Ein-

satz fast ein Jahr lang zu Bett und verlor dadurch seine Lehrstelle. Wie Zeugen berichteten, kam es auch mehrfach zur Androhung des Erschießens. Tatsächlich gelang es einmal einem Mühlhäuser Schlossermeister, einen solchen Gewaltakt im letzten Moment zu verhindern.

Am 5. Juni 1946 bekam das Landesamt für Arbeit und Sozialfürsorge, Weimar – Karl-Marx-Platz aus Mühlhausen folgendes Schreiben:

Betr. Abführung restlicher Beiträge zur Arbeitslosenversicherung der Firma Gerätebau GmbH Ruhla Werk Mühlhausen.

Wir teilen Ihnen mit, daß das Werk der genannten Firma in Mühlhausen von der Besatzungs-Behörde restlos demontiert ist und völlig still liegt. Aus der Vermietung oder dem Verkauf irgendwelcher Vermögensteile sind unserer Dienststelle bis heute von keiner Seite Geldeingänge zugeflossen. Aus diesem Grund ist es uns deshalb nicht möglich, für diese Vermögensmasse irgendwelche Zahlungen zu leisten.

Maschinenbestand der Firma Gerätebau – Mühlhausen
Automaten wie Drehbänke, Fräsmaschinen, Pressen, Schleif- und Bohrmaschinen, Bandsägen, Schneidemaschinen usw.: 4.773 Stück.

MÜHLHÄUSER ELEKTRIZITÄTSWERK – Bastmarkt
Demontage des Strom-Ausgleich-Dynamos. Die riesige Maschinerie wird sorgfältig zerlegt und in Kisten verpackt. Die Kisten stehen noch wochenlang auf der Straße bis zum Feuerwehrdepot herum, bis sie schließlich abgefahren werden. Die Demontagearbeiter bezweifeln, dass der Dynamo genauso ordentlich und funktionsfähig wieder aufgebaut wird wegen seiner komplizierten Technik. Sie bezweifeln sogar, dass dieses wertvolle Beutegut überhaupt irgendwo sicher ankommt. Vermutlich hat es für derartige Maschinen gar keinen Verschickungsplan gegeben.

FORSTVERWALTUNG
Lieferung von bestem Bau- und Nutzholz, insbesondere von Eiche und Buche aus dem Mühlhäuser Stadtwald und dem Hainich.

DEUTSCHE REICHSBAHN
Maschinen und Werkzeug. Gleise und Schwellen. Waggons.

POST- UND TELEGRAPHENAMT
Werkzeug. Kabel und Leitungen. Telefonapparate. Apparaturen. Batterien.

CLAES & Co. K.-G. Strickmaschinen- und Nähmaschinenfabrik
Kiliansgraben 8a
Belegschaft: 150 vor 1945 – ca. 65 nach 1945
„Der in den Kriegsjahren tätige Betriebsdirektor, Dipl. Ingenieur Karl Arnold, war kein Anhänger der Nazis gewesen. Aber die Tatsache, dass in der Nazi-Zeit in der Fabrik Rüstungsaufträge ausgeführt worden waren, war Anlass dafür, dass der Betrieb infolge SMAD-Befehl Nr. 184 (Sequesterbefehl) demontiert wurde. Von März bis Oktober 1946 musste der Produktionsanlauf wieder unterbrochen werden, und unter Aufsicht der sowjetischen Militärbehörden setzte der Abbau der Fabrikationsanlagen ein."

Zu den Reparationsgütern zählen u. a.: 18 Bohrmaschinen verschiedener Größe. Mindestens 15 Fräsmaschinen älteren Typs sowie 10 fabrikneue Fräsmaschinen, die erst im Februar installiert worden waren. Dazu kommen 22 Revolverdrehbänke vom Baujahr 1928 bis 1942, diverse Schleifmaschinen, Werkzeugmaschinen, Motoren, diverse Strickmaschinen, Förderanlagen, Poliermaschinen, verschiedene Aggregate, Werkzeuge, Kabel, Rohmaterialien, Gebläse, Elektromaterial, Lampen, Gewindedreher usw. im Gesamtwert von mind. 7 Millionen RM.

„Es ist dem Mut und der Taktik von Direktor Arnold zu verdanken, dass durch seine äußerst zähen Verhandlungen bei entsprechenden Stellen in Berlin erreicht wurde, dass nicht alle Maschinen und Fabrikationsanlagen abgebaut werden mussten. Als Ausgleich dafür sollten Lieferungen von Schuhmachernähmaschinen in die Sowjetunion erfolgen."

Aus „Die Fabrik Claes & Flentje"/1996

In den Inventurunterlagen der Fa. CLAES & Co., die bei den späteren Betriebsumlagerungen weitgehendst verloren gingen, stand der Vermerk: „Vermisst". Auf diese Weise sollte offenbar die genaue Zahl der demontierten bzw. abtransportierten Maschinen und Materialien verdeckt werden. Ähnlich sind auch in den anderen Betrieben der Stadt die Inventurlisten behandelt worden.

Der ehemalige Mühlhäuser Kriegsgefangene Kurt Stoll berichtet, wie er und seine Kameraden auf einem Moskauer Güterbahnhof aus Deutschland eingetroffene Waggons entladen mussten. Obwohl sich die Männer alle Mühe gaben, es fehlten nahezu alle Voraussetzungen, um die wertvollen Maschinen ordentlich unterzubringen. Es gab kaum Rampen, keinerlei Überdachungen, nur knietiefen Schlamm. „Uns blutete das Herz", so Kurt Stoll, „als wir die Kisten vor unseren Augen in Dreck und Nässe versacken sahen. Unseren Posten war das egal. Sie schrieen nur Dawei! Dawei! Da waren Fräsmaschinen von „Siemens" und „Junkers", wohlverpackt. Einmal habe ich sogar Kisten mit der Aufschrift „Claes" gesehen. Was hätte man damit schaffen können. Es war das Sinnloseste, was ich je erlebte."

FRIEDRICH RATGEBER, Mechanische Strickerei und Wirkerei,
Ernst-Thälmann-Straße 36/37
Belegschaft 350 Personen
Keine Demontage.
1945 unter Sequester gestellt. 1947 enteignet, während der Inhaber, Friedrich Ratgeber, mit dem betriebseigenen LKW zwecks Materialbeschaffung in den Westzonen war.

WERNER HABERSTOLZ, Holzwarenfabrik und Sägewerk,
Wanfriederstraße 83
Belegschaft: 150 Personen
1946 Enteignung.
Im Mai bzw. Juni 1945 wird von den Amerikanern der gesamte Holzvorrat der Firma weggeschafft. Ebenso ein Großteil der Maschinen.

FIRMA LORENZ AG, Eisenacher Straße 40
(Hauptbetrieb, vormals Zigarrenfabrik, später VEB Mikroelektronik)
Ernst-Thälmann-Straße 36/37 (später MÜLANA)
Belegschaft 700 bis 1.548 (1944) Personen
Produktion: Röhren für Funkgeräte.

Dieses zweitgrößte Mühlhäuser Rüstungswerk wurde komplett demontiert. Einen Teil der Maschinen nahmen bereits die Amerikaner mit. Wie es heißt, gelangten die demontierten Güter nach Nürnberg, wo das Werk wieder aufgebaut wurde. Der größte Teil an Maschinen und Ausrüstungen ging als Reparationsleistung in die Sowjetunion. Dazu gehörten auch umfangreiche Sortimente an Werkzeugen, Kabeln und werkeigenen Waggons.

Das Hauptgrundstück in der Eisenacher Straße überschrieb die Werkleitung der Lorenz AG der Stadt Mühlhausen. Die Gebäude in der Fr.-Naumann-Straße wurden teilweise demontiert.

FIRMA LORENZ AG, Nebenwerk in der Ernst-Thälmann-Straße 36/37
Grundstück der Fa. Friedrich Ratgeber

„Während der Demontagearbeiten kam ich des öfteren mit einem sowjetischen Leutnant ins Gespräch, der uns kontrollierte. Er zeigte sich an allem, was wir taten, sehr interessiert, hatte aber von den Maschinen, die wir aus den Verankerungen hoben und vor das Gebäude brachten, keine Ahnung. Immerhin begriff er unsere Sorge, dass die Maschinen nicht allzulange im Freien stehen durften, wenn sie keinen Schaden nehmen sollten.

So gut es ging, hatten wir die empfindlichsten Teile wie die Elektro-Anschlüsse, Zähleinrichtungen und Sperrgetriebe mit Ölpapier umwickelt. Aber nach der Verschalung mit Holz warteten wir vergebens auf den Abtransport. Das war im Spätsommer 1946. Der Leutnant tauchte nur noch selten auf. Auf unseren Hinweis, dass die Maschinen auf die Dauer Schaden nähmen, versicherte er uns, sie hätten gute Spezialisten zuhause, die würden das schon machen. Weitere Tage vergingen, es begann zu regnen. Da ging uns langsam ein Licht auf. Unsere ganze Arbeit war für die Katze gewesen. Was wollten jene „Spezialisten" mit diesen hochempfindlichen Maschinen noch anfangen, die jetzt schon Rost ansetzten? Dazu würden sie noch mehrmals umgeladen werden, außerdem war da noch die lange Fahrzeit."
Alfred Ackermann

Christoph Walter AG
Fabrik Strickgarne und Strickerei
Mühlhausen, Feldstraße 125 (Feldmühle)

Zweigwerk Dachrieden
Belegschaft ca. 120 Personen

Wird 1940/41 von der Fa. Borsig AG – Berlin übernommen. Alle Strickmaschinen werden ausgeräumt und in der Umgebung von Dachrieden in Scheunen und Stallungen untergebracht. Die meisten davon gehen während der Kampfhandlungen im April 1945 durch Granatbeschuß verloren.

1941 bestückt die Fa. Borsig AG – Berlin das Werksgebäude mit eigenen Maschinen. Die Leitung und Anleitung bei der nunmehrigen Rüstungsproduktion erfolgt durch firmenzugehöriges Personal, Meister, Ingenieure, Vorarbeiter aus Berlin. Damit ist das Werk direkt dem Rüstungsbetrieb Beyrode angeschlossen.

Von Sommer 1945 bis April 1946 erfolgt die völlige Demontage aller Borsig Maschinen und -Werkzeuge. In Kisten verpackt werden die Güter auf Holzkufen zum Dachriedener Bahnhof geschafft. Bereits im April 1946 erfolgt die Rückgabe an die Firmeninhaber durch die sowjetische Militäradministration. Dank der alten Belegschaft und den Dachriedener Einwohnern kann nach mühsamer Aufbauarbeit die Produktion von Strickwaren wieder aufgenommen werden.

1995 war die Frage der Reparationen juristisch noch immer nicht geregelt, da ein Friedensvertrag noch nicht geschlossen wurde. Bindende Abmachungen zwischen den Alliierten gab es nie. Jedoch wurde das gesamte deutsche Auslandsvermögen, die deutsche Handelsflotte und alle deutschen Patente beschlagnahmt und verwendet.

Einige Angaben über die weitere Entwicklung des Betriebes nach den durchgeführten Demontagearbeiten.
„Der ehemalige Rüstungsbetrieb Walter & Co., der zur Demontage vorgesehen war, wurde am 1. August 1946 in die Sowjetische Aktiengesellschaft für Feinmaschinenbau umgewandelt. Die sowjetische Betriebsleitung stellte den Rüstungsbetrieb auf Friedensproduktion um, modernisierte ihn und führte die sozialistische Arbeitsorganisation und eine beispielgebende soziale Betreuung ein. Die Erhaltung dieses Betriebes war für Mühlhausen von großer Bedeutung. Wichtige Produktivkräfte konnten für die Entwicklung der Friedenswirtschaft genutzt werden, und zahlreiche Arbeitsplätze blieben erhalten." (Mühlhäuser Chronik 1975)
Abgesehen davon, dass dieser Betrieb nicht nur für die Demontage vorgesehen war, sondern zum großen Teil tatsächlich von seinen Maschinen leergeräumt wurde, konnte von einer durch die Sowjets erfolgten „Modernisierung" überhaupt nicht die Rede sein. Noch Jahre später arbeiteten die Menschen mit primitivsten Hilfsmitteln, um aus den verbliebenen Maschinen und Werkbänken noch etwas Brauchbares zustande zu bringen. So mussten sie anstatt ordentlicher Lederkeilriemen Kunststoffriemen verwenden, die durch Abspringen oder Reißen des öfteren gefährliche Situationen hervorriefen. Oft fehlte es an den einfachsten Dingen und immer wieder musste repariert werden, was wertvolle Zeit kostete.
Kein Wunder, dass unter der Schlagzeile „SIE WISSEN SICH ZU HELFEN" ein Bericht über die „enormen" Schwierigkeiten dieser Mühlhäuser Produktionsstätte erschien, wie es u. a. hieß: „Aus Abfall und Restbeständen wurden die Einzelteile für eine Garnweife entwickelt. Diese Garnweife wiederum diente dazu, Abfallstücke der Strickmaschinen, die fehlerhafte Stellen hatten, aufzutrennen und der Strickwarenfabrikation wieder zuzuführen …"
DAS VOLK vom 28.4.48

Am 28. Mai 1954 teilte die Werkleitung des VEB „Möve"-Werkes dem Vorsitzenden des Rates des Kreises, Sommerlatte, mit:

Betr. Behinderung unserer Produktion durch Materialengpässe

„Wir geben Ihnen nachstehend die hauptsächlichen Materialengpässe bekannt, die verschiedene Zweige der Produktion unseres Werkes außerordentlich beeinträchtigen …

Kontingentschwierigkeiten

1. Vierteljahr 1954:	159 t
erhaltene Kontingente:	90 t
Planbedarf 2. Vierteljahr 1954:	215 t
erhaltene Kontingente:	145 t

Trotz unserer laufenden Verhandlungen mit der HV Automobil-Traktorenbau, Berlin, unter wiederholter Einschaltung von deren Leiter und unserer Werkleitung wurden die erforderlichen Kontingentserhöhungen erst für das 3. und 4. Vierteljahr 1954 vorgenommen, so dass der Materialbedarf im 1. Halbjahr 54 nicht geschafft werden konnte."

Dem Schreiben zugefügt waren seitenlange Auflistungen der Fehlleistungen in den einzelnen Betriebsteilen. Der Vorsitzende Sommerlatte vermerkte dazu: „… Ein Mangel besteht jedoch noch bei Winkelgelenken, Kugelzapfen usw. Alle Verhandlungen mit dementsprechenden Stellen in Berlin verliefen bisher negativ, da kein Material vorhanden sei." (29.6.1954)

Den Räten des Kreises und Bezirkes oblag es, die Wirtschaft zu leiten, zu organisieren und anzutreiben. Eben hier zeigte sich schon in den Anfängen das völlige Versagen in der gesamten Staatswirtschaft und Politbürokratie.

Bei einer am 15.6.1954 von 7 bis 9 Uhr durchgeführten Betriebsbesichtigung von Werk II in der Waidstraße wurde festgestellt:

„Wegen ständigen Materialmangels wurden zu diesem Zeitpunkt lediglich 70 % der vorgesehenen Auslieferungen erreicht. Von den Arbeitern wurde Klage darüber geführt, dass die sozialen Verhältnisse in diesem Betriebsteil noch völlig unzureichend sind. Das hat seine Ursache mit darin, dass die notwendigen Investitionsmittel nicht entsprechend dem Kostenanschlag zur Verfügung gestellt wurden. – Völlig unzureichend sind die Waschmöglichkeiten der Arbeiter. Dort steht für ca. 10 Arbeiter nur ein Holzbottich mit kaltem Wasser zur Verfügung. – Es gibt keinen Speiseraum, so dass die Arbeiter während der Mittagspause ins Hauptwerk müssen. Die halbstündige Mittagspause ist jedoch zu kurz dazu. Die Werkleitung sieht sich außerstande, Abhilfe zu schaffen."

„30.9.1960 – Die Untererfüllung im Möve-Werk ist zurückzuführen auf die mangelhafte vertragsgerechte Belieferung der Zubringerbetriebe. So sind z. B. zum Stichtag 30.9.1960 5.000 Fahrräder deshalb im Rückstand, weil die dazu notwendigen Fahrradnaben aus Reichenbach nicht geliefert wurden. Außerdem kommt ein potentieller Arbeitskräftemangel dazu …"

Derartiges betraf aber nicht nur das Möve-Werk, auch alle anderen Betriebe hatten ähnliche Probleme Die Zahlen im Kreis Mühlausen:

Soll: 45.562,9 TDM
Ist: 34.357,6 TDM = 75,4 %.

Aber auch in Mittel- und Kleinbetrieben erfolgten Demontagen. So bei dem Strickmaschinenhersteller Rochlitzer in der Holzstraße. Hier wurden mehr als die Hälfte aller Maschinen und Ausrüstungen weggeholt. Diese Belastungen führten diese Firma an den Rand des Ruins, zumal sie auch noch zu weiteren Reparationsleistungen verpflichtet wurde. So musste zum Beispiel die Firma C. Schröter 1 Million Schreibhefte in die Sowjetunion liefern. Dafür bekam die kleine Firma vom Staat nicht die geringste Entschädigung zugesprochen. Nicht einmal das Material wurde ihr vergütet. Im Gegenteil, wer nachfragte, gar Forderungen stellte, lief Gefahr, verhaftet zu werden. Auf den Ämtern begegnete man den Firmeninhabern in solchen Fällen mit unverhohlenen Drohungen.

Typisches Beispiel für „Reparationszahlungen" war der Umgang mit dem EDA-Werk Gernrode, dargestellt von Heinz Siebert:
Heinrich Becher hatte das Werk 1931 mit 160 Arbeitern übernommen. Es fabrizierte Türen, Furniere und Tischlerplatten in beachtlicher Qualität. 1945 schleppten die Amerikaner Maschinen und sämtliches Holz weg. Im Juli durfte Becher neu beginnen. Dann kamen die Russen und schalteten sich in die Produktion und die Geschäftsleitung ein. Im März 1946 wurde das Werk völlig demontiert. An die 100 Eisenbahnwaggons mit Maschinen und Einrichtungen gingen nach dem Osten. Die Fabrikhallen wurden Getreidelager. Im Januar 1947 genehmigten die Sowjets die Wiedererrichtung des Werkes. 40 Schlosser schufen sich im Eigenbau neue Maschinen. Im Juni konnte eine bescheidene Produktion wieder anlaufen. Im August 1949 besetzten Volkspolizisten das Werk und erzwangen die Einsetzung eines Treuhänders. Im November 1949 gab man es Becher zurück. 1952 wurde der ganze Betrieb volkseigen.

Thuringia Brauerei Mühlhausen, Obere Johannisstraße 34:
Nach eingehender Begutachtung einer sowjetischen Kommission wurde 1947 das Süd-Gebäude der Brauerei zur Demontage und zum Abtransport in die SU bestimmt. Diese Anlage, mit den riesigen Kupferkesseln und allen technischen Neuheiten ausgestattet, war erst 1938 errichtet worden. Sie zählte zu den modernsten ihrer Art in Thüringen. Nachdem aber alle Vorbereitungen für die Demontage getroffen worden waren, rührte sich nichts mehr. Nach einem Jahr geheimnisvollen Schweigens war sicher, dass das Objekt in Mühlhausen bleiben würde. Eine Begründung ist nie erfolgt. Ein spöttischer Kommentar der Arbeiter lautete später: Wäre es eine Schnaps-Destille gewesen, wäre sie selbstverständlich nach Russland gegangen. Aber Russen sind keine Biertrinker.

Enteignete Betriebe, deren Produktion mit in die Reparationsleistungen einflossen:
Mühlhausen Stadt:
Mechanische Woll- und Baumwollweberei Kroll & Kleinschmidt, Obere Johannisstraße 25/26, 288 Arbeiter beschäftigt.
Firma Haberstolz, Möbelfabrik
Firma Georg Seguin, Zentralheizungsbau, Steinweg, 28 Arbeiter beschäftigt.
Lokomotiv-Ausbesserungswerk Ernst Künne, 150 Arbeiter beschäftigt.

S.F. Giebe, Färberei, Bleicherei, Zwirnerei, Klinge 65
Kersten A.G., Wäschefabrik
Krapp & Co., Fabrikation von Berufsbekleidung
Engelbert Laufer, Strickwarenfabrik
G. Eberlein Sohn, Leimfabrik, Sondershäuser Straße 8
Norddeutsche Woll- und Kammgarn-Industrie A.G. Mühlhausen, Thomas-Müntzer-Straße 28
Alfred Pfeiffer, Autohaus, Wanfriederstraße 1
W. Söhngen & Co., Wäschefabrik
Stephan-Lederwerke, Johannistal
Carl Wildbrett, Fabrik für echtes Hautpergament, Wanfriederstraße 78
Friedrich Ratgeber Nachfolger, E.-Thälmannstraße 35/36
Mühlhausen Land:
Firma Brinkmann, Zigarrenfabrik, Treffurt

Notizen zum Thema Reparationsleistungen
Oberbürgermeister Dr. Neumann bittet den Gärtnermeister Wilhelm Hitzner dringend um Hilfe. Er soll eine Bestandsaufnahme der Gärtnerei Rolf Gast in der Wanfrieder Straße vornehmen. Trotz Verschluss wird hier immer wieder von den Russen und deutschen Helfern eingebrochen. Dabei wird, Stück für Stück, alles Wertvolle aus diesem Besitz gestohlen. Der OB will mit Hilfe Hitzners die Räubereien nachweisen und dem Kommandanten melden.

Fast täglich gehen beim OB derartige Raubmeldungen ein. Die Russen fahren mit LKWs vor und nehmen alles, was ihnen gefällt, mit. Betroffen sind sowohl Privathäuser als auch Betriebsgebäude. Der OB führt deswegen einen erbitterten Kampf mit der Kommandantur und der deutschen Polizei. Das geht über Jahre.

Sämtliche gebrauchsfähigen LANZ-Bulldogs aus dem Kreis Mühlhausen müssen gemeldet und auf den Güterbahnhof gebracht werden. Dort verfrachtet man sie auf Waggons zum Transport in die Sowjetunion. In der Nacht vor dem Abtransport drehen zwei Mühlhäuser die Einspritzdüsen über den Glühköpfen heraus. Dadurch sind die Fahrzeuge nicht mehr brauchbar.

Ein einziger LANZ-Bulldog (Baujahr 24/25) bleibt im Besitz der Stadt. Ihn bekommt die Holz-Firma Memel am Petristeinweg. Damit wird das gesamte für Reparationen bestimmte Schnittholz zum Bahnhof gebracht.

Zwei sowjetische Offiziere achten darauf, dass nur beste Qualität zur Verladung gelangt. Das sind Eiche und Buche. Ahorn und Tannenhölzer werden von ihnen zurückgewiesen.

Durch diese Reparationsleistungen entstehen große Kahlschläge in den Wäldern, so im Mühlhäuser Stadtwald im Bereich Haart 101. Aber auch in den anderen Wäldern wird über die Maßen bestes Holz gefällt, so im Hainich, in der Keulaer Haart usw. Die Bevölkerung zeigt sich empört über die rigorose Art des Vorgehens. Deswegen gibt es Verhaftungen. Die Demontagearbeiten in Mühlhausen sind noch gar nicht richtig in Gang gekommen, als der amerikanische Militär-Gouverneur Lucian D. Clay mit sofortiger Wirkung die Einstellung der Demontage in der US-Zone befiehlt. Zudem setzt er alle Reparationsleistungen aus. Von diesem Demontagestop sind 150 Firmen betroffen, deren Maschinen ins Ausland transportiert werden sollten. Clay will bei seiner Entscheidung bleiben, bis die Deutschlandfrage – Wiedervereinigung oder nicht – geklärt ist.

Eng einhergehend mit den Demontagen, Razzien und Verhaftungswellen erfolgt die „Revolution von unten". Dazu zählt die Vertreibung bzw. Festnahme der bis dahin in der Region Mühlhausen beheimateten Gutsbesitzer, Burgherren und Junker. Von Kammerforst bis Martinfeld, von Seebach bis Treffurt werden die Besitzungen gestürmt, die Inhalte, wie Möbel, Geschirr, Bilder und Bücher, ins Freie geschleppt, teils angezündet, teils weggeschleppt.

Der alteingesessene Familienbetrieb Strickwaren-Ludwig Böttcher (ca. 120 Personen Belegschaft) war nicht unter Sequester gestellt worden. Nichtsdestoweniger „bedienten" sich mit Hilfe der Mühlhäuser Kommunisten die sowjetischen Garnisons-Offiziere jahrelang ohne Bezahlung an den hergestellten Produkten der Firma. Oft angetrunken, kamen die Offiziere in die Wohnung des Fabrikanten, stellten Schnaps und Esswaren auf den Tisch, und luden die Familienangehörigen samt Angestellten zum „Mitfeiern" ein. Danach begannen die „Gäste", sich selbst zu bedienen. Sie holten sich Pullover, Jacken und Kleider aus dem Lager und beluden damit ihre Autos. Bei diesem Stöbern blieben auch die privaten Kleiderschränke nicht verschont. Man nahm, was da war und was gefiel. Das waren mitunter auch Vasen, Läufer, Schmuck. Der Fabrikantenfamilie blieb gar nichts übrig, als gute Miene zum bösen Spiel zu machen. Oft genug hatte sie erlebt, wie schnell die gute Laune der Russen ins Gegenteil umschlug. Möbel und Geschirr wurde zerschlagen, die „Gastgeber" gewürgt und mit Pistolen bedroht. Also verhielt man sich weitgehendst loyal und versuchte die ständig angebotenen, mit Schnaps gefüllten Gläser unauffällig auszuschütten. Kaum einer dieser „Besuche" verlief, ohne dass die weiblichen Hausbewohner belästigt wurden. Nicht selten warfen sich die Russen in die Ehebetten der Böttchers, um dort ihren Rausch auszuschlafen. Was half es, dass die herbeigeholte Militärpolizei sie dort wegholte? Die abkommandierten Offiziere „übergaben" ihren nachfolgenden Genossen diese „einträgliche Anlaufstelle". Alle Versuche der Firmenleitung, wenigstens einen Teil der auf diese Weise einkassierten Waren bezahlt zu bekommen, scheiterten. Obwohl die Arbeiter in der Wagenstädter Vorstadt seit dem 1. Weltkrieg stark links orientiert waren, zeigten sich die meisten von ihnen abgestoßen von den nunmehrigen Vorgängen in diesem Betrieb und überhaupt von der politischen Entwicklung in der Stadt. So blieb der SED nichts anderes übrig als Leute zu dingen, die den Ruf des Familienbetriebes schädigen helfen sollten. Mit Gerüchten, Hetzereien und Fehlleistungen. Schließlich konnte es nicht sein, dass „volkseigene Betriebe" schlechter dastanden als dieser privat geleitete. Von daher wurde die Strickerei mit besonders hohen Auflagen bedacht, sowohl was die Hygiene, den Arbeitsschutz als auch das Produktions-Soll betraf. War zu viel Wolle am Lager, gab es Ärger mit den „Volkskontrolleuren". Dann war von Schwarz- und Schmuggelware die Rede. War zu wenig da, interessierte das keinen. Mit ständigen Kontrollen, Steuer- und Lagerüberprüfungen sowie schikanösen Auftragserteilungen wurde absehbar, dass die Fabrikanten ihren Besitz nicht länger halten konnten. Was immer sie taten, alles wurde ihnen als „Vergehen gegen die Volkswirtschaft" ausgelegt.

Nachdem es zu mehreren kurzfristigen Verhaftungen vom Senior- und Juniorchef der Firma Böttcher gekommen war, entschloss sich die Familie, nach dem Westen zu gehen. In der Mühlhausen-Chronik liest sich das folgendermaßen:

„Dank der revolutionären Wachsamkeit der Arbeiter wurde in der Strickwarenfabrik Ludwig Böttcher ein geheimes Materiallager entdeckt, in dem sich Wolle, Strickwaren und Werkzeuge im Gesamtwert von über 300 000 Mark befanden. Die Untersuchung ergab, dass der Buchhalter eine Steuerhinterziehung von etwa 250.000 Mark zu verantworten hatte. Der Betriebsleiter und sein Buchhalter wurden zu Gefängnisstrafen verurteilt. Der Betrieb wurde in Volkseigentum überführt."

Emil Böttcher gelang die Flucht aus dem Stadtgefängnis. In der Baden-Württembergischen Stadt Ebingen baute er eine neue Strickerei auf. Nahezu die gesamte Stammbelegschaft seines Mühlhäuser Betriebes folgte ihm dorthin nach.

Auto-Reparaturwerkstatt Erich Völker, Lutteroth-Straße 8

Gleich nach dem Einmarsch der Roten Armee musste die Auto-Reparaturwerkstatt Völker nahezu ein halbes Jahr lang kostenlos für die Sowjets arbeiten. Alle reparaturbedürftigen Fahrzeuge wurden bei der Firma vorgefahren. Den Anfang bildete eine Kolonne hochklassiger deutscher PKW der Marken HORCH, MERCEDES, BMW, STOEWER. Alle diese Fahrzeuge waren ohne Pneu-Bereifung. Um die Felgen waren Holzbandagen, ähnlich wie Fassbänder geschnürt. Die erste Aktion der Russen war, alle vier Räder des dem Betriebs-Chef Völker gehörenden BMW abzumontieren und bei einem der mitgebrachten BMW anzubringen. Diesen BMW fuhr dann in den nächsten Wochen der erste sowjetische Kommandant Mühlhausens, Oberst I. Solowjew. Wie wichtig den Sowjets die Firma Völker war, geht aus einer Bescheinigung für einen Angestellten des Betriebes hervor.

Betriebe, deren Maschinen und Fabrikationsanlagen teilweise demontiert und als Reparationsleistungen abtransportiert wurden
Mühlhausen Stadt
Thüringer Maschinen- und Fahrrad-Fabrik Walter & Co., Brunnenstraße 77 (Möve)
Thüringer Kammgarnspinnerei, Thomas-Müntzer-Straße
Bernhard Bode Strickwarenfabrik, Bahnhofsplatz 1
Claes & Co. Maschinenfabrik, Kiliansgraben
Gebr. Franke Metallwarenfabrik, Haarwand 63
Elektrizitätswerk, Bastmarkt 28a
Deutsche Post, Steinweg 92/93 und Bahnhofsplatz 4
Deutsche Reichsbahn, Bahnhofsplatz
Forstamt

GEBR. FRANKE AG, Eisen-, Stahl- u. Metallwarenfabrik, Haarwand 63.
Belegschaft: 235 (1948) bis 700 (1944) Personen
Einheitswert des Betriebes, festgelegt vom Finanzamt/am 1. Januar 1940 auf 2.119.500 RM.
Ausgiebige Demontage von Maschinen und Ausrüstungen.

BERNHARD BODE, Strickwarenfabrik, Bahnhofsplatz 1.
Belegschaft: ??
Komplette Demontage aller Wirk- und Strickmaschinen.
Gesamtwert: ??
Der Besitzer baute in Eschwege ein neues Werk auf.
Aus dem Mühlhäuser Betrieb wurde VEB „Bekleidungswerk".

WALTER & Co. Thüringer Maschinen- und Fahrrad-Fabrik (MÖVE-WERK), Brunnenstraße 77
Belegschaft: 407 Personen
Umfangreiche Demontage von Maschinen und Anlagen.
Einige Angaben über die weitere Entwicklung des Betriebes nach den durchgeführten Demontagearbeiten.

Mühlhäuser Autohallen O. SCHMITZ Nachf. H.W., Wendewehrstraße 130:
„Die sowjetische Besatzungsarmee zählte über viele Jahre zu unserer ständigen Kundschaft. Geld haben wir für unsere Leistungen so gut wie nie bekommen. Mitunter bezahlte man uns mit Naturalien wie Mehl, Zucker, Fleisch. Natürlich war uns das in den Hungerjahren viel lieber als Geld. Aber diese Sachen hatten sie ja vorher auch den Deutschen weggenommen, das darf man nicht vergessen.
Im Laufe der Jahre haben sich die unbezahlten Rechnungen dann doch sehr bemerkbar gemacht. Die Rechnungen wurden von uns an alle möglichen Stellen geschickt, so an die Kommandantur bis hin an die deutschen Ämter. Beglichen wurde so gut wie keine. Insgesamt beläuft sich die ausstehende Summe auf über 10.000.– Mark. Das war eine Menge Geld, wenn man bedenkt, wie hoch die Stundenlöhne in der damaligen Zeit, insbesondere in den fünfziger und sechziger Jahren lagen."
Otto Schmitz

Nicht viel anders sah es bei den ähnlichen Betrieben aus. Natürlich half man gern, so weit es möglich war. Mitunter hatten die Fahrer die Schäden selbst verursacht. All zu oft nur aber kehrten die Russen, zumeist Offiziere, den „Besatzer" heraus, schnauzten herum, verlangten Schnaps, bedrohten die Handwerker. „Dann brannte die Luft", erinnern sich Betroffene, wie Nikolaus Götz und Erhard Holtz. „Überhaupt, wenn Russen in die Werkstatt kamen, musste man auf alles gefasst sein."

MÜHLHÄUSER BETRIEBE
die länger oder zeitweise von 1945 bis 1950, oft auch unentgeltlich, für die Sowjets arbeiten bzw. Materialien liefern mussten:
Auto-Werkstätten
Albert, Kilianistraße
Bandke, Erfurterstraße
Breitlauch, Görmarstraße
Auto-Born, Kiliansgraben
Ford-Verkauf, Eisenacher Landstraße
Köhmstedt, Lassallestraße

König, Ammersche Landstraße
Leinberger, Wanfriederstraße
Schmitz, Wendewehrstraße
Völker, Lutterothstraße
Voigt, Erfurterstraße
Zwinkau, Kiliansgraben

Bau-Gewerbe
Bader, August-Bebel-Straße
Bechler, Brunnenstraße
Fuchs & Ehrentraut, Windeberger Straße
Gottschalk, Wagenstedter Straße
Hochhaus, Ammerstraße
Hühn, Wanfriederstraße
Mehmel, Petristeinweg
Müller, Wanfriederstraße
Pohlmann, Kasselerstraße
Strobel, Wendewehrstraße

Elektro-Installationsbetriebe
Käppler, K.-Liebknechtstraße
Pflemmiger, Friedrichstraße
Stoeber, Th.-Müntzer-Straße
Tatarczyk, Felchtaerstraße
Wagner, Burgstraße

Maschinenbau und Schmieden
Gebauer & Sohn, Ammerstraße
Gutwasser, Fr.-Naumann-Straße
Hill, Feldstraße
Offenhausen, Pfannschmidtstraße
Posselius, Feldstraße
Schmidt & Gruhle, Wanfriederstraße
Steinbach, August-Bebel-Straße

Schlossereien
Abelmann, Breitenstraße
Anhalt, Zinkengasse
König, Ammerstraße
Schlesinger, Ammerstraße
Zierentz, Obermarkt

Möbelfabriken und Tischlereien
Blaß, Krenzgraben
Holzindustrie, Johannisstraße
Krämer, Im Flarchen

Möbelwerkstätten, Lassallestraße 15/16
Mindestens 4 Jahre lang lieferte dieser Betrieb bis zu 80 Prozent seiner Produktion in die Reparationsleistungen der SBZ bzw. DDR.
Wehling, Fr.-Engel-Straße

Metallwarenfabriken
Blum, Wendewehrstraße
Claes & Co., Kiliansgraben
Jost & Kleinschmidt, Wahlstraße
MEWA, H. d. Haarwand
Möve-Werk, Brunnenstraße

Bedachungsgeschäfte
Backhaus, Ht. d. Haarwand
Gläsner G., Schadebergstraße
Gläsner W., Meißnersgasse 8
Hesse A., Wahlstraße
Hesse, Hugo, K.-Liebknecht-Straße
Posse, Erfurter-Straße 40
Die Fa. Hugo Hesse mußte z.B. für die Sowjets Arbeiten in der „General-Fuchs-Kaserne", im Finanzamt und in den Mühlenwerken ausführen. Sie wurde stets bezahlt, so Rudolf Standhardt. Zu den Arbeiten dieser Firmen zählte u. a. das Abdichten von Kisten mit Dachpappe für Reparationsgüter.

Druckereien
R. Sayle, Steinweg
Danner, Herrenstraße
Gerlach, Wahlstraße
Knorr, Brunnenstraße
Mock, Friedrichstraße
C. Schröter, Wanfriederstraße

Elektroaapparatebau
Anschütz, Wanfriederstraße
Hecht & Dehl, Wagenstedter Straße
Mühleg, Thomas-Müntzer-Straße

Elavatourgurte
H. Krüger, Felchtaerstraße

Färbereien
Bloedhorn, An der Stirn
Böhl, Felchtaerstraße
Rumpel, Thomas-Müntzer-Straße
Scheunpflug, Krenzgraben
Westthüringische Textilveredlung, Mühlstraße

Formstecherei und Druckwalzenfabrik
Strümpfler, Görmarstraße

Garngroßhandlungen
Becherer, Felchtaerstraße
Engelhardt, Friedrichstraße
Feigenspan, Kiliansgraben
Gutwasser, Breitenstraße
Heise, An der Burg
Hoffmann & Hölzel, Stadtbergstraße
Horn & Co., Friedr.-Engels-Straße
Liedloff, Wahlstraße
Manegold, Thomas-Müntzer-Straße
Trapp, Schadebergstraße

Holzwarenfabriken
Heise, Erfurter Straße
Hochhaus, Lindenbühl
Müller & Luehr, Wahlstraße
Wiedenroth, Erfurter Straße

Gerbereien und Lederfabriken
Aemilins, Zöllnersgasse
Becke, Brückenstraße
Lederwaren VVB, Johannistal
Oswald, Wahlstraße
Rinneberg, Friedr.-Engels-Straße

Leichtmetallgießerei
Gutwasser, Friedr.-Naumann-Straße

Riemenscheiben
Steinbach, August-Bebel-Straße

Seilerwaren
Kahlert, Sondershäuser-Straße

Spinnereien und Webereien
Binckebanck & Hammer, Wanfriederstraße
Kammgarnspinnerei, Friedr.-Naumann-Straße
Lichtenberg & Heidenblut, Friedr.-Engels-Straße
Oppé, Kurze Jakobistraße
Rowedder, Kreuzgraben
Thüringer Baumwollwerk, Johannisstraße
Walter, Feldstraße

Strickereien und Wirkereien
Abe, Erfurter-Straße
Aulepp, Brückenstraße
Blankenburg, Holzstraße
Bode, Burgstraße
Böttcher, Aug.-Bebel-Straße
L. Böttcher, Wagenstedter-Straße
Grabe, Holzstraße
Grabe, Feldstraße
Hartmann, An der Burg
Oberthür, Alter Blobach
Vereinigte Strick- & Wirkwarenfabriken, Feldstraße
Wagner, Petriteich
Westthüringer Wirk- & Strickwarenhandwerksgenossenschaft, Wahlstraße

Verbandsstoffe
„Howe", Friedr.-Engels-Straße
Verbandstoffweberei-Textil, Bahnhofsplatz

Vulkanisieranstalten
Lauf, Untermarkt
Preuß, Hauptmannstraße
Uthardt, Breitenstraße

Wäschereien
„Edelweiß", Waidstraße
Wäscherei VVB, Breitenstraße
Kunze, Langensalzaer Landstraße

Wagen- und Karosseriebau
Großklaus, Görmarstraße
Vollrath, Kilianistraße

Werkzeugbau
Offenhausen, Pfannschmidtstraße

Zigarrenfabriken
Eisenhardt & Co., Alter Blobach
Martin, Klosterstraße

Öfen, Herde und Heizungsbau
Fuchs, Holzstraße
Hertel, Obermarkt
Mühlhaue VEB, Steinweg
Rohn, Kilianistraße

Busch, Brückenstraße
Posselins, Feldstraße
Schreiber, Obermarkt

Fuhrunternehmen (46), Bespannte Fahrzeuge (12), Speditionen (6).

Kostenlose Leistungen und Lieferungen mussten auch Sägewerke und Mühlen bringen. Ebenso wurden kleinere Handwerksbetriebe, wie Klempner, Schuster und Schneider, zu Leistungen herangezogen.

Die diesen Firmen abverlangten Forderungen führten mitunter an die Grenze des für sie Tragbaren. Es gab kaum Rohstoffe, dafür unerbittliche Anweisungen von den deutschen Behörden oder auch direkt von den Vertretern der sowjetischen Besatzungsmacht. Selbst nachts mussten die Unternehmer zur Verfügung stehen, wenn es galt, die Wünsche der Sowjets zu befriedigen. Immer wieder kam es zu lebensbedrohlichen Situationen, besonders dann, wenn die Russen angetrunken waren.

Kostenlose aber risikoreiche Einsätze hatten in dieser Zeit insbesondere die Mühlhäuser Fuhr- und Transportunternehmer zu leisten. Mit Pferdefuhrwerken, Last- oder Möbelwagen verliefen ihre Fahrten zumeist innerhalb des Kreisgebietes, mitunter ging es quer durch Thüringen, manchmal auch darüber hinaus.

Betriebe aus der Region Mühlhausen, die in Reparationsleistungen eingebunden waren
A. Knöpfel, Mechanische Baumwoll-Buntweberei, Oberdorla
W. Siegelmann, Spinnerei, Ammern
Ziegelwerke Höngeda

Die Höngedaer Ziegelwerke entwickelten sich im Laufe der Jahre 1945/46 bis 1953/54 zu einem der wichtigsten Reparationsleistungsbetriebe des Kreises Mühlhausen. Nahezu wöchentlich rollten die auf dem Seebacher Bahnhof vollgeladenen Waggons in Richtung Osten. Es gab feste Anschriften in der SU, wohin Ladungen gebracht wurden. Es durfte nur 1. Qualität geliefert werden. Mithin blieben für den Eigenbedarf des Kreises zumeist nur 2. und 3. Wahl. Für den Bevölkerungsbedarf nur Ausschuss. Über 70 Prozent 1. Qualität der Gesamtproduktion gingen in die Reparationsleistungen.

Mühlhausen – nur ein Spiegelbild dessen, was ganz Thüringen widerfuhr

„Raubt so viel ihr könnt!" Stalin 1945 an seine Kommandeure (Plievier)

Keine der in Thüringen durchgeführten Demontagearbeiten verlief gesetzentsprechend. Vielmehr arteten sie in regelrechte Raubzüge aus, die dazu angetan waren, die Wirtschaft des Landes total zu zertrümmern. Dabei hatte Marschall Shukow dem Thüringer Ministerpräsidenten Dr. Paul in die Hand versprochen, alle anstehenden Maßnahmen aufs Humanste durchzuführen. Doch was galt schon ein Marschallwort?

Gleich nachdem Shukow durch seinen Stabschef Sokolowski abgelöst worden war, erinnerte sich keiner der Russen mehr an jenes Versprechen. Im Gegenteil, der Name Shukow konnte nicht ausgesprochen werden, ohne befremdetes Aufblicken bei den Russen zu erzeugen. Als erstes wurden die gerade erst verabschiedeten Gesetze wieder eingezogen. Auf diese Weise fielen gleich mehrere hundert Thüringer Betriebe, darunter 18 Mühlhäuser, unter staatliche Verwaltung.

Bei der Bodenreform sah es so aus, dass wirklicher Großgrundbesitz wie in Mecklenburg kaum vorhanden war, wogegen durch die Errichtung von zahlreichen Neubauernsiedlungen von drei bis fünf Hektar die nächsten Hungerhöfe vorprojektiert waren.

Noch schlimmer erwies sich die Bankenreform. Sie war so genial wie einfach von den Russen gelöst worden: Sie hatten die Banken besetzt, alle Safes erbrochen und sämtliche Wertsachen und das gesamte Geld weggeschleppt, das den Amerikanern entgangen war, aber immer noch eine riesige Menge darstellte. Um noch mehr raffen zu können, hatten sie schließlich dazu aufgefordert, anlässlich der Thüringer Volkswahlen im Weimarer Alten Schloss eine Industrie-Messe aufzubauen, damit die noch vorhandenen Kapazitäten Thüringens an zentraler Stelle gezeigt würden. Zum Schluss brauchten sie nur noch diese daran beteiligten Betriebe aufzusuchen, ob auch tatsächlich die angegebenen Mengen produziert wurden, um danach die Produkte für sich zu beanspruchen. Bereits einen Tag nach den Thüringer Volkswahlen am 20. Oktober 1947 ließ der für Thüringen verantwortliche Leiter für Demontage und Reparationen, Subarow, alle in Aussicht genommenen Fabriken militärisch besetzen und deren Abbau vornehmen. Betroffen waren hier insbesondere Nordhausen, Eisenach, Heiligenstadt und Jena. In Jena waren es vor allem die Zeiss-Werke. Zwar waren die weltberühmten Betriebe für Optik durch amerikanische Fliegerbomben schwer beschädigt worden, inzwischen aber arbeiteten wieder über zehntausend Menschen hier, die monatlich für mehrere Millionen Reichsmark Produkte schufen. Fast alles davon verschlangen die Reparationslieferungen. Doch das reichte nicht. Vergessen war die eben noch laut propagierte Floskel, die Werke seien mit Hilfe der Sowjets wieder in Gang gekommen.

Kurzerhand fasste Subarow den Entschluss, die Maschinen nach Russland zu bringen. Nur waren sie ohne die in hundertjähriger Tradition herangezogenen Facharbeiter nutzlos. So kam es zu der berüchtigten Operation „mit der freiwilligen Verpflichtung nach der UdSSR". Auf dem Jenaer Bahnhof wurde ein Zug mit einhundertachtzig Achsen, Güterwagen und Personenwagen, bereitgestellt. Danach umzingelten sowjetische Truppen die Wohnblocks der Arbeiter. Es war „die Nacht von Jena", wie bald danach die westdeutsche Presse berichtete.

Noch in ihren Wohnungen mussten die Arbeiter die ihnen vorgelegten Arbeitsverträge unterschreiben. Ihre Frauen und Kinder durften sie mitnehmen, auch Gepäck, jeder einen Zentner.

Die 48 Stunden dauernde „Nacht von Jena" war einer der übelsten Gewaltakte, die sich die Sowjets in Thüringen geleistet hatten. Das Schlimmste war, dass sich keiner von den Sowjet-Oberen dazu bekannte. Am wenigsten der Oberkommandierende des Landes Thüringen, Generaloberst Tschuikow. Mit seinen heftigen Protesten stieß der Thüringer Ministerpräsident, Dr. Paul, immer wieder ins Leere. Niemand fühlte sich zuständig. Der Generaloberst selbst blieb „unerreichbar".

Unterdessen hatte Walter Ulbricht bekanntgegeben: „Wir, die SED, sind eine deutsche Partei, die die wahren Interessen Deutschlands vertritt." Während eines Forums des Thüringer Landesvorstandes bekannte er vor 80 Delegierten allerdings: „Wir wollen uns doch darüber klar sein, dass das Zeiss-Werk hinter dem Ural besser aufgehoben ist, als hier bei uns."

Weitere Werke hatte die Sowjetische Militär-Administration mit dem bei der Bankenreform gestohlenen und mit unkontrolliert gedrucktem Geld in sowjetische Aktiengesellschaften verwandelt. Auf diese Weise waren die wertvollsten Betriebe, deren wahrer Wert auch nicht annähernd zur Abrechnung als Reparationsleistungen entsprach, dem Land Thüringen verlorengegangen. Genauso unverrechnet sind bestimmt auch die in den nächsten fünf Jahren von den Jenaer Zwangsarbeitern in der Sowjetunion erwirtschafteten Wert geblieben.

Der Gipfel aber war der Raub aller nur erreichbaren Kunstschätze. Kaum hatte die Rote Armee Thüringen besetzt, traf ein Komitee der Sonderkommission für Deutschland unter Führung von Oberst Andrej Belokopitow ein, dem Vertreter des sowjetischen Kunstkomitees angehörten. Sie forschten nach Schätzen, wie Gemälden, Skulpturen Antiquitäten, die während des Krieges von Museen und Galerien vorwiegend in Bergwerke ausgelagert worden waren. Bereits die Amerikaner hatten sich schon kräftig daran bedient, doch es war immer noch genug da, um die Sowjets reichlich zu befriedigen.

Zu ihren spektakulärsten Funden in Thüringen zählte die von dem Industriellen Otto Krebs angelegte Sammlung von im- und postimpressionistischen Gemälden und Plastiken, die in ihrer Art zu den wertvollsten Europas zählte. Diese Sammlung, zu der noch viele Antiquitäten gehörten, war in der Nähe von Weimar auf einem Gut untergebracht, von wo aus sie zunächst dem Weimarer Schlossmuseum als Dauerbesitz übergeben werden sollte. Dies war 1947 Prof. Walter Scheidig, dem damaligen Direktor der Weimar Kunstsammlung, von Generalmajor Kolesnitschenko fest zugesagt worden. Nachdem aber ein Jahr später der für sämtliche Reparationen zuständige Generalmajor Leonid Sorin davon erfuhr, galt jenes Versprechen nichts mehr. Die gesamte Krebssche Sammlung kam in die Lagerräume der Moskauer Eremitage. Dort lagerte sie bis 1995 unter strengster Geheimhaltung.

Der Wert dieser Bilder, zu denen zwei von Manet, zehn Renoir, je vier van Gogh und Gauguin, fünf von Cezanne sowie Werke von Signac, Matisse und Picasso und Plastiken, darunter zehn von Degas, zählten, wurde schon zur damaligen Zeit auf mindestens 30 Millionen Mark geschätzt.

Ebenfalls beschlagnahmt wurde die Rüstkammer der Wartburg. Auch hier hatten die Sowjets die komplette Sammlung, die zu den wertvollsten ihrer Art in ganz Europa zählt und die sogar noch über das Dresdener „Grüne Gewölbe" gestellt wird, nach Moskau transportieren lassen. Auch dieser Raub wurde von den Sowjets nie zugegeben. Als Ende der 50er Jahre die Dresdener etliche Gemälde der berühmten Zwinger-Galerie und Teile des „Grünen Gewölbes" zurückbekamen, befand sich darunter seltsamerweise ein wertvoller Teil der Rüstkammer der Wartburg. Dennoch stritten die Russen weiter ab, die Rüstkammer zu besitzen.

„Dem Kunstexperten Alexejew hatten es im besonderen Maße die Kunstschätze Thüringens angetan. In wochenlanger Arbeit erstellte Alexejew eine Dokumentation für den Abtransport der Schätze aus dem Schloss Molsdorf zwischen Arnstadt und Erfurt. Er unterstützte auch eine der vielen im besetzten deutschen Gebiet tätigen Beutegutgruppen, z. B. die der Frunse-Generalstabsakademie, die sich die Kunstschätze aus dem Schloss Friedenstein in Gotha angeeignet hatte. Zu weiteren herausragenden Sammelstücken gehörten u. a. 52 Gemälde aus Museen in Danzig und Gotha, die man im Schloss Reinhardsbrunn aufgespürt hatte. Darunter befanden sich die berühmten Rubensbilder, „Der Heilige Blasius" und „Athanasius".

Zusammen mit Graphiken, Skulpturen, Bronzen, Porzellan und 4.206 wertvollen Büchern der Landesbibliothek von Schloss Friedenstein kam alles zur Sammelstelle nach Leipzig. Das in Gotha etablierte sogenannte Kunstkomitee mit Sitz in der dortigen Kommandantur erfasste in den Folgemonaten alle sammelwerten Objekte. Ein Opfer der „Trophäenjagd" wurden auch die Kunstschätze der Herzöge von Sachsen, Coburg und Gotha im Schloss Reinhardsbrunn.

Zwei Seiten aus der Inventarliste der geraubten Mühlhäuser Ratsbibliothek.

Zu den aus Mühlhausen geraubten Kulturschätzen zählten 704 Bände der alten Ratsbibliothek, wovon 104 Inkunabeln waren, also wertvolle Drucke aus der Zeit von 1450 bis 1500. Erschüttert mussten die Angestellten des Rathauses mit ansehen, wie die kostbaren Bände für die sowjetische Militärbehörde requiriert und abgefahren wurden. Gesamtwerk zirka: ca. 4,5 Millionen Euro.

In den ersten Nachkriegsjahren waren die von höheren Offizieren beschlagnahmten Mühlhäuser Wohnungen mitunter vollgestopft von Beutegut. Angefangen von Bettvorlegern bis hin zu Kaffeekannen, Fotoapparaten, Porzellanfiguren und Schreibmaschinen stapelte sich Wertvolles neben Kitschigem.

In einem Schuppen in der „August-Bebel-Straße" hatte ein sowjetischer Major seine „Privat-Sammlung" untergebracht. Vermutlich waren darunter Gegenstände, die schon von Berlin her in seinem Besitz waren. Nachdem der Major eines Tages verschwunden war, vermutlich abberufen, wurde der Inhalt des Schuppens zu einem Problem für die Hausbewohner. Immerhin befanden sich darunter Waffen und Uniformen mit Nazi-Emblemen. Wer wollte bezeugen, dass die Bewohner nichts damit zu tun hatten?

Eine Entscheidung wurde ihnen dadurch abgenommen, dass eines Tages ein LKW vorfuhr. Rotarmisten begannen den Schuppen leer zu räumen. Ob von dem verschwundenen Major geschickt oder nicht, plötzlich kam ein weiteres Militärfahrzeug, und die aussteigenden Soldaten begannen die Erstangekommenen zu beschimpfen. Nach einer heftigen Auseinandersetzung, wurden beide Fahrzeuge beladen. Nach ihrer Abfahrt war der Schuppen leer, geblieben waren ein Haufen Scherben, darunter mehrere kaputte Vasen, die offenbar aus einem Museum stammten.

Franz Schütz

An diesen Räubereien beteiligten sich selbst die höchsten Befehlshaber der Roten Armee, so auch Marschall Shukow. Nachdem er die Potsdamer Schlösser geplündert hatte, brachte er 22 wertvolle Gemälde aus dem Depot des Schlossmuseums Weimar, acht reich verzierte Akkordeons sowie 20 kostbare Jagdgewehre an sich.

Ähnlich gut mit deutschem Beutegut hatten sich viele andere ranghohe Offiziere versorgt, so Generalmajor Sidnew, der in Berlin den operativen Sektor des NKWD geleitet hatte. Er sagte vor Gericht aus: „Bekanntlich hatten jene Truppenteile der Roten Armee, die Berlin einnahmen, reiche Beute gemacht. In vielen Stadtteilen wurden Lager gefunden, in denen Gold, Brillanten und andere Wertsachen aufbewahrt wurden ..."

Allein in der Berliner Reichsbank hatte Sidnew mehr als 40 Millionen Reichsmark sichergestellt, einen ebensolchen Betrag in Magazinen des Bezirks Berlin-Mitte. Insgesamt also über 80 Millionen Mark, wovon der Generalmajor einen erheblichen Teil für sich persönlich verwendete. Die zentrale Sammelstelle für alle in der SBZ geraubten Kunstgegenstände befand sich in Leipzig. Neben einem großen Gebäudekomplex stand ein dementsprechender Fuhrpark zur Verfügung. Hier waren rund um die Uhr 15 Rotarmisten sowie 40 zwangsverpflichtete Deutsche damit beschäftigt, die erbeuteten Kunstschätze zum Abtransport in die SU vorzubereiten.

Dabei stellt sich die Frage: Was tat die SED gegen diese maßlose Ausraubung deutschen Kulturgutes? Die Antwort lautet: Nichts! Bestenfalls waren es Einzelpersonen, die ihrer Empörung darüber Ausdruck verliehen, wie der Eisenacher OB Fischer, der sich am 21. Februar 1947 gegen die Befürworter des Abtransportes der Wartburger Rüstkammer im Thüringer Ministerium, wie Minister Wolf oder Regierungsrat Koch, wandte und protestierte.

So mussten, wie so oft in der Geschichte, Witze herhalten, die der Empörung der Bevölkerung Luft verschaffte. Als 1959 Teile der Dresdener Gemäldegalerie zurückgegeben wurden und die SED die Hochherzigkeit des sowjetischen Brudervolkes lobte, lautete ein solcher Witz „Wer ist der beste Freund der DDR?", fragt der Lehrer. „Der Sowjetmensch", antwortet Fritzchen. „Und wieso?" – Fritzchen: „Er hat uns die Bilder zurückgebracht, die uns die Russen 1945 geklaut haben."

Allein was die Kunstschätze betrifft. „Nicht bloß ein paar Dutzend Gemälde, sondern über zweieinhalb Millionen Kunstwerke, Bücher und sonstige Archivbestände wurden 1945 in die Sowjetunion verfrachtet. Es war die ungeheuerlichste Verschleppungsaktion von Kulturgütern in der Menschheitsgeschichte."

Mestmacher

Fassungslos steht man gegenüber den Äußerungen der Moskauer Museumsleiterin Irina Antonowa, die sich anlässlich eines STERN-Interviews 1996 zu dem bei Kriegsende aus Berlin abtransportierten Schliemann-Schatzes dahin gehend äußert, dass doch dieses rechtens sei und ein Volk, das ein anderes überfallen habe, mit seinem Herzblut dafür bezahlen müsse. Für sie gilt die Vereinnahmung des weltberühmten Kunstschatzes mit dem legendären Troja-Gold, der mehr als vierzig Jahre lang streng geheim im Puschkin-Museum lagerte und dessen Besitz bestritten wurde, nunmehr als Eigentum Russlands.

Der Gesamtwert der in Mühlhausen demontierten und als Reparationsleistungen in die Sowjetunion abtransportierten Güter ist nicht errechenbar. Hierzu fehlt es an zuverlässigen Zahlen und Angaben. Selbst Schätzungen fallen schwer. So weit sich Zeitzeugen erinnern, glichen die betroffenen Fabriken, die Säle, aus denen Maschinen und Werkzeuge herausgeholt wurden sowie die Höfe und Zufahrtsstraßen davor, regelrechten Schlachtfeldern. Von der Aue bis zum Bahnhof stauten sich mitunter wochenlang die verpackten Maschinen und Rohstoffe. Immerhin lässt sich anhand von Inventarlisten und auch einigen Preislisten in etwa eine Schätzung vornehmen. Sie ist mehr als vage, zumal sie sich nur auf bestimmte Maschinen bezieht. Danach kann man von einem Wert von 30 bis 40 Millionen Reichsmark ausgehen, weniger aber kaum. In einer Mühlhäuser Chronik von 1975 heißt es:

„In internationalen Übereinkommen wurde das deutsche Volk verpflichtet, einen Teil der von ihm im Kriege begangenen Schuld durch die Zahlung von Reparationen wieder gut zu machen. Da nach diesen Vereinbarungen die vorgesehenen Reparationen aus den festgelegten Besatzungszonen der einzelnen alliierten Mächte entnommen werden sollten, hatten die USA kein Recht, aus einem von ihnen nur zeitweilig besetzten Gebiet irgendwelche Wiedergutmachungsleistungen zu beanspruchen. Die von ihren offiziellen Vertretern und Soldaten vorgenommenen Requirierungen kamen daher nicht nur einer rechtswidrigen Ausraubung des deutschen Volkes gleich, sondern stellten – indem sie später der Sowjetarmee Schwierigkeiten bereiten sollten – zugleich einen Schritt auf dem Weg zum „kalten Krieg" gegen den Sozialismus dar …"

Laut einer in dieser Chronik gemachten Aufstellung verursachten die US-Truppen während ihres dreimonatigen Aufenthalts in Mühlhausen einen Schaden in Höhe von 404.665,56 RM. Dies sei aber, heißt es weiter, bei weitem noch nicht alles, „was die US-Besatzungstruppen in Betrieben und bei Privatpersonen requirierten".

Von dem, was die sowjetische Besatzungsmacht an Reparationen der Stadt auferlegten, findet sich kein Wort in dieser Chronik. Sicherlich waren hier dem Chronisten Grenzen gesetzt, aber wer auf der einen Seite so akkurat und auf den Pfennig genau Vorwürfe erhebt, muss auf der anderen (eigenen) Seite das Dazugehörige schreiben. Hier hätte nämlich stehen müssen, dass eine Stadt wie Mühlhausen noch nie in seiner Geschichte derartig ausgeplündert worden ist.

Von daher würde der Zahlenwert von dem, was die Sowjets in den ersten drei Jahren ihrer Besetzung in Mühlhausen requirierten, ins Utopische gehen. Nicht das hundert- und nicht das zweihundertfache jener angeführten knappen halben Million Reichsmark dürfte da ausreichen. Dazu kämen noch die Reparationsleistungen in Form von Produkten, die teilweise bis 1956 von Mühlhäuser Firmen in die Sowjetunion geliefert wurden. Der für Demontagen und Reparationen in Mühlhausen verantwortliche sowjetische Offizier war Major Krawtschenkow. Er bestimmte im Einzelnen die Arbeiten, organisierte die Transporte und bestimmte alle vorzunehmenden Sprengungen.

In Ergänzung zu dem, was im Frühjahr 1945 von den US-Besatzungstruppen aus Mühlhausen fortgeschleppt wurde, bleibt nachzutragen: Vor allem waren es die Banken, welche regelrecht ausgeplündert wurden. So die Commerz-Bank am Untermarkt, die Deutsche Bank am Obermarkt, die Gewerbe-Bank am Steinweg, das Bankhaus Stürcke am Steinweg sowie die Deutsche Reichsbank am Lindenbühl. Hier wurden nicht nur sämtliche Münz- und Papiergeldreserven, sondern alle noch vorhandenen Goldbarren auf Militärlastwagen abtransportiert. Noch Tage danach flatterten die als wertlos erachteten und weggeworfenen Aktien und Wertpapiere durch die Parkanlagen. Im Bankhaus Stürcke wurden neben o. g. sämtliche von Mühlhäuser Bürgern deponierten Wertgegenstände geraubt, so Gold, Uhren, Schmuck, Bilder, z. B. das gesamte Tafelsilber der Familie Gast, zwei Brillant-Kolliers der Kleinschmidts, eine Uhrenkollektion aus der Barockzeit, mehrere Silberpokale und eine Edelsteinsammlung.

VIEH ALS REPARATIONSLEISTUNG

Nicht zuletzt gehörten zu den Reparationsleistungen Vieh und landwirtschaftliche Erzeugnisse wie Getreide, Kartoffeln, Rüben usw. Schon im ersten Besatzungsjahr setzten die Sowjets Kontrolleure ein, die zu überprüfen hatten, welche Mengen an Frucht geerntet worden waren und wie viel davon abzuliefern war. Dabei wurden die Erntetermine von der Kommandantur bestimmt und nicht wie die Wetterlage war. Da selbst bei strömendem Regen Getreide eingebracht werden musste, ergaben sich immer wieder hohe Verluste für die Bauern. Auch in den folgenden Jahren änderte sich nichts an diesen kontrollierten Maßnahmen. Die Bauern lebten in ständiger Bedrängnis, nicht selten mussten sie um das Saatgut bangen, denn bei dieser Behandlung keimte es oft zu früh oder verdarb in den Vorratshaltungen.

Daher brachten die Reparationsleistungen an Feldfrüchten die Bauern in akute Existenzschwierigkeiten. Der Bevölkerungsbedarf konnte einfach nicht gedeckt werden, zum einen gab es nur unzureichendes Futter für das Vieh, zum anderen kam ein Großteil der Tiere in die Sowjetunion. Verladebahnhöfe für Pferde, Rinder und sonstiges Schlachtvieh waren in diesen Jahren Mühlhausen, Großengottern, Dachrieden, Schönstedt, Seebach, Silberhausen. Im Februar 1946 sollen 420

Schweine in einem Güterzug weggebracht worden sein. Im Sommer 1946 kam es zur Verladung von mehreren hundert Rindern. Diese Transporte erfolgten in unterschiedlichen Abständen und in unterschiedlichen Größenordnungen. Mitunter wurden einzelne Waggons mit Tieren an Personenzüge angekoppelt und in Erfurt, Halle oder Berlin größeren Transportzügen zugeführt. Das notwendige Futter für die Tiere auf solche Reisen mussten die Bauern dazuliefern.

Diese Abgaben an Nutz- und Schlachtvieh zählten zum Härtesten für die Besitzer. Nicht selten begleiteten die Frauen und Kinder die ihnen lieb gewordenen und von ihnen aufgezogenen Tiere bis an die Verladerampen, wo unter Tränen von Pferden und Kühen Abschied genommen wurde.

Zu diesen Reparationslieferungen in die SU musste aber auch die Besatzungsarmee von nahezu einer Million Soldaten versorgt werden. Für die Region Mühlhausen bedeutete das, mindestens 2.000 Soldaten mitzuernähren. Dabei kam es außer den angeordneten Abgaben bis 1948 immer wieder zu willkürlichen Wegnahmen von Tieren durch einzelne Rotarmisten. Bevorzugt wurden Schweine, Gänse und Enten.

Sowjets und SED waren sich nicht zu schade, bei „ungehorsamen Verhalten" die Bevölkerung mit Essenentzug sprich: harten Versorgungsstrafen zu belegen.

So wurden, nachdem im Vorfeld der Gemeindewahlen am 8. September 1946 die Besatzungsmacht alles getan hatte, die Bürger für die Wahl der SED zu gewinnen und dies gescheitert war, alle Landwirte des Eichsfeldes mit einer 30-prozentigen Sonderablieferung bestraft. Die SED-Führung erklärte dazu, diese Lebensmittel hätten die Bauern selber fressen können, wenn sie sich bei der Wahl anständig – sprich fügsam gegenüber der SED – verhalten hätten (H. Siebert). Landwirte, die der SED anhörten, waren selbstverständlich von dieser Repression befreit worden. Der spätere Landrat Dr. Braedel schrieb dazu: „Die letzten Wochen des Jahres 1946 waren durch die Nachveranlagung der Bauern zur Ablieferung tierischer und pflanzlicher Erzeugnisse gekennzeichnet, die unter Aufsicht sowjetischer Kontrolloffiziere unerbittlich eingetrieben werden mussten, in vielen Bauernwirtschaften die Ställe leerten und die Scheunen ausfegten, so dass es an Nachzucht- und Anspannvieh fehlte und den Bauern nicht einmal das notwendige Brot-, Futter- und Saatgetreide blieb. Die Folgen dieser rigorosen Maßnahme waren nach Jahren noch nicht überwunden; sie führten in verschiedenen Fällen zur Aufgabe der bäuerlichen Betriebe durch ihre Besitzer."

Es wundert nicht, dass in der Folgezeit, als längst schon die DDR existierte, die Landwirtschaft aus ihrer prekären Lage nie herauskam, vielmehr einen Stellenwert in der Wirtschaft bekam, den sie unter normalen Umständen gar nicht hätte haben müssen. Der ständige Raubbau machte eine Gesundung der Äcker, eine vernünftige Viehaufzucht und Saatguthaltung unmöglich. Vorgegebene Soll-Zahlen konnten gar nicht erreicht werden, zumal die SED völlig unkompetenten Leuten die Verantwortung übertrug. Anstatt „Plan-" kam immer nur wieder Misswirtschaft heraus.

Typisch für die sowjetischen „Hauruck"-Aktionen war das große „Schweinesterben" im Spätherbst 1947. Auf Befehl der SMA Thüringen mussten innerhalb weniger Tage über tausend Schweine in Mühlhausen erfasst und geschlachtet und nach Erfurt ins große Kühlhaus in der Schlachthofstraße geliefert werden. Zum Transport hatten sich alle Fuhrunternehmer und LKW-Besitzer bereit zu halten, so auch

Otto Schmitz und sein Vater. Wie Otto Schmitz berichtet, herrschte auf dem Mühlhäuser Schlachthof Hochbetrieb. Der Auftrag für Vater und Sohn lautete, auf ihren LKW 40 halbe Schweine aufzuladen. Beim Nachzählen meinte Vater Schmitz 41 Stück gezählt zu haben, sein Sohn gar 42. Kurzentschlossen machten sie einen Umweg über Oberdorla, um bei einem Bekannten auf dem Hof der Sache auf den Grund zu gehen. Tatsächlich waren 2 Hälften übrig. Sie wurden abgeladen und später für den Eigenbedarf geräuchert. Bei einer Entdeckung ihrer Tat wären sie von den Russen auf der Stelle erschossen worden.

Bei der Versorgung der sowjetischen Garnisonstruppe in Mühlhausen mit frischen Lebensmitteln zeigt sich ein merkwürdiges Bild. Über Jahrzehnte hinweg hielten sich Rotarmisten in der großen Scheune in der „Prof. Berger-Straße" bis zu 50 Schweine. In unmittelbarer Nähe von Wohnhäusern und direkt neben einem Kindergarten suhlten sich hier die Tiere unter völlig unhygienischen Verhältnissen. Der Gestank war für das gesamte Wohnviertel eine Zumutung. Das Ende dieser Tierhaltung war dementsprechend. Als Mitte der 80er-Jahre plötzlich die Scheune niederbrannte, wurden die meisten Tiere von dem niederstürzenden Gebälk erschlagen.

Allein was sechshunderttausend Rotarmisten an Fleisch verbrauchten, war so viel, wie drei Millionen sechshunderttausend Normalverbrauchern der Ostzonenbevölkerung zukam. An dieser Situation änderte sich auch in der Folgezeit nur wenig. Die Lebensmittelversorgung der sowjetischen Besatzungsarmee war und blieb die Hauptlast für den DDR-Staat und seine Bevölkerung. Man nahm immer von der Substanz, konnte nie auf Reserven zurückgreifen. Eine Anweisung Marschall Shukows lautete bereits 1945: Die sowjetischen Besatzungsstreitkräfte müssen ausschließlich von den Deutschen ernährt werden. Lediglich Lorbeerblätter, Tee und Machorka sollten notfalls aus der Sowjetunion eingeführt werden.

Das Brot für die Mühlhäuser sowjetische Garnison wurde jahrzehntelang in der Konsum-Bäckerei, Honiggasse, gebacken. Das dazu notwendige Mehl traf wöchentlich auf Armee-Fahrzeugen ein. Der gesamte Backvorgang wurde jahrein, jahraus, von extra dazu abkommandierten Soldaten überwacht.

Nach Aussagen der Bäcker war das Mehl selten in einem guten Zustand. Meist war es überlagert, es roch dumpf, oft fand sich auch Ungeziefer darin. Nach deutschen Hygienevorschriften hätte es niemals Verwendung finden dürfen.

Von einer Berechnung oder Verrechnung bzw. Bezahlung für die geleistete Arbeit der Bäcker durch die Sowjet-Armee konnte keine Rede sein. Bis zu ihrem Abzug 1991 unterhielt die Mühlhäuser sowjetische Garnison hinterm neuen Friedhof eine größere Stallanlage mit Schweinen, im Bereich Schlotheim-Obermehler gab es ebensolche. Hinzu kamen noch etliche Einzeltierhaltungen im Kreisgebiet, so in Eigenrieden, wo der „Turm"-Kommandant „Sascha" für seinen persönlichen Bedarf ein Schwein füttern ließ. Als das Tier einmal erkrankte, berichtete ein zu Hilfe gerufener Eigenrieder Landwirt, dass das Schwein samt den zur Fütterung abgestellten Soldaten weitaus besser untergebracht waren, als die anderen Rotarmisten.

Die unhygienischen Verhältnisse, wie auch das selbstherrliche Verhalten der Besatzungsarmee, blieb ein ständiger Ärger für die in der Nähe wohnenden Deutschen. Jeglicher Müll wurde in Erdlöcher geschüttet und fast immer außerhalb der

Objekte. So auch entlang des Weges an der sogenannten „Himmelsleiter" bei Eigenrieden. Hier waren Gruben von 10 m Länge und 3 m Breite ausgehoben worden. Nachdem diese Gruben gefüllt waren, überschüttete man sie mit einer leichten Erddecke. In heißen Sommern herrschte ein fürchterlicher Gestank im Wald. Natürlich zog das Tiere an, so Wildschweine, was wiederum Anlass für sowjetische Offiziere war, sich als Jäger zu betätigen. Diese Art von Bereicherung der Garnisonsküchen hatte eine lange Tradition, sie reichte zurück bis 1945. Teilweise waren die Wälder leergeschossen.

Die Reparationen an die Sowjetunion nahmen auch nach 1954 kein Ende. Nur der Name änderte sich im Laufe der Jahre dafür. Anstatt Reparationsleistungen hieß es dann „Freundschaftshilfe" – „Sozialistische Bruderhilfe" – „Zur Stärkung des Friedens" oder „Unterstützung der sozialistischen Völkergemeinschaft". Es war 1983, als wieder einmal in der Sowjetunion eine Hungersnot ausbrach – die wievielte eigentlich seit 1922? – „Spontane" Hilfsaktionen waren gefordert. Zum x-ten Male trieb die SED die Agrar-Genossenschaften zu schnellen Aktivitäten an. Getreide wurde erfasst, Kartoffeln, Gemüse. Neue Tierzuchtpläne mussten erstellt werden. Der damalige 1. Mühlhäuser Kreissekretär ließ es sich nicht nehmen, den verantwortlichen LPG-Vorsitzenden zu befehlen, die doppelte Fleischproduktion zu ermöglichen und zwar schnellstens. Den Einwurf der Vorsitzenden, dafür ständen überhaupt keine Futtermittel zur Verfügung, ließ er nicht gelten.

23. UNSINNIGKEIT ALS METHODE

Das Schlimmste, was den Marxisten passieren konnte, war die „Chance", sich in der Praxis bewähren zu müssen. Die Bürger blieben einem ständigen Wechselbad der Versprechungen und Kurskorrekturen ausgesetzt.

Lenin hat die Mentalität seiner Landsleute genau gekannt, sonst wäre ihm nie der Lehrsatz eingefallen „Vertrauen ist gut – Kontrolle ist besser". Das Fehlen jeglichen Eigenbesitzes im sozialisierten Russland tat ein übriges: Wer pflegt schon ein Haus, das ihm nicht gehört? In der DDR war es nicht anders. Das riesige Heer an Mietschuldnern steht als Beweis dafür. Was als sozialer Fortschritt gedacht war, kehrte sich nur all zu oft ins Gegenteil um. Die einen arbeiteten, die anderen verschwendeten. Auf diesem Nährboden wuchsen Unsinnigkeiten – vom Ural bis zur Werra.

In Workuta bekamen Häftlinge für einen gezogenen Zahn drei Tage arbeitsfrei. Der Nachweis musste dem Brigadier auf einer Arzt-Bescheinigung vorgezeigt werden. Bei entsprechender „Bezahlung" konnte man sich aber von der Lagerzahnärztin Nadjeschka Petrowna auch ohne Zahn-Extraktion freie Tage verschaffen. Denn nicht die Zahnlücken, sondern nur die Bescheinigungen wurden kontrolliert. Auf diese Weise brachte es mancher bis zu zwanzig gezogene Zähne im Jahr und besaß noch sein vollständiges Gebiss bei seiner Entlassung. Ansonsten gab es derartige „Sozialismus"-Unsinnigkeiten nur selten zu beschmunzeln. Die Verhaftung des Mühlhäusers Lothar Kleinschmidt im Winter 1945/46 wurde von den sowjetischen NKWD-Offizieren damit begründet, dass er Angehöriger der Waffen-SS gewesen sei. Obwohl Kleinschmidt gleich nach der ersten Vernehmung klarmachte, dass er erst 21 Jahre alt und nicht wie unterstellt 33 sei, spielte das überhaupt keine Rolle. Auch sein Einwurf nützte ihm nichts, er habe als Flak-Soldat in Kassel Dienst getan und nicht, wie vorgeworfen, in Russland gekämpft. Die einzige Chance, die man ihm gab, war, seine Angehörigen sollten eben dann den richtigen Kleinschmidt herbeischaffen. Da sie das nicht konnten, blieb Lothar Kleinschmidt in Haft, wurde verschleppt und kehrte erst nach drei Jahren wieder zurück.

Zu solchen „Verwechslungen" kam es öfters. Sie wurden provoziert und gehörten offensichtlich zum Programm der Besatzer. Der wohl tragischste Fall war der der Mühlhäuser Brüder Böhnhardt, wo der Unschuldige abtransportiert wurde und der eigentlich Gesuchte den Sowjets entkam. Der Verschleppte kam nicht wieder. In anderen Fällen wiegte man die Opfer zunächst in Sicherheit, indem man ihnen irgendwelche Aufgaben auftrug, um sie dann festzunehmen. Den Klempner Fernschild bestellte man auf die Polizeiwache in die Ratstraße. Er sollte hier eine Reparatur durchführen. Während seiner Arbeit wurde er festgenommen und zum Untermarkt 13 geschafft. Er habe Sabotage betrieben, hieß es, seine Festnahme aber war geplant gewesen.

Eine Tragik-Komödie ganz eigener Art leisteten sich die Sowjets mit der Festnahme und Verurteilung des Langensalzaer Kreisarztes Dr. Stefan Tang. Als Betreuer der in Langensalza stationierten Luftwaffenangehörigen war ihm 1943 der Titel eines „Sanitäterarztes" zuerkannt worden. Da die Unterschrift der Urkunde von Hermann Göring stammte, machte ihn der NKWD kurzerhand zum Leibarzt des Generalfeldmarschalls. Alle von Dr. Tang herbeigebrachten Beweise, wie seine UK-Stellung und dass er seit 1935 seinen ständigen Wohnsitz in Langensalza und nicht in Berlin in der Nähe Görings gehabt hatte, nützten nichts. Er habe, hieß es, dafür gesorgt, dass Hitlers Stellvertreter gesund geblieben war. So wurde der Arzt für eine Tätigkeit, die er nie durchgeführt hatte, zu 25 Jahren Zwangsarbeit verurteilt.

Acht Jahre verbrachte Dr. Stefan Tang wegen dieser Unsinnigkeit in sibirischen Straflagern. Dass er seinem Leidensweg noch Sinn abzugewinnen vermochte, verdankte er letztlich seiner überzeugten Berufung als Arzt. Unzähligen Leidenden, Russen wie Deutschen, wurde er zum Retter. Er gab Injektionen, führte Transfusionen durch und operierte unter primitivsten Umständen mit Instrumenten, die er selbst gebastelt hatte. Nach seiner Entlassung, er zählte zu den letzten Russlandheimkehrern Deutschlands, fand er seine Frau und seine vier Kinder in Kammerforst wieder, wo seine Frau als Hebamme ihren Lebensunterhalt verdient hatte.

Die Festnahme des Langensalzaer Freimaurers und Nazigegners Walter Eisenhardt bewies einmal mehr die völlige Rechtsunsicherheit der deutschen Bevölkerung unter der sowjetischen Besatzungsmacht.

Nachdem die örtlichen „fortschrittlichen Kräfte" den mehrfachen Immobilienbesitzer den Sowjets zwecks „Bestrafung" dieses „Kapitalisten" übergeben hatten, versuchte der Mühlhäuser Steuerberater Hans Schiel beim Kommandanten vorzusprechen. Während des erlaubten Gesprächs machte Schiel dem Kommandanten klar, dass es sich bei Walter Eisenhardt nachgewiesenermaßen um einen Nazigegner handele, der bis 1934 aktiver Freimaurer war und von daher aus der Haft zu entlassen sei. Der Kommandant wusste um die Freimaurerei und versprach dem Besucher, sich um die Freilassung Eisenhardts zu kümmern. Aber es geschah nichts. Walter Eisenhardt kam nach Buchenwald, wo er verstarb.

Was immer die sowjetischen Besatzer an Unsinnigkeiten den Deutschen in den folgenden Jahrzehnten aufluden – die „Gesellschaft für deutsch-sowjetische Freundschaft" zeigte dazu ihr eigenes Gesicht. Was auf staatliche Anordnung entstanden war, war längst nicht „Herzenssache" der Bevölkerung. Deshalb konnten Arbeits-Brigaden nur dann ausgezeichnet werden und Geld-Prämien empfangen, wenn sie Mitglieder dieser Gesellschaft waren.

Dabei handelte es sich bei diesen „Freundschaftsbeziehungen" um reine Kollektivabfertigungen. Deutsche Brigaden trafen sich mit den „Freunden" der Garnison, um sozialistische Gedenk- und Feiertage zu feiern. Private Freundschaften blieben die Ausnahme, für Militärangehörige waren Besuche in deutschen Wohnungen sogar verboten. So wurde die Familie von Hauptmann Alexander Tschierschow wegen „fortgesetzten, unerlaubten Besuches" einer Mühlhäuser Familie 1979 nach Murmansk strafversetzt, später in die Mongolei. Solche Exempel offenbarten deutlich die Haltung der sowjetischen Militärs, die von Chauvinismus und Nationalismus geprägt war.

Indessen blieb das Mühlhäuser „Puschkinhaus" mit dem Sitz der DSF-Gesellschaft eine wichtige Anlaufstelle für die Garnisons-Angehörigen. Insbesondere die Ärzteversorgung wurde kräftig genutzt, heimlich versteht sich, denn alle Kranken hatten sich in der Thüringer Zentralstelle Nohra bei Weimar behandeln zu lassen. Jahrelang haben Mühlhäuser Ärzte russische Frauen und Kinder medizinisch betreut, mit Zahnbehandlungen und Schwangerschaftsabbrüchen, mit Medikamenten und Operationen. Dazu kamen die unzähligen, individuellen Hilfeleistungen durch die Angestellten des Hauses, die sich in rührender Weise um die Russen kümmerten.

So blieben die von den deutschen Kommunisten hochgelobten, engen deutschsowjetischen Beziehungen bis zu ihrem Ende eine ständige Gratwanderung zwischen dem Despotismus des Siegers und dem Devotismus der Unterlegenen.

Erst im Herbst 1985, als Gorbatschow den georgischen Parteichef Schewardnadse in die Regierung holte, zeichnete sich dann das Ende dieser „unverbrüchlichen, brüderlichen" Beziehungen ab. Die Bilanz, die beide Männer zogen, war verheerend. Alle osteuropäischen Satellitenstaaten waren ruiniert, sowohl politisch, wirtschaftlich wie auch militärisch. Wie eine heiße Kartoffel ließen beide Männer die DDR fallen. Merkwürdig allein bleibt die schicksalhafte Verquickung beider Partner – der Tod des kleinen war zugleich auch der Tod des großen Bruders.

Bereits mit den ersten Befehlen der sowjetischen Militär-Kommandantur war der Mühlhäuser Bevölkerung deutlich geworden, dass es im Verlauf des zukünftigen Zusammenlebens zu erheblichen Schwierigkeiten kommen würde.

In beschlagnahmten Garagen oder Gebäudeteilen verlangten Offiziere die sofortige Installierung von Wasseranschlüssen und Stromzufuhren. Allen Ernstes nahmen sie an, allein durch das Einschlagen von Wasserhähnen in die Wände würde Wasser aus den Hähnen kommen. Sie besorgten Glühlampen und Fassungen und versuchten, sie an Zimmerdecken anzubringen, in der festen Überzeugung, dadurch elektrisches Licht zu erhalten. Sie waren nicht die ersten und nicht die letzten Vertreter der sowjetischen Besatzungsmacht, die in den ersten Jahren nach dem Kennenlernen deutscher Häuser und Wohnungen meinten, wo immer eine Lampe an der Decke hing oder ein Wasserhahn an der Wand angebracht war, diese auch automatisch funktionieren müssten.

Wem das zum Lachen war, der musste bald feststellen, dass er dadurch ziemliche Probleme bekam. Wurde der „Auftraggeber" nicht entsprechend bedient, kam es zu heftigen Vorwürfen, zu Bedrohungen, gar zu Schlägen. In besonderem Maße offenbarten sich Unsinnigkeiten bei den in der Stadt vorgenommenen Demontagearbeiten.

Obwohl unter der Führung von Major Krawtschenkow zahlreiche Offiziere eingesetzt waren, klappte so gut wie nichts. Waren die aus den Fabriken demontierten Maschinen zum Verladen auf den Güterbahnhof gebracht worden, fehlten die angeforderten Waggons zum Abtransport. Standen genügend Waggons bereit, fehlten die zu verladenden Güter.

Etwa Mitte 1946 waren in Thüringen sieben Brotfabriken, vier Margarinefabriken sowie zahlreiche Papier-, Holzbearbeitungs-, Schuhfabriken und Glashütten abgebaut und versandfertig gemacht worden. Für all das stand nicht ein Eisenbahnwagen zur Verfügung. Eben da erging von dem für die Ostzone verantwortlichen sowjetischen Demontagespezialisten General Saburow die Anweisung, die Waggonbau-Betriebe in Gotha, Erfurt und Leipzig sollten sofort die entsprechende Menge Waggons herstellen bzw. liefern. Als ob diese Betriebe nicht bereits total ausgeschlachtet waren. Von den zahllosen unsinnig durchgeführten Demontagen und Transporten ist wahrscheinlich nur eine korrigiert worden und zwar die im Fall der Meißner Porzellan-Manufaktur. Nach dem Abbau aller Maschinen und Anlagen und der Überstellung nach Leningrad, drohte dort, mangels geschulter Kräfte, das wertvolle Beutegut zu verrosten. Hier war der verantwortliche Befehlshaber Malenkow so einsichtig, die Maschinen nach Meißen zurückbringen zu lassen. Allerdings mit der Auflage, dass sämtliche Produkte der Firma auf dem Weltmarkt verkauft wurden.

Das geschah mit vielen aus der Ostzone geschleusten Gütern. Einmal waren es allein sechzigtausend Kubikmeter Eichenholz, die auf sowjetische Rechnung nach Skandinavien verkauft wurden.

Unter diesen Voraussetzungen vegetierte die Mühlhäuser Wirtschaft vor sich hin, selbst die größten Bemühungen brachten nur spärliche Ergebnisse. Besonders die Landwirtschaft geriet immer wieder in große Bedrängnis. Abgesehen davon, dass sich die Russen, teils als Einzelne, teils in Trupps, ganz nach ihrem Gutdünken bedienten, also Mehl, Kartoffeln und Vieh wegschafften, auf Befehl ihrer Vorgesetzten mussten die Bauern auch die allgemeinen Ablieferungen erbringen. Nicht nur das, sie hatten zu völlig abnormen Zeiten die Aussaaten vorzunehmen und die Frucht einzubringen – sei es in der Dämmerung oder bei strömendem Regen.

Neben der Nina-Nassarowa-Methode gab es dutzende ähnlicher propagierter Praktiken, so die von der SED hochgejubelte Bassow-Methode, von den Arbeitern als „Pass-Uff-Methode" verspottet: „Wenn de offbassen musst, machsdes nach der Bassoff-Methode".

Bei näherer Untersuchung der Stachanow-Methode konnten die Mühlhäuser Arbeiter nur mit dem Kopf schütteln. Alexej Stachanow, ein Bergarbeiter im Donezbecken, hatte im August 1935 auf Grund guter Arbeitsorganisation während einer Schicht 102 t Kohle gefördert. Daraus war dann eine Massenbewegung gemacht worden, die u. a. am Ende eine hohe Senkung der Selbstkosten erzielte. „Ordnung am Arbeitsplatz", lautete eine der Grundregeln dieser „Neuerung". Jeder Arbeiter hatte seinen Platz am Ende der Arbeitszeit so aufgeräumt und sauber zu hinterlassen (z.B. bei Schichtarbeit), dass der Nachfolger problemlos weiterschaffen konnte. Für die Mühlhäuser Arbeiter gehörte so was zu den Ausbildungsprinzipien im ersten Lehrjahr, sei es in den Lehrwerkstätten bei „Claes", „Giebe" oder „Franke".

Was die Partei mit weniger körperlicher Anstrengung und energiesparendem Aufwand erreichen wollte, nämlich eine höhere Effektivität in der Produktion, gelang einfach nicht. Nach der Demontage aller wichtigen Maschinen musste weiterhin strapaziöse Körperarbeit geleistet werden. Hier nun von der Einführung eines großartigen sowjetischen Neuerertums zu sprechen und dadurch einen neuen „Weltstand" in der Produktion erreichen zu können, war für die Mühlhäuser Arbeiter einfach grotesk. Ausgerechnet auf das Niveau eines der wirtschaftlich ärmsten Länder Europas zu kommen, deren Menschen weitgehendst unterhalb der Armutsgrenze lebten, empfanden sie als reinen Hohn. Als ob sie nicht wüssten, was deutsche Wertarbeit bedeutete und wie sie zustande gekommen war. Schon ihre Groß- und Urgroßeltern hatten daran mitgewirkt, ihre Erfahrungen gesammelt und weitergegeben, so dass ihre Produkte schließlich zu diesem weltbekannten Begriff geworden waren. Zwar versuchte die DDR, die Existenz ihrer neuen Oberschicht zu vertuschen, auf Grund des hierarchischen Herrschaftssystems konnte die soziale Privilegierung der Partei-Elite bzw. Unterprivilegierung breiter Kreise aber nicht ausbleiben. Von einer „klassenlosen Gesellschaft" konnte keine Rede sein. Der erklärte „Übergang zum Kommunismus" blieb reine Ideologie. Schon während der ersten Besatzungsjahre widersprachen die Sowjets täglich den von ihnen importierten Marxismuslehren. So in dem von ihnen verwalteten SAG-Betrieb „Möve". Dort nahmen in der Kantine Arbeiter, Angestellte und Leitungspersonal streng getrennt voneinander das Essen ein. Besonders das Leitungspersonal, zu denen Sowjetbürger zählten, achtete sehr auf diese Distanzierung.

Weitere Beispiele von Unsinnigkeiten in der Stadt Mühlhausen

1945: Die Mühlhäuser O. Wohlgezogen, H. Brinkmann, P. Schwanz werden von sowjetischen Soldaten verprügelt, E. Genzel und F. Leifheit sogar erstochen, weil sie sich weigern, Schnaps herzugeben. – Der sowjetische Kommandant Baschkardin lässt Ch. Schönheit, L. Schneppe und O. Schrumpf einsperren, weil sie sowjetischen Soldaten Schnaps gegeben haben. Baschkardin droht mit der Erschießung derjenigen, die sowjetischen Soldaten noch einmal Schnaps überlassen.

Bei dem von Deutschen gekauften oder erpressten Schnaps müssen die Deutschen einen ersten Schluck aus den Flaschen trinken, bevor die Russen die Flaschen endgültig an sich nehmen.

1946: Auf Befehl des Kommandanten muss die Getreideernte trotz Dauerregens innerhalb von 2 Tagen eingefahren werden. Um das Getreide vor dem Verderben zu bewahren, schaffen die Bauern Tage später die Frucht auf die Wiesen und Felder, um sie bei Sonnenschein einigermaßen trocken zu bekommen.

Eine demontierte, aber nicht abgeholte Fräsmaschine der Fa. Franke versucht ein Meister vom Hof ins Werk zurückzuholen. Er will sie dort wieder installieren, bevor sie Rost ansetzt. Das wird ihm verweigert, ein Genosse belehrt ihn, die Maschine sei jetzt sowjetisches Eigentum. Die Maschine wird später verschrottet.

1947: Der aus Kriegsgefangenschaft heimgekehrte Konrad Kaiser wird wegen seiner guten Fachkenntnisse als Ingenieur in der Kammgarnspinnerei eingestellt. Weil er Offizier bei der Wehrmacht war, will ihn ein SED-Funktionär weghaben. Der Grund aber ist, der Vetter des Funktionärs soll den Posten bekommen. Trotz aller Versicherung der Werkleitung, die Fertigung im Betrieb habe durch Kaiser an Qualität gewonnen, entläßt der Funktionär den Ingenieur. Der Nachfolger wird von den Arbeiterinnen als „der größte Stümper" bezeichnet, der je in der Spinnerei tätig war.

Ein sowjetischer Offizier prüft bei der Firma „Möbelwerkstätten", Lassallestraße 15, die zu Reparationsleistungen gefertigten Schlafzimmer. Er verlangt von Meister Karl Lauberbach, alle Möbel sollen mit blauer Farbe bestrichen werden.

Lauberbach meint zunächst, es handele sich um einen Scherz. Die sorgsam, aus besten Hölzern, teils mit feinem Furnier und schönen Ornamenten versehenen Schlafzimmer mit Ölfarbe zu entstellen, geht über sein Vorstellungsvermögen. Doch seine Einwände sind umsonst.

1948: Der Geschäftsführer der Möbelfabrik G. Blass wird wegen seiner „Kompensationsgeschäfte" von der SED verwarnt, ihm wird Gefängnis angedroht. Sein Einwand, ohne die unerlaubten Tauschgeschäfte könne er nicht die notwendigen Ersatzteile für zwei Hobelmaschinen beschaffen, die Produktion würde erliegen, wird nicht anerkannt. Als sich die Erfurter Handwerkskammer einschaltet, welche mehrere Möbel-Garnituren der Fa. Blass für die Leipziger Messe braucht, darf Rudi Möller die „Kompensationsgeschäfte" abwickeln.

1951: Der Thüringer Minister für Justiz, Otto Kretschmer, behauptet öffentlich, dass in der DDR das Strafrecht nicht dazu missbraucht wird, um politisch Andersdenkende auszuschalten. Allein 1955 werden 5.440 Haftstrafen aus politischen Gründen in der DDR ausgesprochen, darunter 16 Todesstrafen und 51 Urteile mit lebenslangen Strafen. Etwa 35 Bürger des Kreises Mühlhausen zählen zu den Verurteilten.

1951–52: In den Mühlhäuser Parteiversammlungen werden Diskussionen darüber geführt, wo das wertvolle Mitgliedsbuch, das sogenannte Parteidokument, aufzubewahren ist. Es gilt als das Wertvollste, was ein Mensch in seinem Leben besitzen kann, heißt es in den Gesprächen der Genossen. Dabei kommt es zu Überlegungen, ob das Dokument in einem Beutel an einer Schnur um den Hals getragen oder mit Druckknöpfen an der Unterwäsche befestigt werden soll.

1953: Der Leiter des Werkschutzes der Fa. „Mülana", Fritz Ramm, versetzt einem auf dem Betriebsgelände herumstreunenden Hund tödliche Schläge. Er wirft das noch lebende Tier dem Heizer vor und erteilt den Auftrag, es zu verbrennen. Ramm wird daraufhin wegen Tierquälerei angeklagt und zu einer Gefängnisstrafe bzw. Geldstrafe verurteilt. Auch aus der SED wird er ausgeschlossen. Am 24.11.1953 lesen die Mühlhäuser im „VOLK": „Von solchen Menschen trennt sich die Partei". (Pressemeldung)

Auf politischen Druck aus Berlin und ein „Machtwort" Walter Ulbrichts hin wird durch den DDR-Generalstaatsanwalt das Urteil gegen Ramm aufgehoben. Ein Richter und ein Staatsanwalt müssen wegen ihrer „politischen Blindheit" den Hut nehmen. Immerhin handelte es sich bei Ramm um einen Kämpfer, der schon im Rotfrontkämpferbund tätig war. Schließlich ermittelt vom 12. Februar 1953 bis zum 10. März 1954 eine sechsköpfige Kommission wegen der „staatsfeindlichen Umtriebe" in Mühlhausen. Diese Genossen stellen fest, „dass ein Teil der Parteiorganisation sich im Schlepptau von partei- und staatsfeindlichen Elementen befindet". Dementsprechend beeilt sich die Mühlhäuser Kreisleitung, Reue zu zeigen. Der Wachmann Ramm wird als „verdienter Kämpfer" zum Mitglied der SED-Kreisleitung befördert.

> **Von solchen Menschen trennt sich die Partei**
>
> Unserer Redaktion gingen vor kurzem einige Leserbriefe zu, die sich mit einem Vorkommnis im VEB Einhet, Werk II, beschäftigten. Dort war ein zugelaufener Hund durch den Werkschutzleiter Ramm so mit Schlägen traktiert worden, daß er zusammenbrach. Auf Anweisung des Ramm sollte der Hundekörper im Kesselhaus verbrannt werden. Selbstverständlich verweigerte dies der Heizer, da das Tier noch Lebenszeichen von sich gab. Ramm warf daraufhin den Hund auf einen Aschenhaufen.
>
> Diese verwerfliche, rohe Handlungsweise wurde von der gesamten Belegschaft schärfstens verurteilt. Die BPO befaßte sich mit diesem, für einen Genossen unwürdigen Verhalten. Ramm wurde aus der Partei ausgeschlossen und wird aus dem Betrieb auf Beschluß der Werkleitung entlassen.

Dieser Artikel im „Volk" 1953 war in „politischer Blindheit" verfasst worden.

1958: Um den „westlichen Imperialismus" und seine „sozialismusfeindlichen Ideologien" noch wirksamer zu bekämpfen, beginnen Mühlhäuser Genossen sich immer mehr von ihrer „Westverwandtschaft" zu distanzieren. Mit ihren Unterschriften bestätigen sie, keinerlei Kontakte mehr zu ihr zu haben. Onkel und Tante, aber auch Vettern und Kusinen werden auf den Fragebögen meist gar nicht erst aufgeführt. Aber auch Geschwister, sogar die Eltern fallen der politischen Überzeugung zum Opfer. Erst nach der Wende ersteht die „Westverwandtschaft" zu neuem Leben.

Wie borniert Funktionäre sein konnten, zeigte die Direktorin der Abt. Kultur beim Rat des Kreises wie folgt: Es oblag ihr, die Programme der Chöre, Berufs- und Volkskunstgruppen auf ihre „politischen Inhalte" zu überprüfen, auf dass die neue Gesellschaft keinen Schaden nähme. So musste selbst Goethe vor den Augen der Gestrengen Federn lassen. Auch Mozart. Und Gott hatte überhaupt nichts mehr in dem neuen Zeitalter zu suchen.

So wurde das vom Dachriedener Männerchor eingereichte Bundeslied „In allen guten Stunden" (Goethe) von der Kulturrevolutionärin dahingehend verbessert, dass an der Stelle „Uns hält der Gott zusammen" anstatt „Gott" – „Chor" gesungen werden musste. Dementsprechend klang es in der 4. Strophe „Uns hat ein Chor gesegnet". So, wie diese Frau von allen guten Geistern verlassen war, verließen unter ihrem Rotstift alles, was mit Himmel und Engeln zu tun hatte, egal ob die Autoren Hölderlin, Herder oder Eichendorff hießen. Natürlich verschwand Gott auch aus Mozarts Bundeslied „Brüder reicht die Hand zum Bunde!".

1980: Beim Ausbruch eines Brandes des größten sowjetischen Garnisons-Gebäudes in der „Pfeiffer-Straße" alarmieren Mühlhäuser Anwohner umgehend die Feuerwehr. Diese wird jedoch von den Armee-Angehörigen abgewiesen. Wie es heißt, ist eine armeeeigene Wehr von Gotha unterwegs. Nur diese ist berechtigt, auf das Garnisonsgelände zu kommen. Inzwischen brennt der gesamte Dachstuhl des Gebäudes nieder. Die Kosten für den enormen Schaden müssen später Mühlhäuser Betriebe übernehmen.

Wie ein roter Faden ziehen sich diese Unsinnigkeiten durch die 44-jährige SED-Diktatur.

Mit der Zeit bekommen diese Unsinnigkeiten noch alle möglichen „Mäntelchen" umgehangen. Von den „Mühen der Ebene" ist die Rede, von „Wettbewerbsverzerrungen" und „Planungsfehlern". Schließlich müssen sogar „wissenschaftliche" Bezeichnungen herhalten, um die Fehler des vom marxistisch-leninistischen Ideengut getragenen „real existierenden Sozialismus" erklärbar zu machen. Selbst die banalsten Unsinnigkeiten waren als „gesetzmäßige Widersprüche" deklariert, die in der „Übergangsperiode vom Kapitalismus zum Sozialismus" unausbleiblich seien.

24. DIE GRENZE

„Grauenhafte, nicht zu beschreibende Morde sowjetischer Grenzsoldaten haben jahrelang das Leben unserer Orte geprägt. Immer wieder lagen Leichen erschossener Männer und Frauen drüben auf dem Karnberg. Teilweise waren ihnen die Bäuche aufgeschlitzt worden, die Eingeweide quollen heraus, ekelhafter konnte man nicht seine Macht demonstrieren.

Einmal hatte man einen Mann verkehrt herum an einen Baum gehängt, die Ohren abgeschnitten und eine Tabakspfeife in den Mund gesteckt. So hing er lange Zeit, bis er irgendwann herunterfiel. Besonders schlimm war der Mord an einer Schwangeren. Sie hatte sich von Diedorf auf den Weg gemacht, um in Treffurt Medikamente für ihre kranken Kinder zu holen. Als man sie fand, war sie regelrecht zerstückelt worden."

Gleich neben dem Wendehäuser Friedhofseingang befand sich ein Doppelgrab. Darin lagen zwei Frauen, die im Walde von Ortsbewohnern gefunden worden waren. Beider Körper waren bis zur Unkenntlichkeit verstümmelt. Sie trugen nichts bei sich, keine Kleidung, keine Papiere. So haben sie die Wendehäuser namenlos beerdigt.

(Bericht Wendehäuser und Diedorfer Bürger, aufgezeichnet: Burkhard John)

Noch bevor die Mühlhäuser erstmals nach Ende des Krieges die Bezeichnung „Eiserner Vorhang" zu Ohren bekamen, hatten sie längst schon mit ihm böse Bekanntschaft gemacht. Nur wenige Kilometer westwärts von der Stadt gelegen, war gleich nach dem Einmarsch der Roten Armee entlang der Werra jene Todeszone entstanden, wo gnadenlos geschossen und gemordet wurde. Dabei galt der Mühlhäuser Grenzstreifen, der zunächst Demarkationslinie genannt wurde, als besonders gefährlich. Gegenüber den sich nach Norden und Süden anschließenden Streifen, waren hier „Stalin-Schüler" im Einsatz, die für ihre Schießwütigkeit verrufen waren. – Schon im März 1945, noch vor Kriegsende, hatte der englische Premierminister Winston Churchill den Begriff Eiserner Vorhang geprägt. „Ich möchte nicht die Aufteilung Deutschlands in Erwägung ziehen, ehe meine Bedenken in bezug auf die russischen Absichten und den schlimmen Erfahrungen, ausgeräumt sind", schrieb er angesichts seiner eigenen unguten Absichten und den schlimmen Erfahrungen, die er mit Stalin gemacht hatte. Und im Mai 1945 äußerte er sich ergänzend dazu: „Ein Eiserner Vorhang ist über ihrer (der Russen) Front herabgelassen. Wir wissen nicht, was dahinter vor sich geht."

Dabei ging es den Sowjets vor allem darum, jegliches ihre Ideologie gefährdendes Gedankengut aus ihrem Machtbereich fernzuhalten. Weitere Gründe für diese extreme Haltung finden sich in der russischen Geschichte. Schon bei den Zaren galt die Parole: Ein einmal erobertes Landstück darf um keinen Fußbreit wieder freigegeben werden. Das haben die Finnen, Balten, Kasachen und Polen ausreichend zu spüren bekommen.

Heute ist kaum noch nachvollziehbar, was diese Todesgrenze so nahe an Mühlhausen für die Stadt und ihre Bewohner bedeutete. Damals, als die zahllosen Flüchtlinge aus dem Osten eintrafen, als Scharen entlassener Kriegsgefangener nach einer Bleibe suchten und diese Grenze sie am Weiterkommen hinderte. In dieser Zeit quoll Mühlhausen über von Menschen. Hunger herrschte, viele der Ankommenden hatten kaum das Nötigste auf dem Leib. Und nun, wo gerade erst die Katastrophe des Krieges beendet war, sahen sie sich erneut mit Sterben und Schießen konfrontiert.

Der Grenzverlauf entsprach hier exakt der Hessisch-Thüringischen Landesgrenze. Zu den letzten, noch in der sowjetischen Zone liegenden Ortschaften zählten von Süden her Schnellmannshausen – Falken – Treffurt – Großburschla – Wendehausen – Katharinenberg – Hildebrandshausen – Lengenfeld/Stein und Geismar. Dadurch dass die Treffurter Bahnlinie von Mühlhausen her bei Großburschla 1,3 km (Feldmühle) direkt durch die amerikanische Zone verlief, hatten Fluchtwillige immer wieder Gelegenheit, auf diesem Gelände vom Zug zu springen und zu fliehen. Manche Zugführer fuhren an dieser Stelle extra langsam, um den Menschen auf diese Weise zu helfen. Erst nachdem 1953 die Fahrtstrecke drastisch gekürzt worden war – und die Bahn nur noch bis Wendehausen fuhr und schließlich ganz eingestellt wurde –, entfiel diese „Lücke" an der Mühlhäuser Grenze.

Sogenannte Schleichwege gab es viele, sicher war keiner. Meistens lief man in einer Gruppe los, dabei sah man zu, einen „Führer" dabei zu haben, der sich einigermaßen auskannte und die Tour schon mehrmals gemacht hatte. Gefährlich war es immer, es verging keine Nachtstunde, wo nicht die Schüsse der Grenzwächter durch die Wälder hallten.

Karla Schirmer erzählt: „Drei Jahre hatten wir nichts mehr von unseren Eltern gehört, bis wir erfuhren, dass sie bei Kassel lebten. Natürlich wollten wir Töchter (damals 18 und 24) zu ihnen. Zusammen mit meiner Schwester und deren 2 Kindern sind wir im März 1947 nach Großburschla aufgebrochen. Dreimal haben wir dort Anlauf genommen, um nach ‚drüben' zu kommen. Es war wie im Kriege, als die Russen in Ostpreußen eindrangen, was wir miterlebten. Sie haben wie verrückt geschossen. Ich weiß noch, wie wir durch ein Waldstück gehetzt sind, wie wir stürzten und wieder weitergelaufen sind und wie die Kugeln um uns herumpfiffen."

Harald Emmrich war mindestens zwanzigmal in Hessen gewesen, um Lebensmittel nach Mühlhausen zu schaffen. Als 17-jähriger hat ihm das wenig ausgemacht, wie er erzählt, gefährlich aber war es allemal. Zweimal musste er das schwere Gepäck wegwerfen, um nicht von den russischen Posten eingeholt zu werden. Seine Touren gingen mitunter bis nach Bremen und Hamburg. Fischtran war das begehrteste Lebensmittel damals. Mit einer Flasche konnte sich eine Familie einen Monat lang versorgen.

Tragisch erging es Rudolf Gröbner. Nachdem ihn seine Frau in Paderborn ausfindig gemacht hatte, wollte er nach Mühlhausen kommen und sie holen. Im September 1947 hatte er sich angekündigt. Sein Vetter hatte ihn noch bis Wanfried gebracht, in Mühlhausen aber kam er nie an.

Als „Wanderer zwischen zwei Welten" empfand sich Waltraud Götze, die als junge Frau unzählige Male die Grenze passierte. Sie kannte jede Ecke in dem verzwickten Grenzverlauf zwischen Treffurt und Heldra, sie besaß sogar einen „geborgten" Passierschein für Großburschla, um auf diese Weise weiter ins Hessische zu gelangen. In ihren Berichten schilderte sie Schlupflöcher, die sich z.B. Spediteure von Ost und West angelegt hatten, wo ganze Haushalte auf- und abgeladen wurden und Schwarzhandel getrieben wurde. Ohne Frage ging es dabei nicht ohne Bestechung der Zöllner ab – egal ob es Russen oder Deutsche waren, nur der Preis musste hoch genug sein. Wenn der nicht stimmte, wurde auch geschossen – auch erschossen.

Ingrid Baumgardt: „Pfingsten 1949 erhielt meine Mutter die Nachricht, dass mein Vater aus russischer Kriegsgefangenschaft heimkehre. Die Freude war riesengroß, als er uns in die Arme schloss. Für meine damals sechsjährige Schwester und mich Zehnjährige war der Heimkehrer natürlich noch ein fremder Mann.

Obwohl es um seine Gesundheit nicht gut bestellt war, wollte er unbedingt seinen alten Vater in Hessen begrüßen. So fassten unsere Eltern den Plan, getrennt schwarz über die Grenze zu gehen, das heißt – ohne im Besitz eines Interzonenausweises zu sein. So reiste mein Vater mit dem Zug nach Heyerode. Von dort ging es nachts um 23.30 Uhr mit einem berufsmäßigen Grenzgänger rüber nach Heldra. Die Zeit betrug etwa dreieinhalb Stunden. Von dort war es kein Problem, mit dem Zug nach Eschwege in Richtung Kassel zu reisen. In einem Brief an meine Mutter schrieb mein Vater am 7. Juli 1949 zuvor aus Heyerode, dass man unbedingt Grenzgänger braucht, die sich auskennen, in unbekanntem Gebiet allein zu gehen, sei unmöglich. – So machte sich meine Mutter mit uns Kindern auf den gleichen Weg. Doch wir wurden gefaßt. Es folgten Verhöre, Leibesvisitationen usw. Da meine Mutter außer ihrem ostdeutschen Pass auch einen westdeutschen besaß, kamen wir schließlich wieder frei. Nie werde ich vergessen, wie wir durch Getreidefelder marschiert sind und sich die Erwachsenen im Flüsterton verständigten. Auch den Moment, als die Grenzer mit dem Gewehr im Anschlag „Halt, stehenbleiben!" riefen, vergesse ich nie. Von Polizistinnen wurden mir die Zöpfe gelöst und die Haare gekämmt, doch verbotenes Geld entdeckten sie nicht. Es war im Körper der Puppe meiner Schwester eingenäht."

Kuriose Grenzübertritte gab es allemal. Peter Jonscher war 2 Jahre alt, als ihn sein Vater 1948 im Kinderwagen bei Zwinge an eine „Übergangsstelle" brachte. Der Junge sollte vorläufig bei seiner Großmutter in Bleicherode bleiben. Doch die Russen nahmen den Vater fest, überprüften und verhörten ihn, schließlich wurde ihm der Durchlass verweigert. Nicht nur das, dem ehemaligen Wehrmachtsangehörigen wurde versichert, wenn er noch einmal auftauche, erginge es ihm schlecht. Es war Februar und bitterkalt. Immerhin: Tage später landete Peter Jonscher wohlbehalten in seinem Kinderwagen bei seiner Großmutter in Bleicherode. Seinen Vater hat Peter Jonscher erst nach 43 Jahren wieder gesehen.

Die Grenze war von Anfang bis Ende eines der Hauptprobleme der Mühlhäuser SED, wobei sie ja diesbezüglich nur die in ihren Zustandsbereich anfallenden Aufgaben zu erledigen hatte. Schon in den drei Anfangsjahren 1946–1949 ergab sich eine Flut von eingehenden Meldungen aus den Grenzgebieten, die zu registrieren und zu bearbeiten waren. Dabei handelte es sich um Festnahmen verdächtiger Grenzgänger, um Totenfunde, Verfolgungen, Flucht eigener Leute, verfehlte Sicherungsmaßnahmen, vor allem aber auch um Zusammenstöße und Schwierigkeiten mit Vertretern der sowjetischen Besatzungsmacht, die zu dieser Zeit im Grenzgebiet voll präsent waren. Ihre Vorstellungen und Befehle in Bezug auf die Sicherung der Grenze widersprachen sich oft genug ein ums andere Mal.

„Bei Katharinenberg wurden uns von Hauptmann L. von der hier stationierten sowjetischen Einheit vier festgenommene illegale Grenzgänger (2 Ehepaare) zur Bewachung übergeben. Zwei dieser Personen gelang die Flucht aus dem Kellerraum. Hauptmann L. hat uns dafür verantwortlich gemacht und mit einer Bestrafung über unsere Mühlhäuser Dienststelle gedroht. Ich möchte darauf hinweisen, dass wir in unserem Bereich keine Möglichkeit einer ordentlichen Unterbringung von Festgenommenen haben. Das habe ich auch Hauptmann L. versucht zu erklären, auch dass ich seinen Stab schon mehrfach darauf hingewiesen habe. Aber davon wollte er nichts wissen."
Eintragung V.P.
gez. Oberltnt. Triesch, 4.11.1947

Als sich 1949 im B-Lager am Stadtwald eine für die Grenzbewachung zuständige Polizei-Truppe etablierte und mit Geschützen ausgestattet wurde, ergab sich, dass keiner der „Offiziere" in der Lage war, mit diesen Geschützen umzugehen. Erst nach der Suche und dem Finden eines ehemaligen Artillerie-Offiziers der Wehrmacht, der seine Kenntnisse zur Verfügung stellte, konnten die Geschütze in „Betrieb" genommen werden. Dabei hatten die Mühlhäuser Kommunisten eben noch bei Einwohnerversammlungen lautstark propagiert, dass jedem, der nochmals zur Waffe greife, die Hand abfallen sollte. Was sollte man nun den Grenzpolizisten als Motivation mit auf den Weg geben?

Da hatte es der Kommandeur der DGP (Deutsche Grenz-Polizei), Generalmajor Hermann Gartmann, zehn Jahre später sehr viel leichter. Entsprechend den neuen Statuten, entworfen vom DDR-Innenminister Karl Maron, konnte er den Soldaten und Offizieren der Grenzpolizei sagen, dass ihr Dienst an der Grenze eine Ehrenpflicht sei und ihre Erfüllung als Beweis von besonderer Treue und Ergebenheit zur Arbeiter- und Bauernmacht betrachtet würde.

Flucht ohne Ende
Neben der Einzel- gab es auch die Gemeinschaftsflucht. Das waren Gruppierungen von mehr als einem Dutzend Menschen, die über die Grenze gingen. Eine der spektakulärsten Fluchten war zweifellos die der Bewohner von Böseckendorf. Westlich von Teistungen gelegen, war der Ort von der Grenze von drei Seiten her eingeschlossen. Wegen der drohenden Zwangsaussiedlung verließen am 2. Oktober 1961 16 Familien den Ort. Zwei Jahre zuvor waren sie Mitglieder einer LPG geworden, keiner hatte Gefallen daran gefunden. Als ihre Kritik immer lauter wurde, beschloss die SED die Evakuierung der „gefährlichsten" Familien. Schon waren von der Stasi Lastwagen zu ihrem Abtransport auf dem Worbiser Sportplatz bereitgestellt worden. Da packten 55 Menschen ihre nötigsten Habseligkeiten zusammen

und liefen während einer Wachablösung der Grenzpolizei in den Westen. Vier Wochen darauf folgte ihnen noch eine Familie, zwei Jahre danach noch zwei weitere.

Grundsätzlich zählte alles, was mit der Sicherung des Grenzgebietes zusammenhing, zum zentralen Aufgabenbereich des Staatssicherheitsdienstes Erfurt/Berlin. Trotzdem fiel für den Mühlhäuser Apparat noch genügend „Kleinarbeit" an. Aufgegriffene Grenzübertreter wurden auf eine eventuelle Mitarbeit überprüft und gegebenenfalls mit Aufträgen beauflagt. Interessant war alles: Informationen über regelmäßig gehende Grenzgänger, Schlepper, Schieber, Verstecke oder welche Stärke die westlichen Grenzposten besaßen. Wo sie sich aufhielten und in welchen Richtungen ihre Streifen liefen.

Auf diese Weise entstand ein Mini-Spionagenetz zwischen Mühlhausen und Eschwege, das der westlichen Grenzpolizei nicht verborgen bleiben konnte. Bald schon besaßen die „Eschweger" über den Mühlhäuser Stasi mehr Informationen als umgekehrt, da die auf östlicher Seite „Geworbenen" meist weniger Sympathie für ihre Mühlhäuser Auftraggeber hatten.

Günter Demme, der durch Schmuggelwaren wie Zigaretten und Schuhe „auffällig" geworden war, hatte man in der Martinistraße harte Strafen angedroht und zur „Mitarbeit" gewonnen. „Denen habe ich die Schau meines Lebens geliefert", so sein Bericht. „Sie bekamen alles, was sie hören wollten. Manchmal war ich fast jede Woche in Eschwege, auch in Kassel. Dabei drehte ich ganz andere Sachen, als die glaubten." – In einer Kasseler Kneipe traf Günter Demme einmal einen Mühlhäuser, den er als Funktionär kannte. „Ich dachte, ich sehe nicht richtig, bis ich erfuhr, dass der Kerl sich auf Einladung der westdeutschen KPD in Kassel aufhielt. Das habe ich ja noch geschluckt, doch als mir mein „Betreuer" erzählte, sie hätten ihn inzwischen für sich gewonnen, weil er irgendwelchen Dreck aus der Nazizeit am Stecken hatte." Eine Erpressung also! Aber das war gang und gäbe, hüben wie drüben, damals.

Hochburg dieser Scheinwelt im Nachkriegs-Mühlhausen war Café Central. Hier, wo betrunkene Russen unter den Klängen der legendären Tanzkapelle BE-WA-PA-RI Schießübungen veranstalteten, war der Treffpunkt der Schieber und Grenzgänger. Manch einer hat hier die letzte Runde geschmissen, bevor er für immer in den Westen ging.

Zu einem Treffpunkt ganz eigener Art entwickelte sich daneben die Hinterstube eines Privatgeschäfts in der Innenstadt. Dort trafen sich Leute aus den unterschiedlichsten Lagern. Alles mögliche wurde ausgetauscht: Schnaps, Zigaretten, Schmuck, Schuhe, Kleidung sowie Naturalien.

Da waren Garnisons-Offiziere, Geschäftsleute, Akademiker, Frauen aus der oberen und unteren Gesellschaftsschicht, selbst Polizisten. Angelockt von hübschen Schmucksachen, die sie gern mit nach Hause genommen hätten, die sie zu bezahlen aber nicht in der Lage waren, verhandelten sowjetische Offiziere mit den Anbietern um den Preis zu liefernder Naturalien, wie Mehl, Fleisch oder Zucker. Sie waren die ärmsten von allen, die hier auftauchten. Später bezahlten sie mit Benzin, Baumaterialien und aus ihren Depots gestohlenen Konserven. Selbst Waffen und Munition wurde von ihnen angeboten, um DDR-Geld oder Schnaps zu bekommen.

Entsprechend der „Notwendigkeit" solcher „Geschäfte" hielt sich dieser Treffpunkt über Jahre. Nicht selten „empfahlen" ihn die scheidenden Offiziere ihren Nachfolgern weiter.

Gewinner war auf jeden Fall der Inhaber, der aus all den zustande gekommenen Verbindungen seine Vorteile zog. Er fuhr das erste freikäufliche Auto der Ostzone, das ein Vermögen kostete. Selbst sein schlechter Ruf diente ihm noch dazu, „politische" Informationen entgegenzunehmen und weiterzugeben, sowie Kontakte der unglaublichsten Art herzustellen – zwischen Schiebern und SED-Funktionären, zwischen sowjetischen Stalinisten und deutschen Dissidenten. Er wusste von geplanten Razzien, auch von Verhaftungen, und wer in Mühlhausen bestechlich war und wer nicht.

Hin und wieder fuhren sogar Offiziere mit nach „drüben", wobei es vorkam, dass welche sich dort absetzten und im Westen verblieben. Fraglos waren solche Unternehmen für alle Beteiligten lebensgefährlich. Dann nämlich, wenn die Russen getrunken hatten. Von da ab galt nichts mehr und das Leben der „Geschäftsleute" hing an einem seidenen Faden. Die russischen Offiziere wiederum, die solche Fahrten organisierten, mussten damit rechnen, von ihren Vorgesetzten oder Mitwissern angeschwärzt und augenblicklich erschossen zu werden.

Zusätzlich verunsicherten polnische Banden mit Plündern und Vergewaltigen das Mühlhäuser Randgebiet. Sowjetische Einzelkommandos wüteten schießlustig und gewaltbereit auf eigene Faust im Gelände. Frauen wurden von ihnen ausgeraubt und vergewaltigt. Manche der Posten verlangten „nur" Schnaps als Wegzoll. Diese Art von Bezahlung erfolgte im Laufe der Zeit fast schon routinemäßig, wenn solche Posten für längere Zeit an derselben Stelle verblieben und die „Pendler" näher mit ihnen bekannt wurden. „Es war eine Art Abkommen, das wir miteinander trafen", berichtete Peter Bank. „Anfangs machte ich so was wie eine Anzahlung mit Tabak oder Schnaps. Bei meiner Rückkehr zahlte ich dann mehr, meist auch Zigaretten und Schnaps. Schließlich klappte es auch ausgezeichnet. Wehe aber, so Peter Bank, „jemand wollte sich um diesen Wegzoll drücken, den haben sie gnadenlos erschossen." Zwei solcher Opfer waren ihm persönlich bekannt.

Wie viele Mühlhäuser bzw. in Mühlhausen lebende Flüchtlinge in der Zeit zwischen 1945 und 1949 an der Mühlhäuser Grenze von den Russen umgebracht worden sind, wird nie festzustellen sein. Aber es waren viele. Die meisten von ihnen liegen irgendwo verscharrt in den Wäldern. Zu ihnen zählen: Karl-Heinz Dietrich (Jg. 27), Alfred Leubner (Jg. ?), Hans Staude (Jg. 27), Herr Kortry (Jg. ?), Bernd Raeschke (Jg. 28), Rolf (?) Kynast (Jg. ?), Erika Petersen (Jg. 26) Gerhard Hahn (Jg. 16), Elfriede Soneich (Jg. 12), Siegfried Gebbert (Jg. ?), Wenzel Beck(er?) (Jg. ?), Bernhard Pacher (Jg. 18), Frieda Schneider(Jg. 09), Lotte Höpel, geb. Wasserfall (Jg. 09), Ottilie Schwarz (Jg. 09), Frau Zindler (Jg. ?), Berliner Ärztin (Jg. ?), Bernhard Sieland (Jg. ?), seine Begleiterin (Jg. ?).

Zu dem Leid der Hinterbliebenen kamen oft noch Beleidigungen und Bedrohungen durch deutsche Amtsinhaber dazu. Als Frau Scheffler im Sommer 1947 die Ermordung ihrer Mutter beim Mühlhäuser Polizeiamt meldete und sagte, dass offensichtlich die Russen die Tat begangen hätten, drohte ihr Polizei-Chef Jaritz mit ihrer sofortigen Festnahme, wenn sie das noch einmal behaupte. Die Leiche der 55-jährigen Mutter, Frau Frieda Schneider, war unweit von Creuzburg gefunden worden. Der Tod der Frau war infolge mehrerer Kopf- und Brustschüsse eingetreten. Sämtliches Gepäck sowie alle persönlichen Gegenstände waren geraubt worden. Nach der Registrierung des Falles hat Frau Scheffler nie wieder etwas über den Mord an ihrer Mutter, gar eine Aufklärung erfahren. Der einzige „Vorteil", den sie gegenüber anderen Betroffenen hatte, war, dass sie ihrer Mutter ein Grab verschaffen konnte.

Karl-Heinz Dietrich und Hans Staude sind nach einem versuchten Grenzgang in Begleitung eines sowjetischen Soldaten gesehen worden. Seitdem galten sie als verschollen. Ihre Leichname wurden nie gefunden.

Siegfried Gebbert verblutete auf der Flucht vor sowjetischen Grenzschützen an einem Brustschuss. Seine Mühlhäuser Begleiter mussten ihn sterbend zurücklassen, da ihr eigenes Leben in Gefahr war. Der Leichnam Siegfried Gebberts blieb verschollen.

Alfred Leubner wurde am 3. März 1947 in Wanfried von seinen Schwestern erwartet. Am Abend vorher hatte er Mühlhausen in Richtung Katharinenberg verlassen. In dieser Nacht erschollen in dieser Grenzgegend immer wieder Gewehr- bzw. Maschinengewehrsalven. Alfred Leubner ist nie in Wanfried angekommen. Über den Verbleib seiner Leiche weiß niemand etwas .

Gerhard Hahn, Ingenieur aus Hannover, wollte seine Mutter aus Mühlhausen zu sich holen. Im Herbst 1946 war er von Heldra aus über die Grenze gegangen, aber nie in Mühlhausen angekommen. Die jahrelangen Nachforschungen seiner nach Hessen übersiedelten Mutter blieben erfolglos.

Der junge Kortry aus der Felchtaerstraße 24 wurde 1946 von zwei sowjetischen Grenzsoldaten im Kirchholz bei Wendehausen durch Salven aus Maschinenpistolen getötet. Nach langwierigen Verhandlungen zwischen der in unmittelbarer Nähe wohnenden Frau Abromeit und den Rotarmisten wurde die Leiche aus einem Erdloch herausgeholt und in der Stube der Frau aufgebahrt. Auf diese Weise konnte später der Bruder des Toten die Leiche nach Mühlhausen überführen und beerdigen.

Eines Abends, im Winter 1947/48, kamen zwei Rotarmisten in die Wendehäuser Gemeindeschenke und forderten eine durchreisende Frau auf, mitzukommen. Die damaligen Inhaber der Schenke waren Richard und Elisabeth Hüttenmüller. Da sich die Frau weigerte zu folgen, hieben die Sowjets mit Gewehrkolben auf sie ein, so dass sie laut schreiend nach draußen lief. Die Soldaten jagten die Frau quer durch das Dorf, später fand ein Diedorfer Bauer ihre Leiche unter Tannen verscharrt. Andertags kam ein sowjetischer Offizier mit zwei Soldaten zu den Wirtsleuten und fragte sie, ob seine Begleiter es waren, welche die Frau auf die Straße getrieben hätten. Als das Ehepaar Hüttenmüller verschüchtert schwieg, forderte sie der Offizier auf, ruhig auszusagen, sie brauchten keine Angst zu haben. Die Hüttenmüllers identifizierten die Soldaten als Täter. Welche Strafen sie bekamen, ist nicht bekannt. Anzunehmen ist aber, dass sie erschossen wurden. Bei der Ermordeten hatte es sich nach Aussagen von Wendehäusern um eine Berliner Ärztin gehandelt.

Die Tochter des Mühlhäuser Amtsarztes Dr. Wasserfall, Lotte Höpel, und die Frau des Oberdorlaer Zahnarztes Zindler, hatten sich 1946 wegen Klärung von Familienangelegenheiten auf den Weg nach Hannover gemacht. Offenbar waren sie in der Nähe von Beienrode bei Göttingen bereits aus dem unmittelbaren Grenzbereich hinaus in den Westen gelangt, als sie von sowjetischen Grenzposten erschossen wurden. Immerhin konnten die Bewohner des Ortes die Leichen der Ermordeten mühelos nach Beienrode holen und dort auf dem Friedhof beerdigen. Diese Gräber wurden danach noch lange erhalten und gepflegt.

Die Kinder Ursula (8) und Renate (3) Schwarz waren wegen der Bombardierung Hamburgs nach Wendehausen gekommen und sollten nach Kriegsende zu ihren Eltern zurück. Doch das Rote Kreuz brachte es nicht fertig, sie aus der Sowjetzone freizubekommen, so dass sich schließlich die Mutter, Ottilie (35) auf den Weg machte, um sie zu holen. Nahe dem Normannstein wurde sie auf grausamste Weise umgebracht. Laut Meldung der Polizei Mühlhausen wies die Leiche mehrere Stichwunden auf, die Kehle war durchgeschnitten. Im Tagesrapport des Thüringer Landespolizeiamtes Weimar heißt es: „Es handelt sich wahrscheinlich um einen Raubmord." Einen Satz davor dagegen aber steht völlig widersprüchlich: „Bei der Person befand sich eine Geldbörse mit RM 56.00." Das war kein unerheblicher Betrag seinerzeit. Auf diesen vorgedruckten Rapport-Formularen stehen an erster Stelle Delikte wie „Vergehen gegen die Besatzungsmacht, Streiks und Sabotage" sowie „Vergehen gegen die Staatsgewalt". Das heißt: Verbrechen von der Besatzungsmacht, die es damals zuhauf gab, wurden gar nicht erst in Betracht gezogen.

Zeugen des Verbrechens waren die Bewohner des nahegelegenen Kalkwerkes, welche die Hilferufe von Ottilie Schwarz hörten und natürlich nicht eingreifen konnten. Sie hörten die Schreie der Frau, wie sie immer wieder schrie: „Meine Kinder! Meine armen Kinder!" Damit aber war das Drama der Familie noch nicht zu Ende. Als der Ehemann von dem Tod seiner Frau erfuhr, warf er sich in Hamburg vor einen Zug. Die Kinder wuchsen in Wendehausen bei einer

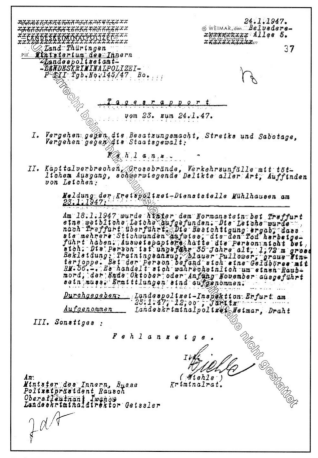

Pol. Tagesrapport zu dem Mord bei Treffurt im Januar 1947

Ziehmutter auf, die wenig Mitleid mit ihnen hatte und sie von klein auf als billige Arbeitskräfte ausnutzte.

Ähnlich tragisch verlief das Schicksal des Diedorfer Bernhard Sieland, der aus westlicher Gefangenschaft zurückkehrte und dennoch seine Lieben nicht wiedersah. Sein Gepäck hatte er in Hildebrandshausen einem Bauern gegeben, der täglich die Milchkannen zur Bahn nach Diedorf fuhr. Dieses Gepäck kam bei seiner Familie an – er nicht. Kurz vor Erreichen seines Heimatortes wurden er und seine Begleiterin von einem sowjetischen Posten erschossen.

Zu den Grenztoten zählen auch diejenigen Mühlhäuser, die beim Durchschwimmen der Werra ertranken.

Sterbeurkunde der ermordeten Ottilie Schwarz

Auch nach Süden hin, Richtung Eisenach, gab es in dieser Zone unzählige Tote. Einmal, im Sommer 1946, lagen an einer Stelle bei Langröden, am Eichelberg, gleich vier am Wegrand. Immerhin wurden sie geborgen und bestattet. Anderorts blieben sie liegen. Die meisten dieser Opfer waren durch Gewehrschüsse getötet worden.

Peter Rusnick berichtet, wie er einmal mit seinem Freund beobachtete, wie Russen auf zwei Grenzgänger schossen. Das war nahe von Schnellmannshausen. Sie sahen, wie die Grenzgänger zu fliehen versuchten und plötzlich, nach einer Salve, umfielen. „Das war furchtbar", erinnert sich Peter Rusnick. „Die Russen gingen danach hin, bückten sich, wohl um den Tod der Flüchtigen festzustellen. Bald danach waren sie verschwunden, ohne sich weiter zu kümmern."

Spätestens seit Ende 1946 wurde die Zonengrenze nahe der Stadt in die Gerichtsbeschlüsse des Mühlhäuser Amts- und späteren Landesgerichts zum Nachteil festgenommener Bürger einbezogen. In diesen Beschlüssen hieß es: „Der Festgenommene bleibt wegen fluchtbegünstigender Grenznähe in Haft."

Das betraf z. B. den Treffurter Tierarzt Dr. Grove, dem nach einem Entnazifizierungsverfahren nachgewiesen worden war, dass er bereits vor seinem angegebenen Eintritt in die NSDAP sich aktiv in dieser Partei betätigt hatte. Ihm wurde die Bestallung als Tierarzt entzogen. Er durfte keine kontrollierende, beaufsichtigende oder leitende Tätigkeit in seinem Beruf mehr ausüben. Laut Beschluss einer richterlichen Kommission wurde das nunmehrige Material laut Direktive den Untersuchungsorganen des Innenministeriums zugeleitet und, wie es hieß, mit folgender Anordnung gesichert: „Inzwischen bleibt der Gemaßregelte wegen fluchtbegünstigender Grenznähe in Haft." Das geschah im Januar 1948.

Doch nicht nur ehemalige NSDAP-Anhänger waren von dieser Regelung betroffen. Beschuldigte aus allen Bevölkerungsschichten konnte man auf diese Weise einsperren. So im Fall des Küllstedter Arztes Dr. Leo Degenhardt. Er wurde zum Verbrecher abgestempelt, nachdem er bei einer Kreisdelegiertenkonferenz der CDU im April 1950 im Hotel „Schwarzer Adler" die Sowjetunion und deren Außenpolitik kritisiert hatte. Die Folge dieser, von der DDR-Verfassung garantierten „Freien Meinungsäußerung" war die Erstürmung der Küllstedter Arzt-Villa in der Hauptstraße. Der Frau wurde gedroht, man würde sie mitnehmen, wenn ihr Mann nicht gefunden würde. Tatsächlich wußte sie selbst nicht, wo sich ihr Mann, der zunächst bei einem Freund in Küllstedt und in der zweiten Nacht beim Pfarrer von Großbartloff untergetaucht war, aufhielt. So sah Anne Degenhardt keine andere Möglichkeit, als auch zu fliehen.

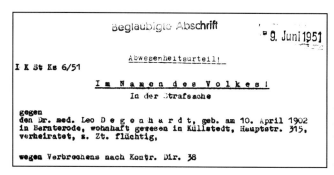

Das Mühlhäuser Landgericht verurteilte Dr. Leo Degenhardt in Abwesenheit zu zwei Jahren Gefängnis.

Über die Grenze indessen verschwanden auch diejenigen, die bis dahin als Partei-Genossen eine herausragende Funktionärs-Rolle in der Stadt gespielt hatten. Sie, die bis zuletzt die Bürger schikaniert, bedroht, enteignet und ins Zuchthaus gebracht hatten, waren eines Tages über die Grenze verschwunden. Dazu zählten hauptamtliche Partei- und FDJ-Sekretäre, Betriebs- und Schulungsleiter.

Einer aus dieser Gruppe war der langjährige Leiter des Mühlhäuser Volksbuchhandels. Als Mitglied der SED-Kreisleitung hatte er die Geschäfte aufgebaut. Bei seinen marxistisch-leninistischen Schulungen zeigte er sich als profunder Kenner der neuen „Gesellschaftswissenschaften". Keine Frage von seinen Untergebenen, auf die er nicht eine politisch fundierte Antwort gewusst hätte. Seine Verkaufsgespräche strotzten nur so von Marx- und Lenin-Zitaten. Das ging, bis eines Tages 1958 sein totgeglaubter Bruder aus Düsseldorf auftauchte. Große Freude herrschte, von der SED-Kreisleitung erhielt der treue Genosse sogar die Erlaubnis zu einem

Gegenbesuch. Er fuhr und kam auch zurück, allerdings nur um seine Koffer zu packen und für immer zu verschwinden. Die Bemerkung, die er seinen Mitarbeitern hinterließ, lautete: Nach dem, was er „drüben" gesehen hätte, wäre er ja verrückt, auch nur einen Tag länger in dieser Armseligkeit zu verbringen.

Chaotisch war es allemal, was sich damals zwischen Mühlhausen und Eschwege, zwischen Deutschen und Russen abspielte. Das Schicksal des deutschstämmigen Dolmetschers Wladimir mag als Beispiel dienen. Nachdem der ehemalige Sergeant der Roten Armee 1943 in deutsche Gefangenschaft geraten und ins Mühlhäuser B-Lager gekommen war, erhielt er gleich nach dem Einmarsch der Sowjets seinen alten Dienstgrad zurück. Kurz danach aber wurde er degradiert, mit der Begründung, er habe zu intensive Kontakte mit den Deutschen gehabt. Als er erfuhr, dass er in ein Lager nach Sibirien kommen würde, floh er nach Eigenrieden. Dort vertraute er sich dem Schneider Ernst Mier an, den er noch gut vom „Gerätebau" her kannte. Mier versteckte ihn in der Scheune und verwandelte die Uniform des Deserteurs kunstfertig in die eines Hauptmanns. So ausgerüstet überquerte Wladimir als „Kontroll-Offizier" am 16. August 1945 die Grenze bei Katharinenberg und meldete sich in einem hessischen Flüchtlingslager.

Die Geschichte der russischen Deserteure im Mühlhäuser Gebiet reicht von 1945 bis 1989. So lang sie ist, so traurig ist sie auch. Sie ist das Spiegelbild einer Armee, die wie kaum eine andere auf der Welt von brutalem Drill und roher Gewalt geprägt war. Niemand wusste das besser als die Frauen in den Dörfern, wo die jungen Soldaten zum Ernteeinsatz kamen. „Sie konnten einen in der Seele leid tun", so Anita Obertür. Sie waren völlig verschüchtert. Wie dankbar haben sie das Essen und jedes gute Wort entgegengenommen.

Ob in Eigenrieden, Struth, Wendehausen oder Diedorf – immer wieder versuchten junge Rotarmisten über die Grenze zu gelangen. Einmal hatte sich einer von ihnen im Unterdorf verborgen. Die Leute hatten ihm Essen gegeben und ihn getröstet. Er hatte panische Angst, wie sie berichteten. Dann wurde er gefaßt und abgeführt. Die Gesichter seiner Vorgesetzten sagten alles. Sie haben ihn bestimmt erschossen. Ein anderer hatte sich 1987 2 Tage lang in einem Eigenrieder Kuhstall versteckt. Vom Hof stahl er dann einen Multicar und kam bis Stendal, wo er das Fahrzeug am Bahnhof stehen ließ. Gefasst wurde er schließlich im Rostocker Hafen. Er wollte nach Hause zu seinem sterbenden Vater, wie seine Kameraden später in Eigenrieden erzählten. Befragt, was mit so einem passiere, winkten die jungen Rotarmisten ängstlich ab.

Der hässlichste Mord an einem solchen jungen Deserteur geschah am 5. Mai 1981, nachmittags um 15.30 Uhr in Effelder. Vor den Augen mehrerer Dorfbewohner wurde ein junger russischer Soldat von einem deutschen Bereitschaftspolizisten erschossen. Drei Tage später wäre der in Nohra bei Weimar stationierte Soldat 20 Jahre alt geworden. Nachdem er in einer Gartenlaube am Struther Feldweg Zuflucht gesucht hatte, war er von sowjetischen Soldaten und deutschen Polizisten eingekreist worden. Als der Flüchtige dann in panischer Angst aus der Hütte gerannt kam und seine sowjetischen Kameraden sich weigerten, auf ihn zu schießen, streckte ihn die Kugel eines Deutschen nieder.

Diese Tat löste in Effelder Entsetzen aus. Tagelang brachten die Bewohner immer wieder Blumen und Holzkreuze zu dem Ort. Obwohl die Stasi mit massiven

Drohungen gegen einzelne Effelder dieses tägliche Gedenken zu unterbinden versuchte, ließen sich die Menschen nicht von ihrem Tun abbringen.

Schon 1948 versuchte die SED mit lautstarken Parolen, ihre Maßnahmen zur „Grenzsicherung" zu rechtfertigen, um sich selbst dabei als humanistisch Handelnde darzustellen.

VERBRECHERISCHE UMTRIEBE AN DEN ZONENGRENZEN
Erklärung des Innenministers Gebhard zu den illegalen Grenzübertritten von Westen nach Osten: „Eine große Anzahl von Personen, teils mit falschen Dokumenten und Ausweisen, kommen von Westen nach unserer Zone.
Seit Dezember bis März (1947/48) haben nach Berichten der Grenzpolizei mehr als 74.000 Personen die Grenze von der englischen und amerikanischen Zone nach der sowjetischen Zone illegal überschritten. Die Begründung dieser Leute lautet: Im Westen herrsche Desorganisation im Wirtschaftsleben, Arbeitslosigkeit, soziale Not, ja sogar Hunger. Ein Teil dieser Menschen erklärte seinen Übertritt mit politischen Motiven, dass die mangelnde demokratische Entwicklung und der faschistische Terror der Grund ihres Weggangs seien und dass sie sich am politischen und demokratischen Aufbau der Ostzone beteiligen wollen."

Frau Maria Rüdiger, Gera, Friedrichstr.2, geb. 30.9.05, gibt folgendes an:
„Am 11.3.48 wollte ich über die Zonengrenze gehen. Gegen 19.30 Uhr traf ich in Leinefelde ein und begab mich dann mit noch anderen Personen über Worbis – Winzigerode – Ferna in das Zonengrenzgebiet. Im Walde wurden wir von mehreren Polen angehalten, die mit Pistolen bewaffnet waren. Im Ganzen hatten die Polen eine Gruppe von 6 Frauen und 14 Männern zusammengetrieben. Die gesamte Gruppe wurde ausgeplündert. Ich selbst und mehrere Frauen wurden vergewaltigt."
Eine Frau Else Struppe, 1907 geb. in Wesermünd, wohnhaft in Blankenburg (Havel) wurde am 19.3.48 zwischen 18 und 19 Uhr von einem Zivilisten angefallen, ausgeplündert und vergewaltigt.
Frage an Gebhard: Womit erklären sich nach Ihrer Meinung der Massenübergang an den Zonengrenzen?
„Man kann die illegalen Grenzgänger in vier Kategorien einteilen, die einen, die dauernd arbeitslos sind, kommen zu uns, um hier Arbeit und geordnete Versorgung zu finden. Diese Gruppe ist zahlenmäßig die größte. Die 2. Gruppe sind Männer und Frauen, die wegen ihrer fortschrittlichen Gesinnung im Westen von faschistischen Elementen verfolgt werden. Eine dritte Gruppe, aus deren Auftreten klar ersichtlich ist, dass sie als kriminelle Elemente im Auftrag fremder Kräfte tätig sind. Dazu eine vierte Gruppe, das sind die faschistischen Aktivisten, die zum Teil aus der Ostzone verjagt, sich im Westen zusammengefunden und organisiert haben. Allein in den letzten Monaten konnten 388 solcher Elemente festgenommen werden …"
DAS VOLK, 27. März 1948

Vorher war am 24.3.48 im VOLK berichtet:
GEGEN VERBRECHERISCHE UMTRIEBE IN DEN GRENZKREISEN
Erklärung Willi Albrechts, Landesvorsitzender des FDGB, zum Polizeietat Thüringens
Bei der Beratung des Polizeietats möchte ich nicht verfehlen, die Regierung und den Innenminister auf die verbreiteten Umtriebe in den Grenzkreisen Nordhausen, Hildburghausen, Eisenach, Mühlhausen, Worbis hinzuweisen, die sich in den letzten Monaten vermehrt haben.

Nicht zuletzt bekam aber durch diese SED-Propagandakampagne Willi Albrechts Forderung nach einem höheren Polizeietat den Zuschlag: Die Grenzpolizei wurde bis zum Beginn des Jahres 1949 auf (insgesamt) 13.000 Mann verstärkt. Nicht nur das. Im Jahr darauf kam es zur Bildung einer Hauptabteilung Grenzpolizei mit einem eigenen Verantwortungsbereich. Die Führung dieser Einheit übernahm Generalleutnant Klaus-Dieter Baumgarten. Bereits im November 1948 war der (erste) direkte Schießbefehl für die Grenzpolizisten vom damaligen Präsidenten der Deutschen Verwaltung des Innern, Kurt Fischer, bekannt gegeben worden.

Zu einer weiteren Propagandakampagne war es im August 1948 gekommen, als die Lebensmittelversorgung der Bevölkerung in der SBZ den absoluten Tiefpunkt erreicht hatte. Geschickt versuchte die SED, den Spieß umzudrehen und die allgemeine Hungersnot in die Westzonen zu verlagern. Als Auftakt diente ein Interview mit dem sowjetischen Generalleutnant Lukjantschenkow, das an hervorragender Stelle in der Presse, auch in der Mühlhäuser Zeitung, abgedruckt wurde. Kern der Befragung war, wie sich die Verantwortlichen angesichts der aus den Westzonen hereinströmenden hungernden Menschen verhalten sollten?

Lukjantschenkow: „Ich habe Verständnis für die Gründe, die die hungernden Menschen zum Übertritt aus den westlichen Besatzungszonen in die sowjetische Zone treiben und habe Mitleid mit ihnen. Gleichzeitig teile ich durchaus die Meinung vieler Zeitungen, daß dies ungünstige Belastungen für die Bevölkerung der sowjetischen Zone nach sich ziehen kann …"

Entsprechend solcher Pressemeldungen kamen täglich Hunderte Westdeutsche über die „grüne" Grenze, zum einen bedrohten sie die Sicherheit der Demarkationslinie, zum anderen aßen sie den Ostdeutschen das letzte Stück Brot weg.

Am 1. August 1948 kam es zu einer Außerordentlichen Regierungssitzung. Wenn nicht die Russen, so wollten die Deutschen Maßnahmen für die Grenzgebiete beschließen.

DER SCHLAGBAUM WURDE ZERBROCHEN
So brennt die Sehnsucht nach Einheit und Frieden
An den Zonengrenzen Thüringens flammten am Vorabend zu den Wahlen der Delegierten zum 3. Deutschen Volkskongreß helle Feuer auf. „Und so das Feuer weithin leuchtet und brennt, so brennt in uns die Sehnsucht nach der Einheit Deutschlands!" Mit diesen Worten kommentierte ein Vertreter der Jugend den heißen Willen der Millionen aus Ost und West bei einer Grenzlandkundgebung …

„Hier, an dem sogenannten „Grenzschlagbaum" stehen sich Deutsche als „Ausländer", als „Fremde" gegenüber. Wir aber sagen: Für uns bildet dieser Schlagbaum keine Grenze und niemals wird es für das deutsche Volk, sei es in Ost, Süd oder West, eine solche Grenze geben. Als das Einheitsfeuer entfacht wurde und hell aufleuchtete, waren die Versammelten nicht mehr zu halten. Der Schlagbaum wurde zerbrochen, man strömte zueinander, fiel sich gegenseitig um den Hals, die Freude kannte keine Grenzen mehr. Es spielten sich Szenen ab, die ergreifend und erhebend zugleich waren. Ein heißer Wunsch von Millionen fand so symbolisch seine Erfüllung.

Ein Vertreter der Jugend aus dem Osten und ein Jugendvertreter aus dem Westen reichten sich über das entzündete Feuer die Hand zur Verbrüderung. Der stärkste Eindruck dieser Feier jedoch war, wie die Jugend von hüben und drüben begeistert für die Ideale der Einheit und Freiheit eintrat. Mit hellen Augen und strahlenden Gesichtern erklang weithin das Lied FRIEDEN AUF ERDEN … Ähnliche Kundgebungen fanden in allen Grenzkreisen statt. Im Landkreis Worbis, der im nordwestlichen Zipfel an die englische und im Westen und Südwesten an die amerikanische Besatzungszone grenzt, waren die Kundgebungen besonders eindrucksvoll. Die Fackelzüge wurden auch jenseits der Zonengrenze wahrgenommen."

DAS VOLK, 15. Mai 1949

Dieses Euphorie-Feuer erlosch rasch, selbst die neugeschaffene DDR mit all den gegebenen Versprechungen verhinderte nicht die weitere „Abstimmung mit den Füßen".

Nur zum Jahresende flammte noch einmal Hoffnung auf, als Stalins 70. Geburtstag nahte.

Diesmal waren es nicht die SED-Funktionäre, sondern der Sender RIAS, der die Mühlhäuser in Spannung versetzte. Dementsprechend hieß es zwei Tage vor jenem Jubiläum in der Mühlhäuser Zeitung DAS VOLK:

UNWAHRE RIASMELDUNGEN ZU STALINS GEBURTSTAG
Die Grenzen bleiben am 21. Dezember geschlossen.

„Seit einiger Zeit verbreitet der Rias-Sender Meldungen, die mit den tatsächlichen Verhältnissen nicht in Einklang stehen und das Ziel verfolgen, unseren Aufbau zu stören und zu sabotieren. Jetzt wird vom Rias die Nachricht verbreitet, daß zu Stalins Geburtstag am 21. Dezember 1949, dem internationalen Feiertag aller Werktätigen und Friedenskräften, die verhängnisvollen Zonengrenzen geöffnet werden. Diese Rias-Meldung ist unwahr!

Von der Regierung wurde uns mitgeteilt, daß die Zonengrenzen auch an diesem Tage geschlossen sind. Der Verkehr über die Zonengrenzen erfolgt auch an diesem Tage nur mit Interzonenpässen. Der Zweck dieser Falschmeldung soll sein, daß an diesem Tage unsere Wirtschaftskapazität gestört, eine Unruhe in der Bevölkerung erzeugt wird und Schiebern und anderen lichtscheuen Elementen Tore und Türen geöffnet werden.

Wir bitten die Bevölkerung des Stadt- und Landkreises Mühlhausen, den Hinweis des Kreisamtsblockes zur Kenntnis zu nehmen und an diesem Tage äußerste Disziplin an den Grenzen und in den Orten sowie Betrieben zu wahren, damit dieser Tag ein Tag der Friedenskräfte wird und zur Stärkung unseres wirtschaftlichen Aufbaus dient. Wir bitten die Bevölkerung in den nächsten Tagen die Tagespresse daraufhin zu beobachten."

Indessen wurde der Wegverlauf der Grenzgänger immer einseitiger. Kaum einer wollte noch ostwärts, dafür immer mehr westwärts.

Diesem Problem war mit den bisherigen Grenz-Aufgeboten nicht mehr beizukommen. Daher wurde die DGP 1960 auf 48.000 Mann verstärkt. Diese gliederten sich in acht Grenzbrigaden mit jeweils zwei bis fünf motorisierten Bereitschaften. Die größte hatte die Grenzbrigade Erfurt, zu der auch Mühlhausen zählte.

In diesem Jahr wurden zum ersten Mal Minen verlegt, sogenannte „Stockminen". Die größte Gefahr war jedes Mal im Frühjahr entstanden, wenn der Boden aufweichte und die Stöcke umfielen. Auch hier hatte es beim Wiederaufrichten Unfälle mit Toten unter den Soldaten gegeben. Überhaupt herrschte unter den Soldaten panische Angst, so Dieter Boin. Alles, was mit diesen Minenfeldern zu tun hatte, war für sie mit Schrecken und bösen Erlebnissen verbunden.

Einmal, als Boins Einheit einen neuen Hauptmann erhielt und der das Gelände in Augenschein nehmen wollte, konnte Dieter Boin eine weitere „Vorgesetzten-Erfahrung" machen. Während der Besichtigung hielt sich der Hauptmann vorsichtig in der Mitte der Truppe auf. Er hatte den Befehl gegeben, laut zu rufen, sobald sich Wild nähere, das auf das Minenfeld zuliefe. Wenig später riefen dann die Vorderleute, allerdings übertrieben laut, ein Reh käme von links und presche dem Minenfeld entgegen. Augenblicklich warf sich der Hauptmann auf den Boden – als einziger der ganzen Truppe. Seinen Zorn über diese Blamage, nicht zuletzt über seine total verschmutzte Uniform, ließ er in einer dreistündigen Unterrichtsstunde am Abend aus.

Dieter Boin, Jahrgang 41, war mit siebzehn Jahren Grenzsoldat geworden. Alle an der Grenze waren damals Freiwillige. Die Ausbildung erfolgte in Schwemmbach bei Erfurt. Sie dauerte ein Viertel Jahr. Gleich danach kamen sie zum Einsatz an die Grenze. Erst hier begann ihre Schießausbildung. Dazu dienten Waldlichtungen und Feldwege. Bei der Unerfahrenheit der jungen Leute ging das nicht ohne Verletzungen ab. Allein zwei Tote gab es in Boins Kompanie, der eine stammte aus Leipzig, der andere aus Glauchau. Dazu kamen acht zum Teil Schwerverletzte.

Auch in den Nachbarstreifen war es zu ähnlichen Unglücksfällen gekommen. „Es gab immer wieder Todesfälle zu vermelden", so Dieter Boin. „Doch es waren unsere eigenen Leute, die umkamen. Blutjung und keine „feindlichen Elemente", wie mitunter behauptet wurde."

Die Streifengänge für die jungen Grenzsoldaten, ob allein oder zu mehreren, wurden später allerdings zu einer eintönigen Beschäftigung. Abwechslung durch aufregende Grenzdurchbrüche gab es so gut wie nie. Trotzdem gab es Tote. Einmal fand Dieter Boin das Gerippe eines Menschen unter dem Waldboden hervorragen. Das andere Mal ein zweites, wo der Kopf fehlte. Das war am Fuße des Hülfensberges. Die Stoffreste eines Kuttenmantels und das Stück einer Kordel deuteten auf einen hier verstorbenen Franziskaner-Mönch hin. Beide Male traf nach seiner Meldung ein Zivil-Kommando aus Mühlhausen ein, das die menschlichen Reste sicherstellte. Der Standort von Dieter Boins Einheit war die Mühlhäuser Rosenhofkaserne. Von hier aus erfolgten die Ablösungen. Auch die Krankgemeldeten wurden hier untergebracht.

Ein Problem für die SED war und blieb die anhaltende Flucht von Grenzpolizisten bzw. -soldaten. Nachdem 1952 die Kasernierte Volkspolizei eine Stärke von

35.000 Mann erreicht hatte, waren bereits nach den ersten Monaten ihres Dienstes Hunderte von ihnen in den Westen geflohen. Als einer der Gründe wurde von den Deserteuren der scharfe Drill und der harsche Umgangston der Vorgesetzten angegeben. Auch die harten Arreststrafen, die schon bei geringen Vergehen erteilt wurden, nahmen viele dieser Soldaten zum Anlass, dieser Truppe den Rücken zu kehren. Insgesamt waren es 8.000 geflüchtete Volkspolizisten, Angehörige der DVP und der KVP, die bis 1953 desertierten.

KUMPEL IM TURM EINGESPERRT
(Schlagzeile in der „Werra-Rundschau" vom 26.1.1984)
Einem 20-jährigen DDR-Soldaten war bei Frieda die Flucht in den Westen geglückt.
„Ich hab's geschafft, ich bin rübergekommen", sagte der junge Mann zu der Familie in der Goethestraße in Frieda, als er dort gegen 18.30 Uhr mit weichen Knien, am ganzen Körper zitternd, im Spannungsfeld zwischen Todesangst und Glücksgefühl vor der Haustür stand. Der 20-Jährige aus Ost-Berlin war über die Grenzsperren geklettert, nachdem er zuvor seinen Kumpel, mit dem er auf Streife war, in einem Wachturm eingeschlossen hatte. So sicherte er sich den Sekunden-Vorsprung zur Flucht in die Freiheit.
(TA, Reiner Schmalzl)

Nahezu täglich bestätigte sich die Unnatürlichkeit der innerdeutschen Grenze. So berichtete der Oberleutnant der Grenztruppe Z. dem Mühlhäuser Vorsitzenden des Rates des Kreises Sommerlatte in einer „vertraulichen Dienstsache" am 6.8.1959:
„Die Forderung, keine unkontrollierten Grenzübertritte zuzulassen, wurde bei uns nicht erfüllt. In diesem Jahr ließen die Einheiten unserer Grenz-Bereitschaft insgesamt 37 Grenzdurchbrüche mit 50 Personen zu. Davon West/DDR 8 Fälle mit 9 Personen und DDR/West 29 Fälle mit 41 Personen. Dazu kommen 8 fahnenflüchtige Soldaten ... Leider bekommen wir von der örtlichen Bevölkerung keinerlei Unterstützung bei unserer schwierigen politischen Aufgabe."
Knapp vier Wochen später bekam der Vorsitzende die nächste Nachricht auf den Tisch. In der Nacht vom 1. zum 2. September 1959 war ein größerer Personenkreis mit 21 Kühen nach Hessen geflüchtet. Dabei war auch sämtlicher wertvoller Hausrat mitgenommen worden. Alle Versuche der SED-Instrukteure in den Grenzdörfern, entsprechende „Aufklärungsarbeit" zu leisten, stießen ins Leere. Fast gleichlautend heißt es in den Berichten: „Die Versammlungsteilnahme war beschämend. Niemand stellte Fragen. Selbst der Bürgermeister nicht ..."
Auch die Aktion „Kornblume", durch die alle dem Staat verdächtigen Personen innerhalb des Grenzbereichs ausgebürgert wurden, änderte nichts daran. Sie blieb ein Verzweiflungsakt. So erhielten die Funktionäre, jahrein jahraus, weitere Meldungen von ihren „Grenztruppen". Meldungen, die von Selbstmorden, Befehlsverweigerungen, Desertionen und mangelhaftem staatsbürgerlichen Verhalten bei den Soldaten berichteten.

Es geschah am 9. März 1951, als wieder einmal ein „Grenzvorfall" Schlagzeilen machte.
LIEBER TOTER JUGENDFREUND, WIR GELOBEN ...
Der Mord an Heinz Janello löste den Protest der gesamten Mühlhäuser Bevölkerung aus.
Was war geschehen? Ein junger Mühlhäuser Volkspolizist war an der Grenze ums Leben gekommen. Im „Mühlhäuser Volk" las sich das so:
„Nahe 15.000 Friedensfreunde aus Stadt und Kreis Mühlhausen gaben am Mittwochnachmittag dem von amerikanischen Gangstern an der Demarkationslinie bei Obersuhl viehisch ermordeten 19-jährigen Volkspolizisten Heinz Janello das letzte Geleit. Nachdem bereits am Vormittag in den Betrieben Protestkundgebungen stattgefunden hatten, nahmen zahlreiche Delegationen der Werktätigen am Trauermarsch durch die Stadt zum Neuen Friedhof teil. In dem Gelöbnis, das der Mühlhäuser FDJ-Sekretär abschließend im Namen der Mitglieder sprach, will man im Geiste des Toten weiterarbeiten und weiterstreben „bis zu dem Augenblick, an dem wir sagen können, es kann nicht mehr vorkommen, dass amerikanische Mörder auf deutschem Boden ihr schändliches Handwerk treiben. Dann ist das, wofür du, Heinz Janello, gekämpft hast und weswegen du ermordet wurdest, erfüllt: Die Einheit Deutschlands und der Friede!"
Einzelheiten über den genauen Vorgang des Geschehens, auf welche Weise der Neunzehnjährige ums Leben gekommen war, ist aus diesem Bericht nicht zu erfahren.

Gut ein halbes Jahr darauf wurde wieder ein DDR-Grenzsoldat auf dem Mühlhäuser Friedhof zu Grabe getragen. Diesmal allerdings ohne jegliches Aufsehen. Selbst die Presse blieb stumm. Lediglich eine Anzeige von den Angehörigen fand sich in der Tageszeitung:
Am 27. Oktober 1951 verstarb, bei Ausübung seines Dienstes, mein innigeliebter Mann, mein treusorgender, lieber Papi, unser lieber Sohn, Bruder, Schwiegersohn, Schwager, Onkel und Neffe VP-Hauptwachtmeister Manfred Portwich.
In unsagbarem Schmerz
Edith Portwich geb. Trautmann und Töchterchen Carola nebst allen Angehörigen
Mühlhausen, den 30. Oktober 1951

Was war geschehen? Worin bestand der Unterschied in diesen zwei „Fällen"? Immerhin: Beide Männer hatten bei der „Ausübung ihrer Pflicht" ihr Leben als Soldaten der DDR gelassen!
Einblick in die Vorgehensweise der NVA-Führungskräfte in solchen „Fällen" konnten 14 Jahre später die Eltern des im DDR-Militärdienst umgekommenen 22jährigen Reinhard Brudöhl machen. Eines Abends, im August 1965, fuhr ein Militärfahrzeug vor das Haus An der Burg 24. Ein höherer Offizier, der dem Wagen entstieg, machte wenig später dem Optikermeister Werner Brudöhl und seiner Frau die traurige Mitteilung, dass ihr Sohn Reinhard nicht mehr lebe. Er sei „auf der Flucht" erschossen worden.
Die entsetzten Eltern erfuhren, der Tote würde am nächsten Tag in einem verschlossenen Zinksarg nach Mühlhausen überführt. Dieser Sarg dürfe auf keinen

Fall geöffnet werden. Des weiteren teilte dieser Herr dem Ehepaar Brudöhl mit, wie sie sich zu verhalten hätten. Er forderte, jegliche öffentliche Bekanntgabe dieses Sterbefalls zu unterlassen. Die Trauerfeier möchte sich im einfachsten Rahmen halten, auch eine Todesanzeige in der Zeitung solle unterbleiben. Immerhin, so der Offizier, handele es sich um einen Deserteur, der sich auf feige Weise seiner Pflicht dem Vaterlande gegenüber versucht habe zu entziehen.

Während des weiteren Gesprächs mit den Brudöhls, vor allem nach den eindringlichen Fragen des Vaters, verstrickte sich der Besucher mehr und mehr in Widersprüche, was die näheren Umstände des Todes von Reinhard betraf. Wie der heute noch lebende Bruder des Toten berichtet, ging es zum Beispiel darum, wie der noch gar nicht vereidigte Soldat bei seinem „Grenzdienst" einen Fluchtversuch unternehmen konnte. Nichtvereidigte hätten doch noch gar nicht zum Einsatz kommen dürfen. Wo also genau war auf ihn geschossen worden? Es gab für die Eltern nicht den geringsten Hinweis von ihrem Sohn, dass er flüchten wollte. Auch seine Freundin wusste nichts davon. Als am Ende des Gesprächs der Offizier noch fragte, ob die Eltern eine „Abordnung der Kompanie" bei der Trauerfeier wünschten, die eben noch in „aller Zurückgezogenheit" stattzufinden hatte, wurde selbst den völlig schockierten Eltern bewusst: Hier handelt es sich um eine ganz faule Sache. Die Wahrheit über den tatsächlichen Hergang, der zum Tode des Sohnes führte, würden sie wohl kaum erfahren.

So war es auch. Als nach der Wende der Bruder von Reinhard Brudöhl eine Untersuchung des „Falles" anstrebte, fand sich so gut wie nichts darüber. Es gab weder ein Protokoll, nach dem schon die Eltern vergeblich gefragt hatten noch sonst irgendwelche Hinweise. Auch an dem Ausbildungsort nahe Halberstadt war nichts in Erfahrung zu bringen.

Unterdessen wurde an der Mühlhäuser Grenze weiter gemordet und gestorben.

Der Gefreite Klaus Noack von der Kompanie Rustenfelde wurde Anfang August 1965 an der Grenzstelle Rustenfelde bei einem Fluchtversuch erschossen.

Hans Dieter Genau, ein 18-jähriger Jugendlicher aus Treffurt, hatte sich am 24. August 1969 einer Gruppe von DDR-Flüchtlingen angeschlossen, die bei Treffurt die Grenze zu überwinden versuchten. Angehörige der 6. Grenzkompanie Treffurt eröffneten das Feuer auf sie. Genau erhielt einen tödlichen Kopfschuss und starb im Niemandsland.

> **Grenzsoldaten zurückgekehrt**
>
> Berlin, 27. August (ADN)
> Die Pressestelle des Ministeriums für Nationale Verteidigung teilt mit: Am 27. August kehrten die Angehörigen der Grenztruppen der DDR, Gefreiter Merten und Soldat Pfeifer, die nach einem bedauerlichen Unglücksfall durch besondere Umstände in ein Krankenhaus in Eschwege eingeliefert wurden, in die DDR zurück. An dem festen Willen und der Standhaftigkeit der beiden Angehörigen der Grenztruppen scheiterte eine Hetzkampagne der Westpresse, die zum Ziel hatte, die Grenzsoldaten an ihrer Rückkehr zu hindern.

Siehe Text Seite 339 oben.

Am 17. August 1963 wurden an der Grenze bei Großburschla zwei DDR-Grenzsoldaten durch explodierende, von eigenen Kameraden verlegte Tretminen schwer verletzt. Westliche Jugendliche retteten unter Einsatz ihres Lebens die beiden Soldaten Franz Pfeifer und Siegfried Merten aus der Stacheldrahtsperre. Im Eschweger Krankenhaus musste beiden ein Unterschenkel amputiert werden.

Die Länge der DDR-Staatsgrenze betrug 1.393 Kilometer, dazu kam die 106 Kilometer lange Berliner Mauer. Ende 1977 war ein Metallgitterzaun bereits auf einer Länge von 1083 km installiert worden und alle neuralgischen Punkte besaßen Selbstschussanlagen.

Damals gab es bereits 392 Beobachtungstürme aus Beton und 123 aus Holz. Die scharfkantigen Splitter der Selbstschussanlagen sprachen der Genfer Konvention Hohn.

Die Absurdität dieser Grenze lag zweifellos darin, dass, während hier die SED mit einem ungeheuren Kostenaufwand an Energie und Material eine totale Absicherung gegen den westlichen „Klassenfeind" vollzog, auf der anderen östlichen Grenz-Seite tagtäglich die erwirtschafteten Güter des DDR-Volkes ostwärts rollten. Über 40 Jahre lang und praktisch ohne jeglichen Gegenwert.

Wer je die Gelegenheit hatte, in der Grenzstation Brest die dort aus der DDR kommenden Züge zu beobachten, bekam eine Vorstellung von dem, wie mit Billigung der DDR-Regierenden das Volksvermögen der deutschen Bevölkerung unter Missachtung von Recht und Eigentum verschleudert wurde. Egal, ob es sich um Güterzüge mit Maschinen, Baumaterialien, Holz, Lebensmittel, Vieh oder Kali handelte, oder um die Urlauberzüge der „zeitweilig in der DDR stationierten Truppen der Roten Armee" – alle waren bis zur Grenze der Belastbarkeit mit Gütern aus Deutschland voll gepackt. Es gab kaum ein Abteil bei den heimwärts fahrenden sowjetischen Armeeangehörigen, das nicht bis zur Decke prall mit DDR-Konsumgütern gefüllt war: Angefangen von Kinderwagen, Spielsachen, Teppichen, Roller, Geschirr bis hin zu Wäsche, Kleider, Lederzeug, Parfüm, Schuhe, Sportsachen.

In dem im Februar 1996 stattgefundenen Berliner Krenz-Prozess offenbarten die wegen „Totschlags an der Mauer" angeklagten SED-Funktionäre einmal mehr: die alleinige Zuständigkeit für die Morde an der innerdeutschen Grenze lag ausschließlich in den Händen der Sowjets. Das ehemalige Politbüromitglied Günter Schabowski brachte es in jenem Prozess auf den Punkt: „Keine einzige Weltverbesserungs-Ideologie rechtfertigt den Verlust auch nur eines Menschenlebens."

25. MYSTERIUM

Gut Schönberg bei Schierschwende

Merkwürdige Dinge geschahen im Frühjahr 1945 auf Gut Schönberg nahe Mühlhausen. Mit der Einquartierung mehrerer Beamtenfamilien des nach Mühlhausen verlagerten Reichsaußenministeriums war viel Unruhe eingezogen. Zu den allnachmittäglichen Teestunden im großen Kaminzimmer beim Besitzer Plank fanden sich die Wieczoreks, Hopfens, Walters und Wüsters ein. Natürlich drehten sich die Gespräche um die immer ernster werdende Lage. Nicht mehr lange und der Krieg würde auch diese entlegenen Ecken erreichen. Was dann geschah, wusste niemand zu sagen. Ihr aller Schicksal schien an die riesigen Aktenberge gebunden zu sein, die in Mühlhausen lagerten.

Allein der Hermann Göring sehr ähnelnde Herr Wüster, der zuletzt als deutscher Gesandter in Rom tätig gewesen war, erheiterte die Runde mit seinen Witzen. Dazu dienten ihm nicht zuletzt Hitlers neueste Gesetzentwürfe. Danach sollte deutschen Männern die Ehe mit mehreren Frauen gestattet sein, um, wie es in den Entwürfen hieß, den durch den Krieg entstandenen Menschenverlust des deutschen Volkes schneller auszugleichen.

Die Reaktionen der Damen war entsprechend. Das war absurd. Während sich die Herrschaften weiter über das Thema mokierten, hielt sich der Hausherr auffallend zurück. Er wusste besser, was den Deutschen blühte, sollte Hitler den Krieg gewinnen. Seine jüdische Frau war zum Glück schon 1937 gestorben, bevor sie die Nazis zur „Endlösung" nach Theresienstadt verschleppen konnten.

Längst hatten sich die Herrschaften in ihre Zimmer zurückgezogen, als der Abend hereinbrach. Herr Plank sah seinen Sohn die Jagdwaffen aus dem Hause holen, die er im Park vergraben sollte. Auch Frau Wieczorek huschte über den Hof. Was ihre allabendlichen Spaziergänge bedeuteten, wusste niemand. Um so mehr Gerüchte gab es um die „Gralshüterin", wie die Bewohner Frau Wieczorek nannten.

Es war gleichsam eine Erlösung, als wenige Tage vor Ostern Legationsrat Carl von Loesch aus Berlin zurückkehrte, um die weiteren Geschicke des verlorenen Häufleins in die Hand zu nehmen. Als erstes galt es, alle Akten zu vernichten. Pausenlos rollten zwei extra dafür abgestellte LKWs von Mühlhausen zum Stadtwald. Unter der Anweisung von Loesch wurden dort die Papierstapel in einem Gitterkorb verbrannt. In Treffurt tat das gleiche sein Sekretär, Hans-Christian Walter, nur nutzte der dazu den Kessel einer Dampflokomotive.

Es war Gründonnerstag spätabends, da geschah etwas Unerwartetes. Drei Lastwagen der Waffen SS fuhren auf den Gutshof. Gleich danach begannen die Männer etwas abzuladen. Ob es sich bei dem Ladegut tatsächlich um Goldbarren der Reichsbank handelte, wie später behauptet wurde, konnte von den heimlich zuschauenden Bewohnern nicht erkannt werden. Lediglich Frau Wieczorek sah man mit einem der SS Männer sprechen.

Vierundzwanzig Stunden später musste Carl von Loesch einsehen, dass die Vernichtung aller in Mühlhausen lagernden Akten aussichtslos war. Das einzige, was zu tun blieb war, Ribbentrop zu informieren. Gerade wollte er sich für ein paar Stunden zum Schlafen hinlegen, als ihm einfiel, wenn überhaupt etwas vernichtet werden musste, so waren es die Dokumente, die Ribbentrop als das „Allerheiligste" bezeichnet hatte – die Protokolle des Hitler-Stalin-Paktes. Im Februar hatte er die auf Filmen abgelichteten Dokumente gemeinsam mit seinem Stellvertreter Ruprecht Hopfen mit anderen Akten im Keller des Maschinenhauses versteckt. Nach kurzem Überlegen zog er seinen schon abgelegten Rock wieder an.

Während er die Filme aus dem Versteck holte, erinnerte er sich, wie ihm sein Chef, Graf von der Schulenburg, von der Unterzeichnung im Kreml erzählt hatte, wie er und Ribbentrop gerade mit Molotow zu verhandeln begonnen hatten und

*Historischer Augenblick der Unterzeichnung des Sowjetisch-Deutschen Nichtangriffspaktes. Frohes Lächeln bei Stalin, zurückhaltende Zufriedenheit bei Molotow.
Im Vordergrund sitzend Ribbentrop.*

plötzlich Stalin dazukam. Der Effekt sollte wohl sein, wenn nicht Warnung, das Vertragswerk ja ernst zu nehmen und sofort zu unterzeichnen. Seither war Graf von der Schulenburg nicht mehr aus dem Kopf gegangen, den Pakt mit dem des Fausts mit dem Teufel zu vergleichen. Das Foto mit dem hinter den unterschreibenden Molotow und Ribbentrop lächelnd dastehenden Stalin, das um alle Welt gegangen war, schien das zu bestätigen. Für einen Moment war der Diktator aus dem Schatten getreten, um seine ganze Autorität in die Wagschale zu werfen.

In diesem Augenblick übersah von Loesch die ungeheure Tragweite der Dokumente. Auf keinen Fall durfte er sie vernichten. Er nahm die etwa 40 Filme, packte sie in eine runde Blechdose, umwickelte sie mit Öllappen, und vergrub sie im Park. Erst nachdem er sich die Stelle genau eingeprägt hatte, deckte er das Loch mit einer Grasnarbe zu.

Indessen vergingen die nächsten Wochen, die Amerikaner besetzten Mühlhausen. Die Gäste auf Gut Schönberg packten ihre Koffer, fortan galten sie als Internierte, die Walters waren nach Marburg gebracht worden, wo das restliche Archivmaterial hinkommen sollte. Carl von Loesch aber gingen die Filmrollen nicht aus dem Kopf. Vielleicht war es besser, das Geheimnis ihres Aufenthaltsorts jemandem anzuvertrauen. Aber wem? Die Amerikaner hielt er dafür nicht geeignet. Kurz entschlossen setzte er einen Brief auf, den er an seinen früheren Studienfreund Duncan Sandys richtete. Sandys war nicht nur als Minister eine integere politische Persönlichkeit in London, er war auch der Schwiegersohn Churchills. Nur, wer sollte dieses wichtige Schreiben befördern?

Es war der 12. Mai 1945 und vielleicht der bedeutsamste Tag in der neueren deutschen Geschichte. An diesem Tag lief Carl von Loesch durch die Straßen von Mühlhausen, wo es nur so von amerikanischen Soldaten wimmelte. Ausgerechnet da geschah das Merkwürdige. Inmitten der Amerikaner entdeckte von Loesch plötzlich einen britischen Offizier. Wie sich herausstellte, handelte es sich dabei um den Oberstleutnant Robert C. Thomson, der als ranghöchster Offizier des britischen Foreign Office in den gemischten amerikanisch-englischen Sonderausschuss CIOS in General Eisenhowers Hauptquartier abgestellt war. Als von Loesch ihn bat, einen Brief an die genannte Adresse weiterzuleiten, schüttelte Thomson den Kopf. Das könne er nicht, ohne vorher den Inhalt gelesen zu haben. Loesch meinte darauf, er solle das tun und eben da geschah das weitere Unglaubliche. Ausgerechnet Thomson war der Beauftragte, der sich um die Auffindung des Hitler-Stalin-Paktes kümmern sollte. In seinem späteren Bericht ging Thomson noch einmal ausführlich auf diesen unfasslichen Vorgang ein: „In Mühlhausen wurde ich von einem Mann in fehlerfreiem Englisch angesprochen, der mich bat, einen Brief nach London weiterzuleiten, der an Mr. Duncan Sandys adressiert war. Dieser Mann namens Carl von Loesch zeigte mir einen britischen Pass vor als Beweis für seine durch die Geburt in London erworbene britische Staatsbürgerschaft und gab an, einst ein Studienkamerad von Minister Sandys gewesen zu sein. Angeblich wolle er ihm den Verbleib von Mikrofilmaufnahmen von den geheimsten Papieren des deutschen Außenministeriums enthüllen. Was dieser Mann nicht wusste war, dass ich genau nach den Dingen suchte, die er enthüllen wollte, sondern der mich lediglich deshalb angesprochen hatte, weil ich ein britischer Offizier war, eine etwas seltene Gattung in Thüringen.

Nachdem Thomson Karl von Loesch klar gemacht hatte, dass er die Sache nur gemeinsam mit den Amerikanern erledigen könne, meldeten sich beide bei der amerikanischen Ortskommandantur. So begaben sich am Montag, dem 14. Mai 1945 Thomson, der amerikanische Diplomat Dr. Ralph Collins vom Sonderstab CIOS und Carl von Loesch in Begleitung eines Hauptmanns namens Folkard und des amerikanischen Ortskommandanten nach Gut Schönberg. Dort gruben sie die von Loesch vorsteckte Blechbüchse aus.

Alles weitere ergab von selbst. Während der US-Botschafter Jefferson Cassery Washington von dem außerordentlichen Vorfall in Kenntnis setzte, fuhr Thomson zum nächsten britischen Luftwaffenstützpunkt, um mit einem Lesegerät die Filme zu überprüfen. Die Ergebnisse waren durchweg positiv. Es handelte sich offensichtlich um die echten Dokumente des Hitler-Stalin-Paktes, die in den Filmen abgelichtet waren.

Nunmehr ließ Thomson Carl von Loesch nach Marburg beordern. Aber auch Herr und Frau Halter mussten mit, weil sie als einzige Zeugen nicht von den Russen unter Druck gesetzt werden sollten. In Marburg bekamen alle im Schloss eine Wohnung zugewiesen. Unterdessen hatten sich Thomson und sein amerikanischer Kollege Dr. Perkins nach London begeben, um im dortigen Luftfahrtministerium Abzüge von den Filmen machen zu lassen.

In einem Zwischenbericht des CIOS heißt es u. a.: Neben dem außerordentlichen „Mühlhäuser Fund" mit dem deutsch-sowjetischen Vertragswerk von 1939 wurden nicht weniger als 400 Tonnen Akten des deutschen Außenministeriums sichergestellt. Zu den Lagerstellen im Harzgebirge zählten Schloss Falkenstein, Schloss Degenershausen und Schloss Stolberg. Ergänzend dazu teilte am 18. Juni 1945 der Leiter für die Aufspürung und Beschlagnahme deutscher Regierungsakten, Ralph Perkins mit, dass noch weitere 25 Tonnen Material aus Ravensburg eingetroffen sind und dass die Dokumente allesamt schlimm durcheinander gemischt sind, so dass die Sortierarbeit immens sei. Schließlich, am 26. Juni 1945, nahm der US-Ordonnanzoffizier Perry Laukhuff die in Marburg angehäuften Bestände nochmals in Augenschein. Danach konnte am 30. Juni 1945 abschließend nach Washington gemeldet werden, dass zwischen 80 bis 90 Prozent der Akten des Auswärtigen Amts im Schloss von Marburg lagerten. Für ihren Abtransport seien etwa 237 Lastwagen vonnöten.

Diese Aktenbestände wurden 1958/59 an das politische Archiv des Auswärtigen Amts in Bonn zurückgegeben. Darunter befanden sich auch Carl von Loeschs Filmrollen. Auf ihnen wurden 9725 Aktenseiten auf Mikrofilm im Format 35 mal 55 mm festgehalten.

Bei den Russen galten die Originale des Paktes lange Zeit als unauffindbar, und was die westlichen Unterlagen betraf, bezeichneten sie sie als Fälschungen. Natürlich war ihnen das ganze peinlich. Dieser „Nichtangriffspakt" war eindeutig der Pakt zweier gewesen, die als Erzfeinde urplötzlich gemeinsame Interessen entdeckt hatten, nämlich Nachbarländer einzukassieren und ihre Machtstellungen auszubauen.

Schon der überhastete Abschluss 1938 bestätigte die Gier Stalins, dem es gar nicht schnell genug mit dem Unterschreiben ging. So ist wohl auch kaum ein Vertrag von solcher Tragweite in der Geschichte der Diplomatie abgefasst und unterschrieben worden. Nicht einmal eine Reinschrift war angefertigt worden. Gleich das erste Wort in der Überschrift steht vertippt. Statt mit einem Doppel „f" steht „Nichtangrifsvertrag" mit einem „f". Auch die Zeichensetzung war mangelhaft. Worte wie „krigerisch" oder „berüren" sind weitere Beweise fehlerhafter Schreibweise. Die Hektik wurde sogar in Molotows Unterschriften erkennbar. Das „W" seines abgekürzten Vornamens leistete er noch in kyrillischer Schrift, bis ihm anscheinend einfiel, dass er das deutsche Exemplar mit lateinischen Buchstaben unterschreiben wollte.

Auch die deutsche Fassung war voller Flüchtigkeitsfehler. So steht zum Beispiel in dem mit der Ordnungszahl „2." beginnenden Absatz „ungefährt" statt „ungefähr". Auf der zweiten Seite wurde das Wort „beide" über der Zeile eingetippt, ohne dass das irrtümliche „bei" darunter gestrichen wurde.

Dokumente vom 23. August 1939

NICHTANGRIFSVERTRAG ZWISCHEN DEUTSCHLAND UND
DER UNION DER SOZIALISTISCHEN SOWJETREPUBLIKEN.

Die Deutsche Reichsregierung und
die Regierung der Union der Sozialistischen
Sowjetrepubliken
geleitet von dem Wunsche die Sache des Friedens
zwischen Deutschland und der UdSSR zu festigen und ausgehend von den grundlegenden Bestimmungen des Neutralitätsvertrages, der im April 1926 zwischen Deutschland
und der UdSSR geschlossen wurde, sind zu nachstehender
Vereinbarung gelangt: . . .

Der Nichtangriffsvertrag war bis zuletzt ein Tabu in der Sowjetpolitik.

Dokumente vom 23. August 1939
Geheimes Zusatzprotokoll.

Aus Anlass der Unterzeichnung des Nichtangriffsvertrages zwischen dem Deutschen Reich und der Union der Sozialistischen Sowjetrepubliken haben die unterzeichneten Bevollmächtigten der beiden Teile in streng vertraulicher Aussprache die Frage der Abgrenzung der beiderseitigen Interessensphären in Osteuropa erörtert. Diese Aussprache hat zu folgendem Ergebnis geführt:

1. Für den Fall einer territorial-politischen Umgestaltung in den zu den baltischen Staaten (Finnland, Estland, Lettland, Litauen) gehörenden Gebieten bildet die nördliche Grenze Litauens zugleich die Grenze der Interessensphären Deutschlands und der UdSSR. Hierbei wird das Interesse Litauens am Wilnaer Gebiet beiderseits anerkannt.

2. Für den Fall einer territorialpolitischen Umgestaltung der zum polnischen Staate gehörenden Gebiete werden die Interessensphären Deutschlands und der UdSSR ungefähr durch die Linie der Flüsse Narew, Weichsel und San abgegrenzt.

Die Frage, ob die beiderseitigen Interessen die Erhaltung eines unabhängigen polnischen Staates erwünscht erscheinen lassen und wie dieser Staat abzugrenzen wäre, kann endgültig erst im Laufe der weiteren politischen

Stalins skrupellose Politik hat 1939 den Kriegsbeginn ermöglicht und die sowjetischen Politiker bis zuletzt korrumpiert.

> *Dokumente vom 23. August 1939*
>
> Entwickelung geklärt werden.
>
> In jedem Falle werden bei beide Regierungen diese Frage im Wege einer freundschaftlichen Verständigung lösen.
>
> 3) Hinsichtlich des Südostens Europas wird von sowjetischer Seite das Interesse an Bessarabien betont. Von deutscher Seite wird das völlige politische Desinteressement an diesen Gebieten erklärt.
>
> 4) Dieses Protokoll wird von beiden Seiten strenggeheim behandelt werden.
>
> Moskau, den 23. August 1939.
>
> Für die Deutsche Reichsregierung: *[Ribbentrop]*
>
> In Vollmacht der Regierung der UdSSR: *[W. Molotow]*

Der Pakt bereitete 1939 vielen Kommunisten Kopfzerbrechen und brachte auch Gorbatschow noch zum Lügen.

Die übergroße Eile, mit der die Geheimverträge im Hinblick auf die gemeinsame beschlossene militärische Aktion gegen Polen abgefasst worden war, zeigte sich auch in anderer Hinsicht. Kaum war Reichsaußenminister Joachim von Ribbentrop von Moskau nach Berlin zurückgekehrt, als er am 25. August 1938 Botschafter Graf von der Schulenburg zu sich rief. Molotow hatte in den in allzu großer Eile abgefassten Protokollen etliche Unzulänglichkeiten entdeckt, die es zu berichtigen galt. Unter anderem handelte es sich um die nach einer Besetzung Polens angeführten Grenzflüsse Narew, Weichsel und San. Sie mussten um die zwei Flüsse Pisa und Bug ergänzt werden.

Man schrieb das Jahr 1988, als das sowjetische ZK-Mitglied, der langjährige Botschafter in der BRD, Valentin Falin, zum wiederholten Mal die Echtheit der „Kopien der Kopien" anzweifelte. Es war der amerikanische Geschichtsprofessor George C. Kent, der daraufhin in der in Melville im Staate New York erscheinenden Zeitung „Newsday" noch einmal die Geschichte von der Vergrabung und Ausgrabung der Mikrofilme durch Carl von Loesch schilderte. Daran knüpfte er fol-

Ein schwedischer Karikaturist sieht die beiden Diktatoren auf Beute ausgehen.

gende Betrachtung: „Diese Filme bestätigen die Echtheit des Protokolls zuverlässiger als sogar ein überliefertes Original. Denn das Protokoll wurde zwischen einer großen Menge anderer Dokumente abgelichtet, deren Echtheit nie in Frage stand. Schließlich wäre es schwieriger, eine ganze Filmrolle verfälschend nachzuzuahmen als ein einzelnes Dokument." Jetzt meldete sich auch ein sowjetischer Historiker, Professor Michail Semirjaga, der am 5. Oktober 1988 in der Moskauer „Lituranaja" ein verblüffendes Zugeständnis machte. Allein der Ablauf der Ereignisse von damals, meinte er, genügten um zu erkennen, dass alles genauso abgelaufen war, wie es in den tatsächlichen oder angeblichen „geheimen Protokollen" zufolge vorgesehen war. Damit bestätigte er nachdrücklich die Komplizenschaft Stalins mit Deutschland und die beiderseitigen zur gleichen Zeit durchgeführten Raubkriege 1939–40.

Die Annektion Ostpolens liest sich in den sowjetischen Geschichtsbüchern folgendermaßen: „Nachdem die faschistische deutsche Armee in Polen eingefallen war, drang sie eiligst nach Osten vor. Sie wollte sich rasch der Westukraine und Westbelorusslands bemächtigen …"

„Die Sowjetregierung konnte die mit dem Sowjetvolk durch Blutsbande verbundenen Brüder, die Ukrainer und Belorussen, nicht im Stich lassen. Auf Befehl des Oberkommandos überschritten die Sowjettruppen am 17. September 1939 die Grenze und nahmen Leben und Eigentum der Bevölkerung von Westbelorussland und der Westukraine unter ihren Schutz."
Prof. A. M. Pankratowa, Geschichte der UdSSR – Moskau 1950

In Wahrheit: Nicht Hitler schlug im September 1939 vor, Polen restlos aufzuteilen, sondern Stalin. Dementsprechend fiel die Rote Armee am 17. September auch in Polen ein. Schon am gleichen Tag wurden, laut sowjetischem Heeresbericht, sieben polnische Flugzeuge abgeschossen und drei Bomber zur Landung gezwungen. Zwei Tage später befanden sich 60.000 polnische Offiziere, Unteroffiziere und

Begegnung der Roten Armee mit den Werktätigen der Westlichen Ukraine und des Westlichen Belorußlands. Plakat

Laut sowjet. Geschichtsbüchern rückte die Rote Armee als Retter in Ostpolen ein.

Mannschaften in sowjetischer Kriegsgefangenschaft und wurden in Lager gesteckt. Davon wollen russische Historiker nichts mehr wissen. Auch für die furchtbaren Verbrechen von Katyn hat sich bis heute kein russischer Politiker beim polnischen Volk entschuldigt.

Zu den gemeinsam abgestimmten deutsch-sowjetischen Raubzügen zählte vor allem der Überfall der Sowjets auf Finnland. Schon wenige Wochen nach der Einverleibung Ostpolens überquerten sowjetische Truppen die finnische Grenze (November 1939) und nahmen in einem für sie allerdings äußerst verlustreichen Kampf, bei dem sie 50.000 Soldaten verloren, die karelische Landenge samt der Stadt Wyburg sowie weite Teile Ostkareliens in Besitz. Mehr als 40.000 Quadratkilometer musste Finnland an die Sowjetunion abtreten. Für die betroffene Bevöl-

„Die Portion ist zu hart".
Französische Karikatur, 1940.

kerung bedeutete das eine Katastrophe. In einem gigantischen Umsiedlungsprojekt wurden 600.000 Karelier aus ihrer angestammten Heimat verstoßen, um sich im Westen und Süden Finnlands neu anzusiedeln. Ohne den mit Hitler abgeschlossenen Vertrag hätten die Sowjets das nie gewagt.

Während Hitler mit dem Frankreich-Feldzug die „politische Neuordnung" Westeuropas einleitete, tat Stalin im Osten das gleiche. Mit Ostpolen, Bessarabien, Karelien und den Baltenstaaten annektierte er 1939/40 ein riesiges Territorium und gewann damit 23 Millionen „neue Sowjetbürger" dazu.

Es geschah am 25. Juni 1940, da glaubten die deutschen Exil-Kommunisten ihren Augen nicht zu trauen. Alle öffentlichen Gebäude Moskaus waren festlich beflaggt. An diesem Tag ließ es sich Stalin nicht nehmen, den Sieg seines Kumpanen Hitler über die verhassten französischen Imperialisten mitzufeiern. Kurz zuvor hatte Molotow noch eine heftige Attacke vor dem Obersten Sowjet gegen die Franzosen wegen deren Protest zum Finnland-Überfall geführt. „Die Sowjetunion", so Molotow in typisch marxistisch-leninistischer Dialektik, „ist fest entschlossen, sich nicht zum Werkzeug der anglo-französischen Imperialisten für deren Kampf um die Weltherrschaft machen zu lassen …" Immerhin hatte Frankreichs Protest dazu geführt, dass die Sowjetunion aus dem Völkerbund geworfen worden war.

Polen war geschlagen. Am 28. September 1939 kam es zu einer Erklärung der Deutschen Reichsregierung und der Regierung der UdSSR. Diese Erklärung sowie weitere Dokumente wurden in Moskau von den Außenministern Ribbentrop und Molotow unterzeichnet und gelten als „Geheime Zusatzprotokolle". Außerdem kam es zur Anfertigung einer Landkarte, auf der die deutsch-sowjetische Grenzlinie markiert war. Dargestellt, dass Stalin mit einem dicken Blaustift eigenhändig eine Linie zog, die anfing, wo die Südgrenze Litauens an die Ostgrenze von Deutschland stieß und von da an nach Süden bis zur tschechoslowakischen Grenze lief. Anhand dieser Linie musste die deutsch-sowjetische Grenzkommission später die genaue Grenzziehung durchführen. Eine Arbeit, die zu langwierigen Diskussionen führte. Die sowjetischen Unterhändler hielten sklavisch an dem blauen Strich von Stalins Hand fest, auch wenn das in der Praxis zu unsinnigen Folgen wie der Zerschneidung von kleinen Orten und Wohnstätten führte.

Während Ribbentrop auf der rechten unteren Ecke unterzeichnete, hatte Stalin seinen Namenszug gegenüber so gesetzt, dass vom höchsten Punkt bis zum unteren Ende 58 cm gemessen wurden.

In einem weiteren Zusatzprotokoll vom 10. Januar 1941 ging es um den Verzicht Deutschlands auf einen litauischen Gebietsteil, der zunächst zugesagt worden war, den aber Stalin für die Sowjetunion behalten wollte. Für den Verzicht Deutschlands hatten die Sowjets 7,5 Millionen Gold-Dollar (gleich 31,5 Millionen Reichsmark) zu zahlen. Im Wesentlichen sollte das in Buntmetalllieferungen geschehen. Die Ratifizierung geschah in Moskau. Auf deutscher Seite unterzeichnete Graf von der Schulenburg, auf sowjetischer Seite Außenminister Molotow.

Dokumente vom 28. September 1939

Erklärung der Deutschen Reichsregierung und der Regierung der UdSSR. vom 28. September 1939.

Nachdem die Deutsche Reichsregierung und die Regierung der UdSSR durch den heute unterzeichneten Vertrag die sich aus dem Zerfall des polnischen Staates ergebenden Fragen endgültig geregelt und damit ein sicheres Fundament für einen dauerhaften Frieden in Osteuropa geschaffen haben, geben sie übereinstimmend der Auffassung Ausdruck, dass es dem wahren Interesse aller Völker entsprechen würde, dem gegenwärtig zwischen Deutschland einerseits und England und Frankreich andererseits bestehenden Kriegszustand ein Ende zu machen. Die beiden Regierungen werden deshalb ihre gemeinsamen Bemühungen, gegebenenfalls im Einvernehmen mit anderen befreundeten Mächten, darauf richten, dieses Ziel sobald als möglich zu erreichen.

Sollten jedoch die Bemühungen der beiden Regierungen erfolglos bleiben, so würde damit die Tatsache festgestellt sein, dass England und Frankreich für die Fortsetzung des Krieges verantwortlich sind, wobei im Falle einer Fortdauer des Krieges die Regierungen Deutschlands und der UdSSR. sich gegenseitig über die erforderlichen Maßnahmen konsultieren werden.

Moskau, den 28. September 1939.

Für die Deutsche Reichsregierung: In Vollmacht der Regierung der UdSSR:

Eines der vielsagenden Dokumente vom 28. September 1939, unterzeichnes von Ribbentrop und Molotow.

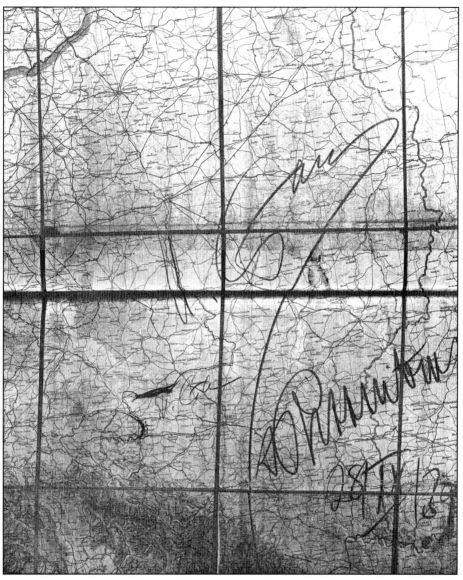

Stalins riesige Unterschrift.
An einer Stelle westlich von Lemberg haben Stalin und Ribbentrop die Demarkationslinie um einen ganz schmalen Gebietsstreifen zugunsten des deutschen Interessengebiets korrigiert. Der damals von der Sowjetunion besetzte Teil Polens wurde nach 1945 endgültig sowjetisches Hoheitsgebiet.

Dokumente vom 28. September 1939

Vertrauliches Protokoll
- - - - - - - - - - -

Die Regierung der UdSSR wird den in ihren Interessengebieten ansässigen Reichsangehörigen und anderen Persönlichkeiten deutscher Abstammung, sofern sie den Wunsch haben, nach Deutschland oder in die deutschen Interessengebiete überzusiedeln, hierbei keine Schwierigkeiten in den Weg legen. Sie ist damit einverstanden, dass diese Übersiedlung von Beauftragten der Reichsregierung im Einvernehmen mit den zuständigen örtlichen Behörden durchgeführt wird und dass dabei die Vermögensrechte der Auswanderer gewahrt bleiben.

Eine entsprechende Verpflichtung übernimmt die Deutsche Reichsregierung hinsichtlich der in ihren Interessengebieten ansässigen Personen ukrainischer oder weissrussischer Abstammung.

Moskau, den 28. September 1939.

Für die Deutsche Reichsregierung: In Vollmacht der Regierung der UdSSR:

1) St.S.Pol.
2) St.S.Keppler
3) St.S.Bohle
4) U.St.S.Pol.
5) Dg.Pol.
6) Dg.Kult (ein weiteres für Mittelstelle)
7) Dir.R.
8) " V.
9) VLR Schliep
10) VLR v.Grundherr

Text aus dem sog. Geheimen Zusatzprotokoll.

Dokumente vom 28. September 1939
Geheimes Zusatzprotokoll
- - - - - - - - - - - -

Die unterzeichneten Bevollmächtigten haben bei Abschluss des deutsch-sowjetischen Grenz- und Freundschaftsvertrages ihr Einverständnis über folgendes festgestellt:

Beide Teile werden auf ihren Gebieten keine polnische Agitation dulden, die auf die Gebiete des anderen Teiles hinüberwirkt. Sie werden alle Ansätze zu einer solchen Agitation auf ihren Gebieten unterbinden und sich gegenseitig über die hierfür zweckmässigen Massnahmen unterrichten.

Moskau, den 28. September 1939.

Für die Deutsche Reichsregierung: In Vollmacht der Regierung
                                                      der UdSSR.:

Mit den Unterschriften der zwei Außenminister hatte der polnische Staat aufgehört zu existieren.

Auf Gut Schönberg kümmerte sich Herr Plank kaum noch um die Tagesgeschäfte. Am 7. Mai war sein einziger Sohn tödlich mit dem Traktor verunglückt. Sein Leben hatte damit seinen Sinn verloren. Frau Wieczorek, die mit ihrem Mann als einzige von den Berliner Beamtenfamilien dageblieben war, hatte Plank mit dem Schwager General Eisenhowers bekannt gemacht, der, ebenfalls General, Plank auf das baldige Einrücken der Russen aufmerksam machte. Ob er nicht mit nach Hessen kommen wolle? Doch Plank lehnte ab, weil er in der Nähe der Gräber seiner Frau und seines Sohnes bleiben wollte.

Indessen war der Grund für das Dableiben von Frau Wieczorek der Goldschatz, der noch im Gutspark lagerte. Mitte August war ihr Mann vom NKWD verhaftet worden. Kurz zuvor hatte es noch eine Auseinandersetzung zwischen den Eheleuten gegeben, vermutlich, weil der Ehemann nicht länger auf Gut Schönberg bleiben wollte. Von Herrn Wieczorek wurde nie wieder etwas gehört. Schließlich schien auch Frau Wieczorek die Sinnlosigkeit ihres Wartens eingesehen zu haben. Ende Oktober reiste sie nach Dortmund, wie sie sagte. Das Benehmen dieser Frau war so mysteriös wie alles, was sich seit Anfang des Jahres auf Schönberg abgespielt hatte. So jedenfalls dachten die Bewohner des Gutes, nun schien es ihnen, dass Herr Plank mindestens eines der Geheimnisse dieser Frau kannte.

Ein sehr viel später eintretendes Ereignis gab ihnen offensichtlich recht. Nachdem von Frau Wieczorek jahrelang keine Nachricht eingetroffen war, beauftragte Herr Plank die neunzehnjährige Elli, nach Dortmund zu reisen und Frau Wieczorek ausfindig zu machen und ihr einen Brief zu geben. Immerhin musste er ihr einige Anweisungen erteilt haben, wie sonst hätte Elli die Frau in der Großstadt finden sollen. Und es müssen auch triftige Gründe gewesen sein, das junge Mädchen auf so eine gefährliche Reise zu schicken.

Was dann Elli nach ihrer Rückkehr berichtete, gab nur weitere Rätsel auf. Die einst zur vornehmsten Gesellschaft zählende Erna Wieczorek hatte Elli im Dortmunder Freudenviertel gefunden. Sie, die einst mit Emmy Göring, den Speers und Ribbentrops die alljährliche Berliner Ballsaison eröffnet hatte, hauste in einer dunklen Kammer zwischen Nutten und Zuhältern. Nicht nur das, sie hatte Elli nicht einmal eintreten lassen, sondern wie eine Fremde an der Tür abgefertigt.

Hans Müller, gen. Afrika-Müller

Es war im Spätherbst 1949, als der ehemalige Mitarbeiter des Reichsaußenministers, Hans Müller, nach Mühlhausen zurückkehrte. Von den sieben in Mühlhausen verbliebenen Berliner Beamten, die die Sowjets im August 1945 verhaftet hatten, war er der einzige Überlebende.

Hans Müller, genannt Afrika-Müller, war 1939 mit seiner Familie auf abenteuerliche Weise von Namibia nach Deutschland gekommen, um, wie er meinte, dem bedrohten Vaterland zu Hilfe zu eilen. Doch die von den Deutschen begangenen Verbrechen blieben ihm nicht verborgen. Stück für Stück zerbrachen seine Ideale. Kurz vor der Verhaftung seines Vorgesetzten, Graf von der Schulenburg, hatte er von den Vorbereitungen, die Hitler stürzen sollte, erfahren und begrüßt. Er kannte die Anweisungen, wie es nach dem Tode des Diktators im Ministerium weitergehen sollte und er war fest entschlossen, sich mit seiner ganzen Person für ein besseres Deutschland einzusetzen.

Dann, im Strudel des 20. Juli 1944 und der Hinrichtung Graf von der Schulenburg und seiner Freunde, überschlugen sich für ihn die Ereignisse. Der Umzug des Ministeriums nach Mühlhausen begann, dazu kam die Verfrachtung der riesigen Aktenberge, deren Abtransporte er mitdirigierte. Gerade, dass ihm so viel Zeit verblieb, seine Frau Martha und seine Tochter Lotti nach Mühlhausen zu fahren und dort unterzubringen.

Hans Müller war kein Mystiker, sondern ein fest im Glauben stehender Christ. Doch bei allem, was ihm in den letzten Jahren an Schicksalen und Ereignissen begegnet war, glaubte er an keine Zufälle mehr, vielmehr sah er die tiefere Bedeutung hinter dem Erlebten, die sich ihm in einer geradezu erstaunlicher Logik offenbarte. Die „Sendung" der Deutschen, wie sie Hitler für die Welt verstanden wissen wollte, konnte nur in der Katastrophe enden. Des Deutschen Größe, bekannte Müller, sich auf Schiller beziehend, hieß „nicht mit dem Schwert obsiegen", als vielmehr „männlich mit dem Wahn zu kriegen, Vorurteile zu besiegen und so ins Geistesreich einzudringen."

In den Tagen, da Hans Müller seine Frau Martha und Tochter Lotti in Mühlhausen wiederfand, und beim Abschied von der Stadt im kleinen Freundeskreis Mühlhäuser Anthroposophen kam er noch einmal auf die Erkenntnisse seines Lebens zu sprechen. Belastet mit der Bürde harter Schicksalsschläge – auch sein jüngster Sohn war zusammen mit dem Mühlhäuser Pfarrerssohn Falckner in den letzten Kriegstagen noch gefallen – sah er nichts Zufälliges in den Geschehnissen um den „Hitler-Stalinpakt". Eigentlich hätten sie schon im Berliner Bombenhagel verbrennen müssen, spätestens aber während des gefährlichen Transportes nach Thüringen. So schien es für Hans Müller außerordentlich bedeutsam, dass diese Beweise schweren Betruges und der Lüge am Ende, und sei es auch nur für einen Augenblick, an die Herzstelle der Deutschen gelangt waren. Dem maß er etwas ganz Besonderes zu.

DAS OPFERMOOR BEI MÜHLHAUSEN IST EINER DER BEDEUTENDSTEN KULTPLÄTZE MITTELEUROPAS

> Es gibt keinen Zufall,
> und was blindes Ungefähr uns dünkt,
> gerade das steigt auus den tiefsten Quellen.
> Friedrich Schiller

Gut Schönberg liegt in unmittelbarer Nähe von einem 1990 errechneten Mittelpunkt Deutschlands. Hier befindet sich das Niederdorlaer Opfermoor, eine Kultstätte der Germanen, wo einst Recht gesprochen wurde. Lange Zeit kennzeichnete eine über 6 Meter hohe IRMINSUL (Weltenesche) das zentrale Heiligtum eines gesamtgermanischen Gaus. Verfolgte und Gesuchte fanden hier Zuflucht, aber Verrat und Verbrechen wurden hart bestraft.

Sichtbares und Unsichtbares fließt hier zusammen. Die Götter Wotan, Baldur und Freya (Frau Holle) hatten hier ihr „Zuhause". Eingebettet in die umgebenden Höhenzüge des Hainichs und Düns liegen die Stätten ihrer Verehrung. Noch heute erinnern Dorf- und Flurnamen an sie. Während sprachliche Sonderheiten aus dem süd- wie norddeutschen Raum sich im Dialekt der Einheimischen auf ganz merkwürdige Weise zusammenfinden, zeigt die Landschaft ein seltenes Konzentrat aus der europäischen Pflanzenwelt.

Auch aus anderer Sicht stellt dieser „Mittelpunkt" etwas ganz Einmaliges dar. Mehr als tausend Jahre hielt sich, inmitten römisch-katholischen Christentums, ein heidnisch-christliches Glaubensverständnis, das sich nur schwer vom Heidnischen lösend, Christus als Wahrheitsimpuls verstand. Unberührt von der Völkerwanderung und Karls des Großen Feuer- und Schwertbekehrungen, blieb das Opfermoor

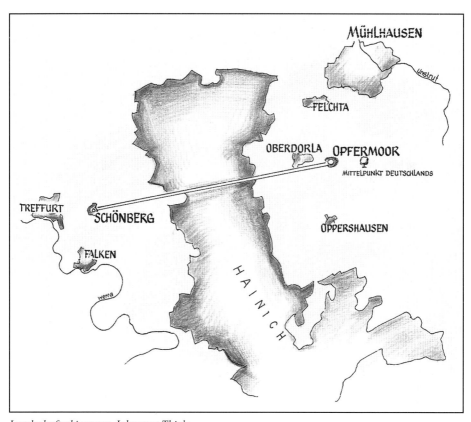

Landschaftsskizze von Johannes Thiele

eine Oase, wo sich die Abgesandten germanischer Stämme zu Beratungen und Kultfesten einfanden. Niemand trug Waffen. Alle kriegerischen Auseinandersetzungen entfielen an diesem Heiligtum.

Der wiederkehrende Rhythmus der Gestirne bestimmte den Zeitpunkt der kultischen Feste. Um jahreszeitlich die genauen Daten der Sonne und des Mondes zu erfassen, bedurfte es einer sehr exakten Himmelsbeobachtung. Anlagen wie Stonehenge in England oder Woodhenge bei Quenstedt bei Halle wurden zu diesem Zweck errichtet. Solche Kultstätten – Sternenstraßen genannt (Heinz Kaminski) – waren Kreuzungspunkte von hohem Rang und schon in meghalitischer Zeit in ein genau ausgerichtetes Ordnungssystem innerhalb Europas eingegliedert. Eine dieser Sternenstraßen verläuft in schnurgerader Linie von Stonehenge bis nach Görlitz. Eben diese, am 51,18° nördlicher Breite und 4,67° westlicher Länge gelegen, führt am Hohen Meißner mit dem Frau Holle-See bei Eschwege vorbei und durchschneidet exakt das Opfermoor in Niederdorla. (Als man nach der Wende den neuen Mittelpunkt Deutschlands suchte, fand man ihn nur wenige Meter neben dem Opfermoor und zwar bei 51,10° nördlicher Breite und 10,27° östlich Greenwich.)

Heiligenhain der Germanen   *Nornen unter der Weltesche*

Das Opfermoor am Mittelpunkt Deutschlands

Die Vogteier Mal-(Gerichts-)Linden beim Opfermoor

Bis nach Skandinavien, bis zu den Angelsachsen in England zogen sich die Beziehungen, wie Funde zeigen. Alle Angriffe gegen diesen Ort, selbst die Errichtung eines Archidiakonats (810) konnten dieses Zentrum nicht auslöschen. Unvereinbar blieb dem Germanischen das Christusverständnis der römisch-katholischen Kirche, welche die Wiedergeburt ausließ.

Hier wurde Recht gesprochen mit dem Hammer, einem Hammer, der in der Verschmelzung mit dem Christuskreuz Auferstehung und Wahrheit symbolisierte. Jedes Wort war heilig. Mit ihrer Worttreue bis in den Tod genossen die Germanen hohes Ansehen. Nicht von ungefähr hielten sich römische Kaiser germanische Leibwachen, denen sie bedingungslos trauen konnten.

In diesem thüringischen Raum, mitten im Herzen Deutschlands, herrschte und herrscht noch immer eine besondere Subtilität mit einer Fülle an geistiger Substanz. Lange leuchtete von der Creuz- und der Wartburg die Wesenheit der heiligen Elisabeth herüber. Die Sprache der Stauferzeit mit den Sängern auf der Wartburg war hier tätig, genauso wie die kühne, logische Denkkraft deutschen Glaubenslebens von Meister Eckart die Sinne der Menschen schärfte.

Weit spannt sich der Bogen. – Von den weissagenden Nornen und furchteinflößenden Göttern über die aufrührerischen Rufe des Bauernführers Thomas Müntzers nach Wiederherstellung „der göttlichen Wahrheit" bis hin zum 17. Juni 1953, als die Bauern von hier aus nach Mühlhausen aufbrachen, um von den verachteten Diktatoren ihr angestammtes Recht auf Selbständigkeit einzufordern. Immer ging es um Wahrheit. Eine Wahrheit, die zutiefst im Glauben einer göttlichen Vollkommenheit ruhte und sich von daher die Kraft holte.

So scheint es gar nicht merkwürdig, dass das Abbild jenes Vertrages, wie er nicht teuflischer ersonnen werden konnte, der das Rechtsgefühl der Völker zutiefst verletzte, gleichsam zu einer letzten Prüfung an diese Herzstelle der Deutschen kam? Die Erde hat ihn nicht angenommen und das, was entlastend darin stand, wurde verworfen. Zu groß waren die Verbrechen, die Hitler im Namen der Deutschen plante und vollführte. Auschwitz und Buchenwald bleiben unheilbare Wunden.

Mitunter aber blinken Signale in unserer Geschichte auf, die seltsame Formen zeigen. Es geschah im Oktober 1988, als in dem von DDR-Bürgern gern gelesenen sowjetischen SPUTNIK-Heft erstmals die Hintergründe des Hitler-Stalinpaktes an die DDR-Öffentlichkeit gelangten. Nie zuvor war darüber ein Wort gefallen. In keinem Schul-, keinem Geschichtslehrbuch. Das sofortige Verkaufsverbot der Hefte machte also die Menschen erst richtig neugierig. Quer durch die Republik nahmen Studenten aus den verbliebenen Exemplaren Ablichtungen vor und begannen sie zu verteilen. Dies, sagt man, war der Anfang vom Ende der DDR. Der Zorn über eine Regierung, die zu keiner Zeit mit der Wahrheit umzugehen wusste, führte die Menschen genau ein Jahr später zur friedlichen Revolution und damit zur Wiedervereinigung Deutschlands.

Zu den Studenten der Pädagogischen Hochschule Mühlhausen, die sich an der Verbreitung des ominösen Sputnik-Textes beteiligten, zählte auch die Doktorandin Isa Brunckow. Sie, die aktiv in der Mühlhäuser evangelischen Kirchengemeinde mitarbeitete, hatte im Herbst jenes Heft an ihre Mühlhäuser Freunde weitergereicht. Schon bald darauf wurde sie vom Dekan der Hochschule, Prof. T., zu einem „vertraulichen" Gespräch geladen, bei dem sie der Professor warnte, sie möge sich in acht nehmen, so der Professor, damit meinte er offenbar die Partei-Spitze der Hochschule, würden in ihrer Nichtmitgliedschaft in der SED, ihrer Kirchenarbeit und der Verbreitung verbotener Schriften einen engen Zusammenhang sehen und von daher Konsequenzen erwägen, die für sie nicht gut wären.

Als sich Isa Brunckow daraufhin an den Landesbischof der evangelischen Kirche in Magdeburg wandte und es für die Hochschule zu peinlichen Nachfragen kam, verleugnete der Dekan jenes Gespräch, jedoch durfte die in Ungnade Gefallene noch im Februar 1989 ihre Doktorarbeit verteidigen. Von ihrer fest versprochenen Einstellung in der Hochschule aber war keine Rede mehr.

QUELLEN

Eingesehene Literatur

Agde, Günter, „Sachsenhausen bei Berlin – Speziallager Nr. 7 1945-1950", Aufbau Taschenbuch Verlag 1994

Akinscha, K., „Beutekunst"

Koslow, Gr., dtv-Verlag 1995

Aldenhövel, J. L., „Mühlhausen 1989/1990", Die Wende in einer thüringischen Kreisstadt, Münster 1993

Baranowski, Frank, „Rüstungsprojekte in der Region Nordhausen, Worbis und Heiligenstadt während der NS-Zeit", 1998 Duderstadt

Erler, Peter, „Zur Tätigkeit der Sowjetischen Militärtribunale (SMT) in der SBZ/DDR"

Fleck, Anneliese, „Workuta überlebt! – Als Frau in Stalins Straflager", Verlag E. S. Mittler & Sohn 1994, Berlin

Fricke, Karl Wilhelm, „Politik und Justiz in der DDR" – Zur Geschichte der politischen Verfolgung 1945-1968, Verlag Wissenschaft und Politik 1979, Gedenkstätten Buchenwald – Dokumentation 1996

Gatow, Hanns-Heinz, „Vertuschte SED-Verbrechen"– Eine Spur von Blut und Tränen, Türmer Verlag 1991

Gerig, Uwe, „Eichsfeld" Historie-Heimat-Humor, Ruth Gerig Verlag 1991

Grenzmuseen, Katalog Museen, Gedenkstätten und Denkmale an der ehemaligen innerdeutschen Grenze, Mödlareuth – Kulturamt Wartburgkreis 2000

Grob, Herbert, „Gelitten, Gehofft, Überlebt" – Mit achtzehn ins Speziallager (1945-1950) 1999 Hrsgb. Der Landesbeauftragte des Freistaates Thüringen

Göthling, Hülle, „Rüstungsfabrik Beyrode" – Forschungsprojekt Tilesius-Fürstenberg, Gymnasium, Mühlhausen 1999

Günther, Gerhard, Mühlhausen in Thüringen – 1200 Jahre Geschichte der Thomas-Müntzer-Stadt. – VEB Deutscher Verlag der Wissenschaften Berlin 1975

Haase, Norbert, „Das Torgau-Tabu" – Wehrmachtsstrafsystem NKWD-Oleschinski, Brig. Speziallager-DDR-Strafvollzug, Forum Verlag Leipzig 1998

Hammermann, Gabriele, „Verhaftungen und Haftanstalten der sowjetischen Geheimdienstorgane am Beispiel Thüringens"

HELP-REPORT, „Fakten über drei Diktaturen" – Copyright by Help e.V., Berlin 1995

Henrich, Rolf, „Der vormundschaftliche Staat" – Vom Versagen des real existierenden Sozialismus, Rowohlt 1989

Henrich, Uwe, „Rüstkammer der Wartburg von Sowjets abtransportiert", Thüringische Landeszeitung 30. Juli 1999

Herz, Andrea, „Frühe konspirative Ideologiepolizei innerhalb der SED Thüringens", Der Landesbeauftragte des Freistaates Thüringen 1998

Herz, Andrea – Wolfgang Fiege, „Haft und politische Polizei in Thüringen – Zur Vorgeschichte der MfS-Haftanstalt Erfurt-Andreasstraße", Der Landesbeauftragte des Freistaates Thüringen, 2002.

Holl, Reinhard, Rußlands wertvollstes Beutegut – Spezialreportage über den Keulaer Siegfried Günther, der in der SU die beste taktische Luftflotte der Welt aufbaute. Münchener Illustrierte 1953

John, Burkhard, Die Fabrik Glaes & Flentje 1996, Mühlhausen

Klewin-Wenzel, „Wege nach Bautzen" II – Biographische und autobiographische Porträts – Dresden 1989

König, Helmut, „Das deutsch-sowjetische Vertragswerk von 1939", Zeitschrift Osteuropa – 39. Jahrgang Mai 1989

Maser, Werner, „Der Wortbruch – Hitler, Stalin und der Zweite Weltkrieg", W. Heyne Verlag, München 1994

Mestmacher, Chr., „Elegant verschleiert" Stichwort „Reparationen" DER Meyer/Wiegrefe SPIEGEL Nr. 11/13.3.2000

Moser, Sigrid, „Bald nach Hause – Skoro domoi" – Das Leben der Eva-Maria Stege, Aufbau Verlag 1993

Nietzold, Jochen, „Thüringen – Eine geistige Oase", Mellinger Verlag Stuttgart 1981

Ochs, Günter, „Meine gestohlene Zeit …" 1945-1947 – Erlebnisse eines Jugendlichen im KZ Buchenwald, Eigenverlag Darmstadt 1994

Oleschinski, Br., „Feindliche Elemente sind in Gewahrsam zu halten"

Pampel, Bert, „Die sowjetischen Speziallager 8 + 10 in Torgau 1945-1948", Gustav Kiepenheuer Verlag 1997

Petrov, Nikita, „Die Sowjets und der Aufbau einer deutschen Geheimpolizei 1949-1953", Akademie-Verlag GmbH. Berlin 1998.

Otto, Johannes, „Das Volk war besser", Ullstein-Verlag Berlin 1990

Plato von, Alexander, „Sowjetische Speziallager in Deutschland 1945 bis 1950", Akademie Verlag GmbH. Berlin 1998

Plievier, Theodor, „Berlin", Verlag Kurt Desch, Wien-München-Basel 1954

Pries, Benno, „Unschuldig in den Todeslagern des NKWD", Eigenverlag 1995

Pries, Benno, „Erschossen im Morgengrauen" – Werwolf-Schicksale mitteldeutscher Jugendlicher, Eigenverlag 1997

„Repression und Strafverfolgung im Veterinärwesen der DDR". Autoren: Julian Azar, Hartwig Prange, Manfred Thiele u. a., Martin-Luther-Universität Halle-Wittenberg 2003.

Ritscher, Bodo, „Speziallager Nr. 2 Buchenwald" – Zur Geschichte des Lagers Buchenwald 1945-1950, Weimar 1995

Rothenhäusler, Paul, „Erinnerung an den Roten Holocaust", Rothenhäusler-Verlag Sonderegger, Hans-Ueli, Stäfa, Schweiz 1999

Schepp, Matthias, „Der Schliemann-Schatz gehört der ganzen Menschheit", Interview STERN 16/1996

Siebert, Heinz, „Das Eichsfeld unter dem Sowjetstern", Mecke-Verlag Duderstadt 1992

Sputnik, „Der sowjetisch-deutsche Nichtangriffspakt + Das Geheimprotokoll des Jahres 1939", Oktober-Ausgabe 1988

Stacheldraht, Der, Zeitschrift BSV-Landesverband Berlin, Verschiedene Ausgaben 1997-98-99

Stürmer, Michael, „Die Grenzen der Macht" – Begegnung der Deutschen mit der Geschichte, Goldmann Verlag 1994

Thiele, Manfred, „Der Fall Bockel 1950 in Mühlhausen", Erfurt 1998, Hg.: Der Landesbeauftragte des Freistaates Thüringen.

Thiele, Manfred, „Haus des Grauens – Der Untermarkt 13 in Mühlhausen", Erfurt 1999, Hg.: Der Landesbeauftragte des Freistaates Thüringen.

Thiele, Manfred, „Walter Brackelow – Opfer stalinistischer Gewaltherrschaft", Mühlhausen 2000.

Tschuchin, Iwan, „Internierte Jugend"

Vergangenheit „Die Vergangenheit läßt uns nicht los …", Haftbedingungen politischer Gefangener in der SBZ/DDR und deren gesundheitlichen Folgen. Magdeburg 1997

Vogelsang, Thilo, „Das geteilte Deutschland", dtv 1996

Wagenlehner, Günther (Ostexperte), „Aufzubewahren für ewig" – Interview mit dem Direktor für Archivauswertung der Zeitschrift DER STACHELDRAHT

Waller, J.M., „Amerikanische Rußlandhilfe: Verschwendete Milliarden?", Readers Digest (Das Beste) Okt. 1996

Weber, Hermann, „DDR Grundriß der Geschichte 1945-1990", Hannover-Fackelträger-Verlag 1991

Werkentin, Falko, Der Fall des Rechtsanwalts Schmidt – Justiz zwischen politischen Tauwetter und Nachtfrost von 1955 bis 1957

DANKSAGUNG

Dieses Buch wäre ohne die selbstlose Unterstützung zahlreicher Helfer und Freunde, auch Institutionen, kaum zustande gekommen. Ihnen allen sei an dieser Stelle herzlich gedankt, insbesondere:

Dieter Albrecht für die sprachlich-stilistische Überarbeitung des Manuskriptes.

Ingrid Baumgardt, die als Gotter'sche Chronistin umfangreiches Material, besonders über Verschleppungen, lieferte.

Eduard Fritze, Wachstedt, für seine Informationen über Gewalttaten im Grenzgebiet und Südeichsfeld und den dazu gegebenen Dokumenten.

Dr. Gabriele Hammermann und *Dr. Bodo Ritscher* von der KZ-Gedenkstätte Buchenwald für den Materialaustausch, insbesondere im Bereich von Personenforschung.

Elli Heide für ihre detaillierten Informationen bezüglich Gut Schönberg.

Dr. Andrea Herz, Mitarbeiterin des „Landesbeauftragten des Freistaates Thüringen für die Unterlagen des Staatssicherheitsdienstes der ehemaligen DDR", welche die Erstschrift des Manuskriptes besorgte und notwendige Korrekturen veranlasste.

Konrad Hundeshagen, der als Kenner der Mühlhäuser Justiz-Geschichte sein Wissen zur Verfügung stellte.

Gustav Kahle für seine umfangreichen Berichte, die Nachkriegsgeschehnisse, sowohl aus dem Kreis als auch aus der Stadt, beinhalten.

Beate Kaiser und *Regina Hornischer,* den Leiterinnen des Mühlhäuser Stadt- und Kreisarchivs und ihren Mitarbeitern für die langjährige Unterstützung meiner Arbeit.

Leonore Kornrumpf für ihre detaillierten Angaben zu den Kapiteln „Razzien" und „Das wahre Gesicht".

Ehepaar Dr. Carsta und Klaus Otto für die langjährige, tatkräftige Unterstützung meines Projektes.

Gerd Pfeiffer für die Beschaffung von Foto- und Bildmaterial

Heide und Fredi Schäfer, die mit ihren Kontakten zu ehemaligen Opfern der SMT-Strafjustiz dazu beitrugen, dass viele derartige Schicksale erfaßt und dargestellt werden konnten.

Rudi Standhardt für seine Zuarbeitung und Durchsicht solcher Kapitel wie „Sequestration" und „Reparationen".

Jörg Thiele (mein Sohn), für seine kulturgeschichtlichen Forschungen im Gebiet des Niederdorlaer Opfermoors (Mittelpunkt Deutschlands), die dem Kapitel „Mysterium" zugute kamen.

Den Kolleginnen und Kollegen der Redaktion „Thüringer Allgemeine", die sich von Beginn an für die Öffentlichmachung meines Anliegens eingesetzt haben.

Dr. Hans Weigel, der als Berater von Opfern der SED-Diktatur mir besonders tragische „Fälle" übermittelte und mir immer wieder Mut zur Weiterarbeit machte.

Ernst Zierentz für seine Hinweise, die zur Aufklärung mehrerer Opferschicksale führten.

Finanzielle Unterstützung erfuhr das Projekt „Mühlhausen unter sowjetischer Besatzungsdiktatur" von 1999 bis 2001 durch die „Stiftung zur Aufarbeitung der DDR-Diktatur".

Nicht mit aufgenommen werden konnten in diesen Band die Kapitel

Wismut-Aktion
1947 begann in der Sowjetzone eine Werbebekampagne zwecks Gewinnung von Arbeitskräften für den sächsischen Uran-Erzbergbau. Versprochen wurden hohe Löhne, gutes Essen, Schnaps und Zigaretten. Doch die Wahl der Geworbenen reichte den sowjetischen Betreibern bei weitem nicht aus. So gehörten Erpressungen und Verschleppungen von Mühlhäuser Bürgern zur Tagesordnung. Zum Mittelpunkt krimineller Vorgehensweisen entwickelte sich in diesen Jahren das Mühlhäuser Arbeitsamt in der Friedensstraße. Beteiligt an den Verbrechen waren der sowjetische NKWD und die deutsche politische Polizei K 5 gleichermaßen.

Zwangsaussiedlungen
Am 5. und 6. Juni 1952 wurden in Thüringen 5.200 Menschen in einer „Nacht- und-Nebel-Aktion" aus ihrer Heimat im Grenzgebiet ins Landesinnere der DDR umgesiedelt. Die Aktion „Ungeziefer" galt angeblich politisch unzuverlässigen Menschen. Eine weitere Aussiedlungswelle erfolgte 1961 unter dem Namen „Kornblume", so daß in der DDR insgesamt 11.500 Menschen ihre Heimat verloren. Neben der Schilderung von Schicksalen betroffener Bürger aus dem Mühlhäuser Grenzgebiet, wird in dem Kapitel insbesondere die Vorgehensweise des MfS bei diesen Aktionen dargestellt.

Bauernrebellion
Während am 17. Juni 1953 in den meisten Orten der DDR die Arbeiter den Aufstand in Gang setzten, waren es in der Mühlhäuser Region die Bauern. Unter dem Beifall tausender Bürger drangen sie in einem Sternmarsch zur Innenstadt vor und stürmten das Gerichtsgebäude. Die Schilderung des genauen Ablaufs dieses Tages sowie die danach erfolgenden Strafmaßnahmen gegen die Initiatoren bilden den Inhalt dieses Kapitels.

Schauprozesse
Während der 50er und 60er Jahre wurden zahlreichen Mühlhäuser Bürgern der Prozeß gemacht. In dieser Kampagne wollte die SED nachweisen, daß die anhaltende schlechte Versorgungslage die Schuld einzelner, vom westdeutschen Imperialismus gedungener Saboteure sei. Betroffen waren vor allem Akademiker, Geschäftsleute, selbständige Handwerker, alle mehr oder weniger den „bürgerlichen Kreisen" entstammend. So sollte bei diesen Prozessen zugleich eine „historisch überlebte Gesellschaftsklasse" vorgeführt werden. Hunderte von Werktätigen hatten jeweils an derartigen Inszenierungen teilzunehmen.

Fluchtwellen
In diesem Kapitel sind die genauen Zahlen aller Bürger, die zwischen 1945 und 1961 aus der Region Mühlhausen nach Westdeutschland geflohen sind, aufgeführt. Zahlreiche Dokumente, Briefe und Berichte belegen dieses katastrophale Nachkriegsgeschehen der Stadt, die in diesen Jahren einen Großteil ihrer alteingesessenen Familien verlor.

Alles in diesem Buch Erforschte kann unter den gegebenen Arbeitsbedingungen, nachdem ein halbes Jahrhundert vergangen ist, nur einen Bruchteil aller damaligen Repressalien vorweisen. Von daher werden Ergänzungen, aber auch Korrekturen unerlässlich sein. Immerhin aber sollten die hier gesammelten Fakten eine gute Ausgangsbasis für weitere Ermittlungen bilden. Noch immer lagern umfangreiche Materialien, auch Mühlhausen betreffend, in deutschen und russischen Archiven. Mit ihrer Auswertung würde sich ein noch viel genaueres Bild der damaligen Stadtgeschichte ergeben. Leider wurde diese Tatsache von keiner verantwortlichen Institution oder von einem der dafür zuständigen Personen, die von diesem Projekt Kenntnis hatten, erkannt und gefördert.

Vater und Sohn unmittelbar nach der Freilassung Dietmar Bockels während ihres ersten Zusammentreffens 1955 in Wanfried.

PERSONENREGISTER

Abend, Robert   214
Abromeit   327
Ackermann, Alfred   291
Adler, Oscar   280
Ahke, Heinrich   49
Akmovic, Grigorij   210
Albrecht, Willi   333
Angermann, Harald   201
Angerer, Alfred   91, 143
Anhalt, Richard   52
Apping, Max   96, 210, 211, 212
Arnold, Karl   289, 290
Aßmann   210, 211, 212
Aßmann, Hans   55
Assmeier, Käthe   195
Atzrodt, Albrecht   34
Aulepp, Albin   235
Avemann, Hans   143
Axt, Richard   57

Bach, Detlef   163
Bachmann, Martin   45
Bachmann, Wilhelm   75
Bader, Kurt   55
Bang, Willi   45
Bank, Peter   326
Baranowski, Frank   288
Bargenda, Paul   41, 46, 194
Barlösius, Hans-Günther   33, 34
Barthel, Edwin   61
Baschkardin   26, 34, 317
Bastian, Robert   60
Bauer, Gerda   59
Bauer, Hertha   52
Bauer, Josef Martin   81
Baum, Hermann   77
Baumbach, Julius   75
Baumbach, Heinz   90
Baumgardt, Albin   45
Baumgardt, Fritz   52
Baumgardt, Ingrid   51, 175, 323
Baumgardt, Karl   49
Bayer   216, 234, 241, 243, 253
Becher, Werner   77
Beck(er), Wenzel   326
Becke, Dr. Werner   240
Beckmann, August   38

Bednarek, Ulrich   100-129, 131, 132, 151, 201, 364
Beier, Hugo   77
Beilschmidt, Herbert   188
Beirich, Knut   148
Bellstedt   25
Benedix, Valentin   77
Benjamin, Hilde   98, 221
Benzold, Dieter   206
Berija, Kruglov   119, 210
Bertuch, Karl   195
Besanow   134, 185, 210
Betzer   153
Bindemann, Kurt   55
Binkebank, Hans   239
Binternagel, Gisela   169
Binternagel, Waltraud   167
Birnbaum, Walter   77
Bischoff, Albert   52
Blankenburg, Hilmar   49
Blankenburg, Kurt   52
Blankenburg, Paul   49
Blaß Fa., Gerhard (Edith)   280, 318
Blechschmidt, Willi   49
Blume, Hermann   49
Bobrowski, Stefan   47
Bockel, Dietmar   99-130, 134, 151, 201, 226, 364
Bockel, Rudolf   104-129, 364
Bockel, Heinrich   104
Böhme, Horst   220
Böhmer, Karl   77
Böhnhard   313
Böttcher, Ludwig Fa.   296, 297
Böttinger, Paul   56
Boin, Dieter   335
Bolk, Kurt   195
Bolz, Dr. Lothar   109
Bohne, Karl   49
Bona, Otto   49
Born, Emil   59
Born, Dr. Walter   279
Bosecker, Klaus   147
Boy, Hermann   169
Brackelow, Walter   83, 84, 85, 86, 171, 195
Brauhardt, Walter   26, 28
Braun, Artur   25
Braun, Kurt   52

365

Breitbart, Paul   45
Breitfuß, Richard   52
Brendel, Hermann   250
Brietzke, Leo   58
Brinkmann, Else   25
Brinkmann, Erich   26
Brinkmann, Dr. Ernst   172
Brinkmann, Hans   317
Brinkmann, Hugo + Frau   211, 212, 213
Brincks   96, 97
Brodhuhn, Inge   57
Brömmer   112, 113
Bromme, Gerd   193
Bruckner, Herbert   165
Brudöhl, Reinhard   337, 338
Brudöhl, Werner   337, 338
Brunckow, Isa   359
Buch, Emma   175
Buch, Willi   52
Budimir, Milovo   208
Büchner, Rolf   221
Buhnke, Ernst   59
Burchard, Bertold   61
Burkhardt, Arno   83, 84, 171
Burkhardt, Wilhelm   49
Busse   211, 235, 246, 258, 266
Buttgereit, Artur   77
Butz, Albrecht   59

Cassery, Jefferson   343
Chrustschow, Nikita   135, 284
Collins, Dr. Ralph   343
Chuchill, Winston   321, 342
Cramer, Karl-Heinz   176
Cramer, Kurt   72, 99, 100, 104, 134, 201
Cramer, Ulrich   104, 134

Dachunowskij   148
Daehre, Margarete   65
Dallaserra, E.   273
Daniel, Wolfgang   194
Degenhardt, Klemens   37, 39
Degenhardt, Dr. Leo   330
Demme, Günter   325
Dettmer, Heinrich   49
Dibelius, Bischof   228
Dieckmann, Dr. Johannes   106, 108, 109, 110, 111, 229
Diegmann, Georg   37
Diegmann, Josef   37
Diegmann, Otto   37

Dietrich, Karl-Heinz   326, 327
Dietrich, Kurt   49
Dittmann, Fridel   77
Dittmann, Friedrich   45, 72, 73
Dobert, Alfred   38
Döll, Egon   25
Döring, Ernst   138
Döring, Hannelore   62
Donath, Bernhard   194
Doorentz, Dr. Inge   83, 84, 94
Dostojewski   147
Duft, Alfred   77
Dunkel, Albin   37

Eberhardt, Alfred   99, 225, 226
Eberhardt, Josef   55
Eberlein, Dr.   111
Ebersheim, Wolfgang   59
Echtermeyer, Heinrich   54
Eckert, Christa   178
Eggerath, Werner   108, 243
Ehrsam, Karl   52
Einhardt, Volkmar   186
Eisenhardt, August   283
Eisenhardt, Walter   314
Eisenhower   342
Emmrich, Harald   322
Engel, Otto   52
Engelhardt, Karl   49
Engelmann, Artur   59
Ennert, Arno   173
Ernst, Edith   142
Ertingshausen, Karl   197
Eulenberg, Albert   280
Exner, Erwin   83, 84, 171
Eyle, Oskar   239

Falckner, Hans   355
Falke, Kurt   59
Faupel, Artur   49
Fechner, Max   248
Feller, Fritz   59
Fernschild, Lisa   175
Fett, Heinrich   57, 59
Fiedler, Robert   194
Fischer, Karl   30
Fischer, Klaus   150, 151
Fischer, Ida   198, 199
Fischer, Walter   189, 199
Flade, H. Jürgen   150
Fleischner, Gustav   194

Fock, Erich   58
Förderung, Erich   52
Franik   101
Franke, Ferdinand   62
Franke, Horst   59
Franke, Ilse   220
Franke, Siegmar   195
Fredrichs, Inge   23
Freitag, Heinrich   26, 28
Freitag, Helga   90
Freitag, Louis   49
Freitag, Otto   59
Frenssen, Irmgard   61
Frerichs, Albert   59
Freybote, Heinz   190, 191
Fricke, K. W.   31, 46, 191
Fritsche, Ernst   49
Fritsche, Paul   59
Fritz, Christoph   55
Fröhlich, Otto   172
Früh, Hugo   52
Fuchs, Alfred   280
Fuchs, Hans   33, 66
Fuchs, Helmut   49
Fuchs, Ida   66
Füldner, Frieda   161
Füldner, Karl   70, 71, 160, 161
Fuhlrodt, Alfred   225, 277
Funk, Axel   201
Funke, Ernst   197

Gaede, Emil   62, 75
Galle, Karl   56
Galster, Artur   58
Gartner, Waltraud   91
Gatow, Hanns – Heinz   152, 232
Gebbert, Siegfried   326, 327
Gebhard, (Thür. Minister)   66, 96, 104, 215, 332
Gebhard, Karl   62
Geib, Eugen   49
Geil, Alwin   48
Geil, Theodor   48
Geisler, Karl   59
Genau, Hans Dieter   338
Genzel, Erich   28
Genzel, Gertrud   23
Gerlach, Christian   269, 270, 271
Gerlach, Margarete   98, 269, 270, 271, 272
Gersbach, Otto   77
Giebe, F.C.(Hans Christian)   236

Giersch, Martin   229
Gietzel, Herbert   45
Gietzel, Karl   76
Gille, Theodor   59
Glaser, Erich   77
Gmein, Louis   25
Göllner, Ernst   59
Göpel, Erich   49
Götz, Nikolaus   298
Götze, Hans   60
Götze, Waltraud   322
Gossbach, Adam   58
Gossel, Paul   49
Grabe, Erika (verh. Riemann)   47, 91, 92, 93, 94, 144,148, 195
Grabe, Grete   94
Graf, Georg   76
Graf, Robert   130
Graf, Willi   58
Grammes, Eckhard   194
Graupner, Anna   58
Graupner, Hildegard   68
Graupner, Werner   68
Griesbach, Gebr.   275
Grimm, Ernst   165
Grimm, Gerhard   143
Grob, Herbert   139-144, 153, 191, 194
Gröbedünkel, Adalbert   63
Gröbner, Rudolf   322
Groß, Alois   161, 162, 195
Groß, Maria   161, 162
Großdorf, Heinz   168
Grosse, Herbert   160
Großklaus, Dr. Oskar   24, 201
Großklaus, Paul   59
Großklaus, Fa. Theodor   280
Grotewohl, Otto   66, 104, 106, 110,113, 114
Grothe, Walter Karl Marx   90
Grove, Dr.   329
Grunder, Karl   144
Grundert, Ida   29
Gülland, Robert   42, 43
Günther, Alwin   26
Günther, Anni   201
Günther, Marta   287
Günther, Ruth-Carola   286, 287
Günther, Siegfried   285, 286, 287
Gummrich, Gerlinde   201
Gunsheim, Otto   62
Gut, Walter   49

Gutbier, Karl   69
Gutheil, Karl   144
Gutzelt, Eberhard   195

Haase, Edwin   60
Haase, Emil   194
Haberstolz, Werner   241, 290
Habig, Gottfried   57
Haffner, Sebastian   283
Hagemann, Konrad   57
Hahn, Gerhard   326, 327
Hahn, Michael RA   270
Hahn, Stefan   195
Haid, Bruno   221
Hakanson, Erich   49
Haltenhof, Kurt   49
Haltenhof, Richard   49
Harnisch, Fritz   101, 102, 134
Hartlaub   194
Hartmann, Konrad   49
Hartmann, Otto   77
Hartmann   72
Hartschuk   74
Hartwig, Paul   169
Hasbach   60
Havemann, Robert   274
Hecht, Attila   24
Hecht, Bertold   24
Hecht, Herbert   45
Hecht, Klaus   30
Hebenstreit, Nikolaus   61
Heddergott, Albin   76
Heddergott, Eduard   76
Heinkel, Dr. Ernst   286, 287
Heinemann, Erich   49
Heinemann, Ernst   49
Heinemann II, Ernst   59
Heinrich, Max   77, 166
Heinze, Gertrud   195
Heise, Manfred   67
Heisler, Herta   153, 154, 155
Heisler, Marianne   153, 154, 155
Heisler, Gisela   154
Helferich, Paul   54
Helfrich, Ruth   146
Helm, Roland   173
Helm, Dr. Rudolf   221
Henning, Gerhard   163
Henning, Dr. Walter   52
Herbst, Siglinde   201
Hermes, Andreas   51

Herold, Kurt   54
Herting, Hertha   86, 87, 133
Herting, Oskar   86, 88, 89, 133
Hertwig, Ernst   59
Herwig, Ernst   201
Heyer, Albin   52
Hill, Hugo   52
Hillmann, Otto   30
Himmler, Heinrich   241
Hinsche, Erwin   46
Hirsch, Ilse   137
Hirth, Herman   29
Hitzner, Lucie   162
Hitzner, Wilhelm   259
Hochhaus, Kurt   83
Höfer, Liselotte   154
Höhne, Werner   32
Höpel, Lotte   326, 327
Hoffmann, Gerhard   151
Hoffmann, Paul   58
Holstein, Brigitte   169
Holstein, Fritz   59
Homann, Paul   104, 108
Honecker, Erich   104, 106, 107, 111
Hopfen, von   340
Hoppe, Edmund   237
Hosbach, Adam   52
Hoßbach, Albert   143
Hühn, Brigitte   145
Hunstock, Heinrich   91
Hunstock, Hermann   143
Hupe, Josef   38
Hupe, Paul   197
Hüschmann, Karl   195
Hüter, Erna   23
Hüttenmüller   327
Hütter, Helena   57
Hüttenrauch, Willi   58

Illhardt, Paul   58
Iwanow   187

Jacobi, (Fa. Selle)   280
Jäger, Paul   61
Jagemann, Dominikus   38
Jakobs, Heinrich   174
Janello, Heinz   337
Jaritz, Karl   54, 82, 105, 162, 204, 214,
   215, 216, 217, 239, 241, 242, 243, 273,
   326
Jentsch, Ewald   49

John, Burkhard 321
John, Karl 96, 244, 264, 279
John, Reinhold 194
Jonscher, Dr. Peter 323
Judanow 134, 187, 188
Junge, Margarete 154
Junghans, Hermann 49

Kämmerich 49
Kämpf, Ottilie 167
Käppler, Manfred 49
Kästner, Lucie 63
Kästner, Dr. Paul 58
Kahle, Emma 29
Kahlert,Richard 76
Kaiser, Beate 180
Kaiser, Herbert 142
Kaiser, Konrad 317
Kaltruweid, Lorenz 179
Kaminski, Heinz 356
Karmrodt, Armin 168
Karmrodt, Walter 168
Karpinski, Emil 52
Kaufmann, Paul 49
Keiderling, Arno 52
Keil, Kurt 151
Keilholz, Rudolf 67
Keller, Heinrich 165
Keller, Käthe 165
Keller, Willi 49
Keppler, Eduard 63
Kersten, Otto 57
Kesser, Helmut 44
Kesser, Klaus 44
Kettler, Heinrich 54
Kieser, Fritz 175
Kieser, Siefried 77
Kimmel, Gustav 76
Kirbach, Erika 201, 221
Kirbach, Harald 221
Kirsten, Hans 195
Kirsten, Herbert 201
Kittel, Walter 58
Klein, Manfred 82
Kleinschmidt, Kurt 276
Kleinschmidt, Lothar 313
Kleinschmidt, Siegfried 173
Kiesling, Ilse 169
Klett, Bernhard 49
Klippstein, Walli 63
Kloschkau, Heinz 76

Knappen, Cilli 210, 212
Knaust, Erna 29
Knaust, Heinz 91
Knoepfel 276
Knopf, Karl Heinz 16, 159, 265, 266
Koch, Friedrich 76
Koch, Friedrich 81
Koch, Peter 38
Kobjolke, Gerda 61
Koehler, Albin 57
Köhler, Alwin 57
Köhler, Walter 194
Köhn, Werner 195
Köhn, Wilhelm 49
Kölle, Karl 49
Kölling, Paul 49
König, Christa 35
König, Wilhelm 26, 28, 35
Körner, August 60
Köthe, Ursula 220
Kolesnikow 211
Kolesnischenkow 249, 261
Kolischew 206, 215
Kolligs, Julius 49
Komm, Walter 76
Kornietzko 113
Kornrumpf, Leonore 42
Kortry 326
Koschalew 180
Kraft, Georg 61, 62, 194
Krapin 208
Krapowsky, Heinz 194
Krause, Robert 280
Krause, Ruth 154
Krause, Willi 143
Krawtschenkow 309, 315
Kretschmar, Dr. 37
Kretschmer, Otto 318
Krienen, Paul 56
Kroll, Alfred 220
Krone, Kurt 58
Kroneberg, Willi 243
Krüger, Grita 169
Krumbein 45
Kruse, Gerda 66
Kruspe, Otto 59
Kühr, Marlies 224
Kühne, Ernst 242
Küstner, Paul 97
Kusch, Günther 82
Kynast 326

369

Ladermann, Albert   60
Lange, Bertram   59
Lange, Hans   76
Lange, Herbert   144
Lappe, Karl   240
Lauberbach, Karl   317
Lauche, Ella   277
Laufer, Gerhard   59
Lauffer, Gerda   175
Launert, Gerhard   216, 217, 241, 247, 252, 267, 273, 274,278, 279
Ledebrecht, Maria   29
Lehmann, Willi   144, 148, 149
Leifheit, Franz   29
Leifheit, Marianne   45
Leineweber, Hanno   142
Letsch, Willi   49
Leubner, Alfred   326, 327
Leypold, Stefan   201
Libuda, Albert   34
Liedloff, Hugo   49
Linse, Karl. Ferd.   216, 234, 250, 273, 274
Lösch, Carl von   341, 342, 343, 346
Löser   26
Löser, Edmund   61
Lohs, Erich   216, 217, 234, 236, 239, 241, 242, 243, 247, 248, 252, 253, 266, 267, 268, 273, 274
Loppow, Harro   48
Lorenz, Ernst   273
Loschkau, Fritz   56
Lotz, Hans   143
Ludewig, Kurt   61
Ludwig, Kurt   49
Ludwig, Kurt   60
Ludwig, Stefan   54
Lührs St. A.   272
Luhn, Adalbert   28
Luhn, Gerd   82

Machwitz,   194
Maehler   29
Mainzer, Herbert   60
Mainzer, Joseph   60
Mann, Eduard Adam   49
Mangel, Adam   49
Manzner, Christa   77
Marhold, Willi   187
Markewitz, Richard   266
Markhöfer   211

Martin, Helmut   239
Martin, Karl   52
Maschke   266
Masslenikow   117
Massut, Martha   59
Mast, Karl   55
Mastmann, Karl   49
Matthes, Karl   178
Matthias, August   37
Matschenkow   180, 182, 183
Mauff, Gottfried Fa.   280
Mecke, Paul   280
Mecke, Ursula   220
Mehmel, Meta u. Paul   29
Meier, Herbert   61
Melzer, Ingrid   194
Menge, Ferdinand   90
Menzel, VP-Hauptm.   131
Menzel, Chefinsp.   134
Merkel, Gustav   149
Merkel, Oswald   77
Merkner, Boris   204, 205
Metzger, Irmgard   119, 120
Mey, Gerhard   45
Mey, Heinrich   45
Meyer, Heinz   142
Meyer, Karl   204, 273
Meyenberg, Siegfried   60
Michael, Liselotte   172
Michel, Hermann   173
Mielke, Erich   108, 112
Mier, Ernst   331
Mirosnicenko   210
Mittelsdorf   195
Mitzenheim, Moritz   51
Mock, Otto   38
Möhrstedt, Rudi   76
Möller, Rudi   220, 318
Mönch, Willi   62
Molotow   263, 341,344, 349, 350
Morgenschweiß, Erich   137
Morgental   193
Montag, Martin   37
Moths, August   280
Mühr, Michael   54
Münch, Willi   76
Müller, Adolph   38
Müller, Hans   62
Müller, Hans gen. Afrika-Müller   354, 355
Müller, Kurtchen   83
Müller, Werner   59

Mund, Christian 49
Munz, Christian 83

Neumann, Dr. Hellmut 19, 21, 212, 235, 263, 264, 295
Nehmert, Paul 60
Nehring, Hilmar 96, 97, 264, 272
Neuhaus, Heinz 29
Neuwöhner, Käthe 173
Nietzold, Sonja 47
Nievergall, Johannes 76
Nievergall, Valentin 76, 169, 170
Noack, Klaus 338
Nohr, Waltraud 154
Nordmann, Edmund 61
Nordmann, Heinz 143
Nordmann, Karl 49
Nossak, Paul 195
Nottrot, Hermann 61
Nowsorow (Nevsorov) 180, 208, 211
Nürnberger, Erich 49
Nuschke, Dr. Otto 109, 111

Obertür, Anita 331
Ochs, Günter 62, 138, 146, 163, 192, 194, 217
Ohnesorge, Adolf 76, 257
Oppe, Irmgard 252
Oppenhoff, Franz 137
Ortmann, Alfons 38
Ortmann, Pauline 38
Otte, Heinrich Theodor 40
Otto, Hermann 77
Otto, Ralf 48

Pacher, Bernhard 326
Pabst, Marlis 231
Paul, Dr. Rudolf 97, 188, 211, 253, 261, 262, 263, 303, 304
Peter, Hermann 77
Peters, Gertrud 100, 102, 104, 201
Peters, Walter 99, 100, 102, 103, 104, 201
Petersen, Erika 326
Pfeffer, Fritz 49
Pfeifer, Veronika 49
Pfeiffer, Fritz 76
Pfeiffer, Ilse 145
Pflock, Lothar 178, 195
Pieck, Wilhelm 104, 111, 113
Pietsch, Walter 23
Plank 340, 353, 354

Plebanski 179
Plievier, Theodor 263
Polack, Adolf 25
Polack, Anna 24, 25
Polack, Gustav 24
Polack, Hulda 25
Polschak, Bruno 59
Pommer, Bruno 49
Poppe, Robert 49
Pospischil, Paul 59
Portwich, Manfred 337
Pries, Benno 137
Prüfer, Emil 49
Psotto 247

Rabe, Otto 100, 101, 102, 104
Radegast, Helmut 41
Rademann, Ernst 60
Raeschke, Bernd 326
Raeschke, Dr. Georg 150
Ramm, Fritz 318, 319
Raschdorf, Anni 196, 197
Raschdorf, Fritz 80, 190, 196, 197
Raßloff, Werner 205
Rau, Eberhard 165
Rauschenbach, Horst 76
Rauschenberg 25
Rechenbach, Ilse 253
Rechenbach, Dr. Horst 76
Redemann, Otto 37
Reich, Otto 59
Reichenbach, Annemarie 145
Reichenbach, Kurt 94, 168
Reinhardt, Karl 49
Reinländer 76
Reinz, Willi 44
Reutter, Horst 176
Reutter, Walter 159
Ribbentrop 341, 342, 346, 349
Richard, Adolf 60
Richard, Otto 60
Richert, Martha 246
Richert, Peter 246
Richter (Kaufmann) 29
Richter, Albert 57
Richter, Beate 41
Richter, Fritz 59
Richter, Gabriela 217
Richter, Heinz-Dieter 77
Riese, Martin 54
Ringleb, Clemens 56

Ringleb, Dionysius 56
Rink, Artur 49
Rinneber, J. R. 258
Ritscher, Dr. Bodo 192
Rochlitzer 294
Rödel, Karl 283
Röder, Willy 55
Rödiger, Gertrud 58
Rödinger, Anna 195
Rösner, Edith 201
Rössler, Frieda 248
Röth, Richard 83, 250
Röttig, Rita 59
Rötzinger, Gustav 195
Rommel, Manfred 201
Rommel, Walter 64
Rowedder, Ernst 235
Ruchalzick, Paul 54
Rudenko 117, 118
Rudolph, Julius 280
Rudolph, Werner 288
Rüdiger, Karl 55, 68, 69
Rüdiger II, Karl 77
Rüdiger III, Karl 169
Rüdiger, Maria 332
Rühmer, Oskar 59
Runewski 208
Ruppel, Karl 189
Russnick, Peter 329

Saburow 316
Sachse, Greta 195
Sagulin 182
Sandys, Duncan 342
Sauckel, Fritz 241
Sauerbier, Willi 59
Saul, Heinrich 120
Saul, Heinz 220
Sayle, Fa. Rudolf 266, 267
Schaarschmidt 238
Schabowski, Günter 339
Schade, Otto 132, 225, 226
Schade, Reinhold 52
Schade, Theodor 63
Schäfer, Artur 35
Schäfer, Heide 133
Schäfer, Josef 38
Schäfer, Otto 201
Schäfer, Richard 38
Schäfer, Theodor 169
Schäffer, Michael 175

Schäuble, Dr. Wolfgang 238
Schamanin 182
Scheffel, Louis 257
Scheffler 326
Schell, Karl 172
Schellhaas, Irma 174
Schellhorn, Bernd 148
Scheibner 67
Schenkendorf, Paul 76
Scherzberg 214
Schierbrand, Oswald von 162
Schiel, Hans 314
Schill, Emil 239
Schiller, Oskar 49
Schinköth, Rudolf 55
Schirdewan 221
Schirmer, Karl 322
Schirmer, Paul 144
Schiro, Karl 254, 255
Schlasche, John 55
Schlegelmilch, Oskar 49
Schleimer 134
Schlosser, Alfred 201
Schlüter, Karl 77, 78, 79
Schmalzl, Johann 59
Schmalzl, Reiner 336
Schmerbauch, Christoph 61
Schmidt, Andreas 59
Schmidt, Eberhard 174
Schmidt, Eduard 49
Schmidt, Elsa 240, 247
Schmidt, Erich 190
Schmidt, Hans-Jürgen 238
Schmidt, Karl 76
Schmidt, Karl Anton 54, 77, 167
Schmidt, R. A. 221
Schmidt, Walter 240, 247
Schmidt, Willi 25
Schmitz, Hans 195
Schmitz, Otto 178, 298, 311
Schnabel, Inge 113
Schnabel, Rudolf 57
Schneider, Frieda 326
Schneider, Friedrich 77
Schneller, Paul 66
Schnepf, Otto 45
Schneppe, L. 317
Schöler, Germana 169
Schöller, Gerda 145
Schönau, Joachim 133
Schönfeld, Albert 79, 80

Schönfeld, Walli   203
Schönfeld, Walter   79, 80
Schönhauer, Albin   195
Schönheit, Ch.   317
Schöttge, Erna   48
Schollmeyer I, Karl   77
Schollmeyer II, Karl   77
Schollmeyer, Paul   40
Scholz, Erika   65
Scholz, Gerhard   195
Schommer, Paul   216, 267, 268
Schott, Otto   59
Schrader, Peter   62
Schramm, Franziska   169
Schramm, Karl   49, 58
Schramm, Siegfried   58
Schrecker, Anni   59
Schreiber, Friedrich   59
Schreiber, Gerlinde   65
Schreiber, Malwine   24
Schreiber, Walter   51
Schreiber (I), Wilhelm   51
Schreiber (II), Wilhelm   55
Schreiber I, Wilhelm   57
Schreiber II, Wilhelm   59
Schröter, Alois   235
Schröter, August   269
Schröter, C. Fa.   264, 294
Schröter, Hartmut   168
Schröter, Klaus   144
Schröter, Oskar   77
Schröter, Otto   58
Schröter, Otto   167
Schrumpf, Klaus   77
Schrumpf, O.   134, 317
Schubert, Dr. Adolf   201, 221
Schubert, Rudolf   49
Schuchardt   26
Schuchardt, Gert   195
Schüler, Hermann   58
Schüler, Hermann   151
Schütz, Franz   307
Schütz, Karl   49
Schütz, Karl   58
Schulenburg, Friedr. Werner Graf von der   341, 342, 346, 354
Schulze, Erhard   192, 193
Schulze, Fritz   192, 193, 248, 249, 250, 251, 252
Schulze, Richard   55
Schumann, Dr.   113

Schutzbar, Winfried von   91, 191
Schwaar, Dr. Jürgen   46, 57
Schwanitz, Walter   56
Schwanz, Erika   145
Schwanz, P.   317
Schwarz, Ottilie   326, 328
Schwarz, Dr. Otto   96, 188, 264
Schwarzmann, Karl   144
Schwarzmann, Willi   77
Schwerdt, Edgar   49
See, Gustav   59
Seebaß   165
Seeling, Walter   52
Seguin, Georg   33
Seidel, Karl   49
Seidl, Hartmut   196
Seigneux, Dr. Karl von   201
Seleverstoivice, Andrej   210
Semirjaga, Michail   347
Serow, Iwan   187
Shinkow   233, 236, 239, 303, 304, 307, 311
Siebenhaar, Kurt   165
Siebert, Albin   77
Siebert, Heinz   229, 294, 310
Siebert, Hermann   60
Siebrand, Willi   220
Siefarth, Gustav   55
Siefert, Gustav   49
Sieland, Bernhard   326, 329
Sievers, Dr.   213
Silup, Emil   59
Smirnow   185
Söllner, Ernst   57
Sokolow, Nikolai   273
Sokolowski   304
Solowjeff   211, 213, 297
Sommerlatte   230, 293, 336
Soneich, Elfriede   326
Sonnabend   37
Sonntag   194
Specht, Magda   145
Subarow   188, 304
Suß, Günther   139, 140, 141, 162
Stämmler, Karl   201
Ständer, Berthold   80
Stalin   135, 192, 210, 285, 286, 334, 342, 343, 349
Standhardt, Rudolf   300
Staude, Hans   326, 327
Stedefeld, Ludwig   52

Stedefeld, Oskar 52
Stedinger, Bernhard 174
Steege, Eva Maria 145
Stegemann, Gunter 172
Stehr, Johann 180, 181, 195
Stein, Willi 77
Steinbrecher, Albin 52
Steinert, Max 57
Steinmann, Heinz 59
Steinmüller, Klaus 48
Stephan, Friedrich 168
Stephan, Herta 29
Stephan, Oskar 59
Stephan, Willi 57
Sternitzka, Horst 83
Stiefel, Willy 144
Stockmann, Paul 77
Stockmann, Paul 165
Stockmann, Paul 265
Stockmann, Traude 165
Stöckener, Karl 174
Stoll, Kurt 290
Stoph, Willi 228
Straube, Gerd 77
Strauß, Hedwig 145, 154, 155
Strelnikow 67
Stroebel, Hilde 193
Stuckert, Adolf 194
Stübner 162
Stücker, Josef 34, 210, 211, 212, 234, 237

Täsler, Helga 64
Tang, Dr. Stefan 313, 314
Targacz, Hans-Joachim 91
Teichmüller, Fritz 33
Thiele, Manfred 48, 177, 178, 205
Thilo, Willy 24, 26
Thomson, Robert C. 342, 343
Thon, Heinz 55
Thon, Werner 49, 55, 205
Tippelt, Paul 216
Titz, Bernhard 55
Töpfer, Herta 174
Töpfer, Rolf 220
Trautloff 80
Trautmann, Ernst 256
Trautwein 57
Trautzsch 222
Triebel, Richard 239
Trubnikow 180, 185, 186, 187, 188, 189, 208

Tschelnikow 34
Tschuikow 68, 304

Uckermann, Wolfgang 61
Ulbricht, Walter 68, 108, 209, 284, 305
Unger, Fritz 200, 201
Unger, Hilde 200, 201
Unger, Manfred 200, 201
Urbach, Hans 77

Vockrodt, Martin 82, 83
Völker, Adolf 60, 144
Völker, Erich 297
Vogel, Heinz 194
Vogel, Herta 25
Vogt, Dieter 201
Vogt, Erich 38
Vogt, Wilhelm 62
Voigt, Georg 99, 100, 101, 104, 151, 201
Volkler, Richard 61
Vorreiter, Albert 49

Wachsmut, Dieter 179
Waechter 201
Wagenknecht, Werner 203
Wagner, Ewald 194
Wagner, Theodor 23
Waldhelm, Günther 179
Waldhelm, Julius 179
Walter, Hans Christian 41, 340
Walter, Otto 59
Warlich, Paul 195, 196, 163
Wartmann, Emil 55
Weber, Hans 49
Weber, Otto 59
Weber, Theodor 55
Weber, Werner 49
Wegener, August 49
Wehnemann, Günter 142
Wehrspon, Erich 61
Weidmer, Moritz 30
Weigelt 38
Weimer, Detlef 10
Weingardt, Inge 29
Weisenborn, Gerda 144
Weiß, Albert 59
Weitzel, Friedrich 236
Welcke, Gerhard 100, 101
Welker, Armin 52
Wendrich 96
Werner, Melanie 201

Werkentin 222
Westendorf, Eugen 56
Weymann, Dr. Fritz 201
Wieczorek 41, 340, 353
Wiegler, Kurt 142
Wiegler, Martin 176
Wilkuschenski, Josef 45
Wieprecht, Rudolf 57
Wilhelm, Karl 33
Wilhelm, Oskar 59
Wohlgezogen, O. 317
Wolf, Hans Georg 77, 139, 140, 141, 142, 144
Wolf, Hans Joachim 49, 354
Wolin, Walerij 157
Wollweber, Armin 239
Wollweber 221
Wüster 340

Zaisser, Wilhelm 112
Zehner, Sigrid 145
Zeng, Erich 25
Zeng, Theodor 24, 26
Zeng, Thilo 26
Zeng III, Willi 25
Zichler, Paul 49
Zieger, Hans-Joachim 178, 179
Zier, Albert 49
Zierentz, Ernst 129
Zierentz, Otto 278
Zietz, Paul 49
Zimmermann, Hans 49
Zimmermann, Walter 156
Zindler 326, 327
Zmeew 98
Zörner, Willy 77
Zschuppe, Horst 100, 101, 102, 104